엑스포지멘터리

시편 I

Psalms

엑스포지멘터리 시편 I

초판 1쇄 발행 2018년 10월 31일
2쇄 발행 2018년 11월 7일

지은이 송병현

펴낸곳 도서출판 이엠
등록번호 제25100-2015-000063
주소 서울시 구로구 공원로 3번지
전화 070-8832-4671
E-mail empublisher@gmail.com

내용 및 세미나 문의 스타선교회: 02-520-0877 / EMail: starofkorea@gmail.com / www.star123.kr

ISBN 979-11-86880-60-9 93230

※ 가격은 표지 뒷면에 있습니다.

「이 도서의 국립중앙도서관 출판시 도서목록(CIP)은 서지정보유통지원시스템 홈페이지(http://seoji.nl.go.kr)와 국가자료공동목록시스템(http://www.nl.go.kr/kolisnet)에서 이용하실 수 있습니다. (CIP제어번호:CIP2015000753)」

엑스포지멘터리

시편 I

Psalms

| 송병현 지음 |

EXPOSItory comMENTARY

EM Exposi Mentary

한국 교회를 위한 하나의 희망

저의 서재에는 성경 본문 연구에 관한 많은 책이 있습니다. 그중에는 주석서들도 있고 강해서들도 있습니다. 그러나 그중에 송병현 교수가 시도한 이런 책은 없습니다. 엑스포지멘터리, 듣기만 해도 가슴이 뛰는 책입니다. 설교자와 진지한 성경 학도 모두에게 꿈의 책이 아닐 수 없습니다. 이런 책이 좀 더 일찍 나올 수 있었다면 한국 교회가 어떠했을까를 생각해 봅니다. 저는 이 책을 꼼꼼히 읽어 보면서 가슴 깊은 곳에서 큰 자긍심을 느꼈습니다.

이 책은 지금까지 복음주의 교회가 쌓아 온 모든 학문적 업적을 망라하고 있을 뿐만 아니라 한국 교회 강단이 목말라하는 모든 실용적 갈망에 해답을 던져 줍니다. 이 책에서는 실제로 활용할 수 있는 충실한 신학적 정보가 일목요연하게 제시됩니다. 그러면서도 또한 위트와 감탄을 자아내는 감동적인 적용들도 제공됩니다. 얼마나 큰 축복이며 얼마나 신나는 일이며 얼마나 큰 은총인지요. 저의 사역에 좀 더 일찍 이런 학문적 효과를 활용하지 못한 것이 아쉽기만 합니다. 진실로 한국 교회의 내일을 위해 너무나 소중한 기여라고 생각합니다.

일찍이 한국 교회 1세대를 위해 박윤선 목사님과 이상근 목사님의 기여가 컸습니다. 그러나 이제 한국 교회는 새 시대의 리더십을 열어야 하는 교차로에 서 있습니다. 저는 송병현 교수가 이런 시점을 위해 준비된 선물이라고 생각합니다. 진지한 강해 설교를 시도하고자 하는 모든 이와 진지한 성경 강의를 준비하고자 하는 모든 성경공부 지도자에게 어떤 대가를 지불하고서라도 우선 이 책을 소장하고 성경을 연구하는 책상 가까운 곳에 두라고 권면하고 싶습니다. 앞으로 계속 출판될 책들이 참으로 기다려집니다.

한국 교회는 다행스럽게 말씀과 더불어 그 기초를 놓을 수 있었습니다. 이제는 그 말씀으로 어떻게 미래의 집을 지을 것인가를 고민하고 있습니다. 이 〈엑스포지멘터리 시리즈〉는 분명한 하나의 해답, 하나의 희망입니다. 이 책과 함께 성숙의 길을 걸어갈 한국 교회의 미래가 벌써 성급하게 기다려집니다. 더 나아가 한국 교회 역사의 성과물 중의 하나인 이 책이 다른 열방에도 나누어졌으면 합니다. 이제 우리는 복음에 빚진 자로서 열방을 학문적으로도 섬겨야 하기 때문입니다. 이 책을 한국 교회에 허락하신 우리 주님께 감사와 찬양을 드립니다.

이동원 | 지구촌교회 원로목사

총체적 변화를 가져다줄 영적 선물

교회사를 돌이켜볼 때, 교회가 위기에 처해 있었다면 결국 강단에서 하나님의 말씀이 제대로 선포되지 못한 데서 그 근본 원인을 찾을 수 있습니다. 영적 분별력이 있는 사람이라면 모두 이에 대해 동의할 것입니다. 사회가 아무리 암울할지라도 강단에서 선포되는 말씀이 살아 있는 한, 교회는 교회로서의 기능이 약화되지 않고 오히려 사회를 선도하고 국민들의 가슴에 희망을 안겨 주었습니다. 백 년 전 영적 부흥이 일어났던 한국의 초대교회가 그 좋은 예입니다. 이러한 영적 부흥은 살아 있는 하나님의 말씀이 강단에서 영적 권위를 가지고 "하나님께서 이렇게 말씀하셨다"고 선포되었을 때 나타났던 현상입니다.

오늘날에는 날이 갈수록 강단에서 선포되는 말씀이 약화되거나 축소되고 있습니다. 이런 상황 속에서 출간되는 송병현 교수의 〈엑스포지멘터리 시리즈〉는 한국 교회와 전 세계에 흩어진 7백만 한인 디아스포라에게 주는 커다란 영적 선물이 아닐 수 없습니다. 이 시리즈는 하나님의 말씀을 쉽게 이해할 수 있도록 풀이한 것으로, 목회자와 선교사는 물론이고 평신도들의 경건생활과 사역에도 큰 도움이 될 것입니다. 무엇보다도 저는 이 시리즈가 강단에서 원 저자이신 성령님의 의도대로 하나님 나라 복음이 선포되게 하여 믿는 이들에게 총체적 변화(total transformation)를 다시 경험할 수 있는 계기를 마련해 주리라 확신합니다.

송병현 교수는 지금까지 구약학계에서 토의된 학설 중 본문을 석의하는 데 불필요한 내용들은 걸러내는 한편, 철저하게 원 저자가 전하고자 하는 메시지를 현대인들이 가장 잘 이해할 수 있도록 전하고자 부단히 애를 썼습니다. 이 시리즈를 이용하는 모든 이에게 저자의 이런 수고와 노력에 걸맞은 하나님의 축복과 기쁨과 능력이 함께하실 것을 기대하면서 이 시리즈를 적극 추천합니다.

이태웅 | GMTC 초대 원장, 글로벌리더십포커스 원장

주석과 강해의 적절한 조화를 이뤄낸 시리즈

한국 교회는 성경 전체를 속독하는 '성경통독' 운동과 매일 짧은 본문을 읽는 '말씀 묵상'(QT) 운동이 세계 어느 나라 교회보다 활성화되어 있습니다. 얼마나 감사한 일인지 모릅니다. 그러나 상대적으로 책별 성경연구는 심각하게 결핍되어 있는 것이 사실입니다. 때때로 교회 지도자들 중에도 성경해석의 기본이 제대로 갖춰져 있지 않아 성경 저자가 말하려는 의도와 상관없이 본문을 인용해서 자신이 하고 싶은 말을 하는 분들이 적지 않음을 보고 충격을 받은 일도 있습니다. 앞으로 한국 교회가 풀어야 할 과제가 '진정한 말씀의 회복'이라면 이를 위해 가장 중요한 것은 바른 말씀의 세계로 인도해 줄 좋은 주석서와 강해서를 만나는 일일 것입니다.

좋은 주석서는 지금까지 축적된 다른 성경학자들의 연구 결과가 잘 정돈되어 있을 뿐 아니라 저자의 새로운 영적·신학적 통찰이 번뜩이는 책이어야 합니다. 또한 좋은 강해서는 자기 견해를 독자들에게 강요하는(impose) 책이 아니라, 철저한 본문 석의 과정을 거친 후에 추출되는 신학적·사회과학적 연구가 배어 있는 책이어야 할 것이며, 글의 표현이 현학적이지 않은, 독자들에게 친절한 저술이어야 할 것입니다.

그러나 솔직히 말씀드리면, 저는 서점에서 한국인 저자의 주석서나 강해서를 만나면 한참을 망설이다가 내려놓게 됩니다. 또 주석서를 시리즈로 사는 것은 어리석은 행동이라는 말을 신학교 교수들에게 들은 뒤로 여간해서 시리즈로 책을 사지 않습니다. 이는 아마도 풍성한 말씀의 보고(寶庫) 가운데로 이끌어 주는 만족스러운 주석서를 아직까지 발견하지 못했기 때문일 것입니다. 그러나 제가 처음으로 시리즈로 산 한국인 저자의 책이 있는데, 바로 송병현 교수의 〈엑스포지멘터리 시리즈〉입니다.

송병현 교수의 〈엑스포지멘터리 시리즈〉야말로 제가 가졌던 좋은 주석서와 강해서에 대한 모든 염원을 실현해 내고 있습니다. 이 주석서는 분명 한국 교회 목회자들과 평신도 성경 교사들의 고민을 해결해 줄 하나님의 값진 선물입니다. 지금까지 없었던, 주석서와 강해서의 적절한 조화를 이뤄낸 신개념의 해설주석이라는 점도 매우 신선하게 다가옵니다. 또한 쉽고 친절한 글이면서도 우물 깊은 곳에서 퍼올린 생수와 같은 깊이가 느껴집니다. 이 같은 주석 시리즈가 한국에서 나왔다는 사실에 저는 감격하지 않을 수 없습니다. 이 땅에서 말씀으로 세상에 도전하고자 하는 모든 목회자와 평신도에게 이 주석 시리즈를 적극 추천합니다.

이승장 | 예수마을교회 목사, 성서한국 공동대표

시리즈 서문

"너는 오십세까지는 좋은 선생이 되려고 노력하고, 그 이후에는 좋은 저자가 되려고 노력해라." 내가 시카고 근교에 위치한 트리니티 신학교(Trinity Evangelical Divinity School) 박사과정을 시작할 즘에 지금은 고인이 되신 스승 맥코미스키(Thomas E. McComiskey)와 아처(Gleason L. Archer) 두 교수님께서 주신 조언이었다. 너무 일찍 책을 쓰면 훗날 아쉬움이 많이 남는다며 하신 말씀이었다. 박사학위를 마치고 1997년에 한국에 들어와 신대원에서 가르치기 시작하면서 나는 이 조언을 마음에 새겼다. 사실 이 조언과 상관없이 내가 당시에 당장 책을 출판한다는 일은 불가능한 일이었다. 중학교를 다니던 70년대 중반에 캐나다로 이민을 갔다가 20여 년 만에 귀국하여 우리말로 강의하는 일 자체가 당시 나에게는 매우 큰 도전이었으며, 책을 출판하는 일은 사치로 느껴졌기 때문이다.

세월이 지나 어느덧 나는 선생님들이 말씀하신 오십을 눈앞에 두었다. 1997년에 귀국한 후 지난 10여 년 동안 나는 구약 전체에 대한 강의안을 만드는 일을 목표로 삼았다. 내 자신에게 동기를 부여하기 위하여 내가 몸담고 있는 신대원 학생들에게 학기마다 새로운 구약 강해

과목을 개설해 주었다. 감사한 것은 지혜문헌을 제외한 구약 모든 책의 본문관찰을 중심으로 한 강의안을 13년 만에 완성할 수 있었다는 점이다. 앞으로 수년에 거쳐 이 강의안들을 대폭 수정하여 매년 2-3권씩을 책으로 출판하려 한다. 지혜문헌은 잠시 미루어두었다. 시편 1권(1-41편)에 대하여 강의안을 만든 적이 있었는데, 본문관찰과 주해는 얼마든지 할 수 있었지만, 무언가 아쉬움이 남았다. 삶의 연륜이 가미되지 않은 데서 비롯된 부족함이었다. 그래서 나는 지혜문헌에 대한 주석은 육십을 바라볼 때쯤 집필하기로 작정했다. 삶을 조금 더 경험한 후로 미루어 놓은 것이다. 아마도 이 시리즈가 완성될 때쯤이면, 자연스럽게 지혜문헌에 대한 책들을 출판할 때가 되지 않을까 싶다.

이 시리즈는 설교를 하고 성경공부를 인도해야 하는 중견목회자들과 평신도 지도자들을 마음에 두고 집필한 책들이다. 나는 이 시리즈의 성향을 exposimentary("해설주석")이라고 부르고 싶다. Exposimentary라는 단어는 내가 만들어낸 용어이다. 해설/설명을 뜻하는 expository라는 단어와 주석을 뜻하는 commentary를 합성하였다. 대체적으로 expository는 본문과 별 연관성이 없는 주제와 묵상으로 치우치기 쉽고, commentary는 필요이상으로 논쟁적이고 기술적일 수 있다는 한계를 의식해서 이러한 상황을 의도적으로 피하고 가르치는 사역에 조금이나마 실용적이고 도움이 되는 교재를 만들기 위하여 만들어낸 개념이다. 나는 본문의 다양한 요소와 이슈들에 대하여 정확하게 석의하면서도 전후 문맥과 책 전체의 문형(文形; literary shape)을 최대한 고려하여 텍스트의 의미를 설명하고 우리의 삶과 연결하려고 노력했다. 또한 히브리어 사용은 최소화했다.

이 시리즈를 내 놓으면서 감사할 사람이 참 많다. 먼저, 지난 25년 동안 나의 인생의 동반자가 되어 아낌없는 후원과 격려를 해주었던 아내 임우민에게 감사한다. 아내를 생각할 때마다 참으로 현숙한 여인을(cf. 잠31:10-31) 배필로 주신 하나님께 감사할 뿐이다. 아빠의 사역을 기도와 격려로 도와준 지혜, 은혜, 한빛에게도 고마운 마음을 표한다. 평생 기도와 후원을 아끼지 않은 친가와 처가 친척들에게도 감사하다는 말을 전하고 싶다. 항상 옆에서 돕고 격려해준 평생친구 장병환·윤인옥, 박선철·송주연 부부들에게도 고마움을 표하는 바이며, 시카고 유학시절에 큰 힘이 되어주셨던 이선구 장로님·최화자 권사님 부부에게도 이 자리를 빌려 평생 빚진 마음을 표하고 싶다. 우리 가족이 20여 년 만에 귀국하여 정착할 수 있도록 배려를 아끼지 않으신 백석학원 설립자 장종현 목사님에게도 감사하는 바다. 우리 부부의 영원한 담임목자이신 이동원 목사님에게도 고마움을 표하고 싶다.

2009년 겨울 방배동에서

감사의 글

스타선교회의 사역에 물심양면으로 헌신하여 오늘도 하나님의 말씀이 온 세상에 선포되는 일에 기쁜 마음으로 동참하시는 백영걸, 정진성, 장병환, 임우민, 정채훈, 송은혜, 강숙희 이사님들께 감사의 마음을 전하고 싶습니다. 이사님들의 헌신이 있기에 세상은 조금 더 살맛나는 곳이 되고 있습니다.

2018년 여름이 시작된 방배동에서

일러두기

엑스포지멘터리(exposimentary)는 '해설/설명'을 뜻하는 엑스포지토리(expository)라는 단어와 '주석'을 뜻하는 코멘터리(commentary)를 합성한 단어다. 본문의 뜻과 저자의 의도와는 별 연관성이 없는 주제와 묵상으로 치우치기 쉬운 엑스포지토리(expository)의 한계와 필요이상으로 논쟁적이고 기술적일 수 있는 코멘터리(commentary)의 한계를 극복하여 목회현장에서 가르치고 선포하는 사역에 실질적으로 도움이 되도록 하는 새로운 장르다. 본문의 다양한 요소와 이슈들에 대하여 정확하게 석의하면서도 전후 문맥과 책 전체의 문형(文形; literary shape)을 최대한 고려하여 텍스트의 의미를 설명하고 성도의 삶과 연결하려고 노력하는 설명서다. 엑스포지멘터리는 다음과 같은 원칙을 바탕으로 인용한 정보를 표기한다.

1. 참고문헌을 모두 표기하지 않고 선별된 참고문헌으로 대신한다.
2. 출처를 표기할 때 각주(foot note) 처리는 하지 않는다.
3. 출처 표기는 괄호 안에 하되 페이지는 밝히지 않는다.
4. 여러 학자들이 동일하게 해석할 때 모든 학자들을 표기하지 않고

일부만 표기한다.

5. 한 출처를 인용하여 설명할 때, 설명이 길어지더라도 각 문장마다 출처를 표기하지 않는다.

주석은 목적과 주 대상에 따라 인용하는 정보 출처와 참고문헌 표기가 매우 탄력적으로 제시되는 장르다. 참고문헌이 없이 출판되는 주석들도 있고, 각주가 전혀 없이 출판되는 주석들도 있다. 또한 각주와 참고문헌이 없이 출판되는 주석들도 있다. 엑스포지멘터리 시리즈는 이 같은 장르의 탄력적인 성향을 고려하여 제작된 주석이다.

선별된 약어표

개역	개역성경
개정	개역성경개정판
공동	공동번역
새번역	표준새번역 개정판
현대	현대인의 성경
아가페	아가페 쉬운성경
BHK	Biblica Hebraica Kittel
BHS	Biblica Hebraica Stuttgartensia
ESV	English Standard Version
CSB	Nashville: Broadman & Holman, Christian Standard Bible
KJV	King James Version
LXX	칠십인역(Septuaginta)
MT	마소라 사본
NAB	New American Bible
NAS	New American Standard Bible
NEB	New English Bible

NIV	New International Version
NRS	New Revised Standard Bible
TNK	Jewish Publication Society Tanakh
TNIV	Today's New International Version
AAR	American Academy of Religion
AB	Anchor Bible
ABD	The Anchor Bible Dictionary
ABRL	Anchor Bible Reference Library
ACCS	Ancient Christian Commentary on Scripture
AJSL	American Journal of Semitic Languages and Literature
ANET	J. B. Pritchard, ed., The Ancient Near Eastern Texts Relating to the Old Testament. 3rd. ed. Princeton: Princeton University Press, 1969.
ANETS	Ancient Near Eastern Texts and Studies
AOTC	Abingdon Old Testament Commentary
ASORDS	American Schools of Oriental Research Dissertation Series
BA	Biblical Archaeologist
BAR	Biblical Archaeology Review
BASOR	Bulletin of the American Schools of Oriental Research
BBR	Bulletin for Biblical Research
BCBC	Believers Church Bible Commentary
BDB	F. Brown, S. R. Driver & C. A. Briggs, A Hebrew and English Lexicon of the Old Testament. Oxford: Clarendon Press, 1907.
BETL	Bibliotheca Ephemeridum Theoloicarum Lovaniensium
BibOr	Biblia et Orientalia
BibSac	Bibliotheca Sacra

BibInt	Biblical Interpretation
BJRL	Bulletin of the John Rylands Library
BJS	Brown Judaic Studies
BLS	Bible and Literature Series
BN	Biblische Notizen
BO	Berit Olam: Studies in Hebrew Narrative & Poetry
BR	Bible Review
BRS	The Biblical Relevancy Series
BSC	Bible Student Commentary
BT	The Bible Today
BTCB	Brazos Theological Commentary on the Bible
BV	Biblical Viewpoint
BZAW	Beihefte zur Zeitschrift für die alttestamentliche Wissenschaft
CAD	Chicago Assyrian Dictionary
CBC	Cambridge Bible Commentary
CBSC	Cambridge Bible for Schools and Colleges
CBQ	Catholic Biblical Quarterly
CBQMS	Catholic Biblical Quarterly Monograph Series
CB	Communicator's Bible
CHANE	Culture and History of the Ancient Near East
DSB	Daily Study Bible
EBC	Expositor's Bible Commentary
ECC	Eerdmans Critical Commentary
EncJud	Encyclopedia Judaica
EvJ	Evangelical Journal
EvQ	Evangelical Quarterly
ET	Expository Times

ETL	Ephemerides Theologicae Lovanienses
FOTL	Forms of Old Testament Literature
GCA	Gratz College Annual of Jewish Studies
GKC	E. Kautszch and A. E. Cowley, Gesenius' Hebrew Grammar. Second English edition. Oxford: Clarendon Press, 1910.
GTJ	Grace Theological Journal
HALOT	L. Koehler and W. Baumgartner, The Hebrew and Aramaic Lexicon of the Old Testament. Trans. by M. E. J. Richardson. Leiden: E. J. Brill, 1994–2000.
HBT	Horizon in Biblical Theology
HSM	Harvard Semitic Monographs
HOTC	Holman Old Testament Commentary
HUCA	Hebrew Union College Annual
IB	Interpreter's Bible
ICC	International Critical Commentary
IDB	Interpreter's Dictionary of the Bible
ISBE	G. W. Bromiley (ed.), The International Standard Bible Encyclopedia. 4 vols. Grand Rapids: 1979–88.
ITC	International Theological Commentary
J–M	P. Joüon–T. Muraoka, A Grammar of Biblical Hebrew. Part One: Orthography and Phonetics. Part Two: Morphology. Part Three: Syntax. Subsidia Biblica 14/I–II. Rome: Editrice Pontificio Istituto Biblico, 1991.
JAAR	Journal of the American Academy of Religion
JANES	Journal of Ancient Near Eastern Society
JNES	Journal of Near Eastern Studies

JBL	Journal of Biblical Literature
JBQ	Jewish Bible Quarterly
JJS	Journal of Jewish Studies
JSJ	Journal for the Study of Judaism
JNES	Journal of Near Eastern Studies
JSOT	Journal for the Study of the Old Testament
JSOTSup	Journal for the Study of the Old Testament Supplement Series
JPSTC	JPS Torah Commentary
LCBI	Literary Currents in Biblical Interpretation
MHUC	Monographs of the Hebrew Union College
MJT	Midwestern Journal of Theology
MOT	Mastering the Old Testament
MSG	Mercer Student Guide
NAC	New American Commentary
NCB	New Century Bible Commentary
NCBC	New Collegeville Bible Commentary
NEAEHL	E. Stern (ed.), The New Encyclopedia of Archaeological Excavations in the Holy Land. 4 vols. Jerusalem: Israel Exploration Society & Carta, 1993.
NIB	New Interpreter's Bible
NIBC	New International Biblical Commentary
NICOT	New International Commentary on the Old Testament
NIDOTTE	W. A. Van Gemeren, ed., The New International Dictionary of Old Testament Theology and Exegesis. Grand Rapids: Zondervan, 1996.
NIVAC	New International Version Application Commentary

OBC	Oxford Bible Commentary
Or	Orientalia
OTA	Old Testament Abstracts
OTE	Old Testament Essays
OTG	Old Testament Guides
OTL	Old Testament Library
OTM	Old Testament Message
OTS	Oudtestamentische Studiën
OTWSA	Ou–Testamentiese Werkgemeenskap in Suid–Afrika
PBC	People's Bible Commentary
PEQ	Palestine Exploration Quarterly
PSB	Princeton Seminary Bulletin
RevExp	Review and Expositor
RTR	Reformed Theological Review
SBJT	Southern Baptist Journal of Theology
SBLDS	Society of Biblical Literature Dissertation Series
SBLMS	Society of Biblical Literature Monograph Series
SBLSymS	Society of Biblical Literature Symposium Series
SHBC	Smyth & Helwys Bible Commentary
SJOT	Scandinavian Journal of the Old Testament
SJT	Scottish Journal of Theology
SSN	Studia Semitica Neerlandica
TBC	Torch Bible Commentary
TynBul	Tyndale Bulletin
TD	Theology Digest
TDOT	G. J. Botterweck and H. Ringgren (eds.), Theological Dictionary of the Old Testament. Vol. I–. Grand Rapids:

	Eerdmans, 1974–.
TGUOS	Transactions of the Glasgow University Oriental Society
THAT	Theologisches Handwörterbuch zum Alten Testament. 2 vols. Munich: Chr. Kaiser, 1971–1976.
TJ	Trinity Journal
TOTC	Tyndale Old Testament Commentaries
TS	Theological Studies
TWAT	Theologisches Wörterbuch zum Alten Testament. Stuttgart: W. Kohlhammer, 1970–.
TWBC	The Westminster Bible Companion
TWOT	R. L. Harris, G. L. Archer, Jr., and B. K. Waltke (eds.), Theological Wordbook of the Old Testament, 2 vols. Chicago: Moody, 1980.
TZ	Theologische Zeitschrift
UBT	Understanding Biblical Themes
VT	Vetus Testament
VTSup	Vetus Testament Supplement Series
W–O	B. K. Waltke and M. O'Connor, An Introduction to Biblical Hebrew Syntax. Winona Lake: Eisenbrauns, 1990.
WBC	Word Biblical Commentary
WBCom	Westminster Bible Companion
WCS	Welwyn Commentary Series
WEC	Wycliffe Exegetical Commentary
WTJ	The Westminster Theological Journal
ZAW	Zeitschrift für die alttestamentliche Wissenschaft

차례

시편

선별된 참고문헌

(Select Bibliography)

Alden, R. L. *Psalms*, 3 vols. Chicago: Moody Press, 1974–76.

______. "Chiastic Psalms: a study in the mechanics of Semitic poetry in Psalms 1–50." JETS 17.1 (Winter, 1974): 11–28.

______. "Chiastic Psalms (II): a study in the mechanics of Semitic poetry in Psalms 51–100." JETS 19.3 (Summer, 1976): 191–200.

______. "Chiastic Psalms(III): a study in the mechanics of Semitic poetry in Psalms 101–150." JETS 21.3 (Sept. 1978): 199–210.

Alexander, T. D. "The Psalms and the After Life." IBS 9 (Jan. 1987): 2–17.

Allen, L. C. *Psalms 100-150*. rev. ed. WBC. Grand Rapids: Thomas Nelson Publishers, 2002.

______. "Psalm 73: Pilgrimage from Doubt to Faith." BBR 7 (1997): 1–10.

______. "Structure and Meaning in Psalm 50." Vox Evangelica 14 (1984): 17–38.

______. "Psalm 73: an Analysis." TynBul 33 (1982): 93–118.

______. "Faith on Trial: an Analysis of Psalm 139." Vox Evangelica 10 (1977): 5–23.

Allen, R. B. *When the Song is New: Understanding the Kingdom in the Psalms*. Nashville, Ten.: Thomas Nelson Publishers, 1983.

______. "Psalm 87: A Song Rarely Sung." BibSac 153 (April–June 1996): 131–40.

Allison, D. C. "Psalm 23 (22) in Early Christianity. A Suggestion." IBS 5.3 (1983): 132–137.

Aloisi, J. "Who is David's Lord? Another Look at Psalm 110:1." DBSJ 10 (Fall 2005): 103–23.

Alter, R. *The Book of Psalms: A Translation with Commentary*. New York: W. W. Norton & Company, 2009.

Althann, R. "Atonement and Reconciliation in Psalms 3, 6, and 83." JNSL 25 (1999): 75–82.

Anderson, A. A. *Psalms*, 2 vols. NCB. Grand Rapids: Eerdmans, 1972.

______. "Index of Psalms According to Type." Pp. 239–42 in *Out of the Depths: The Psalms Speak for Us Today*. 3rd.ed.Ed.byAnderson,B. W.;S.Bishop.Louisville,KY:WestminsterJohnKnoxPress,2000.

Anderson, B. W.; S. Bishop. *Out of the Depths: The Psalms Speak for Us Today*. 3rd.ed.Louisville,KY:WestminsterJohnKnoxPress,2000.

Anderson, G. W. "Enemies and Evildoers in the Book of Psalms." BJRL 48 (1965–66): 18–29.

Anderson, R. D. "The Division and Order of the Psalms." WTJ 56.2 (Fall 1994): 219–241.

Auffret, P. *Literary Structure of Psalm 2*. JSOTSup. Sheffield: Sheffield Academic Press, 1978.

Avishur, Y. *Studies in Hebrew and Ugaritic Psalms*. Jerusalem: Magnes

Press, 1994.

Ballard, W. H. *The Divine Warrior Motif in the Psalms*. Richland Hills, Tex.: D & F Scott Publishing, 1999.

Ballard, H. W., W. D. Tucker, eds. *Introduction to Wisdom Literature and the Psalms*. Festschrift for Marvin E. Tate. Macon, GA.: Mercer University Press, 2000.

Barentsen, J. "Restoration and its blessings: a theological analysis of Psalm 51 and 32." GTJ 5.2 (Fall 1984): 247–269.

Barker, D. G. "The Lord Watches Over You: A Pilgrimage Reading of Psalms 121." BibSac 152 (April–June 1995): 163–81.

______. "The Waters of the Earth: An Exegetical Study of Psalm 104:1–9." GTJ 7.1 (Spring 1986): 57–80.

Barré, M. ; J. S. Kselman. "New Exodus, Covenant, and Restoration in Psalm 23." Pp. 97–127 in *Word of the Lord Shall Go Forth: Essays in Honor of David Noel Freedman in Celebration of His Sixtieth Birthday*. Ed. by Carol L. Meyers & M. O'Connor. Winona Lake, Ind.: Eisenbrauns, 1983.

Barry, C. D. "Is Psalm 110 a Messianic Psalm?" BibSAc 157: 626 (2000): 160–73.

Barton, S. C., ed. *Where Shall Wisdom Be Found? Wisdom in the Bible, the Church and the Contemporary World*. Edinburgh: T & T Clark, 1999.

Bateman, H. W. "Psalm 110:1 and the New Testament." BibSac 149 (Oct. 1992): 483–53.

Beckwith, R. T. "The Early History of the Psalter." TynBul 46.1 (1995): 1–27.

Bellinger, W. H. *Psalms. Reading and Studying the Book of Praises*.

Peabody, Mass.: Hendrickson, 1990.

______. *A Hermeneutics of Curiosity and Readings of Psalm 61*. Mercer Island, WA: Mercer Publishing, 1995.

______. *Psalms: A Guide to Studying the Psalter*. 2nded.GrandRapids:BakerPublishingHouse,2012.

______. "The Interpretation of Psalm 11." EQ 56.2 (Apr.–June 1984): 95–102.

Bennett, R. A. "Wisdom Motifs in Psalm 14 = 53." BASOR 220 (1975): 15–21.

Berry, G. R. "The Titles of the Psalms." JBL 33.3 (1914): 198–200.

Beuken, A. A. M. "Psalm 39: Some Aspects of the Old Testament Understanding of Prayer." Heythrop Journal 19 (1978):1–11.

Bland, D. "Exegesis of Psalm 62." RQ 23.2 (1980): 82–95.

Boguslawski, S. O. "The Psalms: Prophetic Polemics against Sacrifice." IBS 5.1 (1983): 14–41.

Bonhoeffer, D. *Psalms: The Prayer Book of the Bible*. Trans. by J. H. Burtness. Minneapolis, MN: Augsberg Press, 1974.

Booij, T. H. "Psalm Cxxxix: Text, Syntax, Meaning." VT 55:1 (2005): 1–19.

Bosma, C. J.; E. Talstra. "Psalm 67: Blessing Harvest and History: A Proposal for Exegetical Methodology." CTJ 36 (2001): 290–313.

Bratcher, R. G.; W. D. Reyburn. *A Translator's Handbook on the Book of Psalms*. New York: United Bible Societies, 1991.

Brown, W. *Seeing the Psalms: A Theology of Metaphor*. Philadelphia: Westminster John Knox Press, 2002.

Broyles, C. *Psalms*. NIBCOT. Peabody, MA: Hendrickson Publishers, 1999.

______. *The Conflict of Faith and Experience in the Psalms*. Sheffield: Sheffield Academic Press, 1989.

Brueggemann, W. *The Message of the Psalms*. Philadelphia: Augsburg Press, 1984.

______. *Praying the Psalms*. Winona, MN: Saint Mary's Press, 1992.

______. "Voice as Counter to Violence." CTJ 36 (2001): 22–33.

______. "Psalms and the Life of Faith: A Suggested Typology of Function." JSOT 17 (1980): 3–32.

Brueggemann, W.; W. H. Bellinger. *Psalms*. NCBC. Cambridge: Cambridge University Press, 2014.

Bullock, C. H. *Encountering the Book of Psalms: A Literary and Theological Introduction*. Grand Rapids: Baker Books, 2001.

______. *An Introduction to the Old Testament Poetic Books: The Wisdom and Songs of Israel*. Chicago: Moody Press, 1979.

Calvin, J. *Commentary on The Psalms*. Abridged. Carlisle, Pen.: The Banner of Truth, 2009.

Childs, B. S. "Psalm Titles and Midrashic Exegesis." JSS 16 (1971): 137–50.

______. "Reflections on the Modern Study of the Psalms. Pp. 377–88 in *Magnalia Dei: The Mighty Acts of God*. Ed. by F. M. Cross et al. Garden City, NJ: Doubleday, 1976.

______. "Psalm 8 in the Context of the Christian Canon." Interpretation 23 (1969): 20–31.

Christensen, D. L. "The Book of Psalms Within the Canonical Process in Ancient Israel." JETS 39.3 (Sept. 1996): 421–32.

Clayton, J. N. "An Examination of Holy Space in Psalm 73: Is Wisdom's Path Infused With an Eschatologically Oriented Hope?" TJ 27.1

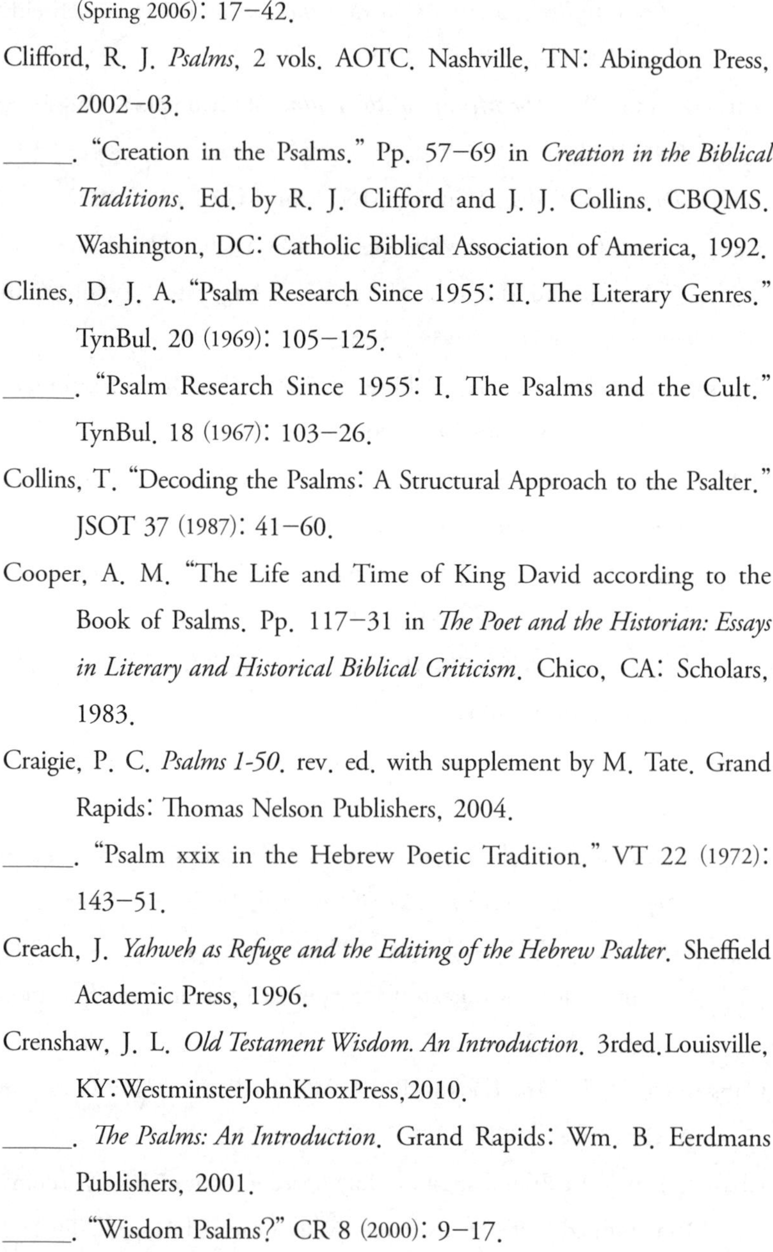

(Spring 2006): 17–42.

Clifford, R. J. *Psalms*, 2 vols. AOTC. Nashville, TN: Abingdon Press, 2002–03.

_____. "Creation in the Psalms." Pp. 57–69 in *Creation in the Biblical Traditions*. Ed. by R. J. Clifford and J. J. Collins. CBQMS. Washington, DC: Catholic Biblical Association of America, 1992.

Clines, D. J. A. "Psalm Research Since 1955: II. The Literary Genres." TynBul. 20 (1969): 105–125.

_____. "Psalm Research Since 1955: I. The Psalms and the Cult." TynBul. 18 (1967): 103–26.

Collins, T. "Decoding the Psalms: A Structural Approach to the Psalter." JSOT 37 (1987): 41–60.

Cooper, A. M. "The Life and Time of King David according to the Book of Psalms. Pp. 117–31 in *The Poet and the Historian: Essays in Literary and Historical Biblical Criticism*. Chico, CA: Scholars, 1983.

Craigie, P. C. *Psalms 1-50*. rev. ed. with supplement by M. Tate. Grand Rapids: Thomas Nelson Publishers, 2004.

_____. "Psalm xxix in the Hebrew Poetic Tradition." VT 22 (1972): 143–51.

Creach, J. *Yahweh as Refuge and the Editing of the Hebrew Psalter*. Sheffield Academic Press, 1996.

Crenshaw, J. L. *Old Testament Wisdom. An Introduction*. 3rded.Louisville, KY:WestminsterJohnKnoxPress,2010.

_____. *The Psalms: An Introduction*. Grand Rapids: Wm. B. Eerdmans Publishers, 2001.

_____. "Wisdom Psalms?" CR 8 (2000): 9–17.

Croft, S. J. L. "The Antagonists in the Psalms." Pp. 15–48 in *The Identity of the Individual in the Psalms*. JSOTSup. Sheffield: Sheffield Academic Press, 1987.

Crow, L. *The Song of Ascents (Psalms 120-134)*. Chico, CA: Scholars Press, 1996.

Crumpacker, M. M. "Formal analysis and the Psalms." JETS 24.1 (March 1981): 11–21.

Culley, R. C. *Oral Formulaic Language in the Biblical Psalms*. Toronto: University of Toronto Press, 1967.

Curtis, E. M. "Ancient Psalms and Modern Worship." BibSac 153 (1997): 285–96.

Dahood, M. Psalms. 3 vols. AB. Garden City, NY: Doubleday, 1966–70.

Davidson, R. *The Vitality and Richness of Worship: A Commentary on the Book of Psalms*. Grand Rapids: Wm. B. Eerdmans Publishers, 1998.

Davis, E. F. "Exploding the Limits: Form and Function in Psalm 22." JSOT 53 (1992): 93–105.

Day, J. *Crying for Justice*. Grand Rapids: Kregel Publications, 2005.

______. "The Imprecatory Psalms and Christian Ethics." BibSac. 159(April–June 2002): 166–86.

______. *Psalms*. OTG. Sheffield: Sheffield Academic Press, 1992.

______. "Echoes of Baal's Seven Thunders and Lightnings in Psalm xxix and Habakkuk iii 9 and the identity of the seraphim in Isaiah vi." VT 29 (1979): 143–51.

______. *God's Conflict with the Dragon and the Sea: Echoes of Canaanite Myth in the Old Testament*. Cambridge: Cambridge University Press,

1985.

Day, J.; R. P. Gordon, H. G. M. Williamson, eds. *Wisdom in Ancient Israel. Essays in Honour of J. A. Emerton*. Cambridge: Cambridge University Press, 1995.

deClaissé-Walford, N. *Reading from the Beginning*. Macon, GA: Mercer University Press, 1997.

_____. *Psalms*. Edinburgh: T & T Clark, 2003.

deClaissé-Walford, N.; R. A. Jacobson, B. L. Tanner. *The Book of Psalms*. NICOT. Grand Rapids: Wm. B. Eerdmans Publishers, 2014.

Delitzsch, F. *Biblical Commentary on the Psalms*. Trans. by D. Eaton. London: Hodder and Stoughton, 1902.

Dell, K. J. "'I Will Solve My Riddle to the Music of the Lyre' (Psalm XLIX 4[5]): A Cultic Setting for Wisdom Psalms?" VT 54.4 (2004): 445-58.

Dillon, R. J. "The Psalms of the Suffering Just." Worship 61 (1987): 430-40.

Dorsey, D. A. *The Literary Structure of the Old Testament. A Commentary on Genesis-Malachi*. Grand Rapids: Baker Publishing House, 1999.

Dray, S. P. "Psalm 130. Out of the Depth." Evangel 14:3 (1996): 66-67.

_____. "Embattling Faith in the Spiritual Night: An Exposition of Psalm 61." Evangel 18.1 (Spring 2000): 2-4.

Durham, J. I. "The King as 'Messiah' in the Psalms." RE 81 (1984): 425-35.

Eaton, J. H. *Psalms*. TBC. London: SCM Press, 1967.

_____. *Kingship and the Psalms*. London: H. R. Allenson Publishers,

1976.

Ebeling, G. *Word of Faith*. Philadelphia: Minneapolis, MN: Fortress Press, Press, 1963.

Enns, P. E. "Creation and Re–Creation: Psalm 95 and Its Interpretation in Hebrew 3:1–4:13." WTJ 55.2 (1993): 255–280.

Estes, D. J. "Poetic Artistry in the Expression of Fear in Psalm 49." BibSac 161 (Jan.–Mar. 2004): 55–71.

Feininger, B. "A Decade of German Psalm–Criticism." JSOT 20 (1981): 91–103.

Firth, D. G. *Surrendering Retribution in the Psalms: Responses to Violence in the Individual Complaints*. Carlisle: Paternoster Press, 2005.

Fishbane, M. A. *Biblical Interpretation in Ancient Israel*. Oxford: Oxford University Press, 1985.

Flint, P. W. "The Book of Psalms in the Light of the Dead Sea Scrolls." VT 48.4 (1998): 453–72.

Flint, P.; P. Miller, eds. *The Book of Psalms: Composition and Reception*. Leiden: E. J. Brill, 2005.

Fløysvik, I. *When God Becomes My Enemy*. St. Louis, MO: Concordia Publishing House, 1997.

Fokkelman, J. *The Psalms in Form: The Hebrew Psalter in Its Poetic Shape*. Leiden: Deo Publishing, 2002.

Freedman, D. N. *Psalm 119: The Exaltation of Torah*. San Diego: Eisenbrauns, 1999.

Frost, S. B. "The Christian Interpretation of the Psalms." Canadian Journal of Theology 5 (1959): 25–34.

Futato, M. *Transformed by Praise*. Phillipsburg, NJ: P & R Publishing Company, 2002.

Gaster, T. H. "Psalm 29." JQR 37 (1946-7): 55-65.

Gerstenberger, E. S. *Psalms, vol. 1*. FOTL. Grand Rapids: Eerdmans, 1988.

______. *Psalms, Part 2 and Lamentations*. FOTL. Grand Rapids: Eerdmans, 2001.

______. "Enemies and Evildoers in the Psalms: A Challenge to Christian Preaching." HBT 5 (1983): 61-77.

Gese, H. *Essays on Biblical Theology*. Minneapolis: Augsburg, 1981.

Gillingham, S. E. *The Poems and Psalms of the Hebrew Bible*. Oxford: Oxford University Press, 1994.

______. *Psalms Through the Centuries: Volume One*. Oxford: Blackwell, 2008.

Godfrey, W. R. *Learning to Love the Psalms*. Sanford, FL: Reformation Trust Publishing, 2017.

Goldingay, J. *Psalms*, 3 vols. Grand Rapids: Baker Academic Books, 2006-2008.

______. *Praying the Psalms*. Nottingham: Grove Books, 1993.

______. "The Dynamic Cycle of Praise and Prayer in the Psalms." JSOT 20 (1981): 85-90.

Goulder, M. D. "The Songs of Ascents and Nehemiah." JSOT 75 (1997): 43-58.

______. *The Psalms of Asaph and the Pentateuch: Studies in the Psalter, III*. JSOTSup. Sheffield: Sheffield Academic Press, 1996.

______. *The Psalms of the Sons of Korah*. JSOTSup. Sheffield: Sheffield Academic Press, 1983.

Graham, P. "Psalm 77: A Study in Faith and History." RQ 18.3 (1975): 151-58.

Gren, C. R. "Piercing the ambiguities of Psalm 45:7–8." TynBul 35 (1984): 65–89.

Grether, O. *Name und Wort Gottes im Alten Testament*. BZAW. Giessen: A. Topelmann, 1934.

Grogan, G. W. *Psalms*. THOTC. Grand Rapids: Wm. B. Eerdmans Publishers, 2008.

Gunkel, H. *The Psalms: a form-critical introduction*. Minneapolis, MN: Fortress Press, 1967.

______. *Introduction to Psalms: The Genres of the Religious Lyric of Israel*. Completed by J. Begrich and trans. by J. D. Nogalski. Macon, GA: Mercer University Press, 1998.

Gunnel, A. "'Walk,' 'Stand,' and 'Sit' in Psalm i 1–2." VT 32 (1982): 327.

Guthrie, H. H. *Israel's Sacred Songs: A Study of Dominant Themes*. New York: Seabury, 1966.

Haglund, E. *Historical Motifs in the Psalms*. Stockholm: CWK Gleerup, 1984.

Harmon, A. M. "Aspects of Paul's Use of the Psalms." WTJ 32 (1969): 1–23.

Harrisville, R. A. "Paul and the Psalms." Word and World 5 (1985): 168–79.

Hay, D. M. *Glory at the Right Hand: Psalm 110 in Early Christianity*. Nashville: Abingdon Press, 1973.

Hayes, E. "The Unity of the Egyptian Hallel: Psalms 113–18." BBR 9 (1999): 145–56.

Heineman, M. H. "An Exposition of Psalm 22." BibSac 147 (July 1990): 286–308.

Herbert, A. S. "Our Present Understanding of the Psalms." The London Quarterly & Holborn Review (January 1965): 25–29.

Holladay, W. L. *The Psalms through Three Thousand Years: Prayerbook of a Cloud of Witnesses*. Minneapolis, MN: Fortress Press, 1993.

Hossfeld, F.–L.; E. Zenger. *Psalms*, 3 vols. Hermeneia. Minneapolis, MN: Fortress Press, 2006–11.

Houston, W. "David, Asaph and the Mighty Works of God: Theme and Genre in the Psalm Collections. JSOT 68 (1995): 93–111.

Howard, D. M. *The Structure of Psalms 93-100*. Winona Lake, IN: Eisenbrauns, 1997.

Hurowitz, V. A. "Additional Elements of Alphabetical Thinking in Psalm XXXIV." VT 52.3 (2002): 326–333.

Hurvitz, A. "Wisdom Vocabulary in the Hebrew Psalter: A Contribution to the Study of 'Wisdom Psalms.'" VT 38 (1988): 41–51.

Hutton, R. R. "Cush the Benjamite and Psalm Midrash." HAR 10 (1986): 123–37.

Hyde, C. "The Remembrance of the Exodus in the Psalms." Worship 62 (1988): 404–14.

Jackson, J. J.; M. Kessler, eds. *Rhetorical Criticism: Essays in Honor of James Muilenburg*. Pittsburgh: Pickwick, 1974.

Janzen, J. G. "Another Look at Psalm XII 6." VT 54.2 (2004): 157–64.

Jenson, R. W. "Psalm 32." Interpretation 32 (1979): 172–76.

Jeremias, I. *Theophanie. Die Geschichte einer alttestamentiiche Gattung*. Neukirchen–Vluyn: Neukirchener Verlag, 1965.

Jinkins, M. "The Virtues of the Righteous in Psalm 37." Pp. 164–201 in *Psalms and Practice*. Ed. by S. B. Reid. Collegeville, MN: Liturgical Press, 2001.

Kaiser, W. C. "The Promise to David in Psalm 16 and its application in Acts 2:25–33 and 13:32–37." JETS 23.3 (Sept. 1980): 219–229.

Keel, O. *The Symbolism of the Biblical World: Ancient Near Eastern Iconography and the Book of Psalms*. New York: Seabury, 1978.

Kidner, D. *Psalms*, 2 vols. TOTC. Downers Grove, IL: InterVarsity Press, 1973–75.

Kirkpatrick, A. F. *The Book of Psalms*. Cambridge: Cambridge University Press, 1898.

Kistemaker, S. *The Psalms Citations in the Epistle of the Hebrews*. Amsterdam, 1961.

Klouda, S. L. "The Dialectical Interplay of Seeing and Hearing in Psalm 19 and Its Connection to Wisdom." BBR 10.2 (2000): 181–95.

Knight, G. A. F. *Psalms*, 2 vols. DSB. 1982–83.

Knight, L. C. "I Will Show Him My Salvation: The Experience of Anxiety in Meaning of Psalm 91." RQ 43.4 (2001): 280–92.

Kraus, H–J. *Psalms*, 2 vols. Trans. by H. C. Oswald. Minneapolis, MN: Augusburg Press, 1988–89.

______. *The Theology of the Psalms*. Trans. by K. Crim. Minneapolis: Augsberg, 1986.

Kselman, J. S. "Psalm 3: A Structural and Literary Study." CBQ 49 (1987): 572–80.

Kugel, J. L. "The Canonical Wisdom Psalms of Ancient Israel—Their Rhetorical, Thematic, and Formal Dimensions." Pp. 186–223 in *Rhetorical Criticism: Essays in Honor of James Muilenburg*. Ed. by J. J. Jackson and M. Kessler. Pittsburgh: Pickwick, 1974.

Kuntz, J. K. "Engaging the Psalms: Gains and Trends in Recent Research." CR 2 (1994): 77–106.

Kwakkel, G. *According to My Righteousness: Upright Behaviour As Grounds for Deliverance in Psalms 7, 17, 18, 26, and 44*. Leiden: Brill Academic Publishers, 2002.

Lacocque, A. "I Am Black and Beautiful." Pp. 162–71 in *Scrolls of Love: Ruth and the Song of Song*. Ed. by P. S. Hawkins and L. C. Stahlberg. New York: Fordham University Press, 2006.

Levenson, J. D. "A Technical Meaning for *n'm* in the Hebrew Bible." VT 35 (1985): 61–7.

Lewis, C. S. *Reflections on the Psalms*. San Diego: Harcourt Brace Jovanovich, 1959.

Limburg, J. *Psalms*. WBCom Louisville, KY: Westminster John Knox Press, 2000.

______. *Psalms for Sojourners*. Minneapolis, MN: Fortress Press, 2002.

______. "Who Cares for the Earth? Psalm 8 and the Environment." Word and World Supplement Series 1 (1992): 43–52.

Linton, O. "Interpretation of the Psalms in Early Church." Studia Patristica 4 (1961): 143–56.

Longman, T. *How to Read the Psalms*. Downers Grove, IL: InterVarsity Press, 1988.

______. "Psalm 98: a Divine Warrior Victory Song." JETS 27.3 (Sept. 1984): 267–74.

Luther, M. *Commentary on the First Twenty-Two Psalms*. Trans. by H. Cole. London: Simpkin & Marshall, 1826.

Maloney, L. "A Portrait of the Righteous Person." RQ 45.3 (2003): 151–64.

Mandolfo, C. *God in the Dock: Dialogic Tension in the Psalms of Lament*. JSOTSup. New York: Sheffield Academic Press, 2002.

Marlowe, W. C. "'Spirit of Your Holiness' in Psalm 51:3." TJ 19.1 (1998): 29-49.

Mathys, H. P. "Psalm CL." VT 50.3 (2000): 329-344.

Mays, J. L. *Psalms*. Interpretation. Louisville: Westminster John Knox Press, 1994.

______. *The Lord Reigns*. Louisville, KY: Westminster John Knox Press, 1994.

______. "Past, Present, and Prospect in Psalm Study." Pp. 147-56 in *Old Testament Interpretation: Past, Present, and Future: Essays in Honor of Gene M. Tucker*. Ed. by J. L. Mays et al. Nashville, TN: Abingdon Press, 1995.

______. "The David of the Psalms." Interpretation 40 (1986): 143-55.

McCann, J. C. "The Book of Psalms." Pp. 639-1280 in *New Interpreter's Bible*, vol. 4. Nashville, TN: Abingdon Press, 1995.

______. *A Theological Introduction to the Book of Psalms: The Psalms as Torah*. Nashville, TN: Abingdon Press, 1993.

McCann, C., ed. *The Shape and Shaping of the Psalter*. Sheffield Academic Press, 1993.

McConville, J. G. "Statement of Assurance in Psalms of Lament." IBS 8.2 (1986): 64-75.

McFall, L. "The Evidence For a Logical Arrangement of the Psalter." WTJ 62.2 (2000): 223-56.

Merrill, A. L. "Psalm XXIII and the Jerusalem Tradition.

Meyer, F. B. *The Shepherd Psalm*. Ross-shire: Christian Heritage: 2005.

Millard, M. *Die Komposition des Psalters. Ein formgeschichtlicher Ansatz: Die Komposition des Psalters*. Tübingen: Mohr Siebeck, 1994.

Miller, P. D. *Interpreting the Psalms*. Minneapolis, MN: Fortress Press,

1986.

Mitchell, D. *The Message of the Psalter. An Eschatological Programme in the Book of Psalms.* Sheffield: Sheffield Academic Press, 1997.

Mosca, P. G. "Psalm 26: Poetic Structure and the Form-Critical Task." CBQ 47 (1985): 21-37.

Mowinkel, S. *Psalms in Israel's Worship.* 2 vols. Trans. by D. R. Ap-Thomas. Nashville, TN: Abingdon Press, 1962.

Murphy, R. E. *The Gift of the Psalms.* Peabody, Mass.: Hendrickson, 2000.

______. *The Tree of Life: An Exploration of Biblical Wisdom Literature.* 3rd. ed.GrandRapids:Wm.B.EerdmansPublishers,2002.

Nasuti, H. P. "Historical Narrative and Identity in the Psalms." HBT 23.2 (2001): 132-53.

Nogalski, J. D. "Reading David in the Psalter: A Study in Liturgical Hemeneutics." HBT 23.2 (2001): 168-91.

Obenhaus, S. R. "The Creation Faith of the Psalmists." TJ 21.2 (2000): 131-42.

Ofosu, A. "BATACH in the Book of the Psalms." IBS 15.1 (1993): 23-38.

Ollenburger, B. C. *Zion, the City of the Great King. A Theological Symbol of the Jerusalem Cult.* Sheffield: Sheffield Academic Press, 1987.

Osgood, H. "Dashing The Little Ones Against The Rock." PTR 1.1 (1903): 23-37.

Parsons, G. W. "Guidelines for Understanding and Proclaiming the Psalms. BibSac. 147 (1990): 169-187.

Patterson, R. D. "A multiplex approach to Psalm 45." GTJ 6.1 (Spring 1985): 29-48.

______. "Psalm 22: from trial to triumph." JETS 47.2 (June 2004): 213–33.

Patton, C. L. "Psalm 132: A Methodological Inquiry." CBQ 57.4 (1995): 643–54.

Perdue, L. G. *Wisdom Literature: A Theological History*. Louisville, KY: Westminster John Knox Press, 2007.

______. "'Yahweh Is King over All the Earth': An Exegesis of Psalm 47." RQ 17.2 (1974): 85–98.

Perdue, L. G., G. B. Scott, W. J. Wiseman, eds. *In Search of Wisdom*. Louisville, KY: Westminster John Knox Press, 1993.

Perowne, J. J. S. *The Book of Psalms: A New Translation with Introductions and Notes Explanatory and Critical*. George Bell and Sons, 1878.

Pettegrew, L. D. "Is There Knowledge of the Most High? (Psalm 73:11)." MSJ 12.2 (Fall 2001): 133–48.

Pfeiffer, C. F. "Lothan (Gen 36:20) and Leviathan (Psalm 104:26)." EQ 32.4 (1960): 208–11.

Rendtorff, R. "The Concept of Revelation in Ancient Israel." Pp. 25–53 in *Revelation as History*. Ed. by C. Pannenberg. London: Macmillan, 1969.

Ridderbos, H. N. *Die Psalmen*, 2 vols. Berlin: de Gruyter, 1972.

Rohland, E. Die Bedeutung der Erwählungstraditionen Isarel für die Eschatologie der alttestamentlichen Propheten. Heidelberg: dissertation, 1956.

Roberts, J. J. M. "God's Imperial Reign According to the Psalter." HBT 23.2 (2001): 211–21.

Ross, A. P. *A Commentary on the Psalms*. 3 vols. Kregel Exegetical Library. Grand Rapids: Kregel Publishing, 2011–16.

Sabourin, L. *The Psalms, Their Origin and Meaning*. New Edition. New York: Alba House, 1974.

Sakenfeld, K. D. *The Meaning of Hesed in the Hebrew Bible: A New Inquiry*. Eugene, OR: Wipf & Stock Publishers, 2002.

Sanders, J. A. *The Dead Sea Psalms Scroll*. Ithaca, NY: Cornell University Press, 1967.

Sarna, N. M. *Songs of the Heart*. New York: Schocken, 1993.

Sasson, V. "The Language of Rebellion in Psalm 2 and the Plaster Texts from Deir Alla."AUSS 24.2 (Summer 1986): 147–54.

Sawyer, J. F. A. "An Analysis of the Context and Meaning of the Psalm–Headings." Pp. 26–38 in *Transactions of the Glasgow University Oriental Society* 22 (1967–68).

Schaeffer, K. *Psalms*. BO. Collegeville, MN: Liturgical Press, 2001.

Schroeder, C. "A Love Song: Psalm 45 in the Light of Ancient Near Eastern Marriage Texts." CBQ 58.3 (1996): 417–32.

Seybold, K. *Introducing the Psalms*. Trans. by G. Dunphy. Edinburgh: T & T Clark, 1990.

Shalom, P. "Psalm XXVII 10 and the Babylonian Theodicy." VT 32 (1982): 489–92.

Sharrock, G. E. "Psalm 74: A Literary–Structural Analysis." AUSS 21.3 (Autumn 1983): 211–223.

Slomovik, F. "Toward an Understanding of the Formation of the Historical Titles in the Book of the Psalms." ZAW 91 (1979): 350–81.

Smick, E. B. "Mythopoetic Language in the Psalms." WTJ 44 (1982): 88–98.

Smith, M. S. *Psalms: The Divine Journey*. Mahwah, NJ: Paulist Press,

1987.

Smith, T. L. "A Crisis in Faith: An Exegesis of Psalm 73." RQ 17.3 (1974): 162–84.

Snaith, N. H. "Selah." VT 2 (1952): 43–56.

Tappy, R. "Psalm 23: Symbolism and Structure." CBQ 57.2 (1995): 255–80.

Tate, M. E. *Psalms 51-100*. WBC. Waco, TX: Word, 1991.

Terrien, S. ECC. Grand Rapids: Wm. B. Eerdmans Publishers, 2002.

Tesh, S. E., W. D. Zorn. *Psalms*, 2 vols. The College Press NIV Commentary. Joplin, Mon.: College Press Publishing Company, 1999–2004.

Thirtle, J. W. *The Titles of the Psalms; Their Nature and Meaning Explained*. 2nded.NewYork:HenryFrowde,1905.

Thomas, M. "Psalm 1 and 112 as a paradigm for the comparison of wisdom motifs in the Psalms." JETS 29.1 (March 1986): 15–24.

Tidball, D. "Song of the Crucified One: The Psalms and the Crucifixion." SBJT 11.2 (Summer 2007): 48–61.

Torrance, T. F. "The First of the Hallel Psalms." EQ 27.1 (1955): 36–41.

______. "The Last of the Hallel Psalms." EQ 28.2 (1956): 101–08.

Towns, E. L. *The Ultimate Guide to the Names of God: Three Bestsellers in One Volume*. Elgin, IL: Regal Books, 2014.

Travers, M. *Encountering God in the Psalms*. Grand Rapids: Kregel Publishing, 2003.

Treves, M. "The Date of Psalm 24." VT 10 (1960): 428–37.

Tsevat, M. *A Study of the Language of Biblical Psalms*. JBLMS. Philadelphia: Society of Biblical Literature, 1955.

Tucker, W. D. "Revisiting the Plagues in Psalm cv." VT 55.3 (2005): 401–12.

Tucker, W. D., J. A. Grant. *Psalms, vol.2*. NIVAC. Grand Rapids: Zondervan, 2018.

VanGemeren, W. "Psalms." Pp. 1–880 in *Expositor's Bible Commentary*, vol. 5. Grand Rapids: Zondervan, 1991.

Vogt, E. "'The Place in Life' of Psalm 23." Biblica 34 (1953): 195–211.

Von Rad, G. *Old Testament Theology*, 2 vols. San Francisco: Harper & Row, 1965.

_____. *Wisdom in Israel*. New York: Bloomsbury Publishing, 1993.

Vos, J. G. "The Ethical Problem of the Imprecating Psalms." WTJ 4 (1992): 123–38.

Waltke, B. K. "A Canonical Process Approach to the Psalms. Pp. 3–18 in *Tradition and Testament: Essays in Honor of Charles Lee Feinberg*. Ed. by J. S. Feinberg and P. D. Finberg. Chicago: Moody Press, 1981.

Walton, J. H. "Psalms: A Cantata about the Davidic Covenant." JETS 34.1 (March 1991): 21–31.

Ward, M. J. "Psalm 109: David's Poem of Vengeance." AUSS 18.2 (1980): 163–68.

Watts, J. D. W. "Yahweh Malak Psalms." TZ 21 (1965): 341–48.

Weiser, A. *Psalms*. OTL. Louisville, KY: Westminster John Knox Press, 1962.

Westermann, C. *The Psalms: Structure, Content and Message*. Philadelphia: Augsburg Press, 1980.

_____. *The Living Psalms*. Grand Rapids: Wm. B. Eerdmans Publishers, 1989.

_____. *The Praise of God in the Psalms*. Trans. by K. Crim. Richmond: John Knox Press, 1965.

Whybray, N. *Reading the Psalms as a Book*. JSOTSup. Sheffield: Sheffield Academic Press, 1996.

Wilcock, M. *The Message of Psalms*, 2 vols. BST. Downers Grove, IL.: InterVarsity Press, 2001.

Wildberger, H. *Isaiah 1-12*. CC. Trans. by T. H. Trapp. Minneapolis, MN: Fortress Press, 1991.

Williams, D. M. *Psalms,* 2 vols. CC. Waco, TX: Word, 2000.

Willis, J. T. "Psalm 1: An Entity." ZAW 9 (1979):381–401.

Wilson, G. H. *Psalms,* vol. 1. NIVAC. Grand Rapids: Zondervan, 2003.

_____. *The Editing of the Hebrew Psalter*. Chico, CA: Scholars Press, 1985.

_____. "Evidence of Editorial Divisions in the Hebrew Psalter." VT 34 (1984): 337–52.

_____. "The Use of 'Untitled' Psalms in the Hebrew Psalter." ZAW 97 (1985): 404–13.

Young, E. J. "The Background of Psalm 139." BETS 8.3 (Summer 1965): 101–110.

Zemek, G. J. "Grandeur and Grace: God's Transcendence and Immanence in Psalm 113." MSJ 1.2 (Fall 1990): 129–48.

Zenger, E. *A God of Vengeance? Understanding the Psalms of Divine Wrath*. Trans. by L. M. Maloney. Louisville, KY: Westminster John Knox Press, 1996.

_____. "New Approaches to the Study of the Psalms." Proceedings of the Irish Biblical Association 17(1994): 37–54.

시편

복 있는 사람은 악인들의 꾀를 따르지 아니하며
죄인들의 길에 서지 아니하며
오만한 자들의 자리에 앉지 아니하고
오직 여호와의 율법을 즐거워하여
그의 율법을 주야로 묵상하는도다
그는 시냇가에 심은 나무가 철을 따라 열매를 맺으며
그 잎사귀가 마르지 아니함 같으니
그가 하는 모든 일이 다 형통하리로다
악인들은 그렇지 아니함이여
오직 바람에 나는 겨와 같도다
그러므로 악인들은 심판을 견디지 못하며
죄인들이 의인들의 모임에 들지 못하리로다
무릇 의인들의 길은 여호와께서 인정하시나
악인들의 길은 망하리로다

(1:1–6)

여호와는 나의 목자시니
내게 부족함이 없으리로다
그가 나를 푸른 풀밭에 누이시며
쉴 만한 물가로 인도하시는도다
내 영혼을 소생시키시고
자기 이름을 위하여 의의 길로 인도하시는도다
내가 사망의 음침한 골짜기로 다닐지라도
해를 두려워하지 않을 것은
주께서 나와 함께하심이라
주의 지팡이와 막대기가 나를 안위하시나이다
주께서 내 원수의 목전에서 내게 상을 차려 주시고
기름을 내 머리에 부으셨으니
내 잔이 넘치나이다
내 평생에 선하심과 인자하심이 반드시 나를 따르리니
내가 여호와의 집에 영원히 살리로다
(23:1–6)

시편은 고대 이스라엘의 삶에서 두 가지 기능을 발휘한 시/노래들을 모아 놓은 선집이다. 첫째, 시편은 하나님의 말씀으로 이스라엘 공동체를 선택하고 사랑하신 창조주의 끊임없는 위로와 격려뿐 아니라 그들을 다스리시는 신적 왕(divine king)의 뜻을 밝혀주는 계시다. 모세의 인도 아래 이집트를 탈출한 이스라엘은 시내 산에서 하나님의 백성이 되었고, 하나님은 그들의 왕이 되셨다. 세월이 지나면서 시편은 이 신적 왕의 뜻과 위로를 백성에게 알려주는 가장 확실한 통로가 되었다.

둘째, 시편은 제사법과 함께 이스라엘의 예배 의식(liturgy)의 가장 중요한 부분이었다. 인생의 사계절을 노래하는 시편은 함께 예배를 드리는 공동체나 홀로 예배의 재단을 쌓는 사람이 끊임없이 하나님께 부른 찬양과 통곡이자 기도였다(cf. Bonhoeffer). 이런 면에서 시편은 폰라트(von Rad)가 말한 것처럼 하나님의 임재 앞에 서 있는 이스라엘의 모습이었다("Israel in the presence of Yahweh").

시편이 이스라엘의 예배와 신학과 윤리와 신앙에 미친 영향은 실로 대단했으며(Gillingham), 기독교 전통에도 막대한 영향을 미쳤다(Brueggemann & Bellinger). 최후의 만찬 후 예수님과 제자들은 '찬미하며' 감람산으로 향했다(막 14:26). 유태인들은 유월절이 되면 할렐루야 시편들로 알려진 115−118편을 노래하며 묵상했던 것이 전통이었다는 점을 감안하면, 예수님과 제자들이 부른 노래들은 분명 시편이었을 것이라는 점이 거의 모든 학자들의 추측이다.

시편은 당시의 종교를 '개혁'하셨던 예수님에 의해 불려졌을 뿐만 아니라 1500년 후 종교를 개혁했던 루터(Luther)에게도 많은 용기와 위로를 주었다. 특히 그의 "내 주는 강한 성이요…"로 시작하는 찬송가 384장은 시편 46편에 바탕을 둔 것이며, 오늘날에도 매년 10월 말이면 세계 곳곳에서 종교개혁을 기념하며 불리는 찬양이다. 시편이 담고 있는 다양한 진리와 메시지에 감격한 루터는 시편을 '작은 성경책'이라고 불렀다.

예수님의 개혁정신을 이어받은 많은 순교자들의 육체가 믿음 때문에 불길에 휩싸일 때, 목에 칼이 들어올 때, 마지막 호흡이 물거품과 섞일 때 가장 많이 노래로 부른 성경구절이 시편이었다. 다음 말씀은 예수님이 십자가에서 최후를 맞이하며 하나님께 부르짖으신 절규이기도 하다(눅 23:46). 어떤 말씀인가? 바로 시편 31:5이다. "내가 나의 영을 주의 손에 부탁하나이다." 이후 수많은 찬송가와 복음성가가 시편 말씀을 직접 인용해 저작되었다. 시편은 우리 예배에서 결코 떼어놓을 수 없는 매우 중요한 부분이다.

뿐만 아니라 매주 많은 교회에서 읽혀지는 교독문의 상당 부분도 시편을 인용한 것들이다. 초대 교회 교부 모수에스티아의 데오도르(Theodore of Mopsuestia)는 "대부분 사람들이 성경에 대해 아는 것이 아무것도 없다. 그러나 시편만큼은 이 노래를 마음에 새긴 이들에 의하여 집에서, 거리에서, 시장에서 불리고 있으며, 그들은 시편을 낭송할 때마다 하나님의 음률이 그들의 마음을 치유하고 소생시키는 것을 느낀다"고 기록했다(cf. Kraus). 그만큼 시편은 하나님을 사랑하는 성도들의 삶에 가까이 와 있었다.

교회는 시편이 성도들에게 매우 유익하지만, 사역자를 세우는 일에도 매우 중요하다고 생각했다. 주후 458-471년에 콘스탄티노플의 총대주교(Patriarch of Constantinople)를 지낸 겐나디우스(Gennadius)는 시편을 열심히 외우고 묵상하지 않은 사람은 사제 안수를 주지 않았다고 한다(Kirkpatrick). 니케아 회의(Council of Nicaea, 주후 587년)는 시편을 익히 알지 못하는 사제를 감독(bishop)으로 세우는 일을 금했다. 제8차 톨레도 회의(8th Council of Toledo, 주후 653년)는 시편 150편을 완벽하게 아는 사람들만 교회 직분자들로 세우도록 했다(Kirkpatrick). 교회에서 예배와 묵상을 인도하는 사람이 성도들의 영적 지도를 위하여 시편을 아는 것은 더할 나위 없이 중요하다고 생각했기 때문이다.

1. 시편과 이스라엘

시편이 이스라엘 공동체와 이 공동체에 속했던 사람들에게 끼친 영향은 이루 말로 표현할 수 없을 정도로 많다(cf. Gillingham). 그러므로 학자들도 시편과 이스라엘 공동체와 개인의 관계를 여러 측면에서 연구해 왔다. 이 섹션에서는 학자들이 시편과 연관하여 연구한 주요 주제들을 간추려서 살펴보고자 한다.

(1) 시편과 지혜문학

시편과 지혜문학은 문체적으로 시가체라는 공통적인 장르를 지니고 있을 뿐만 아니라 언급하고 있는 주제에 있어서도 많은 연관성을 지니고 있다. 이들 중에서도 창조신학, 의인과 악인의 대조, 하나님은 인간의 선행과 악행에 대하여 적절한 응보를 받게 하신다는 점 등은 특별한 위치를 차지한다(cf. Ballard & Tucker). 심지어 상당 수의 시편들은 아예 지혜시로 분류되기도 한다(1, 14, 15, 19, 31, 36, 37, 49 등등, cf. Clayton, Crenshaw, Dell). 그만큼 시편은 지혜문학과 밀접한 관계를 유지하고 있다(Klouda, Thomas).

시편과 지혜문학의 밀접한 관계는 어디서 비롯된 것일까? 대체적으로 학자들은 시편과 지혜문학을 수집하고 편집한 사람들이 긴밀한 관계를 유지했기 때문이라고 생각한다(Perdue, cf. Ballard & Tucker). 시편을 모은 사람들은 성전 서기관/기록자 역할을 감당했던 제사장들(כהנים)로 추정되며, 지혜문학을 수집한 사람들은 왕궁에서 왕족 자녀들의 교육과 여러 가지 기록을 정리했던 왕궁 서기관/기록자(ספרים)였다(cf. Crenshaw, Murphy). 이들은 서로 가까운 곳에서 활동했으며 점차적으로 성전 제사장들은 왕궁 서기관들의 지혜에 대한 통찰을 시편 기도문에 도입했다.

(2) 시편과 이스라엘의 역사

폰라트(von Rad)에 의하면 여호와께서는 이스라엘 역사에 두 차례 매우 특별하게 개입하셨으며 이 사건들을 통해 자기 백성들의 구원의 기초를 세우셨다. 첫 번째 사건인 시내 산 언약을 통해 하나님은 이스라엘을 자기 백성으로 삼으셨고 그들에게 거할 땅을 허락하셨다(cf. Barré, Hyde). 두 번째 사건인 다윗 언약(cf. 삼하 7장)을 통해 하나님은 다윗과 그의 왕권을 택하시어 이스라엘 역사에서 첫 번째 사건(시내 산 사건)과 버금가는 전통을 확립하셨다(cf. Cooper, Mays, Nogalski, Walton). 하나님은 이 두 사건을 통해 그의 특별한 구속적인 사랑을 이스라엘에게 표현하신 것이다.

시편은 하나님의 이 같은 놀라운 구속적인 은혜를 체험한 이스라엘이 잠잠히 있지 않았다는 사실을 증명한다. 이스라엘 사람들은 시편을 통해 이 두 사건을 거듭 회상하고 기념하며 하나님의 구원 사역을 찬양했다. 특히 '역사시'들(historical psalms)은 이스라엘의 역사에 개입하시고 그들을 인도하신 하나님을 찬양했다(cf. Haglund, Nasuti). 또한 이스라엘은 새 노래들을 통해 꾸준히 여호와의 이스라엘을 향한 놀라운 사역을 기념했다. 이런 면에서 생각할 때 시편은 우리가 구약에서 찾아 볼 수 있는 가장 뚜렷한 이스라엘의 케리그마(kerygma, 선포)라 할 수 있을 뿐만 아니라, 그들이 과거에 체험했던 하나님의 구원의 역사를 회상하는 도구였다(cf. von Rad, Westermann).

이스라엘은 옛적에 경험한 여호와의 놀라운 구원의 은혜를 근거로 완전히 새로운 하나님과의 관계를 구축했다(von Rad). 그들은 하나님께 찬양을 드렸을 뿐만 아니라 주님께 질문을 하기도 하고, 때로는 자신들의 고통과 아픔에 대하여 하나님께 탄원하기도 했다. 이 같은 자세는 인간은 단순히 신들의 필요를 채우기 위하여 창조된 노예들에 불과하다던 고대 근동의 정서에 비추어볼 때, 매우 이례적인 태도라 할 수 있다. 그들이 이처럼 담대하게 하나님께 나아갈 수 있었던 것은 무엇보다도 그들의 신앙 때문이었다(Kraus). 이스라엘은 여호와께서 자신들을 택하신 이유는 단순히 주님의 놀라운 능력을 온 세상에 과시하기 위해서가 아니라 그의 백성과 인격적인 교제를 하기 위해서라고 믿었다.

시편은 분명 옛 이스라엘 공동체와 개인이 하나님께 드렸던 노래와 기도다. 또한 그들의 기도와 노래는 하나님이 그들의 삶에서 베풀어 주신 구원과 은혜에 대해 드리는 반응이었을 뿐만 아니라, 주님이 과거에 하셨던 말씀과 행위에 대한 반응이기도 하다. 즉, 이스라엘은 시편을 통해 하나님과 우리—당신(We-Thou) 관계의 기초를 성립시켰던 것이다(von Rad). 이스라엘은 이 관계를 통해 자신들의 정체성을 새롭게 정리했다. 이스라엘은 자신들이 여호와께 영광을 돌리기 위하여 존재한다는 사실을 의식했던 것이다. "여호와여 영광을 우리에게 돌리지 마옵소서 우리에게 돌리지 마옵소서 오직 주의 인자하심과 진실하심을 인하여 주의 이름에 돌리소서"(시 115:1).

이러한 이해는 이스라엘의 삶에 새로운 면모를 더했다. 이스라엘이 여호와와 인격적인 관계를 유지하는 한 고통과 아픔을 포함한 그들의 모든 체험이 하나님께 드려지는 찬양과 기도의 한 부분으로 승화되었다(Westermann). 그러므로 이스라엘의 찬양은 여호와께 영광(כָּבוֹד)을 돌리는 것을 의미했으며(29:1), 기도는 자신의 육체적, 정신적 능력과 고통을 여호와께 의뢰한다는 의미를 지녔다(Kraus).

위와 같은 이유로 인하여 시편은 이스라엘의 특별한 사랑을 받은 책이다. 쿰란(Qumran)에서 발견된 사해 사본들 중에 시편 사본 조각의 숫자가 가장 많다(cf. Flint, Sanders). 쿰란 공동체는 구약의 그 어느 책보다도 시편을 더 많이 읽고 묵상하며 즐겼다(Flint & Miller). 구약성경이 주전 3세기 초에 알렉산드리아에서 칠십인역(LXX)으로 번역된 이후 구약성경책들 중에 헬라어 번역본이 가장 많은 책이 시편이라는 점도 유태인들에게 시편이 얼마나 소중한 책이었는가를 암시한다(Beckwith). 오늘날에도 성도들이 소지하고 다니며 읽기에 편리하도록 성경의 일부만을 책으로 제작해 놓은 '쪽성경' 중 시편이 가장 많이 팔린다는 사실을 감안하면 시편은 옛 이스라엘 사람들뿐만 아니라 우리 크리스천들에게도 매우 특별한 책이다.

(3) 시편과 성도의 삶

시편이 이처럼 성도들의 삶에 가까이 다가와 있는 것은 무엇 때문일까? 가장 큰 이유는 시편이 언급하는 주제들이 매우 다양하여 우리 인생의 사계절을 찬송과 탄식의 노래로 승화시키는 효과를 지니고 있기 때문일 것이다. 시편은 그 자체가 "작은 성경책이다. 시편 안에는 성경의 모든 것이 짤막하게 요약되어 있다. 이 책은 진정으로 성도들을 위한 안내서(handbook)다"(Luther). 또한 시편에는 "인간의 영생에 관한 모든 것이 수록되어 있다"(Calvin). 그리고 시편이 우리에게 가까이 다가오는 가장 큰 이유는 이 책에 기록된 글들이 무엇보다도 '인간의 기도들' 이기 때문이다(Bonhoeffer, cf. Lewis).

시편은 인간이 직면하고 있는 '원초적 위협'(primordial threat to man)으로부터 우리를 보호한다(Kerenyi). 인간이 직면하고 있는 원초적 위협은 무엇인가? 바로 '종교'다. 케레니는 "종교는 하나님과 인간 사이에 존재하며 끝에 가서는 그 무엇으로도 대신할 수 없는 것(irreplaceable)의 자리를 차지한다"고 경고한다(cf. Lacoque). 종교가 뿌리를 내리면 '하나님 앞'(Coram Deo)에 서는 것은 약화되고, 그 자리는 반복적이고 기계적인 종교예식/의식이 차지하게 되기 때문이다(cf. Kraus). 시편은 꾸준히 독자들에게 하나님 앞에 설 수 있는 기도와 자세를 제시하여 하나님을 경배하는 이들이 이 위험에서 탈피하도록 도와준다.

시편은 인간이 하나님과 영적 '교류'(communion)를 갈망하며 드리는 기도들이다. 특히 주목할 만한 것은 '탄식시'는 백성이 그들의 하나님께 드리는 불평이라는 사실이다. 주의 백성들은 '탄식시'를 통해 자신들의 불운을 슬퍼하며 하나님이 아름답고 선하게 창조하신 세상에 존재하는 악에 대하여 설명하며, 창조주께서 자신의 창조 섭리의 일부가 아닌 이 악들을 제거해 주시기를 소원한다. 이러한 '기도시'에는 하나님께 "당신의 말씀대로 신실해 주십시오"라는 성도들의 갈망이 섞여 있다(VanGemeren). 성도들의 신앙은 '탄식시'들을 통해 아픈 현실에 대하여 하나님께 소리치고 있으므로 이 시들은 하나님을 향한 불신이 아니라 신뢰의 표현이다(Brueggemann).

시편은 성도들이 하나님을 그리워하며 드리는 찬양이며, 이 찬양을 통해 다른 사람들도 하나님에 대한 같은 그리움을 가지도록 유도한다. "오, 주여…"(3:1), "하나님, 제가 부르짖을 때 응답하소서"(4:1), "저의 말에 귀를 기울이소서"(5:1) 등등은 찬양/기도하는 사람과 그 찬양을 들으시는 하나님 사이에 매우 밀접한 관계를 전제하고 있는 표현들이다.

이스라엘은 과거에 있었던 하나님의 구원사역을 찬양했다. 창조, 출애굽, 가나안 정복, 다윗의 삶, 전쟁에서의 승리, 바빌론 포로생활에서 회복된 것 등. 그러나 이스라엘의 찬양은 그 기능이 과거에 하나님이 그들과 그들의 조상들에게 베풀어 주신 은혜를 기념하는 데 국한되어 있지 않다. 그들은 과거에 은혜를 베풀어 주신 하나님을 찬양함으로써 여호와께서 그들의 현실(현재)에서도 새로이 활동해 주시기를 갈망했다(Haglund). 이스라엘의 찬양은 하나님이 과거에 베푸셨던 구원을 다시 베풀어 달라는 염원을 내포했던 것이다. 이러한 차원에서 이스라엘의 '찬양시'들은 과거와 미래를 새끼줄 꼬듯이 꼬고 있다고 할 수 있다.

또한 아무리 조그마한 일이라도 하나님이 베푸신 선처라면, 그것은 하나님이 마지막 때 이루시겠다고 약속하신 일들이 성취될 가능성을 한층 더 높여 준다고 생각했다. 과거와 현재에 임한 하나님의 은혜는 미래 일에 대한 보증수표 역할을 하는 것이다. 그러므로 시편은 성도의 삶에서 과거와 미래를 잇는 징검다리 역할을 했다.

시편은 성도들로 하여금 새로운 공의(justice)와 정의(righteousness), 더없는 기쁨(bliss)으로 가득한 하나님의 나라에 대한 소망을 갖게 한다(Kraus). 폰라트(von Rad)는 구약의 소망은 시편에 그 뿌리를 내리고 있다고 주장한다. 미래에 대한 소망은 하나님을 체험적으로 이해하게 하는 활력소가 되며, 하나님에 대한 체험은 묵상신학(devotional theology)의 기초가 된다는 것이다. 이 묵상신학은 하나님의 백성에게 그분의 임재에 대한 갈망을 더욱더 높여 준다. 그러므로 시편을 기초로 하고 있는 구약의 소망은 하나님을 체험적으로 만날 수 있도록 해주는 활력소가 된다(cf. Day).

시편은 하나님의 임재를 갈망하는 성도들에게 개별적인 하나님의 음성을 들려준다. 그동안 시편이 마치 각 개인의 체험에는 전혀 개의치 않고 이스라엘 공동체의 공통적인 체험만을 언급하고 있다고 주장한 학자들이 있었다(Mowinkel, cf. Firth). 이러한 분위기가 조성된 것은 구약학자들의 책임이며 매우 불행한 일이다(VanGemeren). 시편은 공동체 예배뿐만 아니라 각 성도의 개인적인 묵상과 체험도 매우 중요시한다(cf. Alter). 또한 시편은 각 성도들을 개인적으로 상담하는 데 커다란 기여를 한다. "시편의 치유력은 상징적인 구조를 통해 그 어느 『상담학』 교과서도 언급하지 않는 상담자의 자각(consciousness)에 접근한다. 시편은 상담자의 마음에 말하여, 그 마음을 변혁시키는 것이다"(Meyer). 성도들은 시편을 통해 하나님의 음성을 듣고 그분의 임재를 체험한다.

(4) 시편과 이스라엘의 종교적 절기

20세기 구약학계에, 특히 시편 연구에 가장 많은 영향을 끼친 학자들은 궁켈(H. Gunkel)과 그의 제자 모빙클(S. Mowinckel)이었다. 궁켈은 양식 비평의 선구자로서 시편을 양식/형태에 따라 분류하는 작업을 했다(cf. 시편 구분). 그는 또한 각 시편이 취하는 양식에 대한 '삶의 정황'(*Sitz im Leben*)을 제시했다. 모빙클은 스승의 이러한 노력을 바탕으로 시편의 거의 모든 시가 이스라엘의 종교 축제(festival)에 사용된 것들이라고 주장했다. 그에 의하면 이스라엘의 삶에서 가장 중요한 두 축제는 '가을 추수 축제'(Fall Harvest Festival)와 '신년 축제'(New Year Festival)였으며, 이 두 축제의 하이라이트는 여호와의 즉위식(Enthronement of Yahweh Festival)이었다. 이러한 모빙클의 주장은 가정(假定)에 불과했다. 그러나 그가 이 가설을 제시한 후 시편학계는 이 두 학자들의 연구와 가설로부터 엄청난 영향을 받았다.

2. 시편의 선집적 성향

몇몇 시편들은 이렇다 할 표제가 전혀 없는 상태에서 우리에게 전수되었지만(cf. 1편), 많은 시편들이 표제에 '다윗의 시'(מִזְמוֹר לְדָוִד)라는 문구를 포함하고 있다. 그러나 정확히 무슨 뜻일까? 히브리어 전치사 לְ처럼 다양한 의미를 지니고 있는 단어도 흔하지 않다. 이를 우리말로 해석하면 "…에게, …을 위하여, …에 의하여, …안에, …근처에, …의, …에 대하여, …으로부터, …동안"(to, for, by, in, at, of, about, from, while) 등 그 뜻이 너무나도 광범위하다. 그러므로 '다윗의 시'(מִזְמוֹר לְדָוִד)라는 말에 근거해서 이 문구를 표제에 포함하고 있는 시들은 모두 다윗이 저작했다고 주장하는 것은 무리일 수밖에 없다(cf. Slomovik, Thirtle). 이 히브리어 표현은 '다윗이 저작한 시', '[다른 사람이] 다윗을 기념하면서 지은 시', '다윗에 관한 시', '다윗을 위한 시', '다윗 시대 때 저작된 시', '다윗으로부터 유래된 [그러나 다른 사람이 정리한] 시', '다윗에게 봉헌한 시' 등등 매우 다양한 의미로 해석될 수 있기 때문이다(cf. Brueggemann & Bellinger, Ross).

또한 여러 시편들이 다윗이 아닌 다른 사람들의 이름을 포함하고 있다. 게다가 각 사람/주제와 연관된 시들이 책 곳곳에서 산발적으로 발견되는 것이 아니라, 몇 편씩 묶여서 함께 발견된다. 이러한 현상이 150편에 이르는 시편의 순서가 어떠한 의도/목적에 따라 편집되었다는 최근 학계 동향의 근간이 되었다. 다음을 참조하라(Bellinger & Brueggemann).

다윗 모음집	3–41, 51–72, 138–145편
고라 자손 모음집	42–49, 84–85, 87–88편
엘로힘 모음집	42–83편
아삽 자손 모음집	73–83편
순례 모음집	120–134편

이미 언급한 것처럼 '다윗의 시'라는 표현이 항상 다윗의 저작권을 주장하는 말이 될 수는 없다. 하지만 시편의 구조와 책이 전하고자 하는 메시지와 연관하여 다윗의 중요성은 인정해야만 한다. 총 150편의 시들 중에서 73편이 다윗과 연관된 표제를 지니고 있다. 뿐만 아니라 이들 중 13편은 다윗의 생애의 구체적인 순간을 지목한다. 그러므로 일부 학자들은 시편 속의 다윗을 메시아적 원형(messianic prefigure)으로 간주하기도 한다(cf. Durham, Nogalski, Walton). 여러 시편 표제들에 언급된 다윗의 삶의 정황과 그의 일생을 그리고 있는 사무엘서의 관계는 다음 도표를 참고하라. 다음 도표에서 암시되는 점은 이 시편들을 다윗의 삶과 연관시킨 시편 편집자(들)은 150편에 이르는 시편의 순서를 다윗의 삶에서 일어난 일들의 순서에 따라 정리하지 않았다는 사실이다. 시편도 여느 구약 정경처럼 저작된 연대나 반영하고 있는 사건들의 역사적인 순서를 고려하지 않고 각 노래의 순서가 정해진 것이다(cf. Bullock, Wilson).

시 3	삼하 15:1–31
시 7	삼하 16:5–9, 20:1
시 18	삼하 22:1–51
시 34	삼상 21:10–15 (그러나 아비멜렉이 아니라 아기스)
시 51	삼하 11:1–12:14
시 52	삼상 22:6–23
시 54	삼상 23:14–24, 26:1
시 56	삼상 21:11–16, 27:1–4(이 두 곳에서 다윗이 블레셋에게 잡히지는 않음)
시 57	삼상 22:1; 24:1–7

시 59	삼상 19:11–17
시 60	삼하 8:13–14, 10:15–20; 왕상 11:15–16
시 63	삼상 23:14, 24:1, 삼하 15:1–16:14
시 142	삼상 22:1, 24:1–7

시편은 한 권의 책이 아니며 총 다섯 권으로 구성되어 있다. (1)1–41편, (2)42–72편, (3)73–89편, (4)90–106편, (5)107–150편. 이 다섯 권 중 제5권을 제외한 나머지 책들은 모두 "여호와를 찬송할지로다"와 같은 내용의 송영(頌榮; doxology)으로 마무리되며 '아멘'으로 마침표를 찍는다(41:13, 72:18–20, 89:52, 106:48, 145:21). 시편 145–150편은 시편 전체를 다섯 번 반복하는 송영으로 마무리한다. 그러나 시편을 형성하고 있는 다섯 권의 관계가 어떤 것인가는 명확하게 드러나고 있지 않으며 아직도 학자들 사이에 논쟁이 되고 있다(cf. Anderson, Creach, Wilson). 각 권이 어떤 관계를 가지고 있는가에 대해 논할 때에는 다음 현상들을 참조하라.

제1권의 일원인 14편과 40편의 일부가 거의 동일한 모습으로, 제2권에서 시편 53편과 70편으로 등장한다. 가장 큰 차이점이라면 14편과 40편은 하나님의 성호를 '여호와'(יְהוָה)로 부르고 있으며, 53편과 70편은 '하나님'(אֱלֹהִים)이라 부르고 있다. 이러한 특징은 제1권과 제2권의 차이점이기도 하다. 즉, 제1권(1–41편)은 '여호와'라는 이름을 즐겨 사용하며, 제2권(41–72편)은 '하나님'이란 성호를 즐겨 사용하는 성향을 보인다. 그래서 학자들은 '하나님'이란 성호를 여호와라는 이름보다 더 많이 사용하는 42–83편을 '엘로힘 성향의 시편'(Elohistic Psalter)이라고 부르기도 한다(cf. Clines, Creach).

시편 1편과 2편을 제외한 제1권의 모든 시들이 표제에 다윗의 이름을 포함하고 있다. 또한 1편과 2편은 하나의 시였을 것으로 이해하는 학자들이 많다(cf. Craigie). 이 두 시편이 하나가 되어 책 전체에 대하여 소개하고 있으며, 독자들에게 시편을 묵상하도록 초청하는 기능을 담당하고 있는 것으로 해석된다(cf. Brueggemann & Bellinger). 다만 차이점이라면 시편 1편은 독자들에게 개인적인 초청을 하고 있으며, 시편 2편은 국제적인(범세계적인) 차원에서 여호와를 기념할 것을 권면한다. 시편의 최종 편집자(들)는 이 책이 개인적으로 읽혀질 것과 국가적(공동체적)으로 읽혀질 것을 전제하고 있는 것이다(Limburg).

제1권에 기록된 시들 대부분이 그렇듯 제2권을 구성하고 있는 시들의 반(半) 이상이 다윗의 이름과 연관되어 있다. 또한 제2권은 다음과 같은 말로 끝을 내린다. "이새의 아들 다윗의 기도가 필하다"(כָּלּוּ תְפִלּוֹת דָּוִד בֶּן־יִשָׁי)(72:20). 반면에 제3권에서 다윗과 연관된 시는 단 한편(86편), 제4권에서는 겨우 두 편(101편과 103편)에 불과하다. 그러나 제4권에서는 다시 다윗의 이름이 표제에 자주 거론된다. 제5권의 1/4이 다윗과 연관이 되어 있다.

제3권은 고작 17편으로 구성되어 있다. 그러나 시편 전체에 등장하는 공동체 '탄식시' 대부분이 이 책에서 발견된다. 제4권도 17편의 시로 이루어져 있다. 그러나 시편 전체에 등장하는 '여호와의 왕권'(Kingship of Yahweh) 시 일곱 편 중 여섯 편이 이 책에 편중되어 있다. 제5권은 44편의 시를 수록하고 있는 가장 긴 책이다. 이 시들 중 다윗과 연관된 시들은 첫 부분(108-110편)과 마지막 부분(138-145편)에 편중되어 있다. 또한 제5권에 속해 있는 108편이 실제적으로는 제2권에 속해 있는 57:7-11과 60:5-12을 묶어 놓은 것이다.

제2권에 속해 있는 노래들 중 상당 수가 고라 자손들이 저작한 것으로 기록되었다. 또한 제3권에 속해 있는 84, 85, 87, 88편도 고라 자손들의 노래다. 제3권에 소속되어 있는 73-83편은 아삽 혹은 그의 자손들의 시들이다. 제2권에서는 유일하게 50편만 아삽과 연관되어 있다. 역대기에 의하면 아삽 자손들과 고라 자손들은 성전과 긴밀한 관계를 유지했던 사람들이다. 특히 아삽 자손들은 성전에서 찬양하는 음악가들이었다(대하 5:12).

한 시편은 모세와 연관이 되어 있으며(90편), 한 시편은 우리에게 신원이 전혀 알려지지 않은 에단이라는 사람의 노래로 표기되어 있다(89편). 솔로몬은 두 시편의 저자다(72편과 127편). 어떤 시들은 공통 주제에 의하여 구분되어 하나로 묶여 있는 듯하다. 예를 들자면 시편 93-99편은 모두 여호와의 왕권(Kingship of Yahweh)을 노래한다(cf. Howard).

그리고 이스라엘의 종교적 축제/절기와 연관되어 하나로 묶여 있는 섹션도 있다. 92편은 안식일, 113-118편은 유월절과 관계가 있으며, 120-134편을 형성하고 있는 '성전에 올라가는 노래'(songs of ascent)는 이스라엘 사람들이 예루살렘 성전으로 올라가는 순례 길에서 부르던 노래들이다.

'왕족시들'(royal psalms)은 시편 전체에 흩어져 있으며, 각 책의 시작과 마지막 부분에 자주 등장한다. 이러한 현상은 매우 의미심장한 메시지를 내포하고 있는 듯하다. 시편이 최종적으로 편집되었을 때는 이미 다윗의 왕권이 역사 속으로 사라진 지 오랜 세월이 지난 뒤다. 그럼에도 불구하고 '왕족시'들이 시편 전체에 흩어져 있는 것은 앞으로 오실 '메시아 왕'에 대한 소망을 지속시키려는 의도로 보인다(Limburg).

시편의 편집 동기를 연구할 때 위와 같이 다양한 현상들이 증거로 사용되어야 할 것이며, 그 동기가 설득력을 얻으려면 각 현상들에 대한 합리적인 설명이 있어야 한다. 한 가지 확실한 것은 시편은 오랜 세월 동안 여러 출처에서 비롯된 노래들을 한 권의 책에 모아 놓았다는 사실이다. 여러 시와 노래들을 한곳으로 모으는 일을 했던 이 '찬송가/기도모음집 편찬 위원회'가 각 시의 순서를 어떠한 기준과 논리를 바탕으로 편집하지 않고, 별 생각 없이 무작위로 순서를 정했을 리 만무하다. 오늘날 우리가 사용하는 찬송가도 분명 어떠한 기준에 따라 노래들을 여러 주제별로 모으고 순서가 정해졌다는 사실을 생각하면 시편이 어떠한 논리에 따라 순서가 정해졌다는 주장은 더욱더 설득력을 얻는다.

바로 이 사실은 시편을 연구하는 데 있어서 우리가 해결해야 할 가장 큰 도전 중 하나다. “시편 편집자들은 어떤 목적으로 오늘날 우리가 전수받은 순서로 이 노래들을 엮었을까?”

지금 시편 학계는 이 분야의 연구로 달아오르고 있다. 월톤(Walton)은 다음과 같이 시편의 각 책들의 관계를 정리했다(cf. Anderson, Creach, Wilson).

<table>
<tr><td colspan="4">서론 1–2편 시편 1편: 의인에 대한 하나님의 최종적인 지지
시편 2편: 하나님은 이스라엘의 왕을 선택하시고 보호하심</td></tr>
<tr><th>책
(Book)</th><th>연결점
(Seam)</th><th>테마
(Theme)</th><th>내용
(Content)</th></tr>
<tr><td>제1권
(1–41)</td><td>41편</td><td>다윗과 사울의 갈등</td><td>많은 개인 ‘탄식시’:
대부분 시들이 원수를 언급함.</td></tr>
<tr><td>제2권
(42–72)</td><td>72편</td><td>다윗의 왕권</td><td>54–64편은 대부분 ‘탄식시’들과 ‘원수시’들로 구성 되어 있음.
주요 시: 45, 48, 51.</td></tr>
<tr><td>제3권
(73–89)</td><td>89편</td><td>아시리아 위기(701BC)</td><td>아삽과 고라의 자손의 노래 모음.
주요 시: 78.</td></tr>
<tr><td>제4권
(90–106)</td><td>106편</td><td>성전 파괴와 포로기 회상</td><td>‘찬양시’ 모음집: 95–100.
주요 시: 90, 103–105.</td></tr>
<tr><td>제5권
(107–145)</td><td>145편</td><td>찬양/포로기에서 돌아온 일에 대한 묵상과 새 시대의 시작에 대한 기대</td><td>할렐루야 모음집: 111–117.
성전으로 올라가는 노래
: 120–134.
다윗의 시 재개: 138–145.
주요 시: 107, 110, 119.</td></tr>
<tr><td colspan="4">결론
146–150편 하나님께 드리는 절정적인 찬양</td></tr>
</table>

히브리어로 구성된 마소라 사본(MT)과 히브리어 텍스트를 헬라어로 번역해 놓은 칠십인역(LXX)은 시편을 장으로 나누는 일에 있어서 다소 차이를 보인다. 히브리어 시편과 헬라어 시편을 비교할 때에는 이러한

차이를 염두에 두어야 한다. 다음 도표를 참조하라.

히브리어(MT) 사본	헬라어(LXX) 사본
1–8	1–8
9–10	9
111–113	110–112
114–115	113
116:1–9	114
116:10–19	115
117–146	116–145
147:1–11	146
147:12–20	147
148–150	148–150

3. 현 시편학계의 동향

지난 30여 년 동안 다른 구약학계처럼 시편학계도 일종의 '패러다임 변화'(paradigm shift)를 경험하고 있다. 구약학계는 1980년대에 접어들면서 연구의 초점을 저자에서 텍스트로 바꾸었다. 예전에는 학자들이 각 책 안에서 발견되는 텍스트의 편집/개정 과정과 텍스트에 배어 있는 저자/편집자의 세계에 관심을 쏟았다. 그러나 80년대 중반부터 오늘날까지 학자들은 우리에게 전수된 각 책의 최종적인 형태가 지니고 있는 의미와 텍스트가 이 최종 형태를 취하게 된 동기를 집중적으로 연구하고 있다(cf. Kuntz, Zenger). 이러한 차이를 비유로 말하자면 과거에는 학계가 각 나무의 생김새와 성장 과정을 연구했다면, 최근의 동향은 이 나무들이 어우러져서 형성하고 있는 숲 자체의 모습과 상황에서 각 나무의 역할을 파악하는 데 연구의 초점을 맞추게 된 것이다.

최근의 시편 연구 동향을 살펴보면 학자들이 가장 많은 관심을 쏟는 부분이 바로 시편을 한 권의 통일성 있고 '긴밀하게 연결된 전체'(coherent whole)라는 전제하에 각 시편들의 연결성을 연구하는 것이다. 책의 짜임새와 연결성에 대한 최근의 시편 연구는 크게 두 가지로 나뉜다. (1)테마와 패턴을 통해 책 전체(macrostructure)에 대한 거시적인 통일성과 연결성 연구(cf. Westermann), (2)테마와 언어를 통해 책의 한 섹션(microstructure)에 대하여 미시적인 관점에서 이루어지는 연구(cf. Howard, Nogalski).

저명한 구약학자 차일즈(B. S. Childs)의 제자인 윌슨(G. H. Wilson)의 1981년 학위논문 '히브리 시편 편집'(The Editing of the Hebrew Psalter)을 통해 시편학계는 새 계기를 맞이했다. 물론 윌슨의 논문이 출판되기 전에 이미 구약과 시편학계에는 시편을 한 권의 통일성 있는 작품으로 보아야 한다는 여론이 조성되어가고 있었던 것도 윌슨의 논문에 기폭제가 되었다.

윌슨의 스승이었던 차일즈는 구약 비평학에 새로운 지평을 연 정경 비평(Canonical Criticism)의 창시자다. 그는 대표작 『구약개론』(1979)에서 설령 구약의 각 책이 오랜 세월을 통해 여러 단계의 편집과 개정 과정을 거쳤다 할지라도 오늘날 우리에게 전수된 최종적인 모습 그대로의 형태에서 해석되고 의미가 연구되어야 한다고 주장했다. 차일즈가 이러한 주장을 제시할 즈음에 학자들 사이에는 이미 '수사학적 비평'(rhetorical criticism), '문예비평'(literary criticism/analysis), '구조비평'(structural analysis) 등이 활성화되면서 각 책을 하나의 통일성 있는 작품이라고 전제하고 연구되어야 한다는 여론이 조성되고 있었다(cf. Jackson & Kessler).

이러한 정황 속에서 윌슨의 논문은 체계적으로 시편을 연구하는 방법을 제시하여 새로운 방향을 물색하고 있던 학계에 가뭄의 단비가 되었다. 윌슨은 고대 근동의 몇몇 문화에서 출토된 시/노래 모음집들(the Sumerian Temple Hymn Collection, Catalogs of Hymnic Incipits, the Qumran Psalms manuscripts)의 구조와 순서들을 연구하여 성경의 시편을 한 권의 '책'으로 연구할 수 있는 근거를 마련했다. 윌슨의 연구에 의하면 이 근동의 시 모음집들은 분명한 편집과 나열에 대한 기술과 방법의 결과였으며(Wilson), 이러한 연구 결과는 시편의 편집과 나열 기술을 연구하는 토대가 되었다.

윌슨은 그가 고대 근동의 여러 노래 모음집에서 발견한 편집기술을 시편에서도 발견했다. 그에 의하면 시편의 편집기술은 두 가지로 드러났다. (1)외형적(explicit), (2)내포적(tacit). 그는 외형적인 기술을 각 시편의 표제(superscription)와 제1–2권에 추가된 발문(postscript)인 72:20 등에서 발견했으며, 내포적인 기술은 동일한 성격의 시들을 모아 놓은 곳에서 포착했다. 내포적인 기술로는 제1–4권이 모두 축도로 끝난다는 점과 '할렐루야 시들'(104–6, 111–17, 135, 146–50)이 특정한 섹션이 끝나는 지역에 밀집되어 있다는 점 등을 들 수 있다(cf. Wilson).

히브리 시편 모음집이 율법시(Torah psalm)로 분류되는 1편으로 시작하여 할렐루야 시들(Hallelujah psalms)(146–50편)로 막을 내리는 것에도 분명한 의미가 있다(cf. Zenger). 시편 1편이 독자들에게 하나님의 말씀/율법을 주야로 묵상하라고 권면하는 것은 이 시편 모음집을 모세오경과 동일한 하나님의 율법(Torah)으로 받아들여 묵상하고 공부하는 것을 전제하고 있기 때문이다. 시편 모음집의 마지막 부분이 할렐루야 시들로 장식되어 있는 것은 독자들에게 항상 여호와를 찬양하는 삶을 살라는 권면을 함축한다(Wilson).

시편을 구성하고 있는 다섯 권의 책 모두가 짧은 축도로 끝을 맺는다(cf. 시 41, 72, 89, 106, 145). 이러한 현상은 책의 구조를 파악하는 데 도움을 줄 뿐만 아니라 시편 안에서 한 테마로 부각되고 있는 왕족시들(royal psalms)이 중요한 위치에서(시 2, 72, 89) 발견되는 현상과도 연관이 있다(cf. Kaiser, Walton). 윌슨은 이 왕족시들이 제1–3권의 앞부분에서만 발견되는 사실을 중요하게 생각했다. 제4–5권에서는 시편들의 초점이 여호와의 왕권에 맞춰져 있기 때문이다(시 93–99, 145). 그는 89편에서 다윗 왕조는 실패했다는 뉘앙스를 포착했다. 그러므로 시편 모음집이 4–5권에서는 다윗 왕조와 연관된 '왕족시'들을 약화시키고, 여호와의 왕권만을 부각시키고자(특히 시 93–99) 한다고 해석했다.

윌슨은 이후 출판된 논문을 통해 시편에는 2, 72, 89, 144편을 중심으로 한 '왕적 언약 틀'(royal covenantal frame)과 1, 73, 90, 107, 145편을 중심으로 한 '최종적인 지혜 틀'(final wisdom frame)이 있다고 주장했다. '최종적인 지혜 틀'을 형성하고 있는 1, 73, 90, 107, 145편은 각각 제 1, 3, 4, 5권을 시작하고 있으며, 5권의 '마지막 위치'를 차지하고 있다(학자들은 오래 전부터 146–150편을 일종의 '말문'[postscript] 정도로 간주해 왔다). 윌슨은 이 두 틀 중 '지혜 틀'이 시편 모음집 안에서 '언약 틀'보다 더 중요하다고 결론지었다. 그러므로 시편은 "인간 왕들과 왕권의 권세를 신뢰하는 일을 포기하고 영원히 다스리시고 홀로 구원하실 수 있는 여호와께 소망을 둘 것"을 권장하고 있다. 시편은 지혜의 책(a book of wisdom)이며, 하나님의 왕권을 강조하고 신실한 이들을 위한 여호와의 가르침을 담고 있는 책이다(Howard).

'지혜 틀'에 의하면 제4권(90–106편)이 시편의 중심에 서 있는데(1, 73, 90, 107, 145편 중 중앙에 있는 두 시가 4권과 직접적으로 연관이 있음), 제4권의 중심 테마는 다름아닌 왕이신 여호와를 찬양하는 것이다. 이미 언급한 것처럼 89편은 1–3권의 테마가 된 다윗 왕조의 실패가 제시하는 문제에 대하여 노래했다. 그렇다면 90–106편은 바로 다윗 왕조의 실패가 가져온 문제에 대한 '답'을 제시하고 있다고 할 수 있다. 제4권이 제시하는 답은 (1)여호와가 왕이시다, (2)여호와께서는 이미 다윗 왕조가 시작되기 전부터 우리의 피난처가 되셨다, (3)이제 다윗 왕조가 없어졌기 때문에 앞으로도 여호와가 우리의 피난처가 되실 것이다, (4)여호와를 신뢰하는 사람들은 복을 받을 것이다 등이다(cf. Howard, Nogalski, Wilson).

'지혜 틀'이 '왕족 틀'을 지배한다는 윌슨의 주장에 대한 반론도 만만치 않다. 윌슨은 시편 1편이 시편 전체에 대한 서론이며, 제1권은 2편에서 시작된다고 주장했지만, 많은 사람들이 시편 1-2편을 시편 전체에 대한 통일성 있고 단일화된 서론으로 간주한다(이 경우 시편 3편이 제1권의 시작이 된다)(cf. Crenshaw, Mitchell, von Rad). 이렇게 취급할 경우 시편 2편의 중심 테마인 여호와와 그의 왕(다윗 왕조)의 주권이 함께 시편 전체의 주요 테마로 부상하게 된다. 이렇게 해야 할 필요성은 시편 144편을 살펴보면 곧바로 알 수 있다. 이미 언급한 대로 시편 145편은 여호와의 왕 되심을 찬양하는데, 바로 앞에 등장하는 144편은 다윗 왕조의 왕들을 바탕으로 한 '왕조시'다. 편집자는 시편이 시작할 때처럼 마칠 때에도 독자들이 세상의 왕조(다윗 왕조)와 여호와의 왕권을 함께 그들의 소망의 근원으로 삼기를 원한다(Howard; cf. Mitchell).

윌슨은 시편이 여호와의 왕권을 부각시키는 과정에서 다윗의 왕권의 중요성을 희석시키고 있다고 주장했다. 반면에 시편은 종말론적으로 해석되어야 한다고 주장한 미첼(Mitchell)은 다윗 왕조가 시편 안에서 중요성을 잃지 않았으며, 오히려 메시아에 대한 종말론적인 소망의 근거가 되었다고 해석했다. 미첼은 장차 오실 메시아에 대한 기대가 시편 모음집의 중요한 목적이었다고 주장했다.

전통적으로 시편은 포로기 이전 시절, 포로 시절, 포로기 이후 시절 등의 역사적인 관점에서 읽혀지고 해석되어 왔는데, 미첼은 이러한 해석 방식에 문제를 제기했다. 그는 시편이 이 시대를 훨씬 초월한 종말론적인 관점에서 읽혀져야 한다고 주장했다. 그는 시편의 여러 섹션을 이스라엘이 종말론적인 프로그램을 발전시켜 나가는 과정과 연결해서 읽어 내려갔다. 특히 시편 2, 45, 69, 72, 82, 83, 87, 88, 89, 90, 91, 92, 95, 109, 110, 113-118, 120-134편은 이 프로그램의 발전과 매우 밀접한 관계가 있다.

시편은 종말론적인 메시지를 선포하는 것을 목적으로 순서가 정해졌다. 시편이 선포하고자 하는 메시지는 편집자들에 의하여 예측된 마지막 날에 일어날 사건의 순서를 염두에 두었다. 이 순서는 다음과 같다(Mitchell, cf. Howard). (1)포로생활을 하고 있는 이스라엘, (2)메시아적 영웅의 등장, (3)이스라엘의 모음(ingathering), (4)열방의 공격, (5)영웅의 고난, (6)이스라엘이 광야에 흩어짐, (7)이스라엘의 재모음과 추가 위험, (8)영웅이 그들을 구원하기 위하여 하늘로부터 내려옴, (9)영웅의 통치권이 시온에 세워짐, (10)이스라엘의 번영과 열방의 복종. 다윗 언약(cf. 삼하 7장)의 중요성과 미래 지향적인 성향을 감안할 때 시편에서 하나님의 왕권이 실패한 다윗 왕조를 대체한다는 윌슨의 주장보다는 다윗 왕조는 종말에 있을 일들의 근거를 마련한다는 미첼의 해석이 더 설득력을 지녔다(cf. Nogalski, von Rad, Walton).

윌슨처럼 공관적인(synchronic) 해석 방법을 선택하면서도 통시적인(diachronic) 해석 방법에 많은 비중을 두고 연구한 밀라드(Millard)의 『시편의 구성』(1994)은 유럽의 시편 학자들의 최근 연구를 대표할 만한 작품이다. 그는 시편에서 가장 중요한 테마는 율법(Torah)이지만 여호와의 왕권도 매우 중요한 위치를 차지한다고 주장했다.

밀라드는 다윗이 저자로서 시편에 매우 중요한 인물일 뿐만 아니라 고통받는 왕으로서 그의 위치는 더욱더 중요하다고 생각했다. 만일 이스라엘의 가장 위대한 왕도 고통을 받을 정도로 다윗 왕조가 한계를 지녔다면, 영원하고 완전한 여호와 왕권의 중요성이 더욱더 부각될 수밖에 없다는 것이 그의 주장이다. 밀라드는 시편을 포로 후기 시대에 편집된 기도문 모음집으로 간주했다. 이 기도문들은 처음에는 어려움을 당한 사람들이 하나님께 접근할 수 있도록 도와주고, 최종적으로는 이 사람들이 모여 함께 여호와를 찬양하고 감사하는 일을 유도하는 것에 목적을 두고 모아졌다.

시편의 정경적 기능(canonical function)에 초점을 맞추어 연구를 한 더 끌레세-월포드(deClaissé-Walford)는 『처음부터 읽기』(1997)에서 시편은 매우 융통성 있게 사용되었으며, 포로기 이후 시대를 살아가는 이스라엘 공동체에게 두 가지 기능을 발휘했다고 주장했다. 시편은 (1)종교적 절기와 행사 때마다 읽혀지고 사용되었던 책이었으며, (2)이스라엘의 '이야기'를 담아 놓는 저장소(repository) 역할을 했다. 시편에 저장되어 있는 이스라엘의 역사가 읽혀질 때마다 이스라엘이 왕이신 여호와의 통치 아래 한 백성으로 존재하는 것에 의미를 부여했다고 한다.

오늘날에도 시편 연구는 상당히 활발하게 진행되고 있으며, 한 각도/방향이 아니라 다각도에서 연구되고 있다. 이러한 다양성은 앞으로 우리의 시편에 대한 이해를 넓히고 시편이 전하고자 하는 메시지를 더 깊이 이해할 수 있도록 해줄 것이다.

4. 표제

시편 150편 중 116편이 표제를 지니고 있다. 표제의 내용과 길이도 다양하다. 한 단어로 형성된 표제(cf. 98편)가 있는가 하면, 긴 문장으로 구성되어 있는 표제도 있다(cf. 18편). 표제가 없는 서른 네 편의 시들은 대부분 제4권과 5권에 속해 있다.

많은 학자들이 각 시편의 표제에 등장하는 '역사적 배경'은 시편이 집필된 먼 훗날 임의적으로 붙여졌다고 주장하지만, 이 부분들을 잘 살펴보면 해석의 열쇠가 될 만한 정보들을 포함하기도 한다(cf. Childs, Mays, Nasuti, Slomovik). 표제가 담고 있는 사람 이름과 사용하는 하나님의 이름과 내용을 바탕으로 다음과 같은 구분이 가능하다(Brueggemann & Bellinger).

다윗 모음집	시 3-41, 51-72, 138-145
고라 모음집	시 42-49, 84-85, 87-88
엘로힘 모음집	시 42-83
아삽 모음집	시 73-83
순례자의 노래	시 120-134

또한 표제에는 다음과 같이 다양한 정보들이 포함되어 있다. 여기에 제시되는 각 단어의 뜻은 학계의 추측에 불과하다는 점을 밝혀 두고자 한다(cf. Bullock, Goldingay, Kraus, Ross, Walton, Westermann).

양식을 중심으로 한 표제

표제	의미
미즈몰(מִזְמוֹר)	현악기와 함께 부르는 노래(57개의 시편)
쉬르(שִׁיר)	악기 없이 부름/아카펠라(27개의 시편)
마스길(מַשְׂכִּיל)	'교훈시' 또는 '명상시'(13개의 시편)
믹담(מִכְתָּם)	'황금시'. 모빙클(Mowinckel)은 죄를 덮거나 속하는 시로 간주함(6개의 시편)
테필라(תְּפִלָּה)	'기도시'(5개의 시편)
테힐라(תְּהִלָּה)	찬양의 책(1개의 시—145편)으로 사용
식가욘(שִׁגָּיוֹן)	떠돌아 다니는 시(시편 7편)

음악적으로 지시하는 표제

표제	의미
람므나세아(לַמְנַצֵּחַ)	성가대 지휘자에게(55개의 시편)
네기낫(נְגִינַת)	현악기에 맞추어 부른 노래
네힐롯(נְחִילוֹת)	관악기에 맞추어 부른 노래(시편 5편)
세미닛(שְׁמִינִית)	여덟 개의 현을 가진 루트(lute, 기타 종류)이거나 한 옥타브를 가리키는 것
알라못(עֲלָמוֹת)	고음(soprano)
마할랏(מָחֲלַת)	질병, 근심(애가, 시편 88편)
셀라(סֶלָה)	정확한 의미는 알려지지 않음(음을 올리라는 의미로 추측)
알아라모트(עַל־עֲלָמוֹת)	의미는 알려지지 않음(시편 46, 49편)
알 하쉬세미닛(עַל־הַשְּׁמִינִית)	의미는 알려지지 않음(시편 6, 12편)
깃티트(גִּתִּית)	의미는 알려지지 않음(포도 수확기에 사용되었던 통소 음악이거나 혹 큰 멜로디로 추측)

당시 불렸던 노래의 음률에 대한 표제

표제	의미
아이예레트 하사칼(אַיֶּלֶת הַשַּׁחַר)	아침의 사슴(시편 22편)
소사님(שֹׁשַׁנִּים)	백합화의 곡조(시편 45, 69편)
요낱 에렘 레호킴(יוֹנַת אֵלֶם רְחֹקִים)	이별 나무의 비둘기(시편 56편)
알 뭇 랍벤(עַלְמוּת לַבֵּן)	아들의 죽음(시편 9편)

이 외에도 성전에 올라가면서 부르는 노래를 뜻하는 마알롯(מַעֲלוֹת)이 있다. 매년 3개의 절기를 기념하기 위하여 예루살렘으로 향하는 순례자들에 의해 불러진 노래들로서 시편 120−134편이 이 단어를 표제로 지니고 있다.

5. 유형

시편은 150개의 독립적인 노래/시로 구성되어 있으며 각 시의 시작과 끝이 대체적으로 정확하다. 이처럼 각 시의 시작과 끝이 확실하게 표시되어 있는 것이 본문의 내용을 해석하는 데 많은 도움이 된다. 구약의 여러 비평학 중에서 양식비평(form criticism)이 시편 연구에 가장 많은 기여를 할 수 있었던 것은 각 시편의 범위가 명확하게 정의되어 있기 때문이다.

궁켈(Gunkel)이후 150편의 시편은 대체적으로 다음 네 가지가 주류를 이룬다. 도표가 지적하는 것처럼 이 네 가지 중 그 어느 것에도 속하지 않는 시편들도 있다. 궁켈도 이 네 가지 외에 '감사시'(thanksgiving psalms), '왕족시'(royal psalms) 등등 몇 가지를 더 제안했다. 그는 각 시편의 양식을 구분한 다음 각 양식과 연관된 삶의 정황(*Sitz im Leben*)을 제시했다. 오늘날에는 많은 학자들이 더 이상 그의 삶의 정황(*Sitz im Leben*)에 대한 해석을 받아들이지는 않는다. 또한 양식에 의존하지 않고 내용으로 시편의 양식/장르를 구분해야 한다는 주장도 만만치 않다. 더 나아가 많은 학자들이 시편을 궁켈의 것보다 훨씬 더 다양한 양식으로 구분한다. 그럼에도 불구하고 궁켈의 구분은 아직도 시편을 이해하는 기본적인 도구로 여기고 있다. 각 시편의 양식은 다음 섹션의 도표를 참조하라(cf. Anderson, Bellinger & Brueggemann, Clines, Walton, Westermann).

제1권(1–41편)

시편	찬양	탄식	지혜	표제 정보			그 외 구분
				상황	저자	음악지시	
1			♦				토라시
2							왕족시
3		개인		♦	다윗		
4		개인			다윗	♦	신뢰시
5		개인			다윗	♦	
6		개인			다윗	♦	참회시
7		개인		♦	다윗		창조시
8	회중				다윗	♦	
9	개인/회중	개인?			다윗	♦	유희시(with 10)
10		개인					유희시(continued)
11	개인				다윗	♦	신뢰시, 개인 탄식시
12		회중			다윗	♦	
13		개인			다윗	♦	
14		개인	♦		다윗	♦	회중 탄식시
15			♦		다윗		예배참석
16		개인			다윗		신뢰시
17		개인			다윗		
18	개인			♦	다윗	♦	왕족시
19			♦		다윗	♦	찬양시: 1–6절 토라시: 7–14절
20					다윗	♦	왕족시
21					다윗	♦	왕족시
22		개인			다윗		
23			♦?		다윗		신뢰시
24			♦?		다윗		성전 입성시
25		개인			다윗		유희시
26		개인			다윗		
27					다윗		신뢰시:1–6절 개인 탄식시:7–14절

28		개인			다윗		
29	회중				다윗		
30	개인			♦	다윗		감사시
31		개인	♦		다윗	♦	
32	개인				다윗		참회시
33	회중						
34	개인			♦	다윗		유희시
35		개인			다윗		저주시
36			♦		다윗	♦	찬양, 탄식이 섞임
37			♦		다윗		유희시
38		개인			다윗		
39		개인			다윗	♦	
40	개인: 1–11절	개인: 12–17절			다윗	♦	
41		개인			다윗	♦	개인 찬양시

제2–3권(42–89편)

시편	찬양	탄식	지혜	표제 정보			그 외 구분
				상황	저자	음악지시	
42		개인			고라	♦	
43		개인					
44		회중			고라	♦	
45					고라	♦	왕족시
46	회중				고라	♦	시온의 노래
47	회중				고라	♦	즉위시
48	회중				고라		시온의 노래
49			♦		고라	♦	
50					아삽		언약갱신 예식
51		개인		♦	다윗	♦	참회시
52		개인	♦	♦	다윗	♦	
53		개인	♦		다윗	♦	=14편
54		개인		♦	다윗	♦	
55		개인			다윗	♦	
56		개인		♦	다윗	♦	
57		개인		♦	다윗	♦	
58		회중			다윗	♦	
59		개인		♦	다윗	♦	
60		회중		♦	다윗	♦	
61		개인			다윗	♦	
62			♦		다윗	♦	신뢰시

63		개인		♦	다윗		신뢰시
64		개인			다윗	♦	
65	회중				다윗	♦	감사시
66	회중: 1–12절 개인: 13–20절					♦	
67	회중					♦	
68	회중				다윗	♦	시온시?
69		개인			다윗	♦	
70		개인			다윗	♦	=40:13–17
71		개인					
72					솔로몬		왕족시
73			♦		아삽		
74		회중			아삽		
75	회중				아삽	♦	
76	회중				아삽	♦	시온의 노래
77		개인/ 회중			아삽	♦	
78			♦?		아삽		역사시
79		회중			아삽		
80		회중			아삽	♦	
81	회중				아삽	♦	언약갱신 예식
82		회중?	♦?		아삽		예배 예식
83		회중			아삽		
84	회중				고라	♦	시온의 노래
85		회중			고라	♦	
86		개인			다윗		
87					고라		시온의 노래
88		개인			고라	♦	
89	1–37절	38–51절			에단		왕족시, 언약시

제4-5권

시편	찬양	탄식	지혜	표제 정보에 포함된 요소			그 외 구분
				상황	저자	음악지시	
90		회중		♦	모세		
91							신뢰시
92	개인			♦			
93	회중						즉위시

94		회중					
95	회중						
96	회중						
97	회중						즉위시
98	회중			♦			
99	회중						
100	회중			♦			
101	개인			♦	다윗		왕족시
102		개인		♦			참회시
103	회중				다윗		
104	회중						
105	회중						역사시
106		개인					역사시
107	회중						
108		회중		♦	다윗		
109		개인		♦	다윗	♦	저주시
110				♦	다윗		왕족시
111	회중						유희시
112	회중			♦			유희시
113	회중						
114	회중						
115							예배 예식
116	개인						
117	회중						
118	개인						
119			♦				토라시, 유희시
120		개인		♦			순례
121				♦			순례, 신뢰시
122				♦	다윗		순례, 시온의 노래
123		회중		♦			순례
124	회중			♦	다윗		순례
125				♦			순례, 신뢰시
126		회중?		♦			순례, 신뢰시
127			♦	♦	솔로몬		순례
128			♦	♦			순례
129		회중?		♦			순례, 저주시
130		개인		♦			참회시
131				♦	다윗		순례, 신뢰시
132				♦			순례, 언약시
133			♦	♦	다윗		순례
134	회중			♦			예배 예식

135	회중						
136	회중						
137		회중					
138	개인			♦	다윗		
139		개인		♦	다윗	♦	
140		개인		♦	다윗	♦	
141		개인		♦	다윗		
142		개인		♦	다윗		
143		개인		♦	다윗		
144		개인: 3–15절		♦	다윗		왕족시
145	회중			♦	다윗		유희시
146	개인						
147	개인/회중						
148	회중						
149	회중						
150	회중						

6. 양식별 구조와 분석

시편 150편을 형성하고 있는 여러 양식들 중 가장 큰 비중을 차지하고 있는 몇 가지의 특징은 다음과 같다(cf. Anderson, Clines, Gunkel, Mowinkel, Ross, Westermann).

(1) 찬양시(Psalms of praise/thanksgiving)

찬양시에는 회중(공동체) 찬양시와 개인 찬양시 등 두 가지가 있다. 개인 찬양시는 각 성도가 일상에서 홀로 부르는 찬송이었으며, 회중 찬양시는 성도들이 함께 모여 하나님께 예배를 드릴 때 사용했던 것이라고 생각된다. 찬양시에 속한 시들의 유형별 구조와 특징은 다음과 같다(cf. Clines, Gunkel, Westermann).

① 회중(공동체) 찬양시

기본적 표시 (initial indicator)	찬양으로의 부름(imperative call to praise): "여호와께 새 노래로 찬양하라" 등등.
중심 요소 (core section)	찬양의 이유: 하나님이 누구신가(who God is) 일반적인 하나님의 역사(general acts of God)
반응(response)	교훈/지시(instruction)

② 개인 찬양시

기본적 표시 (initial indicator)	찬양 의도 선포(proclamation of intent to praise): "내가 주를 경배하리라"
중심 요소 (core section)	하나님의 사적인 개입 설명 위기/문제를 회고함 구체적으로 기도함 구원을 보고함
반응(response)	하나님의 역할을 인정함 교훈

찬양시들은 인간이 존재하는 이유와 목표가 하나님을 찬양하는 일에 있다는 사실을 밝힌다. 시편은 하나님의 백성들에게 찬양과 기도를 통해 자신들의 모든 것을 주님께 제물로 드리라고 권고한다. 찬양은 우리의 현실에서 창조주를 경배하는 일뿐만 아니라 주님의 통치를 앞당기는 역할도 한다. "만일 모든 유대인들이 안식일을 완벽하게 지킨다면 메시아가 올 것이다"라는 말이 있듯이, 만일 하나님의 백성 모두가 함께 마음으로부터 우러나는 찬양을 여호와께 드린다면 주님의 나라가 이 땅에 곧 임할 것이다(Bullock).

유대교와 기독교 신앙에서 찬양이 차지하고 있는 비중을 감안할 때 우리는 이미 시편의 가르침을 거의 모두 수용하고 있음을 의식하게 된다. 루이스(C. S. Lewis)의 말대로 하늘나라는 천사들과 인간이 영원무궁토록 하나님을 찬양하도록 고용되는 곳이 아닐까? 찬양은 인간이 하나님께 드리는 가장 기본적인 예물이며, 영원히 드리게 될 예물이다.

(2) 탄식시(Psalms of lament)

찬양시에 개인과 공동체 찬양시 등 두 가지가 있는 것처럼, 탄식시에도 개인 탄식시, 공동체 탄식시 등 두 가지가 있다. 개인 탄식시는 성도가 당면한 문제에 대하여 각자 개인적으로 드리는 찬송이며, 공동체 탄식시는 온 국가가, 혹은 믿음 공동체가 함께 모여 드린 찬송이었다 (cf. Clines, Gunkel, Westermann).

① 공동체 탄식시

기본적 표시 (initial indicator)	서론적 간구(vocative opening with petition): “주여, **우리**를 구원하소서”
중심 요소 (core section)	구체적인 애도(lament proper): 국가적 위기 등등 간구(petition)
반응(response)	신뢰의 고백(confession of trust) 간구와 동기(왜?) 찬양의 기원적 맹세

② 개인 탄식시

기본적 표시 (initial indicator)	서론적 간구(vocative opening with petition): “주여, **나**를 도우소서”
중심 요소 (core section)	구체적인 애도(lament proper): 다음 세 요소를 지님 – 원수 – 시편 기자 – 하나님
반응(response)	간구 추가적인(optional) 부분: – 죄의 고백 – 저주 – 찬양의 기원적 맹세

삶이 평화롭고 안정적일 때 우리의 신앙은 나태해지거나 찬양을 드려도 별 생각 없이 습관적으로 드릴 수 있다. 그러나 삶이 고달프고 어려우면 찬양보다는 원망이 앞서는 것이 인간의 본성이다. 환난 중에 있는 성도가 궁지에 몰린 자신의 처지를 한탄하며 하나님을 원망하기는 쉽지만, 당면한 어려움에 대하여 하나님을 찬양하는 것은 결코 쉬운 일이 아니다.

그래서 탄식시는 성도들의 '영적 지표'(spiritual index)라고 불리기도 한다. 오직 신실한 성도만이 환난 중에도 하나님을 찬양할 수 있기 때문이다. 사실 탄식시로 구분되는 시편들에서 종종 찬양시들에서도 흔하지 않은 매우 강력한 하나님에 대한 신뢰의 고백이 등장하기도 한다(cf. 시 46, 123, 126). 이 때문에 학자들은 이 시들을 '신뢰시'(psalms of trust)라고 부르기도 한다(Westermann).

탄식시들은 대체적으로 다음 사항들 중 몇 가지를 포함한다. (1)대상, 서론적 도움 요청 (2)탄식, (3)신뢰 고백, (3)간구, (4)응답되리라는 확신, (5)하나님의 개입과 간섭 요청, (6)찬양 맹세/약속, (7)간구가 응답되었을 때 하나님을 찬양.

이 요소들은 주로 (1)하나님에 대한 원망, (2)원수에 대한 원망, (3)시편 기자 자신에 대한 원망 등을 표현하는 데 사용된다. 시편 22편은 이 세 요소를 모두 지니고 있다. 1-2절(하나님 원망), 7-8 & 12-13절(원수 원망), 6절(자신 원망). 또한 시편 38편도 이 세 요소를 모두 포함하고 있다. 2-3절(하나님 원망), 4-5, 18절(자신 원망), 11-12, 19절(원수 원망).

(3) 감사시(Psalms of Thanksgiving)

베스터만(Westermann)은 히브리어에 '감사'를 뜻하는 독특한 단어가 없다는 점을 근거로 '감사시'와 '찬양시'를 구분하는 것은 무리라는 주장을 펼쳤다. 그러므로 그는 '감사시'를 서술적 찬양시(descriptive praise)로,

'찬양시'를 선포적 찬양시(declarative praise)로 구분했다. 호칭이야 어찌되었건 시편에는 분명 찬양시와 감사시를 따로 구분할 정도로 감사를 중심으로 하는 시들이 많다는 것을 암시한다.

① 서술적 찬양시(감사시)

서술적 찬양시는 다음과 같은 순서로 진행된다

1	명령으로 시작함
2	하나님의 능한 행사를 요약함
3	하나님의 인격과 사역을 말함
4	교훈이 내포됨
5	국가적임

② 선포적 찬양시

선포적 찬양시는 다음과 같은 순서로 진행된다

1	"내가…하리다"라는 찬양으로 시작함
2	하나님의 특별한 간섭을 말함
3	하나님과 그의 행사를 증언함
4	고백적이거나 혹은 증거 제시
5	개인적임

(4) 적응시

브르게만(Brueggemann)은 새로운 시편 구분 방식을 제안했다. 그는 리코(Paul Ricoeur)의 작품에서 힌트를 얻어 세 가지로 시편을 구분할 것을 제안했다. (1)적응시(psalms of orientation), (2)부적응시(psalms of disorientation), (3)재적응시(psalms of reorientation).

적응시(psalms of orientation)는 긴장감이나 불안감이 전혀 발견되지 않는 시들이며, 이 시들 안에서 세상은 질서가 있고 선이 승리하는 곳이다. 창조와 지혜와 응보와 축복을 주제로 삼은 시들이 이 부류에 속한다.

부적응시(psalms of disorientation)에서는 저자가 당한 일에 대하여 황당함과 당혹감을 느끼며 하나님이 통치하는 세상에서 자신의 경험의 불합리함을 노래한다. 주로 탄식시들이 이 부류에 속한다.

재적응시(psalms of reorientation)는 어려움을 겪으며 체험한 하나님의 보호와 축복을 노래하는 시들이다. 감사시와 찬송시가 이 부류에 속한다.

뿐만 아니라 제1-2권이 주로 탄식과 문제에 초점을 맞춘 점에 반해 후반부에서는 찬송과 찬양이 중심을 이루고 있다는 점을 감안하여 브루게만은 시편의 구조는 순종에서 찬양으로 이르게 하는 것을 목적으로 한다고 주장한다.

7. 시편 해석과 묵상

지금까지 시편의 특성과 다양성에 대하여 제시된 많은 정보가 이 책에 대하여 익숙하지 않은 사람에게는 "과연 시편을 제대로 해석할 수 있는가?"라는 절망감을 줄 수도 있다. 이러한 상황에서 한 주석가(Bullock)가 제시하는 다음 원칙들은 매우 간단하면서도 따라하기가 쉽다(cf. (Frost, Linton, Mays).

1	누가 말하는지를 파악하라. 때로는 한 시에서 말하는 이가 여러 차례 바뀐다.
2	개인이 부르는 노래인지, 공동체가 부르는 노래인지를 파악하라.
3	시편이 저작된 목적을 파악하라.
4	시편이 지닌 감정/정서적인 분위기를 파악하라.
5	시편이 지닌 장르를 파악하라.
6	반복구(후렴)가 있는지를 파악하라.

8. 주요 개념들

이미 언급한 것처럼 시편은 구약의 작은 신학책이라 해도 과언은 아니다. 매우 다양하고 광범위한 신학적 주제들이 시편에서 제시되고 발전되기 때문이다. 창조, 심판, 구원, 정복을 포함한 이스라엘의 역사, 삶의 규칙, 거룩한 도성 시온, 하나님의 임재, 메시아, 다윗, 악행에 대한 경고, 선행에 대한 격려, 인간의 위치와 모습, 하나님의 나라 등등 많은 주제들이 시편의 주요 부분을 차지하고 있다. 시편과 연관하여 중요한 주제 몇 가지를 생각해보자.

(1) 하나님의 성호

성경에서 이름은 매우 중요하다. 신약의 예수('Ιησοῦς)라는 이름은 칠십인역(LXX) 번역자들이 구약의 여호수와(יְהוֹשֻׁעַ)를 헬라어로 표기하며 사용한 것으로서 '구원자/구세주'라는 의미를 지니고 있다. 뿐만 아니라 예수님은 자신이 구약에 등장하는 하나님 이름의 최종적인 계시라는 사실을 의식하시고, 요한복음 17:6에서 "내가 당신의 이름을 나타내었나이다"('εφανέ ρωσά σου τὸ ὄνομα)라고 말씀하셨다. 이러한 사실을 인정하신 하나님은 예수님께 '모든 이름 중에 가장 으뜸가는 이름'(τὸ ὄνομα τὸ ὑπὲρ πᾶν ὄνομα)을 주셨다(빌 2:9). 어떤 이름인가? 바로 '주'(κύριος), 곧 구약의 '여호와'(יהוה)와 동격의 이름을 주셨다. 그러므로 성경에서 하나님의 이름을 연구할 때에는 예수님이 구약에 기록된 하나님 성호의 최종적인 계시가 되신다는 사실을 의식하고 시작해야 한다.

시편은 하나님을 찬양하는 책이다. 하나님을 찬양하면서 주님의 여러 가지 성호를 기념하는 것은 당연하다. 성호처럼 하나님의 성품을 잘 묘사하는 계시가 없기 때문이다. 그러므로 하나님을 찬양하면서 하나님의 여러 성호를 기념하고 묵상하는 것은 필수적이며 매우 복된 일이다.

또한 이름은 성경 해석에 큰 영향을 미칠 수 있다. 어떠한 영향을 미칠 수 있는가? 한 예를 생각해 보자. 오늘날 학자들 사이에 요나서의 해석이 문제시되는 것은 '요나'(יוֹנָה)라는 이름이 '비둘기'라는 뜻을 지녔기 때문이다. 어떻게 선지자의 이름이 '비둘기'라는 의미를 지닐 수 있냐는 것이다. 그러므로 요나의 이름이 지니고 있는 문자적 의미에 집착하는 사람들은 요나서를 선지서가 아니라 하나의 비유로 해석한다. 이름의 의미는 이처럼 성경 해석에 큰 영향을 끼칠 수 있다.

성경에 들어 있는 이름에 대한 이해를 정리 해보자. 첫째, 성경에서는 사람에게 주어진 이름은 그들의 일생을 좌우하기도 하고 직업을 나타내기도 한다. 아브라함의 아들은 '이삭'(lit., '웃다, 비웃다')이라는 이름을 지녔다. 이삭은 하나님의 예언을 믿지 못한 그의 어머니 사라의 겸손한 신앙 고백을 의미하는 이름이다. 그러나 이삭의 일생은 '이삭'(비웃음)으로 묘사될 수 있다. 그는 모리아 산 정상에서 그를 죽여 제물로 바치겠다고 달려드는 아버지를 제지하지 않았다. 그의 인생에서 가장 큰 업적은 우물을 파는 일이었다. 그러나 그가 판 우물의 소유권에 대하여 아비멜렉의 종들과 다투기 일쑤였고, 자기의 소유권을 주장하지도 못할 정도로 변변치 않은 사람이었다. 그래서 이삭은 '한없이 착한 사람'이기도 하지만, 그의 이름이 의미하는 것처럼 '비웃음거리'가 되기도 한 사람이었다. 아비가일의 남편 나발(lit., '어리석은 자')도 자신의 이름에 걸맞은 삶을 살았다.

둘째, 이름은 항상 약자가 강자에게 밝힌다. 하나님은 야곱과 밤새 씨름을 하신 후, "네 이름이 무엇이냐?"라고 물으신다. 야곱은 "저는 야곱입니다"라며 "주님의 이름은 무엇입니까?"라는 질문을 곁들였지만, 주님께서는 "알려 하지 말라"고 말씀하셨다. 약자는 강자가 물으면 항상 이름을 밝혀야 하지만, 강자는 약자에게 자신의 이름을 밝힐 필요가 없기 때문이다. 이러한 맥락에서 예수님께서 귀신들린 자들을 치료하실 때마다 제일 먼저 그 사람의 몸에 들어가 있는 귀신의 이름을 물으셨다. 귀신은 자신의 이름을 예수님께 밝히는 순간, 예수님의 지배 아래 놓이게 되기에 그저 예수님께서 가볍게 처벌해 주시길 바랄 뿐이었다.

셋째, 한 사람의 인격이나 성품을 연구하는 일에 있어서 가장 중요한 요소 중 하나는 이름이다. 하나님의 여러 성호는 "하나님은 어떤 분이신가?"라는 질문에 답하는 데 결정적인 역할을 한다. 그러므로 하나님의 성품과 능력을 찬양하는 시편과 함께 고려되어야 할 것이 바로 하나님의 성호다. 구약이 제시하는 성호들 중에 가장 자주 사용되는 것 몇 가지를 묵상해 보자.

① 엘샤다이(אֵל שַׁדַּי, 전능하신 하나님)

'창조주'(אֵל)와 '전능한'(שַׁדַּי)이 어우러진 이름이다. 또한 샤다이(שַׁדַּי)는 혈연에 근거한 끈끈한 관계를 의미할 수도 있다(HALOT). 그러므로 이 성호는 부드럽고 다정다감한 하나님을 부각시킨다. "하나님은 아브라함에게 창조주로서 뿐만 아니라, 마치 어머니가 젖을 물려서 아이의 필요를 채워주는 것처럼, 필요를 채워주실 수 있는 하나님으로 그에게 오셨다"(Towns).

이 성호는 또한 힘과 부드러움을 동시에 전달한다. 엘샤다이는 창세기 17:1에서 처음 사용되며, 이후 47차례 더 사용된다. 특이한 점은 구약 전체의 48회 중 욥기에서 31차례나 사용된다는 사실이다. 어떻게 생각하면 전혀 예측하지 못했던 고통으로 인하여 방황하는 욥에게 하나님이 엘샤다이로 임하시는 것은 당연한 일이다. 고통스럽고 불안한 상황에 처한 욥에게 가장 필요한 것은 그와 끈끈한 관계를 유지하시는 하나님의 보호와 위로이기 때문이다.

② 엘엘욘(אֵל עֶלְיוֹן, 지극히 높으신 하나님)

엘욘(עֶלְיוֹן)은 '최고의, 가장 높은 장소'를 뜻한다. 성경에서는 창세기

14:19에 처음 등장하며, 구약에서 총 23차례 사용되는 성호다(cf. 왕하 15:35, 사 7:3, 36:2). 이 성호는 예루살렘에서 치러졌던 종교 예식에서 매우 중요한 자리를 차지했다(Kraus). 여호와 하나님이 다른 신들과 비교될 때 많이 사용된다(cf. 시 136:2). 그래서 '엘엘욘'은 하나님은 '가장 높으신 신'이란 뜻을 지니고 있다. 그렇다 보니 이스라엘의 하나님 여호와와 열방의 신들을 비교, 대조하는 다니엘서에서 많이 사용된다(단 3:26, 4:17, 24, 25, 32). 비록 주의 백성이 죄로 인해 바빌론까지 끌려가게 되었지만, 그들의 하나님 여호와는 세상 그 누구에게도 비교할 수 없는 위대한 신이심을 강조하기 위해서다.

이 이름은 왕조 신학에 매우 큰 영향력을 발휘했다(NIDOTTE). 신명기 32:8은 이 성호를 사용하여 "지극히 높으신 자(엘엘욘)가 민족들에게 기업을 주실 때 인종을 나누실 때에 이스라엘 자손의 수효대로 백성들의 경계를 정하셨도다"라고 고백한다. 하나님의 절대적인 통치 능력을 강조하는 이름이 된 것이다.

③ 엘올람(אֵל עוֹלָם; 영생하시는 하나님)

올람(עוֹלָם)은 영원한 시간, 시대를 의미한다(HALOT). 이 성호는 창세기 21:33에서 처음으로 사용된다. 하나님의 신비하신 속성을 알려주는 개념으로 주님은 이 땅에서 잠시 살다가 죽는 우리와 달리 시간을 초월하여 영생하시는 분이라는 것을 강조한다(cf. 창 1:1). 하나님께는 시간의 시작도, 끝도 없으시다. 주님은 시간을 초월하신 분이시기 때문이다.

시간을 초월하신 하나님은 이 세상을 지배하시는 분이시다. 그렇다면 우리가 경험하는 역사는 하나님의 계획과 인도에 따라 진행되고 있다. 역사는 우연히 되는 일의 연속이 아니라, 하나님이 태초에 계획하신(예언하신) 것들이 적절한 때에 따라 이루어진(성취된) 결과인 것이다. 이런 차원에서 역사는 하나님의 계획(예언)이 성취되어가는 것이라 할 수 있다.

④ 야웨 멜렉(יְהוָה הַמֶּלֶךְ, 왕이신 여호와)

이스라엘의 왕은 두 가지의 역할을 감당했다. 기능적인 면에서 왕은 백성을 위하여 입법과 사법과 행정 업무들을 담당했다. 상징적인 인물로서 왕은 종교적 왕권(ritual kingship)과 신적 왕권(divine kingship)에서 하나님의 대리자 역할을 했다. 이스라엘은 여호와께서 직접 통치하시는 신정 통치를 지향하는 나라였으며, 하나님은 자신이 세우신 인간 왕을 통하여 자기 백성을 다스리셨기 때문이다. 그러므로 이스라엘에서 왕권은 사회적인 지위보다 종교적인 지위로서 더 중요한 자리를 차지했다.

이스라엘의 왕이신 여호와께서 앉아 계신 보좌(throne)는 특별한 의미를 지녔다. 유태인들의 하늘은 대기권, 성층권(별들이 있는 곳), 하나님의 보좌가 있는 곳 등 세 단계로 되어 있었으며, 하나님의 보좌는 바로 이 세번째 하늘에 있었던 것으로 이해하고 있었다. 하나님의 보좌는 또한 예루살렘 성전에 있는 것으로 여겨지기도 했다(Kraus). 이러한 차원에서 예루살렘 성전은 하늘과 땅이 만나는 곳이었다고 할 수 있다.

'야웨 멜렉'은 하나님의 거룩하심과도 밀접한 관계를 유지하고 있다. 시편 99편에서는 "왕이신 여호와는 거룩하시다"라는 외침이 세 차례나 등장한다(3, 5, 9절, cf. 22:3, 사 6:3). 여호와가 왕이신 사실과 주님의 거룩하심은 떼어 놓을 수 없는 관계를 유지하고 있는 것이다(Kraus).

하나님이 거룩하시다는 것은 무슨 뜻인가? "하나님이 거룩하시다는 것은 주님은 모든 결정을 내리는 일에 있어서 진정으로 독립적이고 자유하시다는 의미다. 거룩은 최고, 전능을 뜻한다. 하나님은 모든 조건과 염려에서 자유하시며, 자신의 의지의 절대적인 주인이시다"(Judaica). 왕으로서 여호와는 이와 같은 절대적인 자유를 누리시는 분이다.

⑤ 야웨 세바옷(יְהוָה צְבָאוֹת, 만군의 여호와)

세바옷(צְבָאוֹת)은 '만군'이란 뜻을 가지고 있으며 이 성호는 '천사(사자)

들의 하나님'이라는 의미를 지녔다. 하나님은 천사들이나 사람들을 자기 사자(messenger)로 사용하여 뜻을 이루신다는 의미가 담겨 있다. 이 성호는 하나님의 백성이 곤경에 처했을 때, 주님이 사자들을 보내 그들을 구하시는 분이라는 사실을 강조한다.

이 성호는 구약에서 281차례 사용된다(TDOT). 특이한 사실은 신명기와 여호수아, 사사기에서는 한번도 사용되지 않는다는 점이다. 이 성호가 특별히 많이 사용되는 곳은 선지서다. 예레미야에서 80차례, 학개에서 14차례, 스가랴에서 50차례, 말라기에서 25차례 등이 사용된다. 이스라엘의 포로 시절을 예고하고 있는 선지서들이 이 성호를 대폭 사용하는 것은 그들이 타국으로 끌려가게 된 것은 그들의 죄 때문이지, 결코 하나님의 무능함에서 비롯된 비극은 아니라는 점을 강조하기 위해서다. 천군 천사를 다스리시는 하나님은 언제든지 그들을 보내셔서 자기 백성을 구원하실 수 있다는 사실을 암시하기도 한다. 시편에서는 24:7–10이 특별히 이 이름과 연관되어 있다(cf. 시 24:10).

⑥ 아도나이 야웨(אֲדֹנָי יֱהוִה, 우리의 주인이 되신 하나님)

아돈(אָדוֹן)은 주인(주–종 관계에서), 혹은 남편과 아내의 관계에서 남편을 의미하는 단어다. 구약에서 총 340차례 사용된다. 주인(master)은 관계(relationship)를 의미하며 주권(lordship)은 소유권(ownership)을 의미한다. 이 성호는 창세기 15:2에 처음 등장하며, 근본적인 의미는 '하나님은 통치하시는 주'다(TDOT). 이스라엘의 하나님은 주님이시며 주권과 자유에 있어서 제한이 없다는 의미를 지닌 이름이다(Kraus).

고대 근동에서 주인과 종의 관계는 종으로부터 시작되는 것이 아니라 주인이 종을 위하여 다음 두 가지를 행하는 것에서 시작되었다. 첫째, 주인은 종의 필요, 곧 의식주 등 기본적인 필수품을 제공해야 한다. 둘째, 종이 자기 임무를 잘 수행할 수 있도록 주인은 그를 지도하고 훈련해야 한다. 더 나아가 성경에 기록된 주종 관계는 일반적으로 사랑과 충성의 관계였다. 우리의 주인이 되시는 하나님은 우리의 필요를 채워 주시는 분이실 뿐만 아니라, 미래도 책임져 주시는 자상하고 능력이 많으신 주인이시다.

⑦ 엘로힘(אֱלֹהִים, 창조주 하나님)

'엘로힘'은 구약에서 2500차례 이상 사용되는 성호다. 시편에서는 365차례 사용되며 '엘로힘'을 약식화한 것이라 할 수 있는 '엘'(אֵל)도 75차례나 등장한다. 이 이름은 본질적으로 복수형이며 하나님의 절대성('God' in the absolute sense)을 의미한다. '세상에 있는 모든 신성을 합해 놓은 것'(the summation of all that is divine), '세상에 유일하게 존재하는 자'(the only one who exists)를 뜻한다(TDOT). 이 이름은 하나님의 모든 능력의 결집을 의미하는 것이다.

엘로힘은 하나님을 찬송하는 신앙의 고백에서 그 진가를 발휘한다. "여호와가 하나님이시다"(יְהוָה הוּא הָאֱלֹהִים). 그러므로 시편에서는 이 이름이 여호와라는 이름과 완벽하게 비슷한 말이다(Kraus). 엘로힘은 단순히 보편적이고 막연한 개념 속에서 가장 거룩하고, 가장 위대하고, 가장 전능한 무엇/존재를 뜻하는 것이 아니라 이스라엘이 여호와께 직접 접근할 때 부르던 성호다. 창조주의 모습을 표현할 때 자주 사용된다(cf. 창 1:1). 여호와를 우주의 주권자로 표현할 때도 자주 사용된다.

⑧ 야웨(יְהוָה, 언약의 하나님)

이 성호는 히브리어 동사 היה(be, become, 존재하다)에서 유래한 것으로 본다(cf. 출 3:14). 또한 이 성호는 하나님과 그가 택하신 백성 사이의 특별한 관계를 상징한다(출 6:3). 이스라엘 사람들은 너무 거룩해서 발음하지 않았던 성호이기도 하다. 그들은 성경을 읽다가 이 이름이 나오면 '아도나이'(אֲדֹנָי)로 소리내어 읽었다. 히브리어 성경을 헬라어로 번역해 놓은 칠십인역(LXX)의 처음 사본들은 이 이름만큼은 히브리어로 보존했던 것으로 알려졌다. 하나님과 그의 백성 사이의 언약 관계를 강조할 때 사용된다.

이 성호는 구약에서 총 6828차례 사용되며 시편에서만 650회(Lisowsky)에서 695회(Jenni) 등장한다(cf. TDOT). 간략형인 יה 혹은 יָהּ가 구약성경 전체에 50차례 등장하는데 그중 43차례가 시편에서 발견되었다(Kraus).

한 학자는 시편 23편과 하나님의 성호들을 다음과 같이 재미있게 연결한다(Towns).

하나님의 역할	함축되어 있는 이름이나 속성	참고 구절
여호와는 나의 목자시니(1절)	여호와 로이(יְהוָה רֹעִי)	시 23:1
내게 부족함이 없으리로다(1절)	여호와 이레 (יְהוָה יִרְאֶה)	창 22:14
그가 나를 쉴 만한 물 가로 인도하시는도다(2절)	여호와 샬롬 (יְהוָה שָׁלוֹם)	삿 6:24
내 영혼을 소생시키시고(3절)	여호와 로페(יְהוָה רֹפֵא)	출 15:26
의의 길로 인도 하시는도다	여호와 짜다케누(יְהוָה צִדְקֵנוּ)	렘 23:6
내가 해를 두려워하지 않을 것은(4절)	여호와 닛시(יְהוָה נִסִּי)	출 17:15
주께서 나와 함께하심이라(4절)	여호와 샴마(יְהוָה שָׁמָּה)	겔 48:35
기름으로 내 머리에 바르셨으니(5절)	여호와 메카디쉬켐 (יְהוָה מְקַדִּשְׁ כֶם)	출 31:13

시편에서 여호와의 이름은 모든 계시의 신비와 비밀을 상징하며, 경배와 찬양의 대상이다(Kraus). 하나님의 이름은 이스라엘에게 주어진 선물이며, 이스라엘이 어려울 때마다 주님의 이름은 그들의 구원, 구속, 보호, 도움의 샘물이다. 성경에서 "하나님의 이름은 하나님 자신을 의미한다. 우리는 자신의 백성에게 구원을 베푸시고 능력을 드러내시는 하나님의 본질(essence)을 이해할 수 없기 때문에 우리가 할 수 있는 가장 적절한 행위는 우리의 소망을 그분에게 두는 것이다. 그분의 이름을 부를 때 믿음이 탄생하는 것이다"(Calvin).

그러므로 시편에서는 하나님의 이름을 부르며 '그의 이름을 위하여' 그의 백성들을 도와줄 것을 요청하는 기도가 많다. 그러나 성경은 하나님의 거룩한 이름이 부적과 같이 사용되거나 그의 뜻에 어긋나게 사용되는 것을 금한다(cf. 신 5장과 출 20장에 기록된 십계명). 주님의 이름이 이렇게 사용되면, 그것은 그의 이름을 망령되게 부르는 것이기 때문이다.

(2) 계시

구약에서 계시는 하나님이 이스라엘에게 자신에 대하여 알게 하시거나 선언하시는 것을 의미한다. 비록 하나님의 특별한 계시가 이스라엘이란 매개체만을 통해 주어진 것은 사실이지만, 그 계시의 영향력은 온 세상에 적용되었다. 구약에는 하나님의 계시를 뜻하는 특별한 단어가 없다(Rendtorff). 그러나 시편 안에는 하나님의 계시를 의미하는 여러 가지 표현과 방법들이 사용된다.

가장 기본적인 하나님의 계시 방법은 위에서 말한 것처럼 하나님의 이름과 그의 말씀이었다. 말씀과 이름은 어떤 관계를 지니고 있는가? 이름은 계시된 말씀의 한 부분이다. 하나님은 자신의 이름을 밝히는 것을 계시로 삼으신다(Kraus). 그렇다면 말씀(דבר)과 이름(שם)의 차이는 무엇인가? 하나님이 이름을 밝히시는 것은 인간에게 계시를 하시는 분이 누구(어떤 존재)인지를 가르쳐 주기 위해서다. 말씀은 계시를 하시는 분이 사람들에게 전달하고자 하는 내용을 가르쳐 주는 것이다(Grether).

시편 안에서는 하나님의 '말씀'(דבר)은 거의 대부분 역사적 시편들(이스라엘의 역사를 회고하고 정리하는 시들)에서 과거를 회상하면서 사용된다(Haglund, Nasuti). 하나님은 주로 어디서 계시하시는가? 시편 안에서는 여호와께서 주로 성전에서 말씀하신다(60:6, 108:7). 하나님의 말씀을 전달하는 사람들(예식 선지자[cultic prophet], 제사장?)은 하나님이 어떤 말씀을 하시는가에 귀를 기울이며(85:8), 그들이 하나님의 말씀을 듣고

난 후에는 "나는 내가 몰랐던 음성을 들었다"(81:5)고 말할 수 있었다. 탄식시를 하나님께 기도로 드리고 있는 사람들은 신음 속에서 끊임없이 하나님의 말씀(דבר)을 기다렸다(130:5). 그들은 하나님의 "내가 너의 구원이라!"(35:3)라는 선포를 간절하게 사모했다.

하나님은 주로 율법(תורה)을 통해 이스라엘에게 말씀하셨다(cf. McCann, Freedman). 시편에 기도문을 남긴 사람들은 하나님의 토라를 찬양한다(특히 19, 119편). 토라는 이 시들을 노래하는 사람들에게 최고의 선이며 금과 은보다 더 소중하다(119:72). 토라는 성도가 이 땅에서 가장 믿고 신뢰할 수 있을 뿐만 아니라 그들의 삶에 가장 유효한 기준이기도 하다(119:142). 토라에서 매우 아름다운 것이 나오기 때문이다(119:18).

시편이 노래하는 토라는 정확히 무엇인가? 첫째, 시편 119편은 토라가 고정적이고 정지된 법이 아니라 창조적이고 생명력을 주는 힘이라고 한다(Freedman). 둘째, 토라는 비인격적이고 절대적인 무엇이 아니라 하나님의 자비로운 인격에서 비롯된 것이며 왕이신 하나님이 자기 백성에게 주신 것이다. 셋째, 토라가 치유와 구원과 창조적 능력을 지니게 된 것은 토라가 생명과 치유의 근원이신 하나님의 입에서부터 비롯되었기 때문이다. 그러므로 개혁자 루터의 '율법과 복음'의 차별화는 시편이 증거하고 있는 율법의 성향과 매우 상반된다(Kraus).

여호와께서는 말씀과 율법뿐 아니라, 역사 속에 펼쳐진 자신의 행위들을 통해서도 계시하신다. 과거와 마찬가지로 하나님은 아직도 사역(פעל)과 행위(מעשׂה)와 이적(פלא) 등을 통해 자신을 드러내신다는 것이 시편 기자들의 통찰이다. 특히 역사적 시편들(historical psalms)은 이스라엘의 과거를 회상하면서 이러한 사실을 강조한다. 시편 106:2, 13, 22은 하나님이 자기 백성에게 베푸신 놀라운 구원에 대하여 언급하며 이스라엘의 선조들은 하나님의 놀라운 사역(פעל)을 보았다(95:9).

여호와께서는 자신의 놀라운 사역들이 기억되기를 원하신다(111:4). 그러므로 하나님의 놀라운 행위들은 예배를 드리는 자들에게 현존하는 실체(present reality)가 된다(Kraus). 그들이 어려운 상황에 처했을 때 불렀던 노래를 생각해 보라. "주께서 하신 일을, 나는 회상하렵니다. 그 옛날에 주께서 이루신, 놀라운 그 일들을 기억하렵니다. 주께서 해주신 모든 일을 하나하나 되뇌고, 주께서 이루신 그 크신 일들을 깊이깊이 되새기겠습니다"(77:11–12; 새번역).

하나님은 현현(theophany)을 통해서도 자신을 드러내셨다. 예레미야스(Jeremias)는 다음 시들을 현현시(Theophany Psalms)로 구분했다. 18편, 29편, 50편, 68편, 77편, 97편, 144편. 하나님은 태풍과 천둥과 번개 등 자연현상을 통해 자신을 자주 드러내신다. 하나님은 구름을 타고 나타나기도 하시고(시 18:9–11, 68:4, 33), 자기 음성을 천둥 소리를 통해 들리게도 하신다(시 18:13). 주님은 번갯불을 흩으시고(시 18:14), 주님의 음성은 온 천하를 두려워 떨게 한다(시 29:6, 46:6). 하나님이 타신 마차 소리는 땅을 뒤흔든다(시 77:18).

이스라엘 사람들은 이러한 하나님의 현현하신 언어를 통해 여호와께서 그들과 그들의 조상들에게 직접 모습을 보이셨다는 사실을 강조한다. 현현시들은 주의 백성들이 모여 있는 성전에 임재하신 하나님의 모습을 묘사한다. 예배를 드리는 사람들이 '하나님의 얼굴'을 접하는 모습을 그리고 있는 것이다(Jeremias). 하나님은 또한 창조와 피조물들을 통해서도 자신에 대하여 계시하신다(cf. 다음 섹션).

(3) 창조

시편 기자들은 역사 속에 펼쳐진 하나님의 사역을 찬양하는 열심으로 하나님의 창조 섭리를 찬양한다(cf. Clifford, Obenhaus). 하늘은 하나님의 손이 이루신 사역의 결과다(시 8:3, 19:1, 102:25). 모든 짐승은 하나님의 창조적인 행위에 의하여 창조되었다(시 8:6). 하나님은 말씀으로 바다를 만드셨고(시 95:5) 하늘을 펼치셨다(시 33:6). 세상의 모든 피조물이 하나님 앞에서 주님의 영광을 드러내고 있다. 세상은 하나님의 영광을 연출하는 무대인 것이다(theater of the God)(Calvin).

하나님은 천지를 창조하실 때 말씀(דבר)으로 하셨다(시 33:6, 9). 또한 하나님은 말씀하심으로 이스라엘 역사에 개입하셨다(시 33:4). 이러한 차원에서 이스라엘과 하나님 사이의 연결점과 창조에 대하여 알 수 있는 유일한 길은 그의 말씀을 통해서다(Kraus). '여호와의 말씀'(דבר־יהוה)은 이스라엘 사람들이 체험하고 믿었던 하나님의 창조 능력의 상징이기 때문이다.

구약은 하나님은 '무에서 유를 창조하는 방식'(*creatio ex nihilo*)으로 세상을 창조했다는 것을 직접적으로 가르치지 않는다(Kraus). 단지 '창조하다'(ברא)가 이러한 방식을 간접적으로 내포하고 있을 뿐이다. 시편도 창조에 대하여 이러한 선언을 하지 않는다(시 89:12, 47; 104:30, 148:5). 시편 기자들에 의하면 하나님은 세상을 창조하실 때 혼돈/무(無)를 대항하는 창조(*creatio contra nihilum*) 방식을 사용하셨다(Obenhaus). 여기서 혼돈/무(*nihilum*)는 원시적인 힘(primeval power)이라고도 하는 혼돈(abyss of chaos)을 의미한다(Kraus). 여호와께서는 세상을 창조하시면서 이러한 원시적인 힘을 물리치셨다(시 89편, 93편).

하나님에 의하여 창조된 피조물은 잠잠히 있지 않는다. 하늘은 하나님의 창조에 대한 메시지를 온 세상에 선포한다(시 19:1, 145:10). 하늘은 말하고 궁창은 선포한다(시 19:1). "주의 모든 피조물들이 당신께 감사를 드리고 있나이다"(시 145:10). 하늘은 하나님의 의로우심을 선포한다(시 97:6). 이와 같이 피조물들은 창조주로부터 말할 수 있는 능력을 부여받아 주님의 창조의 신비를 온 세상에 알리고 있다. 그러므로 피조물들은 하나님의 계시의 수단이 된다.

여호와께서 세상을 창조하셨다는 것은 온 세상에 확연히 드러나 있는 사실이라기보다는 주님의 이름이 내포하고 있는 계시에 기초한 믿음의 고백이다(Kraus). 그리고 이 고백은 자동적으로 이스라엘 주변 국가들의 종교적인 가르침을 부인하는 논쟁(polemic)이 되었다.

(4) 여호와의 완벽하심

시편 안에서는 하나님의 완벽하심이 여러 면모를 통해 강조된다. 하나님의 본질(*essentia Dei*)을 살펴보자. 첫째, 하나님은 거룩하신 분이다. 거룩(קדשׁ)은 하나님의 완벽하심의 본질이다(Kraus). 시편 99편은 하나님의 거룩하심을 절정적으로 노래한다. 거룩은 양분화되어 있는 두 개의 극과 극을 대조하는 것이 아니다(Wildberger). 거룩이란 개념은 하나님과 세상, 창조주와 피조물의 대조에 중점을 두지 않는다. 오히려 거룩은 하나님의 주권이 그가 창조하신 세상에 얼마나 충만한가를 강조한다. 더 나아가 거룩은 결코 고정되어 있거나, 정체되어 있는 것이 아니라 매우 다이내믹한 개념이다.

> "여호와의 거룩하심은 결코 고정되어 있는 개념이 아니라 철저하게 유동적이다. 하나님의 거룩하심은 그를 반대하는 인간의 세력을 철저하게 파괴하는 것을 통해 드러난다. 거룩은 하나님이 세상 사람들에게 자신의 왕권을 인정하도록 하는 절대적인 의지이기도 하다. 즉, 하나님의 거룩하심은 이스라엘의 이웃들의 신에 대한 이해를 철저하게 개혁하는 것이다"(Wildberger).

'거룩'은 여호와 자신에 대한 표현이며, 그의 이름에 대한 선언이다(시 33:21, 99:3, 103:1, 111:9, 145:21). 거룩은 또한 여호와의 말씀(시 105:42)과 팔(시 98:1), 길(시 77:13), 사역(145:17)에 대한 선언이다. 이러한 관점에서 생각할 때 하나님의 거룩하심의 가장 기본적인 개념은 온 세상에 존재하는 모든 것들과 '전혀 다른 것'(wholly other)이 아니라, 주님의 꾸준하고 지속적인 자기 표현(self-expression)이며 모든 방해를 이겨내고 승리하는 여호와의 행위다(Kraus).

둘째, 하나님의 영광(כבוד)은 완벽하심의 표현이다. 여호와가 왕으로 찬양될 때, 영광이 자연적으로 함께 주님께 돌아간다. 여호와께서 왕으로 오실 때 온 세상은 그의 영광으로 가득하다(시 19:1, 사 6:3). 하늘은 여호와의 영광을 반사하는 빛으로 가득하다. 뿐만 아니라 하늘의 모든 권세들이 자신들의 능력을 포기하고 자기들의 힘을 모아 여호와께 드린다(시 29:1-8). 그리고 나서 그들은 '영광'을 외친다(시 29:9).

셋째, 여호와의 공의(justice, צדיק)는 완벽하심의 본질이다(Kraus). 하나님은 공의와 의(righteousness)를 사랑하신다. 여호와는 공평하게 심판하시는 의로우신 하나님(אלהים צדיק)이시다(시 7:9, 11). 그는 악의 탯줄을 자르시는 분이다(시 129:4). 여호와는 사람의 생각과 마음을 보시기에 공평하게 심판하실 수 있다(시 7:10). 하나님은 하시는 모든 일에서 의로우시다(צדיק)(시 145:17). 여호와의 심판을 통해 구원을 받는 사람들은 하나님의 자비와 긍휼과 의를 체험하게 된다(시 116:5). 하나님의 의는 그의 백성을 향한 구원의 증거이며, 신실하심을 표현한다(Kwakkel).

넷째, 여호와의 인자하심/자비(חסד)는 완벽하심의 적용이다. 이 단어는 하나님의 완벽하심을 표현한다. 총 245차례 사용되며, 시편 안에서만 127회 등장한다. 자비/인애는 꾸준한 사랑, 관계, 선, 은혜, 자비 등 매우 광범위한 의미를 지닌 단어다. 또한 시편을 통해 하나님의 '꾸준하신 사랑'의 의미가 잘 정의된다. 시편 기자들은 이스라엘의 역사가 하나님의 자비/인애의 표현이라고 한다. 이스라엘은 한 나라로서 하나님의 인자하심을 체험한다(시 118:2-4, 136편, 98:3). 하나님의 인자하심을 체험한 인간 왕은 절대 무너지지 않는 능력을 지니게 된다(시 18:50, 21:8).

개인 찬양시에서도 하나님의 자비/인애(חסד)는 지속적으로 찬송된다. 하나님께 부르짖는 사람들은 주님의 자비/인애에 호소한다. "하나님의 인자하심으로 인하여 나를 구원하소서"(시 6:4, 44:26, 31:16). 전통적으로 자비/인애는 마치 즉흥적인 하나님의 사랑의 표현으로 간주되었다. 그러나 이 단어는 그 기초를 인간관계의 권리와 책임에 두고 있다(Sakenfeld). 즉, 남편/아내, 부모/자식, 통치자/백성 등의 관계를 염두에 두고 사용되는 단어다. 그러므로 하나님의 자비/인애는 근본적으로 하나님과 그의 백성 사이의 언약 관계를 전제한다. 하나님의 자비/인애는 이스라엘에게 허락하신 여호와의 '해방하는, 구원하는, 돕는, 치유하는' 은혜다(Sakenfeld). 그러므로 이 개념은 운명의 변화, 구제 등을 암시한다.

다섯째, 여호와의 완벽하심은 그의 신실하심(אמת)에서 드러난다. 신실은 하나님이 베푸시는 도움이 신뢰할 만하다는 사실을 강조한다. 우리는 여호와의 도움에 의존할 수 있으며, 이스라엘을 꾸준히 구원하시는 하나님의 도움의 손길은 진실하고 변함없으심을 의미한다. 시편 기자들이 하나님의 신뢰성과 신실하심과 꾸준하심을 언급할 때 그의 '속성들'(attributes)에 연관시키지 않고, 항상 이스라엘과 하나님의 관계—특히 변함없이 자기 백성을 사랑하시고 그들과의 관계를 소중히 여기시는 하나님의 역할—에 연관시키는 이유가 여기에 있다(Kraus).

시편들 중에 상당한 비중을 차지하고 있는 일명 '저주시들'(imprecatory psalms)도 하나님의 완벽하심과 연관되어 해석되어야 한다. 이스라엘 사람들의 기도라고 간주되는 시편의 일부가 원수들을 저주한다는 것이 자비와 용서를 선호하는 기독교인들에게 쉽게 수용되지 않는다(cf. Vos). 그러나 이 시들은 구약의 가르침의 전형적인 예이며, 비기독교적이고 불쾌한 것들로 단정짓는 것도 바람직하지 못하다(Day).

이 시들을 연구할 때 우리가 무엇보다도 먼저 생각해야 할 점은 이 기도들의 출발점이 바로 여호와 하나님이 경멸을 받고 그의 명예가 손상된 것에 있다는 사실이다(시 79:12). 이스라엘은 저주시를 통해 자신들이 원수를 갚겠다고 나서는 것이 아니라, 여호와께서 그들을 대신해서 원수를 갚아 주실 것을 기도할 뿐이다(cf. 신 32:35, 롬 12:19). 이스라엘이 기도하고 바라는 '원수 갚음'은 다른 게 아니라 원수 국가들의 경멸과 비웃음에 대한 여호와의 심판을 바라는 것이다. 그들이 드리는 기도는 그들의 원수들의 교만과 분노를 멈추는 것에 그 목적이 있다(Vos).

구약뿐만 아니라 신약도 하나님의 심판이 보이지 않고 이상적인 응보의 영역(ideal realm of retribution)에서 이루어지기를 바라는 것이 아니라, 하나님의 백성들의 현실(이 순간)에서 드러나기를 기원한다(Day). 그러므로 성도들이 환난과 핍박을 당할 때마다 하나님은 그들의 원수에게 보복해 달라는 기도가 계시록에서도 발견된다(계 6:10). 그러므로 '사랑과 앙갚음'이라는 양극을 세우는 것은 성경적인 진리에서 비롯된 것이 아니다. 이스라엘이 시편을 통해서 드리는 앙갚음의 기도는 단순히 신음 속에 거하는 하나님의 백성들의 바람이다. 그들은 하나님이 원수들의 교만과 경멸을 심판하셔서 주님의 놀라운 능력을 온 세상에 드러내시기를 바랄 뿐이다(Kraus). 이들의 '원수 갚음'에 대한 열망은 하나님의 완전한 공의를 전제하고 있기 때문에 결코 원수들의 교만을 가만히 둘 수가 없다는 믿음에서 비롯된 것이다.

(5) 하나님의 백성

여호와는 이스라엘의 하나님이시다(시 68:8). 여호와가 '이스라엘의 하나님'(אֱלֹהֵי יִשְׂרָאֵל)이시라는 표현은 여호와와 그의 백성을 나눌 수 없는 관계로 묶고 있다. 시편이 어떻게 이스라엘과 여호와를 떼어 놓을 수 없는 관계로 묘사하고 있는가 살펴보자. 첫째, 여호와의 이름이 언급될 때마다 그의 백성에 대한 언급도 같이 등장한다. 둘째, 여호와는 '이스라엘의 거룩하신 이'(קְדוֹשׁ יִשְׂרָאֵל)로 등장한다(시 71:22, 89:18). 여호와는 이스라엘의 거룩하신 이로서 자기 백성의 왕이기도 하시다(시 89:18). 이스라엘은 왕이신 여호와의 직접적인 통치 아래에 있는 그의 백성인 것이다. 셋째, 하나님은 '이스라엘의 목자'(רֹעֵה יִשְׂרָאֵל)로 등장하기도 하신다(시 80:1). 넷째, 하나님은 또한 이스라엘을 지키시는 분(שׁוֹמֵר יִשְׂרָאֵל)이시다. 이 모든 표현들은 하나님과 이스라엘이 얼마나 밀접한 관계를 가지고 있는가를 역설하고 있다.

이스라엘은 언제 하나님의 백성이 되었는가? 시편은 이스라엘의 시작이나 하나님이 이스라엘을 찾아오기 시작하신 일을 회상할 때마다 출애굽 사건과 연결시킨다. 선조들—특히 아브라함—도 간혹 언급된다(시 47:9, 105:7, 9, 42). 그러나 이스라엘의 역사에 있어서 시편 기자들에게 가장 기본적인 출발점은 항상 출애굽 사건이다(시 105:43, 114:1, 136:11, 14, 21 등등). 여호와께서는 "그 백성으로 [이집트로부터] 즐거이 나오게 하시며, 그 택한 자로 노래하며 나오게 하셨다"(시 105:43). 그러므로 하나님이 이스라엘을 택하셨다는 가장 기본적인 증거는 주님이 자기 백성을 이집트에서 인도해 오셨다는 사실이다.

이스라엘은 하나님이 그들을 선택하신 사실에 대하여 추측하지 않았다. 그들은 항상 하나님이 그들을 이집트 노예생활로부터 해방시키시고 약속의 땅으로 인도하신 출애굽 사건에 자신들을 연관시켰다. 또한 출애굽 사건은 여호와께서 이스라엘을 택하셨다는 최고의 증거였다. "여호와께서 자기를 위하여 야곱 곧 이스라엘을 자기의 특별한 소유(סְגֻלָּה)로 택하셨음이로다"(시 135:4).

'특별한 소유'(סְגֻלָּה)는 하나님이 시내 산에서 제안하신 이스라엘과의 관계를 잘 묘사하고 있다. 이스라엘은 하나님의 가장 소중한 소유물이며 오직 그분에게만 속했다. 이러한 사실이 오늘날 사람들에게는 부담이 될지 모른다. 마치 자유/자치권을 빼앗기는 것같이 여겨질 수도 있기 때문이다. 그러나 이러한 관계는 이스라엘에게 그들이 누릴 수 있는 최고의 자유와 상상할 수 없는 축복을 의미했다. 이스라엘은 독재적인 신정 통치(tyrannical theonomy)의 희생물이 아니다. 그들은 매우 대단한 규모의 자유 운동의 일원이 되었다(Kraus).

출애굽 사건은 이스라엘이 자신의 능력으로 이루어 낸 자유를 향한 탈출이 아니었다. 여호와께서 그들을 해방시키셨다. 출애굽 사건이 안겨 주는 기쁨(시 105:43)은 하나님에 의하여 이집트에서 해방된 사람들이 그들을 구원하신 이의 편에 합세하게 된 것과 주님의 상상을 초월하는 능력의 나라에 들어가게 된 것에서 비롯되었다.

이러한 사실은 이스라엘에게 새롭게 정체성을 정리하는 기회를 허락했다. 여호와께서 이스라엘을 만드셨다(עשה)(시 100:3, 149:2). 그러므로 이스라엘은 이렇게 고백했다. "여호와는 우리를 지으신 자시오(עָשָׂנוּ־הוּא) 우리는 그의 것이니 그의 백성이요(עַמּוֹ) 그의 기르시는 양이로다(צֹאן מַרְעִיתוֹ)"(시 100:3). 이스라엘은 자신들의 생존 자체가 여호와의 은혜라고 고백한 것이다. 그러므로 하나님의 선택 자체가 이스라엘에게는 새로운 신분과 새로운 관계를 시작하는 창조적인 사건이었다.

이스라엘은 출애굽 사건을 통해 여호와의 성소(קָדְשׁוֹ)와 그의 영토(מַמְשְׁלוֹתָיו)가 되었다(114:2). '이스라엘의 거룩하신 이'가 이스라엘이 그의 성소, 그의 거룩한 백성이 되도록 계획하셨기 때문이다. 이 사실이 시편 기자들에게 얼마나 중요한가를 생각해 보라. 시편 기자들에 의하면 하나님은 자신을 드러내시는 장소로 주로 '성소/성전'을 사용하셨다. 이스라엘은 성소에서 자신들의 모든 것을 바쳐 하나님을 경배했다. 성소에서 이스라엘은 하나님의 '영토'(dominion)가 된 것이다. 그러므로 여호와께서는 성소에서 이스라엘이라는 영토를 통치하셨다. 이스라엘의 통치권은 왕들과 정치적 목적, 국가적 관심사 등에 의존하는 것이 아니었다. 오직 여호와에게만 의존하는 것이었다. "여호와가 너희를 통치하시리라"(삿 8:23)는 말은 이스라엘의 격언으로 오랫동안 존재했다.

여호와의 백성으로서 이스라엘은 오직 그들의 하나님 여호와만을 의지하라는 도전을 꾸준히 받았다(시 115:9, 130:7, 131:3). 이러한 도전은 이스라엘에게 가장 필요한 권면이었지만 실천하기 가장 어려운 것이었다. 그들이 지속적으로 하나님께 등을 돌렸기 때문이다. 이스라엘의 멈출 줄 모르는 죄는 그들이 선택받은 백성으로서 가야 할 길을 가로막는 결과를 초래했다.

시편 기자들이 이스라엘을 한 백성으로 언급할 때마다 그 강조점이 하나님의 백성으로서 이스라엘의 독특한 역할에 가 있다. 이스라엘은 여호와의 말씀과 사역에 의하여 '하나님의 백성'이 되었기 때문이다. 하나님은 자기 백성을 구속하셨다(시 77:15, 111:9). 그는 이스라엘의 자손들을 자신이 키우는 양들로 삼으셨다(시 79:13, 100:3). 하나님은 이집트에서 그들을 해방시키신 다음 광야로 인도하셨다(시 136:16). 그는 목자가 양 떼 앞에 서서 가듯이 그들을 앞서 가셨다(시 77:21). 왕이 자기 백성을 인도하듯이 하나님이 그들을 인도하셨다(시 68:8). 하나님은 광야에서 자기 백성을 먹이셨다(시 74:14). 여호와께서는 자기 백성을 위하여 기업(땅)을 택하셨다(시 47:4). 하나님은 그 땅의 거주민들을 몰아내고 그곳에 이스라엘을 '심으셨다'(시 44:2). 하나님은 자기 백성이 약속의 땅에서 번창하도록 하셨다(시 105:24ff). 이스라엘이 하나님께 '풍부한 화평'(רַב שָׁלוֹם)을 받게 된 것이다. 이 모든 사실은 하나님과 이스라엘의 관계를 잘 설명하고 있다. 이스라엘은 하나님의 백성이다. 이 기본적인 관계가 이스라엘의 존재와 정체성과 운명 등을 모두 결정했다.

(6) 시온 사상

시온 사상은 시편 46, 48, 76편 등에 바탕을 둔 신학적 개념이다(cf. Ollenburger). 노트(Noth)와 폰라트(von Rad)가 처음 제시한 사상이며, 폰라트의 제자 로랜드(Rohland)에 의하여 크게 발전되었다. 시온 사상은 다음과 같이 네 가지 핵심 요소들로 구성되어 있다.

1	시온은 북방 산(Zaphon)(צָפוֹן)중 가장 높은 산이다(시 48:3–4[2–3]).
2	시온에서부터 강이 흐른다(시 46:5[4]).
3	여호와가 시온에서 흉흉한 바다 물('flood of chaos waters')을 물리치셨다(시 46:3[2–3]).
4	시온에서 여호와께서 열방과 그들의 왕들을 이기셨다 (시 46:7[6], 48:5–7, 76:4, 6–7).

로랜드(Rohland)는 위 네 가지 중 여호와께서 시온에서 열방을 물리치신다는 네 번째 요소가 시온 사상의 핵심이라고 주장했다. 여호와께서 시온을 침략하는 열방을 물리치는 방법은 다양하다. 때로는 하나님의 직접적인 현현(theophany)(시 48:6[5])으로 열방을 물리치거나 꾸짖음으로 열방을 물리치신다(시 46:7[6], 76:7). 하나님은 아침이 오기 전에 모든 적을 물리치시며(viz., 오랜 시간이 걸리지 않고 매우 빨리 적을 물리치심을 강조함, cf. 시 46:6[5]), 전쟁 무기들을 다 부수시므로 전쟁이 사라진다(시 76:4). 그러므로 시온 사상은 하나님의 왕권에 그 기초를 두고 형성되었다.

빌드버거(Wildberger)와 융커(Junker)는 '만국의 순례'(pilgrimage)가 시온 사상의 다섯 번째 요소로 포함되어야 한다고 주장했다. 이들의 주장은 이사야 2:1-4에 근거를 두고 있다. 그러나 대부분 학자들은 이들의 주장을 받아들이지 않는다.

시온 사상은 언제 시작된 것인가? 두 개의 유력한 설이 있다. 첫째, 시온 사상은 다윗이 예루살렘을 점령하기 전부터 여부스 족(Jebusites) 사이에 유행했다. 이스라엘 민족은 가나안 정복시대 때 예루살렘을 빼앗지 못했다. 드디어 다윗 시대에 이르러서야(1000BC대) 정복했다. 이 성의 천연 요새적인 조건들 때문에 예루살렘은 결코 무너지지 않는다는 믿음이 신화가 되어 여부스 족 사이에 나돌았을 가능성을 부각시킨다.

둘째, 통일 왕국시대, 특히 다윗 시대에 이 사상이 발전되기 시작했다. 다윗이 여부스 족을 물리치고 예루살렘을 취한 다음에 그곳에서 이스라엘을 통치했다. 이 과정에서 다윗의 왕권과 예루살렘의 존속성과 하나님의 보호 등을 주요 골자로 해서 이 사상을 발전시킨 것으로 추정하는 설이다. 시온 사상은 구약의 다른 주요 사상인 출애굽 사상과 정복사상과 왕권사상 등과 구분하여 연구되고 있다.

9. 시편과 신약

신약 저자들이 가장 많이 인용한 구약 정경이 시편이다. 신약 저자들의 시편 인용에 대하여는 다음 도표들을 참조하라. 시편의 순서에 따라 정리한 것이다. 신약 저자들이 가장 많이 활용한 시편 말씀은 다윗이 메시아를 주님이라고 부르는 시편 110:1이다(cf. Aloisi, Barry, Bateman).

시편	신약
2:1-2	행 4:25-26
2:1, 5	계 11:18
2:7	행 13:33, 히 1:5, 5:5,
2:8-9	계 2:26-27, 12:5, 19:15
4:4	엡 4:26
5:9	롬 3:13
6:8	마 7:23, 눅 13:27
8:2	마 21:16
8:4-6	히 2:6-8
8:6	고전 15:27, 엡 1:22
10:7	롬 3:14
14:1-2	롬 3:10-12
16:8-11	행 2:25-28, 31
16:10	행 2:31, 13:35
18:49	롬 15:9
19:4	롬 10:18
19:9	계 16:7, 19:2
22:1	마 27:46, 막 15:34
22:7-8	마 27:39, 막 15:29, 눅 23:35
22:8	마 27:43
22:13	벧전 5:8
22:16	요 19:28
22:18	마 27:35, 막 15:24, 눅 23:34, 요 19:24
22:21	딤후 4:17
22:22	히 2:12, 17
23:1-2	계 7:17
24:1	고전 10:26
31:5	눅 23:46
32:1-2	롬 4:7-8

33:3	계 5:9, 14:3
34:8	벧전 2:3
34:12–16	벧전 3:10–12
34:20	요 19:36
35:19	요 15:25
36:1	롬 3:18
40:6–8	히 10:5–7
41:9	요 13:18
42:6, 12; 43:5	마 26:38, 막 14:34
44:22	롬 8:36
45:6–7	히 1:8–9
51:4	롬 3:4
53:1–2	롬 3:10–12
55:22	벧전 5:7
68:18	엡 4:8
69:4	요 15:25
69:9	요 2:17, 롬 15:3
69:21	마 27:34, 48; 막 15:36, 눅 23:36, 요 19:28
69:22–23	롬 11:9–10
69:25	행 1:20
69:28	계 3:5, 17:8, 20:12, 21:27
75:8	계 14:10
78:2	마 13:35
78:24	요 6:31
82:6	요 10:34
86:8–10	계 3:9, 15:4
89:3–4	행 2:30
89:20	행 13:22
89:26–27	히 1:5
89:27	계 1:5
90:4	벧후 3:8
91:11–12	마 4:6, 눅 4:10–11
91:13	눅 10:19
94:11	고전 3:20
94:14	롬 11:1–2
95:7–8	히 4:7
95:7–11	히 3:7–11
95:11	히 4:3
97:7	히 1:6
102:25–27	히 1:10–12

103:8	약 5:11
104:4	히 1:7
105:40	요 6:31
106:20	롬 1:23
109:8	행 1:20
109:25	마 27:39, 15:29
110:1	마 22:44, 26:64, 막 12:36, 14:62, 16:19, 눅 20:42-43, 22:69, 행 2:34-35, 고전 15:25, 엡 1:20, 골 3:1, 히 1:13, 8:1, 10:12-13, 12:2
110:4	히 5:6, 7:17, 7:21
112:9	고후 9:9
115:4-7	계 9:20
115:13	계 11:18, 19:5
116:10	고후 4:13
117:1	롬 15:11
118:6	히 13:6
118:22-23	마 21:42, 막 12:10, 눅 20:17, 행 4:11, 벧전 2:7
118:25-26	마 21:9, 15; 막 11:9-10, 요 12:13
118:26	마 23:39, 눅 13:35, 19:38
132:5	행 7:46
132:11	행 2:30
135:15-17	계 9:20
137:8	계 18:6
137:9	눅 19:44
140:3	롬 3:13
143:2	롬 3:20, 갈 2:16
146:6	행 2:24, 14:15; 계 10:6

10. 개요

제1권: 1-41편

제2권: 42-72편

제3권: 73-89편

제4권: 90-106편

제5권: 107-150편

제1편

I. 장르/양식: 지혜시

이 노래가 언제 저작되었는가에 대하여 학자들의 의견이 분분하다. 일찍 저작된 것으로 보는 사람들은 솔로몬 왕 시대로 보는가 하면(Perowne), 늦게 완성된 것으로 보는 사람들은 주전 1-2세기로 보기도 한다(Kraus). 정확한 저작 시기는 알 수 없으며, 별로 중요한 이슈는 아니다. 사실 이 시의 저작 시기보다 더 중요한 것은 시편 제1권(1-41편)에 포함된 시들은 대부분 표제를 지니고 있는 것에 반해 책과 제1권을 시작하는 1편과 2편은 어떠한 표제도 가지고 있지 않다는 사실이다. 그러므로 일부 학자들은 1편과 2편이 시편 전체 혹은 최소한 제1권에 서론 역할을 하도록 책의 앞부분에 삽입되었다고 한다(Broyles, Brueggemann & Bellinger).

이 시가 사용하고 있는 단어들과 이 단어들의 유사한 소리 등을 감안하면 시편 1편은 읽혀지기보다는 노래로 불리기 위하여 저작된 것이 확실하다(Terrien). 지혜시는 사람들에게 교훈을 주기 위한 목적을 지녔다. 시편 전체를 시작하고 있는 1편은 지혜로운 사람은 하나님의 율법을 깊이 묵상하고 율법대로 사는 사람이라고 한다. 저자는 어떤 사람이 지혜로운가를 설명하면서 책의 가장 기본적인 저작/편집 목적을 암시한다. 시편은 독자들에게 지혜로운 삶이 어떤 것인가를 설명하는 책인 것이다. 저자는 지혜는 하나님을 경외하는 것이며(잠 1:7), 하나님을 경외하는 것은 주님이 주신 율법에 따라 사는 것이라 한다. 지혜와 율법은 서로 뗄 수 없는 관계를 지니고 있다. 그러므로 학자들은 지혜로운 삶을 정의하는 이 시를 '율법시/토라시'(Torah Psalm)로 구분하기도 한다(Mays).

지혜와 율법이 서로 뗄 수 없는 관계를 지니고 있는 것처럼 지혜와 하나님의 축복도 서로 뗄 수 없는 관계를 유지한다. 그러므로 율법을 깊이 묵상하고, 율법의 가르침대로 사는 사람은 지혜로울 뿐만 아니라 하나님께 복을 받은 사람이다. 이러한 맥락에서 시편 전체를 시작하는 1:1은 "복 있는 사람/행복한 사람(אַשְׁרֵי־הָאִישׁ)은 이런 사람이다"라는 문장으로 시작한다(cf. 시 2:12, 32:1-2, 33:12, 34:8, 40:4, 41:1, 112:1, 119:1-2). 이 유형의 문장은 훗날 예수님이 산상수훈에서 팔복(beatitudes)을 선포하실 때 사용하신다(cf. 마 5:3-11). 칠십인역(LXX)은 '복 있는 사람'(אַשְׁרֵי־הָאִישׁ)을 헬라어로 'μακάριος ἀνήρ'로 번역했으며, 마태복음은 '복 있는 사람들'을 의미하며 이 헬라어 단어(μακάριοι)를 사용한다.

II. 구조

이 시편은 다양한 주제와 각도에서 구조 분석이 이루어졌다. '분별력'을 중심으로 분석하면 복 있는 사람과 악인의 대조적인 종말을 중앙에 둔 구조가 보인다(vanGemeren).

A. 복이 있는 사람의 분별력(1:1-2)
　　B. 복이 있는 사람과 악인의 대조적인 종말(1:3-5)
A'. 하나님의 분별력(1:6)

악인과 율법을 중심으로 내용을 살펴보면 다음과 같다(deClaissé-

Walford et al.).

A. 악인의 길(the way of the wicked)(1:1)

B. 주님의 토라/율법(the Torah of the Lord)(1:2)

B′. 토라 안에 있는 번영(the prosperity found in Torah)(1:3)

A′. 악인의 심판(the judgment of the wicked)(1:4–6)

구문론적으로 분석하면 다음과 같은 분석도 가능하다(McCann). 다만 아쉬운 것은 6절이 빠져 있는 점이다.

A. 의인 설명(Description of the righteous)(1:1–2)

B. 직유(simile)(1:3a–b)

C. 객관적 결론(Objectifying Conclusion)(1:3c)

C′. 객관적 서론(Objectifying introduction)(1:4a)

B′. 직유(simile)(1:4b)

A′. 악인 설명(Description of the wicked)(1:5)

복 있는 사람의 굳건함과 악인의 흔들림을 중심으로 분석하면 다음과 같다(Craigie). 이 구조도 6절을 분석에서 제외했다는 한계를 안고 있다.

A. 복이 있는 사람(1–2절)

B. 뿌리 내림(3절)

B′. 흩날림(4절)

A′. 악인(5절)

복이 있는 사람과 악인의 대조적인 삶과 운명을 바탕으로 분석하면 다음과 같은 구조도 가능하다(Willis).

A. 의인들의 성향과 성공(1:1–3)

B. 악인들의 성향과 성공(1:4–5)

A′. 의인들이 성공하는 이유: 하나님이 보호하심(1:6a)

B'. 악인들의 운명 선언(1:6b)

다음과 같은 분석도 가능하다. 시편의 관문인 1편을 좀 더 자세하게 주해하기 위하여 다음 구조에 따라 주해하고자 한다.

A. 복 있는 사람은 악인과 함께하지 않음(1:1)
B. 복 있는 사람은 율법을 선택함(1:2)
C. 시냇가에 심어진 나무 같은 의인(1:3)
C'. 흩날리는 쭉정이 같은 악인(1:4)
A'. 악인은 의인과 함께하지 못함(1:5)
B'. 하나님은 의인을 선택하심(1:6)

III. 주해

이 시의 기본적인 바탕은 대조이다. 저자는 여러 가지 대조적인 이미지를 통해 의인(하나님의 복을 받은 사람)과 악인(하나님의 복을 받지 못한 사람)을 비교한다. 저자는 왕성하고 푸른 나무와 흩날리는 쭉정이, 함께 모여 있는 죄인들과 홀로 있는 의인, 악인들의 조언과 하나님의 율법 등을 사용하여 복 있는 사람과 악인을 대조한다(deClaissé-Walford et al.). 그러므로 한 학자는 본문이 구상하는 의인과 악인의 대조를 '신학적 축'(theological axis)이라고 부른다(Seybold). 의인과 악인의 대조가 어떤 상황에서 가장 의미 있는 교훈이 되었을까? 한 주석가는 이 시가 아마도 어린 아이들을 교육하는 데 사용되었을 것이라고 한다(Gerstenberger).

1. 복 있는 사람은 악인과 함께하지 않음(1:1)

1 복 있는 사람은 악인들의 꾀를 따르지 아니하며
죄인들의 길에 서지 아니하며

오만한 자들의 자리에 앉지 아니하고

최근 들어 여러 번역본들은 개역개정이 '복이 있는 사람'으로 번역하고 있는 히브리어 문구(אַשְׁרֵי־הָאִישׁ)를 '행복한 사람'(happy is the man)으로 번역한다(아가페, NRS, TNK, CSB). 이스라엘 예배 등에서 '복이 있는 사람'을 뜻하며 사용되었던 히브리어 개념(בָּרוּךְ)과 구분하기 위해서다(cf. HALOT). '복이 있는/행복한'(אַשְׁרֵי)은 '삶의 여정/걷기'와 연관된 단어다(Brueggemann & Bellinger). 시편을 시작하는 1:1은 행복한 사람은 삶에서 한순간의 희열보다는 꾸준히 유지되어야 하는 가치관과 기준, 곧 삶의 방식을 추구하는 사람이라는 점을 강조한다.

복이 있는 사람(אַשְׁרֵי־הָאִישׁ)은 예수님께서 팔복에서 사용하시는 헬라어 μακάριος와 완전히 같은 의미를 지녔다(Davidson). 사람이 복이 있다는 것은 무엇을 의미하는가? '복'(אַשְׁרֵי)의 가장 기본적인 의미는 '행복'(happiness)이다(HALOT, cf. Alter). 사람은 언제 행복을 느끼는가? 복을 누릴 때이다. 복은 하나님이 사람들에게 선물로 주신다. 그러므로 히브리어로 '복이 있는 사람'(בָּרוּךְ)과 본문에서 사용되는 단어(אַשְׁרֵי)를 구분하기 위하여 일부 번역본들이 '행복한 사람'을 선호하지만, '복 있는 사람'도 좋은 번역이다(cf. Terrien). 본문은 하나님 안에서 주님이 주시는 복을 마음껏 누리며 사는 사람이 행복한 사람이라고 하기 때문이다.

저자는 '복 있는 사람'(אַשְׁרֵי־הָאִישׁ)은 어떤 사람인가를 정의하면서 제일 먼저 그는 일정한 삶의 방식대로 살지 않는 사람이라고 한다. 본문은 복 있는 사람의 부정적인 면을 부각시키고자 한다. 세 가지의 진전적인 평행(progressive parallelism, 점차적으로 상황/행동을 더 심화시키거나 강화시키는 평행법, cf. Gunnel)이 형성되고 있다. (1)악인들(רְשָׁעִים)//죄인들(חַטָּאִים)//오만한 자들(לֵצִים), (2)꾀(עֵצָה)//길(דֶּרֶךְ)//자리(מוֹשָׁב), (3)걷다(הלך)//서다(עמד)//앉다(ישׁב). 이 세 가지 평행에서 절정은 모두 마지막에 와 있다. 오만한 자들, 자리, 앉다(Ross). 의인은 악인들의 간교한 유혹/속삭임(꾀)부터 멀리하고, 그들이 사는 방식(길)을 따라 하지 않기 때문에 악인들과 함께 어울릴 일(자리)은 더욱더 없다. 지혜로운 사람은 악인들과 함께 길을 가거나(걷다) 함께 머물며(서다) 그들의 가치관을 지지하지 않는다. 그들과 함께 어울려 살 일(앉다)은 더욱더 없다(cf. Craigie).

세 번째 평행을 형성하는 악인들(רְשָׁעִים)과 죄인들(חַטָּאִים)과 오만한 자들(לֵצִים)의 정확한 의미를 구분할 필요가 있다면, 구분할 수는 있다(Ross, cf. HALOT, NIDOTTE). 그러나 4절과 5절이 이들을 통틀어 '악인들'(רְשָׁעִים)이라는 한 단어로만 반복적으로 언급하는 것으로 보아 본문에서 이 세 개념을 완벽하게 비슷한 말로 취급하여 각 단어가 의미하는 바를 따로 구분할 필요는 없다.

이 땅에 사는 모든 사람이 행복하게 살기를 원한다. 그러나 행복이 스스로 사람을 찾아오는 것은 아니다. 사람이 행복해지고 싶으면 자신의 선택과 결단을 통해 간절히 추구해야 한다. 행복은 '노'(no)를 말해야 할 때 '노'(no)로 자신의 의사를 표시할 수 있는 담대함과 결단력에서 비롯된다. 저자는 행복이 악인들의 꾀(עֵצָה)와 길(דֶּרֶךְ)과 자리(מוֹשַׁב)를 거부하고, 그들과 함께 걷거나, 서 있거나, 앉아 있기를 거부할 때 시작된다고 하기 때문이다.

사람이 이렇게 사는 것은 결코 쉽지 않은 일이다. 모든 사람이 '예스'(yes)라고 할 때 홀로 '노'(no)라고 하면 그들의 미움을 살 수 있고, 따돌림과 차별도 받을 수 있기 때문이다. 세상 사람들이 경건하지 못한 일과 가치관으로 우리를 설득할 때 자주 나오는 말이 "당신은 왜 그렇게 유별나게 살아야 하느냐? 다른 사람들처럼 살아라!"다. 그러므로 이러한 불이익을 감수하는 용기와 결단이 있는 소수만이 행복할 수 있다. 이러한 점을 강조하기 위하여 저자는 '행복한 사람' (אַשְׁרֵי־הָאִישׁ)은 [홀로 서 있는 듯한] 단수로, 그가 거부해야 할 악인들은 [무리를 형성한 듯한] 복수(רְשָׁעִים, חַטָּאִים, לֵצִים)로 표기한다. 이러한 상황은 예수님께서 사람들이 많이 다니는 넓은 문 (파멸과 멸망으로 인도하는 문)을 기피하고 인적이 드문 좁은 문(생명으로 인도하는 문)으로 들어가라고 하신 말씀을 생각나게 한다(cf. 마 7:13-14).

악인들에게 물어보면 그들도 분명 행복해지기 위하여 자신들이 사는 방식대로 살고 있다고 할 것이다. 그들은 한순간의 '짜릿한 행복'은 누릴지 몰라도 지속적인 행복은 누릴 수 없다. 지속적인 행복은 하나님의 복을 받은 사람만이 누릴 수 있는 신성한 것이기 때문이다. 선하신 하나님이 인간에게 삶의 가이드라인으로 주신 기준인 율법에 반대되는 삶을 추구하는 악인들을 축복하실 리가 없다.

행복해지기를 원하는가? 그렇다면 결단과 각오를 새롭게 해야 한다(cf. McCann). 세상 사람들의 간교하고 악한 기준과 삶의 방식을 멀리해야 한다. 오직 하나님이 주신 기준과 가치관대로 살겠다는 의지가 있어야 한다. 그러므로 사람이 행복해지기 위하여 때로는 외롭고 두려운 광야에 홀로 서 있는 듯한 경험을 한다.

2. 복 있는 사람은 율법을 선택함(1:2)

2 오직 여호와의 율법을 즐거워하여
그의 율법을 주야로 묵상하는도다

사람은 나쁜 일을 하지 않는 것 자체만으로 행복해질 수 없다. 하지 말아야 할 일을 대신할 만한 긍정적인 대안(할 일)이 있어야 행복하다. 그러므로 본문은 행복한 사람이 하지 않는 일(1절)과 하는 일(2절)을 최대한으로 대조시키기 위하여 히브리어 문법에서 가장 강력한 대조적 문구(כִּי אִם, '오직'으로 번역됨)를 사용하여 2절을 시작한다(McCann).

예수님이 주님을 믿지 않는 악한 세대를 비난하시면서 귀신에 비유하여 말씀하신 적이 있다. 귀신이 한 사람의 마음을 떠났다가 다시 돌아와보니 그 사람의 마음이 아직도 텅텅 비어 있는 것을 보고 더 많은 귀신들을 끌어들여 그 사람을 괴롭혔다는 이야기다(마 12:43-45). 무엇을 하지 않거나 금하는 것만으로는 결코 문제를 해결할 수 없다는 사실을 바탕으로 하신 말씀이었다. 비슷한 맥락에서 시편 기자는 악인들의 생각과 삶을 멀리하는 복 있는 사람은 긍정적인 대안으로 하나님의 율법을 즐거워하여 주야로 묵상한다고 한다.

기자는 여호와의 '율법'(תּוֹרָה)을 두 차례나 언급하면서 하나님의 말씀은 복이 있는 사람의 즐거움이고 묵상의 대상이라고 한다. 사람이 율법을 묵상하면 행복할 수 있을까? 일상적으로 사람들은 율법을 하나님이 그의 백성들에게 지우신 짐/책임으로 생각하기 때문에 율법이 사람을 행복하게 할 수 없다고 생각한다. 그러나 성경(특히 율법시들)은 율법을 세상에서 가장 아름다운 생명의 근원이며 주의 백성들을 행복하게 하는 '행복보장 헌장'이라고 한다(cf. 시 19, 119편). 율법이 하나님의 영광을 반영하고 있기 때문이다.

그런데 복 있는 사람이 주야로 묵상하는 율법(תּוֹרָה)은 무엇을 의미하는가? 모세오경이나 전반적으로 구약의 율법을 뜻한다는 해석도 있지만(cf. Ross, Terrien) 대체적으로 본문에서는 이 단어(תּוֹרָה)의 가장 기본적인 개념인 '가르침/교훈'(instruction)을 의미한다는 것이 해석자들의 일반적인 견해다(cf. HALOT, NIDOTTE). 그러므로 본문은 율법/법전을 철저하게 지키려는 율법주의를 권면하는 것이 아니라, 하나님의 가르침과 교훈에 항상 열려 있는 마음을 유지하라는 취지의 말씀이다(McCann, deClaissé-Walford et al.). 더 구체적으로 말하자면 율법은 하나님이 사람들에게 주신 삶의 방식을 의미한다. 그러므로 율법 묵상과 성도의 삶은 서로 떼어 놓을 수 없는 관계를 형성한다(Brueggemann & Bellinger). 하나님은 이 율법(תּוֹרָה)을 그의 신실한 백성들의 마음에 심으셨다(시 37:31, 40:8). 이 율법은 인간 행복의 구심점이다(시 94:12). 율법의 역할과 정체성을 절정적으로 노래하는 말씀이 바로 시편 119편이다.

잠언 1:7은 '여호와를 경외하는 것이 지혜의 시작'이라고 한다. 본문은 잠언과 같은 맥락의 지혜 문학을 형성하며 과연 '여호와를 경외하는 것'이 무엇인가를 정의해 주고 있다(Craigie). 여호와를 경외하는 것은 악을 피하고 하나님의 율법대로 살아가는 것이다. 이러한 삶을 지향하는 사람은 삶의 지혜를 모두 하나님의 율법에서 얻는다.

하나님의 율법은 분명 사람들에게 즐거움을 준다. 사람은 이 즐거움을 얻기 위하여 무엇을 해야 하는가? 밤낮으로 하나님의 토라(가르침)를 묵상해야(הגה) 한다. 이 단어는 원래 짐승들이 '[낮은] 소리를 내다' 혹은 '중얼거리다'라는 의미를 지녔다(HALOT, cf. Alter). 성경에서는 비둘기가 '구구'거리는 소리(사 38:14)와 사자가 나지막하게 으르렁거리는 소리를 내는 일을 묘사한다(사 31:4). 그러므로 본문에서 이 단어(הגה)는 사람들이 하나님의 말씀을 접할 수 있는 기회가 거의 없었던 당시 상황에서 혹시 접할 기회를 얻으면 부분적으로나마 접한 말씀을 외우고, 그것을 조용히 중얼거리며 회상하고 묵상했던 모습을 묘사하고 있다(vanGemeren, cf. 시 35:14). 하나님의 자녀들이 누리는 즐거움은 끊임없이 율법(말씀)에 대하여 고민하고 묵상하는 일에서 얻어지는 즐거움이다.

동사 사용에 있어서 완료형(1절)에서 미완료형(2절)으로 바뀌는 것은 율법에 대한 묵상이 끊임없이 버릇처럼 행해지는 것을 의미한다(Joüon-Muraoka). 본문은 한순간의 '말씀 생각'이 아니라 '끊이지 않고 계속되는 묵상'을 뜻하는 것이다. 신명기 6:7-9도 하나님의 자녀들에게 같은 권면을 한다. "집에 앉았을 때에든지 길을 갈 때에든지 누워 있을 때에든지 일어날 때에든지 말씀을 강론할 것이며 너는 또 그것을 네 손목에 매어 기호를 삼으며 네 미간에 붙여 표로 삼고 또 네 집 문설주와 바깥 문에 기록할지니라."

묵상이 전제하는 것은 하나님과의 관계다. 그러므로 복 있는 사람/행복한 사람은 하나님과의 관계에서 그 행복을 찾는다. 이 말씀은 사람이 행복한 삶을 살 수 있는 방법을 알려준다. 사람이 행복하려면 먼저 하나님의 말씀을 깊이 묵상해야 하며, 하나님의 말씀을 묵상하다 보면 말씀의 신적 저자(divine author)이신 하나님과의 관계를 의식하게 된다. 사람이 하나님과의 관계를 의식하면, 그 관계에서 행복을 얻는다.

3. 시냇가에 심어진 나무같은 의인(1:3)

3 그는 시냇가에 심은 나무가 철을 따라 열매를 맺으며
그 잎사귀가 마르지 아니함 같으니
그가 하는 모든 일이 다 형통하리로다

저자는 복 있는 사람은 세상 사람들이 선호하는 '넓은 문'(세상의 가치와 기준으로 사는 삶)이 아니라 하나님이 기뻐하시는 '좁은 문'(하나님 말씀에 지배받는 삶)으로 들어가는 삶이라고 했다. 생각해 보면 복 있는 사람이 세상 사람들의 기준대로 살지 않고 하나님의 가르침대로 살기 위해서 포기하고 희생해야 할 것들이 많다. 세상의 기준과 정서를 거스르면서 사는 것은 쉽지 않기 때문이다. 그러므로 이러한 희생을 각오하고 하나님의 말씀대로 살려고 하는 사람에게는 분명 하나님이 '보상'하시는 복을 주실 것이다. 그래서 '좁은 문'으로 들어가는 사람은 '복 있는 사람'이 아니겠는가!

복 있는 사람이 누릴 하나님의 축복은 어떤 것인가? 본문은 하나님의 복을 받은 사람을 싱싱하고 열매를 잘 맺는, 생기로 가득한 나무에 비교한다. 하나님의 가르침을 항상 묵상하고 실천하는 사람은 마치 '시냇가에 심은 나무와 같다.' '시냇가'(פֶּלֶג)로 번역이 된 단어는 저절로 생겨나서 흐르는 강이나 시냇물이 아니라, 농사를 짓기 위하여 일부러 만든 관개용 수로를 뜻한다(HALOT, NIDOTTE). 건기가 되면 물이 마르는 시냇가(wadi)가 아니라, 항상 물이 있는 물줄기를 뜻한다. 동일한 단어가 같은 이미지를 제시하며 예레미야 17:7-8에서도 사용된다. "그러나 주를 믿고 의지하는 사람은 복을 받을 것이다. 그는 물가에 심은 나무와 같아서 뿌리를 개울가로 뻗으니, 잎이 언제나 푸르므로, 무더위가 닥쳐와도 걱정이 없고, 가뭄이 심해져도, 걱정이 없다. 그 나무는 언제나 열매를 맺는다"(새번역).

본문에서 '심다'(שתל) 동사는 칼(Qal) 수동태(passive)로 사용된다. 이 나무는 하다 보니 시냇가에서 우연히 자라게 된 것이 아니라, 누군가가 그 나무를 일부러 그곳에 심은 상황을 말하고자 한다(deClaissé-Walford et al.). 하나님은 혹독한 환경의 영향을 별로 받지 않도록 이 나무(의인)를 시냇가에 심으셨다. 사람이 하나님의 율법을 주야로 묵상하면 그는 마치 하나님이 시냇가에 심으신 나무와 같아진다. 분명 좋은 열매들을 많이 맺게 될 것이다.

이 나무가 항상 물이 흐르는 시냇가에 심어져 있다는 사실이 시사하는 바는 매우 크다. 고대 근동의 날씨 패턴에 의하면 나무들이 과일을 맺을 때가 가장 건조한 건기 때다(Goldingay). 그러므로 농부들은 이때 어떻게 해서든 과일 나무에 물을 공급해 주어야 한다. 그렇게 하지 못하면 나무들이 열매를 맺을 수 없기 때문이다. 그러므로 의인이 항상 물이 흐르는 시냇가에 심은 나무와 같다는 것은 물이 없어서 과일을 맺지 못하는 일은 없을 것이라는 뜻이다. 이 나무는 항상 적절한 때에 좋은 열매로 사람들과 짐승들을 기쁘게 할 것이다. 철 따라 열매를 맺고, 잎이 시들지 않는 나무, 곧 나무가 자랄 수 있는 최선의 환경을 누리는 나무이기 때문이다.

복 있는 사람은 항상 물이 흐르는 시냇가에 심은 나무처럼 그가 하는 일마다 형통할 것이다. '형통하다'(צלח)는 말은 하는 일마다 잘될 것이라는 뜻이다(cf. NIDOTTE). 본문에서는 이 동사가 히필(Hiphil) 형태로 사용되는데, "[하나님이] 그가 성공하도록 하신다"라는 의미로 해석될 수 있다(THAT, cf. HALOT). 복 있는 사람이 이 땅에서 성공적인 삶을 살 수 있는 것은 자신의 노력 때문이 아니라, 그가 성공하도록 하나님이 은혜를 베푸시기 때문이라고 해석할 수 있다. 그러므로 많은 학자들이 이 나무에 공급되는 마르지 않는 물이 바로 하나님의 말씀과 은혜라고 해석한다(deClaissé-Walford et al., Goldingay, Mays, McCann, Terrien).

그렇다면 복이 있는 사람은 어떠한 성공을 기대할 수 있는가? 옛적에 모세의 후계자가 되어 이스라엘 백성들을 이끌고 가나안 정복에 나설 채비를 하고 있던 여호수아에게 주신 말씀이 시편 1:1-3과 여러 모로 연관성이 있다. 하나님은 이렇게 말씀하신다. "이 율법책의 말씀을 늘 읽고 밤낮으로 그것을 공부하여, 이 율법책에 씌어진 대로, 모든 것을 성심껏 실천하여라. 그리하면 네가 가는 길이 순조로울 것이며, 네가 성공할 것이다"(수 1:8, 새번역).

하나님이 여호수아에게 약속하신 성공은 어떠한 형태로 실현되었는가? 여호수아는 백성들과 함께 요단 강을 건넜고, 원수들을 물리쳤으며, 약속의 땅을 정복하여 마지막 여생을 그곳에서 살았다. 시편이 말하는 '성공'도 여호수아의 성공처럼 실질적인/세속적인 면모가 많다. 시편 128:3은 큰 가족을 갖는 것을 성공이라 한다. 시편 144편은 여호와를 하나님으로 모시는 사람들에게 성공은 건강한 자식들과 많은 수확과 왕성한 가축들과 안정된 국가 등이라고 한다(cf. 12-14절). 또한 시편 37:25은 다음과 같이 고백하고 있다. "나는 젊어서나 늙어서나, 의인이 버림받는 것과 그의 자손이 걸식하는 것을 보지 못하였다"(새번역). 구약 기자들에게 복은 그들의 삶에서 매우 실질적이고 현실적인 것들로 드러났다. 그들은 복을 결코 영적인 차원으로만 간주하지 않았다. 복 있는 사람은 그가 이 땅에 살아있는 동안 하나님의 축복을 '손으로 만지고' 누릴 수도 있다.

4. 흩날리는 쭉정이 같은 악인(1:4)

4 악인들은 그렇지 아니함이여
오직 바람에 나는 겨와 같도다

저자는 의인이 하지 않는 일(1절)과 하는 일(2절)을 차별화하기 위하여 2절을 시작할 때 매우 강력한 대조를 의미하는 문구를 사용했다(כִּי אִם). 이제 그는 뿌리 깊은 나무와 같은 의인과 흩날리는 쭉정이와 같은 악인을 대조하기 위하여 또 하나의 강력한 대조 문구(לֹא־כֵן)를 사용하여 이 둘의 차이를 강조하고자 한다(Goldingay, Terrien).

3절은 복 있는 사람을 항상 물이 흐르는 시냇가에 심어져 뿌리를 깊이 내리고 많은 열매를 맺는 나무로 묘사했다. 나무가 살기에 가장 이상적인 환경에 머물면서 마음껏 열매를 맺는 이미지다. 이러한 환경을 만들어 주시는 이는 그 나무를 시냇가에 심으신 하나님이시다. 주님은 의인이 주야로 묵상하는 율법을 통해 이런 은혜를 공급해 주신다. 반면에 악인들은 어떠한가?

악인들은 시냇가에 뿌리 내린 나무 같은 의인과는 질적으로 다른 삶을 산다. 본문은 두 악인들의 삶에 대하여 두 가지를 말하고자 한다. 첫째, 복 있는 사람은 가장 좋은 환경에 뿌리를 내리고 사는 것에 반해 악인들은 바람이 부는 대로 이곳저곳으로 떠돌아다닌다. 의인과 악인의 차이는 의인은 한곳에서 뿌리내린 삶을 사는 것에 반해 악인은 한곳에 머물지 못하고 끊임없이 방황한다는 뜻이다(McCann).

둘째, 의인은 한 장소에 뿌리를 내리고 왕성하게 자라는 나무 같지만, 악인은 그 어디에도 머물 수 없는 겨와 같다. 의인을 상징하는 나무(עֵץ)(3절)와 악인을 상징하는 겨(מֹץ)는 둘 다 두 글자로 구성된 히브리어 단어이며 소리도 비슷하다(에츠와 모츠). 그런데 의미하는 바는 참으로 대조적인 것이 인상적이다. 나무(에츠)는 뿌리 깊음을, 겨(모츠)는 정처 없이 떠돎을 의미한다.

저자가 이곳에서 사용하는 이미지는 추수 때 농부가 곡식과 겨(쭉정이)를 분리하기 위하여 수확한 것을 바람 앞에서 키로 켜는 일이다. 농부가 조치를 취하기 전까지 겨는 곡식과 섞여 있어 곡식과 함께 취급되지만, 농부가 하루라도 빨리 걸러 없애고자 하는 무용지물이다. 이와 같이 악인들은 남들에게 민폐나 끼치는 해로운 자들이다. 누구나 반가워하지 않는 천덕꾸러기에 불과하다.

반면에 복 있는 사람은 어떠한가? 그는 왕성하게 자라 사람들과 짐승들에게 뙤약볕을 피하는 그늘이 되어 주기도 하고, 많은 열매로 사람들과 짐승들을 기쁘게 한다. 고대 근동의 도상학(iconography)에서 왕들이 흔히 나무로 묘사되는 이유가 여기에 있다. 왕은 그가 다스리는 백성들에게 나무 같은 존재가 되어 백성들이 쉴 그늘과 먹을 과일을 주어야 한다고 생각했던 것이다(cf. 단 4:9-12).

또한 고대 사회에서 나무는 신적인 축복의 상징이었다. 주의 자녀는 하나님이 마르지 않는 시냇가에 심고 보호하시는 나무처럼 복을 받은 사람들이다. 이러한 주의 자녀들에게 하나님의 말씀은 생명을 주는 물이다. 폐나 끼치는 악인들과는 달리 의인은 남들에게 매우 유익한 삶을 산다.

무엇이 이 둘이 지닌 차이점의 원인인가? 악인들은 하나님이 주신 율법대로 살지 않고 자신들의 이기적인 생각과 악한 꾀로 살아간다(cf. 1절). 반면에 복이 있는 사람은 철두철미하게 하나님의 말씀대로 살아간다(2절). 그는 주야로 하나님의 율법을 묵상하는 삶을 살고 있다. 악인들은 자기 중심적인 생각으로 이기적인 삶을, 의인은 하나님 중심적인 생각으로 하나님 중심적인 삶을 살고 있다. 그러므로 이들의 차이는 사사기를 연상케 한다. 악인들은 각자 '자기 소견에 옳은 대로' 사는 사람들이고, 복 있는 사람은 하나님이 주신 기준대로 사는 사람이다. 시편에서 악인은 하나님 중심으로 살지 않고 자기 중심적으로 사는 사람이다(McCann).

5. 악인은 의인과 함께 있지 못함(1:5)

5 그러므로 악인들은 심판을 견디지 못하며

죄인들이 의인들의 모임에 들지 못하리로다

이 말씀은 무게도, 가치도 없는 겨와 같은 악인들의 모습(4절)을 보충 설명하고 있다. 비슷한 의미를 구상하는 두 행이 평행을 이루고 있다. 첫째 행은 악인들은 하나님의 심판을 견디지 못할 것이라 한다. 정의로우신 하나님이 결코 악인들을 용납하지 않으시고 그들을 분명히 벌하실 것이기 때문이다. 둘째 행은 악인들이 의인들과 함께하지 못할 것이라고 한다. 당연한 일이다. 의인은 이미 1절에서 악인들과 함께하는 것을 거부했다. 다만 차이라면 1절에서는 의인이 악인들 무리에 끼어드는 것을 거부했다면, 이번에는 악인들이 의인들 무리에 끼어들려 해도, 의인들이 그들을 용납하지 않을 것이다. 1절에서는 악인들이 공동체(모임)를 형성했는데, 이 말씀에서는 의인들이 공동체(모임)를 형성하고 있다. 악인들은 결코 사회의 주요 부분에서 영향력을 발휘하지 못할 것이다(Craigie).

시편 기자가 묘사하는 상황이 그의 신앙적인 고백인가, 아니면 실제로 그렇다는 말인가? 일부 주석가들은 본문이 묘사하고 있는 일이 현재가 아니라 미래(하나님이 악을 완전이 없애시고 통치하시는 시대)에 있을 일이라 하여 부활과 영생의 시대와 연결해 해석하기도 한다(Dahood). 그러나 설득력이 부족한 해석이다. 시편을 이렇게 해석할 경우 죄 많은 이 세상에서 악에 시달리며 살아야 하는 주의 백성들에게는 별 위로가 되지 않는다. 저자가 묘사하는 상황은 우리가 이 땅에서 당면하고 있는 현실에 관한 것이다(Craigie). 본문은 우리의 현실과 어떻게 연관되어 있는가?

태초 때부터 이 세상은 성공하고 사람들의 인정을 받는 악인들과 실패하고 핍박받는 의인들로 가득하다. 그래서 신학자들과 철학자들에게 배부른 악인과 배고픈 의인은 단골 논쟁 주제가 되었다. 의인의 고통을 가장 심도 있게 다루는 욥기도 이 같은 문제를 제기한다.

욥을 위로하러 찾아온 친구들이 그에게 말하기를 "악한 자의 승전가는 언제나 잠깐뿐이었으며, 경건하지 못한 자의 기쁨도 순간일 뿐이었다"라고 했다(20:5, 새번역). 이에 대하여 욥은 다음과 같이 반론을 제기했다. "어찌하여 악한 자들이 잘사느냐? 어찌하여 그들이 늙도록 오래 살면서 번영을 누리느냐? 어찌하여 악한 자들이 자식을 낳고, 자손을 보며, 그 자손이 성장하는 것까지 본다는 말이냐? 그들의 가정에는 아무런 재난도 없고, 늘 평화가 깃들며, 하나님마저도 채찍으로 치시지 않는다"(21:7–9, 새번역). 욥은 더 나아가 악인들이 성행하는 세상에 대하여 다음과 같이 불만을 토로한다. "그들이 바람에 날리는 검불과 같이 된 적이 있느냐? 폭풍에 날리는 겨와 같이 된 적이 있느냐?"(21:18, 새번역). 그렇다면 본문이 제시하는 원리를 어떻게 이해해야 할 것인가?

악인은 꼭 망하고 의인은 흥할 것이라는 가르침이 시편을 열자 마자 우리가 당면하는 실존적인 문제다. 이러한 현상은 단지 이곳뿐만 아니라 성경 곳곳에서 포착되는 갈등이다. 예수님도 이 갈등적인 상황에서 예외는 아니셨다. 예수님의 마지막 말씀 "아버지, 당신의 손에 내 영혼을 맡기나이다"(눅 23:46)는 시편 31:5을 인용한 것이다. 그런데 시편 31:5은 "하나님이 나를 속량하여 주실 것을 믿습니다"라는 확신에 기초한 고백이다. 또한 이 고백을 하기 전에 예수님께서는 "나의 하나님, 나의 하나님, 어찌하여 나를 버리셨나이까?"(cf. 시 22편)라며 하나님께 배신당한 사람처럼 울부짖으셨다. 이 두 가지의 대조를 어떻게 이해해야 하는가?

악인은 꼭 벌을 받아 망할 것이고, 의인은 하나님의 복을 받아 꼭 성공할 것이라는 원리와 오히려 고난받는 의인들과 성공하는 악인들로 가득한 현실이 빚어내는 갈등을 이해하는 데 도움이 되는 것이 부르게만(Brueggemann)의 시편 구분이다(cf. 서론). 그는 시편을 크게 세 가지로 나누는데 (1)적응시(psalms of orientation), (2)부적응시(psalms of disorientation), (3)재적응시(psalms of reorientation) 등이다. 시편 1편은 이중 적응시에 속하는데, 적응시는 긴장감이나 불안감이 전혀 없는 시이며, 이 시 안에서 세상은 질서가 있고 선이 승리하는 곳이다.

그렇다면 적응시는 하나님이 태초에 의도하신 세상, 죄의 영향을 전혀 받지 않는 세상, 혹은 장차 메시아가 다스리실 이상적인 세상을 지배할 원리들을 근거로 하고 있다고 할 수 있다. 시편 1편은 하나님이 원래 의도하신 세상, 곧 악의 영향에서 완전히 자유로운 세상에 있는 일이다. 안타깝게도 창세기 3장 이후로 세상은 죄의 영향을 받는 곳이 되었다. 그러므로 시편 1편이 묘사하는 세상은 오늘날 우리가 사는 세상이 아니다.

시편은 이상적이기는 하지만 왜 우리의 현실과 동떨어진 세상을 노래하는 것으로 시작하는 것일까? 독자들에게 하나님이 원래 창조하신 세상이 어떤 세상인가를 되돌아보게 하고 우리가 이루어 나가야 할 세상이 어떠해야 하는가에 대하여 꿈을 꾸게 하기 위해서다. 물론 우리는 시편 1편이 꿈꾸게 하는 세상을 실현할 수 없을 것이다. 그러나 언젠가 하나님이 이 세상에서 모든 악을 제거하시면, 이렇게 될 것이라는 소망을 포기해서는 안 된다. 모든 의인이 복을 받고 모든 악인이 벌을 받는 세상이 분명 오고 있다.

6. 하나님은 의인을 선택하심(1:6)

6 무릇 의인들의 길은 여호와께서 인정하시나
악인들의 길은 망하리로다

저자는 악인들이 설 자리는 없는 세상을 노래했다(5절). 본문은 그 이유를 설명한다. 하나님이 의인은 인정하시지만, 악인들은 꼭 망하게 하시기 때문이다. 이 시와 끝을 공간(space)을 중심으로 대조하면 다음과 같은 구조가 역력하다(cf. vanGemeren).

A. 의인이 악인들을 멀리함(1절)

B. 복 있는 사람이 하나님과 함께(2절)

B′. 하나님이 복 있는 사람들과 함께(6a절)

A′. 하나님이 악인들을 멀리하심(6b절)

위 구조는 하나님이 의인들과는 함께하시지만, 악인들과는 상종도 하지 않으실 것을 암시한다. 하나님에 대한 경외는 모든 사람들이 연합하도록 하면서 동시에 분리하기도 한다. 믿음은 의인들을 연합시킨다. 동시에 신앙은 의인들을 악인들과 구분한다. 시편 1편은 이러한 신앙의 성향을 잘 반영하고 있다.

의인의 길은 주께서 인정하신다(ידע). 이 동사는 하나님이 의인(복이 있는 사람)의 행동을 모두 지켜/보호해 주신다는 뜻이다(THAT, cf. HALOT). 하나님이 귀하게 생각하시어 보호해 주는 삶보다 더 보람되고 의미 있는 것이 있을까? 반면에 악인의 종말은 비참하다. 그는 망하게 된다(אבד). 이 단어는 '길을 잃다'는 뜻을 지녔다(HALOT). 처음에는 잘 나가는 듯싶지만, 결국 악인은 길을 잃고 망하게 된다는 선언이다.

의인의 길과 악인의 길이 문법적으로 대조되는 것이 인상적이다. 첫 번째 행에서 '의인의 길'(דֶּרֶךְ צַדִּיקִים)은 하나님이 인정하신다며 문장의 목적어로 사용되고 있다. 반면에 두 번째 행에서 '악인의 길'(דֶּרֶךְ רְשָׁעִים)은 문장의 주어다. 이러한 문법적 차이는 의인은 자신의 행동으로 건재한 것이 아니라, 하나님의 은혜로우신 보살핌으로 인해 건재하게 되는 것을 뜻한다. 반면에 악인의 경우 그가 스스로 파멸의 길을 걸어 멸망한다는 뜻이다(deClaissé-Walford et al.). 그렇다면 의인과 악인의 차이는 "하나님의 보호하심과 인도하심을 받는가, 아니면 홀로 스스로 걷는가?"에 있다.

이미 언급한 것처럼 시편 1편은 모든 의인이 복을 받고 모든 악인이 심판을 받는 이상적인 세상을 노래하는 적응시다. 비록 우리가 이 시편이 노래하는 이상적인 세상을 살고 있는 것은 아니지만, 그래도 어느 정도의 정의는 실현되고 있는 세상을 살고 있다. 그러므로 언젠가는 정의가 온전히 실행되어 벌받을 자들은 벌을 받고, 복을 받을 자들은 복을 받는 세상을 꿈꾸며 살아야 한다. 정의가 조금이나마 실현되는 세상도 이처럼 좋으니, 온전한 정의가 실현되는 세상은 얼마나 더 좋겠는가!

시편 기자는 시편 1편을 통해 매우 구체적으로 두 길을 제시하고 있다. 바로 의인의 길과 악인의 길이다. 이 두 가지 길은 신명기 28장이 권면하는 대로 하나님의 말씀을 순종하면 얻게 되는 생명의 길과, 불순종을 하면 받게 되는 죽음의 길과 같은 이미지를 연상케 한다. 또한 산상수훈에 포함된 '두 문'에 대한 예수님의 가르침(마 7:13-14)도 생각나게 한다.

저자는 시편 전체를 소개하며, 앞으로 시편이 어떤 메시지를 전할 것인가를 암시해 주는 관문(gateway) 역할을 하는 이 시에서 독자들에게 생명의 길을 택하라며 매우 아름다우면서도 강력한 도전을 하고 있다(Alter, cf. Goldingay). 그러므로 시편은 의로운 삶으로의 초대라 할 수 있으며, 하나님 안에서 살아가는 사람들이 이 책을 삶의 지침으로 읽을 것을 권면한다(deClaissé-Walford et al.). 우리를 행복하게 할 수 있는 것은 세상의 그 무엇도 아니며, 오직 하나님 말씀에 대한 깊은 묵상과 적용이다. 그러므로 행복해지고 싶다면 우리가 해야 하는 일은 하나님 말씀을 주야로 묵상하고 삶의 지침으로 삼는 것이다.

제2편

I. 장르/양식: 왕족시(Royal Psalm)

왕족시가 정확히 어떤 정황에서 어떻게 사용되었는가에 대하여는 아직도 우리가 아는 것보다 모르는 것이 더 많다. 궁켈은 150개의 시들 중 10개의 시(2, 18, 20, 21, 45, 72, 101, 110, 132, 144편)를 구분하여 이러한 타이틀을 주었다. 학자들은 일부 시편이 직접 왕을 언급하지는 않지만, 왕족시로 구분되어야 한다고 주장한다(cf. 22편).

왕족시들은 이스라엘 예배에서 왕들의 영적 역할을 논하는 것으로 간주된다. 그러나 왕들이 이스라엘 예배에서 정확히 어떤 역할을 했는가에 대하여는 논란이 많다. 내용면에서 이 시들은 나단이 다윗에게 선포한 예언(삼하 7:8-16)과 비슷하다는 사실에 근거하여 아마도 학자들이 '왕위 즉위식' 때 사용되었던 시들이라고 추정하기도 한다. 다윗 왕조의 왕들이 왕위에 오를 때 사용되었을 것이라는 추측이 지배적이다. 이 시들이 국가적인 위기/재난 등 이스라엘의 왕권이 위협을 받을 때 왕은 하나님이 세우셨다는 사실을 강조하기 위하여 엔제든지 사용되었을 수도 있다(Ross).

차일즈(Childs)는 왕족시들이 책의 한 부분에 모여 있는 것이 아니라,

어떤 편집 목적에 따라 전략적으로 책 전체에 흩어져 있는 것으로 추측했지만, 편집 목적은 밝히지 못했다. 다만 한 가지 그가 관찰한 것은 왕족시들이 대체적으로 이 시들에 종말론적/메시아적 의미를 주는 시들과 쌍을 이루며 함께 위치해 있다는 점이었다.

II. 구조

대부분 학자들은 이 시편을 1–3절, 4–6절, 7–9절, 10–12절 등 네 파트로 구분한다(cf. Auffret, deClaissé–Walford et al.). 더 세부적으로 분석하고자 하는 사람들은 다음과 같이 구분하기도 한다(Alden). 그러나 이 같은 구조는 지나치게 세부적인 면을 지니고 있으며, 중앙을 감싸고 있는 바깥 프레임(A1, A2)의 논리가 별 설득력이 없어 보인다.

A^{1}. 이방 나라들의 분노(2:1)
 A^{2}. 이방 나라들의 반역(2:2–3)
  B^{1}. 하나님이 심판하심(2:4–5)
   B^{2}. 하나님이 아들을 세우심(2:6)
   B^{2}. 아들이 하나님의 말씀을 인용함(2:7)
  B^{1}. 아들이 심판함(2:8–9)
 A^{1}. 이방 나라들에게 지혜 권면(2:10)
A^{2}. 이방 나라들에게 순종 권면(11–12)

본문의 내용을 근거로 다음과 같은 구조에 따라 주해해 나가고자 한다(cf. Brueggemann & Bellinger, vanGemeren). 내용의 흐름은 하나님이 반역한 열방을 직접 벌하지 않으시고, 시온에 세우신 아들을 통해 그들을 다스리실 것을 선언하신다. 그러므로 이 시는 매우 메시아적이다.

A. 열방이 하나님께 반역함(2:1–3)
 B. 하나님이 아들을 세우심(2:4–6)

B′. 하나님이 아들에게 권세를 주심(2:7-9)

A′. 열방에게 아들을 섬기라는 권면(2:10-12)

III. 주해

시편 1편은 시편을 읽어 내려가는 각 개인에게 율법을 삶의 근원으로 삼으라고 도전했다. 이제 시편 2편은 하나님께 반역하는 열방(공동체)에 대한 내용으로 1편과 큰 대조를 이룬다. 또한 시편 1편은 시편 전체에 대하여 지혜 사상을 바탕으로 소개한다. 반면에 시편 2편은 메시아에 대한 예언적인 차원에서 책 전체를 소개한다(Craigie). 그러므로 학자들은 시편 1편과 2편이 함께 시편 전체에 대한 서론이라고 한다(Goldingay, Miller). 그러나 1편과 2편이 한 쌍을 이루기에는 각 시편이 사용하는 단어들에 지나친 차이가 있다고 생각하는 주석가도 있다(Terrien).

비록 1편과 2편이 대조를 이루고 있지만, 이 두 시편은 상당한 연결점과 공통점을 지니고 있기도 하다(cf. Brueggemann & Bellinger, McCann). 첫째, 1편은 '복이 있는'(אַשְׁרֵי)으로 시작했다. 2편은 같은 단어로 막을 내린다. "하나님께 피하는 자는 복이 있도다"(אַשְׁרֵי). 둘째, 1편은 오만한 자들이 앉는 '자리'(מוֹשָׁב)(1절)에 대하여 언급했다. 2편은 하나님을 하늘 보좌에 '앉으신 분'(יוֹשֵׁב)(4절)이라고 하는데, 이 두 단어는 같은 어원인 '앉다'(ישׁב) 동사에서 비롯되었다. 셋째, 1편은 하나님의 말씀을 주야로 묵상하는(הגה) 사람을 칭찬했다(2절). 2편은 다른 종류의 '묵상'(הגה)에 젖어 있는 열방을 비웃고 있다(1절, cf. Goldingay). 넷째, 1편은 "악인의 길은 망할 것이다"라는 말로 끝을 맺었다(6절). 2편은 12절에서 "너희가 걸어가는 그 길에서 망할 것이다"(새번역)라며 동일한 의미로 결론을 맺는다.

시편 2편은 신약에서 가장 많이 인용되는 시이기도 하다. 신약 저자들이 본문의 내용을 메시아적인 시각에서 해석하여 예수 그리스도의 사역과 연결시켰기 때문이다. 다음 도표를 참조하라. 이 시편은 열방의 동요로 시작해서 하나님을 의지하는 자들에게 임하는 축복으로 막을 내린다.

시 2편	신약 사용
1–2절	행 4:25–26
1, 5절	계 11:18
7절	행 13:33, 히 1:5, 5:5,
8–9절	계 2:26–27, 12:5, 19:15

1. 열방이 하나님께 반역함(2:1–3)

[1] 어찌하여 이방 나라들이 분노하며
민족들이 헛된 일을 꾸미는가
[2] 세상의 군왕들이 나서며
관원들이 서로 꾀하여
여호와와 그의 기름 부음 받은 자를 대적하며
[3] 우리가 그들의 맨 것을 끊고
그의 결박을 벗어 버리자 하는도다

열방이 도모하여 하나님의 통치에 반역을 꿈꾼다(1절). 시편 1편의 '악인들'이 이 노래에서는 반역하는 열방과 평행을 이룬다. 그러나 그들의 반역은 '헛된 일'(רִיק)이라는 것이 기자의 주장이다(1절). 어떠한 긍정적인 결과를 안겨줄 수 없는 무의미한 일(헛수고)(HALOT), 혹은 실용적이지 못한 일(Goldingay)이라는 뜻이다. 세상 권세자들이 그들을 창조하시고 지배하시는 하나님께 반역해 보았자 성공하지 못할 것이며, 설령 성공한다 한들 무슨 이득이 있고, 무엇을 이룰 수 있겠는가! 피조물로서 가장 공의롭고 정의로우신 창조주 하나님의 지배를 받는 것 자체를 기쁨과 영광으로 생각해야 하는데 말이다. 그러나 우리가 잘 알다시피 죄는 사람들의 생각을 흩트려 놓기 때문에 이런 일이 발생한다.

열방은 어떻게 그들의 통치자 여호와께 반역하는가? 사실 열방이 반역하는 것이 아니라 그들의 왕들과 지도자들이 하나님께 반역했다(Goldingay). 이 일에 대한 책임은 소수 지도자들에게 있다는 뜻이다(2절). 그들은 하나님의 '기름 부음 받은 자'(מָשִׁיחַ)를 대적한다(2절). 인간이 혹은 세상 권세가 하나님과 그가 세우신 이를 상대로 반역하여 성공할 수 있을까? 불가능한 일이다! 그러므로 이 시편을 시작하고 있는 질문인 '어찌하여…?'(לָמָּה)는 두려움이나 공포에서 비롯된 질문이 아니라, 열방이 저지르고 있는, 믿어지지 않을 정도로 어리석고 무모한 짓에 대한 개탄이다.

열방이 보이지 않는 하나님께 직접 반역을 할 수는 없다. 그렇다면 그들은 어떻게 하나님의 통치에 반역하는가? 하나님이 세우신 이를 대적하는 행위가 곧 반역이다. 그렇다면 하나님이 세우신 '기름 부음 받은 자'(מָשִׁיחַ)는 누구를 뜻하는가? 메시아인가? 아니면 다윗 계열의 이스라엘 왕을 의미하는가? 일차적으로는 다윗 계열의 왕들이지만, 먼 훗날 오실 메시아를 염두에 둔 말씀이기도 하다. 세상이 메시아를 대대적으로 환영하는 일은 결코 없을 것이며, 오히려 메시아에게 복종하기를 거부할 것을 암시한다.

사무엘의 어머니 한나는 하나님의 기름 부음 받은 자에 대하여 언급한 적이 있다(삼상 2:10). 훗날 다윗 왕은 자신과 후손들이 바로 한나가 언급한 하나님의 기름 부음을 받은 자들이라고 했다(삼하 22:51). 사무엘서 저자도 다윗을 하나님의 기름 부음을 받은 왕으로 기록한다(cf. 삼상 24:6, 10; 삼하 23:1). 그러므로 본문은 하나님이 나단을 통해 다윗 왕조에게 주신 영원한 약속(일명 '다윗 언약')과 연관된 말씀이다(삼하 7:16, cf. 대상 28:6, 시 89:26-27).

다윗이 나단에게 하나님을 위하여 '집'을 짓겠다고 할 때, 하나님은 다윗이 아직도 전쟁 중이고 그는 피를 많이 흘린 사람이기 때문에 안 된다며 거부하셨다. 대신 그의 아들(솔로몬)에게 성전을 짓는 영광을 허락하시겠다고 했다(cf. 삼하 7장). 또한 다윗이 주님을 위하여 이처럼 기특한 생각을 하셨다며, 하나님이 오히려 다윗을 위하여 영원한 '집'을 지어 주시겠다며 주신 선물이 '다윗 언약'이다. 다윗 언약은 다윗과 그의 자손들이 메시아가 오실 때까지 주의 백성 이스라엘을 영원히 다스릴 것을 약속하신 일을 뜻한다(삼하 7:16).

다윗 언약이 선포된 이후 선지자들은 메시아가 다윗의 후손, 혹은 새로운 다윗으로 오시어 다윗의 보좌에 앉아서 주의 백성을 다스릴 것을 예언했다. 심지어 메시아는 다윗이 태어난 곳에서 태어나실 것이라며 다윗과 메시아를 지속적으로 연결시키며 예언했다. 이러한 맥락에서 마태는 예수님이 다윗의 후손이라는 사실을 계보로 증명하는 일로 자신의 책뿐만 아니라 신약 전체를 시작한다(cf. 마 1:1-17). 만일 예수님이 다른 지파 사람이거나 설령 유다 지파 사람이라 할지라도 다윗 집안에서 태어나지 않았다면 참 메시아가 될 수 없기 때문이다. 다윗 언약은 이처럼 기독론에 가장 큰 영향을 미친 다윗 집안에 하나님이 내려 주신 축복이다.

그렇다면 열방이 다윗과 그의 후손들이 다스리는 이스라엘을 대적하는 것이 어떻게 여호와를 거역하는 일인가? 하나님이 다윗과 그의 자손에게 영원히 통치할 수 있는 권리를 주셨기 때문에 그 누구도 다윗의 집안에 반기를 들어서는 안 되며, 다윗 계열 왕의 통치를 거부하는 것은 곧 하나님의 통치를 거부하는 일이라는 논리다.

다행히 열방이 꾸민 '헛된 일'은 전쟁 등 폭력을 동반하는 충돌이 아니라 그들의 말로 제한이 되어 있다(3절, cf. deClaissé-Walford et al.). '맨 것(족쇄)과 결박(사슬)'(3절)은 땅을 파거나 물건을 나를 때 동원되던 짐승의 목에 걸려 있던 멍에를 뜻한다(HALOT, cf. 욥 39:5, 렘 27:2, 30:8, 나 1:13).

본문은 온 열방이 다윗 왕조의 속국이 되어 있는 상황을 전제하고 있는 것이다. 그렇다면 이 시편은 과장된(hyperbolic) 언어를 사용하고 있다. 다윗과 솔로몬 시대에도 이스라엘은 본문이 언급하는 정도(온 세상에 있는 나라들을 다스릴 정도)의 영화나 영향력을 발휘하지 못했기 때문이다. 다윗과 솔로몬이 이룬 통일 왕국의 면적은 고작 2만제곱킬로미터밖에 되지 않는 작은 나라였다. 대한민국(남한)이 10만제곱킬로미터 정도 된다는 사실을 감안하면 통일 이스라엘은 고작 남한의 1/5밖에 되지 않는 작은 나라였다. 이런 나라가 세상을 어떻게 지배하고 다스렸겠는가! 그러므로 이스라엘은 자주 다른 나라의 종속국이 된 적은 있지만, 본문이 말하는 것처럼 온 열방을 종속국으로 삼은 적은 없다(cf. Clines).

본문이 이스라엘의 상황에 대하여 착각을 하고 있는가? 아니다. 신약 저자들처럼 본문을 메시아적인 관점에서 해석하면 전혀 문제될 것이 없다. 먼 훗날 다윗의 후손으로 오실 메시아가 온 세상을 다스리실 것이며 그의 영향력은 '땅끝까지' 이르게 될 것을 암시하고 있다. 그렇다면 언제 본문이 묘사하고 있는 메시아의 통치에 대한 열방의 반역이 있을 것인가? 아마도 구약에서는 에스겔 선지자가 예언한 곡과 마곡 사건과 연관되어 있고(cf. 겔 38장), 신약에서는 요한계시록이 예언하고 있는 최종 전쟁(cf. 계 20장)과 연관되어 있어 보인다. 요한계시록 20장도 곡과 마곡을 언급한다.

2. 하나님이 아들을 세우심(2:4-6)

> 4 하늘에 계신 이가 웃으심이여
> 주께서 그들을 비웃으시리로다
> 5 그 때에 분을 발하며 진노하사
> 그들을 놀라게 하여 이르시기를
> 6 내가 나의 왕을 내 거룩한 산

시온에 세웠다 하시리로다

열방이 음모를 꾸미느라고 분주한 모습(רגשׁ)(1절)과 느긋하게 보좌에 앉아 계신(ישׁב)(4절) 하나님의 모습이 강력한 대조를 이룬다. 사람들은 하나님이 세우신 왕을 대적하려고 분주하게 일을 꾸미지만, 이 모든 것을 아시는 하나님은 일어서지도 않고 그들의 음모를 비웃으실 뿐이다. 아무리 많은 사람이 힘을 합하여도 열방은 결코 하나님의 적수가 될 수 없으며, 그들의 계획은 하나님께 비웃음거리밖에 되지 않는다.

열방의 음모가 허무한 웃음거리밖에 되지 않지만, 그들이 일단 하나님께 반역했으니 하나님도 그들에게 대응하셔야 한다. 또한 '그때/마침내'(אָז)(5절)는 그들의 음모가 돌이킬 수 없는 곳에 이르렀음을 암시한다. 이때까지 참고 지켜보시던 하나님이 더 이상 지켜보고만 있을 수는 없는 상황에 이르신 것이다. 그러므로 하나님이 그들에게 진노하신다(5절).

비록 저자가 의인화법을 사용하여 하나님의 감정을 묘사하고 있기는 하지만, 하나님은 사람처럼 분노하시는 등 다양한 감정을 느끼신다(Goldingay). 하나님이 진노하시자 열방이 놀란다. 하나님이 그들의 반역에 진노하실 것을 예측하지 못했다는 말인가? 아마도 열방은 자신들이 이스라엘의 왕(메시아)에게 반역하는 것을 단순히 그 인간 왕에게만 반역하는 것으로 생각했을 것이다. 그러므로 이 일로 하나님이 분노하실 줄은 예측하지 못했을 것이다. 그러나 그들이 반역한 인간 왕(메시아)은 하나님이 세우셨다. 그러므로 하나님이 세우신 메시아에 반역하는 것은 곧 그를 왕으로 세우신 하나님께 반역하는 행위가 된다.

드디어 하나님이 열방의 반역에 대하여 조치를 취하신다. 이 일은 하나님이 직접 하시는 일이라는 사실을 강조하기 위하여 신적(divine) 1인칭 강조형 '내가 [직접]'(אֲנִי)으로 6절을 시작한다. 이 강조형은 하나님께서 "너희들이 어찌 내 스스로 세운 왕을 거역하려 하느냐?"라고 하시는 의미를 지녔다. 또한 하나님 자신도 시온 산에 계신다는 사실을 강조하기도 한다(McCann).

놀라운 것은 바로 그다음이다. 하나님이 열방을 벌하시는 것이 아니라, 그들이 반역한 이스라엘 왕은 바로 자신이 시온에 세우신 왕이라는 사실을 확인해 주신다(6절). 혹시라도 시온의 왕이 하나님이 세우신 메시아가 아니라 단지 인간 왕으로 착각하여 열방이 반역을 도모했다면, 그들이 깨닫고 스스로 반역을 멈추도록 배려하신 은혜다. 아마도 반역한 열방이 5절에서 하나님이 그들에게 화를 내실 때 놀라는 이유도 여기에 있을 것이다. 열방은 단순히 자신들이 인간 왕에게 반역했는데, 하나님이 마치 자기에게 반역한 것처럼 화를 내시기 때문이다. 그래서 이 시편은 끝날 때까지 열방이 반역으로 인해 하나님의 심판을 받을 일은 언급하지 않고 그들이 반역을 지속하면 임할 심판에 대하여 경고할 뿐이다. 하나님은 하늘에 거하시지만, 세상에 계실 때는 시온에 머무신다(Goldingay).

하나님이 시온에 세우신 왕(메시아)은 하나님과 특별한 관계를 누리는 왕이다. 6절은 이 왕은 하나님이 직접 세우셨으며(אֲנִי), 그는 하나님의 왕이며(מַלְכִּי), 하나님의 거룩한 산인(הַר־קָדְשִׁי) 시온에 세우셨다며 세 차례나 신적 일인칭(divine I)과 이 왕을 연결시킨다. 왕과 하나님은 세상 그 누구도 떼어 놓을 수 없는 긴밀한 관계를 누리고 있음을 암시한다. 그러므로 하나님은 자신이 세운 인간 왕과 함께 시온에 거하신다(deClaissé-Walford et al.).

3. 하나님이 아들에게 권세를 주심(2:7-9)

7 내가 여호와의 명령을 전하노라
여호와께서 내게 이르시되 너는 내 아들이라
오늘 내가 너를 낳았도다
8 내게 구하라

내가 이방 나라를 네 유업으로 주리니
네 소유가 땅 끝까지 이르리로다
9 네가 철장으로 그들을 깨뜨림이여
질그릇같이 부수리라 하시도다

시온에서 세상을 다스리는 왕(메시아)은 하나님이 세우셨다(cf. 6절). 7절 마지막 행의 '내가'(אֲנִי)는 강조형이다. 하나님이 직접 이 왕을 세우셨다는 사실을 강조한다. '오늘'(הַיּוֹם)은 다윗 왕조의 왕이 즉위하는 날이다(Brueggemann & Bellinger). 그러므로 본문은 하나님이 다윗 왕조의 왕들을 직접 세우셨다는 사실을 강조한다.

그렇다면 다윗 왕조의 왕들은 하나님의 꼭두각시에 불과한가? 이 점에 대하여 7절은 이 이스라엘 왕은 하나님의 '아들'(בֵּן)이라는 사실을 강조한다. 고대 근동에서 신(들)이 왕을 낳았다(ילד)고 하는 것은 신(들)이 그를 아들로 입양했다는 뜻이다(deClaissé-Walford et al., Gerstenberger, Kraus, Terrien). 하나님의 아들로서 이스라엘의 왕은 하나님으로부터 세상을 다스리는 권리를 '유산'으로 받을 수 있다(8절). 하나님께 세상을 유산으로 받은 메시아는 자기가 원하는 대로 그들을 다스릴 수 있다.

바로 앞 절(6절)에서는 하나님이 말씀하셨는데, 본 텍스트에서는 아들, 곧 하나님의 기름 부음을 받은 자(이스라엘 왕, 메시아)가 말한다(7절). 메시아는 하나님이 그에게 하신 말씀을 받은 그대로 당당하게 선포한다. 고대 근동의 여러 나라에서 왕위 즉위식은 대체적으로 왕의 권리와 특권과 책임과 의무 등을 구체적으로 언급하는 문서를 읽는 순서를 포함했다(Davidson). 이스라엘에서는 본문에 기록된 내용이 이러한 왕의 권한과 책임을 선포한 순서를 대신하고 있다.

내용을 살펴보면 무엇보다도 왕과 하나님의 관계가 강조되고 있다. 하나님은 왕의 아버지이고, 왕은 하나님의 아들이다(7절). 하나님은 이 관계를 근거로 아들인 왕이 청하는 것이라면 무엇이든지 그에게 허락하실 아버지이시다(8절). "구하라…주리라"(8절)는 하나님이 기브온 산당에서 솔로몬에게 하신 말씀을 연상케 하며 이 시편을 다윗 언약과 연관시킨다(cf. 왕상 3:5).

또한 아버지—아들 관계는 이스라엘뿐만 아니라 고대 근동 문화에서 언약 관계를 상기시키는 표현이다. 고대 근동 언약은 흔히 종주와 종속자의 관계를 아버지—아들로 표현했다.

아들인 왕은 어떻게 자신의 권한을 행사할 수 있는가? 오직 그의 '아버지' 하나님을 통하여 행사할 수 있다(8절). 본문은 이스라엘의 왕과 하나님의 관계를 매우 적절하게 묘사하고 있다. 그렇다면 하나님은 과연 어떤 능력/권세를 이스라엘의 왕에게 주셨는가?

하나님은 왕에게 열방을 질그릇 부수듯이 부술 수 있는 철장(שֵׁבֶט)을 주셨다(9절). 상상을 해보라. 내리치는 철장(철퇴)에 박살나지 않을 질그릇은 없다. 그러므로 이 철장은 통치권의 절대적인 권력과 위상을 상징한다. 이 철장/철퇴는 야곱이 유다에게 빌어준 축복에서 언급된 규(שֵׁבֶט)이기도 하다(창 49:10). 야곱의 유다에 대한 축복을 감안하면 본문이 유다 지파에 속한 다윗 집안 왕들을 통해 먼저 성취되었고, 장차 다윗의 후손으로 오실 메시아를 통해 성취될 것이 더욱더 확실해진다.

그러므로 신약 저자들은 시편 2편에 기록된 내용을 예언적으로 간주하여 예수님께서 성취하신 것으로 간주했다(행 4:25-26, 13:33, 히 1:5, 5:5, 벧후 1:17). 한 가지 인상적인 것은 부활하신 예수님은 8-9절이 묘사하고 있는 막강한 권세를 자신이 아니라 '승리한 모든 성도들'에게 부여하신다는 사실이다(계 2:26-27, cf. Goldingay).

4. 열방에게 아들을 섬기라는 권면(2:10-12)

[10] 그런즉 군왕들아 너희는 지혜를 얻으며
세상의 재판관들아 너희는 교훈을 받을지어다

[11] 여호와를 경외함으로 섬기고
떨며 즐거워할지어다
[12] 그의 아들에게 입맞추라
그렇지 아니하면 진노하심으로 너희가 길에서 망하리니
그의 진노가 급하심이라
여호와께 피하는 모든 사람은 다 복이 있도다

이 단락을 시작하는 '그런즉'(וְעַתָּה)(10절)은 지혜문학에서 지혜를 추구하라는 권면을 시작하는 말로 자주 사용된다(잠 5:7, 7:24, 8:32). 본문에서도 열방에게 지혜를 얻고 교훈을 받으라고 한다. 시편 기자는 열방에게 하나님이 그들을 죽음으로 내몰 수 있는 반역하는 무모함과 어리석음을 버리고 그들을 살릴 수 있는 지혜를 구하라고 권면하고 있는 것이다. 현실을 정확히 파악하고 현명하게 처신하라는 뜻이다.

그렇다면 열방은 어떻게 해야 하는가? 그들이 어떻게 하는 것이 현명하게 처신하는 것인가? 시편 기자는 열방에게 두려운(יִרְאָה) 마음으로 주를 섬기라고(עבד) 한다(11절). 잠언 1:7이 여호와를 경외함(יִרְאָה)이 모든 지식의 근본이라 선언할 때 이 단어를 사용한다. 그렇다면 사람이 어떻게 해야 그가 경외하는 마음으로 하나님을 섬긴다고 할 수 있는가?

11절의 두 번째 행이 "여호와를 경외함으로 섬기라"는 첫 번째 행과 평행을 이루며 보충 설명을 하고 있지만, 별로 도움이 되지는 않는다. "떨며 즐거워할지어다"(גִילוּ בִּרְעָדָה)는 문맥을 감안할 때 열방에게 메시아가 왕이신 이스라엘의 종속국으로 있으라는 정치적인 권면이다.

개역개정이 "그의 아들에게 입맞추라"로 번역해 놓은 히브리어 문구(נַשְּׁקוּ־בַר)(12절)의 의미가 확실치 않다(cf. Craigie). 이 문구는 히브리어 단어(נשק)와 아람어 단어(בַּר)를 함께 사용하고 있다는 특징을 지녔다. 그래서 일부 학자들은 본문이 부패했다고 보기도 한다(Bratcher & Reyburn). 우리말 번역본들과 영어 번역본들도 어려움을 반영하고 있다. (1)"그의 아들에 입맞추라"(새번역, NIV, ESV, cf. 메시지 성경), (2)"아들에게 경의를 표하라"(아가페, NAS, TNK, CSB), (3)"그의 발에 입맞추라"(NRS), (4)"교정을 받아들여라"(LXX). 심지어는 이 문구를 아예 번역에 반영해 놓지 않은 버전들도 있다(공동, 현대인). 고대 사회에서는 왕의 발이나 그의 발 앞에 있는 땅에 입을 맞추는 것은 겸손과 복종을 상징했다(deClaissé-Walford et al.). 그러므로 세 번째 번역이 본문과 가장 잘 어울린다. 확실한 것은 본문이 하나님의 기름 부음을 입은 자를 거역하지 말고 그에게 복종할 것을 권면하고 있다는 사실이다. 그렇게 하지 않으면 하나님의 벌을 피할 수 없기 때문이다(12절).

저자는 11절에서 여호와를 경외함으로 섬기라고(עבד) 권면했다. 12절에서는 메시아에게 복종하지 않는 사람은 망할 것(אבד)이라고 한다. 이 두 동사의 소리는 거의 같다. 그러므로 저자는 이 두 단어를 전략적으로 사용하여 여호와를 섬기든지(עבד, 아바드), 아니면 망하든지(אבד, 아바드) 둘 중 하나를 택하라고 도전한다(Goldingay).

이 시는 표면적으로는 본문과 별 상관없어 보이는 권면으로 마무리된다. "여호와께 피하는 모든 사람은 다 복이 있도다"(12절, 새번역). 시편은 이때까지 하나님이 시온에 세우신 왕을 거스르지 말라고 경고했기 때문이다. 아마도 이 시편과 시편 1편을 통일성 있는 한 쌍으로 제시하기 위하여 이 문장이 더해진 것으로 생각된다. 시편 1편이 '복 있는 사람'으로 시작했기 때문에 시편 2편을 같은 문구로 마무리하여 두 시편의 첫 번째 문장과 마지막 문장이 일종의 괄호가 되어 1-2편을 감싸고 있는 구조다. 악인들은 길에서 망할 것이라는 12절 말씀도 의인의 길과 악인의 길을 논했던 1:1, 6과 연관이 있어 보인다. 또한 1편이 언급한 하나님의 말씀을 주야로 묵상하는 사람(1:2)이 2편에서는 하나님께 피하는 사람으로 묘사되고 있다(12절, Brueggemann & Bellinger, McCann).

저자는 어떠한 의도를 가지고 이 두 편을 하나로 묶고자 했을까? 여러 가지 실질적인 교훈을 강조하기 위해서다. 첫째, 복 있는 사람은 메시아를 사모하며, 메시아가 오시면 그분을 사랑하고 섬기는 사람이다. 시편 1편은 '복 있는 사람은 하나님의 말씀을 주야로 묵상하고 하나님의 말씀에서 생명을 공급받는 사람'이라고 했다. 시편 2편은 '하나님의 말씀에 심취해 사는 사람은 메시아가 오시면 대번에 그분을 알아보고, 섬길 것'을 예고하고 있다. 하나님의 말씀을 깊이 묵상하면 묵상할수록 메시아에 대한 이해와 기대가 커진다는 뜻이다.

둘째, 복 있는 사람은 현실에만 안주하지 않고 미래를 고대하며 사는 사람이다(cf. Watts). 시편 1편은 복 있는 사람이 하나님의 은혜를 입어 삶에서 좋은 열매를 얼마나 많이 맺으며 살 것인가를 가르쳐 주었다. 시편 2편은 장차 오실 메시아에 대한 말씀이다. 저자는 이 두 편을 한 쌍으로 묶으며 복 있는 사람은 행복한 현실에 감사하지만, 그것에 만족하거나 안주하지 않고 미래에 오실 메시아를 소망하며 사는 사람이라고 한다.

셋째, 사람이 누릴 수 있는 가장 큰 복은 하나님과 그의 아들이신 메시아의 통치를 받는 것이다. 시편 1편은 복 있는 사람이 누릴 여러 가지 축복에 대하여 가르쳐 주었다. 하나님의 메시아를 통한 통치에 대하여 말하고 있는 2편은 이것이야말로 사람이 누릴 수 있는 최고의 축복이라고 한다. 왕이신 하나님이 다스리시는 나라의 백성이 되는 것이야말로 인간이 누릴 수 있는 최고의 축복이다.

제3편

다윗이 그의 아들 압살롬을 피할 때 지은 시

I. 장르/양식: 개인 탄식시

시편 전체에 대한 서론 역할을 하는 1-2편을 뒤따르는 것은 다섯 개(3-7편)의 개인 탄식시다. 탄식시는 기자가 자신이 겪은 슬픈/어려운 일로 인해 겪은 아픔과 좌절을 하나님께 아뢰는 노래다. 그러므로 하나님의 도움을 바라는 가장 간절한 기도다(deClaissé-Walford et al.). 노래가 시작될 때 저자는 결코 끝나지 않을 것 같은 슬픔과 절망으로 가득하지만, 시가 진행됨에 따라 점차 하나님이 문제를 해결해 주실 것이라는 확신과 찬양이 중심 주제가 된다. 탄식하는 이가 하나님께 고통을 호소하면서 하나님의 회복과 위로를 경험하기 때문이다.

노래하는 이가 개인인가, 무리인가에 따라 개인 탄식시와 회중(공동체) 탄식시로 구분된다. 이 노래는 개인 탄식시이지만, 전형적인 탄식시는 아니다. 그러므로 모빙클(Mowinckel) 이후로 이 시를 보호시(protective psalm)로 간주하는 학자들도 있다. 보호시는 기자가 원수들의 위협에 대하여 호소하는 것으로 시작해서 최종적인 승리에 대한 기도와 확신으로 끝을 맺는다(Craigie).

II. 구조

밴게메렌(vanGemeren)은 이 시편을 다음과 같은 구조로 분석한다. 다른 절은 각각 2절씩 묶는데, 마지막 섹션(7-8절)만 둘로 나누는 것이 아쉽다. 텍스트 분량의 불균형을 초래하기 때문이다.

A. 원수들에 대한 탄식(3:1-2)
　B. 하나님께 드리는 기도(3:3-4)
　　C. 여호와를 신뢰함(3:5-6)
　B'. 구원을 위한 기도(3:7)
A'. 주님 안의 소망(3:8)

테리엔(Terrien)은 이 시편을 다음과 같이 세 섹션으로 구분할 것을 제안한다. 아쉬운 것은 이 분석은 시편에서 흔히 발견되는 교차대구법적 구조를 제시하지 못한다는 사실이다.

A. 환난을 고백함(3:1-3)
B. 확신에 대한 묵상(3:4-6)
C. 구원을 위한 기도(3:7-8)

본 주석에서는 8절로 구성된 이 시를 각각 2절로 구성된 네 행으로 간주하여 주해해 나가고자 한다(cf. deClaissé-Walford et al.). 다음을 참조하라.

A. 원수가 너무 많음을 탄식(3:1-2)
　B. 내가 기도하는 여호와(3:3-4)
　B'. 내가 신뢰하는 여호와(3:5-6)
A'. 원수를 물리쳐 주시기를 간구(3:7-8)

III. 주해

1편과 2편을 시편 전체를 소개하는 서론으로 간주한다면, 3편은 이 책을 시작하는 첫 시로 간주될 수 있다. 또한 3편을 시작으로 3-7편을 통해 우리는 다섯 개의 탄식시를 연속적으로 접한다. 시편 전체를 소개하는 1-2편이 하나님의 복을 누리며 사는 사람들의 행복한 삶에 대하여 노래한 바로 다음에 등장하는 다섯 편의 노래가 모두 탄식시라는 사실을 어떻게 이해해야 하는가?

1-2편은 창조주 하나님의 통치가 잘 반영되는 이상적인 세상에서 율법을 주야로 묵상하는 의인들이 누리는 하나님의 복을 노래한다. 반면에 3-7편은 율법을 주야로 묵상하지만 악인들의 갖가지 공격과 방해를 받아 눈물짓는 성도들의 아픈 현실을 노래하고 있다. 사람이 하나님의 율법을 주야로 묵상하며 말씀을 삶의 가이드라인과 지표로 삼아 공의와 정의를 추구한다 해서 악인들의 공격과 세상을 가득 채우고 있는 고통에서 면제되는 것은 아니다. 그러므로 1-7편은 우리가 꿈꾸는 이상적인 세상(1-2편)과 당면한 현 세상(3-7편)의 차이라 할 수 있다.

또한 2편은 다윗 왕조의 왕이 부른 노래였고, 3-7편도 다윗과 연관된 시라는 사실이 의미하는 현실적 교훈이 크다. 심지어는 하나님이 특별히 보살피고 축복하시는 다윗 왕조의 왕들마저도 삶에서 고통과 아픔을 피할 수 없다면, 일반 성도들은 얼마나 더 그러하겠는가!(Brueggemann & Bellinger). 실제로 시편 전체에 팽배해 있는 테마가 하나님의 보살핌을 받는 주님의 자녀들이 이 땅에서 견뎌내야 하는 고통에 관한 것이다.

여러 면에서 이 시편은 첫 번째 시다. 처음으로 시편에서 매우 자주 등장하는 셀라(סֶלָה)라는 단어가 이 시편 2절에 등장한다. 이 시편은 처음으로 저자(혹은 연관된 사람)의 이름을 밝힌다. 바로 다윗이다. 또한 시의 역사적인 정황을 제공하며 시작하는 첫 번째 시다. 저자는 이 시가 다윗이 아들 압살롬에게 쫓겨 도망갈 때 지은 시라는 정보를 제공한다.

이 시편과 다음 시편(4편)은 '아침과 저녁'으로 연관되어 있다. 3:5은 "내가 누워 자고 깨었으니"라며 이 시편 기자가 밤새 평안히 잠을 잔 후에 이 노래를 부른 것임을 암시한다. 4:8은 "너희는 자리에 누워 심중에 말하고 잠잠할지어다"며 이 노래가 불리는 때가 저녁 때쯤이라는 것을 암시한다. 그러므로 일부 학자들은 3-4편이 각각 아침 기도와 저녁 기도로서 한 쌍을 이루고 있다고 생각한다(cf. Goldingay).

이 시는 다음 시(4편)와 연관이 되어 있으면서도 동시에 바로 앞 시(2편)하고도 연관이 있어 보인다. 이 시의 저자는 수많은 원수들로부터 큰 위기를 맞고 있다. 이러한 상황에서 그가 유일하게 할 수 있는 일은 하나님께 도움을 청하는 일이다. 그러므로 그는 그가 처한 상황에 하나님이 개입하시기를 간절히 바란다(7절). 2:12은 "여호와께 피하는 모든 사람은 다 복이 있다"고 했다. 시편 기자가 이 시에서 하는 일(기도하는 것)이 바로 하나님께 피하는 것을 정의한다고 할 수 있다. 이러한 맥락에서 2편과 본 시는 연관이 있다고 할 수 있다.

또한 우리는 1-2편과 본문의 연관성도 생각해 보아야 한다. 1-2편은 복이 있는 사람에 대하여 말했다(1:1, 2:12). 복이 있는 사람은 하는 일이 잘되는 사람이다(1:3). 그러나 항상 그런 것은 아니다. 이 시는 복이 있는 사람의 삶에도 때로는 환난과 고난이 찾아온다는 진리를 선포하고자 한다(cf. McCann). 복이 있는 사람의 삶은 결코 끝없는 장밋빛 인생이 아니며, 때로는 광풍과 혼란을 겪을 수도 있다(시 34:19). 한 가지 특이한 사항은 이 시편이 다른 노래들보다 군사적인 용어를 많이 사용하고 있다는 점이다.

1. 원수가 너무 많음을 탄식(3:1-2)

[1] 여호와여 나의 대적이 어찌 그리 많은지요

일어나 나를 치는 자가 많으니이다
[2] 많은 사람이 나를 대적하여 말하기를
그는 하나님께 구원을 받지 못한다 하나이다 (셀라)

시편에서 수없이 등장하는 셀라(סֶלָה)가 처음으로 모습을 보이고 있다. 이 시편에서도 4절과 8절 끝에 다시 등장한다. 이 단어의 정확한 의미는 아직도 알려지지 않았다. 다만 '목소리를 높이라' 등 일종의 음악적 지시로 혹은 '그렇게 되기를 바랍니다' 등 간절한 희망을 담은 일종의 '아멘'으로 해석된다(cf. NIDOTTE, HALOT).

기자가 처한 상황의 심각성이 그가 당면하고 있는 '원수들'의 숫자가 매우 많다는 사실을 반복적으로 언급하는 일로 강조되고 있다(1, 2, 6, 7절). 이 섹션(1-2절)에서만 세 차례나 '많다'(רַב/רבב)는 말을 사용하고 있다. 그러므로 시편이 전반적으로 제시하는 그림은 원수들이 저자를 번갈아 가면서 치려고 줄을 서 있는 이미지다. 한 가지 재미있는 현상은 하나님과 기자와 원수들을 1절이 배열한 방식이다. 1절은 '여호와'(יְהוָה)로 문장이 시작하고 1인칭 접미사 '나'(ִי)로 끝이 나며 한중앙에 '많은 원수들'(צָרָי רַבִּים)이 있다. 마치 원수들이 하나님과 기자 사이를 갈라놓은 상황을 묘사하는 것처럼 말이다(McCann). 상황이 더 절망적인 것은 하나님은 이러한 사실을 아시는지 모르시는지 어떠한 개입도 하지 않으시고 침묵하신다는 점이다.

그러므로 저자에 대한 공격을 그의 하나님 여호와께서 묵인(허용)하시는 것으로 간주한 원수들은 당당하게 저자에게 말한다. "하나님께 구원을 받지 못한다"(2절). 이 히브리어 문구(אֵין יְשׁוּעָתָה לּוֹ בֵאלֹהִים)를 정확하게 번역하면 "하나님 안에 그[기자]를 위한 구원은 없다"가 된다. 그 결과 원수들은 하나님이 그를 버리셨다고 비아냥거리고 있다. 시편 기자에게 가장 아픈 현실이 바로 이 점이다.

아마도 저자는 평생 하나님만 사모하고 의지하고 살았을 텐데 어려운 곤경에 처하니 하나님이 침묵하신다. 원수들은 이 신적인 침묵을 하나님이 그를 버리신 것으로 생각하여 비아냥거린다. 그렇다면 저자에게 이슈가 되는 것은 이 역경을 이겨내는 일만은 아니다. 만일 원수들이 하는 말이 진실이라면, 더 시급한 문제는 하나님과의 관계 회복이다. 상황이 엎친 데 덮친 격이다.

원수들의 비아냥이 사실인가? 하나님의 침묵은 참으로 하나님이 이 시편 기자를 버리셨음을 의미하는가? 그렇지 않다. 그것은 원수들의 생각이지 진실이 아니다. 그러므로 원수들의 비아냥은 저자를 공격하는 의미를 지녔을 뿐만 아니라, 주제넘게 하나님을 왜곡하는 행위이기도 하다(Mays). 원수들은 하나님께 죄를 범하고 있는 것이다.

하나님은 기자를 아직도 사랑하시고 보호하신다. 어떠한 이유에서인지 확실하지 않지만, 하나님이 상황을 파악하고 있으시면서도 아직 개입하지 않으신 것뿐이다. 그러므로 기자는 8절에서 "구원은 여호와께 있다"고 고백하고 하나님의 개입을 간곡히 바라며 언젠가 개입하실 것을 확신한다(cf. 3-7절).

원수들 생각에 하나님이 기자의 삶에 개입하시면 기대되는 효과는 그의 도움/구원이다(cf. 2절). '도움/구원'(יְשׁוּעָה)은 매우 폭넓은 개념이다. 모든 영적, 심리적, 육체적 제한과 속박과 구속 등에서 해방되는 것을 의미한다. 하나님의 통치 아래 있는 성도가 누릴 수 있는 최고의 자유와 건전함(wholesomeness)을 뜻한다.

그러므로 저자도 자신이 처한 곤경에서 빠져나갈 수 있는 유일한 길은 하나님의 개입이라는 것을 잘 안다. 하나님이 움직이셔야 문제가 해결되는데, 하나님은 침묵으로 일관하시는 듯하다. 어려운 일을 겪는 주의 자녀들이 가장 힘들어하는 것은 하나님의 '노'(no)가 아니라 하나님의 침묵이다. 주님의 뜻을 알 수가 없기 때문이다.

2. 내가 기도하는 여호와(3:3-4)

3 여호와여 주는 나의 방패시요
나의 영광이시요
나의 머리를 드시는 자이시니이다
4 내가 나의 목소리로 여호와께 부르짖으니
그의 성산에서 응답하시는도다 (셀라)

기자는 지금 '많은 원수들'에게 시달리고 있다. 이러한 상황에서 그는 '그러나 주님'(וְאַתָּה יְהוָה)(3절)이라는 매우 대조적이면서 강력한 강조형을 사용하여 자신이 믿고 의지하는 하나님은 이 원수들과 매우 다르다는 사실을 고백한다(Brueggemann & Bellinger). 원수들은 "하나님이 그를 돕지 않는다"며 마치 하나님이 이 시편 기자를 버린 것처럼 말하지만(2절), 그는 하나님이 자기를 버리지 않으셨다는 사실을 확신한다. 그러므로 그는 하나님은 자기 '방패'(מָגֵן בַּעֲדִי)요, '영광'(כְּבוֹדִי)이요, '머리를 높이시는 분'(וּמֵרִים רֹאשִׁי)이라고 고백한다(3절, cf. 시 7:10, 18:2, 28:7, 33:20, 59:11, 84:9). 머리를 높인다는 것은 법적인 용어로서 피고가 죄가 없다는 것을 인정하는 행위다(cf. Goldingay, Terrien). 원수들은 기자를 죄인으로 몰아가지만, 하나님은 그의 억울함을 인정하실 것이다.

원수들이 기자를 완전히 에워싸고 있지만, 하나님은 기자의 방패가 되어 그를 보호하신다. 그렇다면 이 싸움은 저자와 원수들의 싸움이 아니라, 하나님과 원수들의 싸움이다. 결과는 뻔하다. 감히 세상의 그 누가 여호와를 상대로 싸워 이길 수 있는가! 그러므로 저자는 분명 하나님의 구원을 경험할 것이다.

기자는 하나님이 자기를 아직도 보호하시고 사랑하신다는 확신을 바탕으로 하나님께 자신이 처한 현 상황에 대하여 부르짖으며 도움을 청한다(4절). 그에게는 하나님이 자기 기도를 꼭 들어 주실 것이라는 확신도 있다. 하나님은 그의 기도를 성산(거룩한 산), 곧 시온에서 들어 주실 것이다. 시온은 여호와 하나님의 세상 거처가 있는 곳이다. 곧 성전이 이곳에 있기 때문에, 기자는 자기가 기도하면 하나님이 자기 처소이신 성전에서 듣고 응답해 주실 것이라고 믿는다.

저자가 성산인 시온을 염두에 두고 노래하고 있지만, 정작 시온에 있는 성전에 대하여 언급하지는 않는다. 일부 학자들은 이러한 상황을 이 시가 시온에 성전이 세워지기 전에 저작된 증거로 삼기도 한다(Terrien). 또한 이 시를 노래하는 이는 왕일 가능성이 있다(cf. 8절, 표제). 그러므로 다윗을 저자로 지목하기도 한다(cf. Goldingay, McCann, Terrien).

3. 내가 신뢰하는 여호와(3:5-6)

5 내가 누워 자고 깨었으니
여호와께서 나를 붙드심이로다
6 천만인이 나를 에워싸 진 친다 하여도
나는 두려워하지 아니하리이다

저자는 앞 섹션을 '그러나 주님'(וְאַתָּה יְהוָה)이라는 대조적인 강조형으로 시작하여 원수들이 주장하는 것처럼 하나님이 그를 버리신 적이 없으며, 주님은 아직도 그를 보호하신다는 사실을 선포했다. 그는 이 섹션을 강조형인 '내가'(אֲנִי)로 시작하여 하나님의 보호하심을 믿고 확신하는 자기는 이 어려운 상황을 어떻게 살아내고 있는가에 대하여 증언한다. 이러한 사실은 이 시가 시작된 다음 계속 변하고 있는 인칭대명사에서도 역력히 드러난다. 그들(They)(1-2절)-하나님(You)(3-4절)-나(I)(5-6절).

기자는 원수들이 그를 에워싸고 집중적으로 공격하는 듯한 매우 심각한 위기에 처해 있다. 심지어 원수들은 하나님이 그를 돕지 않으시는 것은 주님이 그를 버리셨기 때문이라며 비아냥거렸다(2절). 이러한 상황에서 기자는 좌절할 수 있지만, 하나님이 아직도 그를 사랑하시고 보호하신다는 믿음을 버리지 않았다(3-4절).

시편 기자의 믿음은 헛되지 않았다. 원수들이 떠들어대는 소리에 현혹되지 않았기 때문에, 그는 하나님의 보호를 확신하며 밤에 편안히 잘 수 있다(5절). 사람이 어려움에 처하면 그를 가장 힘들게 하는 것이 불면증이다. 아무리 몸부림쳐도 잠이 잘 오지 않는다. 이때 실감나는 말씀이 "하나님이 사랑하는 이에게 잠을 주신다"이다(cf. 시 127:2). 저자는 하나님이 그를 붙들어 주신다고 확신하니 별 어려움 없이 잠을 잘 수 있다고 한다. 그렇다면 저자가 수많은 원수들이 에워싸고 있는 상황에서 편안히 잠을 잘 수 있는 것은 그의 어떤 내적인 요인에서 비롯된 것이 아니라, 그의 외부에 있는 요인(하나님)에 의한 것이다(deClaissé-Walford et al.).

설령 천만인이 그를 에워싸 진을 친다 해도 전혀 두렵지 않다고 확신한다(6절). 저자가 사용하고 있는 이미지는 엄청난 군대에게 포위되어 매우 위태로운 성이다. 이러한 상황이 전개된다 해도 저자는 두려워하지 않을 것이며 담대하게 잠을 청할 것이다. 여호와께서 그를 붙드시기 때문에 하나님이 허락하지 않으시면 그가 어떠한 해도 받지 않을 것을 확신하기 때문이다(5절).

어떻게 해서 시편 기자는 이처럼 담대한 고백을 할 수 있게 되었을까? 그가 처한 문제에서 시선을 거두고 그 문제를 해결할 수 있는 하나님만을 바라보았기 때문이다. 우리도 마찬가지다. 우리가 사는 환경은 항상 위협적이다. 그러므로 시선이 우리가 처한 상황에 맞춰져 있는 한 우리의 삶은 항상 어렵고 위태롭다. 안타까운 것은 우리의 시선을 위기를 맞은 삶에 맞추어도 우리가 해결할 수 있는 문제는 없다는 사실이다. 그러니 시편 기자처럼 우리의 시선을 우리가 당면한 문제들을 해결하실 수 있는 하나님께 맞추는 것이 지혜다.

4. 원수를 물리쳐 주시기를 간구(3:7-8)

[7] 여호와여 일어나소서
나의 하나님이여 나를 구원하소서
주께서 나의 모든 원수의 뺨을 치시며
악인의 이를 꺾으셨나이다
[8] 구원은 여호와께 있사오니
주의 복을 주의 백성에게 내리소서 (셀라)

저자는 과거에 하나님이 곤경에 처했던 그의 기도를 들어 주셨던 일을 회상하면서 이번에도 구원을 베풀어 달라고 간구한다. 그는 하나님께 "주여, 일어나십시오" 하고 호소한다. 이 문장은 모세가 법궤를 운반할 때마다 사용했던 것이다(민 10:35, cf. 시 68:1). 기자는 1절에서 많은 원수들이 자신을 상대로 '일어난다/대적한다'(קָמִים)고 한탄한 적이 있다. 이제 여기서 그는 여호와께 '일어나시라'(קוּמָה)고 간구한다(7절). 둘은 같은 동사(קום)다. 그러므로 저자는 이 동사를 전략적으로 사용하여 기도한다. 원수들이 그를 대적하기 위하여 일어났다(1절). 이제 그는 여호와께서 자기 편이 되시어 그들과 싸우기 위하여 일어나 달라고 간구하고 있다. 그가 하나님께 일어나시라고 간절히 바라는 것은 하나님은 일어나시기만 하면 '원수들의 뺨을 치시고, 그들의 이를 꺾으실 분'이시기 때문이다. 그러므로 하나님이 그를 위하여 일어서신다면 누가 감히 그 앞에 서겠는가!

기자는 하나님이 과거에 자기 원수들의 뺨을 치시고 이를 부러뜨리셨던 일을 근거로 다시 하나님이 도와주시기를 바라며 기도한다(7절). 지난날 하나님이 베풀어 주신 은혜와 도움이 그가 당면하고 있는 현재의 어려움을 헤쳐 나가는 원동력이 되고 있다. 이러한 이유에서 기독교는 과거를 기념하는 종교다. 과거에 하나님이 베풀어 주신 은혜를 기념하면 현재의 불확실성과 불안감이 사라지기 때문이다.

뺨을 때리는 일은 물리적인 고통을 동반하지만, 더 중요한 의미는 이 행동이 최고의 수치를 상징하는 것에 있다(cf. 왕상 22:24, 사50:6, 애 3:30, 믹 5:1). 이빨을 부러뜨리는 것은 법적인 권한을 완전히 빼앗는다는 의미가 될 수 있고(Goldingay), 입을 닥치게 하는 의미로 해석될 수도 있다(deClaissé-Walford et al.). 원수들이 기자를 말로 공격하고 있는 상황을 감안할 때(2절), 후자가 본문에 더 잘 어울린다. 기자는 하나님께 그의 원수들이 완전히 무기력하게 되도록 해 주시고, 그들의 입이 침묵하도록 해 달라고 기도하고 있다.

끝으로 기자는 구원은 오직 여호와에게만 있다(לַיהוָה הַיְשׁוּעָה)는 것을 고백으로 이 시를 마무리한다(8절). 그는 이러한 신앙 고백을 통해 머지않아 하나님의 구원이 그에게 임할 것을 확신한다. 또한 이 고백을 통해 "그에게 구원이 없다"(אֵין יְשׁוּעָתָה לּוֹ בֵאלֹהִים)(2절)고 했던 원수들의 선언을 정면으로 반박한다. 하나님 안에는 분명 그를 위한 구원이 있다.

기자가 하나님의 구원을 간절히 바라는 것은 자기 개인을 위한 것만은 아니다. 그는 하나님이 그를 구원하시어 모든 '주의 백성에게'(עַל־עַמְּךָ) 복을 내려 달라고 한다. 기자에게 개인적으로 임하는 구원의 은혜가 어떻게 온 백성에게 복이 된다는 말인가? 고린도전서 12:12-20은 믿음 공동체를 여러 지체로 된 한 몸으로 묘사한다. 그러므로 같은 몸에 속한 여러 치체들 중에 한 지체가 아프고 어려우면 그 부위만 아픈 것이 아니라 온몸이 아프다. 이와는 반대로 병들고 어려움을 겪던 한 지체가 온전하게 되면 온몸이 온전하게 된다. 이러한 맥락에서 시편 기자는 하나님이 그를 원수들의 손에서 구원하시면 그가 속한 공동체의 모든 백성이 복을 받는 것이라고 한다. 매우 인상적인 논리이며 우리가 하나님께 기도하면서 자주 사용할 만한 논리다. "주여, 저를 위해서만이 아니라, 제가 속한 공동체를 위해서라도 저를 도우소서. 주님이 저를 도우시면 제가 속한 온 공동체가 복을 받게 됩니다."

제4편

다윗의 시, 인도자를 따라 현악에 맞춘 노래

I. 장르/양식: 개인 탄식시(cf. 3편)

이 시를 신뢰시/확신시(psalm of confidence)로 취급해야 한다는 견해도 만만치 않다. 저자가 하나님께 어떤 구체적인 도움을 청하는 것이 아니라 하나님에 대한 신뢰를 고백하는 일을 이 시의 핵심으로 삼았기 때문이다(Goldingay). 신뢰시에서는 예배를 드리는 사람이 자신이 처한 상황에 대하여 슬픔을 토로할 뿐만 아니라, 하나님이 그가 처한 상황에 꼭 개입하시어 구원을 이루실 것으로 확신하며 노래를 마무리한다.

II. 구조

이 시에서는 여러 단어가 불규칙하게 반복되는 점이 구조를 파악하는데 상당한 난제로 작용한다. ‘내가 부르짖을 때’(בְּקָרְאִי)(1, 3절), ‘의’(צֶדֶק)(1, 5절), ‘듣다’(שׁמע)(1, 3절), ‘마음’(לֵבָב)(4, 7절), ‘잠자리/눕다’(שׁכב/מִשְׁכָּב)(4, 8절), ‘의지/평안히’(בטח/בֶּטַח)(5, 8절), ‘수많은/풍성함’(רבב/רַבִּים)(6, 7절)(cf. Craigie, vanGemeren, deClaissé-Walford et al.). 그렇다 보니 학자들은 상당히 다양한 구조를 제시한다.

크래이기(Craigie)는 이 시를 다음과 같이 네 파트로 구성된 A–B–A–B형태로 간주한다.

A. 기도를 응답하시는 하나님(4:1–3)
    B. 여호와를 신뢰함(4:4–5)
A′. 확신의 기도(4:6–7)
    B′. 평안(4:8)

밴게메렌(vanGemeren)도 크래이기처럼 네 파트로 구성된 A–B–A–B 형태를 제시하지만, 절을 나누는 일에 있어서는 상당히 다르다.

A. 기도(1:1)
    B. 여호와를 신뢰하라는 권면(1:2–5)
A′. 기도(1:6–7)
    B′. 신뢰의 고백(1:8)

위 학자들과는 달리 이 시편을 다섯 파트로 구성된 교차대구법적 구조로 구분하는 학자들도 있다(Alden, deClaissé–Walford et al.). 본 주석에서는 다음과 같은 구조를 바탕으로 본문을 주해해 나가고자 한다.

A. 시작: 도움을 간구하는 기도(4:1)
    B. 사람들이 하는 말(4:2)
        C. 사람들에게 하는 권면(4:3–5)
    B′. 사람들이 하는 말(4:6)
A′. 마무리: 신뢰를 고백하는 기도(4:7–8)

III. 주해

이 시편과 바로 앞 시(3편)는 '아침과 저녁'으로 연관되어 있다. 3:5은 "내가 누워 자고 깨었으니"라며 이 시편 기자가 밤새 평안히 잠을 잔

후에 이 노래를 부른 상황을 암시한다. 반면에 4:8은 "너희는 자리에 누워 심중에 말하고 잠잠할지어다"라며 이 노래가 불리는 때가 저녁 때쯤이라는 것을 암시한다. 그러므로 학자들은 3-4편이 각각 아침 기도와 저녁 기도로서 한 쌍이었다고 생각한다(cf. Goldingay, McCann, Ross, Terrien). 한 학자는 이 시가 농부들에게 풍성한 수확을 위하여 우상들에게 기도하지 말고 여호와께 기도하라고 권면하는 노래라고 하지만(Broyles), 그렇게 해석하기에는 농사와 연관된 내용이 상당히 부족하다.

1. 시작: 도움을 간구하는 기도(4:1)

1 내 의의 하나님이여 내가 부를 때에 응답하소서
곤란 중에 나를 너그럽게 하셨사오니
내게 은혜를 베푸사 나의 기도를 들으소서

이 시는 하나님을 향하여 '내 의의 하나님'(אֱלֹהֵי צִדְקִי)이라는 외침으로 시작하는 것이 매우 인상적이다. 기본적인 의미는 '나의 의로움을 변호해 주시는 하나님'(새번역)이다. 저자가 하나님은 의로우신 분이라며 시를 시작하는 것은 아마도 그가 참으로 억울한 일을 당했기 때문일 것이다(Anderson, cf. deClaissé-Walford et al.). 저자가 직접적으로 언급하지 않기 때문에 그가 당한 억울한 일이 무엇인지 알 수는 없다.

'의'(צֶדֶק)는 하나님의 성품이며 동시에 하나님 통치의 성향이기도 하다(McCann, cf. 9:8, 96:13, 92:2, 6). 또한 의는 관계를 전제하는 개념이다. 하나님의 의는 그와 그의 백성들 사이에 존재하는 아버지—자식 관계에서 가장 확실하게 드러난다(vanGemeren). 의는 절대적인 삶/윤리의 기준을 뜻한다. 저자는 자신의 삶에 대하여 전혀 거리낌이 없음을 암시하고 있다. 그의 태도는 교만이 아니라 자신감이며 확신이다. 그렇기 때문에 그는 어려운 상황에 처했을 때 주저함 없이 하나님께 자기 의

(억울함)를 변호해 달라고 기도할 수 있다. 나는 이런 사람이 부럽다.

그렇다고 해서 이 시편 기자의 "내가 부르짖을 때 응답하소서"(cf. 시 13:3, 55:2, 69:13, 16, 17)라는 간구가 결코 그에게 주어진 정당한 권리에 따라 요구할 수 있는 것은 아니다. 그의 간구는 하나님의 너그러우심(חנן)에 근거한다(cf. 6:2). 기자는 당당한 자세로 하나님께 그의 기도를 들어 달라고 요구하는 것이 아니라, 겸손한 자세로 하나님의 자비하심에 호소하는 기도를 드리고 있다.

저자는 하나님께 자신을 도와 달라며 매우 긴급하고 간절한 기도를 드리고 있다(Goldingay). 이러한 상황은 이 구절에 여러 개의 동사가 사용되는 것에서 드러난다. '응답하다'(ענה), '너그럽게 하다'(רחב), '은혜를 베풀다'(חנן), '[기도를] 듣다'(שמע). 기자는 하나님이 속히 행동(구원)을 취하실 것을 간곡히 바라고 있다. 저자는 그가 곤란 중에 있을 때, 하나님이 그를 너그럽게 하셨다고 하는데, '곤란'(צַר)은 매우 비좁은 공간을 의미한다(HALOT). 반면에 '너그럽게 하다'(רחב)는 넓은 공간을 준다는 뜻이다(HALOT). 그러므로 이 말씀은 "내가 비좁은 곳(코너)으로 몰렸을 때 하나님이 저에게 숨쉴 공간을 주셨다"는 뜻을 지니고 있다(LXX, cf. 새번역).

2. 사람들이 하는 말(4:2)

2 인생들아
어느 때까지 나의 영광을 바꾸어 욕되게 하며
헛된 일을 좋아하고
거짓을 구하려는가(셀라)

'인생들'(בְּנֵי אִישׁ)은 문자적으로 '사람의 아들들'이라는 의미를 지녔기 때문에 '사람들'(아가페, 공동, NAS, ESV, TNK)로 번역되기도 한다.

그러나 이 문구가 지닌 뉘앙스는 '부자들, 권세가들'이다(Gerstenberger, deClaissé–Walford et al., Terrien, cf. 49:2, 62:9). 그러므로 일부 번역본들은 이 문구를 '높은 자들'(새번역), '권력 잡아 힘깨나 쓴다는 것들'(현대인), '고위층'(exalted men) 등으로 번역한다. 저자를 힘들게 하는 사람들은 사회에 영향력을 행사하는 사람들이다. 쉽게 대항할 만한 사람들이 아니다. 그러므로 그는 더 억울하고 원통하다.

'언제까지'(עַד־מֶה)는 탄식시에서 자주 등장하는 문구이며(cf. 13:1, 2) 견디기 힘들거나, 이해하거나 납득하기 어려운 일을 당했을 때 많이 사용된다. 저자는 자신이 헛된 일과 거짓된 일을 좋아하는 권력자들에게 수치를 당하고 있다며 탄식한다.

저자가 경험하고 있는 일이 정확히 어떤 일인지는 알 수 없지만, 한 가지 확실한 것은 저자와 그를 조롱하는 사람들은 서로 전혀 다른 가치관을 가지고 살고 있다는 점이다. 그들은 기자가 영광으로 생각하는 것을 욕되게 하고 있으며, 저자는 그들이 좋아하는 일을 헛된(무의미한) 일이라고 한다. 악인들이 추구하는 '헛된 일'(רִיק)과 '거짓'(כָזָב)은 모두 윤리적 기준이 전혀 없는 것들을 의미하기 때문이다(Brueggemann & Bellinger, cf. HALOT).

3. 사람들에게 하는 권면(4:3–5)

3 여호와께서 자기를 위하여
경건한 자를 택하신 줄 너희가 알지어다
내가 그를 부를 때에 여호와께서 들으시리로다
4 너희는 떨며 범죄하지 말지어다
자리에 누워 심중에 말하고 잠잠할지어다(셀라)
5 의의 제사를 드리고 여호와를 의지할지어다

이 섹션은 저자가 그를 대적하는 자들에게 하는 말로 이해하는 것이 일상적이지만, 내용을 보면 그가 하나님에 대하여 잘 아는 주의 백성들에게 하는 말로 간주해도 별문제는 없다(cf. McCann, NIV, NRS). 시편에서는 당면한 현실에 대하여 혼란스러워하는 사람들을 정돈되고 훈련된 신앙으로 돌아오게 하기 위하여 탄식의 소리 바로 다음에 가르침/권면의 음성이 자주 등장하는데, 이 노래도 예외는 아니다(Mandolfo). 탄식(1-2절)이 바로 가르침/권면(3-5절)으로 이어지고 있기 때문이다.

기자는 자신이 당하고 있는 수난은 머지않아 하나님이 해결해 주실 것을 기대한다. 왜냐하면 하나님은 자신을 위해 '경건한 사람'(חָסִיד)을 따로 구분하셔서 특별히 대하시기 때문이다. '택하다'(פלה)(3절)는 구약에서 매우 중요한 개념이며 선민사상을 강조한다(Brueggemann & Bellinger). 그러므로 본문은 경건한 사람이 스스로 경건해진 것이 아니라, 하나님이 그를 경건한 사람으로 세우시고 경건하게 살 수 있도록 도우셨기 때문에 경건하다는 의미를 지니고 있다.

경건한 사람(חָסִיד)은 어떤 사람인가? 이 단어의 어원은 구약에서 하나님의 성품을 가장 절정적으로 표현하는 일에 자주 사용되며, 주님의 '자비, 사랑, 신실함, 은혜' 등을 포괄적으로 강조한다(Sakenfeld). 이러한 맥락에서 경건한 사람은 어떠한 상황에 처해도 하나님을 신뢰하고 따르는 사람을 뜻한다. 경건한 사람은 분명 하나님의 선택에 따라 세워지는 사람이지만, 동시에 그는 삶에서 경건을 추구하여 하나님의 세우심에 부응하는 사람이다.

하나님이 경건한 사람을 따로 구분하시는 이유는 무엇일까? 그들을 특별히 보살피시기 위해서다. 이 사실에 기초하여 기자는 "내가 그를 부를 때 여호와께서 들으시리로다"(3절)라며 주님은 자기 기도를 들어주실 것이라고 확신한다. 자신은 경건한 사람이며, 하나님은 경건한 사람을 각별히 구분하여 보호하시는 분이라는 믿음이 있기 때문이다.

그러므로 그는 오히려 3-5절을 통해 담대히 '거짓된 것을 따라가는 자들'과 '헛된 일을 좋아하는 자들'에게 7개의 명령문을 통해 권면한다. '알아라(וּדְעוּ). 두려워하라(רִגְזוּ). 죄를 짓지 말아라(אַל־תֶּחֱטָאוּ). [잠자리에 누워] 말하라(깊이깊이 반성하라(אִמְרוּ). 잠잠하라(דֹמּוּ). 제사를 드리라(זִבְחוּ). [주를] 의지하라(בִטְחוּ)'(4-5절). 이 중 잠잠하라(דֹמּוּ)는 '눈물을 흘리라'는 의미로 해석되기도 한다(새번역, Dahood, cf. HALOT). 문맥을 고려할 때 '잠잠하라'가 더 잘 어울린다(공동, NIV, ESV, NAS, NRS, cf. TNK).

"두려워 떨어라. 죄를 짓지 말아라"(רִגְזוּ וְאַל־תֶּחֱטָאוּ)는 해석하기가 어려운 부분이다. "홧김에 죄짓지 말라"(In your anger do not sin)(새번역, 아가페, NIV), "떨어라, 죄짓지 말라"(Tremble, and do not sin)(개역개정, NAS), "심경이 불편할 때 죄를 짓지 말라"(When you are disturbed, do not sin)(NRS), "그러므로 떨어라. 그리고 더 이상 죄짓지 말라"(So tremble, and sin no more)(공동, TNK). 위의 7개 명령문을 통한 권면의 점진성을 감안하면 저자가 하고자 하는 말을 다음과 같이 쉬운 말로 바꾸어 표현할 수 있다. "너희는 화와 분노로 가득해 떨 수 있다. 그러나 죄는 짓지 말아라! 너희 마음속이 악한 말로 가득할 수 있다. 그러나 밖으로 표현하지는 말아라! 조용히 침대에 누워라. 그곳에서는 나쁜 짓을 할 수 없다"(Craigie, Davidson). 저자는 그의 원수들에게 분을 표현하지 말고 삼키라고 권면하고 있다(cf. 메시지성경).

기자는 먼저 "이런 짓은 하지 말라"고 부정적인 것들을 말한 다음(4절) 긍정적인 대안 두 가지를 제시한다. 첫째, '의의 제사를 드리라'(5절). 그가 권면하는 '의의/올바른 제사'는 모든 격식에 맞추어 드리는 것을 전제하지만, 문맥의 흐름을 감안할 때 회개와 하나님에 대한 신뢰 등을 포함한 올바른 영적 자세에서 비롯된 제사를 의미한다. "깨어지고 상한 심령으로 격식에 맞추어 제대로 된 제사를 드려라." 올바른 영적 자세와 규례에 따라 드린 제사, 이 두 가지는 진정으로 회개하는 사람의 징표가 된다.

둘째, "여호와를 의지하라"(5절). '여호와를 의지하는 것'은 자신을 온전히 하나님께 드린다는 뜻이다(McCann). 그러므로 하나님을 의지하는 것은 주님을 피난처로 생각하여 자신을 주님께 피하는 것과 비슷한 말이다(cf. 2:12).

4. 사람들이 하는 말(4:6)

6 여러 사람의 말이
우리에게 선을 보일 자 누구뇨 하오니
여호와여 주의 얼굴을 들어 우리에게 비추소서

기자는 다시 한번 자신과 하나님과의 관계를 확인한다. 그의 주변에서 많은 사람이 하나님의 축복을 바라며 "누가 우리에게 선을 보여 줄 것인가?" 하고 기도하지만, 자기는 이미 하나님의 더없는 축복을 누리고 있다고 확신한다. 이 노래를 농부들이 많은 수확을 바라며 부른 것이라고 해석하는 사람들은 '선'(טוֹב)을 추수철의 수확물로 해석하지만(Broyles), 그렇게 제한할 필요는 없다. 저자는 단지 사람들이 이 땅에서 누릴 수 있는 물질적인 축복만을 바라는 것을 비난하고자 한다(McCann).

그러므로 저자는 자신은 물질적인 것만 바라는 수많은 사람들과는 다르다며 하나님의 얼굴을 구한다. 하나님의 환한 얼굴을 보는 것(6절)은 구약 안에서 인간이 바랄 수 있는 최고의 언약적 축복에 속한다. 또한 하나님의 얼굴을 보는 것은 그 어떤 물질적인 복으로도 대신할 수 없다(Mays). 제사장들은 하나님께 예배를 드리러 성전을 찾은 백성들에게 "주께서 너에게 복을 주시고, 너를 지켜주시며, 주께서 너를 밝은 얼굴로 대하시고, 너에게 은혜를 베푸시며, 주께서 너를 고이 보시어, 너에게 평화를 주시기를 빈다"(6:24-26, 새번역)라며 복을 빌어주었다. 성전에 있는 하나님의 임재가 예배자들의 삶에 함께하기를 빌어 준 것이다. 이 시편은 민수기 6장에 기록된 제사장의 축도를 상기시키는 노래이며, 특히 6절은 이 축도를 인용하여 혼란에 빠진 기도자를 하나님의 임재로 나아오도록 유도하고 있다(Brueggemann & Bellinger, cf. Fishbane).

5. 마무리: 신뢰를 고백하는 기도(4:7–8)

[7] 주께서 내 마음에 두신 기쁨은
그들의 곡식과 새 포도주가 풍성할 때보다 더하니이다
[8] 내가 평안히 눕고 자기도 하리니
나를 안전히 살게 하시는 이는 오직 여호와이시니이다

기자는 하나님의 빛나는 얼굴을 이미 보았기에 그에게 임한 기쁨은 햇곡식과 새 포도주가 풍성할 때에 누리는 만족감보다 크다고 고백한다(7절). 진정한 행복은 어떤 예배나 예식에서 얻어지는 것이 아니라 하나님의 임재를 감사히 받아들이는 일에 있다(Crenshaw, Terrien). 생동하는 이미지를 생각해 보라. 농부가 수확해 놓은 풍성한 햇곡식과, 통에 가득한 포도주를 보면서 느끼는 기쁨과 만족감보다 더 좋은 것이 있을까? 저자는 이러한 기쁨보다도 더 큰 기쁨을 주님 안에서 맛보았다고 말하고 있다. 성경은 여호와 하나님만이 우리에게 영원한 평안과 위로를 주실 수 있는 분이라고 한다.

세상의 그 무엇으로 대신할 수 없는 하나님의 기쁨에 근거하여 저자는 원수들 앞에서도 '평안히'(בְּשָׁלוֹם) 잠을 잘 수 있다고 고백한다(8절). 모두 하나님이 그를 '안전하게'(בֶּטַח) 지켜 주시기 때문이다. 기자를 괴롭히는 많은 사람들이 아직도 그의 주변에서 서성대고 있다. 그러므로 이 시편이 강조하고자 하는 것은 기자의 기도가 그가 처한 상황을 바꾸어 놓은 것을 의미하지는 않는다.

이 시편 기자가 처한 상황은 기도 후에 하나도 바뀌지 않았다. 아직도 원수들은 호시탐탐 그를 공격할 기회를 노린다. 이런 상황에서 기자의 기도는 무엇보다도 그의 마음과 생각을 바꾸어 놓았다. 기도가 때로는 세상을(우리가 처한 상황을) 변화시키기도 하지만, 많은 경우 기도하는 사람을 변화시킨다. 그렇기 때문에 우리는 기도해야 한다. 기도를 통해 우리는 원망하는 사람에서 하나님을 신뢰하는 사람으로 변하는 경험을 하기 때문이다.

기자도 동일한 경험을 하고 있다. 그가 기도하니 하나님이 그의 원수들을 물리쳐 주신 것이 아니라, 그가 원수들 사이에서도 평안히 잘 수 있는 담대함과 믿음을 주셨다. 그도 불만자에서 신뢰하는 자로 변한 것이다. 하나님이 사랑하는 사람에게 잠을 주신다는 말이 실감난다(cf. 127편).

제5편

다윗의 시, 인도자를 따라 관악에 맞춘 노래

I. 장르/양식: 개인 탄식시(cf. 3편)

대체적으로 이 시는 개인 탄식시로 구분되어 왔다. 그러나 궁켈(Gunkel)은 결백시(psalm of innocence)로, 모빙클(Mowinckel)은 보호시(psalm of protection) 혹은 확신시(psalm of confidence)로 구분하기도 했다.

II. 구조

이 노래의 의미를 파악하는 것은 그리 어렵지 않지만, 구조를 파악하기는 쉽지 않다. 여러 가지 다양한 주제가 함께 어우러져 있기 때문이다. 이 노래의 흐름을 감안하여 밴게메렌(vanGemeren)은 다음과 같은 구조를 제안한다. 아쉬운 점은 시작과 끝은 텍스트의 분량이 어느 정도 균형을 이루지만, 중앙에서는 상당한 불균형이 있다는 것이다.

A. 하나님의 의를 갈망하는 기도(5:1-3)
  B. 하나님이 악을 미워하시는 것 확인(5:4-6)
    C. 하나님과의 교제에 둔 소망(5:7)
A′. 하나님의 의를 갈망하는 기도(5:8)

B′. 원수들의 악 확인(5:9)
C′. 하나님의 의에 둔 소망(5:10-12)

위 구조는 이 시편을 여섯 파트로 구분하지만, 대부분 학자들은 다섯 파트로 구분한다(cf. NIV, NRS). 다음은 크레이기(Craigie)와 데이빗슨(Davidson)이 제시하는 아우트라인이다.

A. 억울함을 호소하는 기도(5:1-3)
B. 하나님 앞에 서지 못하는 악인(5:4-6)
A′. 하나님께 드리는 예배(5:7-8)
B′. 하나님이 악인을 버리심(5:9-10)
A″. 보호를 바라는 기도(5:11-12)

다섯 파트로 구분하는 것에는 동의하지만, 7-8절 내용을 다르게 정리하여 교차대구법적 구조를 지향하는 것이 바람직해 보인다. 이 주석에서는 다음과 같은 구조를 바탕으로 이 시를 주해하고자 한다(cf. Brueggemann & Bellinger, Terrien).

A. 슬픈 사람의 기도(5:1-3)
B. 악인들의 어리석음(5:4-6)
C. 인도하심을 구하는 기도(5:7-8)
B′. 악인들의 심판(5:9-10)
A′. 기쁜 사람의 기도(5:11-12)

III. 주해

시편 3-6편은 아침과 저녁을 순서적으로 언급하며 한 그룹을 형성하는 듯하다. 3:5은 아침을 언급하더니 4:4은 저녁을 언급한다. 이 노래의 일부인 5:3은 다시 아침을 언급한다. 잠시 후 6:6은 다시 저녁을 언급한다. 아마도 이 네 편의 시는 고대 이스라엘에서 아침과 저녁에 부른 노래 두 쌍을 구성했던 것으로 보인다.

시편 5편은 억울한 일을 당한 사람이 아침에 드린 기도다(cf. 3절). 시편 3편과 4편은 이미 의인들도 이 세상에서 고난당한다는 사실을 분명히 했다. 이러한 맥락에서 이 노래도 고통당하는 의인의 노래다(McCann).

이 노래는 1편과도 언어적 연관성이 있다. 두 시 모두 사람의 삶을 '길'로 묘사한다(1:6, 5:8). 악인들이 의인들을 유혹한다(1:1, 5:9). 악인의 길은 멸망에 이른다(1:5-6, 5:10). 하나님의 길은 생명과 기쁨으로 인도한다(1:3-6, 5:8, 12).

이 시의 기자가 어떤 일을 당했는지는 정확히 알 수 없지만, 악인들이 퍼트린 악의적인 소문으로 괴롭힘을 당하고 있는 듯하다(Anderson). 저자는 자신을 악인들과 대조하며 자신이 현재 겪고 있는 고통은 부당하다고 주장한다. 저자는 하나님은 악인들을 미워하시고 의인들은 사랑으로 보호하시는 분이기 때문에 분명히 그의 형편을 헤아리시어 그에게 다시 기쁨을 주실 것이라는 확신으로 시를 마무리한다. 그러므로 이 시는 하나님의 보호를 바라는 사람들이 드릴 기도다(Ross).

1. 슬픈 사람의 기도(5:1-3)

1 여호와여 나의 말에 귀를 기울이사
나의 심정을 헤아려 주소서
2 나의 왕, 나의 하나님이여
내가 부르짖는 소리를 들으소서
내가 주께 기도하나이다
3 여호와여 아침에 주께서 나의 소리를 들으시리니
아침에 내가 주께 기도하고 바라리이다

기자는 매우 다급한 상황에 처해 있다. 그는 하나님께 "귀를 기울여 주소서(הַאֲזִינָה) … 헤아려 주소서(בִּינָה) … 들으소서(הַקְשִׁיבָה)"(1-2절) 등 세 개의 명령문을 사용하여 그의 다급한 심정을 아뢰고 있다. 이 동사들은 모두 기자가 하나님이 계신 방의 문에 노크하는 듯한 느낌을 준다. 그가 아침 일찍(새벽)부터 하나님을 찾아 자기 사정을 아뢰는 것도 그의 위급한 상황을 강조한다. 고대 사회에서는 하루 중 아침이 법적인 판결을 발표하는 시간이라 하여(cf. 삼하 15:2, 렘 21:12, 시 101:8) 학자들은 3절을 기자가 자기의 억울함에 대하여 하나님이 법적으로 판결해 주실 것을 갈망하는 것으로 해석하기도 한다(Kraus).

그러나 기자가 아침에 하나님을 찾는 것은 '새벽/아침'은 하나님의 자비로운 은총을 기대하기에 좋은 때이기도 하기 때문이다(애 3:23). 아침/새벽은 밤새 세상을 덮었던 어둠이 물러가고 빛이 밝아오는 때이기 때문에 매우 소망적인 이미지를 지녔다(cf. deClaissé-Walford et al., Goldingay, 시 30:5, 46:5, 130:6). 그러므로 본문이 언급하고 있는 아침은 법적인 판결이 아니라 하나님의 은혜로운 개입을 상징한다. 한 주석가는 3절이 미래 형태로 쓰였다고 하여("하나님이 아침에 나의 기도를 들어 주실 것이다") 이 기도문은 저자가 밤에 잠자리에 들기 전에 한 것이라 한다(Anderson). 그렇게 파악해도 해석에 별 차이는 없다.

그는 하나님께 하소연을 할 뿐 아니라 자기의 '탄식 소리'(הֲגִיגִי)도 귀담아 들어 달라고 호소한다. 기자가 당면하고 있는 현실에 너무나도 기가 막혀 도대체 말로 표현하기 어려운 부분이 있다는 것이다. 이스라엘 백성들 중 억울한 일을 당한 사람들은 예루살렘에 있는 자기 왕에게 호소할 수 있는 권한을 지녔다. 이와 같이 시편 기자는 지금 그의 왕이신 하나님께 호소하고 있다(Kidner). 그래서 그는 하나님을 '나의 왕, 나의 하나님'(מַלְכִּי וֵאלֹהָי)이라고 부른다(2절).

이러한 정황을 바탕으로 일부 주석가들은 이 시는 저자가 자기가 당한 참으로 억울한 일에 대하여 의로운 판결을 해 달라며 성전을 찾아와 하나님께 부른 노래라고 이해하기도 한다(Brueggemann & Bellinger). 원래 하나님의 의로운 판결을 정의하는 것은 시내 산 율법이라 할 수 있다. 그러나 성전이 완성된 다음에는 하나님의 판결이 주님의 임재가 있는 성전에서 이루어졌다. 그러므로 학자들은 기자가 성전을 찾아와 하나님의 판결을 갈망하는 상황을 묘사하고 있는 이 노래가 '시내 산 율법'이 아니라 '시온 율법'의 정당성을 언급하는 첫 노래라고 하기도 한다(Gese).

시편에서 매우 중요한 신학적 주제가 하나님의 왕 되심이다(McCann). 하나님의 왕권은 자기 백성을 통치하시는(מלך) 일에서 가장 역력하게 드러난다. 하나님의 통치하심(מלך)은 앞으로 자주 등장하는 주제가 될 것이다. 본문은 이처럼 중요한 하나님의 왕 되심을 시편에서 처음으로 언급하고 있다.

'나의 하나님'은 '아바 아버지'라는 의미를 지녔다(vanGemeren). 기자는 하나님께 자기 사정을 설명하고 주님의 판결을 기다리고자 한다(3절). 또한 하나님이 그의 '부르짖는 소리'(2절)도 들으신다는 것은 우리가 말로 표현하지 못하는 기도까지도 들으시는 분이라는 것을 암시한다.

정확히 3절 후반이 무엇을 의미하고 있는가는 '내가 당신을 위하여 준비한'(אֶעֱרָךְ־לְךָ)이란 문구를 어떻게 해석하느냐에 따라 달라진다. 대부분 번역본들이 하는 것처럼 이 문구는 첫 행과 평행을 이루며 "기도를 통하여 호소한다"(NIV: "I lay my request before you")는 의미로 해석될 수 있다(새번역, 아가페, 현대인, NAS, NRS, TNK). 혹은 이 동사(ערך)가 '[제물을] 준비하다'는 뜻으로 해석될 수도 있다(cf. HALOT). 이렇게 해석할 경우 "내가 당신을 위하여 제물을 준비합니다"(RSV: "I prepare a sacrifice for thee")가 된다(공동, ESV). 이곳에서는 '기도를 통하여 사정을 아뢰다'라는 뉘앙스로 해석되는 것이 바람직하다.

기자는 자기가 처한 상황에 대하여 하나님께 기도하고 주님을 바란다(3절). '바라다'(צפה)는 간절히 사모함을 내포하고 있는 단어다

(HALOT). 그러므로 기자가 어떻게 하나님을 전적으로 의지하고 있는가를 암시한다. 하박국 선지자는 하나님의 구원을 바라는 것이 믿음의 매우 중요한 부분이라고 한다(합 2:1-4, cf. 믹 7:7).

2. 악인들의 어리석음(5:4-6)

4 주는 죄악을 기뻐하는 신이 아니시니
악이 주와 함께 머물지 못하며
5 오만한 자들이 주의 목전에 서지 못하리이다
주는 모든 행악자를 미워하시며
6 거짓말하는 자들을 멸망시키시리이다
여호와께서는 피 흘리기를 즐기는 자와
속이는 자를 싫어하시나이다

저자는 하나님이 모든 악인들과 그들의 행위를 미워하시기 때문에 악인들은 하나님 앞에 설 수 없다고 확신한다. 하나님이 악과 악인을 얼마나 미워하는가는 세 개의 단어 사용에서 드러난다. “죄악을 좋아하시는 하나님이 아니다”(לֹא אֵל־חָפֵץ)(4절), ‘미워하시고’(שָׂנֵאתָ)(5절), ‘싫어하신다’(יְתָעֵב)(6절). 어떤 사람들은 하나님이 “죄는 미워하셔도 죄인은 미워하지 않는다”고 말한다. 그렇지 않다. 성경은 죄인과 죄를 따로 구분하지 않고 항상 함께 취급한다. 본문에서도 하나님은 악을 행하는 자들과 그들의 죄를 구분하지 않고 모두 싫어하시고 미워하신다.

하나님이 죄악을 기뻐하는 분이 아니라는 사실은 이스라엘의 하나님에 대한 믿음의 한 부분이었으며, 잠언 등을 포함한 지혜문학에서 강조된다. 악인의 기준과 방식으로 살아가는 사람은 결코 하나님께 나올 수 없다. 그러므로 이 시편 기자가 하나님 앞에 설 수 있다는 사실 자체가 그의 결백을 암시하고 있다.

저자는 하나님 앞에 설 수 없는 악인들을 여러 가지로 부른다. 첫째, 그들은 '오만한 자들'(הוֹלְלִים)이다(5절). 다후드(Dahood)는 이 단어에 우상숭배와 연관된 뉘앙스가 포함되어 있다고 한다. 이들은 자신의 힘에 의존하는 사람들이거나 하나님 외에 다른 신들을 숭배하는 자들이다. 둘째, '행악자들/악한 일을 저지르는 자들'(פֹּעֲלֵי אָוֶן)이다(5절). 시편에서 가장 흔히 사용되는 악인에 대한 호칭이다. 이 단어가 강조하고자 하는 것은 악인들의 행동/실천이다(cf. HALOT). 셋째, '거짓말하는 자들'(דֹּבְרֵי כָזָב)이다(6절). 이 사람들의 삶 자체가 거짓으로 가득하며 거짓을 말하는 것을 전혀 꺼리지 않는다. 입으로 죄짓는 자들이다. 넷째, '피 흘리기를 즐기는 자'(אִישׁ־דָּמִים)들이다(6절). 폭력을 사용하여 남의 피를 흘리는 자들을 뜻한다(Terrien, cf. HALOT). 살인자라는 의미로도 해석될 수 있지만, 무책임한 행동과 말을 통하여 남을 죽음에 치닫게 하는 사람들로 해석하는 것이 바람직하다(Craigie). 다섯째, '속이는 자'(אִישׁ־מִרְמָה)다(6절). 잔꾀 등으로 남에게 사기를 치는 자들을 뜻한다(cf. HALOT).

이 악인들은 하나님 앞에 설 수 없을 뿐만 아니라, 하나님이 매우 미워하고(5절) 싫어하신다(6절). 하나님은 단순히 악과 악인을 만나기를 거부하시는 일로 그들에게 간접적인 심판을 내리는 것이 아니다. 하나님은 노골적으로 그들을 미워하시며 그들에게 직접적인 심판을 행하신다. 그러나 하나님의 심판이 항상 악인들에게 곧바로 임하지 않는다. 그러므로 학자들은 이 시를 종말론적으로 해석하기도 한다(deClaissé-Walford et al., McCann). 훗날 하나님의 왕권이 이 세상에 확고히 확립될 때 있을 일이라는 것이다.

3. 인도하심을 구하는 기도(5:7-8)

7 오직 나는 주의 풍성한 사랑을 힘입어
주의 집에 들어가 주를 경외함으로
성전을 향하여 예배하리이다
8 여호와여 나의 원수들로 말미암아
주의 공의로 나를 인도하시고
주의 길을 내 목전에 곧게 하소서

저자는 앞 섹션(4-6절)에서 악인은 하나님 앞에 결코 서지 못한다는 사실을 강조했다. 그렇다면 그는 자기 의로움으로 하나님 앞에 설 수 있다고 생각하는가? 그는 자신이 하나님 앞에 설 수 있는 것은 전적으로 하나님의 '풍성한 사랑/크신 은혜'(רֹב חַסְדְּךָ) 때문이라고 한다(7절, cf. McKay). 구약에서, 또한 시편에서도 자주 사용되는 단어 '은혜, 자비, 사랑'(חֶסֶד)이 이곳에서 처음으로 사용되고 있다. 하나님의 모든 자비를 상징하는 '헤세드'다.

헤세드(חֶסֶד)는 언약으로 맺어진 관계를 바탕으로 의미가 형성된 단어다(Sakenfeld). 하나님이 이스라엘에게 베푸시는 은혜와 사랑과 용서와 자비 등이 모두 주님이 이스라엘과 맺으신 언약에 신실하기 위하여(covenantal faithfulness/fidelity) 행하는 일이라는 사실을 강조한다(NIDOTTE). 반면에 하나님과 맺은 언약에 대하여 이스라엘의 헤세드(언약적 충성)는 어떠했는가? 선지자 호세아는 탄식하기를 "에브라임아, 내가 너를 어떻게 하면 좋겠느냐? 유다야, 내가 너를 어떻게 하면 좋겠느냐? '나를 사랑하는 너의 마음'(חַסְדְּכֶם)은 아침 안개와 같고, 덧없이 사라지는 이슬과 같구나"라고 했다(6:4). 전혀 믿을 수 없는 것이 주의 백성의 언약적 충성이라는 것이다.

갑자기 슬픈 생각이 든다. 우리는 하나님을 어떤 마음으로 사랑하고 있는가? 하나님이 우리를 보실 때 유다와 에브라임에게 하신 말씀을 되풀이하실까? 시편 136편은 여호와의 헤세드를 절마다 두 번째 행에서 노래한다. 그 시에서 이스라엘은 하나님의 창조사역에 반영된 헤세드(1–9절)와 이스라엘의 역사에 드러난 헤세드(10–22절)와 그들의 현실에 드러난 헤세드(23–35절)를 노래한다.

기자는 하나님이 거부하신 악인들과 하나님이 인정하신 자신을 대조하기 위하여 강조형 '그러나 나는'(וַאֲנִי)으로 시를 이어간다(7절). 자신의 의가 아니라 하나님의 은혜로 여호와의 집에 오게 되었으니 그는 하나님 앞에 '경외함/경외하는 마음으로'(בְּיִרְאָתֶךָ) 엎드릴 수밖에 없다(7절). 기자가 하나님과 교제할 수 있는 것은 하나님의 은혜(חֶסֶד) 때문이라는 사실을 강조한다. 그러므로 그는 하나님의 집, 곧 '주의 거룩한 전'(שְׁךָ
הֵיכַל־קָדְ)에 들어가 주님을 예배하기 원한다(7절). 그러므로 이 시는 예루살렘에 성전이 운영되고 있음을 전제한다. 시편 2편에서는 시온에 성전이 아직 없었다(2:6). 하나님을 사모하는 사람의 영적인 삶은 한곳에 안주하지 않고 항상 주님의 성전을 향하여 순례길을 떠난다(Terrien).

저자는 하나님의 헤세드를 경험한 사람답게 담대하게 기도한다. "주의 공의로 나를 인도하여 주십시오. 내 앞에 주의 길을 환히 열어 주십시오"(8절, 새번역). 그는 지금까지 하나님은 '이런 분'이라고 설명했다. 이제 그는 구체적으로 하나님께 "이렇게 사역해 주십시오"라며 간구한다. 그는 하나님이 자기를 악인들에게서 보호해 주실 뿐만 아니라 그들에게서 구별/차별화된 길을 걷게 해달라고 기도하고 있다. 저자는 자신이 이해하고 믿는 하나님은 분명히 '이렇게 역사하실 것'이라며 기대한다.

4. 악인들의 심판(5:9–10)

[9] 그들의 입에 신비함이 없고
그들의 심중이 심히 악하며
그들의 목구멍은 열린 무덤 같고
그들의 혀로는 아첨하나이다
[10] 하나님이여
그들을 정죄하사 자기 죄에 빠지게 하시고
그 많은 허물로 말미암아 그들을 쫓아내소서
그들이 주를 배역함이니이다

기자는 4–6절에서 악인들은 결코 거룩하신 하나님 앞에 설 수 없다고 단언했다. 이번에는 그들을 '신비함이 없는 자들', '심중이 심히 악한 자들', '목구멍이 열린 무덤 같은 자들', '아첨하는 자들'이라며 네 가지로 비난하고 있다(9절). "그들의 목구멍은 열린 무덤과 같다"는 말은 바울이 로마서 3:10–13에서 인용하는 문구다.

기자는 하나님께 이 악인들이 스스로 자기 죄에 빠지게 해달라고 한다(10절). 그들이 악을 심었으니 심은 대로 거두게 하시고, 악한 꾀로 남들을 괴롭혔으니, 그들이 자신들의 꾀로 인해 멸망했으면 좋겠다는 기도다. 그는 또한 하나님께 악인들을 모두 '쫓아내라'고 간구한다(10절). 저자는 이미 악인들이 하나님 앞에 설 수 없다고 단언했다(5절). 그렇다면 어디서 악인들을 쫓아내 달라고 하는 것인가? 악인들을 언약 공동체에서 쫓아내 달라는 기도다. 주의 백성 공동체에 발을 붙이지 못하도록 해달라는 간구다.

기자는 8절에서 "나를 악인의 길에서 분별된 길을 걷게 해주십시오"라며 기도했다. 그러므로 그가 언약 공동체에서 악인들을 쫓아내 달라고 기도하는 것은 자신은 악인들과 함께 있고 싶지 않으며, 그들과 함께 취급되는 것도 싫다는 것이다. 그렇다면 이 시편은 각자 우리 자신을 경건하게 지키려는 개인적인 기도가 되기도 한다(Craigie). 이 시는 우리 자신을 되돌아보고 반성하도록 하는 기회를 주는 노래다.

악인을 쫓아내 달라는 저자의 심정은 다른 시편들에도 반영되어 있다(cf. 109:8–20, 137:7–9). 선지자 예레미야도 이런 기도를 드린 적이 있다. "그들의 죄를 용서하지 마시고, 그들의 허물을 가볍게 다루지도 마십시오"(렘 18:23, cf. 렘 17:17–18, 20:11–12). 의인이 이런 기도를 드릴 수 있는 것은 하나님은 악인들을 인정하지 않으며 그들과 상종하지 않으시는 분이라는 믿음과 확신 때문이다(cf. Brueggemann & Bellinger).

5. 기쁜 사람의 기도(5:11–12)

11 그러나 주께 피하는 모든 사람은 다 기뻐하며
주의 보호로 말미암아 영원히 기뻐 외치고
주의 이름을 사랑하는 자들은 주를 즐거워하리이다
12 여호와여
주는 의인에게 복을 주시고
방패와 같은 은혜로 그를 호위하시리이다

기자는 주께 피하는 모든 사람들에게 주님의 보호를 축복으로 내려 달라는 간구로 시를 마무리한다. 이러한 면에서 이 말씀은 시편 1편과 맥을 같이 한다. 하나님의 보호는 지체할 수 없는 기쁨의 근원이다. '기뻐하고'(יִשְׂמְחוּ), '기뻐 외치고'(יְרַנֵּנוּ), '즐거워한다'(יַעְלְצוּ)(11절). 이 절대적인 기쁨과 즐거움을 누리기 위하여 주께 피하는 사람들은 누구인가? 저자는 '주의 이름을 사랑하는 자들'(11절), '의인들/바르게 살아가는 자들'(12절)이라 한다. 악인들은 하나님을 거역하는 반면, 이 사람들은 주님의 이름을 사랑한다. 또한 하나님의 뜻에 맞게, 바르게 산다.

저자는 하나님이 의인들을 보호해 주실 것을 기도한다. 하나님의 의로우심은 이 땅에서 의롭게 사는 사람들을 보호하시는 일을 전제하기 때문이다(Calvin). 또한 '피하는 사람'과 '보호'(11절)와 '방패'(12절)는 모두 보호와 연관된 단어들이다. 기자는 다급한 상황에서 이 시를 노래하기 시작했다. 이제 그는 하나님이 그를 보호해 주실 것을 확신한다. 무엇이 그에게 확신을 주는가?

하나님은 악을 미워하시는 분이신데, 그를 괴롭히는 원수들이 악하다는 사실이 중요한 위로가 되고 있다. 하나님이 악한 원수들을 내버려두지 않으실 것을 믿기 때문이다. 또한 하나님은 자기 자녀들의 기도를 들어주신다는 것이 저자의 확신이자 고백이다. 저자는 자신이 하나님의 은혜를 입어 하나님과의 관계가 확실하기 때문에 주님의 은혜를 기대할 만하다고 생각한다. 하나님은 주님께 피하는 사람들을 결코 박대하지 않으실 것이라는 사실도 그의 확신에서 중요한 요소다.

제6편

다윗의 시, 인도자를 따라 현악 여덟째 줄에 맞춘 노래

I. 장르/양식: 개인 탄식시(참회시)

시편을 시작하고 있는 다섯 편의 탄식시(3-7편) 중 이 노래가 탄식시의 전형적인 양식을 가장 확실하게 갖추고 있다(Brueggemann & Bellinger). 내용을 살펴보면 이 시편은 질병에 시달리는 사람이 부른 노래가 확실하다. 시편 기자는 치료를 간절히 원하며(2절), 뼈가 마디마다 떨린다고 한다. 또한 자신은 죽음에 가까이 있다고 한다(5절). 그러므로 학자들은 이 노래를 질병시(psalm of sickness)라고 불리기도 한다(cf. deClaissé-Walford et al.). 저자는 하나님께 자신을 영적, 육적 고통에서 해방시켜 달라고 간구한다(cf. Ross).

이 시는 교회가 지정하여 사용했던 일곱 편의 참회시(penitential psalms) 중 첫 번째 노래다. 이 시 외에 참회시에 속한 나머지 여섯 편은 시편 32, 38, 51, 102, 130, 143편이다. 이 시를 참회시로 간주하려면 저자가 괴로워하고 있는 고난이 하나님이 내리신 징계이며, 고난이 그가 지은 죄에 대한 대가라는 것을 전제해야 한다. 그가 자신의 결백을 주장하지 않는 것을 보면 가능성이 있는 해석이다.

그러나 이 노래 안에는 죄에 대한 직접적인 참회는 없다(cf. McCann).

또한 용서를 바라는 기도도 없다. 그러므로 대부분 학자들은 이 시를 단순히 개인 탄식시로 간주한다. 생각해 보면 참회시와 탄식시는 비슷하다. 탄식에는 분명 참회가 포함될 수 있기 때문이다. 그러므로 이 주석은 이 시를 오랜 기독교 전통에 따라 첫 번째 참회시로 간주하고자 한다.

II. 구조

가장 간단하게 이 노래를 섹션화하는 사람들은 세 파트로 구분할 것을 제안한다(cf. Craigie, deClaissé-Walford et al.). 다음은 크레이기(Craigie)의 제안이다.

A. 울분이 섞인 탄식(6:1-3)
B. 처해 있는 아픔에서 구원해 달라는 기도(6:4-7)
C. 기도를 들어주시리라는 확신(6:8-10)

그러나 번역본들과 학자들은 네 파트로 구분할 것을 제안한다(새번역, NIV, NRS, McCann, Terrien, vanGemeren). 바로 앞 시편(5편)에서 처음으로 모습을 드러낸 인애/은혜(헤세드)가 저자가 간절히 바라는 하나님의 치유하심의 핵심에 들어 있다. 그러므로 4-5절은 죽음을 이기는 하나님의 헤세드를, 6-7절은 하나님의 헤세드가 없는 세상을 묘사한다. 이 주석에서는 다음과 같은 구조를 바탕으로 본문을 주해할 것이다.

A. 하나님의 치유를 간구함(6:1-3)
  B. 죽음을 이기는 은혜(헤세드)(6:4-5)
  B'. 죽음 앞에서 은혜(헤세드)가 없으면(6:6-7)
A'. 하나님의 치유를 확신함(6:8-10)

III. 주해

표제에서 사용된 '스미닛'(הַשְּׁמִינִית)이 '팔현금'이라고 해석하기도 하지만(새번역), 해석하지 않고 그대로 놓아두는 것도 좋다. 정확한 의미를 알 수 없는 음악 용어이기 때문이다.

이 시는 예레미야서와 상당한 연관성을 지닌 것으로 취급되기도 한다. 비슷한 이미지와 표현이 예레미야서와 이 시에서 발견되기 때문이다. 다음을 참조하라(Terrien).

시편 6편	예레미야서
2절	10:24, 15:15-18
3b절	17:14
7절	13:17, 14:15, 45:3
11절	17:18, 20:11

저자가 무엇 때문에, 어떻게 괴로워하고 있는가? 이 시를 비유적/은유적으로 해석하는 사람들은 본문이 묘사하는 고통을 순전히 영적인 아픔으로 해석하기도 한다. 심지어 본문을 사무엘의 어머니 한나가 브닌나에게 당한 고통(cf. 삼상 1장)과 연관하여 해석하는 학자도 있다(Miller). 그러나 만일 2-3절과 6-8절을 문자적으로 해석한다면 그는 사람을 두려움으로 사로잡고 절제할 수 없는 슬픔에 잠기게 하는 매우 심각한 우울증(depression) 때문에 고생하는 것이라고 생각한다.

그러나 7절의 마지막 문구가 '나의 모든 원수들'을 언급하고, 8절은 '악을 행하는 자들'을, 10절은 '원수들'을 언급하고 있는 점을 감안할 때, 그의 고통이 부분적으로나마 그를 괴롭히는 자들로 인해 생긴 일이라는 사실을 알 수 있다. 저자는 현대 의학 용어로 말하자면 매우 심각한 우울증(clinical depression)에 빠져 있다. 예수님께서 이 시편을 바탕으로 십자가를 바라보며 기도하신 적이 있다(요 12:27).

1. 하나님의 치유를 간구함(6:1-3)

[1] 여호와여 주의 분노로 나를 책망하지 마시오며
주의 진노로 나를 징계하지 마옵소서
[2] 여호와여 내가 수척하였사오니 내게 은혜를 베푸소서
여호와여 나의 뼈가 떨리오니 나를 고치소서
[3] 나의 영혼도 매우 떨리나이다
여호와여 어느 때까지니이까

이 노래를 시작하고 있는 "여호와여 주의 분노로 나를 책망하지 마시오며"(יְהוָה אַל־בְּאַפְּךָ תוֹכִיחֵנִי וְאַל־בַּחֲמָתְךָ תְיַסְּרֵנִי)(1절)는 거의 똑같이 또 하나의 참회시로 여겨지는 38편처럼 시작한다. "여호와여 주의 노하심으로 나를 책망하지 마시고"(יְהוָה אַל־בְּקֶצְפְּךָ תוֹכִיחֵנִי וּבַחֲמָתְךָ תְיַסְּרֵנִי)(38:1). 기자는 1절에서 하나님께 그를 징계하시는 것을 멈추어 달라고 두 차례 간구하는 일로 이 노래를 시작한다. 또한 2절에서도 은혜를 베풀어 달라고 두 차례 호소한다. 지금 자신이 당하고 있는 고통이 감당하기가 너무나도 어렵다는 하소연이다.

기자가 처해 있는 어려움이 왜 견디기 힘이 드는가가 잘 표현되어 있다. 그가 겪고 있는 고통의 가장 심각한 면모는 결코 떨쳐버릴 수 없는 생각에서 비롯된다. 하나님이 그에게 분노하셨고 아직도 분노하시기에 이 모든 일이 일어나고 있다고 말이다. 만일 전능자이신 하나님이 그에게 분노하셨다면 아무도 그를 도와줄 수가 없다. 그러므로 그는 마치 벼랑 끝에 몰려 있는 사람처럼 간절하게 하나님께 매달리며 호소하고 있다. 한 가지 아이러니한 것은 하나님께서 그를 치셨기 때문에 아무도 그를 도울 수 없지만, 오직 그를 치신 하나님만이 그를 도우실 수 있다는 사실이다. 하나님은 기자에게 병을 주신 분이시지만, 또한 그에게 유일하게 약을 주실 수 있는 분이시다.

저자는 자신의 어려운 처지를 '뼈가 떨리고'(2절), '마음이 떨린다'(3절)고 묘사한다. '떨린다'(בהל)는 흔히 나뭇잎이나 곡식들이 말라 죽어가는 상황을 묘사하는 데 사용하는 단어다(HALOT, cf. 사 24:7). 기자는 이 단어를 사용하여 자신이 체험하고 있는 육체적, 영적 혹은 외부적, 내부적 어려움을 실감나게 묘사한다. 그는 지금 영적으로, 또한 육체적으로 완전히 지쳐 있는 상태다.

종종 사람들은 영과 육을 확실하게 구분하려고 한다. 그래서 심지어 영어권 문화에는 "당신이 나의 뼈는 부러뜨릴 수 있겠지만, 내 영은 부러뜨릴 수 없다"(You may break my bones, but you cannot break my spirit)는 말이 있다. 그러나 우리는 영적, 육적 한계를 정의하려 들지 않아야 한다. 히브리 사람들은 우리의 삶에서 영과 육의 영역을 쉽게 구분할 수 있는 것으로 여기지 않았다. 그들은 영이 병들면 육이 영향을 받고, 육이 병들면 영이 영향을 받는다는 전인적인(holistic) 사고를 가졌기 때문이다.

기자는 자신이 처한 처지를 오직 여호와만이 해결하실 수 있다고 확신하고 있기 때문에 주님의 이름을 이 시를 시작하는 처음 세 절에서 네 차례나 부르며 지속적으로 하나님을 찾고 있다. 제발 자기를 만나달라는 간절하고 애절한 마음을 담은 호소다. '여호와'는 창조적 자유를 상징하는 이름이다(Terrien, cf. 출 3:14). 그러므로 질병에 '사로잡힌' 저자가 그에게 자유를 주실 수 있는 여호와를 찾는 것은 당연한 일이다.

1-2절에서 '여호와'를 세 차례나 부르며 자기의 어려운 상황에 개입해 달라고 호소했던 저자가 여호와를 네 번째 부르면서 "어느 때까지니이까?"라고 묻는다(3b절). 그는 지금까지 감당하기에 참으로 버거운 고통을 견뎌왔다며 더 이상 감당할 수 없으니 여호와께서 속히 오시지 않으면 모든 것이 끝이 날 것이라는 절망감을 이렇게 표현하고 있다. 고통 속에 있는 사람에게는 그가 견디어 내야 할 육체적인 고통의 정도도 문제다. 하지만 그 고통이 언제 끝날지 전혀 알 수 없는 것이 더 혹독한 고통이 될 수 있다. 아무리 혹독한 고통이라도 언제 끝날 것을 알 수만

있다면, 언젠가는 꼭 끝날 것이라는 소망(나는 이 소망을 '이 또한 지나가리라 소망'이라 부른다)이 조금이나마 더 버틸 수 있게 해주기 때문이다.

또한 이 질문은 옛적에 모세가 광야에서 죄를 지어 죽게 된 이스라엘 백성을 위하여 중보기도를 할 때에 하나님께 물었던 질문이기도 하다(cf. 출 32:12-14). 이 물음은 저자의 다급함을 표현할 뿐만 아니라, 언젠가는 하나님이 그에게 구원의 손길을 내미실 것이라는 확신에 근거한 질문이기도 하다. 기자는 자신이 겪고 있는 고통이 그에 대한 하나님의 최종적인 결정이 아니라는 믿음이 있었다.

저자는 자신이 처한 상황이 하나님의 '분노'(קֶצֶף)와 '진노'(חֵמָה)에서 비롯되었다고 생각한다. 이 단어들은 인간이 경험할 수 있는 최고로 화난 감정을 묘사한다(cf. HALOT). 구약 저자들은 인간이 경험하는 감정을 하나님께 적용하는 일에 대하여 별 문제가 되지 않는다고 생각했다. 여호와는 감정을 다분히 지니신 인격적인(인간적인) 하나님으로 믿었던 그들은 주님을 묘사하면서 이러한 감정적인 용어를 사용하는 것보다 더 확실하게 하나님의 인격적인 면모를 드러내는 것도 없다고 생각했다.

동시에 구약 저자들은 자신들이 하나님에 대하여 의인화된 용어(anthropomorphic language)를 사용하고 있다는 사실을 의식했다. "나는 하나님이요, 사람이 아니다. 나는 너희 가운데 있는 거룩한 하나님이다"(호 11:9, 새번역). 그러므로 구약이 말하는 하나님의 '노'와 '진노'를 순수하게 인간의 감정과 동일한 것으로 해석한다면 혼란이 올 수밖에 없다. 하나님의 '진노'는 자신이 창조한 세상을 사랑하고 보호하는 마음의 반사적인 결과라고 간주해야 한다(Davidson). 부모가 사랑하는 자식을 징계하고 벌하는 것이 사랑의 표현인 것처럼 하나님의 진노 또한 사랑의 표현이다. 아마도 우리 말에서 하나님의 진노를 설명하기에 가장 적합한 말은 '애증'(愛憎)일 것이다. 이러한 사실을 잘 알기 때문에 시편 기자는 자기에게 분노하신 하나님께 도와달라며 언제까지 자기를 이렇게 내버려두시겠냐고 호소한다(3절).

2. 죽음을 이기는 은혜(헤세드)(6:4–5)

4 여호와여 돌아와 나의 영혼을 건지시며
주의 사랑으로 나를 구원하소서
5 사망 중에서는 주를 기억하는 일이 없사오니
스올에서 주께 감사할 자 누구리이까

기자는 하나님께 세 개의 명령문을 사용하여 자신을 구해 달라고 간곡히 호소한다. '[나에게] 돌아오소서'(שׁוּבָה)… '건지소서'(חַלְּצָה)… '구원하소서'(הוֹשִׁיעֵנִי)(4절). '돌아오소서'(שׁוּב)는 가던 길을 180도 돌려 되돌아오는 것을 뜻한다. 저자는 하나님이 그에게 등을 돌리셨다고 생각하고 있기 때문에, 하나님이 자세를 돌리시어 그가 다시 주님의 얼굴을 바라볼 수만 있다면 모든 문제가 해결될 것을 확신한다. 그는 자신이 앓고 있는 병을 치유하는 것보다 그에게서 돌아서신 하나님이 다시 그를 바라보게 하는 일이 더 시급한 일이라고 생각한 것이다.

저자는 설령 자신이 죄를 지어 고통당하고 있다고 하더라도 하나님이 용서하실 때까지 막연히 기다리고 있을 수는 없다고 한다. 그는 최대한 빨리 문제가 해결되기를 간절히 원한다. 기자는 하나님이 그의 기도를 들으시고 속히 돌아오시기를 소망한다. 그는 자신의 삶에서 멀리 떨어져 계시는 하나님이 스스로 돌아오시기를 기다릴 수 없다며 비장한 각오로 하나님의 임재가 속히 돌아오기를 구하고 있다.

그럼에도 불구하고 기자는 이 모든 요청을 여호와의 자비를 바탕으로 호소한다. '주님의 자비로우심 때문에'(לְמַעַן חַסְדֶּךָ)(4절). 저자와 하나님의 관계에서 비롯되는 사랑과 자비를 상징하는 헤세드(חֶסֶד)가 그가 자신의 삶에 하나님의 개입을 바라는 근거가 되고 있다. 기자는 자신이 이룬 어떤 업적이 아니라, 순전히 하나님의 선하심만이 이 위기의 순간에 효력을 발휘한다는 사실을 의식하고 있다.

이 시는 탄식시이며 기자가 하나님께 슬픔을 노래하는 시이다. 중요한 것은 저자의 슬픔 표현은 단순히 자신의 삶이 힘들고 어렵다는 넋두리가 아니다. 그는 하나님의 자비로우심(헤세드)을 근거로 슬픔을 말하고 있다(deClaissé-Walford et al.). 하나님의 사랑이 그의 슬픔을 해결해 주실 것을 바라는 긍정적이고 소망적인 슬픔을 표현한 것이다.

기자는 만일 하나님이 그를 도와주지 않으셔서 그가 죽게 되면 하나님도 손해라는 논리로 말을 이어간다. 그는 죽어서는 "아무도 주를 기억하지 못한다"고 한다. 정확히 무슨 뜻인가? 히브리 사람들은 사람이 죽으면 '스올'(שְׁאוֹל)로 가게 되며 그곳에서는 이 세상에서 즐기고 누리던 것의 반 정도 누리는 반 생명(semi-life)을 가지게 되는 것으로 생각했다(Craigie).

스올은 생명의 주인이신 하나님께 멀리 떨어져 있기 때문에 기쁨이나 생동감이 있을 수 없는 곳이다. 그러므로 그곳은 매우 차갑고, 따분한 곳이다. 욥기 10:22은 스올을 "그 땅은 흑암처럼 캄캄하고, 죽음의 그늘이 드리워져서 아무런 질서도 없고, 빛이 있다 해도 흑암과 같을 뿐"인 곳으로 묘사한다. 스올은 소망이나 믿음이 아무런 의미를 지니지 못하는 곳이다(욥 17:15-16). 그곳은 만족시킬 수 없는 괴물이며(사 5:16), 밑이 없는 갱(bottomless pit)이다(겔 32:18-21, 시 16:10).

5절에서 이 단어(스올)는 어떻게 사용되고 있는가? 또한 5절은 무엇을 의미하는가? 이 절의 평행적인 구조를 감안하면 확실해진다. 죽은 사람은 하나님을 예배할 수 없다는 뜻이다(cf. 욥 14:10, 12; 시 30:9, 88:10, 115:7; 사 38:18).

죽어서는	아무도	주님을 기억하지 못합니다.
스올에서	누가	주님을 찬양할 수 있겠습니까?

사람이 죽으면 기억이 없어지는 것이 문제가 아니라, 하나님이 과거에 그에게 베푸셨던 은혜를 회상하며 주님을 찬양할 수 없는 것이 문제다. 스올에서의 삶의 가장 큰 문제는 하나님을 찬양할 수 없는 무기력이라는 것이다. 그러므로 저자는 자신이 죽으면 주님을 찬양할 수 없으니, 살아서 주님을 마음껏 찬양할 수 있도록 자기를 살려 달라고 호소한다. 이 세상에 하나님의 위대하심을 찬양할 사람을 한 명 더 두시라는 간절한 부탁이다(cf. Brueggemann & Bellinger). 이러한 차원에서 원수들은 저자를 힘들게 할 뿐만 아니라, 하나님을 찬양하는 사람 하나를 이 세상에서 제거하여 하나님의 원수도 될 수 있다.

3. 죽음 앞에서 은혜(헤세드)가 없으면(6:6-7)

6 내가 탄식함으로 피곤하여
밤마다 눈물로 내 침상을 띄우며
내 요를 적시나이다
7 내 눈이 근심으로 말미암아 쇠하며
내 모든 대적으로 말미암아 어두워졌나이다

기자는 이때(1-5절)까지 '여호와'를 다섯 차례 부르며 슬픈 노래를 불렀다. 이 섹션에서는 일인칭 대명사를 다섯 차례 사용하여 자기의 어려운 형편을 알린다. "나는 피곤합니다. … 내 침상을 눈물로 띄웁니다. …내 요를 적십니다. … 내 눈이 쇠하였습니다. … 내 눈이 어두워졌습니다." 그가 이러한 기법으로 하나님께 자기가 처한 상황을 아뢰는 것은 하나님께도 그가 처한 상황이 매우 중요하다는 믿음에 근거를 두고 있다(Brueggemann & Bellinger). 우리가 처한 상황이 우리에게 중요한 만큼이나 우리의 왕이신 하나님께도 중요하다는 것이다.

고통과 신음으로 가득 찬 현실이 눈물을 자아낸다. 그것도 '침상을 띄울 수 있는' 양의 눈물을! 물론 이러한 표현은 상황을 시적(詩的)으로 표현하는 과장법이다. 그럼에도 불구하고 기자가 처한 상황이 매우 심각하다는 것을 강조한다. 저자는 밤마다 그를 엄습하는 불면증(insomnia)과 고뇌와 그칠 줄 모르는 눈물을 흘리며 얼마나 더 버티어 낼 수 있을지 도무지 자신이 없다. 뜬눈으로 밤을 지새우기 일쑤지만 하나님의 위로와 치유가 그를 찾아오는 것이 아니라, 그는 원수들의 생각에 사로잡혀 있다.

괴로워서 계속 울다 보니 어느덧 그의 시력은 약화되었고(עשש), 눈이 침침해졌다(עתק)(7절). 맑은 눈은 건강과 힘의 상징이다. 모세는 120세에 죽으면서도 시력이 좋았다고 한다(신 34:7). 저자는 지금 눈을 통하여 자신의 몸이 얼마나 쇠약해져 있는가를 호소한다.

4. 하나님의 치유를 확신함(6:8-10)

8 악을 행하는 너희는 다 나를 떠나라
여호와께서 내 울음 소리를 들으셨도다
9 여호와께서 내 간구를 들으셨음이여
여호와께서 내 기도를 받으시리로다
10 내 모든 원수들이 부끄러움을 당하고 심히 떪이여
갑자기 부끄러워 물러가리로다

눈물로 밤을 지새우는 저자에게 하나님의 위로와 확신이 임했다. 그러므로 기자는 마치 자기가 이미 승리한 것처럼 말하며 원수들을 꾸짖는다(deClaissé-Walford et al.). 그는 하나님이 자기의 기도를 들어 주셨다는 사실을 세 차례나 강조한다(8-9절). "들으셨다… 들으셨음이여 … [기도를] 받으시리로다". 또한 8-9절에서 하나님의 이름 여호와를 세 차례나 함께 언급하여 자신은 여호와께 기도했고, 그의 기도를 들어 주신 분도 바로 여호와라는 사실을 강조한다. 기자는 오직 여호와만 바라보았고, 주님은 그의 기도를 들어주셨다는 것이다.

이 노래가 참으로 인상적인 것은 불과 10절만으로 구성된 짧은 시에서 성호 '여호와'(יְהוָה)가 총 여덟 차례나 사용된다는 점이다. 처음 다섯 차례는 하나님께 호소하는 데 사용되고, 나머지 세 차례는 하나님이 그의 기도에 응답하신 것을 기뻐하는 일에 사용된다. 저자는 자신이 온전히 여호와만을 의지하였고 하나님은 그의 기대에 부응하는 축복을 내려 주셨다는 사실을 강조하고 있다. 이러한 점을 강조하는 듯 저자는 다음과 같은 구조로 이 섹션을 진행한다.

A. 원수들아 물러나라(8a절)

B. 주께서 내 울부짖는 소리를 들으셨다(8b절)

B′. 주께서 내 탄원을 들어 주셨다(9a절)

B″. 주께서 내 기도를 받아 주셨다(9b절)

A′. 원수들이 물러간다(10절)

기자는 그를 괴롭히는 원수들을 '악을 행하는 자들'(פֹּעֲלֵי אָוֶן)(8절)이라고 한다. 모빙클(Mowinckel)은 이 사람들을 기자가 속한 공동체에 지대한 영향력을 행사하는 사람들로 해석했다. 그들의 말과 행동이 그에게는 참으로 치명적인 효과를 발휘한 것이다. 이러한 상황에서 기자의 유일한 소망은 여호와 하나님께 아뢰어 자기의 어려운 형편을 알리는 것 외에는 없다.

이 노래를 시작할 때 저자는 자신이 당하는 고통의 가장 견디기 힘든 부분이 바로 하나님이 자기를 치신다는 생각을 떨쳐 버릴 수 없는 것이라고 했다(1절). 그는 고백하기를 자신의 "뼈가 심히 떨린다"(נִבְהֲלוּ עֲצָמָי)(2절)고 고백했다. 이제 그는 같은 단어를 사용하여 자신이 아니라 오히려 "모든 원수들이 심히 떨고 있다"(יִבָּהֲלוּ מְאֹד כָּל־אֹיְבָי)고 말한다. 하나님이 저자의 기도를 들으셨기 때문이다. 하나님이 기도를 들으셨다는 것은 주님이 곧 기자의 삶에 개입하실 것을 전제한다. 하나님은 행동하는 분이시기 때문이다(Goldingay).

1-7절과 8-10절 사이의 급격한 분위기 변화 때문에 많은 학자들이 이 시를 두 개의 독립적인 시로 간주하기도 했다. 1-7절은 저자가 아주 심각한 병을 앓을 때 저작한 것이고, 그 이후 그가 회복된 다음에 원수들과의 경험을 8-10절에 삽입했다고 한다(Oesterley, cf. deClaissé-Walford et al.). 혹은 저자가 7절까지의 내용을 반영하는 기도를 드리던 순간 그의 회복을 확신시키는 하나님의 신탁이나 제사장의 예언을 받았기 때문에 8-10절에서는 분위기가 한순간에 바뀐 것이라고 추측하기도 한다(Craigie, McCann). 그러나 이 시에서 저자가 사용하는 육체적 고통에 대한 표현을 하나님께 버림받았다는 것을 뜻하는 은유로 해석하는 학자들도 많다(McCann, cf. vanGemeren).

그런데 하나님이 기자의 기도를 들어 주신 일로 인해 원수들이 떤다는 것은(10절) 무엇을 의미하는가? 기자가 잘되는 것을 보고 원수들이 상대적으로 위축이 된다는 뜻인가? 욥의 세 친구들 이야기에서 답을 찾을 수 있을 듯하다. 하나님이 기자의 기도를 들어주셨다는 것은 원수들이 시편 기자와 하나님의 관계에 대하여 가지고 있던 신학적 사고와 신앙적 관점이 잘못되었다는 것을 입증하기 때문이다(Goldingay). 그들의 관점에 의하면 기자는 하나님의 벌을 받아 고통당하고 있으므로, 하나님이 그의 기도를 들어주시면 안 된다. 그런데 하나님이 그의 기도를 들으셨다. 그들의 관점이 잘못되었다는 것이 역력하게 드러난 것이다. 그러므로 그들은 두려워 떤다.

이 시는 하나의 영적 순례를 묘사하는 듯하다. 기자는 하나님께 "내게 노하지 마십시오"(1절)라며 하나님의 진노에서 피해 보고자 하는 간구로 노래를 시작했다. 그러나 그는 잠시 후 "나를 구원하소서"(4절)라는 담대한 기도를 드렸다. 저자는 이어 자신이 하나님의 진노에서 피하는 것이 기도의 목적이 아니라 주님이 그의 울음 소리를 들어주시는 것이 목적이라고 한다(8절). 드디어 노래를 마칠 때에는 하나님이 그의 “기도를 받아 주셨다”(9절)는 확신을 고백한다.

이 시는 병석에 누워 있는 사람이 드리는 개인적인 기도였다. 그렇다면 이 시가 왜 이스라엘 공동체의 ‘찬송가’에 삽입되었을까? 공동체 멤버들 중 병마에 시달리는 성도들에게 이렇게 기도하라는 취지에서 삽입되었을 것이다. 또한 공동체는 사람이 병을 앓으면 어떤 심리적 고통을 겪게 되는가를 깨닫고 적절하게 위로하고 격려하여 병자들을 보살피라는 차원에서 이스라엘의 찬송가에 삽입되었을 것이다.

제7편

다윗의 식가욘, 베냐민인 구시의 말에 따라 여호와께 드린 노래

I. 장르/양식: 개인 탄식시(cf. 3편)

더 구체적으로 구분하자면 억울한 일을 당하고 있는 사람이 하나님의 보호를 바라는 보호시(psalm of protection)이다. 이 시는 성전에서 진행되는 재판/소송 중 억울하게 매도당한 사람이 하나님께 도움을 청하는 기도라는 해석도 있다(McCann, cf. Brueggemann & Bellinger).

II. 구조

이 시를 가장 간단하게 섹션화하는 학자들은 1-10절과 11-18절 등 두 파트로 구분한다(cf. Craigie). 그외 학자들은 4행으로(deClaissé-Walford et al.), 혹은 5행으로(McCann, Terrien, vanGemeren), 심지어 다음과 같이 9행으로 구분하기도 한다(Alden).

A. 증언과 기도(7:1-2)
  B. 자신 변호(7:3-7)
    C. 여호와는 나의 재판관(7:8)
      D. 악인은 죽는다(7:9a)

D′. 의인은 산다(7:9b)

C′. 여호와는 나의 재판관(7:10-11)

B′. 자신 규탄(7:12-16)

A′. 증언과 찬양(7:17)

다음과 같은 구조도 가능하다. 중앙을 차지하고 있는 6-13절이 상당히 많은 본문으로 구성되어 있지만, '공의로운 재판장 하나님'이라는 주제로 통일성을 유지한다.

A. 하나님은 나의 피난처(7:1-2)

B. 억울한 사람의 각오(7:3-5)

C. 재판장 하나님의 판결(7:6-13)

B′. 심은 대로 거두는 악인(7:14-16)

A′. 하나님은 나의 의(7:17)

III. 주해

시편 기자는 원수들에게 모함을 당하고 있다(deClaissé-Walford et al.). 그러므로 그는 하나님께 자신을 보호해 주시고 그에게 누명을 씌우는 원수들에게 대가를 치르게 해달라며 기도한다. 하나님의 율법을 잘 지키며 순종하는 '율법 신앙'(Torah piety)을 가진 기자는 자신이 너무나도 억울한 일을 당했다며 하나님께 하소연하고 있다(Brueggemann & Bellinger).

이 시편의 표제는 다윗이 이 시를 베냐민 사람 구시가 한 말을 듣고 난 후에 노래한 것이라 한다. 안타깝게도 성경에는 이 사건에 대한 기록이 없다(cf. Hutton). 다만 다윗이 일생 동안 베냐민 지파 사람들로부터 끊임없는 홀대와 저항을 받은 것은 사무엘서에 기록되어 있다. 표제가 성경이 언급하지 않은 사건을 역사적 배경으로 하고 있고, 베냐민 지파를 연루시키는 사실은 이 시가 매우 오래된 것이며, 다윗의 저작권을 증명하는 증거로 간주되기도 한다(Craigie). 시편 기자와 원수들의 대립이 이 시에서처럼 확실하게 드러나는 시편은 없다(Davidson).

1. 하나님은 나의 피난처(7:1-2)

1 여호와 내 하나님이여
내가 주께 피하오니
나를 쫓아오는 모든 자들에게서
나를 구원하여 내소서
2 건져낼 자가 없으면
그들이 사자같이 나를 찢고 뜯을까 하나이다

저자는 1절뿐만 아니라 3절에서도 '여호와 내 하나님'(יְהוָה אֱלֹהַי)을 부르며 시를 시작한다. 1절에서는 구원을 요청하기 위하여, 3절에서는 자신의 결백을 호소하기 위하여 하나님을 부른다. 중요한 것은 이스라엘과 언약을 맺으신 여호와가 바로 이 노래를 부르는 저자와 개인적이고 인격적인 관계를 맺으신 하나님이라는 사실이다.

고대 근동의 여러 신화에서 보면 신들은 인간을 부려먹고 혹사하기 위하여 창조했다. 또한 신들과 인간들 사이에 인격적인 관계 형성은 불가능하다고 믿었다. 이러한 고대 근동 정서에서 저자가 하나님을 '여호와 내 하나님'이라고 부르는 것은 매우 신선한 충격이었을 것이다.

또한 저자가 하나님과 평소에 이러한 인격적인 관계를 유지해 왔기 때문에 어려운 순간에 여호와께 '나의 하나님'이라며 자기의 어려운 형편을 아뢸 수 있었다. 기자는 여호와는 결코 자기 자녀들(언약 백성들)이 억울하게 죽어가는 것을 지켜 보고만 계실 분이 아니라는 사실을 알고 있었기에 이렇게 외칠 수 있었다.

저자는 처한 어려움을 매우 강력하고 자극적인 이미지를 사용하여 설명한다. 원수들이 그를 사자가 먹이를 좇듯이 좇고 있으며, 잡히기만 하면 마치 사자가 먹이를 찢어 발기듯이 자기를 찢을 것이라고 한다(2절). 저자는 자신이 처한 상황이 매우 심각하며, 악인들이 매우 폭력적으로 그를 대하고 있다고 탄식한다.

기자는 자신을 이러한 상황에서 구해 줄 수 있는 분은 오직 여호와라고 고백한다(1절). 그가 하나님께 피하면서 "나를 구원하시고, 건져 주십시오"(1절)라며 여호와께 부탁할 수 있었던 것은 그가 과거에도 주님께 피해서 구원을 받은 경험이 있기 때문이다(Craigie).

2. 억울한 사람의 각오(7:3–5)

3 여호와 내 하나님이여
내가 이런 일을 행하였거나
내 손에 죄악이 있거나
4 화친한 자를 악으로 갚았거나
내 대적에게서 까닭 없이 빼앗았거든
5 원수가 나의 영혼을 쫓아 잡아
내 생명을 땅에 짓밟게 하고
내 영광을 먼지 속에 살게 하소서 (셀라)

저자는 첫 번째 단락(1–2절)에서처럼 이 단락에서도 '여호와 내 하나님'(יְהוָה אֱלֹהַי)이라는 문구로 시작하여 자신의 억울함을 호소한다. 그는 '만일'(אִם)이라는 단어를 세 차례 반복하여(3–4절) 자기가 만약 어떠한 잘못이라도 저질렀다면 그 결과를 달게 받겠다고 선언한다(cf. 욥 31장). '만일'과 함께 사용되는 단어들을 살펴보면 악의 정도가 점차적으로 높아지고 있다. '이런 일… 불의한 뇌물…모진 앙갚음…약탈…'(3–4절, 새번역). 자신이 왜 이런 일을 당해야 하는지 도저히 이해할 수 없으며 자신이 처한 상황이 매우 혼란스럽다는 것이다. 억울함과 원통함으로 가득한 사람의 고백이다.

저자는 하나님께 그를 '뒤쫓는'(רדף) 사람들에게서 구해달라고 기도한 적이 있다(1절). 그러나 만일 자신이 잘못한 것이 있다면, 원수들이 '쫓아와서'(רדף) 그를 짓밟아도 그는 결코 누구를 원망하지 않을 것이라고 한다(5절). 자기의 '영광'(כָּבוֹד)이 아예 땅에 떨어져 다시는 회복되지 않아도 감수하겠다고 한다. 성경에서 '영광'은 가끔 심장을 상징하며 사용되는데, 이렇게 사용될 때는 그 사람의 모든 명예와 존재를 의미한다(Goldingay). 억울해서 말이 안 나오는 사람의 모습이다.

3. 재판장 하나님의 판결(7:6-13)

6 여호와여 진노로 일어나사
내 대적들의 노를 막으시며 나를 위하여 깨소서
주께서 심판을 명령하셨나이다
7 민족들의 모임이 주를 두르게 하시고
그 위 높은 자리에 돌아오소서
8 여호와께서 만민에게 심판을 행하시오니
여호와여 나의 의와 나의 성실함을 따라 나를 심판하소서
9 악인의 악을 끊고 의인을 세우소서
의로우신 하나님이 사람의 마음과 양심을 감찰하시나이다
10 나의 방패는 마음이 정직한 자를 구원하시는 하나님께 있도다
11 하나님은 의로우신 재판장이심이여
매일 분노하시는 하나님이시로다
12 사람이 회개하지 아니하면 그가 그의 칼을 가심이여
그의 활을 이미 당기어 예비하셨도다
13 죽일 도구를 또한 예비하심이여

그가 만든 화살은 불화살들이로다

저자는 하나님께서 재판장이 되셔서 자기와 모함하는 자들 사이에 판결해 주실 것을 간구한다. 그는 이러한 간구를 세 개의 명령문으로 시작한다. '일어나소서(קוּמָה)··· 자신을 세우소서/막으소서(הִנָּשֵׂא)···깨어나소서(עוּרָה)···'(6절). 이러한 표현은 하나님이 주무시고 있거나, 누워 있으시다는 것을 전제하는 것은 아니다. 단순히 저자의 절박함과 하나님이 신속하게 자기 삶에 개입해 주실 것을 간절히 바라는 표현이다(deClaissé-Walford et al.).

기자는 하나님께서 속히 일어나셔서 온 세상을 통치해 달라고 부탁한다. 세상 모든 민족의 한중앙 가장 높은 곳에 위치한 하나님의 비어 있는 보좌로 속히 돌아오시기를 간절히 소망한다(7절). 하나님은 그곳에서 세상 모든 사람을 재판/심판하시는 분이시니 온 세상이 지켜 보는 앞에서 자신의 억울함을 밝혀 주시기를 구한다(8절).

저자는 재판장이신 하나님께 '내 의와 성실함'(כְּצִדְקִי וּכְתֻמִּי)을 따라 심판해 주실 것을 간구한다(8절). 하나님과의 특별한 관계를 바탕으로 특별한 관용을 베풀어 달라는 기도가 아니다. 그는 단지 하나님이 그가 행한 대로 판결해 주시기를 바랄 뿐이다. 이것이 억울한 일을 당한 사람들의 기도다. 사람이 참으로 억울한 일을 당하면 나오는 기도가 "하나님, 제가 특별히 저를 관대하게 대해 주시기를 바라는 것은 아닙니다. 단지 제가 행한 대로 심판해 주십시오." 본문에서 '의'(צֶדֶק)는 정직함, 성실함(תֹּם), 순결함/억울함을 의미한다(HALOT). 저자는 원수들이 그를 모함하고 악인으로 몰아가는 상황에서 참재판장이신 하나님이 자기의 억울함을 헤아려 주시기를 간절히 바란다. 비록 자신이 아주 청렴 결백하게 산 것은 아니지만, 최선을 다해 정직하고 순수하게 살아왔다는 사실을 하나님께 인정받고 싶어한다.

기자는 하나님이 꼭 자기의 억울함을 헤아려 주실 것을 확신하며

9-11절에서 여섯 가지로 하나님의 성품을 찬양한다. 첫째, 여호와는 '의로우신 하나님'(אֱלֹהִים צַדִּיק)이시다(9절). 저자는 이 시에서 '의'(צַדִּיק)를 다섯 차례(8, 9[2x], 11, 17절), '심판'(מִשְׁפָּט)을 세 차례(6, 8, 11절) 사용하여 하나님은 정의를 매일 범세계적으로 실천하시는 분이라는 사실을 강조한다(McCann). 하나님은 절대 불의와 악을 용납하시지 않는다. 모든 악은 꼭 하나님의 심판을 받는다. 하나님의 의가 죄를 그냥 지나칠 수 없기 때문이다. 그러므로 기자는 이 노래에서 하나님의 의에 근거하여 하나님의 도우심을 간구한다(Calvin).

둘째, 하나님은 사람의 '마음과 뱃속까지 낱낱이 살피시는 분'(וּכְלָיוֹת בֹּחֵן לִבּוֹת) 이시다(9절). 뱃속(כְּלָיוֹת)의 문자적 의미는 콩팥이다. 여호와는 사람들의 마음뿐만 아니라 더 깊은 곳이라도 샅샅이 살피시는 능력을 지니신 분이라는 뜻이다(cf. 26:5, 렘 11:20, 17:10, 20:12). 의인은 이처럼 사람의 마음을 철저하게 감찰하시는 하나님을 두려워할 필요가 없다. 주님은 의인의 모든 형편과 상황을 알고 있으시기 때문이다. 반면에 악인들은 하나님을 두려워할 이유가 있다. 자신들의 죄를 아무리 숨기려 해도 하나님 앞에 낱낱이 드러나기 때문이다.

셋째, 하나님은 '의인의 방패'(מָגִנִּי)가 되어 주신다(10절). 하나님의 방패가 적의 창과 칼을 막아내는 것처럼 악인들의 치열한 공격에서 의인을 보호하신다. 의인이 억울하게 죽으면 하나님의 공의와 정의에 문제가 생길 수도 있기 때문에 하나님은 더욱 적극적으로 억울한 사람을 보호하신다. 전능하신 분이 방패가 되시니 그 방패를 뚫을 무기(악인)는 세상에 없다.

넷째, 하나님은 '구원하시는 분'(מוֹשִׁיעַ)이시다(10절). 하나님은 방패처럼 의인의 완벽한 방탄 조끼 역할을 해주시는 분이다. 그러나 하나님은 방어만 하시는 분이 아니다. 적극적으로 나서서 의인을 구원하신다. 억울한 사람이 처한 상황을 헤아리셔서 더 이상 그가 고통을 당하지 않도록 하실 것이다.

다섯째, 하나님은 '의로운 재판장'(שׁוֹפֵט צַדִּיק)이시다(11절). 하나님은 악인들에게 그들이 행한 대로 갚아 주시지만, 사람이 억울한 일을 당했다고 해서 그를 더 관대하게 대해 주시는 분은 아니다. 모든 것을 공평하고 정의롭게 판단하신다. 억울한 일을 당한 사람을 선처하지 않고 악인을 심판하는 의를 기준으로 의인을 대하신다는 것이 다소 매몰차고 냉혹하다고 생각될 수 있다. 그러나 억울한 일을 당한 사람들이 끊임없이 기도함으로써 모든 사람이 각자가 한 일에 대하여 공평한 기준으로 심판을 받는 세상이다. 그러므로 하나님이 이렇게 심판하시는 것은 곧 그들의 기도가 이루어졌다는 것을 의미한다.

여섯째, 하나님은 '악인을 벌하는 분'(אֵל זֹעֵם)이다(11절). 여호와는 공의로 세상 모든 사람들을 심판하시는 분이다. 그러므로 평소 정의롭게 살아온 의인은 하나님의 심판을 두려워할 필요가 없다. 반면에 악인은 분명 떨 필요가 있다. 그가 행한 대로 하나님의 심판을 받을 것이기 때문이다.

저자는 하나님의 성품을 생각할수록 자신의 억울함이 주님의 관심을 받게 되어, 의로우신 재판장 하나님의 정확한 판결을 받게 될 것을 확신한다. 또한 하나님은 재판장으로서 판결하시고 그 판결에 따라 곧바로 악인들을 벌하시는 분이시다. 저자는 이 같은 사실을 강조하기 위하여 12–13절에서 하나님을 가장 완벽한 살상 무기로 무장한 전사의 모습으로 묘사한다. 이 신적 전사의 칼은 가장 예리하게 갈아져 있으며, 활은 이미 당겨져 있다(12절). 활에 당겨져 있는 화살은 불화살이다(13절). 저자를 괴롭히고 있는 악인들이 심판받을 순간이 임박했으며, 하나님의 심판은 그들에게 치명적이다.

4. 심은 대로 거두는 악인(7:14–16)

14 악인이 죄악을 낳음이며
재앙을 배어 거짓을 낳았도다
15 그가 웅덩이를 파 만듦이며
제가 만든 함정에 빠졌도다
16 그의 재앙은 자기 머리로 돌아가고
그의 포악은 자기 정수리에 내리리로다

하나님은 악인들을 어떻게 심판하시는가? 악인들이 판 구덩이에 스스로 빠지게 하신다! 남을 빠트리려고 파 놓은 웅덩이에 자신들이 빠진다(15절, cf. 9:16, 35:7–8, 57:6, 141:10, 잠 26:27). 악인들이 심은 것을 스스로 거두게 하신다. 신약의 용어로는 '황금법칙'(golden rule)의 정반대되는 현상이다.

저자는 악인을 '사자'(2절)와 '군인'(5절)으로 묘사했다. 이제 그는 악인을 '임신한 여자'에 빗대어 말한다(14절). 악인들의 뱃속에 들어 있는 아이는 '죄악'(אָוֶן)이다. 악인들이 죄악을 출산하면 '거짓'(שֶׁקֶר)으로 나타난다. 이렇게 하여 악인들은 자신들의 꾀에 빠져 스스로 멸망한다(15–16절).

5. 하나님은 나의 의(7:17)

17 내가 여호와께 그의 의를 따라 감사함이여
지존하신 여호와의 이름을 찬양하리로다

기자는 이 시편을 탄식으로 가득한 기도로 시작했고(1–2절), 자신의 결백함에 대한 맹세(3–5절)와 하나님의 의로우신 통치에 대한 찬양

(6–13절)으로 이어갔다. 그리고 하나님의 의로우심을 근거로 악인은 분명히 심판을 면하지 못할 것이라는 확신을 얻었다(14–16절). 이제 그는 하나님의 의를 찬양하기에 이르렀다. 그는 '지극히 높으신 여호와의 이름'(שֵׁם־יְהוָה עֶלְיוֹן)을 찬양하고자 한다.

'지극히 높으신'(עֶלְיוֹן)은 하나님의 위치를 효과적으로 표현하는 단어다. 저자가 당면하고 있는 문제들이 마치 태산같이 높게 보일지 몰라도 그의 형편을 헤아리시는 하나님은 세상에서 가장 높으신 분이기에 문제가 되지 않는다. 하나님보다 더 높은 이는 없다. 그래서 이 단어(עֶלְיוֹן)는 하나님이 세상의 모든 신들보다 으뜸이심을 강조할 때 자주 사용된다(cf. Terrien, 시 47:3, 10). 여호와 같으신 신은 그 어디에도 존재하지 않는다. 세상에서 가장 으뜸가는 자리에 앉으신 하나님은 그의 통치에 도전하는 세력들에게 전혀 위협을 받지 않으시는 분이다. 그렇다면 그의 자녀들인 우리가 당면하고 있는 문제들도 주님의 통치를 위협할 수는 없다.

사람이 살아가면서 겪는 것들 중 억울한 일들이 많다. 우리가 경험하는 억울함 중 가장 원통한 일은 모함을 당하는 일일 것이다. 이 시는 모함을 당하여 낙심한 사람의 기도로 시작해서 여호와의 의로운 통치를 찬양하며 마무리된다. 저자는 이 기도를 드리면서 심중에 변화를 경험한 것일까? 아니면 그가 경험한 모함이 모두 해결된 것일까? 확실하지는 않지만 이 시는 우리가 모함을 당할 때, 그것에 대하여 기도하라고 권면한다. 여호와는 의로운 하나님이시기 때문에 결코 우리의 억울함에 눈을 감으실 분이 아니다.

제8편

다윗의 시, 인도자를 따라 깃딧에 맞춘 노래

I. 장르/양식: 회중 찬양시

찬양시는 개인, 회중(공동체) 찬양시 등 두 가지로 나뉜다. 일인칭 단수를 사용하면 개인이 사적인 이유에서, 복수를 사용하면 공동체가 함께 모여 불렀던 노래로 간주한다. 찬양시는 인간이 존재하는 이유가 하나님을 찬양하는 일에 있다는 사실을 일깨워 주는 장르다. 또한 이 땅에 하나님의 통치를 앞당길 수도 있다. 주의 백성이 마음속 깊은 곳에서 우러나는 찬양을 여호와께 드린다면 주님의 나라가 이 땅에 속히 임할 것이기 때문이다(Bullock). 이 노래는 우리가 시편에서 접하는 첫 번째 찬양시다. 하나님의 천지창조를 찬양하는 찬송이다. 부르게만(Brueggemann)은 이 시편과 33, 104, 145편을 '창조의 노래'라며 따로 구분한다. 그러나 내용이 여러 가지 테마를 종합하고 있기 때문에 한 가지 구체적인 장르/서식으로 구분하기는 어렵다고 생각하는 학자들도 있다.

II. 구조

이 노래는 시편에 기록된 첫 찬양시다. 이 시가 왜 하나님을 찬양하는

지에 대하여 어떠한 구체적인 이유(원수들의 손에서 해방된 것 등)를 제시하지 않고 단지 하나님이 창조주이심을 찬양하라고 하는 것이 인상적이다. 시편 편집자들은 가장 이상적인 하나님 찬양은 어떠한 요구나 이유 없이 주님을 찬양하는 것이라는 진리를 강조하기 위하여 이 노래를 첫 찬양시로 삼은 듯하다.

학자들은 이 노래를 넷 혹은 여섯 파트로 구분한다. 거의 대부분 학자들이 교차대구법적 구조를 제시하지만, 세부적인 사항에 대하여는 현저한 차이를 보인다. 심지어 이 시를 여섯 행으로 구분하는 학자들 사이에서도 각 행의 구분이 다르다. 알덴(Alden)은 1, 2–3, 4, 5, 6–8, 9절로 나누지만, 테리엔(Terrien)은 1a–b, 1c–2, 3–4, 5–6, 7–8, 9절로 구분한다. 여섯 파트로 구분하는 주석가들은 무엇보다도 이 노래가 같은 문장("여호와 우리 주여 주의 이름이 온 땅에 어찌 그리 아름다운지요")으로 시작하고(1절) 끝을 맺고(9절) 있다는 사실을 반영하고자 한다. 같은 문장이 후렴처럼 사용되고 있는 것이다. 그러나 이 노래를 여섯 파트로 구분하는 학자들마저 서로 다른 섹션화를 보이는 것은 이미 언급한 것처럼 본문이 매우 다양한 주제들을 하나로 묶어 놓았기 때문이다. 다음은 밴게메렌(vanGemeren)의 제안이다.

A. 찬양(8:1a)
  B. 위대한 왕의 영광(8:1b–2)
    C. 하나님의 인간에 대한 관심(8:3–4)
    C′. 하나님께로부터 받은 인간의 영광(8:5)
  B′. 세상을 다스리는 인간의 영광(8:6–8)
A′. 찬양(8:9)

저자는 후렴처럼 반복되는 문장(1a, 9절) 사이에 하나님의 이름에 대한 심포니를 넣어두었다(Terrien). 그러므로 이 문장의 반복을 고려는 하되, 지나치게 의식하여 이 문장을 두 차례 모두 독립적으로 취급할 필요는 없다. 그러므로 본문을 네 파트로 구분하는 것이 바람직하다(cf. Craigie, McCann). 이 시를 네 행으로 구분하면 각 섹션의 텍스트 분량이 여섯 파트로 나누는 것보다 더 균형이 있어 보인다. 이 노래를 다음과 같이 네 파트로 구분할 것을 제안한다.

A. 온 세상이 하나님의 위엄을 찬양함(8:1-2)

B. 사람의 비천함(8:3-4)

B′. 사람의 존귀함(8:5-8)

A′. 우리가 하나님의 위엄을 찬양함(8:9)

III. 주해

시편 7편의 마지막 절은 여호와의 이름을 찬양하겠다고 다짐했는데, 이 시편은 그 다짐을 실현하면서 시작한다. 이 시는 달에 상륙한 첫 번째 성경 말씀이다. 아폴로 11호가 달에 영구적으로 남겨두기 위하여 73개 나라에서 메시지를 수집했는데, 바티칸은 이 시를 제출했다고 한다(Limburg). 이 시가 우주 탐험을 시작하면서 창조주에게 드릴 말씀이라고 생각했기 때문이다.

학자들이 창조를 노래하고 있는 이 시편과 하나님의 천지 창조에 관하여 기록하고 있는 창세기 1장 사이에서 직접적인 언어와 이미지적 연결 고리를 찾지는 못했지만, 이 노래는 분명 창세기 1장의 내용을 여러 면에서 절정적으로 반영하고 있다. 그러므로 이 시편은 창세기 1장의 테마들에 대한 예배적인 변형(liturgical variation)이라는 것이 많은 학자들의 견해다.

창조주이신 여호와에 대한 찬양으로 시작하고 끝을 맺는 이 노래가 제시하는 교훈은 분명하다. 창조주에게서 분리된 창조에 대한 묵상과 찬양은 별 의미가 없다는 것이다. 주의 백성들에게는 창조주 하나님을 기념하고 묵상하는 찬양만이 진정한 창조의 노래다.

또한 이 노래는 메시아와 연관된 내용을 담고 있다. 이 노래가 처음으로 불리기 시작한 때에는 사람들이 이 시가 메시아와 연관이 있다는 사실을 깨닫지 못하고 불렀을 수도 있다. 그러나 신약에서 이 시는 예수 그리스도를 통해 새로운 의미를 부여받았다.

노래의 흐름을 생각해 보자. 이 시는 땅에서 하늘로 옮겨가더니(1절), 하늘에서(3절) 다시 땅으로 내려온다(4-8절). 또한 여호와(1절)로부터 인간으로 옮겨가더니(2절), 인간으로부터(4-8절) 다시 여호와께 돌아간다(9절). 노래를 시작한 문장이 끝을 맺는 것도 특이하다. 이 노래는 별과 달을 언급하고 있기 때문에 저녁 예배에서 사용된 것으로 추정되기도 한다(vanGemeren).

1. 온 세상이 하나님의 위엄을 찬양함(8:1-2)

1 여호와 우리 주여
주의 이름이 온 땅에 어찌 그리 아름다운지요
주의 영광이 하늘을 덮었나이다
2 주의 대적으로 말미암아
어린아이들과 젖먹이들의 입으로 권능을 세우심이여
이는 원수들과 보복자들을 잠잠하게 하려 하심이니이다

저자는 하나님을 왕으로 찬양한다(McCann). '주/주인'(אָדוֹן)과 '아름다움'(אַדִּיר)과 '영광'(הוֹד) 모두 왕권과 연관된 표현들이기 때문이다(deClaissé-Walford et al., cf. Brueggemann & Bellinger). 또한 성경은 이 단어들을 사용하여 하나님의 왕권(출 15:6), 판단력(삼상 4:8, 시 76:4), 율법(사 42:21)과 통치(시 93:4) 등을 묘사한다(vanGemeren, cf. McCann, Ross).

기자는 하나님의 이름이 온 땅에 아름답게 드러나 있다고 고백한다(1절). 성경에서 이름(שֵׁם)은 그 이름을 지닌 사람의 성품과 인격을 상징한다(cf. NIDOTTE). 세상을 둘러보면 곳곳에 창조주 하나님의 선한 인격과 아름다운 성품이 드러나 있다는 뜻이다.

이 섹션의 주제는 하나님의 영광이다(cf. 148:13). 하늘은 하나님의 영광을 선포하고 있다(cf. 19:1). 자연도 하나님의 영광을 선포한다. 기자는 피조물들이 그들을 창조하신 하나님과 그의 영광을 선포할 뿐만 아니라 피조물들도 창조하신 분의 영광을 반영하여 영화롭게 창조되었다고 한다.

창조주 하나님을 대적하는 원수들(2절)은 누구인가? 세상의 창조 질서와 섭리를 위협하는 무질서(chaos)인가(Davidson), 혹은 창조주를 인정하지 않고 자기 마음대로 세상의 권세와 권력을 누리는 자들인가?(Craigie) 이 악인들이 어린아이와 대조적인 평행을 이루고 있는 점을 감안하면 이 세상의 유능한 자들, 곧 하나님을 인정하지 않는 권세가들로 해석하는 것이 바람직하다. 어린아이들은 이 세상에서 가장 연약한 자들을 상징하기 때문이다. 예수님은 자신에 대하여 말씀하면서 본문을 인용하신다(마 21:16).

저자는 하나의 역설(paradox)을 교훈으로 주고 있다. 하나님을 대적할 만한 권력과 힘을 가졌다고 자부하는 강한 자들이 가장 연약한 젖먹이 어린아이들의 하나님 찬양에 무너진다. 어찌 이런 일이 가능한가? 하나님은 이 세상의 연약한 자들을 통하여 자기 능력을 나타내시는 분이시다. 또한 어린아이와 같이 하나님의 권능을 인정하고 찬양하는 것에 진정한 힘과 능력이 있기 때문이다. 그러므로 하나님이 함께하시면 연약한 사람들이 능력 있는 사람들을 부러워할 필요가 없다.

2. 사람의 비천함(8:3-4)

3 주의 손가락으로 만드신 주의 하늘과

주께서 베풀어 두신 달과 별들을 내가 보오니

4 사람이 무엇이기에 주께서 그를 생각하시며
인자가 무엇이기에 주께서 그를 돌보시나이까

하나님은 천지를 창조하실 때 하늘과 땅 등 두 영역을 구분하셨다. 하늘을 다스리는 것은 해와 별들과 달이다(cf. 창 1:17-18). 하나님이 땅은 인간들에게 다스리라고 주셨다(cf. 창 1:28). 저자는 우주를 바라보며 묵상할 때 경의를 표하지 않을 수 없다. 우주는 해와 달과 별 등이 창조주 하나님의 영광과 지혜와 능력을 노래한다(cf. 89:11, 욥 36:29, 38:33; 사 40:26). 고대 근동에서는 해와 달과 별들이 신격화되기 일쑤였다는 점을 감안할 때, 이스라엘 주변 민족들이 신들로 숭배하고 있는 것들이 여호와를 찬양하는 피조물에 불과하다는 것은 대단한 선언이다(deClaissé-Walford et al.). 해와 달과 별들은 창조주 하나님의 걸작품들이다(Terrien).

천체들은 자신들의 위치에서 하나님을 열렬하게 찬양하고 있다. 시편 기자의 감성을 조금이나마 이해하려면 별이 총총하게 빛나는 여름밤을 생각해 보라. 은하수가 꽃가루처럼 뿌려져 있고 그 위에 수없이 많은 별들이 반짝이는 모습을 보면 이 놀라운 작품을 만드신 창조주에게 감사와 영광을 돌리지 않을 수 없다.

기자가 말로 형언할 수 없을 정도로 웅장한 우주도 하나님이 손가락으로 창조하신 것에 불과하다는 것을 의식하는 순간(3절), 그는 하나님의 높고 위대하심 앞에 머리를 숙이지 않을 수 없다. 그는 천체들이 밝히는 밤하늘을 바라보며 인간은 참으로 비천한 존재라는 사실을 깨닫는다(4절). '사람'(אֱנוֹשׁ)은 인간의 연약함을, '인자'(בֶּן־אָדָם)는 최초의 인간이자 흙으로 빚어진 아담(אָדָם)의 후예들을 의미한다(Brueggemann & Bellinger). 넓은 우주를 생각할 때 인간은 그 우주의 한 먼지와도 같은 지구에 거하는 별볼일 없는 존재에 불과하다. 장엄한 별들의 모습에 비추어볼 때 인간은 너무나도 초라하고 볼품없는 존재들인 것이다.

그런데도 하나님은 그들을 기억하시고(זכר), 돌보아 주신다(פקד)(4절).

이 두 개념 모두 하나님의 보살피심과 자비로우심을 표현하는 단어들이다. 또한 하나님은 자연 만물을 인간들에게 다스리라고 하셨다. 더 나아가 하나님은 다른 피조물에 비해 보잘것없는 존재로 생각될 수밖에 없는 인간과 특별한 관계를 유지하시며 그들을 위하여 사역하신다. 그러므로 기자는 그가 감당할 수 없는 하나님의 벅찬 은혜를 이렇게밖에 표현할 수 없다. "인간이 무엇이기에!"(cf. 144:3).

3. 사람의 존귀함(8:5-8)

5 그를 하나님보다 조금 못하게 하시고
영화와 존귀로 관을 씌우셨나이다
6 주의 손으로 만드신 것을 다스리게 하시고
만물을 그의 발 아래 두셨으니
7 곧 모든 소와 양과 들짐승이며
8 공중의 새와 바다의 물고기와 바닷길에 다니는 것이니이다

인간에게 베푸신 무한한 은혜로 만족하지 못하신 하나님은 아예 인간을 '엘로힘'(אֱלֹהִים)보다 조금 못하게 지으셨다(5절). 엘로힘은 하나님, 혹은 신들, 혹은 신적인 존재들을 의미할 수 있는 폭넓은 개념이다(Brueggemann & Bellinger). 창조를 노래하고 있는 이 노래가 창세기 1장과 연관이 있다는 사실을 감안할 때 본문에서 엘로힘은 '하나님'으로 이해되어야 한다(cf. 창 1:26-31). 하나님은 인간들을 자기보다 조금 못하게 만드시고 '영광과 존귀'(כָּבוֹד וְהָדָר)를 왕관으로 씌워 주셨다(5절).

7절은 사람이 사는 사회에서 점차적으로 멀어지는 수평적인 움직임을 보인다. 소와 양→들짐승→새→물고기→바닷길에 다니는 것. 반면에 1-6절은 하늘에서 땅에 이르는 수직적인 움직임을 보인다. 하늘(1절)→달과 별들→하나님보다 조금 못하게(5a절)→[머리에] 관을 씌우심

(5b절)→손(6a절)→발(6b절)(deClaissé-Walford et al.). 저자는 이처럼 수직적인, 또한 수평적인 움직임을 통하여 하나님이 창조하신 세상의 역동성을 강조하는 듯하다. 세상은 수직적으로, 또한 수평적으로 완벽하며 매우 역동적인 곳이라는 뜻이다.

하나님은 인간을 '엘로힘'(אֱלֹהִים)보다 조금 못하게 창조하셨다는데, 이 엘로힘은 어떤 의미를 지녔는가? 본문의 이 단어가 창조주 하나님을 뜻한다는 해석이 있고(NAS, NRS, Craigie) 신들을 의미한다는 해석도 있으며(Davidson), 천사들이라는 주장도 있다(NIV, LXX). 히브리서 기자는 이 단어를 칠십인역을 직접 인용하여 '천사'로 이해했다(히 2:6-8). 뿐만 아니라 히브리서 기자는 칠십인역이 '조금'(מְעַט)을 '잠시 동안'(βραχύ τι)으로 해석하여 번역한 것을 그대로 인용하여 이 구절을 "하나님이 예수님을 잠시 동안 천사보다 조금 못하게 하셨다"라는 의미로 메시아에게 적용했다. 신약 저자에게 이 말씀이 메시아적으로 해석되는 것은 당연한 일이다. 그러나 이 시에서는 창조의 섭리에 있어서 장차 오실 메시아뿐 아니라 모든 인간의 위치를 정의하는 의미를 지니고 있다(cf. Ross).

저자가 이 시를 통해 창조주와 피조물의 차이점을 강조하고자 하는 것에 근거하여 엘로힘을 천사들로 해석하는 것도 어느 정도 설득력이 있어 보인다. 그러나 바로 다음 행에서 하나님이 인간에게 영광과 존귀를 왕관으로 주셨다고 하는 것을 감안하면, 엘로힘을 하나님으로 해석하는 것이 더 설득력이 있다. 또한 '영광과 존귀'(כָּבוֹד וְהָדָר)는 하나님께 적용되는 단어들로 하나님의 통치권을 의미한다. 성경에서 천사들은 이러한 표현의 대상이 되지 않는다. 반면에 인간들은 하나님의 영광과 존귀를 부분적으로 받았기 때문에(cf. 창 1:26-28) 하나님이 사람들에게 자신이 손수 지으신 만물을 다스리게 하셨다(6절). 인간은 하나님의 위임을 받아 온 세상에 있는 것들-궁창을 나는 새들, 땅을 기어 다니는 짐승들, 바다에서 사는 물고기들 등-을 다스리게 되었다(7-8절).

그러므로 본문에 의하면 사람의 위치는 하나님과 창조된 세계의 중간쯤 된다고 할 수 있다. 우리는 하나님의 다스림을 받지만, 동시에 하나님이 창조하신 세상을 다스리기 때문이다.

'다스리다'(משל)(6절)는 정확히 무엇을 의미하는가? 5-6절에서 사용되는 동사들에서 실마리를 찾을 수 있다. 저자는 하나님이 "조금 못하게 만드시고(תְּחַסְּרֵהוּ)… [영광과 존귀로] 왕관을 씌우시고(תְּעַטְּרֵהוּ)… [만물을 그들에게] 주시고(תַּמְשִׁילֵהוּ)… [발 아래에] 두셨습니다(שַׁתָּה)"라고 한다. 이 동사들은 인간이 마치 한 왕이 나라를 통치하는 상황을 묘사한다. 인간은 왕이 자기 나라를 통치하듯 자연을 지배한다는 뜻이다. 신약 저자들은 하나님이 모든 피조물을 사람의 발 아래 두셨다(지배하도록 하셨다)는 말씀을 예수님께 적용한다(고전 15:27, 히 2:6-8).

왕은 자기 백성을 보살펴야 한다. 백성이 망하면 나라도 망하게 되고 그렇게 되면 왕의 지위도 아무런 의미가 없다. 왕이 통치자로서 자기가 통치하는 나라의 청지기 역할을 제대로 할 때 비로소 자신의 역할을 감당하게 된다. 그러므로 인류가 자연을 학대하는 것은 스스로 자신들의 종말을 초래하는 행위다. 저자는 인간이 하나님의 위임을 받아 이 세상을 잘 가꾸어 나가야 할 의무가 있다는 사실을 암시한다. 그렇다면 하나님이 인간을 귀하게 여기시는 것처럼 우리도 자연 만물을 귀하게 여겨야 한다(deClaissé-Walford et al.). 이러한 사상은 창세기 1장을 반영하고 있을 뿐만 아니라 오늘날 계속 이슈가 되고 있는 환경 파괴 문제에 기독교의 입장을 정리하는 데 도전이 되어야 한다. 성경에서 다스리는 것은 섬김을 의미한다.

4. 우리가 하나님의 위엄을 찬양함(8:9)

9 여호와 우리 주여
주의 이름이 온 땅에 어찌 그리 아름다운지요

기자는 이 시를 시작했던 문장(1절)으로 끝을 맺고 있다. 시는 하나님의 위대하심으로 시작하여 온 세상을 가득 채운 하나님의 영광을 노래한 다음 다시 원점으로 돌아와 하나의 원(circle)을 완성하고 있다(Alter). 하나님의 위대하심을 그린 원은 독자들에게 주님의 놀라운 이름을 찬양하라고 권면한다. 하나님의 이름을 통하여 계시가 왔고, 그 계시를 통하여 자연 세계에서 인간의 위치가 어떠해야 하는가가 정의되었기 때문이다. 하나님의 이름이 인간의 위치를 정의해 주는 계시가 된 것이다(Craigie).

일부 과학자들은 우리가 살고 있는 자연을 연구하고 우주를 바라보며 "하나님은 보이지 않는다"고 외친다. 시편 기자는 이 과학자들이 본 것과 같은 자연을 바라보며 "인간이 무엇이기에 이렇게까지 은혜를 베푸십니까?"라며 창조주 하나님께 신앙을 고백한다. 다소 혼란스럽다. 그들이 자연을 바라보는 시각에 어떤 차이가 있었을까? 같은 공간과 세계를 바라보면서 한 부류는 하나님의 섭리에 탄복하고, 다른 부류는 하나님이 없다고 한다.

60년대에 있었던 일이 생각난다. 소련과 미국이 한창 우주 경쟁을 할 때, 소련에서 먼저 인간을 우주로 보냈다. 지구를 몇 바퀴 돌고 돌아온 소련 우주인은 공산주의자답게 "내가 우주에 가보니 하나님이라는 존재는 없더라"라고 선언했다. 몇 년 후 미국에서도 인간을 우주로 보냈다. 미국 우주인은 돌아와서 이런 말을 남겼다. "내가 우주에 가보니 하나님은 보이지 않더라. 그러나 나는 그분의 참으로 아름다운 창조 섭리를 보고 왔다. 그분은 살아계신다!"

어린아이들에게는 매우 확실하게 보이고 느껴지는 것들이 왜 더 지혜롭고 박식하다는 어른들에게는 감동을 주지 못하는 것일까? 성경이 어린아이처럼 되라고 하는 것에는 많은 의미가 포함되어 있는 듯하다. 이 시는 신학(하나님)과 인류학(인간)과 환경학(자연)은 서로 뗄 수 없는 관계를 유지하고 있다는 사실을 강조한다(Brueggemann & Bellinger, McCann).

제9편

다윗의 시, 인도자를 따라 뭇랍벤에 맞춘 노래

I. 장르/양식: 유희시/알파벳 시(acrostic poem)

대부분 학자들이 이 노래와 10편이 원래 하나였던 것으로 간주한다(Brueggemann & Bellinger, deClaissé-Walford et al., Goldingay, McCann, Terrien). 이렇게 생각하게 된 데에는 세 가지의 증거가 있다. 첫째, 10편은 표제가 없다. 책의 서론 역할을 하는 1-2편을 제외하고는 1권에 소속된 거의 모든 시가 표제를 지니고 있는 것에 반해 10편은 표제가 없다는 사실이 매우 독특하다(1-2, 33편만 없음). 둘째, 완벽하게 완성되지는 않았지만, 9편과 10편은 함께 하나의 유희시를 형성한다. 셋째, 칠십인역(LXX)과 라틴어역(Vulgate)은 9편과 10편을 하나로 취급했다. 넷째, '악인들'(9:5, 16-17; 10:2-4, 13, 15)과 '억울한 사람/가난한 사람'(9:12, 18; 10:2, 9, 12, 17)이 두 시의 중심 주제들이다.

반면에 학자들은 이 두 시가 내용이나 분위기 면에서 현저한 차이를 두고 있다는 사실을 인정하기도 한다(Brueggemann & Bellinger, Mowinckel). 서론에 포함된 도표가 보여 주는 것처럼 10편은 내용에 있어서 개인 탄식시로 취급되는 것에 반해, 9편의 내용은 개인 찬양시, 혹은 공동체 찬양시, 혹은 개인 탄식시 등 세 가지로 구분된다(감사시[Ross] 혹은 기도

시[Goldingay, cf. 22편]로 구분하는 사람들도 있음). 이 노래가 1인칭 단수로 시작했다가(1절), 2인칭 복수로 변하고(11절), 다시 1인칭 단수로 돌아오기 때문이다(13절). 또한 주제에서도 찬양으로 시작했다가(1절), 13절에서는 애가로 변하기 때문이다. 이러한 혼선은 알파벳시의 산만함이 빚어낸 일이기도 하지만(이 시는 절대 완벽한 알파벳 시가 아니며, 지극히 제한된 범위에서 이러한 성향을 보임), 이 시가 다양한 내용으로 구성되어 한 가지로 가늠하기가 어렵다는 뜻이다.

II. 구조

유희시/알파벳 시에서 의미적인 구조를 찾는 것은 참으로 어려운 일이다. 각 알파벳의 순서적인 사용에 치중하다 보면 같은 테마를 전개해 나가거나 발전시켜 나가는 일이 쉽지 않기 때문이다. 게다가 대부분 학자들이 9편과 10편을 하나의 노래로 간주하여 분석하고 주해한다(cf. deClaissé-Walford et al., Goldingay, McCann, Ross). 골딩개이(Goldingay)는 이 두 편의 시를 다음과 같이 큰 섹션으로 나눈다(cf. Ross). 핵심은 하나님께 도와달라는 호소다.

A. 여호와께서 과거에 베푸신 은혜에 대한 찬양(9:1-12)
　B. 호소(9:13-14)
A′. 여호와께서 과거에 베푸신 은혜에 대한 찬양(9:15-18)
　B′. 호소(9:19-10:2)
　　C. 현실을 엄습한 슬픔에 대한 탄식(10:3-11)
　B″. 호소(10:12-15)
A″. 여호와께서 과거에 베푸신 은혜에 대한 찬양(10:16-18)

9편과 10편을 함께 취급하여 네 섹션으로 나누면서도 9편과 10편의 경계선을 존중하는 분석이 있다. 또한 각 섹션은 교차대구법적 구조를 지녔다. 다음을 참조하라(deClaissé-Walford et al.).

제1부: 경배와 찬양 (a)하나님의 이름 찬양 (b)정의로운 보좌 (c)이름을 지움 (d)보좌를 더 강건하게 (e)이름을 아는 것	9:1-10 1-2절 3-4절 5-6절 7-8절 9-10절
제2부: 여호와께서 하신 놀라운 일들 (a)여호와 선포 (b)스올과 시온의 문 (c)여호와의 심판 (d)죽음과 소망 (e)여호와께 호소	9:11-20 11-12절 13-14절 15-16절 17-18절 19-20절
제3부: 수수께끼 같은 하나님의 숨겨짐 (a)처벌을 받지 않는 악인들 (b)악인들의 망언 (c)악인들의 교만 (d)악인들의 악한 말 (e)처벌받지 않는 악인들	10:1-9 1-2절 3-5a절 5b-6절 7-8ab절 8c-9절
제4부: 하나님이 일어나심 (a)악인들의 운명 (b)하나님을 추억함 (c)모든 것을 아시는 하나님 (d)하나님의 개입 (e)하나님의 심판	10:10-18 10-11절 12-13절 14절 15-16절 17-18절

위 분석은 시편 9편과 10편의 구분선을 존중하면서도 구조를 제시할 수 있는 가능성을 보여 준다. 실제로 9편을 독립적으로 취급하여 구조를 분석하는 경우도 많다(cf. Alden, vanGemeren). 다음은 알덴(Alden)의 제안이다.

A. 찬양(9:1-2)

B. 하나님이 원수들을 심판하심(9:3-6)

C. 하나님이 의인을 구원하심(9:7-10)

D. 찬양(9:11)

C'. 하나님께 의인을 구해달라며 드리는 기도(9:12-14)

B'. 하나님이 악인들을 심판하심(9:15-18)

A'. 기도(9:19-20)

위 구조에서 다소 아쉬운 것은 11절을 12절에서 따로 떼어 놓은 것이다. 대부분 번역본들과 주석가들은 11-12절을 한 행으로 묶는다(새번역, NRS, deClaissé-Walford et al., vanGemeren). 게다가 부자연스럽게 떼어서 다음 섹션에 포함시킨 12절은 기도문이 아니라 선언/확인문이다. 그러므로 11절과 12절은 함께 취급하는 것이 바람직하다. 비록 시편 9편이 시편에 등장하는 첫 번째 알파벳 시이기는 하지만, 참으로 결함이 많은 알파벳 시다. 그러므로 본문 주해에서는 이 시가 알파벳시라는 특성을 고려하지 않고 본문의 의미를 설명해 나갈 것이다. 다음과 같이 여섯 섹션으로 구분하여 주해하고자 한다(cf. vanGemeren).

A. 개인적 찬양(9:1-2)

B. 악인에 대한 심판(9:3-6)

C. 하나님의 열방 심판과 억울한 자들을 위한 기도(9:7-10)

A'. 찬양과 기도(9:11-14)

B'. 악인에 대한 심판(9:15-18)

C'. 하나님의 열방 심판을 위한 기도(9:19-20)

III. 주해

이 시가 어떠한 시대적 정황을 배경으로 하고 있는가는 확실하지 않다. 원수들에 대한 언급이 있기는 하지만 구체적이지 않으며, 저자가 의도적으로 자세히 밝히지 않고 있다는 느낌도 든다. 원수들을 구체적으로 밝히지 않은 것이 이 시가 단순히 한 개인의 노래가 아니라, 온 공동체의 노래로 사용되도록 하는 계기가 되었을 수도 있다(vanGemeren).

이 노래를 부른 사람들은 상당한 어려움을 경험했다. 그러나 그들은 낙심과 좌절에 순응하지 않고, 오히려 절망 속에서 하나님을 찬양한다. 그들은 언젠가 세상의 모든 악이 제거될 것을 기대한다. 이러한 차원에서 이 시는 일종의 종말론적인 입장을 취하고 있다고 할 수 있다. 노래의 초점은 왕이신 하나님이 세상에서 고생하는 자기 자녀들이 부르짖을 때 선하게 응답하시는 것에 맞춰져 있다. 하나님은 탄식하는 이들의 기도를 들으시는 분이시다.

1. 개인적 찬양(9:1-2)

1 내가 전심으로 여호와에 감사하오며
주의 모든 기이한 일들을 전하리이다
2 내가 주를 기뻐하고 즐거워하며
지존하신 주의 이름을 찬송하리니

이 두 절은 히브리어 알파벳 중 첫 글자인 알렙(א)으로 시작한다. 저자는 앞으로 임할 하나님의 구원을 기대하며 그분을 찬양하는 것으로 노래를 시작한다. 13-14절에서는 자신이 하나님의 자비를 구하며 드리는 기도가 응답되면 스스로 온 세상 사람들 앞에서 여호와를 찬양하겠다고 선언한다. 저자는 19절에서는 원수들을 물리쳐달라고 하나님께 기도한다. 이러한 흐름을 근거로 이 시를 탄식시로 간주하기도 한다(vanGemeren). 그러나 전체적인 분위기가 탄식시로 간주하기에는 너무 밝다.

저자는 '전심으로'(בְּכָל־לִבִּי) 주님을 찬양하겠다고 하는데, 자신의 모든 생각과 실천적 의지를 동원해서 주님께 감사하겠다는 뜻이다(Terrien). 그는 기뻐하고 즐거운 마음으로 하나님이 하신 모든 놀라운 일들을 낱낱이 전하겠다고 한다(2절). 기자의 이 같은 결단과 각오는 그가 반복적으로 사용하고 있는 찬양과 연관된 1인칭 단수 동사들에서도 역력하게 드러난다. '내가 감사하리라(ידה)… 내가 전하리라(ספר)… 내가 기뻐하리라(שמח)… 내가 즐거워하리라(עלץ)… 내가 찬송하리라(זמר)…'(1-2절). 이 동사들 중 처음 것(אוֹדֶה)과 마지막 것(אֲזַמְּרָה)은 '지존하신'(עֶלְיוֹן)(2절)과 함께 7:17과 동일한 내용을 전하고 있다. "내가 여호와께 그의 의를 따라 감사함이여(ידה) 지존하신(עֶלְיוֹן) 여호와의 이름을 찬양하리로다"(זמר).

하나님의 이름과 그가 하시는 일들은 연관성을 지녔다. 하나님은 천지를 창조하실 때와 이스라엘을 구원하실 때 자기 이름의 중요성을 부각시키셨다. 그러므로 이스라엘은 여호와께서 자기 이름을 통해 그들에게 주신 계시를 바탕으로 자신들의 정체성을 의식하게 되었다. 또한 그들은 이 정체성을 가지고 역사 속에 진행되는 하나님의 일들을 깨닫게 된 것이다(Craigie). 하나님이 하신 '기이한 일들'(נִפְלְאוֹתֶיךָ)은 시편에서만 사용되는 표현이다(deClaissé-Walford et al., cf. 26:7, 71:17, 106:7, 145:5). 하나님이 하신 기이한 일에는 출애굽 사건 등 범민족적인 차원의 기적과 기자가 개인적인 차원에서 경험한 은혜 등이 모두 포함되어 있다(McCann).

2. 악인에 대한 심판(9:3-6)

3 내 원수들이 물러갈 때에
주 앞에서 넘어져 망함이니이다
4 주께서 나의 의와 송사를 변호하셨으며
보좌에 앉으사 새롭게 심판하셨나이다
5 이방 나라들을 책망하시고

악인을 멸하시며
그들의 이름을 영원히 지우셨나이다
6 원수가 끊어져 영원히 멸망하였사오니
주께서 무너뜨린 성읍들을 기억할 수 없나이다

이 시의 처음 두 절을 알렙(א)으로 시작한 저자는 3절을 다음 글자인 베이트(ב)로 이어가지만, 이후 알파벳을 순서적으로 따라 시를 이어가는 일은 상당히 느슨해진다. 알파벳의 세 번째 글자(ג)가 오기 전에 다른 글자(כ)가 오는가 하면(4절), 네 번째 글자(ד)가 오기 전에 다음 글자(ה)(7절)가 오는 등 변화가 있기 때문이다. 그러나 전반적으로는 알파벳의 순서를 유지하고 있기 때문에 유희시/알파벳 시라고 한다. 유희시이기는 하지만 다소 혼란스러운 면모를 보이는 것은 저자가 우리의 삶이 대체적으로 질서를 유지하지만 항상 그렇지는 않다는 것을 암시하기 위해서라는 해석이 있다(Goldingay).

아무런 조건 없는 찬양(1-2절)으로 노래를 시작한 저자는 그가 노래하고 있는 순간 그에게 임한 하나님의 구원이 아니라 장차 임할 하나님의 공평한 심판을 기대하며 찬양을 이어가고 있다(3-4절). 그가 하나님이 그의 호소를 꼭 들으실 것을 확신할 수 있는 것은 과거에 하나님이 역사하셨기 때문이다. 지난날 하나님은 공평과 정의로 심판을 하셨고, 자신은 지금 억울한 일을 당하고 있으니 옛적에 있었던 하나님의 공의로운 심판이 분명히 다시 임할 것이라는 기대감을 갖고 있다.

저자의 확고한 믿음의 바탕이 된 옛적 하나님의 역사는 어떤 것들인가? 하나님은 이방 나라들을 책망하셨다(5절). 출애굽 때와 이스라엘의 가나안 정복 때 있었던 일들을 회상하는 표현이다(Goldingay, cf. 출 14:13, 15:6, 신 9:4-6, 11:4, 시 106:9). 하나님은 또한 악인들을 멸하셨다. 이 표현 또한 아말렉 족 등을 벌하신 일을 우선적으로 염두에 둔 것이다(Goldingay, cf. 출 17:14). 저자가 나라와 민족들이 하나님의 심판을 받

았다고 말하는 것을 보면 기자는 분명 이스라엘의 정치적 지도자(아마도 왕)인 것으로 보인다

그러나 하나님은 죄를 짓고 주께서 택하신 백성과 세우신 왕을 괴롭힌 열방만 심판하신 것이 아니라, 세상의 악인들도 심판하셨다. 이 악인들은 이방인들뿐만 아니라 이스라엘 사람들 중에서도 악한 사람들을 포함한다. 하나님은 열방과 자기 백성을 분명 다르게 대하시지만, 옳고 그름에 있어서는 이방인들과 주의 백성들 사이에 차별이 없다.

하나님은 자신이 심판하신 나라들과 원수들의 이름을 영원히 지우셨다(5절). 이름이 기억된다는 것은 아직 존재한다는 의미다. 그러므로 그들을 기억에서 영원히 지우셨다는 것은 그들은 하나님의 심판을 받아 멸망했으며, 다시는 회복되지 못할 것을 의미한다(cf. deClaissé-Walford et al.). 그들은 하나님과 사람들의 관심과 기억 밖에 있다. 악한 나라들과 악인들은 이 땅에서 영원히 사라졌고, 사람들의 기억에서도 지워졌다(6절). 하나님의 심판과 심판을 받은 자들이 사람들의 기억에서 사라지는 것은 서로 연관된 개념이다. 악한 나라의 존재는 쉽게 잊혀질 것이다. 반면에 의인은 하나님이 오랫동안 기억하신다.

3. 하나님의 열방 심판과 억울한 자들을 위한 기도(9:7–10)

[7] 여호와께서 영원히 앉으심이여
심판을 위하여 보좌를 준비하셨도다
[8] 공의로 세계를 심판하심이여
정직으로 만민에게 판결을 내리시리로다
[9] 여호와는 압제를 당하는 자의 요새이시요
환난 때의 요새이시로다
[10] 여호와여 주의 이름을 아는 자는 주를 의지하오리니
이는 주를 찾는 자들을 버리지 아니하심이니이다

저자가 자신이 처한 곤경 속에서도 좌절하지 않고 희망을 가지고 미래를 기대하는 근거는 여호와께서 세상을 다스리신다는 믿음이다. 간혹 악인들이 세상을 지배한다 해도 그들은 잠시 통치하다가 사라지지만, 하나님은 '영원히'(לְעוֹלָם) 통치하신다(7절). 세상에서 핍박을 당하는 의인들은 하나님의 나라가 곧 임할 것이라는 사실에 소망을 걸어야 한다. 물론 하나님의 통치가 우리가 처한 현실에서 항상 확실하게 드러나는 것은 아니다. 그러나 견디며 기다리면 분명히 보일 것이다.

기자는 여호와의 통치에 대하여 우리가 취하는 자세가 우리의 삶을 온전히 바꾸어 놓을 수 있다고 한다. 비록 악인들이 성행하고 악한 나라들이 판을 치는 세상이라 할지라도 머지않아 하나님의 직접적인 통치가 시작되면 세상은 지금 우리가 당면하고 있는 것과 무한한 차이를 보일 것이며 또 그렇게 확신하고 기대하기 때문이다. 또한 하나님의 통치는 언젠가는 죄로 물들어 있는 이 땅에도 도덕과 의가 존중되는 사회가 형성될 것이라는 소망을 갖게 한다. 미래에 대하여 이처럼 긍정적인 입장을 유지하면 우리가 현실에 임하는 삶의 자세에 커다란 영향을 미치게 된다. 그러므로 기독교인들은 미래를 꿈꾸며 살아야 한다.

하나님은 온 세상의 재판장으로서 심판자의 보좌에 영원히 앉으셔서(7절) 악인들을 멸하시지만, 또한 억압받는 사람들이 피할 수 있는 요새이자, 고난을 받을 때 피신할 수 있는 견고한 성이시다(9절). 하나님은 악인들을 멸하시어 그들에게 억압을 받았던 사람들에게 큰 위로가 되시지만, 더 나아가 악인들에게 고난을 받는 사람들의 피난처를 자청하신다. 이처럼 하나님의 통치는 인류에게 심판이 되지만 동시에 위로도 된다. 그러므로 악인에게는 두려운 것이지만, 의인에게는 매우 복된 것이 하나님의 통치다. 하나님의 품을 피난처에 비유하는 것은 주님의 선하심과 자비로우신 보호를 강조하는 매우 의미심장한 표현이다.

그러므로 기자는 자신을 포함하여 주님의 이름을 아는 모든 사람은 주님을 의지할 것이라고 확신한다(10절). 하나님의 이름을 안다는 것은 개인적인 경험을 통해 하나님의 성품을 안다는 뜻이다(deClaissé-Walford et al.). 그러므로 선하신 하나님을 직접 경험한 적이 있는 사람들이 하나님을 찾는 것은 여호와께서 절대 그들을 버리지 않을 것이라는 확신이 있기 때문이다. 하나님은 생명을 귀하게 여기시기 때문에 주님께 부르짖는 사람들을 모른 척하지 않으신다. 이러한 사실은 성경이 자주 언급한다. 이스라엘이 너무 힘이 들어 하나님께 부르짖었을 때 하나님은 모세를 보내어 그들을 구원하셨다(출 3:7, 9; cf. 신 26:7, 수 24:7, 시 34:17, 77:1, 88:1).

이것이 믿음이다. 세상이 무엇을, 어떻게 말한다 할지라도 하나님께 피하면 주님이 우리를 기꺼이 받아 주실 뿐만 아니라, 우리의 구원자가 되시고 방패가 되어 주실 것이라는 확신이 바로 믿음이다. 이것이 믿음이기에 예수님은 "네 믿음대로 될지어다"라는 말씀을 하셨다(마 8:13).

4. 찬양과 기도(9:11-14)

11 너희는 시온에 계신 여호와를 찬송하며
그의 행사를 백성 중에 선포할지어다
12 피 흘림을 심문하시는 이가 그들을 기억하심이여
가난한 자의 부르짖음을 잊지 아니하시도다
13 여호와여 내게 은혜를 베푸소서
나를 사망의 문에서 일으키시는 주여
나를 미워하는 자에게서 받는 나의 고통을 보소서
14 그리하시면 내가 주의 찬송을 다 전할 것이요
딸 시온의 문에서 주의 구원을 기뻐하리이다

하나님은 자신의 왕권을 세상 사람들이 행한 대로 응보해 주시는 일을 통해 드러내신다. 그러므로 주님이 시온에 있는 보좌에 앉아 악인들에게 보복하신다(11절). 시온은 하나님의 통치를 상징하는 법궤가 있는 곳이다. 이러한 이유로 시온은 하나님의 발판(footstool) 역할을 하는 곳이다. 하나님은 시온에서 악인들 때문에 흘린 모든 억울한 피에 대한 책임 추궁과 판결을 내리신다(12절). 그러므로 저자는 하나님께 기도한다. "나를 미워하는 자에게서 받는 나의 고통을 보소서"(13절). 자기에게 부당하게 피해를 입힌 악인들에게 적절한 보복을 해달라는 뜻이다.

기자는 만일 하나님이 정의와 공의대로 원수들을 심판해 주시면 자기는 온 세상에 하나님의 일을 알리겠다고 선언한다(14절). 하나님께 흥정을 하자는 것이 아니다. 저자는 단순히 자기가 알고 있는 하나님은 분명히 그렇게 하실 것이며—하나님은 결코 그의 백성이 무고하게 고통당하는 것을 오랫동안 지켜보실 분이 아니기 때문에—그렇게 되는 순간 자기는 놀라우신 하나님의 역사(공의와 정의를 실행하신 일)를 온 세상에 알릴 것이라는 뜻이다.

또한 저자는 하나님이 자기의 형편을 헤아려 주시면 '딸 시온'(בַּת־צִיּוֹן)의 문에서 주님의 구원을 기뻐할 것이라고 한다(14절). 시온은 하나님의 구원하심이 자주 실현되는 곳이기 때문이다(deClaissé-Walford et al.). 시온은 시편에서 자주 등장하는 장소이지만(cf. 11절), 시편에서 시온이 여성(딸)으로 표현되는 곳은 이곳뿐이다(Goldingay). 성경 다른 곳에서 '딸 시온'은 예루살렘을 상징하며 사용되는 흔한 표현이며(cf. 사 1:18, 52:2, 렘 6:2, 애 1:6), 여호와께서 시온의 연인 혹은 아버지로 묘사된다.

5. 악인에 대한 심판(9:15-18)

15 이방 나라들은 자기가 판 웅덩이에 빠짐이여
자기가 숨긴 그물에 자기 발이 걸렸도다

[16] 여호와께서 자기를 알게 하사 심판을 행하셨음이여
악인은 자기가 손으로 행한 일에 스스로 얽혔도다(힉가욘, 셀라)
[17] 악인들이 스올로 돌아감이여
하나님을 잊어버린 모든 이방 나라들이 그리하리로다
[18] 궁핍한 자가 항상 잊어버림을 당하지 아니함이여
가난한 자들이 영원히 실망하지 아니하리로다

하나님이 세상을 통치하실 때 악인들과 악한 나라들은 어떻게 심판하시는가? 부메랑 원리(boomerang effect)를 사용하신다. 악인들이 파 놓은 함정에 스스로 빠지게 하시고, 그들이 쳐놓은 그물에 스스로 걸려들게 하신다(15-16절). 하나님은 악인들이 심은 대로 거두게 하시는 방법으로 그들을 심판하시는 것이다. 저자가 사용하는 이미지는 새들이 덫에 걸리는 모습이다(Goldingay). 16절 끝에 셀라와 함께 '힉가욘'(הִגָּיוֹן)이라는 단어가 나오는데, '묵상'이라는 의미를 지닌 일종의 음악적 용어다(cf. HALOT). 이 노래가 공동체 예배에서 사용된 것임을 암시하는 듯하다.

악인들은 결국 스올(죽음)로 돌아갈 수밖에 없다(17절). 그런데 표현이 특이하다. 일상적으로 사람이 죽으면 스올로 '내려간다'(ירד)고 하는데, 본문은 '돌아간다'(שוב)고 한다(cf. Terrien). 아마도 사람들은 원래 생명을 누리도록 창조되었는데, 악인들은 죽음을 선호하므로 그들은 '죽음에서 온 사람들'이라는 시적인 표현으로 보인다. 하나님은 죽음에서 온 악인들을 그들이 있어야 할 자리(죽음)로 돌아가게 하신다.

하나님은 악인들을 벌하여 스올로 내려보내는 일을 통해 가난한 자들과 궁핍한 사람들에게 정의를 행하신다. 하나님이 정의로운 판결을 하시니 그들이 잊혀지지 않으므로 실망하지 않는다(18절). 만족스러운 재판이 이루어졌으며, 세상에서 기억된다는 것은 그들의 인격과 인권이 정당하게 존중되었다는 뜻이다. 하나님은 억울한 일을 당한 사람

들의 피난처이시며 그들이 얼굴(체면)을 들고 살 수 있도록 하시는 분이시다.

6. 하나님의 열방 심판을 위한 기도(9:19-20)

[19] 여호와여 일어나사
인생으로 승리를 얻지 못하게 하시며
이방 나라들이 주 앞에서 심판을 받게 하소서
[20] 여호와여 그들을 두렵게 하시며
이방 나라들이 자기는 인생일 뿐인 줄 알게 하소서(셀라)

하나님은 인간이 심은 대로 거두게 하시는 분이시며, 결코 억울하게 고난받는 사람들의 부르짖음을 무시하실 분이 아니시다. 기자는 이러한 사실을 근거로 하나님께 이 순간 구원의 손길을 내밀어 달라고 간구한다(19절). 그는 또한 하나님께 악한 나라들을 심판하시어 그들이 떨며 두렵게 해달라고 한다(20절).

저자가 이렇게 기도하는 것은 무엇보다도 그를 괴롭히는 열방과 악인들이 자신들은 연약한 인간에 불과함을 깨닫게 하기 위해서다(20절). 만일 하나님이 그들을 심판하지 않으신다면, 열방과 악인들은 기고만장해서 자신들이 행하는 일들이 창조주 하나님께 반역하는 행위라는 사실을 모를 수도 있기 때문이다.

하나님은 고난받는 사람들을 기억하신다. 반면에 하나님은 악한 사람들을 잊으신다. 기억과 잊음은 강력한 대조를 형성한다. 하나님은 억울하게 당하는 사람들을 기억하시고 끝에 가서는 꼭 자비를 베푸신다. 반면에 악인들은 심판하시고 다시는 그들을 마음에 두지 않으신다. 하나님이 기억하시는 이들은 복이 있다.

세상을 살다 보면 좌절하고 낙망하고 싶을 때가 분명 있다. 신성한 노동과 진실이 효력을 발휘하지 못하고 오히려 게으름과 악이 세상을 지배할 때 더욱 이런 느낌이 든다. 이럴 때 어떻게 우리 자신을 추스르고 위로할 것인가? 저자는 하나님의 응보(retribution)를 묵상하라고 한다. 때로는 악인들이 세상을 장악하는 것처럼 보이지만, 언젠가는 그들이 자신들이 판 함정에 빠질 날이 올 것이다. 그러므로 주의 자녀들은 세상을 보며 낙심하지 말고 하나님의 통치가 임할 날을 간절히 기대하며 기다려야 한다. 그날이 되면 하나님이 모든 사람에게 그들이 한 일에 따라 갚으실 것이다.

제10편

I. 장르/양식: 유희시

이 시편이 취하고 있는 형태는 9편을 이어 진행되고 있는 유희시다. 물론 부분적인 문제들을 안고 있다(cf. Craigie, Ross). 알파벳 מ이 없고 נ과 ס도 회복시켜야 보인다. 또한 פ와 ע의 순서가 뒤바뀌어 있기도 하다. 내용에 있어서는 개인 탄식시다(cf. 3편). 이 시가 원래 개인 탄식시였는데, 훗날 찬양시가 더해져 지금의 형태를 지니게 된 것이라고 주장하는 학자도 있다(Kraus).

II. 구조

9편 구조 분석에서 언급한 것처럼 많은 학자들이 9–10편을 한 편의 시를 둘로 나누어 놓은 것으로 간주한다(deClaissé–Walford et al., Goldingay, McCann, Ross). 그러므로 그들은 두 시편의 구조를 하나로 분석한다. 또한 이 노래가 9편에서 시작된 유희시의 연속이며 유희시의 특성상 구조를 찾기가 쉽지는 않다. 그러나 두 시편의 관계에 상관없이 9편의 구조를 따로 분석하는 일이 쉽지는 않지만 가능하다. 심지어는 두 편을 함께 분석한 이들 중에도 9편과 10편의 독립성을 감안하여 분석한 사람들도 있다. 9편에서 1-2부라며 독립적인 구조를 제시했던 한 주석은 10편에 대하여 다음과 같이 3-4부로 구성된 구조를 제시한다(deClaissé-Walford et al.).

제3부: 수수께끼 같은 하나님의 숨겨짐 (a)처벌을 받지 않는 악인들 (b)악인들의 망언 (c)악인들의 교만 (d)악인들의 악한 말 (e)처벌받지 않는 악인들	10:1-9 1-2절 3-5a절 5b-6절 7-8ab절 8c-9절
제4부: 하나님이 일어나심 (a)악인들의 운명 (b)하나님을 추억함 (c)모든 것을 아시는 하나님 (d)하나님의 개입 (e)하나님의 심판	10:10-18 10-11절 12-13절 14절 15-16절 17-18절

다음은 밴게메렌(vanGemeren)이 제시한 구조다. 아쉬운 것은 B가 많은 분량의 텍스트로 구성되어 있는 것에 반해 B′가 고작 한 절로 구성되어 있다는 점이다. 그러나 이 시의 내용을 고려할 때 현재까지는 10편을 독립적으로 취급하는 구조 중 가장 큰 설득력을 지녔다.

A. 질문들(10:1)
  B. 악인의 통치(10:2-11)
    C. 구원에 대한 기도(10:12-15)
  B′. 하나님의 통치(10:16)
A′. 결단(10:17-18)

III. 주해

이 노래의 주제는 신정론(神正論)(theodicy)이다. 저자는 "의로우신 하나님이 통치하는 세상(주의 백성)에 어찌 악한 사람들이 성행하는가?"라는 질문과 씨름한다. 이 시편은 어떻게 하여 하나님이 다스리시는 언약 공동체에 악인이 성행하게 되는가에 대한 과정을 묘사하는 듯하다(vanGemeren).

첫째, 외식하는 자들이 하나님을 저버린다. 둘째, 그들은 하나님을 시험하며 계속 자신들의 마음을 강퍅하게 한다. 셋째, 나중에는 노골적으로 의인들을 핍박한다. 넷째, 악인들에게 박해를 받는 의인들이 하나님께 부르짖는다. 다섯째, 하나님이 그들의 기도에 즉시 응답하시지 않자, 악인들은 기고만장하여 더 대담하게 날뛴다. 여섯째, 저자는 다시 간곡한 어조로 하나님께 도움을 청한다. 하나님이 아직도 침묵하시지만, 꼭 개입하실 것이라는 믿음으로 견디어 낸다. 이 시는 저자의 기도에도 불구하고 하나님이 개입하지 않으신 상황에서 마무리된다.

1. 질문들(10:1)

1 여호와여
어찌하여 멀리 서시며
어찌하여 환난 때에 숨으시나이까

저자는 고통과 신음 속에서 하나님께 절박하게 질문한다. '어찌하여? 어찌하여?' 어찌하여 하나님은 먼 발치에서 자신의 고통을 바라만 보시는가? 어찌하여 주께서는 그의 백성들이 고난받을 때 숨어 계시는가? 이 질문들은 하나님께 따지려는 것이 아니다. 다만 시인의 시대가 매우 악하고 그와 함께 있는 사람들이 당하는 고통이 너무 힘이 들다 보니 다급하고 절박한 심정으로 하나님께 한탄한다. 이 질문은 애가에서 자주 사용되는 질문이다(cf. 13:1, 22:1-2).

기자는 이 두 질문을 통하여 죄가 지배하고 있는 시대의 문제점을 지적한다. 어찌하여 하나님이 아름답게 창조하신 세상에서 악이 성행하며 의가 핍박을 받는가? 신정론이 핵심 이슈인 것이다. 그러나 노래는 저자의 질문에 답하지 않는다. 다만 이 문제에 대한 해결책은 오직 하나님께 있으므로 주님께 초점을 맞추고자 할 뿐이다(cf. 14절).

2. 악인의 통치(10:2–11)

2 악한 자가 교만하여 가련한 자를 심히 압박하오니
그들이 자기가 베푼 죄에 빠지게 하소서
3 악인은 그의 마음의 욕심을 자랑하며
탐욕을 부리는 자는 여호와를 배반하여 멸시하나이다
4 악인은 그의 교만한 얼굴로 말하기를
여호와께서 이를 감찰하지 아니하신다 하며
그의 모든 사상에 하나님이 없다 하나이다
5 그의 길은 언제든지 견고하고
주의 심판은 높아서 그에게 미치지 못하오니
그는 그의 모든 대적들을 멸시하며
6 그의 마음에 이르기를 나는 흔들리지 아니하며
대대로 환난을 당하지 아니하리라 하나이다
7 그의 입에는 저주와 거짓과 포악이 충만하며
그의 혀 밑에는 잔해와 죄악이 있나이다
8 그가 마을 구석진 곳에 앉으며
그 은밀한 곳에서 무죄한 자를 죽이며
그의 눈은 가련한 자를 엿보나이다
9 사자가 자기의 굴에 엎드림같이
그가 은밀한 곳에 엎드려 가련한 자를 잡으려고 기다리며
자기 그물을 끌어당겨 가련한 자를 잡나이다

10 그가 구푸려 엎드리니
그의 포악으로 말미암아 가련한 자들이 넘어지나이다
11 그가 그의 마음에 이르기를
하나님이 잊으셨고 그의 얼굴을 가리셨으니
영원히 보지 아니하시리라 하나이다

저자는 그를 괴롭히는 사람들을 '악인'(רָשָׁע)이라며 단수로 표현하지만, 집합명사(collective noun)이다. 그들이 괴롭히는 '가련한 자'(רָשָׁע)도 단수 집합명사인 것처럼 말이다. '악인'이 종교적으로 경건하지 못한 사람들을 뜻할 수도 있지만, 본문에서는 최악으로 행동하는 사람들을 뜻한다. 이 사람들은 악의적이고 포악하며 하나님께 망언을 일삼는 사람들이다(Ross). 만일 9-10편이 한 편의 시였다면 9:9에서 하나님은 억울한 사람들의 피난처라고 했던 기자가 이곳에서는 억울한 사람들이 피할 곳이 없어서 악인들에게 속절없이 당하고 있다고 하는 것이 잘 이해가 되지 않을 수도 있다(cf. McCann). 아마도 9:9은 기자의 희망 사항이었으며 아직 실현되지 않고 있다는 의미로 생각된다.

악인들은 자신들의 잇속을 챙기기 위하여 약자들을 심하게 압박한다(2절). 그들은 힘없는 사람들을 고난의 용광로에 처넣는다(Perowne). 악인들은 우연히 지나가는 약자들을 잡기 위하여 올무를 설치한 것이 아니라, 철저한 계획을 세워 가련한 사람들을 공격한다(Goldingay). 이들은 세상에서 가장 비겁한 자들이다. 자기에게 대항하거나 저항할 수 없는 사람들을 골라 짓밟고 있기 때문이다. 악인들에게 공격을 받는 연약한 사람들은 그들에게 대항할 힘이 없다. 그러므로 저자는 악인들이 자기들이 베푼 죄에 빠지게 해 달라고 기도한다(2절).

악인들은 탐욕스러우며 자신들의 욕심을 채우기 위하여 하나님을 배반하고 멸시한다(3절). 그들은 자신들의 잇속을 채우기 위해서는 하나님도 두려워하지 않을 뿐만 아니라, 언제든지 하나님을 배신할 수 있다는 뜻이다. 또한 악인들은 자신들이 탐욕을 부려 욕심을 채우는 일을 부끄럽게 생각하지 않고, 오히려 자랑으로 여긴다(3절).

악인들은 매우 교만(גֹּ֫בַהּ)(4절)하게 구는데, 그들은 마치 자신들이 하나님이나 되는 것처럼 교만을 떤다는 의미다(Goldingay). 그리고는 여호와께서 자신들을 감찰하지 않으신다고 떠들어댄다(4절). 하나님이 그들을 당장 심판하시지 않자, 그들은 하나님의 지연된 심판을 하나님의 묵인 내지는 무관심으로 간주한 것이다. 그들은 더 나아가 자신들이 원하는 대로 온갖 악을 행하고도 후환을 두려워하지 않아도 되는 것은 곧 세상에는 하나님이 없기 때문이라고 한다(4절). 저자가 악인과 의인을 구분할 때 이 두 부류의 가장 기본적인 차이로 부각시키는 것은 의인들의 입술에는 하나님이 계시는데, 악인들의 입에는 하나님이 없다는 것이다(Brueggemann).

저자는 악인들이 이처럼 온갖 교만과 불손한 말을 해도 끄떡없는 것은 하나님의 심판이 그들에게 미치지 못하기 때문이라며 우회적으로 하나님을 원망한다(5절). 하나님의 심판이 악인들에게 미치지 않으니, 기고만장한 악인들은 자신들의 대적들을 더 멸시한다(5절). 악인들의 대적들은 의인들을 두고 하는 말이다.

악인들은 자신들은 절대 망하지 않을 것과 자손 대대로 환난을 당하지 않을 것이라고 확신한다(6절). 하나님을 무시하고 온갖 폭력적인 언행을 일삼는 악인들의 입은 저주와 거짓과 포악으로 가득 차 있다. 입만 벌리면 잔해와 죄악이 튀어나온다.

악인들은 은밀한 곳에서 무죄한 사람을 죽이며 다음 희생 제물이 될 가련한 사람을 눈여겨본다(8절). 그들이 자신들과 싸울 만한 사람들을 상대로 이런 짓을 했으면 그나마 조금은 더 나았을 텐데, 그들이 희생양으로 삼는 사람들은 그들에게 저항할 수 없는 연약한 사람들이다. 악인들의 이 같은 모습은 마치 사자가 먹이를 덮치려고 엎드려 기다리는 것과 같다(9절).

숨어 있던 사자가 먹이를 덮치듯 악인들은 가련한 자들을 덮친다(10절). 사자가 먹잇감을 덮칠 때는 입을 사용한다. 그러므로 저자는 악인들은 주로 눈(9절)과 입(10절)을 사용하여 의인들을 괴롭힌다는 점을 암시한다(deClaissé-Walford et al.). 힘없는 사람들을 덮친 악인들은 하나님이 그들을 보지 못하셨으며, 앞으로도 영원히 보지 못하실 것이라며 기뻐한다(11절). 하나님의 오래 참으심이 그들에게는 주님의 무능함으로 해석된 것이다.

악인들이 이처럼 온갖 언어와 폭력으로 가련한 사람들을 공격하고 억압하는데, 이 불쌍한 사람들은 누구인가? 성경에 의하면 하나님은 세상에서 가장 힘없고 연약한 사람들의 아버지를 자청하셨다. 누가 그들을 공격하는 것은 마치 하나님의 눈동자를 찌르는 것과 같다. 악인들이 짓밟는 이들은 바로 이 사람들이다.

그렇다면 이 연약한 사람들이 악인들의 폭력과 착취에 억울하게 당할 때마다 하나님이 찾아오셔서 그들을 위로하시고 악인들에게 원수로 갚아 주셔야 하는데, 현실을 보면 하나님의 심판이 자꾸 지연되는 듯하다. 아예 "하나님이 정말 세상 일에 관심이 있으신 분인가?" 하는 질문도 하게 된다.

하나님의 심판이 지연될수록 악인들은 더 거세게 날뛴다. 날이 갈수록 심각해지는 현실을 보며 아무리 생각해도 악인들은 하나님의 심판에서 면제된 것 같은 느낌을 받는다. 어찌하여 악인들이 하나님께로부터 전혀 제한을 받지 않는 상태에서 행복하게 살 수 있는 것일까? 반면에 어찌하여 의인들은 자주 고통을 당하고 괴로워해야 하는가? 욥도 이 질문들을 가지고 많이 고민했다(cf. 욥 21:7-16).

기자는 악인이 성행하게 되는 것에 대하여 질투심을 느끼며 탄식하는 것이 아니다. 악인이 성행하면 사회의 의가 무너지며, 사회의 의가 무너지면 도덕과 가치관이 상실되는 것이 가장 커다란 문제다. 사라진 도덕과 가치관의 자리를 차지하는 것이 실용주의 신학이다(empirical theology). 하나님의 말씀이나 뜻에 기초한 세계관이 아니라 개인의 체험과 관찰에 의하여 정리된 세계관이다. 인간이 '각자 자기 소견에 옳은 대로 행하는 것'이 절대적인 윤리를 대처하는 것이다. 결국 사회에서 하나님에 대한 생각은 사라진다. 이렇게 본다면 악인이 성행하는 것은 결코 하나님께도 도움이 되지 않는다. 그런데도 왜 하나님은 악인들의 행패를 잠잠히 지켜보고만 계실까?

3. 구원에 대한 기도(10:12-15)

12 여호와여 일어나옵소서
하나님이여 손을 드옵소서
가난한 자들을 잊지 마옵소서
13 어찌하여 악인이 하나님을 멸시하여
그의 마음에 이르기를
주는 감찰하지 아니하리라 하나이까
14 주께서는 보셨나이다
주는 재앙과 원한을 감찰하시고
주의 손으로 갚으려 하시오니
외로운 자가 주를 의지하나이다
주는 벌써부터 고아를 도우시는 이시니이다
15 악인의 팔을 꺾으소서
악한 자의 악을 더 이상 찾아낼 수 없을 때까지 찾으소서

저자는 악인에 대한 비관적인 묵상을 멈추고 마치 오래 전에 전쟁을 향해 떠나는 선조들이 외치던 자세로 하나님께 부르짖는다. "주님, 일어나십시오"(cf. 민 10:35). 그는 강력한 능력으로 가득한 '하나님의 손'이 움직이기를 기대한다(12절). 하나님이 손을 드시는 것은 힘과 능력을 발휘하는 것만 의미하는 것이 아니라, 적들에게 분노하신다는 것을 상징하기도 한다(cf. 삼하 20:21, Goldingay, Terrien). 기자는 하나님이 용사로 일어서서 악인들을 벌하실 것과 고난받는 자들을 잊지 마실 것을 간구한다(12절).

저자는 하나님이 결코 침묵하시면 안 되는 이유 두 가지를 제시한다. 첫째, 악인들에 의하여 공의로우신 하나님의 명예가 위협을 받고 있다. 악인들은 하나님은 세상에 관심이 없으신 분이라고 주장한다(cf. 11절). 그러므로 그들은 자신들의 행동에 대하여 하나님이 결코 심판하지 않으실 것이라고 확신한다. 결국 하나님이 세상을 공의로 통치하신다는 진리가 위협을 당하고 있다. 그러므로 시인은 하나님이 직접 나서셔서 주님의 명예를 스스로 보존하시기를 간구한다. "어찌하여 악인이 하나님을 경멸하고, 마음속으로 '하나님은 벌을 주지 않는다' 하고 말하게 내버려 두십니까?"(13절, 새번역).

둘째, 하나님의 성품이 악인들의 기고만장을 용납할 수 없다. 하나님은 원통하고 억울한 사람들을 방관하시는 분이 아니시며, 고아를 도우시는 분이시다(14절). 그러므로 저자는 "하나님, 과거에 불타오르던 하나님의 정의와 의협심으로 이 순간 이곳에 임하여 주십시오"라는 기도를 드리고 있다. 그는 하나님이 과거에 행하셨던 대로만 역사해 주시면 모든 문제가 해결될 것을 확신한다. 하나님은 악한 자들의 악을 더 이상 찾을 수 없을 때까지 추적하여 그들을 벌하실 것이다(15절).

4. 하나님의 통치(10:16)

16 여호와께서는 영원무궁하도록 왕이시니
이방 나라들이 주의 땅에서 멸망하였나이다

저자는 하나님의 왕권을 확인하고자 한다. 시편이 시작한 이후 이때까지 하나님의 왕 되심이 암시된 적은 있지만, 여호와를 왕으로 부르는 곳은 이곳이 처음이다(cf. Goldingay). "여호와께서는 영원무궁하도록 왕이시다"는 출애굽기 15:18을 연상케 한다. "여호와께서 영원무궁하도록 다스리시도다." 하나님만이 세상의 유일한 통치자이시다. 그렇다면 통치자로서 하나님이 하셔야 할 일이 있다. 여호와께서 의의 왕이자 공평의 왕으로서 이 세상을 다스려 달라는 염원이 담겨 있다. 왕이신 하나님이 악에 물들어가는 세상을 의와 질서로 기강을 다시 잡아 달라는 간구다. 물이 바다를 덮음같이 하나님의 의가 온 세상을 덮으시도록 기도하고 있다.

저자는 탄식으로 이 노래를 시작했다. 그 탄식에 대한 해결책이 임한 것은 아니다. 그러나 그는 기도의 초점을 자신의 문제보다는 왕이신 하나님께 맞추고 있다. 비록 악이 성행해도 하나님은 아직도 이 세상의 왕이시기 때문에 결코 악이 오래가지는 않을 것이라는 소망을 갖고 있다. 하나님이 왕이시라는 것은 세상을 통치하신다(royal)는 의미와 가꾸신다(pastoral)는 의미를 동시에 내포하고 있다(deClaissé-Walford et al.).

5. 결단(10:17-18)

17 여호와여
주는 겸손한 자의 소원을 들으셨사오니
그들의 마음을 준비하시며 귀를 기울여 들으시고
18 고아와 압제당하는 자를 위하여 심판하사
세상에 속한 자가 다시는 위협하지 못하게 하시리이다

하나님이 아직도 세상의 왕이시라는 사실을 확신하고 고백한 시인은 마지막으로 하나님께 다시 간구한다. "세상에서 박해받는 자들을 위로하시고 보살펴 주십시오." 이들이야말로 하나님의 진정한 백성이기 때문이다. 저자의 논리는 의(義) 때문에 핍박을 받고 굶주린 사람들은 당연히 하나님이 보호하셔야 한다는 것이다. 하나님은 그들의 왕이시기 때문이다. 하나님의 왕국에서는 결코 고아와 과부가 인권을 유린당해서는 안 되며, 남을 억압하는 자들이 있어서는 안 된다. 이러한 상황은 하나님의 성품과 맞지 않기 때문이다. 저자는 이 세상의 혼탁한 질서가 하나님의 의에 의하여 다시 기강이 잡힐 것을 확신한다. 하나님이 왕이시기 때문이다. 하나님이 악인들을 벌하시는 일과 의인들을 그들의 억압에서 구원하시는 일은 같은 동전의 양면이다. 서로 떼어 놓을 수 없는 관계를 유지하고 있다.

이 노래는 하나님의 절대적인 왕권을 기초로 세상의 타락한 가치관과 악인의 성행에 대한 신학적 입장을 밝힌다. 순간적으로는 악이 성행하는 것처럼 여겨질 수 있지만, 결코 오래 가지는 못할 것이다. 하나님이 세상의 왕으로 계시는 한, 결코 악이 영원한 승리를 하게 될 일은 없다. 그러므로 이 시는 종말론적인 관점에서 하나님의 통치를 노래하는 것이 아니라, 우리의 현 세계를 다스리시는 하나님의 주권을 노래한다(Goldingay). 이 시편은 질서와 가치관과 윤리가 타락한 현대사회를 살아가는 우리에게 시사하는 바가 많다.

제11편

다윗의 시, 인도자를 따라 부르는 노래

I. 장르/양식: 개인 찬양시(cf. 9편)

이 시는 10편과 비슷한 위기에 처한 사람이 부른 노래다(cf. Bellinger). 그러나 중요한 차이가 있다. 저자는 하나님께 부르짖거나 질문하지 않는다. 오히려 하나님 안에서 자기 위치를 확인하는 일을 통해 더 확고한 믿음을 갖게 된다. 그래서 어떤 학자들은 이 시를 확신시(psalm of confidence)로(Craigie), 혹은 신뢰시(psalm of trust)로 구분하기도 한다(deClaissé-Walford et al.). 또한 시의 첫 부분이 원수들의 존재에 대하여 노래하고 있는 것에 근거하여 찬양시가 아니라 탄식시로 구분하는 주석가도 있다(vanGemeren). 심지어는 저자와 원수들이 논쟁을 벌인다 해서 논쟁시(psalm of contest)라고 부르는 학자도 있다(Gerstenberger). 한 가지 확실한 것은 이 시는 탄식, 신뢰, 감사 등을 모두 포함하고 있다는 점이다.

II. 구조

이 시를 가장 자세하게 분석한 것들 중에는 다음과 같은 제안이 있다

(Alden). 대부분 주석가들은 겨우 7절로 구성된 시편을 여덟 파트로 나누는 것이 얼마나 설득력이 있는지에 대하여는 다소 부정적이다.[1]

A. 여호와는 나의 피난처(11:1)
B. 악인이 벌을 받음(11:2-3a)
C. 의인이 고난을 당함(11:3b)
D. 하늘 보좌에 계신 여호와(11:4a)
D'. 온 세상을 감찰하시는 여호와(11:4b)
C'. 의인이 인정을 받음(11:5a)
B'. 악인이 벌을 받음(11:5b-6)
A'. 여호와는 의로우심(11:7)

다음은 본문을 세 파트로 구분한 것이다(vanGemeren). 아쉬운 점은 A'의 텍스트 분량이 대칭을 이루고 있는 A의 것보다 현저하게 적다는 점이다. 또한 1절은 분명 저자가 하나님께 피신한 내용을 담고 있지만, 2-3절은 그가 당면하고 있는 위기에 관한 것이므로 '피신'이라는 주제로 하나로 묶기에는 다소 부담스럽다.

A. 하나님께 피신함(11:1-3)
B. 하나님은 의로우신 왕(11:4-6)
A'. 하나님은 의인의 피신처(11:7)

간단하게는 다음과 같이 이 시를 두 파트로 구분하는 것이다(cf. Craigie, Davidson). 1-3절과 4-7절의 내용을 감안할 때 이렇게 구분하는 것이 가장 합리적이다.

---

1 맥칸(McCann)은 다음과 같이 다섯 파트로 본문을 구분한다(cf. Goldingay).

A. 기자의 안전(11:1)
B. 악인들의 위협(11:2-3)
C. 하나님의 주권(11:4)
B'. 악인들이 받는 벌(11:5-6)
A'. 의인의 안전(11:7)

A. 절망적인 상황(11:1-3)
B. 확고한 자신감 회복(11:4-7)

III. 주해

이 시가 다윗이 저작한 것이라면 아마도 사울이 그를 좇을 때를 배경으로 하고 있는 듯하다. 1절이 원수들은 기자에게 "새야, 너의 산으로 피하려무나" 하고 비웃고 있다고 하는데, 이러한 표현은 다윗이 자신을 좇던 사울을 향하여 한 말과 비슷하기 때문이다. "어찌하여 이스라엘의 임금님이, 사냥꾼이 산에서 메추라기를 사냥하듯이, 겨우 벼룩 한 마리 같은 나를 찾으러 이렇게 나서셨습니까?"(삼상 26:20, 새번역).

1. 절망적인 상황(11:1-3)

1 내가 여호와께 피하였거늘
너희가 내 영혼에게 새같이
네 산으로 도망하라 함은 어찌함인가
2 악인이 활을 당기고
화살을 시위에 먹임이여
마음이 바른 자를 어두운 데서 쏘려 하는도다
3 터가 무너지면 의인이 무엇을 하랴

사람이 어려운 상황에 처하면 그 문제를 담대히 해결해 나가는 것보다는 아예 그 문제에서 도망가고 싶은 충동이 생긴다. 이 시편 저자도 그러한 유혹에 당면하고 있다. "새처럼 산으로 도망쳐라"(1절). 새처럼 도망한다는 것은 안전한 곳을 찾아 현재 있는 곳을 신속하게 떠나는 것을 의미한다(cf. 55:6, 124:7). 이러한 충고는 저자의 친한 친구들에게서 비롯되었을 수도 있고, 혹은 저자의 마음 한 켠에서 시작된 생각일 수도 있다. 또한 이러한 유혹은 대단한 설득력과 현실감을 지녔다. 만일 피하지 않으면, 원수들이 그를 잡으려고 만반의 준비를 해놓은 상황이기 때문이다(2절).

기자의 불안감을 가중시키는 것은 악인들의 공격이 어디서 올지 예측할 수 없다는 사실이다. 그들이 자신들을 어두운 곳에 숨기고 그를 쏘려고 하기 때문이다(2절). 악인들은 자신들의 죄악 행위를 숨기고 또한 저자가 화살을 맞을 때까지 그들의 위치를 알아차리지 못하도록 하기 위하여 숨어 있다. 기자는 적들에게서 자신을 방어하기에는 매우 어렵고 위태로운 상황에 처한 것이다. 저자가 자신의 상황을 이렇게 묘사하는 것이 그가 처한 실제적인 상황일 수도 있지만, 악인들이 그에게 언어적인 공격을 가하는 것이 이렇다며 비유로 말하는 것일 수도 있다(Ross).

악인의 행위는 '터/기반들'(שָׁתוֹת)을 송두리째 무너뜨리는 결과를 초래할 수 있다(3절). '터/기반'은 사회의 질서를 의미하는 은유다(Goldingay, cf. 75:3, 82:5, 겔 30:4). 이 질서는 하나님이 천지를 창조하실 때부터 세우시고 유지해 오신 것이다. 하나님이 천지를 창조하실 때 질서와 의(義)를 창조 세상을 운영하는 한 원리로 제정하신 일은 창조론의 가장 기본적인 신학적 기반을 형성하고 있는 사상의 표현이다. 그러므로 터가 무너지는 것은 사회의 도덕적, 영적 기반이 흔들리고 있음을 상징한다. 악인들은 '정직한 사람들'(יִשְׁרֵי־לֵב), 곧 '의로운 사람들'(צַדִּיק)을 죽이려 든다. 정직한 사람들(יִשְׁרֵי־לֵב)은 누구를 의미하는가? 이들은 완벽하지는 못할지라도 거룩하고 하나님을 알고 사랑하고자 노력하는 자들이다(cf. 7:10, 36:10). 만일 그들의 음모가 성공하면 세상의 질서는 무너지고 무질서(anarchy)가 만연하게 된다.

이와 같은 위험에도 불구하고 저자는 악인들에게서 도망가는 것을 거부한다. 그들에게서 도망하는 것은 하나님을 신뢰하지 않는다는 의미이기 때문이다(Calvin). 안타까운 것은 그가 용기를 내서 도망 가지 않겠다고 결단하지만, 정작 자신이 처한 상황에서 할 만한 일은 별로 없는 현실이다. 그러므로 저자는 자신이 아무것도 할 수 없다는 절망감을 "의인이 무엇을 하랴?"(3절)는 질문을 통해 토로한다.

이 질문은 우리의 삶과 사역과도 연관된 실존적인 질문이기도 하다. 절망과 좌절로 가득 찬 세상에서, 도덕과 윤리가 상실된 사회에서, 악인들이 큰소리치고 의인들이 눈물짓는 세상에서, 우리는 무엇을 할 수 있는가? 우리가 낙담하고 포기한다면 세상은 바뀌지 않는다. 그러므로 낙담과 포기는 우리에게 사치일 뿐 현실과는 동떨어진 선택이다.

2. 확고한 자신감 회복(11:4-7)

4 여호와께서는 그의 성전에 계시고
여호와의 보좌는 하늘에 있음이여
그의 눈이 인생을 통촉하시고
그의 안목이 그들을 감찰하시도다
5 여호와는 의인을 감찰하시고
악인과 폭력을 좋아하는 자를 마음에 미워하시도다
6 악인에게 그물을 던지시리니
불과 유황과 태우는 바람이
그들의 잔의 소득이 되리로다
7 여호와는 의로우사 의로운 일을 좋아하시나니
정직한 자는 그의 얼굴을 뵈오리로다

저자는 악인들이 도망치라며 그렇지 않으면 죽이겠다는 위험한 상황에 처해 있다(1-3절). 그는 이 위협적인 상황을 회피하지 않으면서 어떻게 이 위기에서 벗어날 수 있는가? 기자는 비록 원수들이 숨어서 그를 노리고 있지만 하나님은 모든 사람들의 일거수일투족을 보고 있으심을 고백한다(4절). 하나님을 의지함으로써 이 난관을 헤쳐 나가겠다는 의지의 표현이다.

저자의 확고한 의지는 하나님이 아직도 이 세상을 통치하고 있으시다는 사실에 근거를 두고 있다. 그는 하나님이 계시는 곳으로 눈을 돌린다. 그는 문제에서 도망하는 것이 아니라, 하나님의 품으로 피신하기를 원한다. 그가 문제에서 눈을 떼고 그 문제를 해결하실 수 있는 하나님께 눈을 돌리는 것은 그의 신앙의 고백이자 우리 모두에게 도전을 주는 신앙인의 자세이기도 하다.

어려운 현실에서 눈을 뗀 기자는 그 눈으로 하나님이 계시는 '거룩한 성전'(הֵיכַל קָדְשׁ)을 바라본다. 만일 이 시를 다윗이 저작했다면 아직 솔로몬의 성전이 완공되지 않은 시점이다. 성전이 다음 행에 언급이 된 '하늘에 있는 보좌'(בַּשָּׁמַיִם כִּסְאוֹ)와 평행을 이루고 있다는 점을 감안할 때 이 거룩한 성전은 하늘 혹은 하늘에 있는 성전을 의미할 수 있다(Brueggemann & Bellinger, Davidson). 그러나 이 시편 기자가 강조하고자 하는 것은 하나님의 '가까이 계심'(immanency)과 '멀리 계심(transcendence)이 어떻게 동시에 우리의 삶에 영향을 미치는가다. 그렇다면 '거룩한 성전'은 하나님을 사랑하는 성도들의 모임으로 해석하는 것이 바람직하다(Craigie). 하나님은 성도들의 공동체에 계시고, 또한 지극히 높으신 보좌에 계신다.

하나님은 세상 모든 사람을 눈여겨보신다(4절). 특히 의인들을 '감찰하신다'(בחן)(4절). 성경에서 이 단어는 금에서 불순물을 없애는 용광로 작업을 설명하는 일에 사용된다(cf. 렘 6:27-30, 9:7, 시 7:9). 저자는 하나님이 의인을 더욱더 순수하고, 더욱더 정결하게 하기 위하여 그들을 연단시키신다고 한다. 의인이 삶에서 당하는 어려움은 그들을 더욱더 경건하고 완벽하게 하기 위한 훈련이라는 의미다.

위와 같이 하나님의 불(연단)은 의인을 정결케 하신다. 그러나 주님의 불이 악인들에게는 심판하는 불이 된다(6절). '불과 유황과 태우는 바람'은 소돔과 고모라를 연상케 하는 표현이다(McCann). 소돔과 고모라가 하나님의 불 심판을 받아 완전히 망한 것처럼 악인들은 결코 하나님의 불 심판을 피할 수 없다.

악인들이 절대 하나님의 심판을 피할 수 없는 이유가 한 가지 더 있다. 하나님이 악인들에게 그들을 잡는 그물을 던지실 것이기 때문이다(6절). '던지다'(מטר)의 정확한 번역은 '[비가] 내리다'이다(HALOT). '그물'(פַּח)은 새를 잡기 위한 덫을 의미한다(HALOT). 그러므로 저자가 구상하고 있는 이미지는 비가 내리듯 덫이 악인들 위에 끊임없이 내리는 것이다. 악인들이 덫을 한두 개는 피할 수 있을지 몰라도 쉬지 않고 내리는 비처럼 그들 위에 내려오는 덫을 모두 피할 수는 없다. 하나님이 꼭 그들을 벌하실 것이라는 의미다.

기자는 이러한 사실을 어떻게 확신할 수 있는가? 그가 하나님을 잘 알기 때문이다. 하나님은 정의로우시며(צַדִּיק יְהוָה), 정의를 사랑하신다(צְדָקוֹת אָהֵב)(7절). 그러므로 정직한 사람(יָשָׁר)만이 정의로우신 하나님의 얼굴(פָּנֵימוֹ)을 보게 될 것이다.

사람이 하나님의 얼굴을 보게 된다는 것은 어려움에서 구원을 받게 되는 것을 전제한다(cf. 23:6, 63:2, 민 6:24–26). 그러므로 이 말씀은 정직한 사람은 하나님의 구원을 경험하게 될 것이라는 뜻이다. 반면에 악인들은 왜 하나님의 얼굴을 볼 수 없는가? 이미 그분의 진노에 타버렸기 때문이다(cf. 6절).

이 시는 '여호와께'(ביהוה)로 시작되었다(1절). 이제 시는 '그(주님)의 얼굴'(פנימו)이란 말로 막을 내린다. 기자는 주 안에서 모든 것을 해결하고, 주님의 관점에서 모든 것을 볼 수 있게 주와 동행하는, 혹은 주에 완전히 사로잡힌 사람이다. 우리도 이런 믿음으로 하나님을 의지하고 하나님의 임재로 충만한 삶을 살았으면 좋겠다.

제12편

다윗의 시, 인도자를 따라 여덟째 줄에 맞춘 노래

I. 장르/양식: 회중 탄식시

회중 탄식시는 국가(공동체)가 위기를 맞았을 때 백성들이 함께 모여 위기에 대하여 슬퍼하며 하나님께 도움을 청하는 노래다. 이때까지 시편에서 개인 탄식시는 여럿 있었지만, 회중 탄식시는 이 시가 처음이다.

회중 탄식시와 개인 탄식시의 가장 기본적인 차이점은 이 노래를 부르는 목소리가 개인인가, 아니면 그룹인가다. 그러나 저자는 이 시를 일인칭을 사용하지 않고 저작했다. 유일한 일인칭은 하나님의 스피치(5절)로 제한되어 있다. 우리말 번역본들이 7절에 '우리'를 투입하지만(새번역, 공동, 아가페, cf. NRS, ESB), 7절에는 3인칭 복수 접미사("그들을 구원하소서")가 있을 뿐 1인칭은 없다. 그러므로 학자들은 이 시를 개인 탄식시로 간주하기도 하고, 개인과 공동체 탄식시로 동시에 취급하기도 한다(Gerstenberger).

II. 구조

이 시를 가장 간단하게 섹션화하는 주석가들은 두 파트로 구분한다.

다음은 크레이기(Craigie)의 제안이다.

A. 악인들의 헛된 발언(12:1-4)

B. 하나님의 확실한 발언(12:5-8)

밴게메렌(vanGemeren)은 1-4절을 한 섹션으로 취급하면서 5-8절은 다음과 같이 세 파트로 구분하는 구조를 제안한다. 아쉬운 점은 A와 A' 에 속한 본문의 분량이 상당한 불균형을 이루고 있다는 것이다.

A. 구원을 위한 기도(12:1-4)

B. 주님의 약속(12:5)

B′. 주님의 약속에 대한 묵상(12:6)

A′. 구원을 위한 기도(12:7-8)

이 시편을 자세하게 세분화시키는 학자들은 여섯 파트로 구분한다(Alden, McCann). 다음은 맥칸(McCann)의 제안이다. 알덴(Alden)도 거의 동일하지만, B'는 6-7절로, A'는 8절로 구성된 차이를 보인다.

A. 보호를 청하는 호소(12:1)

B. 악인들의 속이는 말(12:2)

C. 악인들의 혀를 끊으실 것을 간구(12:3-4)

C′. 여호와의 응답(12:5)

B′. 여호와의 믿을 수 있는 말씀(12:6)

A′. 여호와의 보호(12:7-8)

1-2절을 한 유닛으로 취급하여 다음과 같이 다섯 섹션으로 구분하는 것이 좋다(cf. Terrien). 이 구조의 장점은 하나님의 약속을 한중앙에 두어 노래의 핵심이 이 시에 기록된 하나님의 유일한 스피치(5절)가 되도록 한다는 것에 있다(cf. Anderson, Ross). 1인칭을 전혀 사용하지 않는 시에서 유일하게 1인칭을 사용하여 하나님의 스피치를 기록하고 있는

것도 하나님 스피치의 중요성과 유일성을 부각하는 듯하다.

A. 보호를 청하는 기도(12:1–2)
B. 악인들의 거짓말(12:3–4)
C. 여호와의 약속(12:5)
B′. 여호와의 순결한 말씀(12:6)
A′. 여호와의 보호 확신(12:7–8)

III. 주해

학자들은 이 노래가 선지자인 기자와 하나님이 나눈 대화(신탁)를 바탕으로 저작되었으며, 이스라엘의 예배 예식의 일부로 사용되었을 것으로 생각한다(Anderson, deClaissé–Walford et al. Goldingay, Kraus, Terrien). 이 노래가 포로기 이후 시대에 저작된 하박국 1장과 비슷하다고 하여 저작 시기를 포로기 이후 시대로 간주하는 주석가도 있지만(Kraus), 큰 설득력은 없다.

시편 11편 기자는 사회의 근간이 사라지고 있다고 탄식했는데(11:3), 이 노래는 사회의 바탕이 흔들릴 때 무엇을 어떻게 기도해야 하는가에 대한 좋은 가르침이다. 기자는 위기에 처한 공동체를 위하여 하나님께 간구하며, 하나님은 그들에게 구원을 약속하신다. 그러나 하나님의 약속이 당장 실현되었다는 암시가 없는 것으로 보아 이 시는 종말론적이라 할 수 있다(McCann). 미래에 이렇게 하실 것이라는 약속이다.

1. 보호를 청하는 기도(12:1–2)

1 여호와여 도우소서
경건한 자가 끊어지며
충실한 자들이 인생 중에 없어지나이다

[2] 그들이 이웃에게 각기 거짓을 말함이여
아첨하는 입술과 두 마음으로 말하는도다

저자는 이 시를 '구원하소서'(הוֹשִׁיעָה)(cf. 3:7, 6:4)라는 호소의 단어로 갑작스럽게 시작하여 극에 달한 안타까움을 전하고자 한다. 참으로 안타까운 심경을 토로한 다음 그는 자신이 처해 있는 상황을 설명한다. 기자가 당면한 문제는 엘리야가 경험했던 일이기도 하다(cf. 왕상 19장). 세상을 살펴보니 의인은 자취를 감춘 것 같고(cf. 사 57:1, 렘 5:1-2, 호 4:1, 미 7:2) 악인들이 온 땅을 가득 채운 듯하다. 저자는 이러한 상황을 지켜보며 사회(공동체)의 생존이 위기에 처했다는 사실을 직감한다. 그가 상황을 과장하는 것일 수도 있겠지만, 세상에는 의외로 이런 공동체가 많이 존재한다.

그런데 저자가 끊어졌다고 하는 의인들은 누군가? 그는 이들을 '경건한 자'(חָסִיד)와 '충실한 자들'(אֱמוּנִים)이라고 부른다(1절). 이 두 단어는 모두 사람들과 하나님의 언약적 관계를 부각시키는 것들이다(deClaissé-Walford et al., cf. HALOT). 그러므로 저자는 세상에서 하나님을 경외하는 사람들이 사라지고 있다며 탄식하고 있다.

하나님을 경외하는 사람들이 사라지고 있는 세상을 가득 채우고 있는 사람들은 어떤 사람들인가? 그들은 거짓말을 하는 자들이며 아첨하는 말을 즐겨 한다(2절). 또한 그들은 '두 마음'(בְּלֵב וָלֵב)을 품고서 말한다고 하는데, 이 히브리 숙어는 '사기/속임수'를 뜻한다(HALOT, cf. NIV). 또한 이 숙어는 거짓과 속임수가 어디서 비롯되는가를 밝히고 있다. 사람의 '마음에서'(בְּלֵב)다. 예수님이 밖에서 몸 안으로 들어가는 것이 그를 더럽히지 않고 사람에게서 나오는 것이 그를 더럽힌다고 하신 말씀이 생각난다(cf. 막 7:15). 사람이 악해지지 않으려면 외적인 것보다 내적인 것(마음)부터 다스려야 한다. 우리 문화에서는 마음이 사람이 느끼는 감정의 중심지이지만, 히브리 사람들은 마음을 생각과 의지의 중심으로 간주했다(NIDOTTE). 그러므로 마음에서 시작되는 죄와 반역은 의지적인 것이지 경건하지 못한 감정의 표현이 아니다.

2. 악인들의 거짓말(12:3-4)

3 여호와께서 모든 아첨하는 입술과
자랑하는 혀를 끊으시리니
4 그들이 말하기를 우리의 혀가 이기리라
우리 입술은 우리 것이니
우리를 주관할 자 누구리요 함이로다

악인들은 아첨하는 입술과 자랑하는 혀로 이웃을 속이고 사기를 친다. 또한 간교한 입으로 의인들을 핍박하는 것을 꺼리지 않는다. 마치 세상에 하나님이 안 계신 것처럼, 계셔도 사람들의 일에 전혀 관심을 두지 않으시는 분으로 간주하여 이런 짓을 한다. 그러므로 그들은 스스로 '하나님 행세'를 하고 있다. 그러나 저자는 분명히 하나님이 그들의 입술과 혀를 끊을 때가 이를 것이라고 한다. 이것이 믿음이다. 상황이 아무리 절망적이라 할지라도 끝까지 선하시고 의로우신 하나님의 때가 이를 것을 바라는 것이 믿음이다.

악인들은 '입'으로 한자리 하는 사람들이다. 저자는 앞 섹션에서 그들은 거짓말하고(2절), 아첨하고(2절), 두 마음으로 말한다(2절)고 했다. 이 섹션에서도 그들의 '말'에 대한 문제 제기를 이어간다. 그들은 아첨하는 입술과 자랑하는 혀를 지닌 자들이며(3절), 자신들의 혀에 대하여 대단한 자부심을 가지고 있으며(4절), 자신들의 입술은 자기들의 소유물이라고 떠들어댄다(4절).

세상에는 창조주가 계시고, 그 창조주가 그들을 만드셨다. 그러므로 그들의 입술도 하나님의 것이지만, 악인들은 이러한 사실을 부인한다.

그들은 마치 자기 의지와 능력에 따라 스스로 이 땅에 태어났으므로 자신들이 지닌 모든 것이 자기들 것이라고 착각한다. 그들은 삶의 자세에서 하나님과 멀리 멀어져 있음을 역력히 드러내는 실용적인 무신론자들(practical atheists)인 것이다(vanGemeren).

3. 여호와의 약속(12:5)

5 여호와의 말씀에
가련한 자들의 눌림과
궁핍한 자들의 탄식으로 말미암아
내가 이제 일어나
그를 그가 원하는 안전한 지대에 두리라 하시도다

이 시에서 유일하게 1인칭을 사용하는 말씀이다. 저자는 하나님의 신적 1인칭을 사용하여 악인들이 성행하고 의인들이 사라지는 세상에 대한 하나님의 의지를 밝힌다. 하나님은 결코 악인들의 만행을 오래 지켜 보지 않으실 것이다. 하나님이 세상을 창조하실 때 아름답게 하셨고 권선징악의 원리가 세상을 지배하도록 하셨기 때문이다. 그러므로 하나님은 자신이 창조하신 세상이 악인들로 득실거리는 상황을 지켜 보실 수 없다.

하나님은 악인들에게 고통당하고 있는 가난하고 불쌍한 사람들을 위하여 일어서신다. 권력이 남용되기 시작하면 제일 먼저 희생되는 이들이 바로 '가련한 사람들'(עֲנִיִּים)과 '궁핍한 사람들'(אֶבְיוֹנִים)들이다. 정의로 세상을 통치하시는 하나님이 가장 염려하시는 것이 이들처럼 보잘것없고 힘없는 사람들의 인권과 권리가 무시되는 일이다. 이러한 사실에 아랑곳하지 않고 악인들은 가장 연약한 사람들을 짓밟았다. 드디어 하나님이 자리에서 일어나셨으니 모든 문제가 해결된 것이나 다름없다.

4. 여호와의 순결한 말씀(12:6)

[6] 여호와의 말씀은 순결함이여
흙 도가니에 일곱 번 단련한 은 같도다

하나님이 말씀하신 것이 꼭 실현될 것을 어떻게 믿는가? 저자는 하나님의 말씀을 전혀 흠이 없으며 가장 순수하고 순결한 은에 비유한다(cf. 욥 28:1, 사 40:19, 렘 10:9, 51:17). 하나님의 말씀은 은처럼 귀한 것이다. 그런데 만수이자 완전수인 일곱 번 걸러 낸 은이라면 얼마나 더 순수하겠는가! 그러므로 저자가 사용하는 이미지는 하나님의 말씀은 세상에서 가장 순결한(때묻지 않은) 것이라는 점을 강조한다. 이처럼 순결한 하나님의 말씀에 비하면 악인들의 말은 찌꺼기에 불과하다(deClaissé-Walford et al.).

저자는 악인들의 특징이 거짓과 속임수를 말하는 것이라고 했다. 이와 비교하여 본문에서 제시되는 이미지를 생각해 보라. 악인들의 말과 하나님의 말씀은 동과 서가 반대되는 만큼 완전한 대조를 이룬다. 악인들은 온갖 속임수를 말하지만, 하나님의 말씀은 세상 그 무엇보다도 순결하다. 그러므로 하나님의 약속이 꼭 실현될 것을 기정 사실로 믿을 수 있다.

5. 여호와의 보호 확신(12:7-8)

[7] 여호와여 그들을 지키사
이 세대로부터 영원까지 보존하시리이다
[8] 비열함이 인생 중에 높임을 받는 때에
악인들이 곳곳에서 날뛰는도다

저자는 하나님의 말씀은 악인들의 것과 질적으로 다르고 대조적이며 세상에서 가장 순수한 것이니 그 말씀대로 자기와 함께한 자들을 지켜 달라는 기도로 이 노래를 마무리하고 있다. 의인들은 소수에 불과하고 갈수록 그 수가 줄어든다 할지라도, 하나님이 그들을 영원까지 보존해 주실 것을 믿는다(7절). '영원까지'(עוֹלָם)는 때로는 의인들의 숫자가 우리가 기대하는 것보다 적을 수는 있지만, 의인들이 결코 이 세상에서 완전히 사라지는 일은 없을 것이라고 강조한다. 하나님이 그들을 영원히 보존하실 것이기 때문이다. 저자는 오직 여호와만이 의인들을 보존하실 수 있다는 사실을 강조하기 위하여 문법적으로는 없어도 되는 2인칭 단수 강조형 대명사(אַתָּה)를 사용하여, '오직 여호와 당신만이'(אַתָּה־יְהוָה)라는 말로 7절을 시작한다. 이런 믿음이 있기에 악인들이 득실거리는 세상에서 소수에 불과한 의인들은 견딜 수 있고 살 수 있다고 확신한다(8절). 또한 하나님은 이 소수의 의인들을 통해 세상을 자신이 원하시는 대로 변화시키실 것이다(Ross). "아무리 의인의 숫자가 적다 하더라도 한 가지 우리 마음에 새겨 둘 것이 있다. 하나님은 영원히 그들의 보호자가 될 것이라는 사실이다"(Calvin).

이러한 기도가 악이 성행하는 현대를 살아가는 우리에게는 무슨 의미로 들리는가? 비록 악이 성행할지라도 하나님만 우리와 함께해 주신다면 좌절하지 않고 꿋꿋이 살아가겠다는 각오와 결단이 생긴다. 우리는 언젠가 하나님의 공의와 정의가 세상을 다스리는 때가 올 것이라는 소망을 가져야 한다.

이 시의 중심 주제는 '말하는 것' 이다(Westermann). 악인들은 악한 말과 거짓말을 한다. 반면에 하나님의 말씀은 이 세상 그 무엇보다도 값지고 진실하다. 창조의 섭리를 생각해 보면 하나님이 사람들에게 말할 수 있는 능력을 주셨을 때, 이처럼 값지고 순수한 것을 주셨을 것이다. 그러나 악인들은 하나님의 이 놀라운 선물을 완전히 부정하고 악하게 만들었다. 세상에서 귀하고 값진 것일수록 더 쉽게 오염되고 부패한다.

제13편

다윗의 시, 인도자를 따라 부르는 노래

I. 장르/양식: 개인 탄식시(cf. 3편)

탄식시의 특징에 속하는 '언제까지입니까?'(עַד־אָנָה)라는 질문으로 이 노래를 시작하고 있다. 이 노래는 슬픔의 표현(1-2절)에서 기도(3-4절)로 이어지며 신뢰와 찬양(5-6절)으로 마무리된다. 학자들은 시가 매우 짧고 간결하면서도 탄식시가 갖추어야 할 요소들을 모두 잘 갖추고 있어서 개인 탄식시의 모델(모범 사례)로 간주한다(Brueggemann & Bellinger, cf. deClaissé-Walford et al., Westermann).

II. 구조

한 주석가는 6절로 이루어진 이 짧은 시에 대하여 일곱 파트로 구성된 교차대구법적 구조를 제시한다(Goldingay). 지나치다는 생각을 떨칠 수 없으며, 그다지 설득력이 있는 구조 분석도 아니다.

이 시편의 구조는 내용의 흐름에 따라 쉽게 포착할 수 있다. 좌절감에서 현실에 대한 조용한 묵상으로 이어진 다음, 기쁨으로 마무리된다(Delitzsch). 루터(Luther)는 이 시의 흐름과 변화를 이렇게 표현했다. "소망이 절망한다. 절망이 소망한다."

A. 절망: "주님, 언제까지니이까?"(13:1–2)

B. 기도: "구원의 빛을 비추소서!"(13:3–4)

A'. 소망: "내가 주님을 노래하리라!"(13:5–6)

III. 주해

이 시편에서는 기자가 경험하고 있는 현실적인 좌절과 그의 하나님에 대한 신뢰가 팽팽한 긴장감을 유지한다. 우리는 1–2절에서 세 차례나 등장하는 '언제까지입니까?'(עַד־אָנָה)라는 질문을 통해 암담한 현실을 바라보며 내뿜는 저자의 한숨 소리를 듣는 듯하다. 절망과 탄식을 기도로 승화시킨 기자는 "[나의 어려운 형편을] 생각하시옵소서…응답하여 주시옵소서…밝혀 주시옵소서"(3절)라며 하나님의 보좌를 두드린다.

하나님의 응답을 받았을까? 저자는 확신과 기쁨으로 가득 찬 기도를 드리지만(5–6절), 하나님이 그의 기도에 아직 응답하시지는 않았다(deClaissé–Walford et al.). 그러므로 학자들은 이 기도는 우리가 곤경에 처하면 어떻게 기도해야 하는가에 대한 모델 사례라고 한다. 델리츠(Delitzsch)는 다음과 같이 이 노래의 흐름을 설명했다.

이 시는 정도가 변해 가는 세 부분으로 구성되어 있다. 아주 깊은 실의에 찬 한숨소리가 첫 부분을 형성하고 있다. 이어 훨씬 더 안정되고 차분한 기도로 이어진다. 급기야 기대감에 부푼 찬양이 셋째 부분을 형성한다. 마치 파도치고 요동하는 바다가 끝에 가서는 거울처럼 잔잔한 바다로 변해가는 모습과 같다.

1. 절망: "하나님, 언제까지니이까?"(13:1–2)

1 여호와여 어느 때까지니이까

나를 영원히 잊으시나이까
주의 얼굴을 나에게서
어느 때까지 숨기시겠나이까
2 나의 영혼이 번민하고
종일토록 마음에 근심하기를
어느 때까지 하오며
내 원수가 나를 치며 자랑하기를
어느 때까지 하리이까

저자는 시의 처음 두 절에서 '언제까지입니까?'(עַד־אָנָה)라는 질문을 네 차례나 반복하며 자신의 어려운 처지를 하나님께 호소하고 있다. 또한 이 질문이 반복될 때마다 더 절박한 감정이 추가되는 듯하다(Alter, Gerstenberger). 저자가 처음에는 하나님이 그를 잊은 것처럼 생각하지만, 하나님이 의도적으로 그를 외면하고 있으시다는 생각을 하게 되었기 때문이다(McCann).

절박한 상황에 처해 있는 기자의 유일한 소망은 그의 고통이 한순간이라도 빨리 끝나는 것이다. 사람들이 혹독한 고통에 처하면 신학적인 질문도, 윤리적인 갈등도 그다지 중요하지 않다. 오직 '이 고통이 1분이라도 빨리 멈추어 주기를 바라는 마음'뿐이다. 저자는 참으로 어려운 순간을 지나고 있다.

기자는 그가 왜 고통을 당하고 있는지 자세하게 언급하지 않는다. 다만 고통 속에서 신음하는 그를 만족스러운 눈으로 바라보는 원수가 있다는 사실만 밝힌다(2절). 이 '원수'(אֹיֵב)는 누구인가? 죽음을 뜻한다는 것이 일반적인 해석이다(Craigie, cf. 3절). 저자는 자신이 죽음의 문턱에 와 있다고 생각하는 것이다. 어떠한 일로 인해 죽음을 직면하게 되었는지 알 수는 없지만, 그는 임박한 죽음 앞에 서있는 사람처럼 절박하다.

저자는 이러한 상황에서 하나님께 아픔을 호소한다. 사실 그가 당면한 고통보다 더 아프게 느껴지는 고통은 바로 하나님의 침묵이다(1절). 기자와 하나님은 언약을 맺은 관계다. 하나님과 인간 사이에 맺어진 언약관계는 하나님이 인간을 보호해 주시는 것을 의무화한다고 할 수 있다. 문제는 저자가 이처럼 어려워하는 시기에 정작 하나님은 침묵하신다는 것이다. 아마도 저자는 '혹시 하나님이 나를 버리신 것은 아닐까?' 하는 생각에 참으로 불안하고 괴로웠을 것이다. 그러므로 그는 매우 강한 어조로 호소하며 하나님께 그와 맺으신 언약을 상기시키고자 한다. 하나님이 그와 맺으신 언약을 기억하셔야 그가 이 위기를 넘길 수 있기 때문이다.

2. 기도: "구원의 빛을 비추소서!"(13:3–4)

3 여호와 내 하나님이여
나를 생각하사 응답하시고
나의 눈을 밝히소서
두렵건대 내가 사망의 잠을 잘까 하오며
4 두렵건대 나의 원수가 이르기를
내가 그를 이겼다 할까 하오며
내가 흔들릴 때에
나의 대적들이 기뻐할까 하나이다

저자의 "[나의 어려운 형편을] 생각하소서… 응답하소서… 밝혀주소서"(3절)로 이어지는 기도는 그의 탄원을 순서대로 기록하고 있다. 그는 하나님이 그에게서 얼굴을 돌리셨다고 확신한다. 그러므로 그는 "나를 생각하소서(보소서)"라는 말로 탄식을 시작한다. 아마도 기자는 민수기 6:24에 기록된 제사장들의 축도에서 하나님의 얼굴이 주의 백성을 향하는 것이 얼마나 큰 축복인가에 대하여 잘 알고 있었을 것이다.

이어 저자는 하나님이 얼굴을 자기에게 돌리시고 자신의 기도를 응답해 달라고 호소한다. 하나님은 자기 백성들이 곤경에 처할 때 기도하면 들어주실 것이라고 약속하셨다. 그러므로 그는 하나님이 그 약속을 지키시기를 간절히 바란다.

마지막으로 저자는 "나의 눈을 밝혀 주소서"(הָאִירָה עֵינַי)라고 기도한다. 이 숙어는 '하나님의 축복을 체험한 사람의 외형적 여건'을 갖게 해 달라는 의미로 해석된다(vanGemeren). 그는 하나님이 머지않아 그의 기도에 응답하실 것을 확신하며, 하나님의 응답으로 인해 자신이 복을 누릴 것을 확신한다. 그러므로 그는 벌써부터 하나님의 축복을 경험한 사람처럼 행동하기를 원한다.

기자는 만일 자신이 하나님의 은혜를 체험하지 못하면 곧 죽음의 잠을 자게 될 것이라며 두려워한다(3절). 본문에서 죽음은 꼭 이 세상을 떠난다는 의미는 아니다. 다만 그가 처한 상황이 죽음을 맞이하는 것처럼 어려워질 것이라는 뜻이다. '원수'가 죽음을 의미한다는 해석을 근거로 '나의 원수들'(צָרַי)(4절)도 죽음에 대한 은유라고 하는 학자들도 있지만(Davidson), 이 복수형은 저자를 미워하고 싫어하는 실제적인 적들로 해석하는 것이 바람직하다(cf. Goldingay, McCann). 이 시의 저자가 왕이라고 생각하는 한 주석가는 이 왕이 맞은 위기는 쿠데타이며, 원수들은 이 쿠데타를 기뻐하는 자들이라고 한다(Terrien). 그러나 본문을 이처럼 구체적으로 읽을 만한 증거는 없다.

하나님의 은혜가 속히 저자에게 임하지 않으면 그는 '흔들리게 될 것'(מוט)이라고 한다(4절). 자신이 감당하고 있는 짐이 너무나도 무거워 비틀거리다가 쓰러지는 것을 의미하는 단어다(HALOT, cf. 38:17). 저자는 한계에 도달해 있다. 그는 최대한 사람이 감당할 수 있는 만큼의 삶의 무게를 견디고 있다. 하나님이 속히 개입하지 않으시면 그는 더 이상 버틸 수가 없다.

3. 소망: "내가 주님을 노래하리라!"(13:5-6)

[5] 나는 오직 주의 사랑을 의지하였사오니
나의 마음은 주의 구원을 기뻐하리이다
[6] 내가 여호와를 찬송하리니
이는 주께서 내게 은덕을 베푸심이로다

비록 저자가 매우 큰 고난을 경험하고 있지만, 그는 결코 하나님을 포기하지 않는다. 그는 하나님의 변함없는 '[언약적] 사랑에'(בְּחַסְדְּךָ) 자신을 맡긴다(5절, cf. deClaissé-Walford et al.). 그가 경험하고 있는 문제들이 결코 하나님과 그의 언약적 관계를 파괴할 수는 없다. 그러므로 하나님의 언약적 사랑의 끈끈함을 믿고 그는 문제들 앞에서 "비록 상황이 절망적일지라도 내가 하나님을 의지하리라"고 선언한다.

"나의 마음은 기쁨에 넘칠 것입니다… 주께 찬송 드리겠습니다"(5-6절, 새번역)는 3-4절에 기록된 기도의 연속이다. 저자는 이 노래를 시작할 때와는 너무나도 대조적인 확신으로 노래를 끝맺고 있다. 문제가 해결된 것이 아닌데(cf. deClaissé-Walford et al.), 이처럼 확신에 찬 고백으로 노래가 마무리되는 것이 경이롭다.

완전히 절망적인 상황에서도 끝까지 하나님을 의지하며 그를 찬양하는 기자의 모습이 참으로 대단하고 부럽다. 확신이 있기는 하지만, 결코 사라지지 않는 고통을 바라보며 이 노래를 부르는 기자의 눈에는 아마도 이슬이 고였을 것이다. 이 시는 한 성도가 눈물로 부른 확신의 노래다. 스펄전(Spurgeon)은 '눈물은 액체 기도'라고 했다. 우리의 눈물은 기도와 찬양이 되어 하나님의 보좌를 두드린다.

제14편

다윗의 시, 인도자를 따라 부르는 노래

I. 장르/양식: 개인 탄식시(cf. 3편)

이 시를 회중 탄식시로(Bellinger), 혹은 지침시(Brueggemann & Bellinger, deClaissé-Walford et al.), 혹은 지혜시로 구분하기도 한다(Bennett, Craigie, Terrien). 그러나 이 시가 기도문이나 찬양이 아니라는 사실을 근거로 '선지자적 권면'(prophetic exhortation)으로 취급되기도 한다(McCann, cf. 4절).

이 노래는 53편에 거의 그대로 다시 등장한다. 차이는 이 노래는 하나님의 이름으로 '여호와'(יְהוָה)를 사용하는 반면, 53편은 '엘로힘'(אֱלֹהִים)을 사용한다.

II. 구조

이 노래의 구조를 파악하는 것은 쉬운 일이 아니다. 가장 간단하게는 두 파트로(Craigie), 자세하게는 다섯 파트로 나누기도 한다(Terrien). 다음은 네 파트로 구분하는 밴게메렌(vanGemeren)의 제안이다.

A. 어리석은 자(14:1)

B. 하나님의 관점(14:2-3)

B′. 선지적 관점(14:4-6)

A′. 의인의 소망(14:7)

그러나 4절은 의인들을 희생시키는 악인들을 비난하는 것에 반해, 5-6절은 하나님이 의인과 함께하시며, 그들의 피난처가 되심을 강조한다. 그러므로 4절과 5-6절은 따로 취급하는 것이 합리적이다. 이 시를 다음과 같이 다섯 파트로 구분해 주해하고자 한다(cf. Terrien).

A. 악인의 세계관(14:1)

B. 선한 사람들이 사라짐(14:2-3)

C. 악인들이 의인을 핍박함(14:4)

B′. 선한 사람들 보존(14:5-6)

A′. 의인의 세계관(14:7)

III. 주해

이 시의 내용은 12편과 상당히 비슷하다. 기자는 악이 성행하는 세상에 대한 사람의 관점과 하나님의 관점을 대조하고 있다. 어리석은 악인들은 악한 짓을 하고 나서 하나님의 즉결 심판이 곧바로 그들에게 임하지 않자 아예 하나님이 없다고 착각한다. 하나님이 심판을 보류하시자 그들은 세상에 심판하시는 하나님은 존재하지 않는다고 결론을 내린 것이다.

사실은 하나님이 하늘에서 악인들의 일거수일투족을 지켜 보신다. 또한 하나님은 세상을 살아가는 의인들 중에 계시며 그들에게 피난처가 되어 주신다. 단지 악인들에 대한 심판이 하나님의 계획에 따라 잠시 지연되는 것뿐이다. 이 시가 언급하고 있는 심판은 세상이 끝나는 날에 실현될 것이다(cf. deClaissé-Walford et al.).

1. 악인의 세계관(14:1)

> [1] 어리석은 자는 그의 마음에 이르기를
> 하나님이 없다 하는도다
> 그들은 부패하고 그 행실이 가증하니
> 선을 행하는 자가 없도다

'어리석은 자'(נָבָל)는 단순하거나 정신적으로 부족한 사람을 뜻하는 것이 아니다(Goldingay, Terrien, vanGemeren). 무신론자를 뜻하는 것도 아니다. 시편과 지혜문헌에서 '어리석은 자'는 악인과 비슷한 말이다. 머리가 영특하고 많은 지식을 지녔을지라도 하나님과 삶에 대하여 별로 아는 것이 없는 사람을 의미한다(Davidson, McCann). 그러므로 이 단어(נָבָל)는 윤리적인 결함을 강조하는 단어다(cf. HALOT). 어리석은 사람은 마음속에서 하나님을 제거한 사람이다(cf. 삼하 13:13, 시 74:18, 22, 잠 1:7). 하나님이 없는 그들의 삶에는 선행도 없다. 그러므로 기자는 1–2절에서 '없다'(אַיִן)는 단어를 네 차례나 사용하여 하나님이 없으면 선행도 없다는 사실을 강조한다. "하나님이 없다…선을 행하는 자가 없다…선을 행하는 자가 없다…하나도 없다."

선지서에서 어리석은 사람들은 하나님을 두려워하지 않고, 사회적 약자들을 박해하고 착취하여 부를 축적하는 자들이다(cf. 사 32:4–7; 렘 17:11). 신명기는 어리석은 사람들은 하나님은 의로우시고 신실하신 분이라고 고백하면서도 정작 자신들의 삶에서는 이것들을 무시하는 자들이라고 한다(신 32:6). 그러므로 성경은 삶과 고백이 동떨어진 자들을 어리석은 사람들이라고 한다. 잘못된 전제(前提)(하나님이 없다는 생각)에 근거하여 잘못된 행동을 하는 자들이다(Mays). 실용적 무신론자들(practical atheists)인 것이다(Whybray). 그들은 지혜가 없다(하나님을 지적(知的)으로 인정할 뿐 하나님의 말씀과 지혜를 삶에 적용하지 않는다). 지혜가 있었더라면 그들은 하나님을 삶의 중심에 두었을 것이며(cf. 2절), 연약한 사람들을 돌보았을 것이다(41:1). 그러나 어리석은 자들은 부패하고 행실이 가증해서 선을 행하지 않는다. 그들은 세상에 심판하시는 하나님은 없다고 확신하기 때문이다(cf. 시 10:4).

2. 선한 사람들이 사라짐(14:2-3)

2 여호와께서 하늘에서 인생을 굽어살피사
지각이 있어 하나님을 찾는 자가 있는가 보려 하신즉
3 다 치우쳐 함께 더러운 자가 되고
선을 행하는 자가 없으니 하나도 없도다

기자가 말하는 '하나님이 없다'고 하는 어리석은 사람들은 무신론자들이 아니라 이신론(異神論)을 주장하는 사람들이다. 그들에게는 "하나님은 계시지만, 그분은 이 세상에서 벌어지는 일에 대하여 별 관심이 없으신 분이다." 고대 근동 사회에는 어느 신을 숭배하느냐에 대한 차이는 있었지만, 오늘날 우리가 이해하는 무신론(無神論)을 지향하는 사람들은 없었다(deClaissé-Walford et al.).

악인들의 논리와는 달리 하나님은 하늘에서 어리석은 자들로 가득한 세상을 내려다보고 있으시다(2절). 또한 이신론자들이 주장하는 것처럼 하나님은 세상을 별 관심 없이 바라만 보고 있는 분이 아니다. 어리석은 사람들이 생각하는 것(심판하시는 하나님이 없다고 단정하는 일)의 정반대 상황이 세상의 실체다. 심판하시는 하나님은 관심 있게 세상을 지켜보고 계신다. 하나님은 세상을 내려다보시면서 지혜로운 자들을 찾으신다. 지혜로운 자들은 누군가? 시편 2:10-11은 지혜로운 사람은 하나님을 섬기는 자라고 했다. 본문은 [하나님을 섬기기 위하여] 주님을 찾는 사람들이라고 한다(2절). 또한 시편은 하나님을 신뢰하는 일

(9:10), 하나님을 예배하는 일(22:6-7), 하나님께 피하는 일(34:8-10, cf. 14:6)을 하나님을 찾는 것이라고 한다.

안타깝게도 세상 사람들이 모두 악의 길로 치우쳐(סוּר) 있어 하나님은 의인을 찾지 못하신다(3절). 죄는 하나님께 나아가는 길에서 치우치는 일에서 시작된다(Goldingay). 이 노래는 두 번씩이나 "선을 행하는 자가 없으니 하나도 없다"고 한다(1, 3절). 모두 '더러운 자/부패한 자(אלח)들'이기 때문이다. 이 동사의 사용은 홍수 전 노아 시대를 연상시키는 말이다(cf. 창 6:12). 또한 온 인류가 함께 공모하여 바벨탑을 쌓을 때 보여 주었던 악행을 생각하게 한다(cf. 창 11:1-9). 광야에서 이스라엘이 금송아지를 숭배한 사건도 인간의 썩어빠짐을 보여 주는 일이다(출 32:8).

이스라엘의 역사와 인류 역사는 "선을 행하는 자가 없으니 하나도 없다"는 말씀이 전혀 부정할 수 없는 사실이라는 결론을 내리게 한다. 예레미야도 예루살렘에 의인 한 사람만 있어도 벌을 내리지 않으시겠다는 하나님의 말씀을 듣고 찾아 나섰다가 한 명도 찾지 못하여 절망한 적이 있다(cf. 렘 5장). 사도 바울은 1-3절을 인용하여 죄의 노예가 되어 있는 온 인류의 전반적인 상황을 묘사한다(롬 3:11-18).

3. 악인들이 의인을 핍박함(14:4)

4 죄악을 행하는 자는 다 무지하냐
그들이 떡 먹듯이 내 백성을 먹으면서
여호와를 부르지 아니하는도다

저자는 주의 자녀들이 이 땅에서 얼마나 힘들고 어려운 삶을 사는가를 잘 안다. 악인들이 그들을 밥을 먹듯이 먹으려 하기 때문이다. 저자가 사용하는 이미지는 당시 사람들이 식사 때마다 먹는 빵을 먹는 모습이다(Ross, cf. 믹 3:1-3). 악인들은 마치 끼니 때마다 음식을 먹듯이 주의 백성들을 먹어 치운다(착취하고 괴롭힘)는 뜻이다.

악인들은 하나님이 살아계시고 세상을 정의와 공의로 다스리신다는 사실을 인정하지 않는 실용적 무신론자들이다. 그러므로 그들은 연약하고 힘없는 사람들을 착취하고 약탈하는 일을 서슴지 않는다. 악인들은 이런 짓을 하면서 희생당하는 사람들의 하나님을 부르지 않는다. 당연하다. 하나님을 부르면 그들이 심판을 피할 수 없을 것이기 때문이다. 그들은 마치 하나님이 존재하지 않는 것처럼 행동한다. 만일 그들이 하나님을 부를 수 있는 영성이 있는 자들이었다면 분명 회개했을 것이고, 하나님을 믿었을 것이다.

4. 선한 사람들 보존(14:5-6)

5 그러나 거기서 그들은 두려워하고 두려워하였으니
하나님이 의인의 세대에 계심이로다
6 너희가 가난한 자의 계획을 부끄럽게 하나
오직 여호와는 그의 피난처가 되시도다

세상에는 선한 사람이 하나도 없다고 하던 저자가(1, 3절) 5절에 와서는 '의인 세대'(דוֹר צַדִּיק)를 언급하는 것을 모순이라고 생각하는 학자들이 많다. 그러나 본문은 악인들에게 희생당하는 사람들을 의인들이라고 한다. 의인은 악인들의 폭력에 억울하게 희생당하는 사람들을 뜻하는 것이다. 또한 성경은 사람이 선을 행해서가 아니라, 그가 하나님과 맺은 특별한 관계를 통해 의롭게 된다고 한다. 이러한 맥락에서 우리도 의인이라고 인정받았지만, 마음껏(하나님의 기준 만큼) 선하게 살지는 못하고 있지 않은가!

이 세상은 어리석은 자들(악인들)과 하나님의 전쟁터다. 하나님과 악인들은 한 부류를 중간에 놓고 싸운다. 하나님의 백성들, 특히 그들 중 가장 가난하고 힘없는 사람들을 놓고 싸운다. 악인들은 그들을 착취하고 짓밟으려 하고, 하나님은 악인들의 손에서 그들을 보호하고 구원하신다. 결과는 뻔하다. 어찌 사람이 하나님을 상대로 이길 수 있겠는가! 또한 악인들은 하나님이 가난하고 힘없는 의인들을 보호하실 뿐만 아니라, 그들 중에 거하신다는 사실을 두려워한다(5절).

세상이 아무리 악하고 악인들이 성행하는 사회라 할지라도 하나님이 함께하시는 의인의 '세대'(דּוֹר)는 항상 있다. 때로는 이 세대의 규모가 매우 작을 수도 있다. 그러나 결코 끊기지는 않는다. 또한 하나님은 대다수가 아닌 이 소수의 의인 세대를 사용하시어 자신의 역사를 펼치신다. 그러므로 우리는 항상 이 세대에 속하도록 노력해야 한다.

하나님을 두려워하지 않는 악인들은 가난한 사람들을 희생시키고 착취한다. 그들은 자신들의 잇속을 채우기 위해서 다른 사람들의 인권과 권리를 짓밟는 것을 매우 쉽게 생각한다. 반면에 하나님은 악인들이 핍박하는 가난한 사람들을 보살피고 보호하기 위하여 기꺼이 그들의 피난처가 되신다(6절). '피난처'(מַחְסֶה)는 광풍 등 위험한 날씨에서 사람들과 짐승들이 피하는 처소를 뜻한다(Goldingay, Terrien, cf. HALOT). 이런 면에서 세상은 무모한 싸움이 치열하게 진행되는 무대다. 하나님과 악인들의 싸움의 결과는 뻔하다. 그러므로 무모한 싸움이다. 그런데도 악인들은 포기할 줄 모른다. 악인들이 포기할 줄 모르고 하나님의 자녀들을 공격하니, 성도들이 이 순간을 견디어 내기가 참으로 힘들다. 다행히 하나님은 자신을 이 '험난한 세상 날씨'에서 우리가 피할 수 있는 피신처로 내어 주신다.

5. 의인의 세계관(14:7)

7 이스라엘의 구원이 시온에서 나오기를 원하도다
여호와께서 그의 백성을 포로된 곳에서 돌이키실 때에

야곱이 즐거워하고 이스라엘이 기뻐하리로다

비록 세상이 악인들이 성행하는 곳이 되었지만, 그들은 결코 이 세상을 장악하지는 못할 것이다. 하나님이 절대 허락하지 않으실 것이기 때문이다. 사실 악인들은 두려워하고 있다(cf. 5절). 이 세상은 의의 하나님의 소유물이며 언젠가는 자신들이 저지른 죄에 대한 대가를 치러야 한다는 사실도 알고 있다. 이러한 사실을 포착하는 순간 시인은 기도한다. "하나님 이스라엘을 구하시옵소서." 그런데 "구원이 시온에서 나오기를 원하도다… 그의 백성을 포로된 곳에서 돌이키실 때"는 무슨 뜻인가? 시온은 하나님이 거하시는 곳이기 때문에 그곳에서 구원[하나님]이 나오는 것은 특별한 의미가 없을 수도 있다. 그러나 백성을 포로된 곳에서 돌이키는 것은 바빌론에 끌려가 포로로 살고 있는 사람들을 본국으로 돌아가게 해달라는 간구일 수도 있다. 그러므로 많은 학자들이 이 구절을 누군가가 포로 시대 때 삽입한 것으로 간주한다(Goldingay, McCann, Perowne, cf. 겔 16:53, 습 2:7).

시인은 이 노래를 통해 악인이 성행하는 세상에서 의인이 무엇을 보고 어디서 위로를 얻어야 할 것인가를 제안한다. 비록 우리 피부에 당장 느껴지지는 않더라도 하나님은 매우 관심 있는 눈으로 이 세상을 바라보고 있으시다. 하나님은 꾸준히 의인을 찾으시며 의인의 편이시다.

하나님은 가난하고 비천한 사람들을 놓고 악인들과 싸우고 계신다. 결과는 뻔하지만, 포기를 모르는 악인들이 필사적으로 하나님과 다툰다. 그렇다 보니 우리가 기대하는 것처럼 신속하게 싸움이 끝나지 않는다. 그러므로 결과가 당장 보이지 않는 것이 하나님과 악인들 사이에 끼어 있는 우리에게는 문제가 될 수 있다. 우리는 여호와는 정의의 하나님이시기 때문에 주님의 구원의 손길을 바라며 기도해야 한다. 언젠가는 우리를 속박하고 억압하는 모든 것에서 풀려나 자유하게 해 달라고 기도해야 한다.

제15편
다윗의 시

I. 장르/양식: 입성시(entrance liturgy)

이 시는 지혜 사상의 영향을 받은 지혜시로 간주되기도 하고(Dahood, cf. Goldingay), 언약 갱신시(royal covenantal renewal psalm)로 구분되기도 한다(Koole). 그러나 대부분 학자들은 성도들이 성전에 들어갈 때 부른 입성시(entrance liturgy)로 간주한다(Anderson, Brueggemann & Bellinger, Day, deClaissé-Walford et al., Gunkel, McCann, Ross, cf. 사 33:13-16, 미 6:6-8).

II. 구조

이 노래는 다음과 같이 세 파트로 구성되어 있다(cf. Craigie, Davidson, deClaissé-Walford et al., McCann, vanGemeren). 시의 흐름도 매우 간략하고 단순하다.

A. 질문(15:1)
B. 대답(15:2-5b)
C. 약속(15:5c)

III. 주해

이 노래는 어떤 사람이 성전에 들어가 하나님께 예배를 드릴 수 있는가를 묻는 질문으로 시작한다. 저자는 열 가지의 조건을 제시하며 이러한 조건을 갖춘 사람은 결코 흔들리지 않을 것이라는 확신으로 끝을 맺는다. 이스라엘을 포함한 고대 근동 문화권에서는 사람이 성전/신전에 들어가려면 충족시켜야 하는 조건들이 있었다(Day, McCann, Terrien, cf. 신 23:1-8, 대하 23:19).

1. 질문(15:1)

[1] 여호와여
주의 장막에 머무는 자 누구오며
주의 성산에 사는 자 누구오니이까

'주의 장막에'(בְּאָהֳלֶךָ)는 '당신의 장막에'란 뜻이다. '주의 성산에'(קָדְשֶׁךָ בְּהַר)도 '당신의 거룩한 산'이다. 그러므로 저자는 이 질문들을 하나님께 직접 하고 있다. 그렇다면 이 질문의 의도는 "하나님, 누가 하나님과 함께 있을 수[살 수] 있습니까?"이다. 그러므로 이 질문은 '누구'(who)보다는 '어떤 사람'(what kind of person)이 하나님과 함께 있을 수 있는가를 묻는다.

어떤 삶을 살아온 사람이 하나님과 머물 수 있는가? '머물다'(גור)는 '유숙하다/체류하다'(HALOT)는 뜻을 지녔으며 잠시 함께한다는 의미를 지녔지 영구적으로 머문다는 뜻이 아니다. 저자가 이 동사를 사용하는 것은 세상 그 누구도 하나님과 함께 살 자격은 없으며, 소수가 하나님과 잠시 머물 수 있는 것은 하나님이 은혜로 그들에게 '짧은 체류'를 허락하셨기 때문이라는 사실을 암시한다(Goldingay, McCann, cf. 5:7).

이 질문은 순례자들이 예루살렘으로 가는 도중에 서로를 향해서 계속 반복했던 질문이었다. 그렇다면 이 질문을 반복하며 시온 산을 오르는 순례자들은 주님을 뵙기 위해서라도 앞으로 더 경건하고 의로운 삶을 살아야겠다는 각오를 다졌을 것이다.

드디어 순례자들이 성전 앞에 도착했을 때, 그들은 성전 문을 통과하기 전 다시 한번 서로에게 물었을 것이다. 하나님을 예배할 수 있는 사람은 어떤 사람인가? 이 질문의 핵심은 모든 사람이 하나님을 예배할 수 있는 것은 아니라는 사실이다. 하나님은 소수에게만 주님을 예배할 수 있는 특권을 주셨다. 그러므로 사람들이 원한다고 해서 모두 하나님을 예배할 수 있는 것은 아니다. 하나님이 그들의 예배를 받지 않으시기 때문이다.

2. 대답(15:2-5b)

2 정직하게 행하며
공의를 실천하며
그의 마음에 진실을 말하며
3 그의 혀로 남을 허물하지 아니하고
그의 이웃에게 악을 행하지 아니하며
그의 이웃을 비방하지 아니하며
4 그의 눈은 망령된 자를 멸시하며
여호와를 두려워하는 자들을 존대하며
그의 마음에 서원한 것은 해로울지라도 변하지 아니하며
5 이자를 받으려고 돈을 꾸어 주지 아니하며
뇌물을 받고 무죄한 자를 해하지 아니하는 자이니

본문의 내용을 살펴보면 열 가지가 아니라 열한 가지 조건이 제시되는 듯하다(2절에 3개, 3절에 3개, 4절에 3개, 5절에 2개). 그러나 4절이 실제로는 세 가지가 아니라 두 가지 조건을 언급하고 있다. '망령된 자를 멸시하는 눈'(4절)은 다른 열 가지와 구별된다. 저자가 언급하고 있는 열 가지 조건은 모두 행동적/실천적이다. 반면에 '망령된 자를 멸시하는 눈'은 어떤 행동을 실천으로 옮기는 것이라기보다는 비판적인 시각을 의미한다. 그러므로 학자들은 이 문구와 다음 문구를 한 행동으로 취급한다. "그의 눈은 망령된 자를 멸시하며, 여호와를 두려워하는 자들을 존대한다." 이렇게 하면 본문은 '성전 입장 십계명'이 될 수 있기 때문이다.

저자는 하나님과 함께할 수 있는 사람(성전에 입장할 수 있는 자격을 지닌 사람)의 평상시 삶을 열 가지로 정의한다(Craigie, Davidson, Mowinkel). 숫자 10을 사용하는 것이 입성시의 기본적인 형태는 아니다. 24편은 네 가지 조건을 말하는가 하면, 이사야 33:14-16은 여섯 가지 조건을 나열한다. 게다가 이미 언급한 것처럼 4절은 둘이 아니라 셋으로도 구분될 수 있는 여지를 지니고 있다.

또한 이곳에 나열된 열 가지만 중요한 것이 아니라, 본문이 언급하지 않는 조건들도 매우 중요할 수 있다는 사실을 기억해야 한다(Kidner, Ross, cf. deClaissé-Walford et al.). 예를 들자면 이 노래는 경건생활이나 제물을 드리는 일에 대하여 어떠한 언급도 하지 않는다. 그러나 우리는 하나님과 지속적으로 관계를 유지하려면 성경 다른 곳에서 언급한 이러한 것들이 얼마나 중요한가에 대하여 잘 알고 있다. 기자는 경건생활과 헌금의 중요성 등을 부인하는 것이 아니라, 이것들이 필수적임을 전제하고 노래를 진행한다(Davidson). 그러므로 이 노래는 하나님의 백성들이 삶에서 추구하고 적용하려고 노력해야 하는 하나님의 윤리적인 요구 열 가지를 간추려 제시한다(cf. McCann). 이 열 가지는 하나님이 자기 백성에게 요구하시는 모든 윤리적 기준을 상징(representative)한다.

성전에 들어갈 수 있는 열 가지 조건 들 중 다섯 가지는 긍정적인 것들이며(2, 4절), 다섯 가지는 부정적인 것들이다(3, 5절). 다음 도표를 참조하라(cf. Auffret, Brueggemann & Bellinger, Craigie, Terrien).

긍정적인 조건	부정적인 조건
2절 정직하게 행하는 사람 공의를 실천하는 사람 진실을 말하는 사람	3절 혀로 남을 비난하지 않는 사람 악을 행하지 않는 사람 비방하지 않는 사람
4절 하나님의 자녀들을 귀하게 여기는 사람 서원을 지키는 사람	5절 이자를 받지 않는 사람 뇌물을 받지 않는 사람

저자는 2절에서 하나님을 경외하는 삶의 가장 기본적인 요소들을 나열하고 있다. '정직하게 행하는 것'(הוֹלֵךְ תָּמִים)은 신명기 18:13에서 이스라엘과 하나님의 관계를 정의하는 데 사용된다. "너는 네 하나님 여호와 앞에서 완전하라"(תָּמִים). 정직한 삶은 성도와 하나님의 관계에서 필수적이다. 결코 완벽하지는 못하더라도 완벽성을 끊임없이 추구하는 삶이다(cf. 18:24, 101:2, 6; 119:1).

의인들이 피해야 할 것들을 3-4절이 구체적으로 제시하고 있다. 남을 헐뜯거나 비방하는 말을 하지 말며, 악에게 'no'로 대답하고 하나님을 경외하는 자에게 'yes'로 화답하라는 것이다. 이 권면의 핵심은 주의 자녀들은 각자 자기 말에 책임을 져야 한다는 것이다. 저자는 무책임한 말은 악이 될 수밖에 없다고 한다.

5절은 사회의 기반을 흔들어 놓을 수 있는 두 가지 악을 언급한다. 높은 이자를 받고 돈을 빌려주는 것과 뇌물을 수수하는 것. 여기서 사용되는 '이자'(נֶשֶׁךְ)는 단순히 이자일 수도 있지만(NRS, NAS, TNK) 고리(高利)를 적용하는 것을 금한다는 해석도 있다(Davidson, vanGemeren). 성경은 주의 백성들끼리 이자를 받기 위하여 돈을 빌려주는 일을 금한다. 그러나 주의 백성이 이방인들에게 돈을 빌려줄 때는 이자를 받는 것이 허용되었다(신 23:19-20).

하나님이 이스라엘 사람들끼리 서로 이자를 받으며 돈을 빌려주는 것을 금하셨던 것은 대부분 가난한 사람들이 돈을 빌리게 될 텐데, 그들이 이자를 갚느라 더 큰 빚을 지게 되는 것을 염려해서다. 또한 서로가 어려울 때는 형제애를 발휘하라는 의도도 '무이자 대출' 원리에 서려 있었다. 안타깝게도 시간이 지나면서 하나님의 선한 바람은 무시되었으며, 이스라엘 사람들이 서로에게 일년에 50퍼센트까지 이율을 요구했던 기록이 남아 있다(cf. deClaissé-Walford et al.). 포로기 이후 시대를 살던 예루살렘 사람들에게도 이러한 문제가 있어 느헤미야가 매우 화를 내며 그들을 야단친 적이 있다. 원리적으로 생각할 때 기독교의 가치관이 실현되는 사회에서는 가난한 사람들과 가장 연약한 사람들에게는 돈을 빌려주고 이익을 취하지 말라는 의미로 해석될 수 있다.

뇌물은 설명이 필요 없는 사회적 악이었으며 부조리였다. 모든 사회의 기초는 공정성 위에 세워져야 오래 간다. 그런데 뇌물은 이러한 공정성을 무너뜨리는 행위다. 신명기 16:20은 "너는 마땅히 공의만을 따르라. 그리하면 네가 살겠고 네 하나님 여호와께서 네게 주시는 땅을 차지하리라"고 기록하고 있다.

사회의 정의가 지켜지는 한 그 사회의 약자들이나 소외 계층이 약탈당할 일은 없다. 또한 성경은 하나님이 의로운 재판장이심을 지속적으로 강조한다(cf. 7:11). 하나님을 사랑하는 공동체는 진리와 공의가 도덕적 기준의 두 기둥으로 굳건하게 서 있는 집단이다. 이러한 공동체가 공의와 진리의 하나님을 섬긴다고 말하면서 진리와 공의를 실현하는 일에는 소극적이라면 심각한 모순이다.

이 열 가지는 십계명을 연상시킨다. 그러므로 '성전 입장 십계명'으로 불러도 괜찮다. 고대 사회에서 아이들에게 이 열 가지를 가르칠 때에는 열 손가락이 모두 동원되어 그들의 기억을 도왔을 것이다.

3. 약속(15:5c)

이런 일을 행하는 자는
영원히 흔들리지 아니하리이다

앞 섹션에서 언급된 열 가지 원칙을 삶에서 추구하는 사람은 결코 하나님께 버림받지 않을 뿐만 아니라 하나님이 그들을 보호하실 것이다. 의인은 여호와의 거룩한 산에 거할 수 있다고 했다(1절). 그는 이 세상을 살아가는 동안 어려운 일을 당할 수 있다. 종종 그의 삶이 '흔들릴' 수도 있는 것이다. 그러나 하나님은 그가 영원히 흔들리는 것을 용납하지 않으실 것이다. 하나님은 의인이 처할 수 있는 어려움에서 보호하시겠다고 약속하신다(cf. 16:8). 그러나 의인이 겪을 수 있는 모든 어려움에서 그를 보호하신다는 뜻은 아니다. 하나님은 그가 '영원히 흔들리지 않도록' 보호하실 것이다.

본문에서 사용되는 동사 '흔들리다'(מוט)는 13:4에서 사용된 적이 있다. "내가 흔들릴 때(מוט)에 나의 대적들이 기뻐할까 하나이다." 이제 본문은 의인은 영원히 흔들리지 않을 것이라고 한다. 무엇이 이러한 확신을 주었는가? 하나님이 의인의 세대에 계시기 때문이다(14:5). 그러므로 일부 학자들은 이 시들(13-15편)이 "흔들리다-함께하신다-흔들리지 않는다"의 흐름을 보이며 서로 연결되어 있다고 생각한다(McCann).

이 노래는 하나님을 예배할 수 있는 사람의 자격에 대하여 말한다. 또한 의와 진리의 하나님을 경배하는 사람들은 끊임없이 자신을 돌아보며 근신하라는 권면이 포함되어 있다. 우리의 일상생활이 우리의 예배를 뒷받침해 주어야 한다는 의미다. 누가 하나님의 집에 들어가기에 합당한 사람인가? 공의와 진리로 살아가는 사람들이다.

제16편

다윗의 믹담

I. 장르/양식: 개인 탄식시(cf. 3장)

하나님께 도움을 청하는 이 노래는 탄식시처럼 시작한다(1절). 그러나 이후 내용은 탄식시 같지 않다. 그러므로 학자들은 이 시의 장르에 대하여 다양한 제안을 했다.

일부 학자들은 이 노래를 확신시(psalm of confidence)(Craigie, Gerstenberger, vanGemeren)로 혹은 신뢰시(psalm of trust)로 구분한다(Broyles, McCann, Ross). 이 시는 한 레위 제사장이 하나님을 향하여 부른 충성의 노래(psalm of pledge)라고 하기도 하고(Kraus, cf. McCann), 여호와 종교로 개종한 한 가나안 사람이 여호와께 신앙을 고백하는 것이라는 추측도 있다(Dahood). 이 노래의 내용이 개인 탄식시로 보기에는 관점이 매우 다양하다는 뜻이다.

하나님께 도움을 호소하는 부분이 1절에 기록되어 있기는 하지만, 이 노래는 어떠한 위기를 맞은 사람이 하나님을 향하여 도움을 청하는 것이 아니라, 평범한 일상에서 하나님께 확신을 고백하는 것으로 이해하는 것이 가장 기본적이고 바람직해 보인다. 한 학자는 이 시가 고대 이스라엘에서 감당했던 역할을 기독교의 '사도신경'(Apostle's Creed)에 비유한다(Gerstenberger).

II. 구조

이 노래는 가장 간단하게는 다음과 같이 세 파트로 구분된다(Craigie). 이 노래를 세 파트로 구분하면서도 1-4절, 5-8절, 9-11절로 구분하는 주석가도 있다(Ross).

A. 서론(16:1)

B. 친구의 발언(16:2-4a)

C. 확신의 노래(16:4b-11)

가장 자세하게는 다음과 같이 여섯 섹션으로 구분하는 것이다(Terrien). 이와 비슷하게 처음 네 섹션은 같고, 마지막 두 섹션을 하나로 합하여(9-11절) 다섯 파트로 구분하는 구조도 있다(deClaissé-Walford et al.).

A. 일시적인 행복(16:1-2)

B. 광적인 의식 비난(16:3-4)

C. 후하게 주시는 여호와(16:5-6)

C'. 보호하시는 여호와(16:7-8)

A'. 현재의 기쁨(16:9-10)

A". 영원한 행복(16:11)

위 구조에서 처음 두 섹션(1-2절과 3-4절)을 하나로 묶고, 마지막 두 섹션(9-10절과 11절)을 하나로 묶어 다음과 같이 네 파트로 구분하여 주해해 나가고자 한다. 밴게메렌(vanGemeren)도 이 시를 네 섹션으로 구분하는 점에서는 동일하지만, 각 섹션의 내용과 구조에 있어서는 상당한 차이를 보인다(cf. vanGemeren).

A. 나의 피난처가 되신 여호와(16:1-4)

B. 내게 기업을 주신 여호와(16:5-6)

B′. 내게 후견자 되신 여호와(16:7-8)

A′. 나의 기쁨이 되신 여호와(16:9-11)

III. 주해

저자가 어떤 특별하고 구체적인 어려움에 처해 있기 때문에 하나님을 찾는 것은 아니다. 그는 평범한 상황에서 하나님에 대한 자신의 고백을 노래한다. 이러한 이유에서 많은 학자들이 이 노래를 탄식시로 분류하지 않는다. 또한 이 노래가 교훈을 위하여 돌이나 토판에 새겨진 글을 뜻하는(Goldingay) '믹담'(מִכְתָּם, cf. HALOT)으로 불리는 것도 이러한 해석을 뒷받침하는 듯하다(cf. 시 56-60편).

기자는 자신은 살아서나 죽어서나 오직 하나님만을 찬양할 것이라고 고백한다. 그는 또한 하나님을 신뢰하면 어떠한 이득이 생기는가를 노래한다. 저자는 자신이 삶에서 경험한 하나님의 선하심을 회상한다. 그는 도움을 청하는 기도로 시작해서 주님의 선하심을 묵상한 다음, 앞으로도 하나님이 그와 함께하실 것을 확신하는 내용으로 노래를 마친다.

1. 나의 피난처가 되신 여호와(16:1-4)

[1] 하나님이여
나를 지켜 주소서
내가 주께 피하나이다
[2] 내가 여호와께 아뢰되
주는 나의 주님이시오니
주 밖에는 나의 복이 없다 하였나이다
[3] 땅에 있는 성도들은 존귀한 자들이니

나의 모든 즐거움이 그들에게 있도다
4 다른 신에게 예물을 드리는 자는 괴로움이 더할 것이라
나는 그들이 드리는 피의 전제를 드리지 아니하며
내 입술로 그 이름도 부르지 아니하리로다

이 노래의 특징은 평안한 상황을 배경으로 하고 있다는 점이다. 많은 시들이 절박한 상황을 묘사하는 것에 비하면 상당히 예외적이라 할 수 있다. 평안한 상황에서도 시인은 "하나님이여, 나를 지켜 주소서. 내가 주께 피하나이다"라는 간절함으로 노래를 시작한다(1절, cf. 17:8, 25:20, 86:2, 140:5, 141:9). 일부 학자들은 주께 피하는 것을 기자가 성전을 찾아 성전에 있는 피난처로 피한 것으로 해석하지만(Brueggemann & Bellinger, Kraus), 주께 피한다는 것은 일상적으로 하나님을 신뢰하고 의지한다는 뜻이다(cf. Craigie, McCann). 기자의 간절함은 신앙이 어떤가를 잘 보여 주고 있다.

믿음은 어렵고 힘이 들 때만 하나님께 피하는 것이 아니다. 즐겁고 평안할 때에도 주님을 찾는 일이야말로 참으로 건강한 믿음이다. 우리가 평안할 때에도 하나님을 찾는 것은 우리의 연약함을 인정하는 것이며, 오직 하나님 안에서만 참평안을 찾을 수 있다는 신앙의 고백이 되기 때문이다. 그러므로 주의 자녀들은 슬플 때뿐만 아니라 기쁠 때에도 하나님을 찾아야 한다.

2-4절을 말하는 이(speaker)가 누구인가에 대하여 상당한 논란이 있다. 왕 혹은 제사장이 선포하는 것이거나 저자의 친구가 말하는 것이라는 해석도 있지만, 계속 저자가 말하고 있는 것으로 보는 편이 가장 무난해 보인다. 기자가 여호와께 드리는 고백이 계속되고 있는 것이다.

저자는 여호와께 "당신은[강조형] 나의 주인이십니다"(אֲדֹנָי אַתָּה)라고 한다(2절). 자신은 참으로 하나님의 종이라며 하나님의 자신에 대한 소유권을 인정하는 고백이다. 주인이 종을 원하는 대로 사용하는 것처럼, 하나님이 그를 원하시는 대로 사용해도 좋다는 말이기도 하다. 저자가 하나님께 이러한 고백을 하게 된 이유는 그가 자신의 삶을 돌아보니 하나님 외에는 그 어떠한 것도 '복'(טוֹבָה)이 될 수 없다는 사실을 깨달았기 때문이다(2절). '복'(טוֹבָה)의 더 정확한 의미는 '선한 일/행복'이다(HALOT). 저자는 하나님을 알고 섬기는 일이 그의 삶에서 가장 큰 행복이고 가장 선한 일이라고 고백하고 있는 것이다. 우리도 주저하지 않고 이러한 고백을 주님께 드릴 수 있으면 좋겠다.

저자는 하나님에 대한 믿음을 확인한 다음, 이 땅에 거하는 하나님의 '성도들'을 기쁨으로 삼는 일 또한 자신의 믿음의 일부라고 한다(3절). '성도들'(קְדוֹשִׁים)은 누구를 두고 하는 말인가? 주석가들은 매우 다양한 해석들을 내놓았다. 가나안 신들(Dahood, Terrien), 레위 제사장들(Kraus), 이방 종교 제사장들(NIV각주), 이방 신들(Anderson, Craigie) 등이다. 학자들이 이러한 제안을 하는 것은 이 히브리어 단어(קְדוֹשִׁים)가 일상적으로는 거룩한 성전/신전 물건과 도구들을 뜻하기 때문이다(cf. HALOT). 그러나 문맥을 감안하면 이러한 제안들은 설득력이 없다. 오직 여호와만을 경배하고 기뻐하는 저자가 우상들과 이방 신들을 기뻐한다는 것은 말이 되지 않는다.

그러므로 '주의 백성'(성도들)으로 해석하는 것이 가장 적합하다(Calvin, deClaissé-Walford et al., Goldingay, Ridderbos, cf. NIV). 성도들은 저자의 기쁨이 되는 '존귀한/영광스러운 자들'(אַדִּירִים)이다. 시편은 여호와를 영광스러운/존귀한 분이라고 노래한다(8:1, 9; 93:1, 4). 본문의 그의 성도들도 영광스러운 자들이라고 한다. 그들은 하나님의 영광을 반영하거나 지닌 사람들이기 때문이다. 기자는 성도들이 이 땅에서 형성하여 더불어 사는 공동체가 얼마나 중요한가를 강조하고자 한다. 우리가 이 공동체에 속하려고 노력할 때, 우리는 많은 것을 얻게 되며 하나님의 영광 속에 머물게 될 것이다.

오직 여호와와 그의 백성을 사랑하며 기뻐할 것이라고 다짐한 기자는 여호와 외 다른 신들에게 예물을 드리는 자들은 괴로움을 더할 뿐이라고 한다(4절). 우상숭배가 사람에게 안겨 주는 긍정적인 효과는 없으며, 오히려 고통을 더할 뿐이라는 사실을 암시한다(Terrien). 그들이 숭배하는 우상들이 인간 번제 등 매우 악하고 사람이 감당하기 힘든 의례들을 요구하기 때문이다(deClaissé-Walford et al.).

일부 학자들은 이 시가 포로기 이후 시대에 저작되었다고 하는데, 만일 그렇다면 그들은 이 노래가 우상숭배를 언급하는 상황을 설득력 있게 설명해야 한다(Anderson). 포로기 이후 시대에는 우상숭배가 이스라엘 공동체에서 더 이상 문제가 되지 않았기 때문에 굳이 우상숭배를 언급할 필요가 없기 때문이다.

'피의 전제/피로 빚은 제삿술[새번역]'(נִסְכֵּיהֶם מִדָּם)(4절)은 무엇을 의미하는가? 정확히 어떤 이방 종교의 풍습이 이 표현의 배경이 되고 있는지는 확실하지 않다. 저자가 언급하고 있는 피가 짐승 제물의 피로 해석되기도 하며(Davidson), 인간 제물의 피로 간주되기도 한다(deClaissé-Walford et al., vanGemeren). 어느 쪽이든 저자가 강조하고자 하는 바는 확실하다. "나는 이방 신(들)을 섬기지 않으리라. 나는 오직 나의 주 여호와만을 섬기리라"(cf. 2-3절).

아마도 한때 이스라엘에서 행해졌던 우상숭배나 흔히 행해졌던 종교적 복합주의(syncretism)를 비방하는 것이라고 생각한다(Craigie, deClaissé-Walford et al.). 아하스 왕과 므낫세 왕은 인간 번제를 즐긴다는 몰렉에게 자기 자식들을 불살라 바친 배교자들이다. 그들이 통치하던 시대에 이스라엘의 우상숭배는 절정에 달했다. 여호와를 섬기며 동시에 우상들을 숭배한 복합주의는 아주 오랫동안 이스라엘을 괴롭혔다. 그러므로 저자가 언급하는 '피의 전제'는 자신들은 여호와의 백성이라고 한 이스라엘에게 충격적인 이방 풍습은 아니다.

우리도 끊임없이 자신을 성찰해야 한다. 우상숭배는 단지 옛적 문제가 아니라, 현대에도 수많은 사람들을 괴롭히는 문제다. 또한 주의 백성들도 우상숭배에서 자유로울 수 없다. 언제든지 그들의 삶에서 하나님이 차지하셔야 할 자리를 다른 것이 차지하면 그것이 바로 우상숭배이기 때문이다.

2. 내게 기업을 주신 여호와(16:5-6)

5 여호와는 나의 산업과 나의 잔의 소득이시니
나의 분깃을 지키시나이다
6 내게 줄로 재어 준 구역은 아름다운 곳에 있음이여
나의 기업이 실로 아름답도다

저자는 절대 어떠한 형태로라도 이방 신들을 숭배하지 않을 것을 다짐했다. 오직 여호와 하나님만이 그의 피난처이시며(1절), 하나님이 그의 주인이시고, 오직 여호와만이 그의 행복이 되시기 때문이다(2절). 이제 그는 하나님을 믿는 사람들에게 임하는 축복과 즐거움을 노래한다.

기자는 여호와가 '나의 산업/몫'(מְנָת־חֶלְקִי)이자 '나의 잔'(כּוֹסִי)이라고 고백한다(5절). 산업/몫은 대체적으로 유산을 의미한다. 이스라엘 사람들은 가나안 땅을 하나님께 유산으로 받았다(cf. 수 13-21장). 저자는 이러한 역사적 사실에 만족하지 않고 더 나아가 하나님이 자기 몫이라고 고백한다. 아무리 좋고 귀한 것이라도 하나님에게서 떨어져 있는 것은 별 의미가 없으며, 오직 하나님 외에는 그 무엇도 그를 만족시킬 수는 없다.

'잔'(כּוֹס)은 하나님이 생명을 유지하여 주시는 것을 의미한다(Goldingay, 시 23:5). 저자에게는 하나님 자신이 그의 유산이 되시니 전혀 부족함이 없을 뿐만 아니라, 그의 생명도 보호해 주시는 분이시다. 그는 하나님 안에서 만족하는 법을 배웠으며 하나님이 모든 것을 가장 아름답게 이루어 나가신다는 사실도 배웠다. 이처럼 삶에서 얻은 교훈이 그의 삶의 바탕이 되었다.

3. 내게 후견자가 되신 여호와(16:7-8)

7 나를 훈계하신 여호와를 송축할지라
밤마다 내 양심이 나를 교훈하도다
8 내가 여호와를 항상 내 앞에 모심이여
그가 나의 오른쪽에 계시므로
내가 흔들리지 아니하리로다

하나님을 섬기는 즐거움을 노래한 저자는 여호와를 향한 충성을 다짐한다. 이 세상 그 어디에도 여호와처럼 능력이 있으시면서 자기 백성을 사랑하시고 보살피시는 분은 없으니 당연한 다짐이다. 그는 찬양과 순종을 통해 여호와께 충성할 것을 다짐한다(7절). 기자는 하나님을 사랑하고 그를 위하여 사는 것을 삶의 목표로 삼고 있기 때문에 쉽게 이방 종교에 휩쓸리지 않는다. 진리를 알았으니 어찌 거짓을 좇을 수 있겠는가!

기자를 자녀로 받아들이신 하나님은 '밤에도'(אַף־לֵילוֹת) 그에게 교훈을 주신다(7절). 밤이 복수형임을 참조할 때 '매일 밤' 혹은 '밤마다' 혹은 '가장 어두운 밤에도'(Davidson) 등을 의미한다. 매일 밤 하나님이 마치 부모가 자식을 가르치는 듯한 자상한 모습으로 그를 의지하는 사람들을 가르치신다는 뜻이다(Terrien). 하루의 치열함과 분주함이 잠잠해지는 밤이면 사람은 바쁘게 살아낸 삶에서 낮에 하지 못했던 묵상을 하게 되며, 이때 하나님이 잔잔한 음성으로 성도들의 마음에 임하시는 것을 의미한다.

저자는 하나님이 그의 양심을 통해서 교훈하신다고 하는데, '양심'(כִּלְיָה)은 사람의 콩팥을 뜻한다(HALOT). 이스라엘 사람들은 콩팥이 사람의 감정과 느낌을 결정한다고 생각했기 때문에 이러한 표현을 사용했다. 사람은 하나님의 이러한 가르침을 순종할 수도 있고 거역할 수도 있다. 시편에서는 순종과 불순종이 의인과 악인을 나누는 기준이 된다(Davidson). 하나님의 가르침에 순종하는 사람은 의인이요, 불순종하는 자는 악인이다.

하나님께 순종하기를 기뻐하는 저자는 밤마다 여호와의 말씀을 듣기 위하여 주님을 자기 앞에 모신다(8절). 저자는 자신에게 주어진 자유의지를 사용하여 하나님을 섬기고 순종하기를 원하는 것이다. 그가 바라는 대로 하나님은 그의 후견인/보호자가 되어 저자의 오른쪽에 계신다. 하나님이 그를 붙드시기 때문에 그는 흔들리지 않는다(8절). 하나님이 붙드시는 사람은 이 세상 그 어떠한 풍파에도 끄떡없다. 하나님이 그의 피난처가 되어 주시기 때문이다(cf. 1절).

4. 나의 기쁨이 되신 여호와(16:9-11)

9 이러므로 나의 마음이 기쁘고
나의 영도 즐거워하며
내 육체도 안전히 살리니
10 이는 주께서 내 영혼을 스올에 버리지 아니하시며
주의 성도를 멸망시키지 않으실 것임이니이다
11 주께서 생명의 길을 내게 보이시리니
주의 앞에는 충만한 기쁨이 있고
주의 오른쪽에는 영원한 즐거움이 있나이다

이 노래의 마지막 부분을 장식하고 있는 이 섹션이 기쁨(שמח)과 즐거움(גיל)을 두 차례씩 언급하는 것은 저자의 넘치는 감격을 잘 표현하고 있다(9, 11절). 이 두 단어가 쌍으로 사용되는 것은 저자가 경험한 하나님의 은혜에 대하여 정중하게 감사의 노래를 드리고 있음을 암시한다(deClaissé-Walford et al.).

"주의 성도를 멸망시키지 않으실 것이다"(לֹא־תִתֵּן חֲסִידְךָ לִרְאוֹת שָׁחַת)(10절)는 무엇을 의미하는가? '멸망'(שָׁחַת)은 스올과 비슷한 말이다. 그 누구도 스올에서 하나님을 찬양할 수 없는 이유는 그곳에는 생명력과 생동감이 전혀 없기 때문이다. 그러므로 저자는 자신이 하나님을 찬양하며 기뻐할 수 있는 것은 성도를 멸망시키지 않으시는(스올로 보내지 않으시는) 하나님이 그를 죽지 않도록 하셔서 이 세상에서 활기찬 삶을 살면서 주님을 찬양할 수 있는 여건을 마련해 주셨기 때문이라고 한다. 모든 영광이 그에게 호흡을 주신 하나님께 가고 있다.

저자는 하나님이 그에게 생명의 길을 보이셨다고 한다(11절). 생명의 길은 사람이 태어나서 죽을 때(영생에 이를 때)까지의 삶의 여정을 뜻한다(Muilenburg, cf. 잠 2:16-19). 하나님은 모든 사람에게 생명의 길을 보여 주시는 것이 아니라, 오직 그의 종들에게만 보여 주신다(Terrien).

"주의 오른 쪽에는 영원한 즐거움이 있나이다"(נְעִמוֹת בִּימִינְךָ נֶצַח)(11절)는 영생을 의미하는가? 저자가 부활이나 내세에 대하여 말하고 있지 않다고 단정짓는 학자들도 있다(Briggs, Craigie). 반면에 본문이 영생을 의미한다는 해석도 팽배하다. 신약의 관점에서 해석할 때에는 저자가 영생을 염두에 두고 이런 말을 하는 것이 확실하다(Dahood, Goldingay, Ridderbos, vanGemeren). 그러나 모든 것이 확실하게 보이지 않는 구약적인 시각에서 저자가 이러한 생각을 염두에 두고 이 노래를 기록했다는 것은 신중히 접근해야 할 이슈다(cf. Mays).

이 노래의 일부인 8-11절은 사도행전 2:25-28에, 10절은 사도행전 13:35에서 인용되었다. 이 같은 인용을 계기로 이 시는 그리스도인들의 삶에서 특별한 자리를 차지했다. 이 시편 기자는 예수님이 이 세상에 오시기 오래 전부터 이 세상과 다음 세상에서 전개될 삶의 질에 대하여 말하고 있다. 이러한 확신은 예수 그리스도의 부활로 보장되었다. 예수님이 이 말씀에 따라 죽지 않으시고 영원한 즐거움을 누리고 계시기 때문이다.

제17편

다윗의 기도

I. 장르/양식: 개인 탄식시(cf. 3편)

학자들은 대체적으로 이 시를 개인 탄식시로 분류한다. 그러나 내용을 바탕으로 더 구체적으로 구분하자면 이 시는 보호를 간구하는 기도(prayer for protection)이다(Craigie, deClaissé-Walford et al., McCann, Ross).

II. 구조

학자들이 이 시를 각 섹션으로 구분하는 방법과 이 같은 구분을 바탕으로 제시하는 구조는 매우 다양하다. 이러한 현상은 노래가 매우 다양하게 섹션화될 수 있음을 의미할 수도 있지만, 이 시편이 구조를 파악하기가 매우 어려운 노래라는 사실을 뜻할 수 있다. 이 노래를 가장 간략하게 구분하는 주석가는 세 파트(1-5, 6-12, 13-15절)로(Craigie), 혹은 다음과 같이 네 파트로 섹션화한다(Davidson).

A. 결백과 믿음에 바탕을 둔 도움 요청(17:1-7)
　B. 악인의 위협(17:8-12)
　B′. 악인을 심판해 달라는 간구(17:13-14)

A′. 기도가 이루어질 것이라는 확신(17:15)

다섯 파트(1–2, 3–5, 6–9, 10–12, 13–15절)로 구성된 구조도 있고(Goldingay), 일곱 섹션으로 구성된 교차대구법적 구조도 있다(Terrien). 그러나 테리엔의 경우 그다지 설득력이 있는 것은 아니다.[2] 다음은 밴게메렌(vanGemeren)이 제시하는 구조다. 가장 큰 문제는 텍스트 분량이 균형을 이루지 못하고 있다는 점이다. 예를 들자면 '의인의 기도'(A, 1–5절)는 다섯 절로 구성되어 있는데, 대칭을 이루고 있는 '의에 대한 기도'(A', 15절)는 단 한 절로 구성되어 있어 다섯 배의 분량 차이를 보이고 있다.

A. 의인의 기도(17:1–5)
B. 보호를 간구하는 기도(17:6–9)
C. 악인들(17:10–12)
B′. 구원을 위한 기도(17:13)
C′. 악인들(17:14)
A′. 의에 대한 기도(17:15)

이 시의 내용을 분석해 보면 'A–B' 패턴이 반복되는 듯하다. 먼저 하나님께 도움을 구하는 호소(A)가 있고, 그 다음 이 호소를 근거로 하고 있는 정당성/이유(B)가 제시되는 일이 반복된다. 그러므로 이 주석에

2 한 주석가는 노래의 앞부분(1–3절)과 뒷부분(13–15절)을 제외하고 4–12절에 대하여 다음과 같은 교차대구법적 구조를 제시했다(McCann). 아쉬운 것은 구조가 앞·뒤 텍스트를 반영하지 않는다는 점이다.

A. 기자의 비폭력성(4절)
B. 기자의 안정성(5절)
C. 기자의 겸손한 스피치(6절)
D. 핵심 간구(7–9절)
C′. 악인의 교만한 스피치(10절)
B′. 악인의 불안정하게 하려는 노력(11절)
A′. 악인의 폭력성(12절)

서는 다음 구조를 바탕으로 본문을 주해해 나가고자 한다(cf. deClaissé-Walford et al., Kraus).[3]

A. 첫 번째 호소(17:1-2)

B. 첫 번째 정당성(17:3-5)

A′. 두 번째 호소(17:6-9)

B′. 두 번째 정당성(17:10-12)

A″. 세 번째 호소(17:13-14)

B″. 세 번째 정당성(17:15)

III. 주해

저자는 처음부터 끝까지 하나님의 의를 갈망한다. 그는 세상을 의로 통치하시는 하나님이 이 세상에 의가 가득하게 하시도록 기도하고 있다. 예수님이 산상수훈에서 "의에 굶주리고 목마른 사람은 복이 있다"고 하셨는데(마 5:6), 아마도 이 기자 같은 사람을 두고 하는 말씀일 것이다. 그는 시를 마치면서 자신의 의를 통하여 하나님을 뵙게 되기를 간절히 소망한다.

저자가 하나님 뵙기를 기대하는 것은 자신의 결백과 하나님의 신실하심에 근거를 두고 있다(Terrien). 또한 그는 하나님 뵙기를 간절히 원하는 염원을 사람의 몸을 구성하는 신체 부위들을 노래 전체에서 고루 언급하며 표현한다. 입술(1절), 얼굴과 눈(2절), 마음과 입(3절), 입술(4절), 발(5절), 귀(6절), 오른손(7절), 눈(8절), 얼굴(9절), 마음과 입(10절), 눈(11절), 얼굴과 영혼(13절), 손과 배(14절), 얼굴(15절)(Goldingay, cf.

3 개역개정은 10절 후반부를 "내 원수들에게서 벗어나게 하소서"라고 번역하여 마치 10절도 6절에서 시작된 호소의 일부인 것처럼 보이게 하지만, 사실은 오역이며 호소의 일부가 아니라 9절에 끝나는 호소의 정당성의 일부다. 이 구절의 더 정확한 번역은 "그들[악인들]의 입은 오만으로 가득 차 있다"이다(새번역, 공동, 아가페, 현대인, NAS, NIV, ESV, NRS, RSV, TNK).

deClaissé-Walford et al.). 이러한 표현은 기자가 마치 온몸과 마음을 다하여 하나님을 간절히 찾고 있다는 사실을 강조하는 듯하다.

1. 첫 번째 호소(17:1-2)

[1] 여호와여 의의 호소를 들으소서
나의 울부짖음에 주의하소서
거짓되지 아니한 입술에서 나오는
나의 기도에 귀를 기울이소서
[2] 주께서 나를 판단하시며
주의 눈으로 공평함을 살피소서

저자는 1절에서 그가 경험하고 있는 다급함을 하나님의 도움을 청하는 명령문 세 개를 사용하여 극적으로 표현한다. "들으소서(שִׁמְעָה)… 주의하소서(הַקְשִׁיבָה)… [귀를] 기울이소서(הַאֲזִינָה)." 여호와께서 언약을 통해 자기 백성에게 약속하신 것이 있다. 그들이 부르짖을 때 들어 주시겠다는 약속이다. 기자는 이 약속에 근거하여 하나님께 다급하게 호소하고 있다. 성경에는 하나님의 약속이 참으로 많이 기록되어 있다. 그 약속들을 기억하면서 하나님께 호소하는 것이야말로 참으로 하나님을 움직일 수 있는 기도가 될 것이다.

'의'(צֶדֶק)(1절)는 하나님, 저자, 혹은 그의 기도 등 세 개의 다른 의미로 해석될 수 있다. 그러나 이 단어와 다음 행에서 '울부짖음'이 평행을 형성하고 있다는 점을 감안하면 의는 저자의 기도(부르짖음)를 뜻하는 것을 알 수 있다(cf. Goldingay). 그는 자신이 당하고 있는 고통은 원수들의 모함에서 비롯되었으며, 자신은 하나님 앞에 한 점 부끄러움이 없다는 사실을 확신하고, 이 확신에 근거하여 의인의 기도를 드리고 있다. 그가 자신은 '거짓되지 아니한 입술'로 기도하고 있다는 점을 강조하는 것으로 보아, 그의 원수들이 그를 비방하고 있는 것이라고 생각한다(McCann).

우리는 저자가 자신은 하나님 앞에서 한 점 부끄러움이 없다며 당당하게 말하는 것을 어떻게 생각해야 하는가? 그를 교만한 사람으로 취급해야 하는가? 아니다. 그는 자신이 그동안 최선을 다해 선하게 살아왔다는 것을 사실 그대로 말할 뿐이다. 죽을 고비를 맞이했던 히스기야 왕도 자신이 살아왔던 의로운 삶을 근거로 하나님의 선처를 호소한 적이 있다(사 38:3-4). 자신은 의롭게 살았다는 히스기야를 하나님은 교만하다고 정죄하지 않으시고 그의 기도를 들어 주셨다. 그러므로 이 시편 기자처럼 어려움에 처했을 때 자신이 살아온 의로운 삶을 바탕으로 하나님께 당당하게 도움을 청할 수 있는 사람이 복이 있다.

기자는 만일 하나님이 그의 삶을 살펴보시면 자기 말이 옳다고 인정하실 것이라고 확신한다. 그는 이러한 사실을 2절에서 두 가지로 표현한다. 첫째, "주께서 나를 판단하소서"라며 하나님이 그동안 그가 어떻게 살아왔는지 살펴달라고 기도한다. 하나님이 그의 삶을 살펴보시면 그가 얼마나 옳게(의롭게) 살아왔는지 더 확실해질 것이라는 자신감이다. 기자는 자신이 당면하고 있는 위기는 그의 삶을 돌아볼 때 참으로 억울한 일(자기는 이런 일을 당할 만한 짓을 한 적이 없다는 것)이라고 한다.

둘째, "주의 눈으로 공평함을 살피소서"라고 기도하며 그동안 그가 살아온 삶과 행실이 옳은지 그른지에 대하여 하나님이 직접 공평한 기준으로 판단해 달라고 부탁한다. 기자는 하나님께 선처를 호소하지 않는다. 그는 하나님이 공평한 잣대로 그를 판단하시면 하나님도 분명 그가 지금 당면하고 있는 어려움을 당할 만한 일을 하지 않았다는 사실에 동의하실 것을 확신한다. 기자의 당당함이 부럽다.

2. 첫 번째 정당성(17:3–5)

[3] 주께서 내 마음을 시험하시고
밤에 내게 오시어서 나를 감찰하셨으나
흠을 찾지 못하셨사오니
내가 결심하고 입으로 범죄하지 아니하리이다
[4] 사람의 행사로 논하면
나는 주의 입술의 말씀을 따라
스스로 삼가서
포악한 자의 길을 가지 아니하였사오며
[5] 나의 걸음이 주의 길을 굳게 지키고
실족하지 아니하였나이다

저자는 1절에서 세 개의 명령문을 사용하여 하나님께 자신의 사정에 귀를 기울여 달라고 아뢰었다. 이제 3절에서는 세 개의 완료형 동사와 두 개의 미완료형 동사 플러스 부정사(negative particle)를 사용하여 자신의 결백함을 강조한다. '시험하다(בָּחַנְתָּ)…감찰하다(פָּקַדְתָּ)… 캐묻다(צְרַפְתַּנִי)(개역개정에서는 번역이 생략됨, cf. 새번역)… 찾지 못하다(בַּל־תִּמְצָא)… 범죄하지 않았다(בַּל־יַעֲבָר־פִּי)….' 저자는 하나님이 이러한 단계적인 검사를 통해 그의 결백함을 알고 있으시다고 주장한다. 하나님은 그의 마음을 시험하셨다. 그리고 그를 용광로가 금속을 녹여 이물질을 없애는 것처럼 그를 정화시키셨다.

그런데 하나님이 그를 '밤에 감찰하셨다'는 말은 무슨 뜻일까? 저자는 자신이 괴로워 잠을 못 이루며 뜬눈으로 날샌 일을 하나님이 그를 심문하신 시간이라고 하는가? 사람은 낮의 분주함과 낮에 함께하던 사람들이 모두 물러간 밤에 더욱더 진실할 수 있어서 자신의 죄를 더 확실히 생각할 수 있다는 의미로 해석된다(Calvin). 기자는 조용한 밤에

객관적으로 자신의 삶을 돌아볼 수 있는 기회를 가졌고, 그는 이러한 상황을 하나님이 그를 밤에 감찰하셨다고 하는 것이다.

저자는 자기는 입으로도 범죄한 적이 없다고 한다(3절). 성경은 사람이 입으로 가장 많은 죄를 짓는다고 한다. 이러한 상황에서 그가 입으로도 범죄한 적이 없다고 단언하는 것은 그가 얼마나 순수하게 살았는가를 역력히 드러낸다. 물론 그도 때로는 죄가 될 수 있는 말을 하고 싶었을 것이다(Delitzsch). 그때마다 저자는 자신을 다스려 입으로 죄를 짓지 않았다. 그는 '주의 입술의 말씀'을 따라 스스로 자제했기 때문이다(4절). 4절의 정확한 번역과 해석은 매우 어려운 이슈이지만(cf. Bratcher & Reyburn), 전반적인 의미는 어느 정도 확신을 가지고 도출할 수 있다. '하나님의 입술의 말씀'이 그의 '입술의 말'을 대신했기 때문에 그는 입으로 죄를 짓지 않을 수 있었다.

저자는 자신은 결백할 뿐만 아니라, 하나님의 말씀에 순종하려고 일부러 평생 선한 길을 선택하여 걸어온 사실을 회고한다(4-5절). 그는 포악한 자의 길을 일부러 가지 않았고(4절), 하나님의 길을 가면서 실족한 적도 없다(5절). 기자는 자신과 세상 사람들의 삶의 방식을 차별화하기 위하여 '나는'(אֲנִי)을 대조적인 강조형으로 사용한다. 세상이 모두 썩었다 하더라도 자신만큼은 하나님을 따랐다는 고백이다. 이런 사람을 하나님이 버려두시겠는가? 그러므로 저자는 하나님이 결코 침묵하실 수 없는 이유(정당성)를 근거로 첫 번째 호소를 한 것이다. 이런 기자가 한없이 부럽다.

3. 두 번째 호소(17:6-9)

6 하나님이여
내게 응답하시겠으므로 내가 불렀사오니
내게 귀를 기울여 내 말을 들으소서

7 주께 피하는 자들을 그 일어나 치는 자들에게서
오른손으로 구원하시는 주여
주의 기이한 사랑을 나타내소서
8 나를 눈동자같이 지키시고
주의 날개 그늘 아래에 감추사
9 내 앞에서 나를 압제하는 악인들과
나의 목숨을 노리는 원수들에게서 벗어나게 하소서

'내가 불렀사오니'(אֲנִי־קְרָאתִיךָ)(6절)는 "하나님, 바로 나, 내가 주님을 부릅니다"라는 의미다. 영어로 표현하자면 "It's me! It's me, O Lord!"쯤 될 것이다. 저자는 자신과 하나님의 관계가 오랫동안 지속되어 왔으며, 이 순간 하나님께 간구하는 이가 하나님이 몰라보실 낯선 사람이 아니라, 바로 오랫동안 서로 깊이 알고 지냈던 바로 '나'라는 사실을 강조한다.

저자와 하나님의 관계가 이처럼 확고하기 때문에 그는 확신을 가지고 "나를 [주님의] 눈동자같이 지키시고, 주의 날개 그늘 아래에 [나를] 감추소서"(8절, cf. 36:7, 57:1, 63:7, 91:4)라며 하나님께 도움을 요청할 수 있다. '눈동자'와 '날개'는 모세가 하나님이 출애굽 사건 때부터 광야생활 동안 어떻게 이스라엘을 보호하셨는가를 노래할 때 사용한 이미지들이다(신 32:10-11). 하나님은 이스라엘을 눈동자처럼 보호하셨고, 독수리가 새끼 위를 맴돌며 보호하듯이 그들을 보호하셨다. '날개 그늘 아래' 이미지가 법궤의 뚜껑이며 하나님의 보좌를 떠받들고 있는 두 천사들의 날개에서 비롯되었을 수도 있지만(cf. Brueggemann & Bellinger), 신명기 32:10-11에서 비롯된 것으로 생각된다. 기자는 옛 이미지를 사용하여 하나님이 온 이스라엘을 보호하셨던 것처럼 자기도 보호해 달라고 호소한다. 그는 하나님의 국가적인 보호를 자기 개인에게 적용해 달라고 호소하고 있는 것이다(deClaissé-Walford et al.).

뿐만 아니라 저자는 7절에서도 출애굽기 15:7, 11–13이 사용한 언어를 구상하고 있다. '나타내소서'(הַפְלֵה), '주의 기이한 사랑'(חֲסָדֶיךָ), '주의 오른손으로'(בִּימִינֶךָ)(Craigie, Goldingay, McCann). 기자가 하나님이 그를 도우실 것을 확신하는 이유는 하나님이 이스라엘과 오래 전에 맺으신 언약 때문이다. 그는 이 순간 자신이 당면한 문제가 너무 크고 심각하기 때문에 '출애굽의 하나님'께 도움을 청하는 것일까? 아마도 그가 출애굽을 이루신 하나님을 찾는 가장 기본적인 이유는 이스라엘 역사에서 출애굽 사건처럼 하나님의 '인애/자비'(חֶסֶד)를 극적으로 보여 준 사건이 없기 때문일 것이다(deClaissé–Walford et al.). 또한 저자가 자신은 과거에 하나님이 출애굽시키시고 시내 산에서 언약을 맺으신 백성에 속한 사람이기 때문에 하나님께 도움을 청할 자격이 있다는 사실도 강조하고자 하는 듯하다. 하나님이 과거에 베풀어 주신 놀라운 은혜를 근거로 도움을 청하는 것은 바람직한 일이며, 성경이 권장하는 일이다.

이 섹션에서 저자는 하나님께 세 가지를 간구한다. (1)하나님이 자기 기도를 들어 달라는 것(6절), (2)하나님이 자기를 구원해 달라는 것(7절), (3)하나님이 자기를 악인들로부터 보호해달라는 것(8–9절). 이 세 가지는 모두 저자가 있는 곳에 하나님이 곧바로 역사하시기를 바라는 간구다. 그는 하나님이 과거에 얼마나 놀라운 역사를 이룩하셨는가를 잘 안다. 그러나 과거에 대한 추억은 그를 만족시킬 수 없다. 기자는 출애굽 때 하나님이 그의 선조들에게 베푸신 놀라운 은혜를 회상하면서 옛적에 은혜를 베푸신 하나님이 자기의 삶에도 임하시어 은혜를 베풀어 달라고 호소한다. 과거를 근거로 현실을 도와 달라고 기도하고 있는 것이다.

4. 두 번째 정당성(17:10–12)

10 그들의 마음은 기름에 잠겼으리니

내 원수들에게서 벗어나게 하소서
11 이제 우리가 걸어가는 것을
그들이 에워싸서 노려 보고
땅에 넘어뜨리려 하나이다
12 그는 그 움킨 것을 찢으려 하는 사자 같으며
은밀한 곳에 엎드린 젊은 사자 같으니이다

저자를 노리고 있는 악인들의 마음은 '기름으로 잠겼다'(חֶלְבָּמוֹ סָּגְרוּ)(10절). 무슨 뜻인가? 그들의 몸뚱이는 "기름기가 번드르르 흐르고 있다"(새번역)는 말인가? 그렇다면 이 말은 권세가 매우 높은 사람들을 뜻한다. 그러나 대부분의 번역본들이 '그들의 마음은 둔하다'로 번역한다(공동, 아가페, NAS, NIV, NRS, ESV, TNK). 이 사람들과는 진솔한 대화가 불가능하며, 그들에게는 사람을 불쌍히 여기는 마음이 전혀 없다는 뜻이다. 악인들은 인간미도 없고 사람들의 형편을 헤아릴 만한 예민함도 없는 둔감한 마음을 지녔다.

개역개정은 10절 두 번째 행을 "내 원수들에게서 벗어나게 하소서"로 번역했는데, 번역본들 중 이 히브리어 문구(דִּבְּרוּ בְגֵאוּת)를 이렇게 번역하는 경우는 개역개정이 유일하다. 모든 번역본들이 히브리어 문구의 문자적인 의미에 따라 "그들은 오만하게 말한다"는 의미로 번역한다(새번역, 공동, 아가페, 현대인, NAS, NIV, ESV, NRS, TNK). 악인들은 무식하고 무자비한 것도 문제인데 오만을 겸했으니 이성과 논리가 통할 리 없다. 이런 사람들을 만나면 일단 피하는 것이 상책이다. 무식과 오만을 겸비한 자들은 구제 불능이기 때문이다. 그러므로 기자의 유일한 관심은 한순간이라도 빨리 그들에게서 벗어나는 일이다(10절).

문제는 이러한 사람들이 사자처럼 기자를 노리고 있다는 데에 있다. 악인들은 의인들을 내버려두지 않는다. 그들은 어떻게 해서든 의인들을 넘어뜨리려고 한다(11절). 혼자 안 되면 떼를 지어 의인들을 에워싸고 괴롭힌다(11절). 저자는 악인들의 무자비한 행동을 움켜쥔 먹이를 찢으려고 하는 사자와 먹이를 덮치려고 숨어 있는 사자에 비유한다(12절). 둘 다 매우 폭력적이며 치명적이다. 이들에게 걸려들면 소망이 없다는 뜻이다.

악인들의 폭력은 기자가 하나님의 보호를 그를 눈동자처럼 지키시는 것과 날개 아래 두시는 일에 비유한 것과는 매우 대조적이고 파괴적이다. 악인들의 폭력은 하나님이 기자를 도우셔야 하는 또 하나의 이유가 되고 있다(Brueggemann & Bellinger). 그러므로 저자는 더욱더 하나님께 도와 달라고 간청한다. 그는 바로 '이 순간'(עַתָּה)(11절) 이곳에 오셔서 자기를 도와 달라고 한다. 이 세상 그 누구도 악인들의 손에서 그를 보호할 수 없다. 그러므로 하나님은 꼭 그의 호소를 들어 주셔야 한다고 한다.

세상에서 의인들을 가장 두렵게 하는 자들은 무식과 폭력을 겸한 사람들이다. 그들은 잔인한 폭력을 즐긴다. 사자는 강인한 힘을 지니고 있으며, 무엇을 먹어도 만족하지 못하는 입맛을 지녔다. 저자는 원수들이 이러한 자세로 자기에게 달려들고 있다고 하소연한다. 그는 자기가 당면한 문제가 매우 심각하다는 것을 다시 한번 강조하고자 한다.

5. 세 번째 호소(17:13–14)

13 여호와여
일어나 그를 대항하여 넘어뜨리시고
주의 칼로 악인에게서
나의 영혼을 구원하소서
14 여호와여
이 세상에 살아 있는 동안
그들의 분깃을 받은 사람들에게서
주의 손으로 나를 구하소서

그들은 주의 재물로 배를 채우고
자녀로 만족하고
그들의 남은 산업을
그들의 어린 아이들에게 물려주는 자니이다

저자는 다시 한번 하나님께 도움을 청한다. 그는 또다시 강렬한 명령문들을 연속적으로 사용한다. '일어나소서(קוּמָה)…대항하소서(קַדְּמָה)…넘어뜨리소서(הַכְרִיעֵהוּ)… 구원하소서(פַּלְּטָה)'(13절). 첫 번째 명령문(일어나소서)은 하나님께 악인들이 한 대로 동일하게 행동해 달라는 것(그들이 저자를 상대로 일어난 것처럼)이며, 두 번째 명령문(대항하소서)은 하나님께 원수들을 상대로 싸워 달라는 간구다(Goldingay). 세 번째 명령문(넘어뜨리소서)은 하나님이 저자의 원수들을 상대로 싸우시면 빚어질 결과다.

13절을 시작하는 "여호와여 일어나소서"(קוּמָה יְהוָה)는 다른 시편에서도 하나님의 구원을 기대할 때 자주 사용되는 표현이다(3:7, 7:6, 9:19, 10:12, 74:22). 기자는 다섯 개의 명령문을 연속적으로 사용하여 하나님께 자신의 절박하고 다급함을 알리고자 한다. 하나님이 도우시지 않으면 당면한 곤경을 헤쳐 나갈 방법이 없다는 것이다.

그러므로 한 가지 의미심장한 것은 저자가 그를 노리고 있는 무시무시한 원수들을 직접 대적하지 않고 하나님을 통하여 그들을 물리치고자 한다는 사실이다. 그는 문제에서 눈을 돌려 그 문제를 해결하실 수 있는 주님을 바라보고 있다. 기도는 이런 것이다. 우리 자신에게서 시선을 돌려 하나님을 바라보는 것이다. 시편 안에서 이러한 사실이 끊임없이 강조된다.

저자는 다시 그의 생명을 노리고 있는 악인들에 대한 설명을 이어간다. 14절은 번역하고 해석하기가 매우 어렵다(cf. Craigie, Ross, vanGemeren). 그러나 전반적인 의미는 확실하다. 악인들의 특징은 그들이 이 세상에서 누리는 것들이 마치 인생의 전부인 것처럼 생각한다는 것이다. 그들은 삶에서 누릴 것을 다 누리고, 즐길 것을 다 즐기고, 자식들에게 물려줄 것을 다 물려주는 자들이다. 악인들은 내세관도 없고 심판하시는 창조주에 대한 이해도 부족하다. 그러므로 그들은 볼 수 있고 만질 수 있는 실체 외에는 관심이 없다.

그렇다면 저자는 이곳에서 내세론을 펼치고 있는가? 14절만 가지고 논하기는 확실하지 않다. 그러나 15절과 연관해서 해석하면 14절에 여러 가지 다가오는 세상에 대한 가르침이 암시되어 있는 듯하다. 저자는 장차 임할 하나님의 심판(통치)을 의식하고 사는 자신을 이러한 생각을 전혀 하지 않고 사는 악인들에게서 구별해 달라고 하나님께 기도하고 있는 것이다.

6. 세 번째 정당성(17:15)

15 나는 의로운 중에 주의 얼굴을 뵈오리니
깰 때에 주의 형상으로 만족하리이다

정확히 "내가 깰 때에 주의 형상으로 만족하리이다"(בְּעָה בְהָקִיץ תְּמוּנָתֶךָ אֶשְׂ)가 무슨 뜻인가? 일부 학자들(Broyles, Davidson, Kraus, Weiser)이 주장하는 것처럼 기자가 성전에서 기도하면서 잠이 들어 꿈 속에서 하나님의 임재를 체험할 것을 기대한다는 뜻인가? 그렇다면 '주의 얼굴을 보는 것'도 성전 안에서의 체험을 묘사하는 것으로 해석되어야 한다. 그러나 성경에서 '주의 모습을 보는 것'과 '주의 얼굴을 보는 것'과 '주와 함께 있는 것' 등은 성도들이 성전에서 기대할 수 있는 체험적 한계를 초월한다. 성전에 간다 할지라도 하나님을 만나고, 주의 얼굴을 보며 주님과 함께하는 것을 경험한다는 보장이 없기 때문이다(cf. deClaissé-Walford et al.).

계시록 등은 이러한 경험이 내세에 이루어지는 것들이라고 기록하고 있다(계 22:3, cf. 요일 3:2). 이러한 정황을 감안하고 15절이 14절의 내용과 대조를 형성하고 있음을 의식하면 '깨어난다'는 것은 부활을 뜻하는 것으로 해석해도 문제가 되지 않는다(Dahood, Ross, vanGemeren). 저자는 자신의 내세에 대한 기대를 암시하고 있다. 그는 내세에 대하여 많은 기대를 하고 있는 자신의 신앙을 근거로 하나님께 도움을 청한다.

제18편

여호와의 종 다윗의 시, 인도자를 따라 부른 노래
여호와께서 다윗을 그 모든 원수들의 손에서와 사울의 손에서
건져 주신 날에 다윗이 이 노래의 말로 여호와께 아뢰어 이르되

I. 장르/양식: 개인 찬양시(cf. 11편)

표제와 시의 내용에 근거하여 대부분 학자들이 이 시를 왕족시에 속한 왕의 감사시(royal thanksgiving psalm)라고 하기도 한다(Brueggemann & Bellinger). 그러나 이 시가 포로기 이후에 저작된 것이라고 주장하는 사람들은 후포로기 유태인 공동체가 그들에게 전수된 왕족시의 언어를 사용하여 만든 '메시아적 감사의 노래'(messianic thanksgiving song)로 분류하기도 한다(Gerstenberger, McCann). 삶에 지치고 하나님의 구원에 대하여 비관적인 시각을 갖고 있는 사람들에게 메시아에 대한 소망을 새로이 갖게 하기 위하여 저작된 시라는 것이다. 이러한 차원에서 이 시는 왕족시로 구분된 2편의 '속편'이라고 하는 주석가도 있다(Mays). 한 학자는 이 시를 '감사와 찬양의 노래(hymn of gratitude and praise)라고 부른다(Terrien).

II. 구조

이 시는 가장 긴 시편들 중에 속하고 내용이 매우 다양한 주제들을 반영하고 있기 때문에 구조를 파악하는 일이 쉽지 않다. 가장 간단하게는 다음과 같은 제안이 있다(Craigie).

A. 서론적 찬양(18:1-3)
　B. 간구와 하나님의 현현(18:4-19)
　B′. 하나님의 선하심(18:20-30)
　B″. 비교할 수 없는 하나님과 그의 종(18:31-45)
A′. 결론적 찬양(18:46-50)

이 시편을 찬가(chant)로 간주하는 테리엔(Terrien)은 네 개(2-20, 21-32, 33-43, 44-51절)의 찬가가 이 시를 구성하고 있다고 생각한다. 이어 그는 첫 번째 찬가에 대해 다음과 같은 구조를 제시한다. 그렇다면 이 노래가 네 개의 찬가로 구성되어 있으니, 자세하게 구조를 파악하면 다음 구조의 네 배가 될 수 있다는 뜻이다.

A. 나의 구원자이신 하나님(18:2-4)
　B. 죽음의 두려움(18:5-6)
　　C. 기도하는 이의 음성(18:7)
　　　D. 하나님의 진노(18:8-9)
　　　　E. 내려오신 하나님(18:10-12)
　　　D′. 불과 천둥(18:13-14)
　　C′. 하나님의 음성(18:15-16)
　B′. [두려운] 깊은 물(18:17-18)
A′. 나의 구원자이신 하나님(18:19-20)

학자들 중에는 이 노래를 9-10섹션으로 구분하는 사람들이 많다(cf.

deClaissé-Walford et al., vanGemeren). 이 주석에서는 이 시편을 다음과 같이 열 섹션으로 구분하여 주해하고자 한다. 이 구조에 의하면 이 시편은 처음부터 끝까지 오직 하나님만을 찬양한다. 찬양받기에 합당하신 하나님은 아무 인간 왕에게나 응답하는 분이 아니시며, 오직 신실한 인간 왕에게만(E) 응답하는 전능자이시다.

A. 반석이신 여호와(18:1-3)
B. 주님께 부르짖음(18:4-6)
C. 하나님이 오심(18:7-15)
D. 구원하시는 하나님(18:16-19)
E. 인간 왕의 신실함(18:20-24)
E. 하나님의 신실하심(18:25-30)
D′. 능력 주시는 하나님(18:31-36)
C′. 하나님이 승리하심(18:37-42)
B′. 주님이 구원하심(18:43-45)
A′. 반석이신 여호와(18:46-50)

III. 주해

일부 주석가들은 이 시가 포로기 이후에 저작된 것이라고 하지만(Gerstenberger), 내용을 살펴보면 이스라엘의 용사이자 왕이 저작한 것이 확실하다(Kidner). 또한 이 시편은 매우 오래된 시로 간주되며(주전 10-11세기) 큰 변화 없이 사무엘하 22장에서도 발견된다. 사무엘서는 다윗이 나이가 들어 죽기 얼마 전에 자신의 삶을 돌아보며 그동안 그와 함께하신 하나님의 은혜를 감사하며 이 노래를 불렀다고 한다. 그러므로 많은 학자들이 이러한 배경에서 이 시편을 해석하는 것이 바람직하다고 생각한다(Craigie, Davidson, Ross). 그러나 다윗이 이 시편 기자처럼 청렴하거나 도덕적이지 않은 삶을 살았다는 사실을 근거로 그가 아니라, 훗날 누군가가 다윗을 기리면서 그를 미화시켜 이 시를 저작한 것이라고 주장하는 학자들도 있다(deClaissé-Walford et al., Goldingay). 학자들은 이 시편의 역사적 제작 배경으로 최소한 다섯 시대의 가능성을 제시한다(cf. Goldingay).

이 시편이 사용하는 언어가 메시아적인 요소를 다분히 포함하고 있다는 것이 학자들의 생각이다(Calvin, Ross, Terrien, cf. deClaissé-Walford et al.). 칼빈(Calvin)은 말하기를 "이 시를 연구하면서 앞으로 오실 주님의 모형과 그림자를 염두에 두고 해석한다면 매우 큰 수확이 있을 것이다"라고 했다. 신약의 관점에서 이 시를 바라볼 때 이 노래는 실제로 많은 메시아적인 요소를 포함하고 있다. 예를 들어 '죽음의 밧줄'(5-6절)은 예수 그리스도의 십자가 사건에 새로운 의미를 부여한다(Craigie).

1. 반석이신 여호와(18:1-3)

1 나의 힘이신 여호와여
내가 주를 사랑하나이다
2 여호와는 나의 반석이시요
나의 요새이시요
나를 건지시는 이시요
나의 하나님이시요
내가 그 안에 피할 나의 바위시요
나의 방패시요
나의 구원의 뿔이시요
나의 산성이시로다
3 내가 찬송 받으실 여호와께 아뢰리니
내 원수들에게서 구원을 얻으리로다

다윗은 1절에서 하나님은 그의 힘이시며, 자기는 하나님을 사랑한다고 고백한다. 이러한 기자의 고백은 마치 어린아이가 부모에게 사랑한다고 하는 이미지를 연상시킨다(deClaissé-Walford et al., cf. 102:14, 103:13). 그러나 사람이 하나님을 '사랑한다'(רחם)는 개념은 구약에서 다소 생소하며, 이 시편과 평행을 이루고 있는 사무엘하 22장도 이 개념을 사용하지 않는다. 그러므로 학자들은 이 단어를 '높이다/존귀하게 하다'(רמם)로 수정할 것을 제안한다(Anderson, McCann, Ross, cf. Goldingay). 이렇게 수정할 경우 '내가 주를 높이나이다'가 된다. 문맥에 더 잘 어울리는 제안이다.

다윗은 2절에서 하나님에 대하여 여덟 가지로 비유하며 찬양한다. 이 비유들이 시사하는 의미는 비슷하다. 하나님은 사람이 의지하고 신뢰할 만한 보호자라는 것이다. 그러므로 이처럼 여러 가지 비유를 한꺼번에 나열하는 것은 하나님은 누구도 의심할 여지가 없는 참으로 위대한 구원자이시라는 효과를 발휘한다(Goldingay).

저자의 하나님에 대한 은유를 살펴보면 크게 두 가지로 나뉜다 첫째, 전투에 연관된 것들로서 '건지시는 분', '방패', '구원의 뿔'이다. 둘째, 쉽게 침범할 수 없는 지형적인 것들로서 '반석', '요새', '피할 바위', '산성'이다. 첫 번째 부류의 물건들은 다윗이 군대를 이끌고 전쟁터에서 싸울 때마다 친근하게 느꼈던 것들이다. 두 번째 부류의 물건들은 그가 사울을 피해 방황하던 광야 시절 때부터 매우 익숙해진 것들이다.

'나의 구원의 뿔'(קֶרֶן־יִשְׁעִי)(2절)에서 뿔이 무엇을 상징하는가에 대하여 여러 가지 가능성이 제시되었다. 사람이 성전의 제단 뿔을 잡으면 살 수 있다는 사실을 근거로 보호를 의미한다고 하기도 하고(Anderson), 뿔처럼 생긴 산을 의미한다고 하기도 한다. 또한 뿔은 성경에서 힘을 상징하기도 한다. 그러나 신학적으로 뿔은 하나님에게서 오는 수직적인 개입을 의미하기도 한다(Surign). 이 표현은 구약에서 오직 이곳과 사무엘하 22:3에서만 사용된다. 다윗은 자신의 삶을 회고하면서 가장 의미

있는 이미지들을 사용하여 하나님의 구원을 찬양하고 있다.

한 가지 인상적인 것은 다윗이 이 모든 것에 '나의'(my)라는 소유격 접미사를 붙여 부른다는 사실이다. 그는 하나님을 '나의 힘, 나의 반석…' 등으로 부름으로써 자신과 하나님의 확고한 관계를 회고한다. 다윗이 자신과 하나님의 관계를 묵상하다 보니 저절로 하나님은 '나의 찬양을 받기에 합당하신 분'이라는 고백으로 이어진다(3절).

또한 저자가 이 시편을 시작하는 '내가 사랑합니다'(אֶרְחָמְךָ)라는 문장에서 사용하는 동사(רחם)도 이러한 관계적인 면모를 부각시킨다. 이 단어가 구상하는 기본적인 이미지는 어머니가 자기 아이를 돌보는 모습이다. 어머니가 아기를 돌보는 것처럼 하나님은 자기 자녀들을 사랑으로 보살피신다. 이러한 이미지를 배경으로 이 어원에서 '모태'(רֶחֶם)라는 단어가 파생되기도 했다. 다윗이 이 단어를 사용하여 하나님을 사랑한다고 고백하는 것은 그가 자신의 체험에서 얻어진 하나님과의 깊은 관계를 상기시키고자 함이다(Schmutlermayr). 하나님이 다윗을 어머니가 아이를 사랑하듯이 먼저 사랑하셨기 때문에 다윗은 이제 아이가 어머니에게 사랑을 고백하듯 하나님께 사랑을 고백하고자 한다. 그가 자신의 삶을 되돌아보니 하나님과의 관계적 고백이 더욱더 확고해졌다.

2. 주님께 부르짖음(18:4-6)

4 사망의 줄이 나를 얽고
불의의 창수가 나를 두렵게 하였으며
5 스올의 줄이 나를 두르고
사망의 올무가 내게 이르렀도다
6 내가 환난 중에서 여호와께 아뢰며
나의 하나님께 부르짖었더니
그가 그의 성전에서 내 소리를 들으심이여

그의 앞에서 나의 부르짖음이 그의 귀에 들렸도다

다윗은 자신이 당면했던 위험의 정도를 죽음과 비교하여 회고한다. 그는 '사망의 올무'(חֶבְלֵי־מָוֶת)가 그를 휘감았고, '불의의 창수'(נַחֲלֵי בְלִיַּעַל)가 그를 덮쳤다고 한다(4절). 시편 6, 9, 16편 등은 죽음과 스올을 미래의 위협으로 언급했다. 반면에 본문에서 저자는 스올과 죽음이 그의 현실 위에 짙게 드리워져 있다고 한다(Goldingay). 이러한 죽음에 대한 표현은 가나안 신화에 배경을 두고 있다는 것이 학계의 일반적인 견해다. 다윗은 당시 사람들이 가장 쉽게 이해할 수 있는 문화적, 신화적 언어를 사용하여 자신이 처했던 위험한 상황을 묘사하고자 하는 것이다.

이사야 선지자도 라합과 불뱀 등 신화적 언어를 사용하여 메시지를 선포한 적이 있다(사 30:7, 51:9, cf. 시 87:4, 89:10). 우리가 성경에서 접하는 괴물 리워야단도 신화적인 짐승이다(cf. 욥 3:8, 41:1, 시 74:14, 104:26, 사 27:1). 이처럼 성경 기자들은 종종 고대 근동의 신화적 언어(문화적 코드)를 사용하여 메시지를 선포했으며, 다윗도 예외는 아니다. 이러한 노력은 모두 처음 독자들(청중들)의 이해를 돕기 위한 저자들의 배려다. 이 시편에서 사용되는 언어들과 가나안 신화의 관계는 다음과 같이 정리할 수 있다(Craigie, cf. Goldingay). 다윗이 자신이 처한 위험을 그의 청중들이 익숙한 신화적 언어로 설명하면, 그의 말을 들은 사람들은 그가 얼마나 죽음에 가까웠는가를 실감했을 것이다.

시편 18편	가나안 신화
시편 기자가 '사망(Mot)의 올무'(חֶבְלֵי־מָוֶת)에 휘감겼고 '불의의 창수'(נַחֲלֵי בְלִיַּעַל)에 휩쓸렸다(5-6절).	죽음과 혼돈의 신들인 못(Mot)과 얌(Yam)은 신들의 조상이다. 창수(베리알)는 가나안의 바다 신 얌(Yam)과 동일시될 수 있다.
여호와께서 기자를 구원하기 위하여 현현하시는데 이 현현이 태풍과 지진으로 나타난다(7-15절)	바알(Baal)은 이러한 모습으로 자신이 태풍의 신임을 드러낸다.

여호와께서 바다(Yam)와 땅(지하 세계, 못의 활동지)을 야단치심으로 그의 종을 구하신다.	바알이 얌(Yam)과 못(Mot)을 물리치고 질서를 확립한다.

다윗이 고대 근동의 신화에서 비롯된 언어를 사용하는 이유가 하나 더 있다. 다윗은 당시 세상 사람들이 가장 잘 이해하는 용어를 사용하여 온 세상을 세속적인 세력(paganism)이 휩쓸려고 하는 듯한 분위기를 묘사하고자 한다. 바로 이때 – 모든 것이 위태로운 순간 – 저자는 세상을 휩쓸려고 하는 세속화 물결이 하나님의 약속과 상반된다는 생각을 하게 되었다. 또한 자신이 당면하고 있는 위기는 어떤 면에서 주의 자녀인 자기와 세속화와의 갈등에서 비롯된 것이라고 생각하게 되었다. 세상은 하나님을 미워하고 주님의 자녀들을 핍박하는 곳이기 때문이다.

다윗은 하나님은 거룩한 질서와 공평과 정의를 좋아하시는 창조주이시기 때문에 혼돈과 불의가 세상을 장악하는 일을 방관하지 않으실 것이라는 확신이 생겼다. 그러므로 그는 하나님을 향하여 도움을 요청했다(6a절). 신실하신 하나님은 다윗의 부르짖음을 '그의 성전'(הֵיכָלוֹ)에서 들으셨다(6b절). 하나님의 성전은 어디를 뜻하는가? 다윗 시대에는 아직 예루살렘 성전이 건축되지 않았으므로, 이 성전은 하늘에 있는 성전이다.

3. 하나님이 오심(18:7–15)

7 이에 땅이 진동하고
산들의 터도 요동하였으니
그의 진노로 말미암음이로다
8 그의 코에서 연기가 오르고
입에서 불이 나와 사름이여

그 불에 숯이 피었도다
9 그가 또 하늘을 드리우시고 강림하시니
그의 발 아래는 어두캄캄하도다
10 그룹을 타고 다니심이여
바람 날개를 타고 높이 솟아오르셨도다
11 그가 흑암을 그의 숨는 곳으로 삼으사
장막같이 자기를 두르게 하심이여
곧 물의 흑암과 공중의 빽빽한 구름으로 그리하시도다
12 그 앞에 광채로 말미암아
빽빽한 구름이 지나며
우박과 숯불이 내리도다
13 여호와께서 하늘에서 우렛소리를 내시고
지존하신 이가 음성을 내시며
우박과 숯불을 내리시도다
14 그의 화살을 날려
그들을 흩으심이여
많은 번개로 그들을 깨뜨리셨도다
15 이럴 때에 여호와의 꾸지람과 콧김으로 말미암아
물 밑이 드러나고
세상의 터가 나타났도다

이 섹션(7-15절)은 여러 면에서 드보라와 바락의 이야기를 회고하고 있는 사사기 4-5장과 비슷한 이미지를 구상하고 있다(Keel). 하나님이 얼마나 그의 자녀들에 대하여 관심이 많으신가는 저자의 기도를 들으시고 오시는 모습을 보면 알 수 있다(7-8절). 주님은 그의 자녀를 곤경에 빠뜨린 사람들에게 진노하신 모습으로 오신다. 여호와께서 얼마나 장엄하게 오시는지 "땅이 진동하고, 산들의 터도 요동했다"고 한다

(7절). 하나님의 코에서 연기가 솟아 오르고, 그의 입에서 모든 것을 삼키는 불이 나온다(8절). 성경에서 불은 하나님의 심판을 상징하는 가장 기본적인 이미지다. 하나님의 입에서 나온 불은 모든 것을 태운다. 하나님이 매우 화가 나 마치 이성을 잃은 거대한 리워야단처럼 묘사되고 있다(cf. 욥 41:21). 저자는 하나님이 그의 백성이 당한 일에 대하여 매우 분노하셨다는 사실을 이렇게 표현하고 있다.

하나님은 그룹을 타고 오시고, 온갖 천재지변이 그의 임재와 대동한다(10-13절). 이러한 하나님의 모습은 가나안 신화에서 발견되는 바알의 모습과 비슷한 점이 많다. 저자는 당시 사람들이 이해하는 언어를 사용하여 이러한 천재지변을 다스리는 분은 바알이 아니라 여호와라는 논쟁(polemic)을 펼치고 있다. 구름을 타고 다니시는 이는 바알이 아니라 여호와이시며, 번개를 화살로 사용하시는 분도 그분이시며, 바다를 꾸짖는 자도 바알이 아니라 여호와라는 것이다. 그러므로 다윗은 청중들에게 엉뚱한 우상을 신으로 숭배하는 어리석음에서 벗어나 유일한 참신이신 여호와를 찾을 것을 권면한다.

하나님은 악인들에게 화살을 날려 그들을 흩으시며, 번개로 그들을 멸하실 것이다(14절). 다윗은 여호와께서 창조하신 세상에서 악이 성행하는 것을 하나님은 결코 묵인하지 않으실 뿐만 아니라, 분명히 심판하실 것이라는 의지를 확인하고 있다. 하나님이 세상을 선하게 창조하셨으며, 권선징악의 원리가 세상을 지배하도록 만드셨는데, 악인들이 이 원리를 위협하고 있다. 그러므로 하나님은 침묵하지 않으실 것이다. 악인들이 심판을 받아도 어찌할 도리가 없다. 세상은 모두 주님의 통제와 통치 아래 있기 때문이다(15절).

4. 구원하시는 하나님(18:16-19)

16 그가 높은 곳에서 손을 펴사

나를 붙잡아 주심이여
많은 물에서 나를 건져내셨도다
17 나를 강한 원수와 미워하는 자에게서 건지셨음이여
그들은 나보다 힘이 세기 때문이로다
18 그들이 나의 재앙의 날에 내게 이르렀으나
여호와께서 나의 의지가 되셨도다
19 나를 넓은 곳으로 인도하시고
나를 기뻐하시므로 나를 구원하셨도다

하나님이 진노하신 모습을 보이신 다음 곧바로 구원 사역을 시작하신다.[4] 주님의 사역이 여러 개의 동사들을 통하여 표현되고 있다. '손을 펴시다… 붙잡아 주시다… 건져 내시다… 건지시다…인도하시다… 구원하시다…'(16–19절). 이러한 구원 사역은 마치 출애굽 시대를 연상시키는 듯하다(Craigie, deClaissé-Walford et al., McCann, Ross). 더 나아가 '건지다'(משה)는 모세의 이름의 어원이기도 하다(cf. HALOT). 그러므로 일부 주석가들은 저자가 이 동사를 다윗에게 사용하여 그를 모세에 버금가는 은혜를 입은 사람으로 묘사하는 것으로 해석한다(Goldingay, Terrien).

다윗은 하나님을 큰물에 휩쓸려 떠내려가는 사람을 높고 안전한 곳에서 손을 내밀어 붙잡아 구원하는 사람처럼 묘사한다. 자기는 물에 떠내려가는 사람처럼 소망이 없었는데, 하나님이 구원의 손으로 그를 붙드셨다는 것이다. 기자에게는 그를 죽이려는 물을 헤쳐 나갈 어떠한 능력이 없었으므로 죽음이 그의 유일한 운명이었는데, 하나님이 그를

4 한 주석가는 16–29에 대하여 다음과 같은 구조 분석을 제안한다(Goldingay).
A. 여호와께서 나를 구원하셨다(이유를 밝히지 않음)(16–18절)
B. 여호와께서 나의 신실함을 보고 나를 구원하셨다(19–20절)
C. 나는 참으로 신실한 삶을 살았다(구원 언급 없음)(21–23절)
B′. 여호와께서 나의 신실함을 보고 나를 구원하셨다(24–27절)
A′. 여호와께서 나를 구원하셨다(이유를 밝히지 않음)(28–29절)

죽음의 문턱에서 낚아채셨다는 것이다.

하나님이 다윗을 내버려두지 않고 구원하신 것은 그를 노리는 원수들이 그보다 월등히 강한 상대였기 때문이다(17절). 아마도 다윗이 사울에게 쫓기며 아둘람 광야를 떠돌던 시대를 생각하는 것으로 보인다. 하나님은 약한 자들을 보호하는 분이시기 때문에 강한 자들이 단지 자신들이 강하다는 이유로 약자들에게 폭력을 행사하고 그들을 짓밟는 일을 용납하지 않으신다. 그러므로 우리도 하나님의 도우심을 바라려면 우리의 능력을 모두 내려놓고 연약한 자와 상한 심령을 가진 자의 모습으로 하나님께 간구해야 한다.

다윗은 원수들이 그를 죽이려고 몰려온 재앙의 날에 하나님이 그의 의지가 되어 주셨다고 회고한다(18절). 사울이 광야에서 나날을 보내던 다윗을 죽이려고 군대를 일으켜 나온 일이 몇 차례 있었는데, 아마도 다윗은 이때를 떠올리는 것 같다(cf. 삼상 23, 24, 26장). 도망자로 살던 다윗이 군대를 이끌고 나온 사울 왕을 상대로 싸울 수는 없었다. 그러므로 그는 죽은 목숨과 다름이 없었는데, 하나님이 그의 의지가 되시어 그 좁은 곳(사울의 포위)을 피해 넓은 곳(자유의 공간)으로 인도하셨다(19절). 하나님이 다윗에게 구원을 베푸신 것은 주님이 그를 기뻐하셨기 때문이다. 하나님이 기뻐하시는 사람은 어떤 상황에서도 주님의 구원을 기대할 수 있다.

5. 인간 왕의 신실함(18:20-24)

20 여호와께서 내 의를 따라 상 주시며
내 손의 깨끗함을 따라 내게 갚으셨으니
21 이는 내가 여호와의 도를 지키고
악하게 내 하나님을 떠나지 아니하였으며
22 그의 모든 규례가 내 앞에 있고

내게서 그의 율례를 버리지 아니하였음이로다
23 또한 나는 그의 앞에 완전하여
나의 죄악에서 스스로 자신을 지켰나니
24 그러므로 여호와께서 내 의를 따라 갚으시되
그의 목전에서 내 손이 깨끗한 만큼 내게 갚으셨도다

앞에서 다윗은 자신은 하나님이 기뻐하시는 사람이기 때문에 주님이 그를 구원하셨다고 했다(19절). 그는 자신이 어떻게 하여 하나님이 기뻐하시는 사람이 되었는지를 설명한다. 다윗은 자신은 항상 하나님 곁에 머물며 하나님의 말씀과 도덕적인 기준에 따라 청렴결백하게 살아왔기 때문이라고 한다. 그러므로 하나님이 그를 구원하신 것은 다윗의 의(צֶדֶק)에 따라 하나님이 그에게 상을 내리신 일이라 할 수 있다(20절). 다윗은 당당하게 자기가 삶에서 얼마나 성실하게 의를 추구하며 살아왔는가를 회고한다. 우리는 이렇게 말하는 다윗에게 자극을 받아 우리도 의롭게 살 수 있으며, 의롭게 살겠다는 의지를 다져야 한다.

다윗은 죄악에서 스스로를 지킨 일을 하나님 앞에서의 완전함(תָּמִים)으로 표현한다(23절). 다윗이 말하는 완전함은 완벽함이 아니라 온전함에 더 가깝다(cf. HALOT). 그는 이 같은 온전함을 하나님의 말씀대로 사는 삶으로 이룩했다(21–22절). 사람이 하나님의 명령과 말씀에 순종하는 삶을 산다면, 그는 다윗처럼 하나님 앞에서 온전한 사람이다.

다윗이 자신의 의와 깨끗함을 하나님이 축복하셨다고 하는 것은 결코 교만에서, 혹은 자신의 행위를 자랑하고자 해서 하는 말이 아니다. 그는 자신의 경건한 삶을 통해 하나님이 주님께 순종하는 사람들을 어떻게 대하시는가를 온 세상에 알리고자 한다. 사람이 하나님께 충성하고자 한다면, 그들의 의지가 삶에서 경건과 거룩으로 드러나야 한다. 또한 충성은 충성하고자 하는 사람들의 마음속 깊은 곳에서부터 우러나는 영적인 반응이어야 한다는 것이 다윗의 주장이다.

하나님의 사역은 주의 백성이 어떻게 주님의 말씀에 반응을 보이는가와 연관이 있다(Davidson). '의'(צֶדֶק)(24절)는 하나님의 명령에 적절히 반응하는 삶의 열매다. 그러므로 '의'와 '깨끗함'은 결코 행위나 완벽함으로 해석할 수는 없다. 의와 깨끗함은 하나님이 우리에게 베풀어 주신 모든 은혜와 자비를 묵상하며 주님을 향한 사랑을 즐거운 마음으로 표현하는 것이다. 다윗은 "하나님, 내가 주님을 위하여 한 일들을 보소서"라고 하는 것이 아니라 "하나님 내가 주님을 너무나 사랑하기 때문에 주님의 뜻대로 살려고 최선을 다하고 있습니다"라는 고백을 하고 있다(vanGemeren).

6. 하나님의 신실하심(18:25-30)

25 자비로운 자에게는 주의 자비로우심을 나타내시며
완전한 자에게는 주의 완전하심을 보이시며
26 깨끗한 자에게는 주의 깨끗하심을 보이시며
사악한 자에게는 주의 거스르심을 보이시리니
27 주께서 곤고한 백성은 구원하시고
교만한 눈은 낮추시리이다
28 주께서 나의 등불을 켜심이여
여호와 내 하나님이 내 흑암을 밝히시리이다
29 내가 주를 의뢰하고 적군을 향해 달리며
내 하나님을 의지하고 담을 뛰어넘나이다
30 하나님의 도는 완전하고
여호와의 말씀은 순수하니
그는 자기에게 피하는 모든 자의 방패시로다

이 섹션에서 다윗은 먼저 하나님이 어떻게 사람들을 대하시는가를 노래하고(25-27절), 이어 이러한 원리를 자기의 삶에 적용하며 묵상과 찬송으로 이어간다(28-29절). 하나님은 모든 사람을 그들의 성품과 행실에 따라 대하신다. 그러므로 다윗이 하나님의 선하신 도움을 바라는 것은 곧 평상시에 자신도 이러한 삶(남들에게 도움을 주는 삶)을 살아왔기 때문이다. 그는 하나님은 사람들이 각각 심은 대로 거두게 하시는 분이라고 확신한다.

하나님은 선한 사람들의 예배를 받으시고 그들을 선하게 대하신다(25-26절). '자비로운 자들'(חָסִיד)은 하나님의 자비로우심(חסד)을 체험하게 될 것이다(25a절). '완전한 자들'(תָּמִים)은 하나님의 완전하심(תמם)을 경험할 것이다(25b절). '깨끗한 자들'(ברר)은 하나님의 깨끗하심(ברר)을 볼 것이다(26a절). 하나님은 경건하고 거룩하게 살려고 노력하는 사람들을 잊지 않고 축복하실 것이라는 의미다.

반면에 '사악한 자들'(עִקֵּשׁ)은 하나님의 '거스르심/교활하심[새번역]'(פתל)을 경험할 것이다(26b절). 하나님이 선한 사람들은 관대하게 대하시지만, 악한 사람들은 매우 악하게 대하실 것이라는 의미다. 또한 하나님은 '곤고한 자들'(עָנִי)은 구하시고, '교만한 눈들'(עֵינַיִם רָמוֹת)은 낮추신다(27절). 인간이 하는 대로 하나님이 대응하신다는 것이 저자의 고백이다. 모든 사람이 심은 대로 거두게 될 때가 도래할 것이다.

다윗은 하나님은 신실하시고 선을 선으로 갚아 주시는 분이라는 진리에서 용기를 얻어 계속 노래한다. "아, 주님, 진실로 주님은 내 등불을 밝히십니다. 주 나의 하나님은 나의 어둠을 밝히십니다"(28절, 새번역). 하나님이 그의 의로움을 인정하셨기 때문에 하나님의 [구원의] 빛이 다윗이 경험하고 있는 어둠(חָשְׁכִּי)을 밝혀 주실 것이라고 확신한다(28절).

빛과 어둠의 대조는 성경 전체에 잘 나타나 있다. 어둠은 혼돈과 죽음과 고통과 하나님을 대적하는 모든 세력을 상징한다(cf. 창 1:2). 빛은 질서와 생명과 번영과 하나님의 모든 계획의 표현이다. 사해에서 발견된 문서들을 살펴보면 쿰란 공동체는 자신들을 '빛의 자녀들'(children of light)로, 그 외 모든 사람들은 '어두움의 자식들'(children of darkness)로 표현하고 있다.

그러나 본문이 언급하고 있는 '등불'은 단순히 빛과 어두움의 대조를 드러내는 도구에 그치는 것이 아니다. 이 시는 사무엘하 22장에서 다윗이 부른 노래이기도 하다. 그렇다면 사무엘서, 열왕기에서 '등불'이 어떻게 사용되는가를 생각해 보자. 사무엘하 21:17은 다윗을 '이스라엘의 등불'(נֵר יִשְׂרָאֵל)이라 부른다. 열왕기 기자는 세 차례나 하나님이 다윗에게 허락하신 '등불' 때문에 이스라엘과 다윗 왕조에 노하시기를 거부하셨다고 기록하고 있다(왕상 11:36, 15:4, 왕하 8:19). 다윗에게 등불은 하나님이 그와 맺으신 언약(일명 '다윗 언약', cf. 삼하 7장)을 의미하는 것이다. 다윗은 하나님이 그와 맺으신 언약을 생각해서라도 절대 그를 망하게(등불이 꺼지게) 내버려두지 않으실 것을 확신한다.

그렇다면 다윗의 이 고백은 "어두움이 나를 엄습해올 때마다 내게 힘이 되고 내가 요동하지 않는 이유는 하나님이 약속하신 언약을 믿기 때문입니다. 그것을 생각할 때마다 내가 처한 어려움이 별것 아니라는 것을 생각하게 됩니다"라는 의미를 지녔다. 그는 29절에서도 하나님이 그를 도와주시니 어떠한 적이 쳐들어와도 두려워하지 않고 오히려 그들을 담대하게 공격할 수 있다고 한다. 하나님의 보호하심을 생각하니 다윗은 어느덧 적들에게 쫓기는 자에서 그들을 공격하는 자로 변해 있다.

이 시의 표제는 그가 사울에게 쫓길 때 저작한 것이라고 하지만, 사무엘하 22장에서 일생을 회고하면서 부른 노래라는 점을 감안하면 다윗이 말년에 이 말씀에 새로운 의미를 부여해서 부른 노래라고 생각할 수 있다. 다윗이 자신의 삶을 되돌아보니 환난과 어려움이 참으로 많았지만, 그때마다 그를 인도하여 걷게 하신 '하나님의 길은 완전하고'(תָּמִים דַּרְכּוֹ), 그를 이끌어 주신 '주님의 말씀은 순수하다'(אִמְרַת־יְהוָה צְרוּפָה)는 생각이 든다. '순수하다'(צרף)는 금을 제련(refine)하는 사람이 순도를 높이기 위하여 금을 여러 차례 용광로에 집어넣어 얻어낸 결과를 뜻한다. 저자는 자신의 삶에서 하나님의 말씀의 진실성이 여러 차례 시험된(test) 적이 있었고, 그때마다 하나님의 말씀은 진실하고 신실하다는 사실이 입증되었다고 한다.

하나님의 진실되고 신실한 말씀이 그를 이곳까지 오게 하셨다. 그러므로 다윗은 자신이 삶에서 경험한 일들을 바탕으로 주님은 그에게 피하는 모든 이들에게 방패(보호막)가 되어 주실 것이라고 확신한다. 하나님의 선하심을 경험한 다윗의 증언이다.

7. 능력 주시는 하나님(18:31–36)

31 여호와 외에 누가 하나님이며
우리 하나님 외에 누가 반석이냐
32 이 하나님이 힘으로 내게 띠 띠우시며
내 길을 완전하게 하시며
33 나의 발을 암사슴 발 같게 하시며
나를 나의 높은 곳에 세우시며
34 내 손을 가르쳐 싸우게 하시니
내 팔이 놋 활을 당기도다
35 또 주께서 주의 구원하는 방패를 내게 주시며
주의 오른손이 나를 붙들고
주의 온유함이 나를 크게 하셨나이다
36 내 걸음을 넓게 하셨고
나를 실족하지 않게 하셨나이다

다윗은 앞에서 하나님은 그에게 피하는 모든 사람에게 방패가 되어 주실 것이라고 했다(30절). 이 섹션에서 그는 하나님이 어떻게 방패가 되어 주시는가에 대하여 부연 설명을 하고자 한다. 우리는 방패를 방어 수단으로 생각하지만, 다윗은 하나님이 우리의 방패가 되어 주실 때에는 우리가 적들을 공격할 수 있도록 우리의 능력과 힘을 키워 주기도 하신다는 사실을 강조하고자 한다(cf. 29절).

하나님이 방패막이 되시어 보호하는 사람들은 여호와 하나님이라는 '반석'(צוּר) 위에 선 것과 같아서 절대 요동치 않을 것이다(31절). 훗날 예수님도 반석 위에 집을 지은 사람에 대하여 말씀하시는데(cf. 마 7:24-27), 반석이신 여호와 하나님 위에 믿음의 집을 짓는 사람은 참으로 복이 있다. 그러므로 여호와를 의지하는 모든 사람이 함께 고백한다. "주님밖에 그 어느 누가 하나님이며, 우리 하나님밖에, 그 어느 누가 구원의 반석인가?"(31절, 새번역) 이 질문들은 답이 정해져 있는 수사학적인 것들이다. 여호와 외에는 참신이 하나도 없으며, 하나님 외에는 구원의 반석이 없다는 사실을 강조하는 질문이다.

다윗의 방패가 되어 주신 하나님이 그를 반석 위에 세우시고 적을 공격할 군인으로 무장을 시키신다(32-36절). 아마도 때로는 가장 좋은 방어가 공격이기 때문일 것이다. 하나님의 능력이 다윗이 몸에 두르는 띠(허리 띠)가 되고 그가 걸어야 할 길을 완전하게 하신다(32절). 하나님은 그의 발을 암사슴의 발처럼 튼튼하게 하시고(33절), 강한 팔을 주셨다(34절). 주님은 그에게 그 무엇도 꿰뚫을 수 없는 구원의 방패를 주셨다(35절). 방패와 하나님의 오른팔(35절)은 완벽한 보호를 상징한다. 튼튼한 발과 넓은 보폭은 사람이 넘어지지 않게 할 뿐만 아니라(36절), 도망치는 적군을 따라잡아 결정타를 가하는 데 꼭 필요하다. 강한 팔은 무기를 휘둘러 적군을 물리칠 수 있도록 한다. 그러므로 승리는 자연히 다윗의 것이 될 것을 기대할 수 있다.

8. 하나님이 승리하심(18:37-42)

37 내가 내 원수를 뒤쫓아가리니

그들이 망하기 전에는 돌아서지 아니하리이다
38 내가 그들을 쳐서 능히 일어나지 못하게 하리니
그들이 내 발 아래에 엎드러지리이다
39 주께서 나를 전쟁하게 하려고 능력으로 내게 띠 띠우사 일어나
나를 치는 자들이 내게 굴복하게 하셨나이다
40 또 주께서 내 원수들에게 등을 내게로 향하게 하시고
나를 미워하는 자들을 내가 끊어 버리게 하셨나이다
41 그들이 부르짖으나 구원할 자가 없었고
여호와께 부르짖어도 그들에게 대답하지 아니하셨나이다
42 내가 그들을 바람 앞에 티끌같이 부서뜨리고
거리의 진흙같이 쏟아 버렸나이다

하나님이 무장시켜 주신 군사가 되어 싸움에 임한 다윗은 결정적인 승리를 할 수 있었다. 원래 쫓기던 그가 오히려 공격자가 되어 패하고 도망하는 원수들을 추격했다. 그는 튼튼한 발로 원수들의 뒤를 쫓았다(37절). 다윗은 그들이 모두 멸망하기 전까지는 돌아오지 않겠다는 각오로 추격했다. 결국 다윗의 원수들은 그의 발 앞에 쓰러져 다시는 일어서지 못하게 되었다(38절). 이 모든 일이 가능했던 것은 하나님이 그에게 능력을 주셨기 때문이다(39-40절). 이날 하나님이 다윗의 편에서 싸우신 것이다.

"주께서 내 원수들에게 등을 내게로 향하게 하시고"(אֹיְבַי נָתַתָּה לִּי עֹרֶף)(40절)를 문자적으로 번역하면 "내게 내 원수들의 목덜미를 주시고"가 되며 매우 강력한 이미지를 제시한다. 고대 근동에서는 전쟁이 끝나면 패한 나라의 왕이 땅에 엎드리고 승리한 왕은 그의 목을 발로 짓밟는 행위를 공개적으로 행했다. 승자의 절대적인 권위와 패자의 목숨은 승자의 자비에 달려 있다는 것을 모든 사람에게 보여 주기 위해서였다. 이러한 그림이 여기서 묘사되고 있다. 다윗은 하나님의 도움으로 적들

의 '목을 밟았다.'

곤경에 처한 다윗의 원수들이 부르짖었지만, 구원할 자가 없었다(41a절). 아마도 그들이 숭배하는 신들이나 그들의 도움 요청에 응할 만한 사람들을 뜻할 것이다. 당연하다. 여호와가 다윗의 편이신데, 감히 누가 대적들의 편에 서겠는가! 게다가 그들이 숭배하는 우상들은 모두 인간의 손가락이 조각한 물건들이며 어떠한 생명력이나 능력이 없다. 한낱 장식물에 불과하다.

절박해진 원수들은 다윗의 하나님 여호와께도 부르짖어보았다(41b절). 그러나 다윗의 편에 서 계시는 하나님이 그들의 울부짖음에 응답하실 리가 없다. 그들이 하나님의 도움을 구하기에는 너무 늦은 것이다. 게다가 그들이 진실된 마음으로 하나님을 찾는 것이 아니라, 자신들의 우상들이 힘을 발하지 못하니까 궁여지책으로 하나님을 찾고 있다. 하나님이 그들의 기도를 들어주실 리 만무한 것이다. 결국 다윗은 그들을 먼지처럼 날려보냈고, 진흙처럼 짓밟았다(42절). 다윗은 이 모든 것이 하나님의 은혜였다고 고백한다(39-41절). 자신도 최선을 다해 노력했지만, 승리는 여호와께 속한 것이라는 확신이 그의 마음속에서 우러나는 찬양이다. 그러므로 저자는 이 고백을 통해 우리가 당면하는 문제에 초점을 맞추지 말고 그 문제를 해결해 주실 수 있는 하나님을 바라보라고 권면한다.

9. 주님이 구원하심(18:43-45)

43 주께서 나를 백성의 다툼에서 건지시고
여러 민족의 으뜸으로 삼으셨으니
내가 알지 못하는 백성이 나를 섬기리이다
44 그들이 내 소문을 들은 즉시로 내게 청종함이여
이방인들이 내게 복종하리로다

[45] 이방 자손들이 쇠잔하여
그 견고한 곳에서 떨며 나오리로다

하나님은 다윗이 처한 곤경(사울과의 갈등)에서 그를 구원하셨을 뿐만 아니라, 그를 여러 민족을 다스리는 자로 삼으셨다(43절). 아마도 그가 유프라테스 강까지 원정 가서 주변 국가들을 정복한 일을 회상하는 말씀인 듯하다(cf. 삼하 8장). 그는 이 일로 인하여 그 나라들에게서 조공을 받았다. 그러므로 본문에서 그가 알지 못하는 백성들이 그를 섬겼다고 한다(43절). 또한 이 말씀에는 앞으로 세상에 임할 '메시아의 통치'가 잠재되어 있다(vanGemeren).

다윗이 하나님의 은혜를 입어 승리를 했다는 소식이 원수들에게 전해지자 그들이 모두 망연자실했다. 하나님이 함께하시는 다윗과는 도저히 싸울 수 없다는 현실을 파악한 그들은 다윗과 싸울 엄두를 내지 못했다. 그러므로 그들은 곧바로 다윗의 말에 수긍하고 복종했다(44절). 견고한 성 안에 꼭꼭 숨어 있던 적들도 항복하고 나와 다윗을 맞이했다(45절). 하나님의 함께하심이 이처럼 다윗에게 결정적이고 절대적인 승리로 임한 것이다.

10. 반석이신 여호와(18:46-50)

[46] 여호와는 살아 계시니
나의 반석을 찬송하며
내 구원의 하나님을 높일지로다
[47] 이 하나님이 나를 위하여 보복해 주시고
민족들이 내게 복종하게 해주시도다
[48] 주께서 나를 내 원수들에게서 구조하시니
주께서 나를 대적하는 자들의 위에 나를 높이 드시고

나를 포악한 자에게서 건지시나이다
49 여호와여
이러므로 내가 이방 나라들 중에서 주께 감사하며
주의 이름을 찬송하리이다
50 여호와께서 그 왕에게 큰 구원을 주시며
기름 부음받은 자에게 인자를 베푸심이여
영원토록 다윗과 그 후손에게로다

다윗은 주요 테마들, 즉 곤경과 구원, 승리를 묶어 다시 한번 하나님께 찬양과 감사를 드리며 그의 노래를 마무리한다. 그는 '여호와는 살아계신다'(חַי־יְהוָה)(46절)라고 하는데, 시편에서 이러한 표현이 사용되는 경우는 이곳이 유일하다(Goldingay). 다른 곳에서는 여호와는 '살아계신 하나님'이라는 표현이 두 차례 더 등장하는데(42:2, 84:2), 성전에 계신 여호와를 두고 하는 말이다. 그는 노래를 마치면서 다윗 언약(cf. 삼하 7장)을 다시 한번 상기시키고 있다. "주님은 손수 세우신 왕(מָשִׁיחַ)에게 큰 승리를 안겨 주시는 분이다. 손수 기름을 부어 세우신 다윗과 그의 자손에게, 한결같은 사랑을 영원무궁하도록 베푸시는 분이다"(50절, 새번역). 이 말씀에도 메시아의 통치에 대한 기대가 잠재한다는 사실을 쉽게 알 수 있다.

이 노래는 시편 2편과는 달리 신약 저자들에 의하여 예수님의 메시아 되심을 증명하는 데 인용되지는 않는다. 바울이 이방인들에 대하여 논할 때 50절을 인용하는 것뿐이다(롬 15:9). 그러나 신약의 관점에서 바라볼 때 이 시는 상당한 분량이 메시아적인 요소를 내포하고 있다(cf. Calvin, deClaissé-Walford et al.). 특히 하나님의 기름부음을 입은 자(메시아)가 죽음의 사슬에서 구원받는 것은 예수 그리스도의 삶에서 새로운 의미를 부여받고 있다(Craigie).

제19편

다윗의 시, 인도자를 따라 부르는 노래

I. 장르/양식: 지혜시(cf. 1편)

이 노래가 하나인가, 아니면 두 개가 하나로 묶인 것인가에 대하여 논란이 많다(cf. deClaissé-Walford et al.). 학자들은 이 노래를 1-6절과 7-14절로 구분하여, 첫 번째 섹션은 하나님의 창조를 찬양하는 찬양시로, 두 번째 섹션은 이스라엘의 삶에서 하나님의 율법(Torah)이 차지하는 위치를 노래하는 지혜시로 간주한다.

이 두 섹션의 차이는 여기에서 그치지 않는다. 1-6절은 하나님의 이름, 그것도 매우 일반적인 이름 '엘'(אֵל)을 딱 한 차례 언급한다. 반면에 7-14절은 하나님의 언약적인 이름인 '여호와'(יְהוָה)를 일곱 차례나 사용한다. 이러한 차이를 두고 일부 학자들은 1-6절을 형성하고 있는 노래가 가나안 신화에서 유래한 것이라고 주장하지만(Terrien), 그다지 설득력을 지닌 것은 아니다.

또한 1-6절은 천지 만물 중에서 태양의 위치를 부각시켰던 고대 근동의 종교적인 글들과 비슷한 점이 많은 반면, 7-14절은 매우 독자적인 이스라엘의 신앙고백이다(cf. Briggs, Davidson). 이러한 현상은 충분히 설명할 수 있다. 창조주 하나님을 노래하는 1-6절은 자연 세상에 대한 보편적인 정보를 제공하기 때문에 하나님을 언급하는 것은 당연하다. 반면에 7-14절은 창조주께서 자연 세상의 지극히 제한된 일부인 이스라엘과 특별한 관계를 맺으시고 그들에게 주신 율법을 노래한다. 그러므로 창조주의 관계적인 이름인 여호와가 7-14절에 언급되는 것은 당연한 일이다.

문체상 1-6절은 긴 문장들로 구성되어 있는 반면, 7-14절은 짤막한 문장들로 형성되어 있다. 그러므로 많은 학자들이 이 시편을 두 편의 독립된 시들로 나누어 해석하기도 하고(Fohrer), 기자가 이미 존재했던 시를 가져와서 자기 노래를 더하여 조합한 것으로 간주하기도 한다(Anderson). 그러나 첫 부분(1-6절)과 둘째 부분(7-14절) 사이에 여러 가지 공통점들이 존재하며, 이것들이 두 섹션에 통일성을 더한다는 것이 학자들의 생각이다(Clines, Craigie, McCann, vanGemeren).

'말'(אֹמֶר)(2-3절)은 14절에서 다시 사용되며, '정직함'(תָּמִים)(8절)은 13절에서 온전함으로 번역된 단어다. 빛에 대한 모티브(motif)도 양쪽 파트에 등장한다(4-6절, 8절, 11절). 폰라트(von Rad)는 창조와 계시는 지혜문학에서 매우 중요한 위치를 차지하는 두 주제라고 한다. 그렇다면 이 두 주제가 같은 시에서 함께 언급되는 것은 이상한 것이 아니며, 오히려 당연한 일로 생각될 수 있다(cf. McCann).

II. 구조

이 노래를 가장 간단하게 구분하는 방법은 앞에서 언급한 것처럼 1-6절과 7-14절 등 두 섹션으로 나누는 것이다(cf. Craigie). 반면에 다음과 같이 다섯 섹션으로 구분하여 교차대구법적 구조를 제시하는 학자도 있다(Alden).

A. 자연의 선포(19:1)

B. 공적인 말씀(19:2-6)

C. 말씀 찬양(19:7-9)

B′. 사적인 말씀(19:10-13)

A′. 기자의 선포(19:14)

학자들 사이에는 이 시를 세 섹션으로 나누는 일이 일상화되어 있다(deClaissé-Walford et al., McCann, Ross, vanGemeren). 세 섹션으로 나누는 학자들은 모두 1-6절을 한 섹션으로 취급하고, 7-14절을 둘로 나누는 점에서 조그만 차이를 보인다. 일부는 7-11절과 12-14절로 나누는가 하면(Ross, vanGemeren) 나머지 사람들은 7-10절과 11-14절로 나눈다(deClaissé-Walford et al.). 이 주석에서는 다음과 같은 구조를 바탕으로 본문을 주해하고자 한다.

A. 하나님이 피조물을 통해서 계시하심(19:1-6)

A′. 하나님이 율법을 통해서 계시하심(19:7-11)

B. 두 방법을 통한 계시에 대한 반응(19:12-14)

III. 주해

이 시는 시편의 그 어느 노래보다도 히브리어 시의 아름다움과 화려함을 잘 표현하고 있다. 루이스(C. S. Lewis)는 말하기를 "나는 이 시가 시편에서 가장 위대한 노래일 뿐만 아니라, 이 세상에서 가장 아름다운 노래들에 속하는 것으로 생각한다"라며 이 노래를 극찬했다. 이 시가 노래하고 있는 창조에 대한 아름답고 장엄한 이미지는 궤테(Goethe), 하이든(Haydn), 베토벤(Beethoven) 등 인류의 탁월한 예술가들을 감동시켰다(Weiser).

신학적으로도 이 시는 가장 아름다운 시가체에 성경신학의 가장 중심적인 것들을 곁들이고 있다(Craigie). 저자는 창조 섭리와 율법을 통한 계시는 결코 나누어질 수 없는 하나라는 사실을 노래하고 있다. 즉 이

시에서 일반은총(자연계시)과 특별은총(특별계시)은 하나가 되고 있는 것이다. 일반은총은 창조주에 대하여 어느 정도는 알려줄 수 있지만, 주님과 관계를 맺게 하기에는 부족하다.

1. 하나님이 피조물을 통해서 계시하심(19:1-6)

[1] 하늘이 하나님의 영광을 선포하고
궁창이 그의 손으로 하신 일을 나타내는도다
[2] 날은 날에게 말하고
밤은 밤에게 지식을 전하니
[3] 언어도 없고 말씀도 없으며
들리는 소리도 없으나
[4] 그의 소리가 온 땅에 통하고
그의 말씀이 세상 끝까지 이르도다
하나님이 해를 위하여 하늘에 장막을 베푸셨도다
[5] 해는 그의 신방에서 나오는 신랑과 같고
그의 길을 달리기 기뻐하는 장사 같아서
[6] 하늘 이 끝에서 나와서 하늘 저 끝까지 운행함이여
그의 열기에서 피할 자가 없도다

본문은 창세기 1:3-19을 바탕으로 저작된 창조의 노래다. 창세기 1장과 이 노래는 고대 근동의 다양한 창조신화에서 매우 중요한 부분이었던 해와 달과 별들이 모두 여호와 하나님이 창조하신 피조물에 불과하다고 한다. 그러므로 일부 학자들은 이 노래를 고대 근동 사람들이 신들로 숭배하던 것들은 신이 아니고 피조물에 불과하다고 선언하는 논쟁(polemic)으로 간주한다(Brueggemann & Bellinger, Goldingay, Sarna).

이 천체들은 그들을 창조하신 하나님의 영광을 찬양하고 있다. 저자

는 이러한 사실을 확실한 교차대구법을 사용하여 선포한다(1절). 또한 저자는 분사들(participles)을 사용하여 하늘과 창공이 끊임없이, 지속적으로 이 임무를 감당하고 있다는 사실을 강조하고자 한다. 그는 주의 백성이 우주를 숭배하는 오류를 범하지 않도록 권면하고 있다(Goldingay).

הַשָּׁמַיִם מְסַפְּרִים כְּבוֹד־אֵל
<u>하나님의 영광을</u> 선포한다 *하늘은*

וּמַעֲשֵׂה יָדָיו מַגִּיד הָרָקִיעַ׃
창공은 알려준다 <u>그의 솜씨를</u>

하나님의 창조 솜씨를 찬양하는 이 단락은 1–2, 3–4a, 4b–6절 등 세 부분으로 구분할 수 있다. 이 세 파트를 하나로 묶어 주는 공통적인 테마는 '하나님의 영광'(כבוד־אֵל)이다(1절). 우주의 모든 것이 하나님의 영광을 드러낸다. 우리 눈에는 지극히 평범하다고 할 수 있는 자연 세계가 사실은 창조주의 영광을 연주하는 오케스트라다.

찬양의 첫 부분인 1–2절은 자연 세계가 존재하는 것 자체를 통하여 하나님의 영광을 증거하고 있다고 한다. 저자는 하늘과 하늘에 있는 천체들이 주님을 찬양하고 있는 점을 강조한다. 하늘에 있는 천체들의 움직임으로 결정되는 낮과 밤도 하나님의 영광을 노래하고 있다. '낮은 낮에게'(יוֹם לְיוֹם), '밤은 밤에게'(לַיְלָה לְלַיְלָה)라는 표현은 숙어로 날마다(day after day), 밤마다(night after night)라는 뜻이다. 이 천체들은 하나님의 지혜와 말씀을 꾸준히 선포하고 있다는 것이다. 다만 만물의 영장이라고 하는 인간은 자연의 음성을 잘 듣지 못하는 모순을 지니고 있다.

저자는 두 번째 부분인 3–4a절에서 여러 행성들의 들리지 않는 소리에 대하여 역설적인 묵상을 한다(3–4a절). 우리는 낮이 낮에게, 밤이 밤에게 하는 말은 들을 수 없다(3절). 온 세상이 우주적인 속삭임으로 말하고 있기 때문이다(Terrien). 그러나 그들의 들리지 않는 소리는 온 누리에 울려 퍼지고, 창조주 하나님의 말씀이 세상 끝까지 퍼져간다(4절). 보통 사람들은 자연의 대화를 들을 수 없지만, 예민하게 관찰하고 '영적인 귀'가 열려 있는 사람들은 자연의 대화 소리를 들을 수 있다. 중세기 신학자 아퀴나스(Thomas Aquinas)는 이러한 원리에 근거하여 '자연신학'(natural theology)을 발전시키기도 했다. 그는 사람이 창조주께서 만드신 자연을 잘 관찰하면 하나님께 나아갈 수 있다고 했다. 그가 주장한 바가 어느 정도는 맞지만, 인간을 구원에 이르게 할 정도는 아니다. 인간이 구원에 이를 수 있는 유일한 길은 예수님을 통해야만 하기 때문이다. 그러나 그가 주장한 자연신학이 어느 수준까지는 수긍이 가는 부분이 있다.

하늘을 운행하는 천체들이 하나님의 영광을 선포한다고 선언한 기자는 세 번째 섹션(4b-6절)에서 피조물 중에서도 으뜸이라 할 수 있는 태양에 대하여 노래한다. 히브리어로 '태양'(שֶׁמֶשׁ)(세메쉬)은 바빌론 사람들이 태양신으로 숭배했던 '샤마쉬'(Shamash)와 같은 자음들로 구성되어 있다(Brueggemann & Bellinger). 근동의 신들은 여호와께서 창조하신 피조물에 불과하다는 논쟁(polemic)이 절정에 치닫고 있다.

하나님이 태양을 위하여 하늘에 장막을 쳐 주셨다(4b절). 태양이 '밤에 쉴 곳'을 의미하는 시적 표현이다. 아침이면 태양은 신랑이 신방에서 나오는 것같이 힘있게, 기쁜 마음으로, 밝게 나와 하루를 용사처럼 즐거워하며 하늘을 누빈다(5절). 태양은 하늘의 이 끝에서 저 끝까지 움직이며 온 세상에 생기를 더한다(6절).

저자에게 궁창(우주)은 텅 빈 공간이 아니라 천체들이 선포하고 있는 창조주 하나님에 대한 계시로 가득한 곳이다. 이 계시는 그들이 발하는 빛과 그들 사이에 유지되는 질서를 통하여 선포되고 있다(vanGemeren). 여름철에 별이 곧 쏟아질 듯한 쾌청한 밤하늘을 경험해 보았는가? 그럴 때면 무슨 생각이 드는가?

셀 수 없이 많은 별들을 보고 있노라면 "하나님, 인간이 무엇이기에 이렇게 은혜를 베푸십니까?"라는 감격적인 질문을 하게 된다. 우리가 자연의 웅장함과 위엄 앞에 고개를 숙이게 되는 이유는 아마도 그들이 속삭이는 들리지 않는 메시지를 우리의 마음이 느끼기 때문일 것이다. 칼빈(Calvin)은 이런 말을 남겼다. "하늘을 바라보며 하나님을 고백하는 사람은 땅에 펼쳐져 있는 하나님의 지혜와 능력에도 감탄하게 될 것이다. 그냥 전체적인 것에 대한 일반적인 감탄이 아니라 가장 작은 풀에서도 하나님의 능력을 발견한다."

2. 하나님이 율법을 통해서 계시하심(19:7–11)

7 여호와의 율법은 완전하여 영혼을 소성시키며
여호와의 증거는 확실하여 우둔한 자를 지혜롭게 하며
8 여호와의 교훈은 정직하여 마음을 기쁘게 하고
여호와의 계명은 순결하여 눈을 밝게 하시도다
9 여호와를 경외하는 도는 정결하여 영원까지 이르고
여호와의 법도 진실하여 다 의로우니
10 금 곧 많은 순금보다 더 사모할 것이며
꿀과 송이꿀보다 더 달도다
11 또 주의 종이 이것으로 경고를 받고
이것을 지킴으로 상이 크니이다

자연세계에서 하나님의 숨결 소리를 듣게 된 저자는 이제 자신의 초점을 하나님의 '토라'(תּוֹרָה)로 돌린다. 자연이 간접적으로, 희미하게 '들리지 않는 소리'로 하나님을 찬양했다면, 율법은 하나님을 확실하고 뚜렷한 목소리로 찬양한다. 이 섹션은 시편 119편과 비슷한 성향으로 형성되어 있으며, 토라의 아름다움을 여섯 가지로 노래한다. 토라는 '완전하며'(תְּמִימָה), '확실하며'(יְשָׁרִים), '정직하며'(בָּרָה), '순결하며'(טְהוֹרָה), '정결하며'(אֱמֶת), '진실하다'(צָדְקוּ)(7–9절). 토라의 이 여섯 가지 측면은 하나님의 말씀이 지닌 여섯 가지의 효과와 연관이 있다.

첫째, 토라의 완전함(תְּמִימָה)은 사람에게 생기를 북돋우어 준다(7절). 토라는 모든 것에 생기를 넣어주는 가장 기본적인 생명력이다. 그러므로 토라가 없는 인간은 곧 생기를 잃을 수 밖에 없다. 생명력으로 가득하신 창조주 하나님은 율법에 자신의 생명력을 아낌없이 부어 주셨다. 그러므로 사람이 토라를 지키면 죽지 않는다.

둘째, 토라의 확실함(יְשָׁרִים)은 어리석은 사람을 지혜롭게 한다(7절). 지혜가 없는 삶은 불행할 수밖에 없다(cf. 시 14편). 그러므로 지혜가 부족한 사람은 하나님께 지혜를 구하여 매사에 확실한 삶(지혜로운 삶)을 살아야 한다.

셋째, 토라의 정직함(בָּרָה)은 마음에 기쁨을 안겨 준다(8절). 정직이 대접을 받는 사회에서 정직한 사람의 마음은 즐겁다. 우리는 정직함이 환영을 받는 공동체를 이루는 꿈을 포기하지 않아야 한다.

넷째, 토라의 순결함(טְהוֹרָה)은 사람의 눈을 밝혀 준다(8절). 편견이 없이 순수한 시각으로 현실을 바라보므로 사리 판단에 지혜롭다는 의미다. 세상의 때에 찌들다 보면 이 부분이 우리의 취약점이 된다.

다섯째, 토라의 정결함(אֱמֶת)은 영원토록 흔들리지 않는다(9절). 율법은 영원히 흔들리지 않는 삶의 원리이기 때문이다. 사람이 이 원리대로만 살면 참으로 행복할 것이며 후회하지 않는 삶을 살게 된다.

여섯째, 토라의 진실함(צָדְקוּ)은 한결같이 바르다(9절). 이 말은 토라의 모든 성향을 요약하기도 한다. 하나님의 말씀은 인간의 삶의 방향을 항상 바른 길로 인도하여 우리가 가야 할 바른 길을 가게 한다. 토라는 우리가 삶에서 추구해야 할 의(義)를 정의하기 때문이다.

그런데 정확히 '토라'(Torah)는 무엇을 뜻하는가? 저자는 하나님의 토라를 다양한 언어로 부른다. '증거'(עֵדוּת), '교훈'(פִּקּוּדֵי), '계명'(מִצְוַת), '경외하는 도'(יִרְאַת), '법'(מִשְׁפְּטֵי) (7–9절). 그렇다면 본문에서 토라(Torah)는

'율법'(תּוֹרָה)이라는 개념을 훨씬 초월한 매우 광범위한 하나님의 가르침을 뜻한다. 하나님의 계시가 어떤 형태로 오든 간에 바로 이것이 토라라는 의미다(Terrien, cf. deClaissé-Walford et al.).

저자가 노래하는 토라의 여섯 가지 성향에서 보았듯이 토라는 아주 좋은 것이다. 그는 토라는 "순금보다 더 사모할 것이며, 꿀과 송이꿀보다 더 달다"고 찬양한다(10절). 금은 그 당시에 돈으로 활용되었던 것이며, 꿀은 음식을 상징한다고 생각할 수 있다. 그렇다면 이 말씀은 토라는 우리의 삶의 필요를 모두 풍족하게 채울 수 있다는 의미로 해석될 수 있다(cf. vanGemeren).

종교개혁자 루터(Luther)가 율법(Torah)과 복음(Gospel)을 구분하면서 지나치게 차별화한 것은 매우 불행한 일이다. 구약에서 토라보다 더 좋은 것은 없다. 이곳에 언급된 광범위한 정의 안에 복음도 당연히 포함되어 있다.

위와 같이 하나님의 토라는 복된 삶의 바탕이 될 뿐만 아니라 매우 귀하며 삶을 풍요롭게 해주는 원동력이다. 그러므로 토라로 '경고를 받고, 그것을 지키면, 푸짐한 상'도 받게 될 것이다(11절). 상은 하나님이 내려 주시는 포상이라기보다 토라를 중심으로 살아갈 때 자연적으로 얻어지는 좋은 결과를 의미한다. 토라에 따라 사는 사람은 삶이 줄 수 있는 모든 행복을 마음껏 누릴 것이라는 뜻이다.

3. 두 방법을 통한 계시에 대한 반응(19:12-14)

12 자기 허물을 능히 깨달을 자 누구리요
나를 숨은 허물에서 벗어나게 하소서
13 또 주의 종에게 고의로 죄를 짓지 말게 하사
그 죄가 나를 주장하지 못하게 하소서
그리하면 내가 정직하여 큰 죄과에서 벗어나겠나이다

14 나의 반석이시요 나의 구속자이신 여호와여
내 입의 말과 마음의 묵상이 주님 앞에 열납되기를 원하나이다

저자는 온 우주가 여호와를 끊임없이 찬양한다는 내용으로 노래를 시작했다. 이제 그는 이 '온 우주 합창단'과 함께 여호와를 찬양하기를 원한다. 그는 또한 이 노래에서 온 우주적인 것(macrocosm)으로 시작했다가 이제 자신의 아주 작은 세계(microcosm)로 옮겨오고 있다. 온 세상이 여호와를 찬양하고 있다는 것을 의식하는 순간, 그는 우주와 함께 여호와를 찬양하고 싶은 감동을 느낀 것이다. 여름철 밤하늘을 바라보면 저절로 우리 자신의 삶을 반성하게 되는 것도 이런 까닭이 아닐까?

기자는 하나님을 '반석'(צוּר)과 '구속자'(גֹּאֵל)라고 부른다(14절). '반석'은 보호를 상징하며 이미 18장에서 하나님에 대한 비유로 몇 차례 사용되었기 때문에 일부 학자들은 이 이미지가 두 시를 연결해 준다고 한다(Goldingay). '구속자'는 기업 무를 권한을 행할 수 있는 가까운 친척을 의미한다(cf. 레 25:48-49). 성경은 하나님을 억압받는 자들의 '구속자'(גֹּאֵל)라고 한다(욥 19:25, 시 69:18, 72:14, 103:4, 119:154, 잠 23:11, 렘 50:34, 호 13:14). 하나님은 언제든지 대가를 치르고라도 자기 백성을 구원하시는 구원자다.

저자는 그의 반석이시고 구속자이신 하나님께 세 가지를 간구한다. 첫째, "내가 미처 깨닫지 못한 죄를 용서해 주십시오"(12절). 그는 모든 면에서 하나님의 영광에 합당하게 살기를 원한다. 혹시라도 본인이 모르는 사실이 그와 하나님의 관계를 망가뜨릴까 봐 걱정이 된 것이다. 욥이 그의 자녀들이 혹시 의식하지 못한 상황에서 범죄했을까 봐 드렸던 제물이 생각난다.

둘째, "내가 죄를 짓지 않도록 막아 주십시오"(13절). 그는 하나님께 혹시 자기가 죄를 지으려 하면 죄로 향하는 그의 앞길을 막아 달라고 간구한다. 자신의 삶은 온전히 여호와께 의존하고 주님의 인도하심을 받겠다는 의지를 표현하는 기도다.

셋째, "주님이 나의 모든 생각과 묵상을 지배해 주십시오"(14절). 가장 순수하고 가장 확실한 하나님의 주권에 대한 고백이다. 하나님이 사람의 생각을 지켜 주셔야 경건한 삶이 가능하기 때문이다.

저자는 영적인 눈으로 자연을 바라보니 자연은 하나님을 찬양할 뿐만 아니라 하나님에 대하여 많은 진리를 선포하고 있다는 사실을 깨달았다. 또한 율법을 비롯한 하나님의 특별한 계시를 통해 하나님에 대하여 더 자세히 알게 되었음을 의식하게 되었다. 하나님이 창조하신 온 우주와 창조주께서 자기의 모양과 형상대로 창조하신 모든 사람들에게 주신 세상의 모든 규례와 여호와께서 이스라엘에게 주신 율법이 하나님을 선포하고 있다. 하나님의 임재와 섭리가 온 우주에 이처럼 충만하니 어찌 하나님에 대하여 다른 생각을 가질 수 있으랴! 그러므로 그는 무릎 꿇고 기도한다. "나를 주님의 법과 규례로 지켜주시고 인도해 주십시오." 누구든 영적인 눈을 뜨고 세상을 바라보면 저절로 하나님 앞에 무릎을 꿇게 될 것이다.

제20편

다윗의 시, 인도자를 따라 부르는 노래

I. 장르/양식: 왕족시(cf. 2편)

일부 학자들은 이 노래가 환난 속에 있는 사람을 위한 중보기도라고 하기도 하지만(deClaissé-Walford et al.), 대부분 학자들은 이 시가 왕과 연관이 있었던 것으로 추측한다(cf. 6, 9절). 한 주석가는 이 노래가 요시야 왕의 즉위식을 준비하면서 저작된 노래라고 하기도 한다(Terrien, cf. 왕하 22:1, 대하 33:25).

아마도 이 시는 전쟁터로 떠나는 왕이 성전에서 하나님께 예배를 드릴 때(cf. 삼상 7:7-11, 13:9-12, 왕상 8:44-45, 대하 20장) 백성들이 그에게 불러준 일종의 축복송일 것이다. 그러므로 이 시가 왕족시로 분류되기는 하지만, 이 노래의 주인공은 왕이 아니라 그의 하나님 여호와이시다. 백성들의 기도에 응답하시는 이도 하나님이시고(1, 6, 9절), 왕에게 승리를 주실 분도 하나님이시기 때문이다(5, 6, 9절).

II. 구조

이 시는 네 파트로 구분되는가 하면(cf. deClaissé-Walford et al.), 다음과

같이 다섯 섹션으로 구분되기도 한다(vanGemeren). 비록 노래의 앞부분과 뒷부분이 기도로 분류되지만, 실제로 기도는 9절 한 절로 제한되어 있다(McCann).

A. 도움을 요청하는 기도(20:1)

B. 하나님의 왕적인 도움을 요청하는 기도(20:2-4)

C. 기대하며 즐거워함(20:5)

B′. 하나님의 왕적인 도움을 확신하는 기도(20:6-8)

A′. 도움을 요청하는 기도(20:9)

그러나 이 시의 어느 부분이 누구의 스피치인가에 따라 구조가 현저하게 달라질 수 있다. 1-5절은 '우리'가 기도하며, 6절은 '나'가 기도하며, 7-9절은 다시 '우리'가 기도한다. 그러므로 말하는 사람에 따라 이 노래를 구분하면 다음과 같이 세 파트로 구성된 것이 역력하게 드러난다(cf. Craigie, Ross). 이 주석에서도 다음과 같은 구조를 바탕으로 본문을 주해할 것이다.

A. 백성들의 왕을 위한 기도(20:1-5)

B. 제사장의 축복(20:6)

A′. 백성들의 왕을 위한 여호와 찬양(20:7-9)

III. 주해

전쟁터로 떠나는 왕을 위한 기도와 축복으로 생각되는 이 시에서 왕과 백성은 하나가 되어 하나님의 자비를 구한다. 만일 이 노래가 다윗이 저작한 것이라면, 다윗이 이웃 나라들과 많은 전쟁을 치러야 했던 시대, 곧 그의 왕정 통치가 시작된 지 얼마 되지 않은 시대를 역사적 배경으로 하고 있는 듯하다.

저자는 하나님께 성소가 있는 시온에서 도움의 손길을 보내 달라고 간구한다. 노래가 끝날 무렵에는 그의 간구가 기대에 찬 즐거움으로 바뀌며, 왕이 전쟁에서 승리할 것을 확신한다. 우리가 이해하는 것처럼 이 노래가 백성들이 전쟁터로 떠나는 왕을 축복하는 것이라면, 이 시를 구성하고 있는 언어가 모두 존댓말로 바뀌어야 한다.

이 노래에서는 하나님의 이름(שֵׁם)이 특별한 위치를 차지한다. 하나님의 이름이 전쟁터로 떠나는 왕을 높이실 것이며(1절), 하나님의 이름이 승리하고 돌아오는 왕의 깃발이 될 것이다(5절). 세상 사람들은 무기를 의지하지만, 주의 백성은 하나님의 이름을 의지할 것이다(7절). 이처럼 이 노래는 하나님의 이름과 깊은 연관이 있어서 주석가들은 이름 신학(name theology)을 논하기도 한다(Goldingay, McCann, Ross, Terrien).

1. 백성들의 왕을 위한 기도(20:1-5)

1 환난 날에 여호와께서 네게 응답하시고
야곱의 하나님의 이름이 너를 높이 드시며
2 성소에서 너를 도와주시고
시온에서 너를 붙드시며
3 네 모든 소제를 기억하시며
네 번제를 받아 주시기를 원하노라 (셀라)
4 네 마음의 소원대로 허락하시고
네 모든 계획을 이루어 주시기를 원하노라
5 우리가 너의 승리로 말미암아 개가를 부르며
우리 하나님의 이름으로 우리의 깃발을 세우리니
여호와께서 네 모든 기도를 이루어 주시기를 원하노라

이 시는 상대적으로 짧은 노래이지만 단어들과 문제를 반복적으로 사용하여 시를 하나로 묶는 작품성을 보인다. 첫째, "환난 날에…응답하시고"(1절)는 "우리가 부를 때에 우리에게 응답하소서"(9절)와 짝을 이룬다. 둘째, 하나님의 이름이 세 차례 언급이 된다(1, 5, 7절). 셋째, 승리를 의미하는 명사나 동사가 세 차례 언급된다(5, 6, 9절). 넷째, 축복을 빌어주는 "[하나님이] … 하시기를/주시기를 바랍니다"라는 표현이 1–5절에서 열한 차례 사용된다.

이러한 축복/중보기도를 받는 사람이 누구인지도 확실하다. 저자는 '당신'(you/your) 이라는 말을 열한 차례 사용하여 왕을 지명하고 있다. 온 나라의 안보를 책임지는 왕이 커다란 위기를 맞았다(cf. 1절). 적들과 전쟁을 피할 수 없는 상황에서 왕의 능력만으로는 승리가 확실치 않다. 사실 왕의 능력은 별 의미가 없다. 전쟁은 여호와께 속한 것이기 때문이다.

그러므로 백성들은 하나님이 왕과 그의 군인들과 함께하시면서 그들을 지켜 주실 것을 간구한다. 여호와께서 그들과 함께하시면 어떠한 적이라도 두려울 것이 없다. 백성들은 야곱의 하나님(1절), 시온에 계시는 하나님(2절), 왕의 제물을 받으셨던 하나님(3절)의 축복이 왕에게, 또한 자신들에게 임하기를 간절히 바라고 있다. 만일 왕과 군인들이 잘못되면 자신들도 혹독한 대가를 치러야 하기 때문이다.

하나님의 여러 성호 중 '야곱의 하나님'(אֱלֹהֵי יַעֲקֹב)(1절)은 이스라엘이 특별한 보호를 간구할 때 사용된다. 이러한 역사적 배경은 창세기 35:3에 기록된 야곱과 하나님의 씨름 이야기를 근거로 하고 있다. 이 일 이후 이스라엘이 매우 어려운 일을 당할 때면 그들은 야곱의 하나님께 부르짖는다(cf. 시 46:7, 11; 76:6, 84:8).

"성소에서…시온에서 당신께 도움이 임하기를 원하며…"(יִשְׁלַח־עֶזְרְךָ מִקֹּדֶשׁ וּמִצִּיּוֹן יִסְעָדֶךָּ)(2절)는 왕과 백성들이 예배를 마치고 각자의 길로 떠날 때 그들이 어디로 가든 하나님이 그들과 함께 동행해 주실 것을 빌고 있다. 하나님이 함께하시는 것은 우리가 주님께 구할 수 있는 그 어떠한 축복보다도 귀하다. 하나님의 동행은 어떠한 위기에서도 우리를 구원하실 수 있기 때문이다.

하나님이 왕의 모든 제물을 기억해 주시기를 바란다는 말씀(3절)은 하나님이 왕의 제물을 받으셨으니 그 대가로 승리를 주시기를 바란다는 의미가 아니다. 하나님은 사람들에게 제물을 뇌물로 요구하시는 분이 아니다. 오히려 사람이 부정한 제물을 바치면 벌하는 분이시다. 또한 하나님이 제물을 받으신다는 것은 드리는 사람을 인정하신다는 의미를 지녔다. 그러므로 하나님께서 왕이 드린 모든 제물을 기억해 주시기를 바란다는 것은 주님이 왕의 모든 행위를 인정하시고 함께해 주시기를 바라는 기도다. 하나님은 악인이나 비뚤어진 사람의 제물은 받지 않으시는 분이기에 하나님이 왕의 제물을 받으셨다는 사실을 확인할 수 있다면, 왕과 백성들에게는 소망이 있다. 하나님과 왕의 관계가 건강하게 유지되고 있음이 확실하기 때문이다.

백성들은 자신들을 위해서라도 하나님이 왕에게 승리를 주시기를 기원한다(5절). 왕은 하나님 앞에서 온 이스라엘을 대표하는 사람이기 때문이다. 그러므로 왕의 승리는 자신들의 승리가 된다. 왕이 승전가를 부르며 귀향하는 날, 백성들은 왕과 함께 기뻐하며 주님을 찬양할 순간을 기대하고 있다.

2. 제사장의 축복(20:6)

6 여호와께서 자기에게 기름 부음받은 자를 구원하시는 줄
이제 내가 아노니
그의 오른손의 구원하는 힘으로
그의 거룩한 하늘에서 그에게 응답하시리로다

일부 주석가들은 이 말씀을 하는 이가 백성의 축복을 받은 왕이라고 한다(Goldingay, cf. Ross). 그러나 본문이 왕에 대하여 3인칭을 사용하는 것으로 보아 백성이 왕을 축복하며 드리는 기도를 듣고 있던 제사장이 하나님께서 백성들이 기도한 것을 꼭 들어 주실 것이라며 선포하는 메시지다(Craigie, cf. vanGemeren). 하나님은 그들의 기도대로 꼭 왕에게 승리를 주실 것이다. 하나님이 오른팔(יְמִינוֹ)로 왕을 대신해서 싸우실 것이기 때문이다.

중요한 사실은 '하나님이 어디에서 그들의 기도에 응답하시는가'다. 제사장은 '그의 거룩한 하늘'(מִשְּׁמֵי קָדְשׁוֹ)에서 하나님이 응답하실 것이라고 선언한다. 이 말씀은 비록 이들이 성전에서 예배를 드리고 있지만, 성전은 하나님의 임재를 상징할 뿐 결코 하나님을 그곳에 가두지는 못한다는 사실을 전제한다. 성전과 하나님의 임재에 대한 이러한 이해는 솔로몬의 성전 헌당 기도에서 잘 드러난다(cf. 왕상 8장). 솔로몬은 세상에서 가장 좋은 것들로 성전을 아름답게 지어 놓고 말하기를 "어찌 이 누추한 곳에 하나님이 거하시기를 기대하겠습니까? 그러니 우리가 이 성전에서, 혹은 이 성전을 향해서 기도할 때마다, 하나님은 주님의 거처이신 하늘에서 우리의 기도를 들어주십시오"라고 했다.

3. 백성들의 왕을 위한 여호와 찬양(20:7–9)

7 어떤 사람은 병거,
어떤 사람은 말을 의지하나
우리는 여호와 우리 하나님의 이름을 자랑하리로다
8 그들은 비틀거리며 엎드러지고
우리는 일어나 바로 서도다
9 여호와여 왕을 구원하소서
우리가 부를 때에 우리에게 응답하소서

제사장의 선포를 들은 백성들이 열광한다. 그리고 자신들의 신앙을 다시 한번 고백한다. 열방은 병거와 말을 의지하지만, 이스라엘은 오직 여호와의 이름만을 자랑할 것이라고 한다(7절). 그러므로 자신들의 능력과 힘을 믿고 날뛰던 적들은 넘어지지만, 하나님을 의지하는 자신들은 결코 넘어지지 않을 것이라는 확신이다(8절). 이러한 확신을 가지고 백성들은 마무리 기도를 드린다. "여호와여, 우리 왕에게 승리를 안겨 주소서. 우리가 부를 때에, 응답하소서."

가나안의 약소국가였던 이스라엘은 많은 전쟁을 치러야 했다. 외부 세력이 호시탐탐 그들을 멸망시킬 기회를 노렸기 때문이다. 그러므로 그들에게 전쟁은 생존을 위한 몸부림이었다. 또한 신정 통치를 지향하던 이스라엘에게 전쟁은 항상 종교와 연관되어 있었다. 그러므로 여호와의 임재를 상징하는 법궤가 군대를 앞서 전쟁터로 나가기 일쑤였다.

이 노래는 전쟁에 임하는 이스라엘의 모습을 묘사하고 있다. 그들은 여호와께서 그들과 긴밀한 관계를 유지하고 있음을 의식하고 있다. 그러므로 그들은 전쟁에 나가기 전에 만반의 준비를 하면서 동시에 종교적인 차원에서 전쟁을 준비했다. 이 두 가지가 어우러질 때 하나님이 승리를 주실 것이라는 확신이 섰기 때문이다. 하나님의 사역은 인간의 노력과 조화를 이룰 때 최고의 효과를 발휘한다.

제21편

다윗의 시, 인도자를 따라 부르는 노래

I. 장르/양식: 왕족시(cf. 2편)

이 시는 감사(1-7절)와 확신(8-12절)으로 이루어져 있으며, 시편 20편은 왕이 전쟁터로 떠날 때 부른 노래였다면, 이 노래는 전쟁에서 승리하고 돌아오는 왕을 환영하는 노래로 간주되기도 한다(Dahood, McCann). 기자는 1-7절에서 2인칭으로 하나님께 감사하며, 8-12절에서는 인간 왕(다윗 왕조 왕)에 대하여 2인칭을 사용하여 노래한다.

반면에 이 시가 20편과 전혀 연관이 없으므로 전쟁과 무관하다는 전제 아래 이 시를 이스라엘 왕이 즉위할 때 사용한 즉위시(coronation psalm)로 구분하는 사람들도 있다(Anderson, Weiser). 히스기야와 요시야 왕을 기리기 위하여 저작된 시라고 하는 학자들도 있다(Eaton, Terrien, cf. Brueggemann & Bellinger). 또한 이 시는 매년 다윗 언약을 기념하며 불리던 왕족시로 분류되기도 한다(Craigie).

II. 구조

이 시는 여러 개의 단어를 반복적으로 사용하고 있으며 이러한 기술은 시에 일관성과 통일성을 부여하기도 한다. '여호와여 주의 힘으로'(בְּעָזְּךָ יְהוָה)라는 문구가 1절과 13절에서 사용되는 것 외에도 '기뻐하다'(שׂמח) (1, 6절), '구원'(יְשׁוּעָה)(1, 5절), '주다'(נתן)(2, 4절), '놓다'(שׁית)(3, 6, 9, 12절), '복'(בְּרָכוֹת)(3, 6절), '찾다'(מצא)(2x, 8절) 등이 반복적으로 사용되고 있다.

대체적으로 학자들은 이 노래를 1, 2-7, 8-12, 13절 등 네 파트로 구분한다. 밴게메렌(vanGemeren)은 7절을 따로 분리하여 다음과 같은 구조를 제시한다. 그가 제시한 교차대구법적인 구조는 이 노래의 주인공인 왕의 반응을 한중앙에 놓는다는 장점이 있다.

A. 여호와의 능력에 근거한 왕의 기쁨(21:1)
    B. 왕에게 주어진 하나님의 선물(21:2-6)
        C. 왕의 반응(21:7)
    B'. 왕에게 기대하는 백성들(21:8-12)
A'. 여호와의 능력에 근거한 백성들의 기쁨(21:13)

그러나 7절을 굳이 따로 취급할 필요는 없어 보인다. 게다가 7절에 왕의 스피치가 포함된 것도 아니다. 그러므로 대부분 학자들이 하는 것처럼 이 노래를 네 파트로 구분하는 것이 바람직하다(cf. Alden, deClaissé-Walford et al., McCann, Goldingay).

A. 왕의 기쁨(21:1)
    B. 왕에게 임한 하나님의 축복(21:2-7)
    B'. 왕에게 임할 하나님의 축복(21:8-12)
A'. 백성의 기쁨(21:13)

III. 주해

이 노래는 시편 20편과 단어와 테마를 통하여 연관성을 유지하고 있다(cf. Goldingay, McCann, Ross). 시편 20편에서 백성들은 하나님이 전쟁터로 향하는 왕의 앞길에 승리를 주실 것을 기도했다. 이제 21편에서는 전쟁에서 승리하고 돌아온 왕과 함께 하나님께 감사의 찬송을 부른다. 두 노래 모두 3인칭 단수(he)와 1인칭 복수(we)를 사용하여 진행된다. 두 시 모두 여호와의 승리(20:5, 21:1, 5)와 기름부음을 입은 왕(20:9, 21:1, 8)에 대하여 언급한다.

승리하고 돌아온 왕은 다시 한번 다윗 언약을 확인하고(2-6절, cf. 삼하 7장), 그 언약을 근거로 하나님의 변함없는 사랑을 확신한다(7절). 하나님은 앞으로도 그의 기름 부음을 입은 왕(다윗 계열 왕)을 통하여 승리하실 것이다(8-12절). 그러므로 이 시에는 간접적으로나마 메시아적 요소들이 포함되어 있다(vanGemeren).

1. 왕의 기쁨(21:1)

1 여호와여
왕이 주의 힘으로 말미암아 기뻐하며
주의 구원으로 말미암아 크게 즐거워하리이다

이 노래의 강조점은 왕이 승리한 사실에 있는 것이 아니라 그 승리가 어디서 비롯되었는가, 즉 왕의 승리의 출처에 초점이 맞춰져 있다. 저자는 왕의 승리가 왕과 여호와의 관계에서 온 것임을 강조한다(Davidson). 왕과 백성들도 승리가 여호와의 은혜로운 선물이라는 것을 인정한다. 그러므로 그들은 왕의 승리가 아니라 '주의 힘'과 '주의 구원'을 찬양한다. 왕은 분명히 전쟁터로 나가서 치열하게 싸웠지만, 되돌아보니 승리는 하나님의 은혜라는 것을 고백할 수밖에 없다. 그러므로 이 노래는 왕과 이스라엘에게 승리를 주신 하나님의 힘에 대한 언급으로 시작하여(1절), 하나님의 힘에 대한 언급으로 마무리된다(13절).

성경적 세계관에 의하면 이스라엘의 승리/구원(יְשׁוּעָה)은 말이나 병거에 있지 않고 여호와와 그들의 하나님의 이름에 있다(20:7, cf. 20:5). 20:5에서 백성들은 여호와께서 그들에게 승리/구원(יְשׁוּעָה)을 주셔서 즐겁게 열광하며 소리칠 날을 기대했다. 이제 하나님의 은혜를 통해 그 날이 임했다. 그들의 믿음이 현실로 된 순간이다.

2. 왕에게 임한 하나님의 축복(21:2-7)

[2] 그의 마음의 소원을 들어 주셨으며
그의 입술의 요구를 거절하지 아니하셨나이다 (셀라)
[3] 주의 아름다운 복으로 그를 영접하시고
순금 관을 그의 머리에 씌우셨나이다
[4] 그가 생명을 구하매 주께서 그에게 주셨으니
곧 영원한 장수로소이다
[5] 주의 구원이 그의 영광을 크게 하시고
존귀와 위엄을 그에게 입히시나이다
[6] 그가 영원토록 지극한 복을 받게 하시며
주 앞에서 기쁘고 즐겁게 하시나이다
[7] 왕이 여호와를 의지하오니
지존하신 이의 인자함으로 흔들리지 아니하리이다

신명기는 이스라엘이 하나님께 순종할 경우 여호와께서 그들에게 내려 주실 축복에 대하여 구체적으로 밝힌다(신 28:1-14). 본문에서 언급되는 것들은 이 약속에 대한 재확인이다. 하나님이 약속하신 축복을 누리는 왕의 다스림을 받는 백성은 복이 있다. 왕이 누리는 축복이 백성에게도 영향을 미치기 때문이다. 저자는 구체적으로 네 가지 축복을 언급한다.

첫째, 승리가 안겨 주는 즐거움이다. 승리(יְשׁוּעָה)(1, 5절)는 구원(יְשׁוּעָה)

과 같은 것이다. 이 즐거움의 가장 커다란 의미는 하나님이 하신 사역(이스라엘에게 승리 주심)에 있지 않고 하나님이 왕과 함께하심에 있다. "그와 함께 계시니, 왕의 기쁨이 넘칩니다"(6절, 새번역) (Davidson). 또한 왕이 주님과 함께(주 앞에) 있다는 것은 하나님 앞에서 급히 도망해야 하는 왕의 적들과 완벽한 대조를 이룬다(deClaissé−Walford et al.).

둘째, 기도의 응답이다. 왕의 '마음의 소원'과 그의 '입술의 요구'를 모두 들어 주셨다(2절). 이 시를 솔로몬의 기도와 연관시키는 주석가도 있다(deClaissé−Walford et al., cf. 왕상 3장). 하나님은 왕이 구한 것보다 훨씬 더 많이, 좋은 것들로 그의 삶을 채우셨다(Goldingay). 왕은 하나님께 무엇을 구했는가? 아마도 자신과 백성들을 위해서 적들을 상대로 한 전쟁에서 승리를 구했을 것이다. 또한 자기 개인을 위해서 왕은 생명을 구했고, 하나님은 그의 생명을 연장시켜 주셨다(4절). 구약에서 질병에 시달리지 않고 오랫동안 사는 것은 인간이 누릴 수 있는 최고의 축복 중 하나였다. 이 말씀은 사무엘하 7:29을 연상시킨다.

셋째, 사람들 앞에서 존귀하게 되었다. 하나님은 왕에게 '순금 관'을 씌우셨다(3절). 하나님이 왕에게 면류관을 씌워 주시는 것은 왕이 왕권을 그의 선조에게서 물려받은 유산이 아니라 하나님이 그를 왕으로 세우신 것을 암시한다. 하나님은 왕에게 '영광'(כָּבוֹד)과 '존귀'(הוֹד)와 '위엄'(הָדָר)도 입히셨다(5절). 이 단어들은 시편에서 하나님을 설명하면서 자주 사용되는 것들이다(cf. 8편). 이 노래에서는 하나님이 왕에게 이러한 것들을 내려 주신다. 신정통치를 지향하던 이스라엘에서는 인간 왕이 제대로 통치하면 그의 왕권은 하나님의 통치가 동반하는 영광과 존귀와 위엄을 반영한다.

여러 가지 하나님의 축복에 대한 왕의 반응은 더욱더 하나님을 의지하며 살겠다는 각오다(7절). 7절 전반부는 1−6절의 내용을 요약하고 있고, 7절 후반부는 8−12절의 내용을 준비시키고 있다. 그러므로 이 구절은 이 시편의 전반부와 후반부를 연결시켜 주는 다리라 할 수 있다

(Terrien). 주님을 더욱더 의지하는 것은 하나님의 은혜를 경험한 사람의 가장 자연스러운 반응이다. 하나님을 의지하는 그는 세상의 그 어떠한 풍파에도 흔들리지 않을 것이다(7절).

하나님이 왕을 이처럼 관대하게 대하시니 왕이 감격해서 하나님께 충성을 재차 확인하는 것은 당연한 일이다(7절). 왕의 충성을 확신하는 단어들인 '의지하다'(בטח), '인자함/언약적 충성'(חֶסֶד) 은 그와 하나님이 맺은 언약과 연관되어 있다. 이 시는 언약 관계에 바탕을 둔 것이며, 이 두 단어는 이 노래의 핵심을 요약한다(Craigie). 하나님의 언약을 향한 기본 자세는 '사랑/언약적 충성'(חֶסֶד)이며, 왕은 그러한 하나님을 의지해야(בטח) 한다.

3. 왕에게 임할 하나님의 축복(21:8-12)

8 왕의 손이 왕의 모든 원수들을 찾아냄이여
왕의 오른손이 왕을 미워하는 자들을 찾아내리로다
9 왕이 노하실 때에 그들을 풀무불 같게 할 것이라
여호와께서 진노하사 그들을 삼키시리니
불이 그들을 소멸하리로다
10 왕이 그들의 후손을 땅에서 멸함이여
그들의 자손을 사람 중에서 끊으리로다
11 비록 그들이 왕을 해하려 하여
음모를 꾸몄으나 이루지 못하도다
12 왕이 그들로 돌아서게 함이여
그들의 얼굴을 향하여 활시위를 당기리로다

백성들은 여호와께서 왕과 함께하고 있기 때문에 왕은 모든 일에서 승승장구할 것이라고 확신한다(8절). 사실 하나님이 그와 함께하시면 감히 누가 그를 대적하겠는가! 왕은 하나님의 도움으로 원수들을 풀무불이 검불을 사르듯 사를 것이며(9절), 심지어 그들의 후손들까지 멸할 것이다(10절). 또한 그 누구도 왕을 해하려는 음모를 꾸며도 이루지 못할 것이다(11절). 그들은 발길을 돌려야 할 것이기 때문이다(12절). 뿐만 아니라 왕은 그들이 다시는 이런 짓을 하지 못하도록 그들의 얼굴을 향하여 활을 당긴다(12절). 치명타를 입혀 다시는 그런 생각조차 못하게 할 것이라는 의미다.

본문의 가장 어려운 해석상의 이슈는 저자가 사용하고 있는 동사들의 시제를 어떻게 이해하느냐다. 미완료형으로 진행되고 있는데, 그렇다면 미완료형의 일상적인 시재인 미래로 해석할 것인가? 혹은 과거 혹은 현재로 해석할 것인가? 과거형으로 해석하는 학자들과 번역본도 있지만(Dahood, cf. TNK), 미래로 해석하는 것이 일반화되어 있다(새번역, NIV, NAS, NRS, ESV). 이 섹션이 언급하고 있는 원수들에 대한 저주가 1-7절이 언급한 왕의 승리에 근거를 두고 있다는 점을 감안하면 미래로 번역하는 것이 바람직하다.

4. 백성의 기쁨(21:13)

13 여호와여
주의 능력으로 높임을 받으소서
우리가 주의 권능을 노래하고 찬송하게 하소서

저자는 이 시를 시작했던 내용과 비슷한 찬양으로 노래를 마치고 있다. 또한 여호와께서 왕에게 허락하신 승리에 대한 찬양으로 시작한 노래가 공동체의 신앙고백으로 마무리되고 있다. 왕과 백성들이 하나가 되어 여호와의 은혜를 찬양한다는 뜻이다. 기쁨은 이처럼 나누면 많아지며 온 공동체를 하나로 만드는 힘이 있다.

다윗 언약은 이스라엘 왕권의 모든 면모에 영향을 미쳤다. 왕이 즉위할 때에도, 전쟁에 나갈 때도, 그리고 돌아올 때에도 기념이 되고 감사의 주제가 되었다. 동시에 시내 산 언약은 이스라엘에게 신학적인 정체성을 부여해 주었다. 이스라엘은 여러 가지 언약을 바탕으로 세워진 사회였기 때문에 전쟁을 치를 때도 언약이 규정하는 절차대로 싸움터로 나갔다.

이 노래는 언약 백성들에게 과거와 미래가 무엇을 의미하는가를 잘 보여 준다. 과거에 대한 회상은 이미 체험한 승리를 기념하는 일에 불과한 것이 아니다. 그들이 과거에 체험한 승리는 하나님이 주신 것이라는 사실을 고백한다. 과거를 회상하는 일은 하나님이 베풀어 주신 은혜를 감사하고 찬양하는 것에 목적이 있는 것이다. 아울러 과거에 경험한 승리는 밝은 미래에 대한 기대의 밑거름이 된다.

제22편

다윗의 시, 인도자를 따라 아앨렛샤할에 맞춘 노래

I. 장르/양식: 개인 탄식시(cf. 3편)

이 노래는 '아앨렛샤할'(עַל־אַיֶּלֶת הַשַּׁחַר)이라는 단어를 표제에 담고 있는데, 이 문구가 일종의 멜로디였다는 것은 확실하다. 그러나 정확히 무엇을 의미하는지 알 수가 없다. '아침 암사슴/토끼'라는 제목의 노래였다고 하기도 한다(Terrien, cf. Ross). 종교 개혁자 루터는 "밤새 추격을 당하다가 아침에 살해된" 예수님이 바로 이 '아침 암사슴'이라고 했다(cf. 마 27:46, 막 15:34). 한 주석가는 이 '아침 암사슴'이 고통스러웠던 밤이 지나고 드디어 구원의 여명이 밝아오는 것을 상징한다고 하기도 했다(Delitzsch).

II. 구조

이 노래의 특징은 탄식(1-21절)과 감사(22-31절)로 확연히 구분된다는 점이다. 시의 이러한 성향 때문에 학자들은 이 노래는 원래 독립적인 노래 둘을 합한 것이라고 주장하기도 했다(Weimar). 그러나 이처럼 대조적인 내용을 함께 담고 있는 시편이 종종 발견된다는 사실에 근거하여 대부분 학자들은 더 이상 이 시를 두 개의 노래로 구분하지 않는다. 그렇게 보기에는 이 두 섹션이 상당한 통일성을 지니고 있기 때문이다(cf. Davis, Mays, McCann). 오히려 기자가 직면한 어려움에 대한 탄식(1-21절)과 그 어려움이 해결된 것에 대한 감사(22-31절)로 구성된 것이 전형적인 탄식시의 모습이라고 하는 학자들이 있다(Brueggemann & Bellinger).

이 노래의 구조를 파악하는 일은 쉽지 않다(cf. Craigie). 이 시편의 구조를 다음과 같이 'A-B패턴'의 반복으로 보는 견해가 있다(deClaissé-Walford et al.). 이 구조에 따르면 저자가 당면하고 있는 문제가 참으로 심각하여 그의 심리가 매우 불안해져 마음이 급변하고 있으며, 고난을 당하는 성도들이 경험하는 흔들리는 마음과 평행을 이룬다.

A. 도움 요청(22:1-2)
  B. 조상들의 믿음을 근거로 한 확신(22:3-5)
A. 당면한 어려움(22:6-8)
  B 하나님의 보호하심을 근거로 한 확신(22:9-11)
A. 당면한 어려움과 원수들의 행동(22:12-18)
  B. 하나님이 구원해 주실 것 호소(22:19-21a)
A. 하나님의 개입 확신(22:21b)
  B. 응답하실 것이라는 확신(22:22-25)
A. 성전에서 떡을 나눔(22:26-31)

밴게메렌(vanGemeren)은 다음과 같은 구조를 제시한다.

A. 하나님의 버리심, 통치, 이스라엘의 찬양(22:1-5)
  B. 공개적인 멸시(22:6-8)
    C. 하나님의 언약적 책임(22:9-11)
    C'. 언약적 자비를 구하는 기도(22:12-21)
  B'. 공개적인 찬양(22:22-24)

A'. 하나님의 임재와 통치: 이스라엘과 열방의 찬양(22:25-31)

그러나 다음 구조가 이 시의 내용을 더 정확하게 반영하고 있다.

A. 침묵하시는 하나님(22:1-8)
  B. 관계를 근거로 한 도움 호소(22:9-11)
    C. 절망적이고 다급한 상황(22:12-18)
  B'. 절박함을 근거로 한 도움 호소(22:19-21)
A'. 응답하시는 하나님(22:22-31)

III. 주해

예수님의 수난 내러티브(passion narrative)에서 이 노래가 직접 인용된 이후로, 크리스천들은 이 시를 메시아의 고통에 대하여 예언하는 노래로 해석해 왔으며, 탄식시들 중 가장 잘 알려진 시가 되었다(cf. 마 27:39-46, 막 15:29-34). 이 노래의 저자는 바빌론에서 포로 생활을 하던 사람이라고 하는가 하면(Perowne, cf. Goldingay), 히스기야 왕(Goldingay, cf. 대하 32:23), 혹은 예레미야라는 제안도 있다(cf. Ross). 그러나 이 노래의 원래 삶의 정황(*Sitz im Leben*)은 심각한 병으로 고생하는 사람이 하나님께 부른 노래라는 견해가 일반적이다. 칼빈(Calvin)은 이 노래를 다윗이 하나님께 자신의 고통을 호소하며 부른 노래라고 했다.

칼빈은 또한 이 노래가 예수님께 적용될 수 있는 근거는 "이 시편이 성령의 영향력 아래 다윗 왕과 주님에 대하여 노래하기 위하여 저작된 것이기 때문"이라고 한다. 칼빈을 포함한 대부분 학자들은 이 노래가 저작되었을 때, 저자가 예수 그리스도의 수난을 마음에 두고 기록한 것이라고 생각하지 않는다.

그러나 이 시가 노래하는 고통이 예수님의 고통이 되었다는 점을 감안할 때, 이 시를 읊으며 예수님의 고난의 십자가를 묵상하는 것은 당연한 일이다. 그러므로 주석가들은 고난을 당한 시편 기자의 관점과 십자가에 매달리신 메시아적 관점 등 두 차원에서 이 노래를 해석하고 묵상해야 한다고 한다(cf. Calvin, Luther, Ross). 다음은 이 시와 신약의 관계를 정리한 것이다(cf. Goldingay, McCann, Ross).

신약	시편 22편	내용
마 27:46 막 15:34	1절	"나의 하나님, 나의 하나님, 어찌하여 나를 버리셨나이까"
마 27:34 막 15:29	7절	지나가는 사람들이 머리를 흔들며 예수님을 모욕함
마 27:43	8절	그가 하나님을 신뢰하니 하나님이 원하시면 그를 구원하실지라
요 19:28	15절	내가 목마르다
마 27:35 막 15:24 눅 23:34 요 19:23-24	18절	군인들이 예수님의 옷을 나누어 가짐
히 5:7	24, 31	하나님의 들으심을 얻음
히 2:12	22절	내가 주의 이름을 내 형제들에게 선포하고 내가 주를 교회 중에 찬송하리라

1. 침묵하시는 하나님(22:1-8)

1 내 하나님이여
내 하나님이여
어찌 나를 버리셨나이까
어찌 나를 멀리하여 돕지 아니하시오며
내 신음 소리를 듣지 아니하시나이까
2 내 하나님이여
내가 낮에도 부르짖고
밤에도 잠잠하지 아니하오나

응답하지 아니하시나이다
3 이스라엘의 찬송 중에 계시는 주여
주는 거룩하시나이다
4 우리 조상들이 주께 의뢰하고 의뢰하였으므로
그들을 건지셨나이다
5 그들이 주께 부르짖어 구원을 얻고
주께 의뢰하여 수치를 당하지 아니하였나이다
6 나는 벌레요 사람이 아니라
사람의 비방거리요 백성의 조롱거리니이다
7 나를 보는 자는 다 나를 비웃으며
입술을 비쭉거리고 머리를 흔들며 말하되
8 그가 여호와께 의탁하니 구원하실 걸,
그를 기뻐하시니 건지실 걸 하나이다

고통을 당할 때 믿는 사람에게 가장 힘든 부분이 하나님의 침묵이다. 아무리 기도해도 하나님이 아무런 응답을 하지 않으시면, 주님의 침묵은 대부분 하나님이 그를 버리셨다는 생각으로 이어지기 때문이다. 그러므로 저자는 자신이 당면하고 있는 고통에서 가장 어려운 부분인 하나님께 버림받았다는 느낌을 괴로워하면서 노래를 시작한다(1절). 그는 자신의 절박함과 하나님이 그를 외면하고 있으시다는 사실이 도저히 믿기지 않는다며 하나님을 두 차례 연거푸 부른다. "내 하나님이여, 내 하나님이여!"

시편에서 '나의 하나님이여'(אֵלִי)는 '나의 아버지'와 같은 뜻이다(Mowinckel, vanGemeren). 기자와 하나님의 떼어 놓을 수 없는 특별한 관계를 강조하는 표현이다(Eissfeldt, Terrien). 하나님은 이스라엘 공동체와 관계를 맺으셨고, 이 공동체를 보호하시겠다는 언약을 세우셨다. 그러나 공동체의 일원인 저자는 하나님이 공동체를 돌보아 주신다는 사실이 잘 납득이 가지 않는다. 더욱이 그는 자신의 고통을 이 언약과 상관없는 한 개인의 고통으로 받아들일 수가 없다.

기자의 생각에는 만일 하나님이 자기 백성 공동체를 보호하신다면, 공동체에 속한 구성원들을 보호하시는 것도 기대할 수 있는 일이다. 그런데 하나님의 백성 중 하나인 자기는 하나님의 보호를 받지 못하고 있다고 생각한다. 그러므로 그는 공동체와 언약을 맺으신 하나님께 공동체의 일원인 자기의 사정을 살펴 달라고 부르짖는다. 저자는 하나님이 공동체와 맺으신 언약은 공동체에 속해 있는 각 개인에게도 유효하다는 사실을 강조하고자 한다.

기자는 하나님이 그를 '버리셨다'(עזב)고 하는데(1절), 하나님이 그를 떠나셨다는 뜻이다(HALOT). 이미지는 그동안 항상 그와 함께하시던 하나님이 갑자기 그를 떠나셨기 때문에 더 이상 하나님이 보이지 않는 것이다. 저자는 광야에 홀로 서있는 느낌을 떨칠 수가 없다. 하나님은 과거에 "자기 백성을 절대 떠나지 않겠다"(עזב)고 약속하신 적이 있다(신 31:6, 8).

하나님이 그를 버리셨다고 생각하는 것은 두 가지 이유에서다. 그의 생각에 하나님은 그를 돕지 않으시며, 그의 신음 소리에 귀를 기울이지 않으시기 때문이다. '신음 소리'는 정확한 번역이 아니다. 이 히브리어 단어(שְׁאָגָה)(1절)는 성경에서 사자가 포효하는 모습을 묘사하거나(cf. 사 5:29, 겔 19:7, 슥 11:3), 곤경에 처한 사람이 크게 소리지르는 것(욥 3:24, 시 32:3)을 의미한다(HALOT). 기자는 자신이 처한 상황이 얼마나 어려운지 하나님께 도와 달라며 큰소리로 울부짖고 있는 것이다(Goldingay).

그는 하나님이 그의 모든 기도를 무시하시는 것은(1-2절) 하나님이 그를 버리셨기 때문이라고 탄식한다. 하나님이 그를 버리셨다는 것이 사실인가? 아니다. 하나님은 절대 자기 자녀들을 버리시지 않는다. 단지 저자가 처한 상황이 너무나도 힘이 들어서 곧바로 개입하지 않으시고 침묵하시는 하나님께 서운함을 토로하고 있는 것뿐이다.

우리는 하나님이 우리의 도움 요청에 응답해 주시는 것만이 좋은 일이라고 생각한다. 그러나 하나님이 실제적인 도움을 주시는 것과 상관없이 우리가 힘들 때면 부르짖을 수 있고, 우리의 부르짖음을 들어 주시는 하나님이 계신다는 사실 자체가 가장 좋고 복된 일이다. 이 시편 저자가 하는 것처럼 우리가 힘들 때 하나님이 들어주실 것을 믿고 하나님에 대한 원망과 탄식의 소리라도 낼 수 있다는 사실 자체가 얼마나 큰 위로와 치유가 되는지 모른다.

수년 전에 경험한 일이다. 치과의사인 두 친구의 가족과 우리 가족 모두 14명이 남아프리카 공화국으로 의료선교를 다녀온 적이 있다. 하루는 케이프타운에서 좀 떨어진 한 마을의 보건소에서 치과 치료를 했다. 미리 연락해 둔 고아원에서 시간에 맞추어 수시로 치료할 아이들을 데려오고, 치료한 아이들은 데려갔다. 또한 동네 아이들도 부모들과 함께 보건소를 찾았다. 우리는 치료 도중 참으로 마음 아픈 일을 목격했다.

부모의 손을 잡고 보건소를 찾아온 동네 아이들은 보건소 입구에서부터 소리를 지르며 치과 치료에 대한 두려움을 토로했다. 그러나 고아원에서 온 아이들은 자신들의 두려움을 전혀 표현하지 않았다. 그들이 용감해서가 아니었다. 어린아이들이 의자에 앉아 기계 소리를 들으며 치료받는 것이 얼마나 두려웠을까! 그러나 그 아이들은 움켜쥔 손을 바르르 떨었지만 울지 않았고, 두려움에 소리지르지 않았다. 울고 소리쳐도 그들의 하소연을 받아줄 사람이 없어서 홀로 모든 상황을 극복해야 한다는 현실을 의식하고 있었기 때문이었다. 유일하게 그 아이들의 옆을 지키며 괜찮다고 토닥거려준 위로자는 그들보다 한두 살 많은 고아원 언니들이었다.

나는 이러한 상황을 보면서 참으로 많은 생각을 했다. 우리의 아픔과 하소연을 들어 주시는 하나님이 계신 것이 참으로 복된 일이라는 사실을 새롭게 깨달았다. 그날 저녁 우리는 하루 일과를 마무리하는 모임에서 이날 있었던 일을 서로 나누며 눈물지었다. 세상에 홀로 서 있는 그 아이들을 생각하니 눈물이 났고, 항상 우리의 탄식을 들어 주시는 하나님이 우리 곁에 계시다는 사실이 감사해서 눈물이 났다.

기자는 자신의 체험이 일종의 풀리지 않는 수수께끼(mystery)라고 생각한다. 그가 가지고 있는 신학과 경험하고 있는 어려움이 서로 모순된다고 생각하기 때문이다. 신학은 말하기를 하나님을 '신뢰하는 것'(בטח)(4-5절에서 세 차례 사용, cf. 4:5, 9:10, 21:7)은 곧 구원으로 연결된다고 한다. 이러한 공식은 언약 신앙(covenant faith)의 기본적인 패턴이다.

그러나 그의 현실은 이러한 사실을 부인하는 듯하다는 것이 문제다. 그가 육체적으로 매우 혹독한 고통을 당하고 있는 것이 사실이지만, 무엇보다도 견디기 힘든 부분이 다름 아닌 하나님께 버림받았다는 느낌이다. 신앙인으로서 하나님께 버림받았다는 느낌이 들 때 우리의 존재(being) 자체가 위협을 받고 정체성(identity)이 뿌리째 흔들리는 체험을 하게 되기 때문이다. 그러므로 저자는 하나님의 침묵을 기정사실로 받아들일 수 없다.

저자는 자기가 당면한 문제를 묵상하며 밤낮으로 하나님께 부르짖어 보았자 하나님이 계속 침묵하신다는 사실을 깨닫고 묵상하는 주제를 바꾼다. 그는 먼저 하나님은 이스라엘의 찬송 중에 거하시는 분이시며, 거룩하신 하나님이라며 두 가지 사실을 묵상한다(3절). 첫째, 하나님은 "이스라엘의 찬송 중에 거하신다"(יוֹשֵׁב תְּהִלּוֹת יִשְׂרָאֵל). 상당수의 학자들이 이 표현이 이곳에서만 사용된다는 점을 들어 본문을 수정할 것을 제안하지만, 있는 그대로도 뜻이 확실하다. 이스라엘은 공동체로서 지속적으로 하나님께 찬송과 감사를 드려야 하며, 하나님은 그들의 찬송을 마치 보좌로 삼으시고 그 위에 왕으로 앉아 계시는 모습을 그리고 있다. 주님은 저자가 속한 백성의 공동체의 찬송 위에 세워진 보좌에 앉아 그들과 함께하시며, 그들을 보살펴 주시는 분이심을 확신한다는 뜻이다. 또한 사람이 하나님께 드릴 수 있는 가장 좋은 예물은 그분을 찬양하는 것임을 암시한다.

둘째, 하나님은 거룩하신 분이라는 것은 여호와는 다른 나라들과 언약을 맺은 열방의 신들과 전혀 다르다는 사실을 강조한다. 고대 근동의 신화들에 의하면 열방의 신들은 대체적으로 자기 백성을 부려먹는 자들이었다. 그러나 여호와는 자기 백성을 섬기는 분이시며, 인격적으로, 자상하게 자기 백성을 돌보시는 거룩한 신이시다.

이어 저자는 과거에 이스라엘 조상들을 구원하신 하나님을 묵상한다(4-5절). 마치 물에 빠진 사람들처럼 곤경에 빠졌던 선조들이 하나님을 의뢰했을 때 주님은 그들을 건지셨다(4절). 또한 조상들이 하나님께 부르짖었을 때 하나님은 그들에게 구원을 베푸셨다(5절). 저자의 이 같은 회상은 출애굽과 광야 시절에 이스라엘을 구원하신 하나님의 은혜에 바탕을 두었다(cf. Goldingay).

과거에 그의 조상들에게 은혜를 베푸신 하나님이 이제 와서 침묵하실 이유가 없다는 확신이 생겼다. 그러므로 기자는 이스라엘 역사에서 가장 강력하게 임하시어 구원을 베푸셨던 하나님을 기억하며 다시 한 번 자비를 구한다. 이 순간 하나님이 침묵하시더라도 자기는 결코 잠잠할 수 없다는 비장한 각오로 하나님께 매달리고 있다. 다급한 사람이 샘을 판다는 말이 있지 않은가! 기독교인들이 어려운 문제를 만날 때마다 좌절하지 않고 열심히 기도하면 '하나님이 들으시든 듣지 않으시든' 상관없이 하나님이 무언가를 이루실 것이다.

저자는 사람들이 자기를 대하는 자세를 극적으로 표현한다. 하나님이 그의 기도에 침묵하시자 사람들이 그를 비방하고 나섰다. 사람들은 그를 '벌레 대하듯' 한다(6절). "나는 벌레/지렁이요 사람이 아니라"(אִישׁ- תוֹלַעַת וְלֹא)는 말은 시적인 표현이며 주변 사람들에게서 사람 취급을 받지 못한다는 뜻이다(cf. 욥 25:6, 사 41:14). 하나님이 자기 자녀가 주변 사람들에게 벌레 취급받는 것을 그대로 내버려두시겠는가? 그러므로 기자가 자신을 이처럼 낮추는 것은 하나님의 개입을 간절히 바라는 마음에서 비롯되었다.

또한 시편 기자가 거울을 보니 지속적인 병을 앓으면서 수척해진 자신의 모습이 보였다. 그의 모습은 처량하다 못해 사람에게서 느껴야 할 존엄성마저도 느끼지 못하게 하는 몰골이었다. 그러므로 그는 사람들이 그를 사람으로 대하지 않을 수도 있다는 생각을 하게 되었다는 뜻이다. 그가 이렇게 느끼게 된 데에는 하나님이 자기를 버리셨다는 생각과 사람들이 그를 비아냥거리는 것이 복합적으로 작용하고 있다 (7-8절).

성도가 고통을 경험할 때 가장 잔인한 사람들은 다름 아닌 같은 공동체에 속한 다른 성도들일 경우가 있다(cf. 7-8절). 당면한 고통을 감당하기에도 힘이 부치는데, 그들은 수군거리며 뒷담화를 한다. "저 사람은 분명히 죄가 있으니까 저렇게 된 것이다!"(cf. 31:11, 69:7, 69:19-20). 사람들이 수군거리면 심판대에 오르는 것이 고통당한 사람의 신앙이다. 그러므로 우리는 이웃의 고통에 대하여 판단하거나 수군거리는 일은 자제해야 한다.

저자는 비난과 비아냥의 눈초리로 자신을 바라보는 것이 싫다. 특히 '그는 신앙이 좋은 사람이니 주께서 그를 꼭 구원하실 것'이라며 빈정대는 사람들이 너무 싫다(8절). 숨통을 조여오는 육체적인 고통보다 이러한 시선을 이겨내는 일이 더 힘들다. 이러한 상황을 아시는지 모르시는지, 저자가 아무리 기도해도 하나님은 침묵으로 일관하신다. 이미 언급한 것처럼 그가 당면한 가장 기본적인 문제는 힘들게 견디어 내고 있는 고통이 아니라 하나님의 침묵이다.

2. 관계를 근거로 한 도움 호소(22:9-11)

9 오직 주께서 나를 모태에서 나오게 하시고

내 어머니의 젖을 먹을 때에 의지하게 하셨나이다
10 내가 날 때부터 주께 맡긴바 되었고
모태에서 나올 때부터 주는 나의 하나님이 되셨나이다
11 나를 멀리 하지 마옵소서
환난이 가까우나 도울 자 없나이다

원수들이 비아냥거리는 상황에서 저자의 유일한 소망은 그를 창조하신 창조주의 도움을 청하는 일이다. 그는 어떻게 해서든 하나님을 자기가 처한 상황에 개입하시게 해야 문제가 해결될 것이라는 사실을 잘 안다. 그러므로 기자는 이미 오래 전에 형성된 하나님과의 관계를 회상한다. 그는 하나님이 그가 태어나기 전부터 그를 아셨고(9절), 그와 관계를 맺으셨던 일을 상기시킨다(10절). 하나님의 도움이 절실하게 필요한 상황에서 저자가 자기 업적이나 드리는 예물을 바탕으로 호소하는 것이 아니라, 관계를 근거로 하는 것이 인상적이다.

이 기도는 저자가 그를 창조하신 창조주 하나님께 자기가 처한 어려운 상황에 대하여 알리는 데 목적이 있다(11b절). 비록 처한 곤경에서 한순간이라도 빨리 벗어나고 싶지만, 그의 가장 간절하고 다급한 염원은 그와 하나님 사이에 느껴지는 거리감을 좁히는 데 있다. "나를 멀리 하지 마옵소서"(11절). 그는 하나님과의 관계를 회복하는 것이 그가 해결해야 할 가장 시급한 이슈라고 생각한다. 하나님과의 관계가 회복된다면 나머지는 모두 자동적으로 해결될 것이기 때문이다.

3. 절망적이고 다급한 상황(22:12-18)

12 많은 황소가 나를 에워싸며
바산의 힘센 소들이 나를 둘러쌌으며
13 내게 그 입을 벌림이

찢으며 부르짖는 사자 같으니이다
14 나는 물같이 쏟아졌으며
내 모든 뼈는 어그러졌으며
내 마음은 밀랍 같아서
내 속에서 녹았으며
15 내 힘이 말라 질그릇 조각 같고
내 혀가 입천장에 붙었나이다
주께서 또 나를 죽음의 진토 속에 두셨나이다
16 개들이 나를 에워쌌으며
악한 무리가 나를 둘러 내 수족을 찔렀나이다
17 내가 내 모든 뼈를 셀 수 있나이다
그들이 나를 주목하여 보고
18 내 겉옷을 나누며 속옷을 제비뽑나이다

저자는 그가 처한 어려운 상황을 매우 실감나게 표현한다. 이 섹션에서 그는 자신이 당면한 문제를 크게 세 가지로 언급한다(Brueggemann & Bellinger). (1)잔인무도한 원수들(12-13절), (2)육체적, 영적으로 무너져 내린 자신(14-15절), (3)죽은 사람 취급받는 사회적 지위(16-18절).

기자는 자신의 생명이 '개떼처럼 달려드는 악한 무리'(עֲדַת מְרֵעִים)의 손에 달려 있다고 탄식한다(16절). 그는 이 악인들이 얼마나 흉악한지 그들을 접해 본 사람들의 사기를 순식간에 꺾는 공포를 자아내는 자들이라고 한다. 그는 자신이 결코 허풍을 떠는 것이 아니라며 그들을 세 가지 두려움을 자아내는 동물에 비유한다.

첫째, 기자를 노리는 악인들은 바산의 힘센 소들(אַבִּירֵי בָשָׁן)이다(12절). 바산은 요단 강 동편에 위치한 고원으로 오늘날의 골란 고지를 포함한다. 이 지역의 땅은 비옥하고 물이 있어 풀이 잘 자랐다. 농사와 목축업에 안성맞춤이었으며, 이곳에서 생산된 풀과 밀은 이스라엘에서 가장 좋은 소들을 양육하는 데 사용되었다. 아모스는 사마리아의 상류층 아내들을 '바산의 암소들'이라고 비아냥거린 적이 있었다(암 4:1). 사람이 잡아먹기에 딱 좋은(심판하기에 딱 좋은) 고깃덩어리라고 비난한 것이다. 본문에서 '바산의 힘센 소들'은 저자가 당면하고 있는 원수들의 강인함과 능력을 강조한다. 이들이 공격하면 자기는 속수무책으로 당할 수밖에 없다는 것을 암시한다.

둘째, 그들은 '찢으며 부르짖는 사자'(אַרְיֵה טֹרֵף וְשֹׁאֵג) 같다(13절). 사자가 금방 사냥한 먹이를 앞에 두고 자신의 능력을 과시하기 위하여 포효하며 먹이를 찢는 모습을 나타냈다. 저자는 먹이를 찢는 사자 앞에 힘없이 서있는 먹잇감에 자신을 비유한다. 주님이 도와주지 않으시면 자기는 죽은 것과 다름없다는 뜻이다. 고대 근동에서 처음 두 동물인 황소와 사자는 권력과 힘의 상징이기도 했다. 그러므로 저자는 그를 공격하는 사람들이 일반인이 아니라, 큰 권력을 지닌 사람들임을 암시한다(deClaissé-Walford et al.).

셋째, 저자를 공격하는 악인들은 '개떼'(כְּלָבִים)다(16절). 사람이 집에서 키우는 애완용이 아니라 닥치는 대로 덮치고 심지어는 사람의 시체까지 뜯어먹는 들개나 사냥개를 의미한다(Goldingay, cf. 왕상 21:23-24). 어떻게 생각하면 한 마리의 사자보다 더 무서운 것이 개떼다. 저자는 자신이 처한 절박한 상황을 이렇게 묘사하고 있다.

이 세 가지에 다음 섹션에 나오는 '들소의 뿔'(קַרְנֵי רֵמִים)(21절)을 더할 수 있다. 마치 소들이 사람을 들이받듯이 원수들이 기자를 들이받고 있다는 뜻이다. 들소를 더하면 이 시가 언급하는 짐승이 네 가지가 된다. 성경에서 숫자 '4'는 포괄성을 상징한다. 저자는 자신을 사방에서 공격해 오는 원수들에게 포위당한 사람으로 묘사하고 있다. 이 원수들은 모두 포악하고 공격성이 강한 짐승들이라며 그들의 잔인성을 강조한다(Davis). 또한 저자가 언급하는 짐승들은 잔인성이 점차적으로(gradation) 강해지는 순서를 보이고 있다(Terrien).

또한 고대 근동에서 악령들을 짐승으로 표현하는 것은 흔한 일이었다(Keel). 그러므로 저자가 짐승들이 그를 공격한다고 하는 것은 그가 영적으로도 공격을 받고 있음을 암시하는 듯하다(McCann). 이 시가 훗날 예수님께 적용되는 시라면 더욱더 그렇다. 저자는 그를 공격하는 원수들을 짐승들로 표현하여 자신이 처한 절박한 상황을 묘사한다. 사태가 매우 심각하여 자신이 스스로 헤쳐 나오기는 불가능하다는 뜻이다.

저자는 자신이 원수들 앞에서 마치 물이 쏟아지듯이 쏟아졌고 밀랍(왁스)이 녹아내리듯 녹아내렸다고 한다(14절). 싸우거나 대항할 의욕을 완전히 잃었다는 뜻이다(수 7:5, cf. 수 2:9, 11, 24). 또한 녹아내린 왁스와 쏟아지는 물은 형태가 없는 것들이다. 저자는 더 이상 인간의 존엄성을 지킬 수 없는 암담한 현실을 이처럼 엎질러진 물과 녹아내린 밀랍으로 표현한다. 그는 자신이 '죽음의 진토(עֲפַר־מָוֶת) 속에 있었던 것'을 기억한다(15c절).

기자는 자신의 힘이 말라 질그릇 조각처럼 생기라고는 전혀 찾아볼 수 없는, 곧 탄력이 전혀 없는 까칠한 피부를 갖게 되었다고 한다(15a절). 그를 더 슬프게 하는 것은 그가 이런 일을 당하고도 그 누구에게도 할 말이 없다는 사실이다(15b절). 저자는 살이 다 빠지고 가죽만 남은 자신의 몸을 만지며 모든 뼈마디를 셀 수 있다고 한다(17a절). 사람이 마음에 근심이 있으면, 그 근심은 뼈를 마르게 한다는 잠언 17:22 말씀이 생각난다.

저자는 소망이라는 희미한 빛조차도 보이지 않는 삶을 살고 있다. 그의 삶에서 생기는 찾아볼 수 없으며 온통 죽음의 그림자만 드리워져 있다. 주변 사람들이 그를 빤히 쳐다보더니(17b절) 그의 겉옷과 속옷을 벗긴다(18절). 그들은 기자의 죽음이 임박했다고 확신하여 그가 입고 있는 옷을 벗겨 그가 지켜보는 앞에서 제비뽑기를 해 서로 나누어 가진다는 뜻이다. 참으로 나쁜 사람들이다! 신약에서 이 말씀은 예수님께 적용된다(요 19:23-24).

기자가 자신이 처한 상황을 이렇게 묘사하는 것은 절박함을 표현하기 위한 비유다. 그가 어디를 보든 죽음밖에 보이지 않는다. 자기 몸을 보니 병들고 말라 흉측한 몰골뿐이다. 주변을 둘러보니 그가 죽기를 학수고대하는 원수들이 그를 에워싸고 있다. 그러므로 그의 유일한 소망은 하나님이다.

4. 절박함을 근거로 한 도움 호소(22:19–21)

19 여호와여 멀리하지 마옵소서
나의 힘이시여 속히 나를 도우소서
20 내 생명을 칼에서 건지시며
내 유일한 것을 개의 세력에서 구하소서
21 나를 사자의 입에서 구하소서
주께서 내게 응답하시고
들소의 뿔에서 구원하셨나이다

저자는 자신이 처한 어려움을 매우 절망적으로 설명한 다음 다시 하나님의 구원의 손길을 위해 기도한다. 그는 기도를 통해 하나님께 주님의 자녀가 이처럼 어려운 상황에 처해 있으므로 계속 침묵하실 수만은 없다는 부담감을 주고 있다. 기자는 하나님이 속히 오셔서(19절) 원수들의 칼에서 자기를 구원해 달라고 기도한다(20절). 자신이 느끼는 다급함과 절박함을 표현하기 위하여 그는 여러 개의 명령문을 사용하여 하나님께 호소한다. "멀리하지 마옵소서(אַל־תִּרְחָק)(미완료형+부정사는 명령형 역할을 한다)…나를 도우소서(חוּשָׁה)…칼에서 건지소서(הַצִּילָה) …구하소서(הוֹשִׁיעֵנִי) …"(19–21절).

저자는 이 섹션을 하나님이 그의 기도에 응답하시어 "들소의 뿔에서 구원하셨다"(וּמִקַּרְנֵי רֵמִים עֲנִיתָנִי)는 확신으로 마무리한다(21절). '나를 구원하셨다'로 번역된 히브리어(עֲנִיתָנִי)의 더 정확한 의미는 '내게 응답하셨다'이다(HALOT). 하나님이 그의 기도를 들으신 것을 의미하는 '응답하다'(ענה)가 이 시의 중심점(pivot)이다(deClaissé-Walford et al.). 지금부터 모든 것이 반전된다.

저자가 사용하고 있는 이미지는 그가 들소의 뿔에 받히려는 순간 하나님이 기적적으로 개입하시어 들소의 뿔에 받히지 않도록 하신 일이다. 하나님이 저자의 고난을 모두 헤아리실 뿐만 아니라 그가 죽음에 처한 순간에도 함께하셨다는 것이 인상적이다(McCann). 하나님은 자기 자녀들을 결코 홀로 두시지 않는다.

이러한 확신도 그가 하나님의 구원을 체험하기 전에 드리는 기도문의 일부로 해석될 수 있다(공동, 새번역, 아가페, 현대인, NIV, NAS, TNK, Terrien). 또한 많은 번역본들이 이 구절을 과거형 혹은 과거완료형으로 해석한다(개역개정, 개역, ESV, CSV, NRS). 이 둘 중 어느 쪽이 더 설득력 있는 번역인가? 저자가 22절에서 기도 응답에 대한 감사로 시작하는 점을 감안하면 과거로 해석하는 것이 바람직하다. 그러나 만일 하나님이 아직 그의 기도를 응답하지 않으셨다면, 그는 하나님이 꼭 자기의 기도를 들어 주실 것이라는 흔들리지 않는 확신 속에서 이러한 고백을 하고 있다고 해석할 수 있다.

5. 응답하시는 하나님(22:22-31)

22 내가 주의 이름을 형제에게 선포하고
회중 가운데에서 주를 찬송하리이다
23 여호와를 두려워하는 너희여
그를 찬송할지어다
야곱의 모든 자손이여
그에게 영광을 돌릴지어다

너희 이스라엘 모든 자손이여
그를 경외할지어다
24 그는 곤고한 자의 곤고를 멸시하거나 싫어하지 아니하시며
그의 얼굴을 그에게서 숨기지 아니하시고
그가 울부짖을 때에 들으셨도다
25 큰 회중 가운데에서 나의 찬송은 주께로부터 온 것이니
주를 경외하는 자 앞에서 나의 서원을 갚으리이다
26 겸손한 자는 먹고 배부를 것이며
여호와를 찾는 자는 그를 찬송할 것이라
너희 마음은 영원히 살지어다
27 땅의 모든 끝이 여호와를 기억하고 돌아오며
모든 나라의 모든 족속이 주의 앞에 예배하리니
28 나라는 여호와의 것이요
여호와는 모든 나라의 주재심이로다
29 세상의 모든 풍성한 자가 먹고 경배할 것이요
진토 속으로 내려가는 자
곧 자기 영혼을 살리지 못할 자도 다 그 앞에 절하리로다
30 후손이 그를 섬길 것이요
대대에 주를 전할 것이며
31 와서 그의 공의를 태어날 백성에게 전함이여
주께서 이를 행하셨다 할 것이로다

이때까지의 내용과 분위기가 급변하고 있다. 이 섹션에는 감사와 찬송의 소리만 있을 뿐, 더 이상 절망과 좌절의 신음소리는 존재하지 않는다. 기자는 하나님이 그를 버리셨다는 탄식도 하지 않는다. 하나님이 그에게 주님의 얼굴을 보여 주셨기 때문이다(24절). 그러므로 그는 주의 이름을 그의 '형제'(אֶחָי)에게 선포할 것이라고 선언한다(22a절). 여

기서 형제라는 말이 친척, 가족 등을 뜻하는 것을 배척할 수는 없지만, 문맥상 그와 함께 하나님의 백성을 형성하고 있는 언약 공동체로 이해하는 것이 바람직하다. 바로 다음 행에서 '회중'과 평행을 이루고 있기 때문이다(22b절).

기자는 자기가 속한 공동체, 곧 여호와를 경외하는 공동체에게 세 가지 권면을 한다(23절). 첫째, 주님을 찬송하라는 권면이다(23a절). 그는 공동체에게 하나님이 어떻게 그를 구원하셨는가를 선포했다. 그러므로 그는 공동체에게 함께 여호와의 자비로우심을 찬송하자고 호소하고 있다. 하나님이 한 개인인 저자에게 베푸신 은혜가 온 공동체가 주님을 찬송하는 이유가 된 것이다.

둘째, 하나님께 영광을 돌리라고 한다(23b절). 저자는 그를 구원하신 하나님의 이름을 선포하며 자신이 경험한 구원의 모든 영광을 하나님께 돌렸다. 이제 그는 자신이 경험한 주님의 선하심으로 인하여 온 공동체가 하나님께 영광을 돌리기를 원한다. 당연한 일이다. 공동체에 속한 한 개인이 경험한 은혜는 곧 온 공동체가 경험한 하나님의 은혜나 다름없기 때문이다.

셋째, 하나님을 경외하라고 권면한다(23c절). 하나님이 베푸신 은혜를 묵상하면 하나님은 세상의 신들과 참 다르다는 결론을 내리게 된다. 여호와는 숭배자들에게 무능하고 무관심한 세상 신들과 매우 다르게 자기 백성인 우리에게 참으로 많은 관심을 갖고 계신다. 또한 주님의 관심과 능력은 보살피심을 통해 우리에게 표현된다. 그러므로 우리가 경험하는 하나님의 은혜는 하나님의 거룩하심(다르심)과 능력을 깨닫게 하여 하나님을 더욱더 경외하게 하는 효과를 발휘한다. 은혜를 경험한 사람은 하나님을 두려워하게 되는 것이다. 그러므로 저자는 공동체에게 하나님을 경외하라고 한다.

기자가 공동체에게 권면하는 세 가지는 점차적으로 심화시키는(intensify) 면모를 지니고 있다. 첫 번째 단계인 하나님을 찬송하는 것은 다른 일보다 상대적으로 쉽다. 둘째 단계인 하나님께 영광을 돌리는 것은 하나님이 하신 일에 대한 깊은 묵상이 필요하다. 세 번째 단계인 하나님을 경외하는 일은 우리의 의지를 가장 많이 요구하는 일이다. 이러한 이유로 여호와를 경외하는 일은 우리 모두가 하나님을 찬양하고 주님께 영광을 돌리는 일의 최종적인 목표이며, 성도가 할 수 있는 가장 어려운 일이다.

저자의 이러한 확신은 공동체의 중요성을 다시 한번 강조한다. 한 개인의 간증을 통해 그 사람이 속해 있는 공동체는 하나님을 체험하고 찬양한다. 또한 공동체의 체험은 구성원들의 영적인 삶에 밑거름이 되어야 한다. 주의 모든 백성은 각각 개인이며, 또한 공동체이기 때문이다.

21절과 연관하여 기자는 아직 기도의 응답(원수들의 손에서 구출됨)을 받지 않았을 수도 있다고 했다. 그렇다면 기자는 무엇을 근거로 하나님이 그의 기도를 들어 주실 것을 이처럼 확신하는가? 그는 하나님의 성품을 바탕으로 확신한다. 하나님은 곤고한 자의 고통을 멸시하거나 싫어하는 분이 아니시며, 자기 얼굴을 곤고한 자에게서 숨기는 분이 아니시기 때문이다(24a-b절). 하나님은 힘들고 어려워 주님께 부르짖는 사람들의 탄식소리에 귀를 기울여 주시는 분이라는 것이다. 그러므로 저자는 하나님이 그의 울부짖음도 들으셨다고 확신한다(24c절). 이 시편이 인상적인 것은 하나님이 기자를 버리셨다는 원망으로 시작했다가(1-2절), 그가 하나님을 송축하는 것으로 마무리된다는 사실이다. 무엇이 이러한 변화를 가져왔을까? 하나님의 속성에 대한 깊은 묵상이다. 환난의 날에 우리에게 가장 큰 도움이 되는 것은 우리가 이루어 놓은 업적이 아니라, 하나님의 인자하심과 자비로우심이다.

기자는 자기의 찬송이 주께로부터 온 것이라고 하는데(25a절), 어떤 의미에서 그의 찬송이 주께로부터 온 것인가? 그는 하나님의 은혜와 자비를 온 공동체 앞에서 증거하며 찬양할 수 있었던 것은 하나님이 그에게 베풀어 주신 은혜로운 구원 때문이라고 한다(cf. NIV). 하나님이 그에게 베풀어 주신 은혜가 찬송의 동기가 되었으니, 그의 찬송은 곧 하나님께로부터 온 것이라 할 수 있다.

하나님의 은혜를 경험한 저자는 온 공동체 앞에서 하나님께 서원한 것을 갚겠다고 다짐한다(25b절). 그는 무엇을 서원했을까? 그가 밝히지 않으니 정확히 알 수는 없다. 아마도 곤경에 처한 그를 구원해 주시면 성전에 예물을 들여놓겠다는 서원이었을 것이다(cf. Brueggemann & Bellinger). 하나님이 그를 구원하셨으니 이제 그가 서원한 바를 지킬 차례다.

하나님은 기자가 서원 제물로 드린 예물로 곤고한 사람들(가난한 사람들)을 배불리 먹이신다(26a절). 본문이 사용하고 있는 이미지는 예배자가 하나님 앞에서 자기가 드린 제물의 일부(sacrificial meal)를 사랑하는 이들과 함께 먹는 자리다(McCann). 그러므로 하나님을 찾는 사람은 배불리 먹이시는 하나님의 보살핌과 선하심을 찬송하게 된다(26b절). 이러한 이미지는 예수님의 산상수훈 중 하나님의 나라는 가난한 자들의 것이며, 배고픈 자들은 모두 먹을 것이라는 말씀에 가장 가깝다(deClaissé-Walford et al., cf. 눅 6:20-21). 하나님을 의지하고 바라는 사람은 영원히 살 것이다(26c절). 이 땅에서 장수를 누리며 풍요로운 삶을 살게 될 것을 의미한다.

하나님이 어떻게 자기 백성을 보살피고 먹이시는가를 옆에서 지켜본 열방이 자극을 받아 하나님을 기억하고 돌아와 주님을 예배한다(27절). 하나님은 이스엘이 독점하기에는 너무나도 크고 놀라우신 분이라는 것을 깨달은 것이다. 저자는 '땅끝'(열방)이 처음으로 하나님께 나아오는 것이 아니라, 주님을 '기억하고 돌아온다'(יִזְכְּרוּ וְיָשֻׁבוּ)라고 한다. 그는 어떤 의미에서 이런 말을 하는 것일까?

성경은 여호와는 온 세상을 창조하신 분이라고 한다(cf. 28절). 그러므로 주님을 알든 모르든 상관없이 모든 민족은 하나님께 지음을 받았다. 원래 하나님은 자기가 지은 모든 민족과 함께 살기를 원하셨다. 그러나 그들은 하나님을 배반하고 떠났다. 그러므로 저자는 언젠가는 그들이 자신들을 지으신 여호와를 기억하고 다시 돌아올 것이라고 한다.

온 세상을 지으신 창조주는 또한 온 세상의 주인이시다(28절). 세상의 가장 강인한 사람들(모든 풍성한 자들)부터 소생이 불가능하여 죽어가는 사람들(진토 속으로 내려가는 자들)까지 모두 여호와를 경배하게 될 것이다(29절). 하나님 찬양은 대대로, 영원히 지속될 인류의 유업이다(30–31절). 영원히 찬송해도 끝이 없는, 그리고 더 찬송하고 싶도록 위대하신 여호와, 바로 그분이 우리의 하나님이시다!

학자들은 이 노래가 처음부터 메시아의 삶을 의식하고 기록된 것은 아니라고 생각한다. 그러므로 이 노래의 주인공은 어느 한 사람(다윗)이라고 한다. 맞는 말이다. 그러나 예수님께서 수난을 당하면서 이 말씀을 자신에게 적용하신 사실은 이 시편 해석에 매우 중요한 의미를 부여한다. 이 시편은 여러 면에서 예수님께서 십자가에서 당하신 고통을 노래하는 다섯 번째 복음인 '수난 내러티브'(passion narrative)인 것이다(Frost). 그러나 주님의 십자가 사건과 이 시편 기자의 경험이 전적으로 다른 점 하나가 있다. 예수님께서는 죽음을 면하지 못하셨다. 반면에 이 시편 기자는 죽음을 면한 것에 대하여 하나님께 감사와 찬송을 드리고 있다. 하나님은 돌아가셨고, 그의 은혜를 입은 성도는 산 것이다. 이것이 복음이다.

제23편
다윗의 시

I. 장르/양식: 신뢰시(cf. 11편)

이 시는 궁켈(Gunkel)이 제안한 것처럼 확신시/신뢰시(psalm of trust/confidence)라는 것이 학자들의 일반적인 견해다(deClaissé-Walford et al., Goldingay, Ross). 그러나 이 시를 왕족시(royal psalm)(Davidson, Eaton), 감사시(psalm of thanksgiving)(Vogt)로 해석하는 학자들도 있다. 또한 이 노래는 종종 지혜시로 취급되기도 한다.

많은 학자들이 이 시의 저자를 다윗이라고 한다. 이 노래가 묘사하고 있는 목자상은 다윗의 어린 시절 경험에 근거를 두고 있는 것으로 해석되기도 한다. 심지어 다윗이 이 시를 지은 때가 압살롬의 반역으로 인해 광야로 쫓겨 다닐 때라고 하는 학자들도 있다(Delitzsch, Lundbom).

반면에 다윗이 저자가 아니라고 주장하는 학자들도 많다. 한 주석가는 이 시가 '여호와의 성전'을 언급하는 것을 근거로 다윗 시대 이후, 그러나 포로기 이전에 성전에서 사용된 예배의식(liturgy)이라고 한다(Kraus). 이 노래가 즉위시이며 새로 취임한 왕이 성전에서 샘이 있는 곳까지 순례하기 위하여 도시를 돌며 부른 노래라고 하는 학자도 있다

(Merrill, cf. Anderson). 성전을 찾은 순례자가 최근에 경험한 하나님의 은혜를 기념하면서 부른 노래라는 견해도 있다(Vogt).

II. 구조

이 시의 구조는 매우 간단하면서도 복잡하다는 것이 일반적인 견해다. 골딘개이(Goldingay)는 다음과 같이 두 주제를 중심으로 한 교차대구법적 구조를 제시한다. 아쉬운 것은 5절과 6절을 각각 둘로 나누어 따로 취급한다는 점이다.

	내용 중심	대상 중심	구절
A	꾸준한 공급/목양	여호와는 나의 목자(3인칭)	1-3절
B	보호/목양	당신은 나의 목자(2인칭)	4절
B′	보호/환대	당신은 나의 목자(2인칭)	5a, 6a절
A′	꾸준한 공급/환대	여호와는 나의 초대자(3인칭)	5b, 6b절

노래의 내용을 중심으로 다음과 같이 네 파트로 구분하는 학자도 있다(Terrien). 그는 5절이 여호와를 '치료자'로 노래한다고 하는데, 실상은 '초대자'로 노래하고 있다. 또한 그는 6절이 여호와를 '초대자'로 노래하고 있다고 하는데, 6절 내용은 저자의 다짐/결단이지 하나님이 하시는 일이 아니다.

A. 여호와 목자(23:1-3a)
B. 여호와 인도자(23:3b-4)
C. 여호와 치료자(23:5)
D. 여호와 초대자(23:6)

로스(Ross)는 진행되는 장소를 중심으로 이 노래를 세 파트로 구분할 것을 제안한다. (1)들에 있는 목자(1-4절), (2)연회장에서 잔치를 베푸는 이(5절), (3)성전에 계신 여호와(6절). 그러나 6절은 성전에 계시는 하나님을 노래하는 것이 아니라, 저자가 성전에 거할 것이라는 각오와 다짐을 노래하고 있다. 그러므로 이 제안은 한계를 지니고 있다.

시편 23편은 1-4절, 5-6절 두 부분으로 구분하는 것이 가장 간단하면서도 무난하다. 그러므로 본 주석에서도 다음과 같은 구조를 바탕으로 주해하고자 한다.

A. 목자이신 여호와(23:1-4)

B. 잔치를 베푸시는 여호와(23:5-6)

III. 주해

이 노래는 시편의 나이팅게일이라 불린다(Spurgeon). 죽음, 질병 등 매우 어려운 상황에 처해 있는 성도들을 위로하는 데 가장 많이 인용되는 시이기도 하다. 이 시는 또한 믿음이 약하거나 없는 사람들도 많이 찾는 말씀이다. 미국에서는 종종 일반인들을 상대로 성경 말씀에 대한 여론 조사를 하는데, 믿는 사람들뿐만 아니라 신앙생활을 하지 않는 사람들 중에서도 가장 사랑받는 성경말씀으로 시편 23편이 뽑힌다. 그렇다 보니 이 시는 미국 장례식장에서 가장 많이 낭독되는 성경말씀이 되었다(Holladay).

시의 내용과 사용하고 있는 이미지를 보면 이 시가 장례식장에서만 주로 사용되기에는 너무 아깝다는 생각이 든다. 내용이 죽음이 아니라 삶과 더 연관이 있기 때문이다(cf. Goldingay, McCann). 이 노래는 성도들이 이 땅에서 어떻게 목자이신 하나님의 인도하심에 따라 살 것이며, 무엇을 기대하며 살 것인가를 제시하고 있다. 그러므로 이 노래는 우리의 일상에서 불리고 묵상되어야 한다.

대부분 사람들은 이 시를 개인적인 차원에서 묵상하고 적용한다. 그러나 이 시는 공동체가 함께 묵상해야 한다는 것이 학자들의 주장이다. 노래가 공동체적인 요소들을 지니고 있기 때문이다(cf. Goldingay, McCann). 첫째, 하나님은 한 양떼(큰 무리)의 목자이시며 이 양들 중 하나가 대표성을 지니고 하나님을 노래하고 있다. 둘째, 양은 성도들이 머무는 여호와의 집에서 영원히 살겠다고 하는데, 이 또한 공동체를 전제하기 때문이다. 셋째, 이 시는 22편과 함께 읽히도록 의도된 것으로 생각되는데, 온 공동체에게 하나님의 선하심을 묵상하고 찬양하라는 22편의 마무리 부분(22:31)이 23편의 마무리 부분과 일맥상통하는 부분이 있기 때문이다(McCann).

이 시편의 매력은 단순성과 심오함에 있다. 한국 기독교의 순교 역사에서는 5절의 마지막 문장인 "내 잔이 넘치나이다"가 특별한 의미를 지니고 있다. 이 말씀은 6·25사변 때 거제도 전쟁 포로 수용소에서 중공군 포로들을 돌보다가 과로로 순교한 맹의순 전도사의 간증을 요약하는 문장으로서 성도들에게 깊은 도전과 은혜를 남겼다.

1. 목자이신 여호와(23:1-4)

1 여호와는 나의 목자시니
내게 부족함이 없으리로다
2 그가 나를 푸른 풀밭에 누이시며
쉴 만한 물가로 인도하시는도다
3 내 영혼을 소생시키시고
자기 이름을 위하여 의의 길로 인도하시는도다
4 내가 사망의 음침한 골짜기로 다닐지라도
해를 두려워하지 않을 것은
주께서 나와 함께하심이라
주의 지팡이와 막대기가 나를 안위하시나이다

목자 이미지는 고대 근동에서 왕들과 신들을 묘사하는 데 자주 사용되었다. 함무라비 법전으로 유명한 함무라비 왕과 아시리아의 아술바니발 왕과 페르시아의 고레스 왕도 자신들을 목자로 부른 기록이 있다(Goldingay). 구약에서 목자는 하나님의 가장 오래된 성호 중 하나이다(창 49:24). 고대 사람들이 신들과 왕들을 목자로 표현한 것은 그들의 권위와 통치를 상징하기도 했지만, 그들의 가장 기본적인 책임은 다스리는 백성들을 안전하게 보호하고 바른 길로 인도하는 일이라는 사실을 강조하기 위해서였다(cf. Keel). 구약에서 목자에 대하여 가장 자세하게 언급하는 곳은 에스겔 34장이다.

우리는 목사들에게 목자라는 은유를 자주 사용한다. 목사(pastor)와 목회(pastoral)도 양을 치는 일에서 유래한 표현들이다. 그렇다면 목사는 어떤 일을 하는 사람인가? 이 시가 노래하는 것처럼 목사는 하나님이 맡겨 주신 양들을 안전하게 보호하고 그들이 편안히 쉬고 먹을 수 있는 초장으로 인도하는 일을 하는 사람이다. 그런데 목자가 주인이 맡겨 둔 양이나 잡아먹으며 포식을 한다면 어떻게 되겠는가? 실제로 에스겔은 이스라엘의 지도자들이 이러했다며 맹렬하게 비난했다(cf. 겔 34장).

기자가 여호와를 '나의 목자'(רֹעִי)로 부르는 것은 자신을 '주님의 양'이라고 고백하는 행위다. 그러나 아무나 주님의 양이 될 수 있는 것은 아니다. 오직 스스로 주님의 양우리(sheepfold)에 머물며 목자의 지배를 받기를 원하는 사람만이 주님의 양이 될 수 있다(Calvin). 그러므로 주님을 목자로 부르는 것은 하나님을 전적으로 신뢰한다는 고백의 행위다. 또한 우리가 하나님을 목자로 고백하는 것은 하나님을 왕으로, 또한 하나님의 통치권을 인정하는 행위다(deClaissé-Walford et al., vanGemeren). 그러므로 하나님을 목자로 부르는 것은 자신의 삶을 하나님의 다스림 아래 둘 것을 선언하는 행위다(cf. 시 95:6-7). 하나님이 인도하시는 대로, 먹이시는 대로, 명령하시는 대로 순종하겠다는 의지의 표현이다.

저자는 여호와를 '나의 목자'(רֹעִי)로 부른 후 곧바로 이러한 고백의 현실적인 의미를 증언한다. “내게 부족함이 없으리로다”(לֹא אֶחְסָר)(1절). 그가 하나님을 왕으로 섬기며 주님의 통치에 자기 삶을 복종시키겠다고 다짐한 것이 마치 그에게 큰 희생을 요구하는 것처럼 생각될 수 있다. 그러나 저자는 자신이 하나님의 다스림을 받으면 오히려 하나님이 많은 것을 축복으로 내려 주실 것이라고 확신한다.

이 문장은 능동적인 의미를 지니고 있으므로 “나는 부족하지 않다/나는 부족한 것이 없다”가 더 정확한 번역이다(NAS, NIV, ESV, NRS, TNK, cf. HALOT). 이렇게 이해하면 본문의 의미가 조금은 달라진다. “내게 부족함이 없으리로다”는 목자이신 하나님이 저자의 삶의 모든 필요를 항상 넘치도록 채워 주시기 때문에 어떠한 불편도 겪지 않고 살 수 있다는 뜻이다. ‘나는 부족하지 않다’는 저자(다윗)의 선언문이다. 그도 살다 보면 어느 정도 부족함을 느낄 때가 있다. 그러나 그때마다 부족함에 대하여 불만을 토로하며 하나님께 채워 달라고 간구하지 않고 오직 그와 함께하시는 목자 하나님 한 분으로 만족한다는 간증이다.

그러므로 이 말씀은 목자에 대한 양의 절대적인 신임 투표다. “목자가 다 알아서 채우실 것이며, 만일 채워지지 않는다면 그 또한 목자의 깊은 뜻이 있으므로 나는 오직 목자이신 하나님 한 분으로 만족한다.” 다윗은 한때 목자였다(cf. 삼상 16장). 그러므로 다윗이 일생을 되돌아보며 하나님께 드리는 이 고백은 우리에게 새롭게 다가온다.

하나님은 목자로서 그의 백성을 ‘푸른 풀밭’(בִּנְאוֹת דֶּשֶׁא)으로, ‘쉴 만한 물가’(מֵי מְנֻחוֹת)로 인도하신다(2절). ‘푸른’(דֶּשֶׁא)은 봄에 새로 돋아난 풀로 푸른 들녘과 언덕의 이미지를 구상하고 있다(Ross, cf. 신 32:2). 가장 부드럽고 영양가 있는 풀이다. 팔레스타인 지역은 일년 중 반 이상이 황무지로 변해 있다는 점을 감안할 때, 부드럽고 싱그러운 풀로 덮인 언덕과 들녘 이미지의 진가가 느껴진다. ‘쉴 만한’(מְנֻחוֹת)은 안식/평온과 연관이 있는 단어다(HALOT, cf. Ross).

하나님이 범죄한 인류를 심판하시기 전에 노아가 태어났다. 그의 아버지는 노아 시대에 땅이 인간들의 죄로부터 안식을 얻을 것을 기대하며 그에게 이 단어와 같은 어원에서 비롯된 노아(נֹחַ)라는 이름을 주었다. 양이 부드럽고 영양가 있는 풀과 매우 깨끗하고 잔잔하여 마음까지 평안하게 하는 물을 마실 수 있다면 더 이상 무엇을 바라겠는가!

이 은유가 정확히 어떤 의미를 지니고 있는가가 3절에서 밝혀진다. 하나님은 목자가 양들을 가장 좋은 풀과 물이 있는 곳으로 인도하여 마음껏 먹고 마시며 누리게 하는 것처럼 자기 백성의 영혼을 소생시키신다. 더 나아가 하나님은 자기 이름을 위하여 그들을 의의 길로 인도하신다. '의의 길'(מַעְגְּלֵי־צֶדֶק)은 '똑바른 길/가야 할 길'을 뜻한다(Davidson, vanGemeren). 혹은 양의 필요를 감안하여 '위험을 피하고 잠자리가 있는 곳으로 가는 길'로 해석할 수도 있다(deClaissé-Walford et al., McCann). 양이 [목표를 향하여] 안전하게 걸어야 할 길로 인도하신다는 의미이므로 양이 목자를 따라 가면 위험을 당하지 않으며 목적지까지 갈 수 있다.

시편 23편을 부활에 대한 시로 해석하는 다후드(Dahood)는 '내 영혼을 소생시키고'에서 부활을 본다. 다음 절인 4절에서 사망이 언급되는 것이 이러한 해석을 가능케 한다. 그러나 이 말씀은 목자이신 하나님이 자기 백성을 위로하고 치유하시며, 그들이 가야 할 길로 가도록 인도하시는 일을 의미하는 것으로 해석하는 편이 바람직하다.

하나님은 어떻게, 무엇으로 자기 백성들을 치유하시고, 그들이 가야 할 길로 인도하시는가? 목자이신 하나님이 자기 양들에게 사용하시는 도구는 지팡이(מִשְׁעַנְתֶּךָ)와 막대기(שִׁבְטְךָ) 등 두 가지다(4절). 목자들은 양들을 징계하는 수단으로 사용하기 위해 지팡이를 지니고 다녔다. 막대기는 양들을 노리는 들짐승을 쫓기 위해 가지고 다닌 몽둥이였다(cf. 삼상 17:43, 삼하 23:2).

그러므로 저자가 이 두 도구를 언급하는 것은 하나님은 그를 보호도 하시고, 훈계도 하시는 분이라는 말을 하기 위해서다. 그는 하나님의 훈계와 보호가 그를 위로한다고 고백한다(4절). '위로하다'(נחם)는 구약에서 흔히 하나님이 자기 백성들에게 베푸시는 은혜를 표현할 때 사용된다(cf. 사 40:1). 하나님의 징계가 그에게는 위로가 된다. 히브리서 기자도 하나님께 징계를 받으면 기뻐하라고 권면한다. 하나님은 자녀로 삼으신 자들만 징계하는 분이시므로 징계는 하나님과의 관계를 확인해 주는 도구이기 때문이다(히 12:5-7).

하나님은 이처럼 자기 백성을 철저하게 보호하시고 인도하시는 목자이시기 때문에 주님의 인도하심을 따라가는 양은 안전하다. 이 구절이 전제하는 것은 임마누엘(우리와 함께하시는 하나님)이다(deClaissé-Walford et al., Ross). 심지어는 '아주 깜깜한 골짜기/죽음의 그림자가 드리워진 골짜기'(גֵיא צַלְמָוֶת)를 지나게 되더라도 걱정하지 않아도 된다(4절, cf. 욥 3:5, 10:22, 12:22, 시 44:19, 107:10). 하나님은 성전에서 자기 백성들과 함께 계시는 분이시지만(cf. 6절) 자기의 양을 보호하기 위하여 가장 위험한 골짜기에서도 함께하시는 분이시다. 그러므로 이 노래의 중심 메시지는 바로 4절이다(McCann).

이 은유를 삶에 적용하자면 "하늘이 노랗더라도 하나님을 의지하겠다"는 확신과 각오로 표현할 수 있다. 저자의 이 같은 각오는 하나님이 그를 보호하시고 인도하신다는 믿음에서 비롯되었다. 아마도 그가 오랜 세월 동안 경험한 하나님의 인도하심을 근거로 이렇게 확신하는 것으로 생각된다. 또한 하나님의 보호와 인도는 주님의 함께하심을 전제한다. 저자는 하나님이 자기와 함께하시므로 죽음도 두렵지 않다는 각오로 삶에 임하고 있다.

일부 학자들은 이 시가 출애굽 사건을 배경으로 하고 있다고 한다(Goldingay, McCann). "내게 부족함이 없으리로다"(1절)는 모세가 모압 평지에서 40년의 광야생활을 되돌아 보면서 "하나님이 너희와 함께 계셨으므로, 너희에게는 부족한 것이 아무것도 없었다"(신 2:7)라고 증거했던 말을 회상하고 있다는 것이다. 시편 78:19에 의하면 광야생활 중에 하나님을 반역한 자들이 말하기를 "하나님이 무슨 능력으로 이 광야에서 잔칫상을 차려 낼 수 있으랴?" 하고 외쳤다. 이에 대하여 5절은 하나님이 차려 주신 상에 대하여 노래하고 있다. 또한 3절은 하나님이 '당신의 이름을 위하여' 기자를 의의 길로 인도하신다고 고백하고 있는데 시편 106:8에 의하면 하나님이 출애굽 시대 때 은혜를 베푸신 것은 바로 '당신의 이름을 위하여'였다.

그러나 이러한 표현들이 구약의 여러 곳에서 흔히 사용된다는 것을 감안하면 그렇게 설득력이 있어 보이지는 않는다. 이 표현들을 출애굽 사건으로 제한하기에는 너무나도 보편화되어 있다. 게다가 잔치는 종말론/내세와 연관이 있는 개념이다.

2. 잔치를 베푸시는 여호와(23:5-6)

5 주께서 내 원수의 목전에서
내게 상을 차려 주시고
기름을 내 머리에 부으셨으니
내 잔이 넘치나이다
6 내 평생에 선하심과 인자하심이
반드시 나를 따르리니
내가 여호와의 집에
영원히 살리로다

저자의 목자이셨던 여호와가 이제는 그를 위하여 잔치를 베푸시는 분(host)으로 묘사되고 있다. 일부 학자들은 목자와 잔치를 베푸는 분의 이미지가 잘 어울리지 않는다고 주장한다. 그러나 기자가 왕으로 섬기는 하나님이 1-4절에서 그를 인도하는 목자로 표현되는 것처럼, 이제는 왕이신 하나님이 자기 백성인 기자의 결백함을 증명하기 위해 5절에서 그를 위하여 잔치를 베푸신다. 게다가 잔치를 베푸시는 이가 기자를 음식으로 먹이는 일은 목자가 양(기자)을 좋은 풀로 먹이는 일과 별반 다를 바가 없다(McCann).

'내 원수들이 보는 앞에서 상을 차려 주시는 것'은 저자를 비방했던 모든 사람들이 잘못되었다는 사실을 증명하기 위해서다. 여호와께서 기자와 함께 같은 상에 앉으시는 것보다 그를 비방한 자들에게 충격적인 일은 없을 것이다. 하나님께서 그들이 비방하고 미워했던 그를 인정하셨다는 점은 그들이 잘못되었다는 것이 아니겠는가!

성경에서 잔치는 흔히 세상 끝 날에 있을 하나님의 심판과 연관이 있다. 그날이 되면 하나님은 악인들을 심판하신다. 그러나 자기 백성에게는 그들의 원수들이 지켜보는 상황에서 잔치를 베푸신다(cf. 사 24:6). 그러므로 학자들은 본문이 묘사하고 있는 상황을 종말론적으로 읽기도 한다(cf. Dahood, Terrien). 하나님이 세상이 끝나는 날 자기 백성을 위하여 잔치를 베푸실 것을 의미한다는 뜻이다.

'머리에 기름을 부어주시는 것'은 경우에 따라서는 특별한 사역을 주시기 위해 있는 일이지만(cf. 2:2), 기름은 일상적으로 기쁨과 즐거움을 상징하며(전 9:8) 머리와 얼굴에 바르는 것이기도 했다. "사람의 마음을 즐겁게 하는 포도주를 주시고, 얼굴에 윤기가 나게 하는 기름을 주시고, 사람의 생명을 든든하게 해주는 먹을 거리도 주셨습니다"(104:15, 새번역; cf. 삼하 14:2). 시편 104:15이 노래하는 포도주도 본문에 있다. "내 잔이 넘치나이다." 넘치는 잔은 하나님이 풍요롭게 채워주시는 것을 의미한다.

하나님의 채워 주심에 감격한 기자는 그의 미래에 대해 믿고 확신하는 노래를 한다(6절). 그는 구체적으로 두 가지를 확신한다. 첫째, 그는 주님의 선하심과 인자하심이 그와 영원히 함께할 것을 확신한다. '선하심'(טוֹב)은 사람의 삶을 유지시키고 풍요롭게 하는 것들을 뜻한다(Ross). 저자는 하나님이 그의 삶을 앞으로도 보호하시고 풍요롭게 하실 것을 확신한다. '인자하심'(חֶסֶד)은 관계를 근거로 한 언약적 충성을 뜻한다(Sakenfeld). 하나님이 기자를 돌보시는 일이 절대 끊기지 않을 것을 확신하는 단어다.

'진실로'(אַךְ)는 저자의 흔들림 없는 확신을 강조하고 있다. 그는 이 세상 그 무엇도 이 사실(하나님이 그와 영원히 함께하시는 것)을 바꿀 수 없다고 고백한다. '따르리라'(רדף)는 원래 원수 등을 잡기 위하여 적극적으로 추격하는 뜻을 지니고 있다. 아마도 저자는 이 단어를 사용하며 5절에 언급된 그의 원수들이 그를 이렇게 쫓아다녔던 일을 회고하고 있는 듯하다(Davidson). 이제 그는 확신한다. 하나님의 선하심과 인자하심이 과거에 원수들이 그를 적극적으로 추격해 오던 것처럼 매우 확실하게, 또한 끈질기고 꾸준하게 그의 삶을 보호해 주실 것이다(cf. Brueggemann & Bellinger, deClaissé-Walford et al.). 하나님의 선하심과 인자하심이 우리를 놓치지 않으려고 끝까지 추격해 온다는 이미지가 참으로 경이롭고 은혜롭다.

둘째, 기자는 자신이 '여호와의 전'(בְּבֵית־יְהוָה)에서 영원토록(평생토록) 거할 것을 확신한다. 어떤 해석자들은 이 구절이 그가 레위인이었음을 증명한다고 한다(cf. McCann). 그러나 그렇게 해석할 필요는 없다. 이 말씀은 단순히 저자는 예배의 중요성을 그 누구보다도 잘 알았던 사람이었음을 암시할 뿐이다. 그는 하나님께 끊임없는 예배를 드리지 않고는 마음이 평안하지 않은 사람이다. 기자는 자신의 삶이 하나님을 경배하는 일에 기초할 뿐만 아니라 예배는 자신의 삶의 중심이 되어야 한다는 확고한 믿음의 소유자다. 그러므로 그가 여호와의 전에 영원히 거할 것이라고 하는 말은 예배를 통해 하나님과의 관계를 지속할 것을 다짐하는 선언이다(cf. Gerstenberger).

우리는 이 시의 저자가 다윗이라고 생각한다. 그의 일생을 생각해 보면 그의 잔이 넘친 적은 별로 없다. 잔잔한 물가나 푸른 초장에 누워 본 순간도 거의 없다. 그는 항상 전쟁 중이거나, 쫓기는 삶을 살았다.

손에 피도 많이 묻혔다. 하나님이 원수들 앞에 차려 주신 잔칫상을 즐긴 적도 없다.

그런데도 다윗은 자기 잔이 넘친다고 고백한다. 하나님이 그에게 과분하게 주셨다고 하는 것이다. 다윗이 이렇게 고백할 수 있는 것은 두 가지 이유에서일 것이다. 첫째, 그는 종말을 기대하며 살았다. 하나님이 그를 알아주고 인정해 주실 뿐만 아니라, 이 땅에서의 모든 수고를 치하하고 위로해 주실 날이 오고 있다는 사실을 의식하고 살았다. 둘째, 다윗은 하나님이 그를 들어 쓰시기 전에 자기가 어떠했는가를 아는 사람이었다. 가족들이 함께 드리는 예배에서 제외될 정도로 비천한 삶이었다(cf. 삼상 16장). 그런 그에게 하나님이 자기 백성을 맡겨 다스리도록 하셨다. 그러므로 그는 자신의 삶을 돌아보며 참으로 '잔이 넘치는 삶'을 살았다고 고백하는 것이다. 다윗의 고백은 이처럼 미래를 기대하며 동시에 과거를 기념하는 신앙을 근거로 하고 있다.

제24편
다윗의 시

I. 장르/양식: 성전 입성시(cf. 사 33:13-16, 미 6:6-8)

이 시를 분류하는 일이 쉽지 않다는 것이 학자들의 일반적인 생각이다. 부분별로 각기 다른 장르에 속하는 노래들이 모여 이 노래를 구성하고 있기 때문이다(cf. Brueggemann & Bellinger, Craigie, Goldingay, Terrien). 전반부인 1-2절은 창조주 하나님을 찬양하는 찬송으로 구성되어 있으며, 중반부인 3-6절은 하나님께 예배를 드리러 온 백성이 성전에 들어가며 부른 노래다.

중반부는 왕이신 하나님을 경배하기에 합당한 사람들(예배를 드릴 자격이 있는 사람들)은 어떤 사람인가를 노래한다. 그러므로 궁켈(Gunkel)은 이 부분을 '입성시'(Entrance Liturgy)로 불렀다(cf. 시 15편). 반면에 그의 제자인 모빙켈(Mowinckel)은 추수와 연관된 가을 축제 때 부른 노래라고 했다.

학자들은 마지막 부분인 7-10절은 백성들이 법궤가 성전으로 들어갈 때 불렀던 노래라고 생각한다(cf. Brueggemann & Bellinger). 이스라엘 군대와 함께 전쟁에 나갔던 법궤가 승리를 거두고 성전으로 다시 돌아올 때 불렀던 노래라는 것이다. 이 노래는 이스라엘이 전쟁에서 승리를 거두고 돌아올 때마다 불렸던 찬양이다. 그러므로 이 부분도 중반부처럼 하나님의 왕권을 찬양한다.

그러나 이 노래의 사용을 법궤가 전쟁터에서 돌아올 때로 제한하는 것은 별 의미가 없는 듯하다. 여호와 하나님의 절대적인 왕권을 절정적으로 찬양하는 이 노래는 아마도 자주 성전에서 불렸을 것이다. 그러므로 대부분 학자들이 주장하는 것처럼 성전 예배에서 사용되던 노래 중 하나로 보는 것이 바람직하다(cf. 15, 118, 132편).

이 노래의 저작 시기로는 매우 다양한 제안이 있다. 이른 시기를 제안하는 학자들 중에는 다윗이 법궤를 예루살렘으로 운반해올 때를 지목한다(Broyles). 그러나 노래가 성전을 언급한다는 점을 근거로 솔로몬이 성전을 완공한 지 얼마 지나지 않은 시점을 저작 시기로 간주하는 학자도 있다(Anderson). 늦은 시기로 보는 사람들은 마카비 형제들이 안티오쿠스 4세가 오염시킨 성전을 되찾아 정결케 하여 다시 헌당한 수전절(Hanukah, 주전 164년) 때 부른 노래라고 한다(cf. Gerstenberger, Treves). 그러나 이때보다는 훨씬 전에 저작된 것으로 간주하는 쪽이 대부분 학자들의 결론이다. 성전이 완공된 직후인 솔로몬 시대가 가장 설득력을 지닌 것으로 생각된다.

II. 구조

이미 언급한 것처럼 이 시는 주제에 따라 세 섹션으로 구분되기 때문에 구조를 파악하기가 쉽다. 또한 학자들 사이에 이견도 거의 없다. 세 섹션의 공통적인 테마는 하나님의 왕권이다. 다음 구조에 따라 본문을 주해해 나가고자 한다.

A. 왕이신 하나님(24:1-2)

  B. 하나님의 도성(24:3-6)

A'. 전사이신 하나님(24:7-10)

III. 주해

칠십인역(LXX)은 이 시의 표제에 '주의 첫째 날'(τῆς μιᾶς σαββάτων)이라는 문구를 포함하고 있다. 이 문구와 탈무드에 기재된 전통이 기초가 되어 시편 24편은 창조의 첫째 날을 기념하며 불렸던 노래로 간주되기도 한다. 로젠버그(Rosenberg)에 의하면 바벨론에 거하던 유태인들의 탈무드는 매주 각 요일에 불릴 노래를 정해 두었는데, 이 노래는 주의 첫째 날(일요일)에 불렸다는 것이다. 각 요일에 따라 불렸던 노래들은 다음과 같다.

첫째 날(일요일)	시편 24편
둘째 날(월요일)	시편 48편
셋째 날(화요일)	시편 82편
넷째 날(수요일)	시편 94편
다섯째 날(목요일)	시편 81편
여섯째 날(금요일)	시편 93편
일곱째 날(토요일)	시편 92편

기독교에서는 예수 승천일(Ascension Day)에 시편 24편을 묵상하고 노래로 불렀다. 예수 승천일은 부활절로부터 40일 후에 지켜졌으며, 예수님께서 부활 후 세상에 거하시던 일을 마치고 하늘로 승천하신 것을 기념하는 날이다. 17세기에 살았던 바이젤(Georg Weissel)은 이 시를 사용하여 예수님의 강림(advent)을 기념하는 찬송가 가사를 저작했다. 바로 찬송가 102장이다.

1. 영원한 문아 열려라 새 임금 들어가신다
   만 왕의 왕이 오시니 만민의 구주시로다
2. 네 마음 문 곧 열어라 네 사사론 일 그치고

그 나라 일 이루도록 주 계실 성전 삼으라
3. 오 나의 주 내 마음에 곧 드사 함께 계시며
그 큰 사랑을 베푸사 늘 동행하여 주소서

1. 왕이신 하나님(24:1-2)

[1] 땅과 거기에 충만한 것과
세계와 그 가운데에 사는 자들은
다 여호와의 것이로다
[2] 여호와께서 그 터를 바다 위에 세우심이여
강들 위에 건설하셨도다

저자는 온 세상과 그 안에 사는 모든 것들이 여호와의 것이라는 고백으로 노래를 시작한다(1절). 하나님의 주권은 주님이 천지를 창조하실 때 온갖 좋은 것들로 세상을 채우시고 인간이 세상에서 살 수 있도록 하신 일에서 비롯되었다(사 45:18). 그러므로 기자는 사람을 포함해 이 세상에 살아 있는 모든 생명이 여호와의 소유물이라고 고백한다.

이러한 고백은 왕이신 여호와를 선언하는 것이기도 하다. 지혜 문학에서 '세계'(תֵּבֵל)(1절)는 인간이 거하는 온 세상을 뜻한다(Terrien). '세계'(תֵּבֵל)와 '세우다'(יסד)(2절)는 시편 93:1과 96:10에서도 함께 사용되는데, 이 두 시편 모두 하나님의 왕권을 노래한다. 그러므로 저자가 이 섹션에서 여호와를 창조주로 찬양하는 점은 7-10절이 다섯 차례나 주님을 왕으로 경배하는 것을 기대하게 하고 있다(McCann).

2절이 사용하고 있는 이미지는 가나안 신화를 연상케 한다. 가나안 신화에 의하면 얌(Yam)은 바다이며 신이었다. 나할(Nahar)은 강이면서 신이었다. 그들은 얌을 왕자로 나할을 심판자로 불렀다(Broyles, cf. Ross). 가나안 사람들은 바다와 강을 살아 있는 신들로 여겼던 것이다.

얌은 창조 질서에 위협을 가하는 신이었으며 무질서(chaos)의 상징이었다(cf. 시 78:69, 89:11, 102:25, 104:5). 그들의 신화에 의하면 바알이 얌을 정복했기 때문에 무질서는 더 이상 창조의 질서를 위협하지 못하게 되었다. 바알은 자신의 왕권을 그가 정복한 무질서 위에 세웠다고 한다(cf. ANET). 이처럼 고대 근동 신화는 천지가 신들에 의해 창조된 것은 그들이 갈등한 결과라고 한다.

그렇다면 저자는 이곳에서 왜 얌(יָם)과 나할(נָהָר)을 언급하는 것일까? 혹시 이 노래가 가나안 신화를 바탕으로 바알을 여호와와 동일시하는 것일까? 모든 우상숭배를 배척하고 여호와만이 유일한 신으로 고백했던 이스라엘이 절대 그럴 리 없다. 이 시는 얌과 나할에서 모든 인격적/신적 면모를 제거하여 생명력이 전혀 없는 것들로 취급한다(2절). 가나안 사람들이 신격화시켰던 바다와 강은 여호와께서 창조하신 피조물에 불과하다는 것이다.

또한 여호와께서 가나안 사람들이 신들이라며 두려워했던 무질서(바다들과 강들)를 제압하시고 그들(바다들과 강들) 위에 자기가 창조한 세상을 세우셨다. 강과 바다들은 하나님이 창조하신 세상의 기초가 될 뿐 신들은 아니라는 것이다. 여호와는 세상에 거하시는 유일한 신이시며 이스라엘의 이웃들이 신들로 숭배한 것들은 모두 피조물에 불과하다. 그러므로 이 말씀은 당시 유행했던 가나안 신화를 비하하는 상당히 논쟁적(polemic)인 노래다.

2. 하나님의 도성(24:3-6)

3 여호와의 산에 오를 자가 누구며
그의 거룩한 곳에 설 자가 누구인가
4 곧 손이 깨끗하며
마음이 청결하며

뜻을 허탄한 데에 두지 아니하며
거짓 맹세하지 아니하는 자로다
5 그는 여호와께 복을 받고
구원의 하나님께 공의를 얻으리니
6 이는 여호와를 찾는 족속이요
야곱의 하나님의 얼굴을 구하는 자로다 (셀라)

앞 섹션에서 저자는 창조주 하나님을 찬양했다. 이제 그는 '여호와의 산'(הַר־יְהוָה)에 올라가기에 합당한 사람들이 누군가를 노래한다. 그런데 '여호와의 산'은 어디인가? 다음 행이 그곳은 '그의(여호와의) 거룩한 곳'(קָדְשׁוֹ)이 있는 장소라고 한다. 그렇다면 그곳은 다름아닌 주의 성전이 있는 시온 산이다(cf. 15:1, cf. 사 2:3, 30:29, 믹 4:2).

기자가 언급하고 있는 거룩한 곳은 장소가 아니라 여호와께서 이루신 모든 업적을 상징하는 것으로 해석하는 사람도 있다(Broyles) 이렇게 해석하면 이 노래는 다윗이 지은 노래라고 할 수 있다. 그러나 성경에서 이 단어가 사용되는 용례를 살펴보면 매우 부자연스러운 주장이라는 것이 역력하게 드러난다. 그러므로 거룩한 곳이 성전을 뜻하는 것으로 해석하는 편이 바람직하다.

다윗 시대는 성전이 없던 때다. 반면에 표제는 이 노래가 '다윗의 시'라고 한다. 이러한 상황을 어떻게 해석해야 하는가? 이미 서론에서 언급한 것처럼 '다윗의 시'(מִזְמוֹר לְדָוִד)라는 말이 꼭 그가 저작한 노래라는 뜻은 아니라는 사실을 기억해야 한다. 훗날 누군가가 다윗을 생각하며 이 시를 지었을 수도 있다.

흥미롭고 의미심장한 것은 여호와의 거룩한 곳(성전)으로 나아갈 수 있는 사람, 곧 주님을 경배하기에 합당한 사람은 적절한 종교적 예식을 거쳐 정결하게 된 사람이 아니라 평소에 의롭게 사는 사람이라는 사실이다. '참 이스라엘'은 율법에 따라 경건하고 의롭게 사는 사람이라는 뜻이다(deClaissé-Walford et al.).

"깨끗한 손과 해맑은 마음을 가진 사람…하나님께로부터 의롭다고 인정받을 사람"(4-5절, 새번역)만이 하나님의 얼굴을 뵈려고 나아갈 수 있다. 성경에서 '허탄한 데'(שָׁוְא)(4절)는 종종 우상을 뜻한다(cf. 새번역, NIV). 그러나 다음 행의 '거짓 맹세'와 문맥을 고려하면 여기서는 의로운 삶의 한 부분이다. 그러므로 우상을 숭배하는 종교적인 죄가 아니라 윤리적인 죄를 짓지 않은 사람을 뜻한다(cf. 아가페, 현대인, NAS, ESV, NRS, TNK). 하나님이 천지를 창조하실 때 질서를 매우 중요시 여기셨으며 세상에 질서를 확립하셨다. 그러므로 주님을 섬기기에 합당한 사람들은 여호와께서 정하신 창조 질서의 지휘 아래 자신의 삶을 살아가는 사람들이다.

하나님이 확립하신 질서에 따라 자신의 삶을 사는 이는 여호와의 축복을 받기에 합당한 사람이다. 그런데 경건한 사람들이 받는 축복은 무엇인가? 답을 제시하고 있는 6절은 원문 보존에 있어서 문제가 많고 다양한 해석이 가능하다. 그러나 거의 모든 번역본들이 '야곱의 하나님의 얼굴을 뵈려고 나가는 것'(새번역, cf. NIV, NRS, NAS)이 경건한 사람들이 받는 하나님의 축복이라고 한다. 구약에서 하나님의 얼굴을 뵙는 것처럼 커다란 축복은 없다. 주님의 얼굴을 본다는 것은 인간이 누릴 수 있는 가장 큰 축복이다.

사람들은 예배에 참석할 때 마치 자신들이 하나님을 위하여 무언가를 해주려고 모인 것으로 생각한다. 그러나 본문은 분명히 여호와께 예배 드리러 모이는 사람들은 그들이 주님께 드리는 것보다 얻는 것이 더 크다는 사실을 말한다. 하나님은 아무에게나 주님을 예배할 수 있는 기회를 허락하지 않으신다. 오직 선택된 소수에게만 그 특권을 주신다. 그러므로 하나님을 예배하는 사람은 '주님의 얼굴을 뵙는' 복을 누린다. 이러한 진리를 깨닫고 예배에 참석하는 사람은 복이 있다.

3. 전사이신 하나님(24:7-10)

[7] 문들아 너희 머리를 들지어다
영원한 문들아 들릴지어다
영광의 왕이 들어가시리로다
[8] 영광의 왕이 누구시냐
강하고 능한 여호와시요
전쟁에 능한 여호와시로다
[9] 문들아 너희 머리를 들지어다
영원한 문들아 들릴지어다
영광의 왕이 들어가시리로다
[10] 영광의 왕이 누구시냐
만군의 여호와께서 곧 영광의 왕이시로다(셀라)

이 섹션의 삶의 정황(*Sitz im Leben*)을 파악하기가 쉽지 않다. 전쟁에서 돌아오는 법궤가 성전으로 들어갈 때 부른 노래라 하기도 하고(Craigie), 다윗이 기럇여아림에서 법궤를 예루살렘으로 옮겨 왔을 때 부른 노래라 하기도 한다(Delitzsch, cf. 삼하 6장). 성전에서 예배를 드리던 사람들이 경험한 하나님의 현현(theophany)을 드라마틱하게 표현한 것으로 해석하기도 한다(Weiser). 한 가지 확실한 것은 1-2절에 기록된 창조주이신 여호와에 대한 고백의 결정판(절정)이라는 사실이다(Mays).

'문들'(שְׁעָרִים)과 '머리들'(רָאשִׁים)과 '[대]문들'(פִּתְחֵים)(7, 9절)도 다양하게 해석될 수 있다. 이것들이 성전의 실제적인 구조물들인가, 혹은 어떤 것들을 상징하는 이미지들인가도 해석에 영향을 미친다. 고대 가나안의 문들은 높낮이를 조정하는 장치가 없었다(Roberts). 그러므로 이 표현은 위대하신 하나님이 입성하시니 문들이 스스로 높이를 한없이 높여 주님이 별 탈없이 지나가실 수 있도록 하라는 의미다.

이 섹션이 전체 시에서 감당하는 역할은 쉽게 포착할 수 있다. 첫 부분(1-2절)은 창조주이신 하나님의 절대적인 주권을 노래했다. 둘째 부분(3-6절)은 백성이 왕이신 하나님을 경배하러 성전으로 올라가는 일을 묘사했다. 그렇다면 이 부분은 하나님이 예배 드리려고 성전을 찾은 자기 백성과 함께하기 위하여 성전에 임하시는 상황을 노래한다. 예배의 부름에 매우 적절한 역할을 하고 있는 것이다. "하나님, 우리가 함께 모여서 예배를 드리고 있습니다. 우리와 함께해 주셔서 이 예배를 받으시옵소서"라는 염원을 담은 기도다.

하나님의 통치권/왕권은 이스라엘의 종교적 고백을 초월하는 의미를 지녔다. 하나님의 왕권은 구약의 중심 사상을 형성하는 테마들 중에서도 가장 중요한 것 중 하나다. 하나님의 왕권은 천지 창조에 그 뿌리를 두고 있다. 이스라엘은 하나님의 왕권을 자신들의 역사를 통해 수없이 많이 경험했다. 그들은 특히 출애굽 때부터 하나님의 왕권을 찬양함으로써 주님의 통치가 자신의 역사에 얼마나 중요한 것인가를 고백했다(cf. 출 15:18). 그러므로 여호와의 왕권은 이스라엘이 주님께 드리는 경배와 찬양의 이유가 되었다. 여호와를 경배하는 사람은 하나님의 왕권을 인정하고 그분의 통치에 순종하는 사람이다.

제25편

다윗의 시

I. 장르/양식: 개인 탄식시(cf. 3편)

내용면에서는 하나님께 도움을 청하는 개인 탄식시의 성향을 띠고 있으며 더 세부적으로는 간구시(psalm of petition)(Brueggemann & Bellinger), 혹은 확신시(psalm of confidence)라는 것이 학자들의 일반적인 견해다(cf. deClaissé-Walford et al.). 동시에 이 노래는 잠언의 중심을 이루고 있는 지혜 사상을 많이 반영하고 있다. 그러므로 일부 주석가들은 교훈시(didactic psalm)로 구분하기도 한다(Ross, cf. 시 37, 111, 112, 119, 145편). 교훈시에서는 하나님이 선생/지시자로 등장하는데, 이 시는 기도문이면서도 이러한 성향이 보인다(cf. Kraus, McCann, Terrien).

이 노래는 완벽하지는 않지만 히브리어의 22글자 중 21글자를 순서대로 활용하는 유희시(acrostic/alphabet poem)이다(cf. 9-10편, Goldingay). 히브리어 알파벳에서 유일하게 빠진 것은 코프(ק)다.

II. 구조

이 시는 유희시이다보니 뚜렷한 구조를 지니지 않았다는 것이 대부분

주석가들의 생각이다(cf. Kraus, McCann, Ross). 그러나 일부 주석가들은 이 시에 대하여 교차대구법적 구조를 제시한다. 가장 세부적으로 분석한 것으로는 알덴(Alden)의 제안이 있다.

A. 나의 영혼이 주를 우러러 보나이다(25:1)
　B. 나를 부끄럽지 않게 하소서(25:2)
　　C. 속이는 자들은 수치를 당하리라(25:3)
　　　D. 인도해 달라는 네 가지 간구(25:4-5a)
　　　　E. 나의 구원의 하나님(25:5b)
　　　　　F. 내가 주를 기다립니다(25:5c)
　　　　　　G[1]. 하나님의 자비(25:6)
　　　　　　　G[2]. 하나님의 선하심을 간절히 바람(25:7)
　　　　　　　　H. 하나님이 온유한 사람들을 가르치심(25:8-9)
　　　　　　　　　I. 하나님의 신실하심(25:10a)
　　　　　　　　　I. 신실한 사람들(25:10b)
　　　　　　　　　　J. 저를 용서하소서(25:11)
　　　　　　　　H. 하나님을 경외하는 사람들을 위한 지시(25:12-13)
　　　　　　　G[1]. 하나님의 친밀하심과 언약(25:14-15)
　　　　　　G[2]. 자비를 베푸소서(25:16a)
　　　　　F. 저는 괴롭습니다(25:16b)
　　　　E. 나의 많은 근심(25:17a)
　　　D. 구원을 위한 네 가지 간구(25:17b-19a)
　　C. 나의 원수들(25:19b)
　B. 나를 부끄럽지 않게 하소서(25:20)
A. 내가 주를 바라보나이다(25:21)

원저자가 위와 같이 매우 복잡한 구조를 염두에 두고 이 노래를 저작한 것에 대하여 다소 의구심이 든다. 또한 알덴(Alden) 스스로도 인정하는 것처럼 22절을 구조에 반영하지 못한 점이 아쉽다. 또한 'I'(10절)에 대한 짝(counterpart)이 없다.

밴게메렌(vanGemeren)은 이 노래에 대하여 다음과 같은 구조를 제시한다. 다만 '기도'와 '확신' 섹션의 차이가 그가 제시하는 것처럼 뚜렷하지가 않다(cf. Bratcher & Reyburn).

A. 인도와 구원을 바라는 기도(25:1–3)
　B. 인도와 용서를 바라는 기도(25:4–7)
　　C. 인도에 대한 확신(25:8–10)
　B′. 용서를 바라는 기도(25:11)
　　C′. 인도에 대한 확신(25:12–14)
A′. 구원과 보호에 대한 기도(25:15–22)

테리엔(Terrien)도 이 노래를 밴게메렌의 것과 동일한 섹션으로 나누어 교차대구법적 구조를 제시한다. 유희시라는 이 시가 너무 세부적이거나 과도한 짜임새가 있는 교차대구법적 구조를 지닌 것으로 분석하기에는 다소 무리라고 생각된다. 그러므로 이 주석에서는 다음과 같이 간단한 구조를 바탕으로 본문을 주해해 나가고자 한다(cf. Craigie, Davidson). 이러한 구조가 가능한 것은 1–7절과 15–22절이 대체적으로 1인칭으로 진행되는 것에 반해, 8–14절은 3인칭으로 진행되고 있기도 하기 때문이다.

A. 구원을 확신하는 기도(25:1–7)
　B. 신뢰할 수 있는 구원자 찬양(25:8–14)
A′. 구원을 바라는 기도(25:15–22)

III. 주해

이 시는 마치 여행을 떠나는 사람에게 목적지에 잘 도착할 수 있는 길을 제시하는 듯하다. 여호와께서 그와 함께 동행하시니 걱정하거나 두려워할 것이 없다. 일부 주석가들은 시의 저작 시기를 포로기 이후 시대로 간주한다(Anderson, Goldingay). 기자가 '젊은 날의 죄'를 언급하는데, 이것은 바로 포로기 이전 시대 이스라엘의 죄를 뜻한다고 생각하기 때문이다. 그러나 이 시를 이스라엘의 역사 중 구체적인 한 시점에 적용하기에는 너무 일반적이다. 죄를 지은 사람이 있는 곳이라면 어느 때든지 적용될 수 있는 매우 보편적인 내용으로 구성되어 있기 때문이다.

표제가 제시하는 것처럼 만일 다윗이 이 시의 저자라면 그의 삶에서 언제쯤으로 지목할 수 있을까? 다윗이 밧세바와의 간음 사건 이후에 저작한 것이라고 생각할 수 있다(vanGemeren). 저자는 자신의 "젊은 시절의 죄와 허물을 기억하지 마시고"라고 하는가 하면(7절), "나의 죄악이 크오니 주의 이름으로 말미암아 사하소서"(11절)라고 호소한다. 다윗이 이러한 기도를 드릴 만한 정황을 찾는다면 밧세바 사건이 가장 유력하기 때문이다.

1. 구원을 확신하는 기도(25:1-7)

1 여호와여
나의 영혼이 주를 우러러보나이다
2 나의 하나님이여
내가 주께 의지하였사오니 나를 부끄럽지 않게 하시고
나의 원수들이 나를 이겨 개가를 부르지 못하게 하소서
3 주를 바라는 자들은 수치를 당하지 아니하려니와

까닭 없이 속이는 자들은 수치를 당하리이다
4 여호와여 주의 도를 내게 보이시고
주의 길을 내게 가르치소서
5 주의 진리로 나를 지도하시고 교훈하소서
주는 내 구원의 하나님이시니
내가 종일 주를 기다리나이다
6 여호와여
주의 긍휼하심과 인자하심이 영원부터 있었사오니
주여 이것들을 기억하옵소서
7 여호와여
내 젊은 시절의 죄와 허물을 기억하지 마시고
주의 인자하심을 따라 주께서 나를 기억하시되
주의 선하심으로 하옵소서

저자는 자기 노래의 핵심 내용을 첫 문장에서 선언한다. "나의 영혼이 주를 우러러보나이다"(1절). 그가 하나님을 우러러보는 것은 두 가지 이유에서다. 첫째, 하나님은 그가 원수들에게 수치를 당하지 않게 하실 것이기 때문이다(2-3절). 둘째, 하나님은 분명 자기 길을 가르쳐 주실 것이기 때문이다(4-5절). 그는 하나님의 가르침을 온전히 따르지 못하기 때문에 매우 심각한 죄를 지었다(cf. 7, 11절). 그럼에도 불구하고 하나님은 그를 계속 가르치실 것이라는 확신을 전제로 이 노래를 부르고 있다. 기자는 매우 심각한 죄를 지었다. 밝히지는 않지만, 그의 죄는 원수들의 비아냥과 어느 정도 연관이 있는 듯하다(Terrien). 그런데도 하나님을 떠나거나 피하지 않고 오히려 하나님께 나아오는 것이 매우 인상적이고 바람직하다.

기자가 죄를 짓고도 하나님께 나올 수 있는 것은 그는 하나님에 대한 참지식을 소유하고 있기 때문이다. 하나님은 주님만을 의지하는 사람들이 원수들에게 수치를 당하게 버려 두지 않는 분이시다(2절). 심지어는 이 시편 기자처럼 죄를 지은 자녀라 할지라도 그 죄로 인하여 그가 원수들에게 조롱거리가 되는 것을 원하지 않으신다. 그러므로 저자는 비록 자신이 죄를 짓기는 했지만 주를 바라보고 있으므로 주를 바라보는 그가 수치를 당하기를 바라는 자들이 오히려 수치를 당할 것이라고 확신한다. 이러한 확신을 고백하기 위하여 저자는 2-3절에서 세 차례나 '부끄러워하다'(בוש)라는 단어를 사용하고 있다.

저자가 하나님의 도움을 바라며 주님을 바라보는 자세는 우리 모두의 귀감을 사는 바람직한 태도다. 세 가지가 인상적이다. 첫째, 그는 간절히 여호와를 기다리고 있다. 인내심을 가지고 차분하게, 포기하지 않고 주님을 바라본다. 이러한 자세는 모든 일의 해결책을 하나님이 가지고 계실 뿐만 아니라, 우리의 문제가 해결되려면 주님이 먼저 움직이셔야 한다는 사실을 전제한다.

둘째, 그는 하나님을 예배하는 마음으로 주님을 바라보고 있다. 하나님을 기다린다며 무료하게 시간을 보내는 것은 바람직하지 않다. 무언가 마음으로 긍정적인 일을 사모하며 하나님을 기다려야 한다. 그렇다면 이럴 때 사람이 품을 수 있는 가장 좋은 것은 무엇일까? 바로 예배하는 마음이다. 하나님께 예배 드리는 마음으로, 곧 기다리는 매순간이 하나님께 드리는 예배의 한 부분이 된다면 참으로 복되고 바람직한 기다림이 된다.

셋째, 그는 하나님을 절대적으로 신뢰하는 마음으로 주님을 바라보고 있다. 심각한 죄를 지은 그가 주님을 간절히 바라는 것은 하나님이 결코 그의 형편을 방관하지 않으실 것이라는 확고한 믿음과 확신에서 비롯되었다. 저자의 이러한 신뢰는 하나님과 그의 관계 내지는 언약에서 비롯되었을 것이다. 신뢰는 단순한 '눈먼 믿음'(blind faith)이 아니다. 신뢰는 하나님은 계시를 통해서 주신 약속을 신실하게 이행하시고 관계를 중요하게 여기는 분이라는 믿음에서 비롯된다. 그는 이러한 믿음을 지닌 사람이다.

저자는 이 순간 하나님을 기다리고 있다(3절). 원수들은 그의 기도의 결과만을 기다리고 있다. 그러므로 이 상황에서 이슈가 되는 것은 단순히 저자가 수치를 당하느냐, 혹은 원수들 앞에서 보란 듯이 가슴을 펴고 걸을 수 있을 것이냐가 아니다. 이슈는 원수들이 하나님에 대하여 어떻게 생각하게 될 것이냐다. 만일 하나님이 기자의 기도를 무시하신다면 원수들은 그뿐만 아니라, 그의 하나님도 비웃을 것이다. 그는 평소에 자기 하나님 여호와는 백성들의 삶에 대하여 많은 관심을 가지고 계신 왕이시라고 했는데, 만일 하나님이 그의 기도를 외면하시면 원수들은 여호와를 자기 성도에 대하여 아무런 관심도 없는 신이라고 낙인을 찍을 것이기 때문이다. 그러므로 기자는 이 문제가 자신의 문제일 뿐만 아니라, 하나님의 명예가 달린 문제라고 생각하고 있다.

하나님은 침묵하지 않으실 것이라는 확신의 기도(1-3절)를 드린 저자는 하나님의 주권에 복종하는 기도로 이어간다(4-5절). 그는 하나님의 가르침을 간절히 소망한다. 주님이 보여 주시고 가르쳐 주시는 대로 살고자 해서다. 그러므로 그는 주님께 그의 길(דְּרָכֶיךָ), 곧 주님이 자기 백성에게 요구하시는 삶의 방식을 구할 뿐만 아니라, 그 길을 걸을 수 있도록 도와 달라고 기도한다.

기자는 하나님의 뜻에 순종하겠다는 의지를 표현하기 위하여 네 개의 동사를 사용하여 하나님께 간구한다. "보여 주소서(הוֹדִיעֵנִי) … 가르쳐 주소서(לַמְּדֵנִי) … 지도하소서(הַדְרִיכֵנִי)… 가르쳐 주소서(לַמְּדֵנִי)…"(4-5절). 경건은 사람의 외향적인 면모에 관한 것이 아니라 내향적인 면모에 관한 것이다. 그러므로 그는 하나님의 말씀이 그의 삶에서 내면화(internalize)되기를 간절히 기도하고 있다. 그는 참으로 하나님의 가르침에 따라 살고 싶어 한다.

저자에게 하나님의 가르침에 따라 사는 삶이 가능하기 전에 먼저 하나님이 하셔야 할 일이 있다. 그를 그가 처한 어려운 상황에서 구원하시는 일이다(5절). 기자가 구체적으로 어떤 역경에 처해 있는지는 알 수 없지만, 그는 "온종일 하나님을 기다리고 있다"(5절). 그가 사용하고 있는 동사 '기다리다'(קוה)는 모든 것을 운명에 맡기고 묵묵히 기다리는 일을 의미하지 않는다. 이 단어는 원래 '소망하다/기대하다'라는 뜻을 지녔다(HALOT). 기자는 이 단어를 사용하여 자신은 하나님이 꼭 그의 삶에 개입하실 것이라는 확신을 가지고 기대에 찬 눈으로 하나님을 바라고 있다는 사실을 암시한다. 구체적으로 그에게는 어떠한 구원이 필요한가? 그가 6-7절에서 밝히는 것처럼 그는 죄로 물들어 있는 자신의 과거에서 자유롭게 되기를 원한다. 주의 길을 따르고자 했던 저자의 기도가 주님의 용서를 구하는 쪽으로 변해 가고 있는 것이다.

저자는 자신의 죄에 대한 용서를 구하기 위하여 먼저 하나님께 "주님의 긍휼하심과 자비로우심을 기억하여 주십시오"라고 기도한다(6절). 그는 그동안 하나님 앞에 쌓아온 자기 의가 아니라, 하나님의 무한하신 자비와 긍휼이 그가 용서받을 수 있는 유일한 소망이라는 사실을 알고 있다. 그러므로 그는 하나님의 자비로우신 성품에 용서받을 수 있는 희망을 걸었다.

기자는 6-7절에서 '기억하다'(זכר)는 단어를 세 차례 사용한다. 하나님께 죄인들을 대하실 때 보여 주시는 긍휼과 자비를 기억해 달라는 간구를 하지만(6절), 그가 젊었을 때 지은 죄는 기억하지 마시고(7a절), 하나님의 자비와 은혜로 그를 기억해 달라고(7b절) 간구하며 이 단어를 사용하고 있다. 물론 '죄를 기억하시지 말라'는 것은 용서해 달라는 의미다.

기자가 하나님께 먼저 "주님의 긍휼을 기억하십시오"라고 구한 다음에 "나의 죄를 기억하지 마십시오"라고 기도하는 순서는 매우 중요하다. 그는 하나님이 과거에 죄인들을 얼마나 자비롭고 은혜롭게 대하셨는가를 먼저 상기시킨 다음에 그때처럼 자기를 관대하게 대해 달라고 하는 것이다. 기자는 이렇게 기도하는 일을 통해 자기는 하나님의 놀랍고 용서하시는 사역의 한 부분이 되기를 원한다는 염원을 담았다.

하나님이 기억하셔야 할 것은 자신의 자비로움과 긍휼하심과 저자와의 관계이며, 하나님이 기억하시지 말아야 할 것은 저자가 과거에 저질렀던 죄들이다. 하나님이 이렇게 하셔야만 그가 살 수 있다. 아마도 그는 출애굽기 34:6-7을 마음에 새기고 있었을 것이다. "주, 나 주는 자비롭고 은혜로우며, 노하기를 더디하고, 한결같은 사랑과 진실이 풍성한 하나님이다. 수천 대에 이르기까지, 한결같은 사랑을 베풀며, 악과 허물과 죄를 용서하는 하나님이다"(새번역).

2. 신뢰할 수 있는 구원자 찬양(25:8-14)

8 여호와는 선하시고 정직하시니
그러므로 그의 도로 죄인들을 교훈하시리로다
9 온유한 자를 정의로 지도하심이여
온유한 자에게 그의 도를 가르치시리로다
10 여호와의 모든 길은
그의 언약과 증거를 지키는 자에게
인자와 진리로다
11 여호와여 나의 죄악이 크오니
주의 이름으로 말미암아 사하소서
12 여호와를 경외하는 자 누구냐
그가 택할 길을 그에게 가르치시리로다
13 그의 영혼은 평안히 살고
그의 자손은 땅을 상속하리로다
14 여호와의 친밀하심이 그를 경외하는 자들에게 있음이여
그의 언약을 그들에게 보이시리로다

저자는 8-10절을 통해 시의 앞부분에서 시작된 하나님에 대한 찬양을 이어간다. 그는 하나님은 선하시고 정직하시다는 것(טוֹב־וְיָשָׁר)을 강조하고 있다(8절). 죄 지은 사람의 입장에서는 이 두 가지가 상반된다고 생각할 수도 있다. 하나님의 선하심은 용서를 기대하게 하지만, 하나님의 정직하심은 그가 저지른 죄에 대한 대가를 치르게 하는 심판을 생각나게 하기 때문이다. 그러나 하나님 앞에 선 저자는 하나님의 성품인 이 두 가지에 자신의 소망이 있다고 한다. 하나님은 정직하시기 때문에 그의 죄를 묵인하실 수 없다. 그러나 하나님은 선하시기 때문에 그의 죄를 용서하실 수 있다는 확신이다.

저자가 찬양하는 선하고 정직한 하나님은 어떤 분이신가? 그는 하나님의 사역을 세 개의 비슷한 뜻을 지닌 동사를 사용하여 찬양한다(8-9절). "교훈하신다(ירה)… 지도하신다(דרך)… 가르치신다(למד) …." 교훈하시는 하나님은 죄인들이 돌이켜 가야 할 길(주님의 길, cf. 4절)을 알려 주시는 분이다(8b절). 지도하시는 하나님은 겸손한 사람을 정의롭게 훈련하시는 분이다(9a절). 가르치시는 하나님은 온유한 사람에게 자기의 길을 보이시는 분이다(9b절).

기자는 이러한 상황을 여호와께서 주의 '언약(בְּרִית)과 증거'(עֵדֹת)를 지키는 사람들을 '인자(חֶסֶד)와 진리'(עֵדֹת)로 인도하신다는 말로 요약한다(10절). '언약'(בְּרִית)이란 단어가 시편에서는 처음으로 이곳에서 사용되고 있으며, 이스라엘이 하나님과 시내 산에서 맺은 관계를 의미한다. '증거'(עֵדֹת)는 시내 산에서 이스라엘이 하나님과 맺은 언약의 문서화된 조항이라 할 수 있는 율법을 뜻한다(cf. HALOT). 그러므로 이 말씀은 세상 모든 사람에 관한 것이 아니라 오직 하나님과 특별한 관계를 맺고 주님이 주신 말씀대로 살려고 하는 사람들에 관한 것이다. 율법은 여호와께서 자기 백성을 구원하시는 도구다(Goldingay).

하나님은 자기 백성을 인자와 진리로 보살피시고 인도하신다. '인자'(חֶסֶד)는 언약적 충성을 의미하며, 하나님이 자기 백성과 맺은 언약에서 명시한 사항을 철저하게 지키는 의미에서 그들을 보살피는 것을 의미한다. '진리'(עֵדֹת)는 꾸준함/성실함을 뜻한다(HALOT). 하나님의 자기 백성에 대한 언약적 충성은 매우 성실하고 꾸준하게 진행될 것을 강조한다. 주의 백성은 하나님의 성실하신 보호와 인도가 항상 그들과 함께 있다는 사실을 기대해도 좋다는 의미다.

저자는 하나님은 이런 분이라고 찬양하고 고백한 것을 바탕으로 자기의 죄를 용서해 달라고 간구한다(11절). 죄 사함을 구하는 11절이 이 노래의 핵심이다(McCann, Terrien). 그가 밝히지 않기 때문에 어떤 죄를 지었는지는 알 수 없지만, 그가 '아주 크다'(עֲוֹנִי כִּי רַב־הוּא)고 말하는 점을 감안할 때, 상당히 심각한 죄를 저지른 것은 확실하다. 다후드(Dahood)는 그의 '큰 죄'가 우상숭배라고 해석하지만 이 시의 내용을 보아 별 설득력은 없다. 반면에 간음으로 해석하는 것(Craigie)은 설득력이 있어 보인다. 이 시가 다윗에 의하여 밧세바 사건 이후에 기록된 것으로 추정한다면 큰 죄가 간음이라는 해석은 더 설득력이 있어 보인다.

하나님의 용서는 죄인의 과거를 깨끗하게 하는 일에 그치는 것이 아니다. 저자는 하나님의 용서는 용서받은 사람의 마음에 주님에 대한 두려움을 각인시키고, 지속적으로 주님의 영적인 양육을 받게 하는 것에 목적이 있다고 한다(12절). 주님의 용서를 경험하고 난 후 지속적인 양육을 받는 사람은 하나님이 축복하셔서 많은 것을 누릴 것이다.

첫째, 그는 용서를 받았기 때문에 영혼이 평안히 살 수 있다(13a절). 둘째, 용서받은 사람은 더 이상 하나님의 심판을 받아 단명할 일이 없기 때문에 오랫동안 살며 자손들을 볼 것이며 그의 자손들도 땅을 누리며 살 것이다(13b절). 셋째, 하나님의 양육을 받는 사람들은 하나님과 특별한 친밀함을 누린다(14a절). 자주 만나서 양육을 받다 보면 당연히 관계도 친밀해질 수밖에 없다. 넷째, 하나님이 언약을 통해 그들에게 경건하고 거룩하게 사는 길을 보이실 것이다(14b절). 생각해 보면 하나님의 영적 양육은 언약과 율법의 범위를 벗어나지 않는다. 율법은 이스라엘에게 경건하고 거룩하게 사는 방법을 알려주는 매뉴얼(manual)이기 때문이다.

3. 구원을 바라는 기도(25:15-22)

15 내 눈이 항상 여호와를 바라봄은
내 발을 그물에서 벗어나게 하실 것임이로다
16 주여 나는 외롭고 괴로우니
내게 돌이키사 나에게 은혜를 베푸소서
17 내 마음의 근심이 많사오니
나를 고난에서 끌어내소서
18 나의 곤고와 환난을 보시고
내 모든 죄를 사하소서
19 내 원수를 보소서
그들의 수가 많고 나를 심히 미워하나이다
20 내 영혼을 지켜 나를 구원하소서
내가 주께 피하오니 수치를 당하지 않게 하소서
21 내가 주를 바라오니
성실과 정직으로 나를 보호하소서
22 하나님이여
이스라엘을 그 모든 환난에서 속량하소서

저자는 자신이 하나님을 기다린다는 주제(cf. 1-3절)로 노래의 방향을 다시 바꾸고 있다. 이제는 더욱더 새로운 확신을 가지고 자신의 눈이 오직 여호와만 바라보고 있다고 한다(15a절). 중간에 포기하는 일이 없이 주님이 그의 삶에 개입하시기를 기다리겠다는 뜻이다(Terrien). 그는 무엇에 대한 확신을 가지고 주님을 바라보는가? 그는 머지않아 여호와께서 오셔서 그의 발이 덫에서 벗어나게 하실 것을 확신한다(15b절). 이 덫이 그가 스스로 겪게 된 문제를 뜻하는지, 혹은 원수들이 그를 괴롭히기 위하여 꾸민 음모를 뜻하는지 알 수는 없지만, 아마도 후자일 것이다(Kirkpatrick).

저자가 이같이 확고한 믿음을 가지고 구원자이신 하나님을 바라본다고 해서 문제가 해결되지는 않는다. 그는 아직도 외롭다(16절). 걱정과 근심이 끝난 것도 아니다(17a절). 고통과 환난도 계속되고 있다(17b-18a절). 고통이 계속되는 이유가 자기의 죄 때문이라는 생각도 접을 수가 없다(18b절). 수많은 원수들이 그를 미워하고 괴롭히는 것도 계속된다(19절). 그가 오직 여호와만을 바라보겠다고 다짐했다고 해서 문제가 사라지지는 않은 것이다.

그럼에도 불구하고 죄로 인하여 불편해진 그와 하나님의 관계만 회복된다면 그 어떠한 것도 문제가 될 수 없다는 것이 그의 고백이다(18절). 하나님은 이스라엘과 맺은 언약을 통해 이스라엘의 일원인 저자와도 관계를 맺으셨기 때문에 그가 어려울 때마다 분명 그를 도우실 것이라는 믿음이 있다. 그러므로 그는 하나님께 '나의 곤고와 환난을 보시고' 그의 죄를 용서해 달라고 기도한다(18절). 기자가 처한 곤경이 하나님이 그를 도우실 이유가 될 수 있다는 것이다.

기자는 온갖 어려움에서 피할 수 있는 유일한 피난처는 하나님이시라고 한다(20절). 그는 피난처이신 하나님께 피하면 주님이 더 이상 그가 수치를 당하지 않게 해주실 것이라고 믿는다. 그러므로 그는 간절히 주님을 찾는다. 하나님은 이 같은 저자의 염원을 성실과 정직으로 응답하실 것이다(21절). 하나님이 그를 보호하실 것이라는 확신이다.

마지막으로 저자는 22절에서 자신의 개인적인 탄식과 염원을 자신이 속한 온 이스라엘 공동체의 노래로 승화시킨다. 하나님이 그를 환난에서 구원하시듯 온 이스라엘을 모든 환난에서 구원해 달라고 한다. 개인적인 이슈로 인해 기도를 시작한 저자가 어느덧 자신이 속한 공동체에 하나님의 은혜가 임하기를 간구하는 기도로 마무리하는 것이 매우 인상적이다. 일부 학자들은 이 구절이 이 시에 조금 더 공동체적인 면모를 더하기 위하여 훗날 삽입된 것이라고 한다(deClaissé-Walford et al., McCann, Terrien).

이 시는 시편 1편과 같은 지혜시의 성향을 띠고 있다. 사람이 환난을 만날 때 어떻게 기도하는 것이 지혜로운가를 가르쳐 주고 있기 때문이다. 저자는 이 시를 통하여 자신이 비록 하나님의 구원과 용서를 바랄 만한 자격은 없지만, 하나님의 은혜롭고 자비로우신 성품에 근거하여 호소하고 있다. 기자는 우리도 삶에서 어려움을 겪을 때면 하나님의 너그러운 성품에 근거한 기도를 드려야 한다고 한다. 그러므로 이 시는 성도가 일생을 살아가며 취하여야 할 자세에 대한 지도(map)와도 같다(Craigie).

제26편

다윗의 시

I. 장르/양식: 개인 탄식시(cf. 3편)

이 노래가 개인 탄식시로 구분되지만, 원수들이 기자를 어떻게 괴롭히고 있는가를 설명하지 않고 있어 구체적인 정황은 알 수 없다(Broyles). 그러므로 학자들은 이 노래가 언제든 성도들이 다른 사람들로 인하여 어려움을 겪을 때 불렀던 노래라고 한다(deClaissé-Walford et al., Goldingay).

만일 다윗이 이 노래의 저자라면, 아마도 그는 이 노래를 젊었을 때(사울에게 쫓길 때) 불렀을 것이다(Goldingay). 그러나 이 노래의 저자가 다윗이라고 확신할 만한 증거는 없다. 구체적인 정황은 알 수 없지만 기자는 생명을 위협받는 상황에 처해 있다(Kraus). 이러한 상황에서 기자는 자신의 결백을 근거로 하나님께 호소한다(Bellinger). 이런 면에서 이 시편의 저자는 1편이 말하는 '복 있는 사람'에 가장 가까운 모델이다(Goldingay).

궁켈(Gunkel)은 이 노래를 병석에 누워 있는 환자가 부른 탄식시로 구분했다. 그의 제자인 모빙클(Mowinckel)은 보호시(protective psalm)로 간주했다. 최근에 들어서는 이 시를 순례자들이 성전에 들어설 때 불렀던 일종의 입성시(entrance psalm)로 간주하는 학자들도 제법 많다(Craigie, Davidson, Vogt, cf. deClaissé-Walford et al.).

II. 구조

밴게메렌(vanGemeren)은 이 시에 대하여 다음과 같이 A-B-A-B-A패턴을 제시한다. 한 가지 아쉬운 점은 6-8절(A')을 1-3절(A)과 11-12절(A")과 동일시한다는 점이다. 노래의 한중앙에 위치한 6-8절은 성전을 언급하는 독특함을 지녔다(cf. Mosca). 그러므로 이 섹션이 따로 취급되었으면 더 좋았을 뻔했다.

A. 결백을 확신하는 기도(26:1-3)
　B. 악과의 단절(26:4-5)
A'. 결백 확신과 여호와를 향한 사랑(26:6-8)
　B'. 악과의 단절(26:9-10)
A". 결백 확신과 구속을 위한 기도(26:11-12)

테리엔(Terrien)은 이 노래를 다섯 파트로 나누어 교차대구법적 구조를 제시한다. 크래이기(Craigie)도 다섯 섹션으로 구분하여 비슷한 구조를 제시한다. 이 두 학자 사이에 가장 큰 차이점은 테리엔은 처음 두 섹션을 1-3절과 4-5절로 구분하는 것에 반해 크래이기는 1절과 2-5절로 나누는 점이다. 이어 테리엔은 셋째와 넷째 섹션을 6-8절과 9-10절로 나눈 것에 반해 크래이기는 6-7절과 8-10절로 나누는 차이점을 보이고 있다. 두 학자 모두 다섯째 섹션은 11-12절로 간주한다. 다음은 테리엔이 제안하는 구조다(cf. Brueggemann & Bellinger, McCann). 이 주석에서는 다음 구조를 바탕으로 본문을 주해해 나갈 것이다.

A. 재판을 요청함(26:1-3)
　B. 죄인들을 피함(26:4-5)

C. 하나님의 집에 살고 싶은 욕망(26:6-8)

B′. 죄인들을 피함(26:9-10)

A′. 구원을 요청함(26:11-12)

III. 주해

이 시편과 다음 두 편의 시(27-28편)를 지은 저자의 생각은 온통 성전과 성전에 임하시는 하나님의 임재로 가득하다. 저자는 자신을 모함하는 자들에 의하여 곤욕을 치르고 있다는 사실을 밝힌다. 그들은 자신들의 모함이 사실인 것처럼 꾸미기 위하여 뇌물까지 사용한다(cf. 10절).

기자는 이들의 모함으로 인하여 얼마나 힘이 드는지 심지어 하나님께 예배 드리기 위하여 성전에 올 수 있는지조차 확실하지 않다고 한다. 그러므로 그는 하나님께 자기의 억울함을 헤아려 주시어 다시 성전을 찾을 수 있도록 해 달라고 호소한다.

기자가 가장 염려하는 것은 자신과 악인들이 동일하게 취급되는 일이다. 이 노래는 저자와 악인들의 차이에 강조점을 두고 있는 시다(Terrien). 저자의 도와 달라는 기도는 자신의 하나님을 향한 충성과 사랑 한 가지에 근거를 두고 있다(Ross).

1. 재판을 요청함(26:1-3)

1 내가 나의 완전함에 행하였사오며
흔들리지 아니하고
여호와를 의지하였사오니
여호와여 나를 판단하소서
2 여호와여
나를 살피시고 시험하사

내 뜻과 내 양심을 단련하소서
3 주의 인자하심이 내 목전에 있나이다
내가 주의 진리 중에 행하여

저자는 이 노래를 구성하고 있는 네 가지 중심 요소를 간략히 나열하는 것으로 노래를 시작한다. (1)단언("내가 나의 완전함에 행하였사오며"), (2)확신("내가 흔들리지 아니하고"), (3)신뢰("여호와를 의지 하였사오니"), (4)기도("나를 판단하소서", 히브리어 텍스트에서는 이 문장으로 1절을 시작함). 그는 자신의 결백함이 모두 하나님을 신뢰하는 것에서 비롯되었다고 한다. 그가 온전히 살아온 것과 곤경에 처할 때 흔들리지 않은 것과 오로지 여호와를 의지하며 살아 온 것 모두 여호와를 전적으로 믿고 따랐기 때문이다. 그러므로 기자는 자신의 온전함(integrity)이 그가 한 일과 행동에서 비롯된 것이 아니라, 하나님을 신뢰하고 따른 것에서 비롯되었다고 한다(deClaissé-Walford et al.).

기자가 하나님께 판단을 요구하는 것은 사람을 판단하는 일은 창조주의 책임이기 때문이다(McCann). 또한 여호와의 판단을 받는 일은 사람이 성전으로 들어가기 위해 지나야 하는 필수적인 과정이다. 누구나 여호와를 예배할 수 있는 것은 아니며, 오직 하나님이 허락하신 사람들만이 주님을 예배할 수 있기 때문이다. 그러므로 여호와께 판단해 달라는 기자의 기도는 "누가 성전에 들어가기에 합당한가?"(15:1), "누가 성전으로 올라갈 것인가?"(24:3)라는 질문과 연관이 있다.

저자는 자신의 완전함(תם)에 따라 살아왔다고 하는데(1절), 그가 자신은 완벽한 삶을 살았다며 자랑하는 것이 아니다(cf. McCann). 그는 단지 자신이 하나님을 믿고 신뢰하며 양심적으로 살려고 노력했다고 한다(cf. 창 17:1, 왕상 9:4, 욥 1:1, 8; 2:3, 시 7:8, 15:2, 18:23). 더러 실패는 있었지만, 후회는 없는 삶을 살았다는 뜻으로 해석할 수 있다. 기자는 또한 자신이 하나님을 전적으로 의지했기(בטח) 때문에 이때까지 별 흔들림

없이 신앙생활을 해왔다고 한다(1절). 그가 하나님께 자신이 예배를 드릴 만한 사람인지를 판단해 달라며 이런 말을 하는 것은 그가 여호와의 예배에 참석하고 싶은 마음이 간절하다는 것을 암시한다(Craigie). 저자는 자신의 삶의 모든 것을 여호와 앞에 내려놓고 하나님이 자세하게 살펴보시기를 기대한다(vanGemeren).

저자는 이미 1절에서 "나를 판단하소서"라고 기도했다. 그는 2절에서 이 기도를 더 구체적으로 발전시킨다. "나를 살피시고(בחן) 시험하사(נסה)." 그는 하나님이 그의 삶을 대충(건성으로) 보시고 판단하시는 것이 아니라 철저하게 살펴 달라고 간구한다. 하나님의 철두철미한 판단을 바라면서 저자는 먼저 그의 '뜻과 양심'(כִלְיוֹתַי וְלִבִּי)을 살펴 달라고 한다(2절). 문자적으로 해석하면 '내 콩팥과 심장'이다. 이 두 장기는 인간의 감정과 의지를 상징한다(Terrien). 그러므로 기자는 그의 가장 깊은 내면을 판단해 달라는 기도를 하고 있다. 사람의 온전함과 하나님에 대한 신뢰는 우리의 내면에서 시작되기 때문이다.

이어 기자는 '내 눈'(עֵינֶי)(3절)과 '내 손'(כַּפַּי)(6절)과 '내 발'(רַגְלִי)(12절)을 언급한다. 그는 하나님께 자기의 가장 깊은 내면에서부터 신체 부위 중 가장 바깥쪽에 있는 장기들까지 모두 살펴 주실 것을 기도하고 있다(McCann). 기자는 자기가 하나도 거리낌이 없는 삶을 살아왔음을 강조하고 있다.

혹시라도 그의 뜻과 양심에 경건하지 못한 부분이 있다면 하나님께 단련해(צרף) 달라고 부탁한다. 이 단어(צרף)는 제련(refining) 작업을 묘사한다(HALOT). 그는 만일 자기 삶에 깨끗하지 못한 부분이 있다면 연단을 통해서라도 더 순결하고 순수해질 수 있게 되기를 하나님께 기도하고 있다. 기자는 자신의 결백을 선언하면서도 더욱더 깨끗해지기를 원하고 있다. 영적으로 온전한 사람은 끊임없는 시험(test)을 두려워해서는 안되며 오히려 사모해야 한다(Terrien). 우리의 마음이 이 시편 기자처럼 항상 더 깨끗해지는 것을 간절히 사모했으면 좋겠다. 경건은 한

순간에 완성되는 프로젝트가 아니라, 평생 끊임없이 이루어 나가야 하는 것이기 때문이다.

저자는 자신의 삶을 돌아보며 이 순간까지 그가 진실할 수 있었던 것은 모두 하나님의 은혜였음을 회상한다(3절). 하나님과 함께하는 삶이 죄를 짓지 않음을 의미하는 것은 아니다. 하나님과 함께하는 삶은 하나님의 은혜를 믿고 성실하게 사는 것이다(deClaissé-Walford et al.). 기자는 여호와의 관계적 사랑(חֶסֶד)이 항상 그와 함께 있었으므로 하나님의 진리(אֱמֶת)에 따라 살 수 있었다고 고백한다. 기자는 이때까지 하나님의 헤세드와 진리에 따라 살아왔기 때문에 주님께 자신을 시험해 달라고 당당하게 말할 수 있다.

기자는 자신이 이때까지 경건하게 행했다고 하는데(1, 3절), 두 곳 모두 사용되는 동사는 '걷다'(הלך)이다. 그는 자신의 신앙을 하나님과 함께 길을 걷는 일로 표현하고 있다. 전제되는 것은 결코 쉽지 않은 좁은 길이다(Goldingay). 기자는 자신에게 주어진 이 길을 가면서 항상 하나님의 인도하심에 따라가는 삶을 살아왔다고 한다. 신앙은 한 프로젝트나 이벤트가 아니라 평생 하나님과 함께 걷는 길이라는 뜻이다. 그러므로 그는 자신의 경건한 삶에 대한 모든 영광을 이때까지 그와 함께 하신 하나님께 돌리고 있다.

2. 죄인들을 피함(26:4-5)

4 허망한 사람과 같이 앉지 아니하였사오니
간사한 자와 동행하지도 아니하리이다
5 내가 행악자의 집회를 미워하오니
악한 자와 같이 앉지 아니하리이다

기자가 하나님의 진리에 따라 경건하고 거룩하게 살려고 노력한 만큼 악은 어떤 형태라도 가까이 하지 않는다(4–5절). 그의 삶은 여호와를 사랑하는 긍정적인 면과 악을 기피하는 부정적인 면이 균형을 이루고 있었다. 경건을 추구한 저자가 상종하지 않은 부류의 사람들은 '허망한 자들'(שָׁוְא)(매우 도덕적인 척하지만 실제로는 부도덕함과 거짓으로 가득한 자들[Terrien], cf. 욥 11:11, 시 24:4, 31:6)과 '간사한 자들'(עלם)(보이지 않는 곳에 숨어서 혹은 남이 모르게 악을 행하는 자들)과 '행악자들'(רעע)과 '악한 자들'(רָשָׁע)이었다.

시편 1편에서 복 있는 사람이 모든 악인을 의도적으로 피한 것과 비슷하다. 특히 악한 자들과 함께 앉지 않는 것은 더욱더 그렇다(5절). 경건한 삶은 선한 것들을 추구하는 것뿐만 아니라 악을 멀리하는 일도 포함한다. '행악자들의 집회'(קְהַל מְרֵעִים)(5절)는 '예배하는 모임'(מַקְהֵל)(12절)과 강력한 대조를 이룬다.

기자는 악인들이 떼로 모여 있는 것을 미워한다고 한다. 설령 그들이 떼를 지어 그를 압박한다 할지라도, 그는 결코 그들의 압력에 따라 행동하지 않을 것을 암시한다. 이 말씀은 민주주의의 허점을 지적하는 듯하다. 대중이 항상 옳은 것은 아니다. 때로는 대다수가 잘못될 수도 있다. 이럴 때 우리는 그들에게 동조하는 것이 아니라, 홀로 하나님의 공의와 정의에 따라 행동해야 한다.

3. 하나님의 집에 살고 싶은 욕망(26:6–8)

6 여호와여 내가 무죄하므로
손을 씻고 주의 제단에 두루 다니며
7 감사의 소리를 들려 주고
주의 기이한 모든 일을 말하리이다
8 여호와여
내가 주께서 계신 집과

주의 영광이 머무는 곳을 사랑하오니

저자는 도덕적인 이슈에서 종교적인 이슈로 화두를 바꾸고 있다. 또한 성전을 언급하는 이 섹션은 이 노래의 핵심이다(Terrien). 악인과 의인의 대조가 역력하다. 악인들은 세상에서 온갖 악한 짓을 하는데, 의인인 저자는 성전을 찾아와 하나님을 예배한다. 그는 자신이 무죄하다고 하는데, '무죄함'(נִקָּיוֹן)은 죄를 전혀 짓지 않았다는 의미가 아니라, 어떤 일에 있어서 결백하다는 뜻이다(HALOT). 그는 원수들의 비방과 공격을 받을 만한 일을 하지 않았다며 자신의 억울함을 고백하고 있다. 원수들은 "아니 땐 굴뚝에서 연기가 날 리 있느냐?"고 주장하고 있고, 저자는 자기는 "굴뚝에서 연기날 일을 한 적이 없다!"고 하는 것이다.

성전 입구에는 예배를 드리기 위하여 성전을 출입하는 사람들이 손을 씻을 수 있는 물두멍이 준비되어 있었다(Keel). 일부 학자들은 "손을 씻고 주의 제단에 두루 다닌다"는 말씀이 이 시편의 저자가 제사장임을 암시하는 것으로 해석한다(Mosca). 그러나 그렇게 해석할 필요는 없다. 처음 성막이 제정될 때에는 그렇게 했을지 몰라도(cf. 출 30:17-21), 세월이 지나면서, 특히 솔로몬 성전이 완공된 다음부터는 성전을 출입하는 사람들은 제사장뿐만 아니라 모든 사람이 물두멍에서 손을 씻었기 때문이다(Keel, cf. deClaissé-Walford et al.).

그러므로 기자는 이곳에서 손을 씻어 자신의 결백함을 재차 확인하고자 할 뿐이다(6절). 또한 '제단을 두루 다니는 것'도 제사장이 제물을 바치는 일을 묘사하는 표현으로 해석할 필요도 없다. 성전에서는 예배에 참여하는 사람들이 음악에 맞추어 제단을 돌며 행렬한 일이 자주 있었기 때문이다(Briggs, cf. Goldingay).

그의 손이 깨끗한 것은 그의 마음도 깨끗하다는 것을 상징한다(Craigie, vanGemeren). 기자는 깨끗한 몸과 마음으로 하나님의 제단에 가까이 가서 제물을 드리며 주님께 찬양을 드리고 하나님이 하신 일을 높이 드러내는 스피치를 하겠다고 한다(7절). 자기가 경험한 하나님의 놀라우신 은혜를 예배하기 위하여 성전을 찾은 성도들과 나누겠다는 뜻이다.

구약 시대를 살았던 성도들은 "내가 주님을 사랑합니다"라는 직선적인 고백은 가능하면 피했다(Anderson). 그들은 자신들이 하나님을 사랑하는 것을 간접적인 표현으로 나타내는 일을 즐겼다. 본문에서도 이러한 간접적인 표현이 사용되고 있다. "내가 주께서 계신 집과 주의 영광이 머무는 곳을 사랑합니다"(8절). 기자가 성전을 사랑하는 것은 그곳이 바로 하나님이 계신 집이기 때문이다.

4. 죄인들을 피함(26:9-10)

9 내 영혼을 죄인과 함께,
내 생명을 살인자와 함께 거두지 마소서
10 그들의 손에 사악함이 있고
그들의 오른손에 뇌물이 가득하오나

하나님의 집의 아름다움과 거룩함으로 자기 마음을 가득 채운 저자는 하나님께 그를 악인들과 함께 취급하지 말아 달라고 간구한다. 악인들은 자신들의 삶을 악과 여호와에 대한 반역으로 가득 채운 사람들이다. 그들은 우상을 섬기는 자들이며, 뇌물을 좋아하는 자들이다(10절). 뇌물을 취한다는 것은 그들이 지도층 사람들이라는 것을 암시한다(Ross). 그러므로 저자는 하나님이 악인들을 심판하여 그들의 생명을 거두실 때, 자기 생명을 함께 거두시지 말라고 호소한다(9절). 저자의 이 같은 기도는 하나님은 분명 악인들의 생명을 거두는 분이심을 전제한다. 재판을 통해 하시든지, 혹은 병이나 사고로 인한 갑작스러운 죽음 등을 통해서 하든지 방법은 다양할 수 있지만, 하나님은 분명히 악인들을 심판하시어 그들의 생명을 거두시는 분이다(Goldingay).

최선을 다해 하나님의 의를 추구하며 살아온 기자는 당연히 하나님의 심판을 받아 죽는 악인들과 함께 취급되는 것(똑같은 사람들처럼 분류되는 것)이 싫다. 참으로 자존심이 상하는 일이며, 공평한 일이 아니기 때문이다. 그러므로 그는 그들과 함께 취급될 수도, 취급되어서도 안 된다는 것을 호소하고 있다(cf. Terrien). 물론 여호와의 관계에 바탕을 둔 확신이다.

5. 구원을 요청함(26:11-12)

11 나는 나의 완전함에 행하오리니
나를 속량하시고 내게 은혜를 베푸소서
12 내 발이 평탄한 데에 섰사오니
무리 가운데에서 여호와를 송축하리이다

저자는 다시 한번 하나님 앞에 깨끗하게 살 것을 다짐하며 기도를 드린다. "깨끗하고 온전하게 살겠으니 저를 구원하시고 도우소서"(11절). '은혜를 베푸소서'(give me grace)(11절)보다는 '은혜롭게 대하소서'(grace me)가 마소라 사본(MT)의 의미를 더 정확하게 반영한다(Terrien). 그는 하나님이 인간을 구원하시고 은혜를 베푸시는 이유를 정확히 알고 있다. 하나님의 은혜를 경험한 사람이 더 경건하고 거룩하게 살게 하기 위해서다. 그러므로 기자는 주님이 그를 구원하시고 자비를 베푸시면 그 은혜에 합당하게 살겠다고 다짐한다.

또한 그는 이미 하나님의 구원의 은혜를 경험한 사람처럼 말을 한다. "내 발이 평탄한 데에 섰다"(12a절). 하나님의 은혜가 아직 그에게 임하지 않았을 수도 있는데 이런 말을 하는 것은 그의 믿음이며 하나님에 대한 신뢰의 표현이다. 기자는 온 회중 앞에서 자기가 경험한 하나님의 은혜에 대하여 여호와를 송축할 날을 꿈꾸는 것으로 노래를 마무리한다(12b절). 주님께서 이런 꿈을 꾸는 사람을 구원하시고 축복하시는 것은 당연한 일이다.

하나님은 항상 세상 어느 곳에든 계신다는 것이 성경의 가르침이다. 이 시편은 어떻게 하나님이 성도들의 삶에 함께하시는가를 가르쳐주고 있다. 하나님은 어떠한 형태의 악이라도 악은 버리고, 선을 추구하는 삶과 함께하신다. 하나님이 성도와 함께하시는 방법 중 가장 흔한 방법은 어떠한 초자연적인 형태를 취하는 것이 아니라, 지극히 평범한 일상에서 공의와 정의를 실현하며 악을 배척하는 삶을 지향하게 하는 것이다.

제27편
다윗의 시

I. 장르/양식: 개인 찬양시와 탄식시

이 노래는 중간에서 분위기가 급변한다. 궁켈(Gunkel)이 1-6절을 개인 찬양시로, 7-14절을 개인 탄식시로 구분한 이후 많은 학자들이 그의 제안을 따랐다(cf. Anderson, deClaissé-Walford et al., Fohrer, Ross). 반면에 궁켈의 제자 모빙클(Mowinckel)은 찬양시를 형성하는 1-6절이 7-14절에 기록된 탄식시의 긴 서론이라고 주장했다. 두 개의 독립적인 시가 아니라, 한 편의 시라는 것이다. 최근에는 많은 학자들이 이 노래가 중반부에서 급변하는 것은 주제의 변화에서 오는 것이지, 결코 두 개의 독립적인 시에서 비롯된 것이 아니라고 한다(Broyles, Craigie, Davidson, Kraus, Terrien).

학자들 중에는 이 시가 원래 확신을 노래했는데 거기에 탄식시가 곁들여진 것이라고 주장하는 이도 있고(Brueggemann), 박해당하는 사람의 기도시(prayer song of a person persecuted and accused)라고 부르는 이도 있다(Kraus). 이 노래가 탄식시 형태를 취한 왕족시라고 주장하는 사람도 있다(Eaton). 이 시가 매년 왕의 즉위식을 기념하는 행사에서 사용되었다고 생각하는 이들도 있다(Craigie, Ridderbos).

II. 구조

이 시는 중반에서 찬양과 탄식 등 두 섹션으로 구분되지만, 전반부와 후반부가 같은 단어들을 반복적으로 사용하여 통일성을 유지하고 있다. 다음은 두 섹션에서 반복되는 단어들이다(cf. Brueggemann & Bellinger, Craigie, Kraus, McCann). (1)구원(יֵשַׁע)(1, 9절), (2)원수(צַר)(2, 12절), (3)마음(לֵב)(3, 8, 14절), (4)일어서다(קום)(3, 12절), (5)구하다(בקשׁ)(4, 8절), (6)생명(חַיִּים)(4, 13절). 또한 시의 흐름(전개)에 있어서도 통일성이 있다. 기자는 신앙고백(1–6절)으로 노래를 시작하는데, 이 고백을 바탕으로 하나님께 도움을 청하는 기도를 한다(7–14절). 이러한 이유에서 많은 학자들이 이 노래를 두 개의 시가 아니라 하나의 주제가 변하는 시로 간주하게 된 것이다.

테리엔(Terrien)은 이 노래를 아홉 섹션으로 나누어 교차대구법적 구조를 제시한다. 그는 이 시의 중심이 5–6절이라고 하는데, 알덴(Alden)은 다음과 같은 구조를 제시하며 노래의 중심을 8절이라고 한다. 구조의 중심에 8절을 두는 것이 5–6절을 두는 것보다 더 설득력이 있어 보이지만, 제안한 구조가 지나치게 세부적이라는 생각을 떨칠 수가 없다. 저자가 이같이 세세한 구조를 두고 이 시를 작성했을까 하는 의문이 들기 때문이다.

A. 하나님은 나의 힘(27:1)
B. 나의 원수들(27:2)
C. 내가 간구하는 것(27:4)
D. 그가 나를 높이시리라(27:5–6a)
E. 세 가지 긍정적인 기원(27:6b–7)
F. 나의 얼굴을 구하라(27:8a)
F′. 내가 주님의 얼굴을 구하나이다(27:8b)
E′. 세 가지 부정적인 기원(27:9)

D′. 주께서 나를 돌보시리라(27:10)

C′. 가르치고 인도하소서(27:11)

B′. 나의 원수들(27:12-13)

A′. 강하라(27:14)

다음은 밴게메렌(vanGemeren)이 제시한 구조다. 시 전체가 하나님의 임재에 대한 갈망으로 가득 차 있는 것을 잘 반영하고 있다. 또한 서로 다른 두 주제로 구성된 노래의 중앙을 한쪽에 편중하기보다는 B-B'를 통해 효과적으로 반영하고 있다. 그러므로 이 주석에서는 다음 구조를 바탕으로 주해해 나가고자 한다.

A. 하나님의 임재에 대한 확신(27:1-3)

B. 하나님의 임재를 바라는 기도(27:4-6)

B′. 하나님의 임재를 바라는 기도(27:7-12)

A′. 하나님의 임재에 대한 확신(27:13-14)

III. 주해

저자가 여호와를 향한 충성을 다짐하며 하나님 백성들의 성회에 합류하여(cf. 26:12) 그에게 예배 드리기를 갈망하던 시편 26편과 이 노래는 몇 가지 공통점을 유지하고 있다. 하나님의 장막에 대한 염려(26:8, 27:6)와 여호와를 절대적으로 신뢰하는 확신(26:1-2, 27:3-8)과 자신의 결백을 밝혀 달라는 기도(26:1, 9-10; 27:2-3, 12)와 여호와의 구원에 대한 소망(26:12; 27:13-14) 등이 이 두 노래의 연결 고리들이 되고 있다(cf. McCann).

이 시는 생명에 위협을 받고 있는 사람이 하나님의 임재를 갈망하여 그가 당면하고 있는 어두움에 여호와의 구원이 서광의 빛처럼 스며드는 체험을 노래하고 있다. 노래의 중심 주제는 시험을 통하여 인정을 받은, 어떠한 여건에서도 흔들리지 않는 여호와에 대한 신뢰다. 이 시가 선포하는 가장 핵심적인 메시지는 주님을 사랑하고 잘 섬기는 사람이라 해서 어려움을 겪지 않는 것이 아니며, 어려움에 처할 때 좌절하지 않고 용기를 내어 주님을 간절히 바라며 희망을 가지라는 것에 있다.

1. 하나님의 임재에 대한 확신(27:1-3)

1 여호와는 나의 빛이요 나의 구원이시니
내가 누구를 두려워하리요
여호와는 내 생명의 능력이시니
내가 누구를 무서워하리요
2 악인들이 내 살을 먹으려고 내게로 왔으나
나의 대적들, 나의 원수들인
그들은 실족하여 넘어졌도다
3 군대가 나를 대적하여 진 칠지라도
내 마음이 두렵지 아니하며
전쟁이 일어나 나를 치려 할지라도
나는 여전히 태연하리로다

저자는 자신이 경험한 하나님의 구원을 두 가지의 은유로 묘사한다. '빛'(אוֹר)과 '능력'(개역개정)/'피난처'(새번역, 공동)/'요새'(아가페, NIV, ESV, NRS, RSV, TNK))/'바위'(현대인)(1절). 하나님을 빛(אוֹר)에 비유하는 것은 주님이 자기 백성에게 약속하신 구원과 승리와 연관되어 있다(cf. Ross). 하나님을 빛에 비유할 때에는 항상 여호와의 '밝은 면'(bright side)을 의미한다.

구약에서 빛이 하나님의 타이틀로 사용되는 곳은 이곳이 유일하다

(Davidson). 가장 비슷한 가까운 예로는 이사야 10:17이 여호와를 '이스라엘의 빛'으로 노래하는 것이다. 자기 백성에게 구원을 베푸시는 하나님은 빛이시다(cf. 4:6, 18:28, 43:3; 사 9:2, 49:6, 51:4, 60:1; 요 1:4–5, 9; 8:12, 12:46, 요일 1:5). 그러므로 1절이 노래하는 '나의 빛'(אוֹרִי)과 '나의 구원'(יִשְׁעִי)은 같은 의미를 지녔으며, 위태로운 상황에서 저자가 체험한 하나님의 구속과 축복을 상징한다.

또한 저자는 하나님을 '능력/피난처/요새'(מָעוֹז)에 비유한다. 능력/피난처/요새는 하나님의 보호하심을 노래하며 자주 사용되는 이미지다(18:2, 28:8, 31:2, 4; 43:2). 하나님은 자기 백성에게 구원을 베푸시는 능력이 되어 주실뿐만 아니라, 그들이 어려울 때 피할 수 있는 피난처이시다. 여호와는 그들을 보호하는 요새와 같은 분이시기도 하다. 그러므로 이 단어(מָעוֹז)는 하나님의 구원과 보호 사역의 면모를 잘 보여주는 개념이다.

하나님은 자신을 구원하시고 보호하시는 분이라는 사실을 깨달은 저자는 곧바로 여호와의 보호하심에 대한 확신으로 노래를 이어간다. 여호와가 그의 편이시라면, 그가 누구를 두려워하며(ירא), 누구를 무서워하겠는가(פחד)(1절). '빛'(אוֹר, 오르)과 '두려움'(יָרֵא, 야레)은 소리가 비슷하다. 그러므로 저자는 이 언어유희를 사용하여 독자들에게 "두려워할 것인가 혹은 믿을 것인가" 선택하도록 권면하는 듯하다(McCann, cf. 막 5:36). 비록 악인들이 떼로 몰려오고(2절), 심지어는 군대가 쳐들어와도(3절), 그의 마음은 태연하다. 기자는 생명을 위협받고 있는 매우 절박한 상황에 처해 있다(cf. Terrien). 오죽하면 적들을 무자비하게 공격해오는 군대로 묘사하겠는가! 그러므로 그가 이러한 상황에서 평정심을 유지하기란 결코 쉽지 않았을 것이다. 그럼에도 불구하고 기자는 여호와께서 그와 함께하신다면 어떠한 상황도 그에게는 문제가 되지 않는다고 믿고 확신한다. 그의 마음이 두려움으로 요동치고 있는데도 이렇게 고백할 수 있는 그의 믿음이 부럽다.

기자가 이처럼 하나님의 보호를 확신하고 의지한다고 해서 어두움이나 위험에서 면제된 삶을 살게 되는 것은 아니다. 때로는 그의 삶에도 어두움과 위험이 찾아온다. 이 노래를 부를 때에도 어려움이 그를 찾아왔다(cf. 7-14절). 그러므로 저자는 이 같은 고백을 통해 그가 어려운 순간들을 겪을 때 세상 사람들처럼(하나님을 모르는 사람들처럼) 낙담하지 않을 것이라는 다짐을 재차 확인하고 있을 뿐이다. 믿음이란 어두움을 비켜가는 것이 아니다. 또한 어두움에서 면제받는 것도 아니다. 믿음은 어두움을 지나가면서도 좌절하지 않고 빛의 하나님을 소망하는 것이다. 빛의 하나님이 사망의 음침한 골짜기를 걷고 있는 우리와 함께 하시면 우리가 당면한 어두움은 대낮처럼 밝아진다. 삶이 어두울 때 어두움으로 인해 절망하지 말고 그 어두움을 물리치실 빛의 하나님을 간절히 바라자.

2. 하나님의 임재를 바라는 기도(27:4-6)

4 내가 여호와께 바라는 한 가지 일 그것을 구하리니
곧 내가 내 평생에 여호와의 집에 살면서
여호와의 아름다움을 바라보며
그의 성전에서 사모하는 그것이라
5 여호와께서 환난 날에
나를 그의 초막 속에 비밀히 지키시고
그의 장막 은밀한 곳에 나를 숨기시며
높은 바위 위에 두시리로다
6 이제 내 머리가 나를 둘러싼 내 원수 위에 들리리니
내가 그의 장막에서 즐거운 제사를 드리겠고
노래하며 여호와를 찬송하리로다

일부 주석가들은 4절의 시제를 '구했다'며 과거로 해석한다(Goldingay, Kraus, cf LXX, ESV, NAS, NRS). 이렇게 간주할 경우 기자는 자신이 곤경에 처했던 지난날(cf. 1-3절)에도 흔들리지 않는 믿음으로 오직 하나님을 바라며 구한 일을 회고하고 있다고 볼 수 있다. 그는 혹독한 시련 속에서도 오직 하나님의 집에 살면서 여호와의 아름다움을 보기를 간절히 소망했다는 뜻이다. 그러나 이 섹션(4-6절)은 과거의 일을 회상하고 있는 앞부분(1-3절)과의 대조적인 상황에 초점을 맞추고 있으므로 개역개정처럼 현재-미래로 해석하는 것이 바람직하다(cf. 새번역, 공동, 아가페, NIV, TNK). 과거에 생명을 위협하는 위기를 경험한 기자는 이 순간에도 흔들리지 않는 믿음으로 주님을 사모하고자 한다.

'내가 여호와께 바라는 한 가지 일'(אַחַת שָׁאַלְתִּי מֵאֵת־יְהוָה)(4절)은 매우 독특한 표현이다. 믿음이란 무엇을 막연히 기대하는 것이 아니다. 믿음은 여호와를 갈망하는 마음이 우리가 처해 있는 어려운 상황에 대한 염려보다 훨씬 더 크다는 의미다. 하나님의 임재를 경험할 때 우리가 당면한 어려움은 녹아내린다. 저자는 여호와의 집에 영원히 사는 것을 세상의 그 무엇보다도 간절히 소망한다(4절, cf. 15:1, 23:4-6). 그는 성전에서 하나님을 예배하는 일을 세상에서 자신이 누릴 수 있는 가장 큰 특권이라고 생각한다.

또한 그는 성전에서 하나님께 예배를 드리며 주님의 '아름다움'(נֹעַם)을 바라보고자 한다는데, 무엇을 의미하는가? 이스라엘의 이웃들은 자신들의 우상들을 바라보았다. 그러나 우리가 알다시피 이스라엘은 하나님을 그 어떠한 형태로도 표현하지 않았다. 그러므로 본문에서 하나님의 아름다움은 그가 하시는 일이다(Anderson, cf. Goldingay). 하나님이 하시는 '아름다운 일'에는 성도들의 기도에 응답하시는 것도 포함되어 있다(Levenson). 기자는 성전에 거하면서 하나님이 하신 놀라운 일들을 묵상하고 앞으로 하실 일들도 바라보기를 원하는 것이다.

일부 학자들은 기자가 '성전에서 사모하는 그것'에 대하여 여러 가지 해석을 내놓았다. 어떤 이들은 구원이라고 한다(Kraus). 구원의 신탁으로 해석하는 이들도 있다(Westermann). 어떤 이들은 기적을 의미한다고 한다(Mowinckel). 그러나 여호와의 아름다움에 이 모든 것이 포함되어 있기 때문에 굳이 따로 구분할 필요는 없다. 앞행에서 언급한 '여호와의 아름다움'이 바로 이 행에서 기자가 '사모하는 그것'으로 해석될 수 있다.

저자에게 성전은 어떤 곳이기에 그곳에 살면 그렇게 좋단 말인가? 구약에서 성전은 사람이 볼 수 있는 하나님 임재의 상징이며 성도들은 성전을 항상 마음에 두며 살았다. 또한 성전은 세상 건물들 중 하나님의 아름다움을 가장 극적으로 표현한 곳이었다. 그러므로 기자는 성전에 살면서 여호와의 아름다움을 실컷 누리기를 원하며 아름다운 하나님을 사모하고자 한다(4절). 여호와의 임재를 마음껏 즐기고 싶다는 갈망이다. 대부분 사람들이 하나님을 그저 두렵고 가까이하기에는 너무나도 어려운 분으로만 생각했던 시대에 하나님의 아름다움을 누리고 싶다는 저자의 열망이 얼마나 감동적인가!

저자가 성전을 찾는 이유가 하나님께 무엇을 탄원하기 위해서가 아니라, 먼저 여호와의 임재를 실컷 즐기기 위해서다! 우리도 이러한 자세로 하나님께 나아간다면 하나님이 가슴이 시리도록 감격하실 텐데! 아무것도 바라지 않고 오직 여호와와 함께하심만을 즐기고 추구할 때 우리의 신앙도 새로운 경지에 도달하게 된다.

저자는 여호와께 아무것도 바라지 않고 오직 주님의 임재만을 즐기는 사람이 누릴 축복도 노래한다(5절). 여호와께서 환난 날에 그를 '초막'(סֹךְ)과 '장막'(סֵתֶר)의 은밀한 곳에 숨기실 것이다(5b–c절). 초막과 장막은 이스라엘이 이집트를 출발하여 광야생활을 연상케 하는 용어들이다. 그러나 여기에서 저자는 그의 선조들의 광야생활을 회상하는 것이 아니라, 단순히 광야를 지나는 사람에게 초막과 장막이 지닌 보호적인 상징성을 노래하는 듯하다. 황무지와 다름없고 뜨거운 태양에 달아오른 광야를 지나는 여행자들이 초막이나 장막을 발견하는 것은 기운을 돋게 하는 매우 반가운 일이었다. 험난한 인생의 여정에서 하나님의 임재를 체험하는 것은 마치 뜨거운 광야를 지나는 사람이 그늘과 쉼을 제공하는 초막을 만나는 것과 같다. 광야에서 만나는 초막과 장막은 지친 영혼의 생기를 북돋우는 역할을 한다. 여호와의 함께하심은 온갖 어려움에서 우리를 구해 낸다.

하나님의 임재는 우리를 장막과 초막의 은밀한 곳에 숨겨 치열한 삶에 지친 우리를 회생시킬 뿐만 아니라, 회복된 우리를 높은 바위 위에 두신다(5d절). 성전이 바위 위에 위치해 있기 때문에 이 말씀이 성전 안에 두고 보호하신다는 의미로 해석될 수도 있지만, 적들의 공격으로 낮아진 연약한 자를 드높이신다는 뜻이 더 확실하다(cf. McCann, 출 15:1; 시 9:11, 89:15-16, 107:22). 절대 흔들리지 않는 든든하고 큰 바위 위에 우리를 두신다는 것은 우리를 존귀하게 여기시어 온 세상이 볼 수 있도록 하시고 "이는 내가 사랑하는 내 자녀다"라는 선언을 상징한다. 힘들고 어렵게 살다 지친 우리를 생기로 소생시키실 뿐만 아니라 부끄럽게 생각하지 않으시고 오히려 자랑스럽게 여기시어 세상에 귀감이 되게 하여 부러워하게 하신다!

그러므로 기자는 감격과 감사에 휩싸여 하나님의 놀라운 구원을 노래하며 하나님께 경배할 것이다(6절). 문제가 해결되어서 하나님을 찬양하는 것이 아니다. 아직도 그는 원수들에게 둘러 싸여 있다. 그러나 그에게 원수들은 더 이상 문제가 되지 않는다. 하나님이 그와 함께하실 뿐만 아니라, 그를 높은 곳에 세우시고 인정하셨기 때문이다. 그러므로 그는 원수들의 괴롭힘을 생각하는 것이 아니라, 그럴 시간이 있으면 오히려 하나님을 묵상하고 찬양하겠다고 선언한다.

경우에 따라서는 사는 것이 너무 고통스럽고 힘들어 감사와 감격이 없는 예배를 드릴 수도 있다. 그러나 오랫동안 감사와 감격이 없는 예배를 반복하는 것은 좋지 않다. 여호와는 세상 모든 피조물이 드리는 감사와 감격의 경배를 받기에 합당한 분이시다. 우리는 감사와 감격으로 가득한 예배를 통해 여호와와 교통한다고 할 수 있을 것이다. 감사와 감격은 또한 두려움을 물리치는 치유적 효과도 지니고 있다. 우리가 드리는 예배에서 감사와 감격이 차지하는 비중을 생각해 보자.

3. 하나님의 임재를 바라는 기도(27:7–12)

7 여호와여
내가 소리 내어 부르짖을 때에 들으시고
또한 나를 긍휼히 여기사 응답하소서
8 너희는 내 얼굴을 찾으라 하실 때에
내가 마음으로 주께 말하되
여호와여
내가 주의 얼굴을 찾으리이다 하였나이다
9 주의 얼굴을 내게서 숨기지 마시고
주의 종을 노하여 버리지 마소서
주는 나의 도움이 되셨나이다
나의 구원의 하나님이시여
나를 버리지 마시고 떠나지 마소서
10 내 부모는 나를 버렸으나
여호와는 나를 영접하시리이다
11 여호와여 주의 도를 내게 가르치시고
내 원수를 생각하셔서 평탄한 길로 나를 인도하소서
12 내 생명을 내 대적에게 맡기지 마소서
위증자와 악을 토하는 자가 일어나
나를 치려 함이니이다

이 시점에서 노래의 분위기가 급변한다. 그렇다고 해서 새로운 시가 시작되는 것은 아니다. 이 섹션은 저자가 앞 섹션에서 고백한 하나님에 대한 흔들리지 않는 신뢰에 바탕을 두고 진행되기 때문이다. 그는 기도문에서 흔히 사용되는 정형적인 표현들을 사용하여 자신이 처한 곤경을 하나님께 아뢴다. (1)"나의 음성을 들으소서"(7절, cf. 4:1, 5:2-3, 17:1, 28:2), (2)"나를 긍휼히 여기소서"(7절, cf. 26:11, 57:1), (3)"내게 응답하소서"(7절, cf. 4:1, 17:6, 27:7, 55:2), (4)"주의 얼굴을 내게서 숨기지 마소서"(9절, cf. 102:2, 143:7), (5)"나를 버리지 마시고 떠나지 마소서"(9절; cf. 38:22). 그는 하나님이 당장 그의 삶에 개입하시어 그를 구원하시기를 간절히 바란다.

곤경에 처한 기자는 과거에 어려움에 처했을 때처럼 하나님을 찾는다(7a절). 그는 사람이 하나님을 찾는다고 해서 하나님께 자동적으로 응답해야 하는 의무가 있다고 생각하지 않는다. 하나님이 그가 부르짖을 때 응답해 주신 것이 전적으로 하나님의 은혜였음을 고백한다. 그러므로 그는 하나님이 자기의 부르짖음을 긍휼히 여기시어 응답하시기를 간구한다(7절).

기자는 하나님이 하신 말씀을 묵상한다(8절). 하나님이 주님의 얼굴을 찾으라고 하신 권면을 기억하며 주님의 얼굴을 찾는다. 우리는 요행을 기대하며 혹은 주관적인 계시에 근거하여 주님을 찾는 경우가 종종 있는데, 기자는 하나님이 이미 하신 말씀에 순종하기 위하여 주님을 찾는 것이 인상적이다. 하나님의 얼굴을 구한다는 것은 하나님의 은혜를 바란다는 뜻이다.

어떤 이유에서인지는 모르지만 저자는 갑자기 자신이 하나님께 버림받았다는 생각을 떨칠 수가 없다. 그는 이러한 감정을 이겨 내기 위해 과거에 하나님이 어떻게 그에게 도움이 되셨고 그를 구원하셨는가를 회상한다(9절). 과거에 하나님이 베풀어 주신 은혜는 우리가 현재에 느끼는 불안감을 가장 확실하게 해소할 수 있다.

하나님이 과거에 베풀어 주신 온갖 은혜를 묵상한 저자는 비록 그의 부모는 그를 버릴지라도, 여호와께서는 절대로 그를 버리지 않으실 것을 확신한다(10절). 그는 자신이 고아가 된 것처럼 생각한다(Kirkpatrick). 혹은 부모가 죽었다는 것을 의미할 수도 있다(Shalom). 그의 확신은 이사야 49:14-15을 연상케 한다.

"오직 시온이 이르기를
여호와께서 나를 버리시며 주께서 나를 잊으셨다 하였거니와
여인이 어찌 그 젖 먹는 자식을 잊겠으며
자기 태에서 난 아들을 긍휼히 여기지 않겠느냐
그들은 혹시 잊을지라도 나는 너를 잊지 아니할 것이라"

하나님은 결코 그를 버리지 않으실 것이라는 확신이 하나님의 인도하심을 바라는 간구로 변한다. "여호와여 주의 도를 내게 가르치시고… 평탄한 길로 나를 인도하소서"(11절). 기자는 하나님이 그를 '가르치고'(ירה) 인도하시는(נחה) 것을 주님이 그와 함께하시는 것으로 정의한다. 그러므로 그가 부모는 그를 버렸다고 하는 것은 부모로부터 이러한 도움을 받지 못했다는 것을 의미할 수 있다(deClaissé-Walford et al., cf. 잠 4:3-4). 실제로 고대 사회에서 자식의 교육은 부모의 몫이었다.

기자는 하나님께 원수들의 손에서 그를 구원해 달라는 기도도 함께 드린다(12절). 하나님이 그를 버리셨다는 생각이 지배적인 상황에서 그가 좌절하지 않고 오히려 더욱더 간절히, 또한 필사적으로 여호와의 인도하심을 구하는 것이 매우 인상적이다. 사람들은 절망적인 상황에 처하면 낙심하기 일쑤인데, 기자는 상황이 절박할수록 더 간절하게 하나님의 도움을 청하는 것이 인상적이다.

기자가 위증자와 악을 토하는 자(악을 말하는 자)를 언급하는 것으로 보아 그는 모함을 당하고 있는 것이 확실하다. 그는 분명 '…카더라 통

신'과 악의적으로 말을 만들어 내는 사람들의 희생양이 된 것이다. 이런 상황에서는 하나님만이 그의 도움이 되신다.

4. 하나님의 임재에 대한 확신(27:13–14)

[13] 내가 산 자들의 땅에서
여호와의 선하심을 보게 될 줄 확실히 믿었도다
[14] 너는 여호와를 기다릴지어다
강하고 담대하며 여호와를 기다릴지어다

비록 감정이 요동치는 상황을 체험했지만, 저자는 매우 확고한 자세로 노래를 시작했던 것처럼 확신으로 노래를 마치고 있다. 하나님이 꼭 그의 기도를 들어 주시고 승리를 주실 것이라고 확신한다. 그의 확고한 신앙은 오직 여호와의 선하심에 근거하고 있다. 그는 이러한 사실을 강조하기 위하여 13–14절에서 '여호와'를 세 차례나 언급한다. 저자는 모든 영광을 여호와께 돌릴 뿐 아니라 미래에 대한 확신도 여호와의 성품에 근거한 것임을 강조하고 있다. 우리 안에 선하신 일을 시작하신 이가 우리가 미래를 기대할 수 있는 유일한 동기도 되시는 것이다.

'산 자들의 땅'(אֶרֶץ חַיִּים)(13절)은 죽음과 반대되는 이 세상에서의 삶을 의미한다(cf. 52:5, 142:5, 사 38:11, 53:8, 겔 26:20, 32:23). 하나님이 반드시 그를 구원하실 것이기 때문에 이 땅에서 주님의 선하심을 경험하게 하실 것이라는 확신이다. 그러므로 그는 모든 사람에게 선하신 하나님을 '기다리라'(קוה)고 권면한다(14절). 자기의 경험이 다른 사람들에게도 도전이 되기를 바라는 마음에서다.

이 단어(קוה)는 '바라다/갈망하다'는 의미를 지니고 있으며, 모든 것을 운명에 맡기고 방관하는 것이 아니라 적극적으로 구하라는 뜻이다.

시편 기자의 권면은 모세가 여호수아에게 마지막으로 주었던 권면과 비슷하다. "모세가 여호수아를 불러 온 이스라엘 목전에서 그에게 이르되 너는 마음을 강하게 하고 담대히 하라 너는 이 백성을 거느리고 여호와께서 그들의 열조에게 주리라고 맹세하신 땅에 들어가서 그들로 그 땅을 얻게 하라"(신 31:7). 하나님도 이러한 권면을 여호수아에게 직접 주셨다(수 1:6, 7, 9, 18). 마음을 강하게 하고 하나님을 기다려야 한다는 것은 하나님을 기다리는 일이 결코 쉽지 않다는 사실을 암시한다.

하나님의 구속의 역사는 그를 바라는 백성이 있는 한 계속된다. 구속 역사의 진행에서 하나님이 과거에 자기 백성에게 베푸셨던 은혜를 꾸준히 묵상해야 하며 지속적으로 새롭게 해석하고 적용해야 한다. 이렇게 하면 하나님이 과거에 베푸셨던 은혜는 더 이상 과거에 머물러 있지 않고 그의 백성이 현재를 살아가는 활력소가 될 것이다. 또한 백성들의 미래에 대한 기대를 한층 높여주는 원동력이 된다. 그래서 유대교와 기독교는 과거를 기념하는 종교다.

제28편
다윗의 시

I. 장르/양식: 개인 탄식시(cf. 시 3편)

전반부인 1-5절은 개인적인 탄식시이지만, 뒷부분(6-9절)은 감사시로 구성되어 있다. 그러므로 이 시가 원래 두 개의 시에서 유래된 것이라고 하는 사람들도 있고(deClaissé-Walford et al.), 전반부의 간절한 기도에 대한 응답이 후반부를 구성하고 있다고 해서 전체를 기도 응답에 대한 감사시(psalm of thanksgiving)로 간주하는 사람들도 있다.

그러나 본문을 잘 살펴보면 기자의 기도는 노래가 끝날 때까지 응답받은 것은 아니며, 그의 확신에 찬 희망사항일 뿐이다(cf. Craigie, Ross). 그러므로 하나님의 개입을 간절히 바라는 탄식시로 간주하는 것이 바람직하다(Gerstenberger).

이 노래는 왕족시로 취급되기도 하고(Eaton), 한 왕이 저작한 노래로 간주되기도 한다(Ross). 그러나 백성들이 왕을 위하여 드린 기도라는 주장이 있는가 하면(McCann), 성전에서 찬양을 인도하던 지휘자가 저작했다는 주장도 있다(Terrien).

대체적으로 학자들은 저작 시기로 왕정 시대를 지목한다(Goldingay, Kraus). 구체적으로는 왕정시대 말기(605-587BC)를 저작 연대로 보는가

하면(Terrien), 그보다는 이르지만 다윗시대는 너무 이르다고 하는 사람도 있다(Anderson). 그러나 내용을 살펴보면 굳이 다윗을 배제할 필요는 없어 보인다. 이 시는 또한 성전에서 남을 위하여 기도할 때 사용되었던 중보예식(liturgy of supplication)이었을 것으로 여겨지기도 한다.

II. 구조

학자들은 이 시편에 대하여 다양한 구조 분석을 내놓았다. 그 중 가장 자세한 것은 테리엔(Terrien)이 제안한 구조다. 아쉬운 점은 구조에 반영된 각 섹션의 내용들이 매우 평이하다 보니 그다지 큰 설득력은 없다는 사실이다. 다음을 참조하라.

I. 하나님의 침묵(28:1-2)
  A. 내가 주께 부르짖습니다
    B. 침묵하지 마십시오
      C. 침묵하시면 저는 죽습니다
    B′. 침묵하지 마십시오
  A′. 내가 부르짖습니다
II. 악을 행하는 자들(28:3-5)
  A. 악인들
    B. 악을 행하는 자들
      C. 그들의 행위대로 갚으십시오
    B′. 악을 행하는 자들
  A′. 악인들
III. 여호와를 송축하라!(28:6-9)
  A. 그가 들으십니다
    B. 그는 도우십니다
      C. 내가 찬양합니다

B′. 그는 기름부음을 입은 자를 구원하십니다
A′. 그가 자기 백성을 구원하십니다

리더보스(Ridderbos)는 다음과 같은 구조를 제시했다. 아쉬운 것은 텍스트의 분량이 균등하게 분배되지 않았다는 점이다.

A. 탄식의 기도(28:1–4)
B. 제사장이 기자의 원수들에 대한 심판을 선언함(28:5)
A′. 감사와 찬송의 기도(28:6–7)
B′. 제사장이 모든 백성을 위한 중보기도를 드림((28:8–9)

다음 분석이 더 의미 있는 구조를 제시한다(vanGemeren). 이 주석에서도 다음 구조를 바탕으로 본문을 주해해 나가고자 한다.

A. 개인적인 기도((28:1–2)
B. 정의를 위한 기도((28:3–5)
B′. 하나님의 정의에 대한 신뢰((28:6–8)
A′. 개인적인 중보((28:9)

III. 주해

기자는 이 시를 탄식으로 시작하여 하나님의 통치에 대한 확신을 묵상하고 찬양으로 마무리한다. 그러나 이 과정에서 그가 당면한 문제가 해결된 것은 아니다. 그는 단지 그의 문제가 세상을 다스리시는 하나님의 주권에 따라 해결될 것을 확신하고 기대할 뿐이다. 그러므로 많은 주석가들이 이 노래를 종말론적인 관점에서 해석한다(deClaissé-Walford et al., McCann).

이 시는 27편처럼 여호와 안에서의 확신과 슬픔을 호소하는 기도로 구성되어 있다. 그러나 순서는 확신과 간구로 구성되어 있는 27편과는 달리 탄식기도와 확신의 순서로 되어 있다. 이 두 노래는 '피난처'(מָעוֹז) (27:1, 28:8)와 성전에 관한 언급(27:4, 28:2)과 기도 언어(27:7–11, 28:1–5) 등을 통해 연결되어 있다(cf. Goldingay, McCann, Ross).

1. 개인적인 기도(28:1–2)

1 여호와여 내가 주께 부르짖으오니
나의 반석이여
내게 귀를 막지 마소서
주께서 내게 잠잠하시면
내가 무덤에 내려가는 자와 같을까 하나이다
2 내가 주의 지성소를 향하여
나의 손을 들고 주께 부르짖을 때에
나의 간구하는 소리를 들으소서

저자는 당면한 문제에 대하여 상당 기간 동안 하나님께 기도해 왔지만, 주님은 계속 침묵으로 일관해 오신 것을 전제로 이 노래를 시작한다. 그는 '당신께'(אֵלֶיךָ)라는 말로 이 노래를 시작하여 다급함과 절박함을 토로한다(McCann). 또한 '주의 지성소를 향하여'(אֶל־דְּבִיר קָדְשֶׁךָ)를 통해 그가 성전에서 기도를 드리고 있다는 것을 암시한다. 만일 그가 성전 밖에서 기도를 드린다면 굳이 '지성소'를 언급할 필요가 없이 '성전'을 향해 기도한다고 했을 것이기 때문이다. 기자는 얼마나 절박한지 성전을 향하여 기도하는 것으로 만족하지 못하여 직접 하나님의 전을 찾아와 주님이 계시는 지성소를 향하여 기도하고 있다. 지성소는 성전에서도 가장 거룩한 공간이며 하나님의 임재와 직접 연관이 있는 곳이다.

기자는 여호와가 유일한 '나의 반석'(צוּרִי)이라고 한다(1절). 시편에서 반석은 피난처를 상징하며 자주 사용된다(18:2, 31; 19:14, 27:5, 73:26,

92:15, 144:1). 하나님은 위기를 맞이한 자기 백성에게 피난처가 되어 주실 것을 여러 차례 약속하셨다. 하나님의 백성이 그들의 '반석'(피난처)이신 하나님께 도움을 청하는 기도를 할 수 있는 것은 언약 백성만이 누릴 수 있는 특권이다. 저자는 이 특권을 사용하고자 하나님께 부르짖고 있다.

기자는 만일 '반석'(높이 들림을 상징)이신 하나님이 응답하지 않으시면 자기는 '무덤'(בּוֹר)으로 내려갈 수밖에 없다고 하는데, 이 히브리어 단어(בּוֹר)는 물을 저장하기 위하여 파 놓은 구덩이(cistern)을 뜻한다(HALOT). 사람이 구덩이에 갇히게 되면 외부에서 구출해 주지 않는 한 죽는다. 본문에서는 이 구덩이가 사람이 죽어서 가는 가장 낮은 곳을 상징한다. 그러므로 높이 들린 반석에 서 계시는 하나님이 그를 구덩이에서 구출해 주지 않으시면, 그는 죽음으로 내려갈 수밖에 없다며 하나님의 구원의 필요성을 매우 멋들어지게(elegant) 표현하고 있다(deClaissé-Walford et al.).

기자는 기도를 통하여 두 가지를 하나님께 부탁한다. (1)이 순간 그의 삶에 간섭해 주실 것, (2)그의 기도에 귀를 기울여 주실 것. '잠잠하지(חשׁה) 말아 달라'는 표현은 "하나님의 얼굴을 나에게서 숨기지 마시옵소서"(27:9)와 같은 내용의 기도다. 이 순간 그에게는 지속되고 있는 '하나님의 침묵'이 무엇보다도 가장 견디기 힘든 부분이다. 기도하면 속히 응답해 주시겠다던 하나님의 약속은 어떻게 되었기에 주님은 침묵을 지키고 계시는가? 하나님의 계속되는 침묵은 이 시편의 기자뿐만 아니라 우리 모두를 힘들게 한다.

기자는 왜 하나님의 침묵에 이처럼 큰 위기감을 느끼는 것일까? 1절 마지막 행이 언급하는 것처럼 하나님의 침묵은 그의 죽음을 의미할 수도 있기 때문이다(cf. 94:17). 그러나 하나님이 침묵하시는 순간에도 우리가 유일하게 할 수 있는 일은 더 크게 부르짖는 것이다. 기자도 하나님의 침묵 앞에서 그가 유일하게 할 수 있는 일은 더 크게 부르짖는 것이라는 한계를 의식하고 있다. 그러므로 그는 하나님께 자신의 부르짖음을 꼭 들어 달라고 호소한다(2절). 하나님이 침묵하실 때 실망하거나 좌절하지 않고 오히려 더 소리 높여 기도하는 시편 기자의 자세가 아름답다.

2. 정의를 위한 기도((28:3-5)

3 악인과 악을 행하는 자들과 함께
나를 끌어내지 마옵소서
그들은 그 이웃에게 화평을 말하나
그들의 마음에는 악독이 있나이다
4 그들이 하는 일과 그들의 행위가 악한 대로 갚으시며
그들의 손이 지은 대로 그들에게 갚아
그 마땅히 받을 것으로 그들에게 갚으소서
5 그들은 여호와께서 행하신 일과
손으로 지으신 것을 생각하지 아니하므로
여호와께서 그들을 파괴하고 건설하지 아니하시리로다

하나님은 악인은 심판하고, 의인은 축복하겠다는 말씀을 여러 차례 하셨다. 기자가 당면하고 있는 문제는 하나님이 침묵하심으로써 이 약속이 잘 이행되지 않는다는 느낌이 든다는 점이다. 그는 자기는 악을 행하지 않았는데, 하나님이 그를 악인들과 함께 취급하신다는 생각을 떨칠 수가 없다(3절). 만일 하나님이 의롭게 살아온 그를 악인들과 동일하게 취급하신다면, 악인은 벌하고 의인은 축복하겠다고 하셨던 약속을 지키지 않으시는 것과 마찬가지다. 그러므로 그는 하나님이 약속하신 대로 악인들을 심판하시기를 간절히 바란다(4절). 그의 바람은 자신의 억울함을 암시하는 간접적인 호소다. 그렇게만 해주시면 악인이 아닌 자신은 곧 하나님의 침묵에서 비롯되는 오명을 씻을 수 있게 될 것이기 때문이다. 또한 하나님이 이렇게 하시면 하나님의 공의와 정의가 세상을 지배한다는 사실이 온 세상에 드러나는 효과도 발휘될 것이다.

저자는 악인들이 이웃에게 화평을 말하지만 마음에는 악독이 있다고 한다(3절). 겉으로는 이웃들에게 축복을 빌지만, 속으로는 이웃들이 망하기를 바란다는 뜻이다. 시기와 질투가 악인들에게 이런 짓을 하게 한다.

기자는 하나님이 악인들이 한 대로, 특히 그들의 손이 지은 대로 그들에게 갚아 달라고 기도하는데(4절), '그들의 손이 지은 대로'는 그들이 우상을 만들고 숭배했다는 것으로 해석하는 것도 가능하다(Terrien, cf. 시 5:6, 욥 31:3, 34:8). 그가 악인들에게 그들의 행위대로 보응을 받게 해 달라고 기도하는 것은 자기 신변을 그들에게서 보호하기 위해서만은 아니다. 그는 악인들의 행동이 하나님이 기준으로 세우신 윤리적 잣대에 전혀 미치지 못한다는 것을 알고 있다(cf. 4절). 하나님은 스스로 세우신 기준이 무시되는 상황을 의식하면 결코 잠잠히 있지 않으실 것이다. 하나님의 명예가 훼손될 수 있기 때문이다. 그러므로 하나님이 자기 명예를 보존하기 위해서라도 역사하시면 기자는 그의 억울함도 밝혀져 결코 악인들과 함께 '도매가'에 넘어가지 않을 것을 확신한다.

악인들의 죄가 여러 모양으로 묘사되고 있지만, 가장 결정적인 것은 그들이 "여호와께서 행하신 일과 손으로 지으신 것을 생각하지 않는다"는 사실이다(5절). 이 구절이 시의 핵심 절이며(deClaissé-Walford et al.), 기자가 하나님의 개입을 확신하는 근거가 된다. 악인들은 하나님의 주권과 하시는 일을 무시하는 죄를 범하고 있다. 피조물이 창조주에게 찬송과 영광을 돌리지 않는 죄보다 더 큰 것은 없다. 언약 백성으로서 하나님의 통치와 주권을 인정하지 않는 것보다 더 큰 죄악은 없다. 기독교인으로서 예수님의 가르침과 상관없이 살아가는 것보다 더 큰 죄악은 없다. 은혜를 모르는 사람은 여호와께서 파괴하시고 다시 건설하지 않으실 것이다.

3. 하나님의 정의에 대한 신뢰((28:6-8)

6 여호와를 찬송함이여
내 간구하는 소리를 들으심이로다
7 여호와는 나의 힘과 나의 방패이시니
내 마음이 그를 의지하여 도움을 얻었도다
그러므로 내 마음이 크게 기뻐하며
내 노래로 그를 찬송하리로다
8 여호와는 그들의 힘이시요
그의 기름 부음 받은 자의 구원의 요새이시로다

비록 세상 사람들은 악인들이 세상에서 성행하는 것을 마치 하나님의 정의가 무너져 내린 일에 대한 증거로 간주할 수 있으나 저자에게는 흔들리지 않는 확고한 신념이 있다. 세상의 통치자이신 여호와께서 공의와 정의로 사회의 무너진 윤리적 기준을 다시 바로잡으실 것이라는 믿음이다. 또한 기자는 하나님이 그의 기도를 꼭 들어 주실 것(viz., 그가 악인들과 함께 망하게 내버려두지 않으실 것)을 확신한다(6절).

하나님이 그의 기도를 들어 주실 것을 확신하는 순간, 슬픔과 탄식으로 가득했던 저자의 마음이 감사와 찬송으로 넘친다. 하나님께 도움을 요청했던 탄식의 기도(1-2절)가 감사와 찬송의 기도(6-8절)로 변한 것이 매우 인상적이다. 하나님이 아직 그의 삶에 개입하지 않으셨기 때문에 그 어떠한 변화도 없었는데 말이다. 하나님이 그가 처한 상황을 바꾸신 것이 아니라, 기도가 그를 바꾼 것이다.

기자는 하나님을 '나의 반석'이라 부른 적이 있다(1절). 이제 그는 여호와를 '나의 힘'과 '나의 방패'로 부르며(7절), "그의 기름 부음 받은 자의 구원의 요새"라고 찬양한다(8절). 하나님의 '힘'(עֹז)은 주님의 주권을 상징한다(시 29:1, 93:1, 96:7). '방패'(מָגֵן)는 보호뿐만 아니라 권한 부여(empowerment)를 상징하기도 한다(cf. 시 3:4, 7:10). 하나님의 주권이 시편 기자의 하나님에 대한 신뢰의 심장인 것이다(McCann). '기름 부음 받은 자(מָשִׁיחַ)는 왕을 의미한다. 그러므로 일부 학자들은 이 시를 왕족시로 간주하는 것이다(Eaton).

4. 개인적인 중보((28:9)

[9] 주의 백성을 구원하시며
주의 산업에 복을 주시고
또 그들의 목자가 되시어
영원토록 그들을 인도하소서

개인적인 어려움으로 인해 하나님의 은혜를 구하던 저자가 자신이 속한 온 공동체에 대한 기도로 노래를 마무리한다. 그가 하나님이 그의 삶에 분명히 개입하시어 문제를 해결해 주실 것을 확신하는 순간 공동체를 돌아볼 수 있는 여유가 생겼다. 또한 그는 자신의 경험이 공동체의 체험으로 확대되기를 원한다. 자기가 경험한 하나님의 구원을 온 공동체가 경험하기를 원하는 것이다. 기자는 하나님께 '그들의 목자'(רָעֵם)가 되어 그들의 길을 인도해 주시기를 간구한다. 사람이 하나님께 목자가 되어 달라고 하는 것은 주님의 양이 되어 하나님의 권위를 인정하고 주님이 인도하시는 대로 따라가겠다는 각오를 전제한다. 왕이신 하나님의 통치를 받겠다는 신앙 고백이다. 목자에 대한 이해는 시편 23편을 참조하라.

기자는 탄식으로 노래를 시작했다. 그는 하나님의 주권에 모든 것을 맡기겠다는 고백으로 노래를 끝맺고 있다. 그가 기도하는 동안에 내적인 변화를 체험한 것일까? 아니면, 비록 어려운 순간이 지속되더라도 그분의 통치를 신뢰하겠다는 고백인가?

기자는 자신의 체험과 고백을 통하여 독자들에게 호소하고 있다. 하나님이 침묵하신다는 느낌이 들 때, 좌절하지 말고 오히려 더 확실하게, 더 크게 부르짖으라고 권면한다. 또한 모든 것을 하나님을 바라는 마음으로 주님의 통치에 맡기라고 한다. 그렇게 하면 하나님은 목자처럼 자기 양들인 우리를 돌보실 것이다.

제29편
다윗의 시

I. 장르/양식: 회중 찬양시

이 노래는 시편들 중 가장 오래된 것 중 하나로 취급된다(McCann). 여호와가 승리하는 왕이실 뿐만 아니라 자연의 모든 것을 다스리시는 분이라는 사실이 공동체의 찬양을 통해 기념되고 있다. 칠십인역(LXX)은 이 시편이 장막절(Feast of Tabernacle)에 사용된 것이라는 정보를 제공한다. 아마도 칠십인역을 번역한 사람들이 내용을 반영하여 추정한 것이라고 생각한다(cf. Goldingay). 그러나 랍비들의 전통에 의하면 이 노래는 칠칠절(Feast of Weeks)에 사용되었다.

II. 구조

한 학자는 이 시를 열 파트로 구성된 매우 복잡한 노래로 분석한다(Alden). 그러나 그의 주장은 큰 설득력은 없으며, 이 시를 상대적으로 자세하게 분석하는 사람들의 대표적인 예가 골딘게이(Goldingay)다. 다음을 참조하라.

A. 여호와의 영광과 권능을 인정하라는 권면(29:1-2)

B. 여호와께서 물들 위에 주권을 확립하셨다는 선언(29:3-4)

C. 여호와께서 온 세상에 능력을 보이셨다는 선언(29:5-9b)

B′. 여호와께서 홍수를 정복하신 것을 인정(29:9c-10)

A′. 하나님의 권능에 대한 호소(29:11)

위 구조에서는 10절이 11절에서 분리되는데, 두 구절 모두 주제는 왕이신 여호와이기 때문에 함께 취급하는 것이 바람직하다. 또한 저자가 하나님의 이름 '여호와'를 매우 전략적으로 사용하고 있는 점도 이러한 구분을 암시하는 듯하다(cf. 다음 섹션). 그러므로 다음 구조를 바탕으로 본문을 주해해 나가고자 한다(cf. Brueggemann & Bellinger, Craigie, deClaissé-Walford et al., vanGemeren)

A. 하나님의 왕권 찬양(29:1-2)

B. 하나님의 영광스러운 목소리(29:3-9)

A′. 하나님의 왕권 찬양(29:10-11)

III. 주해

자연 세계에 드러나는 하나님의 능력을 찬양하는 가장 아름다운 시편 중 하나다. 이 노래는 처음부터 끝까지 하나님의 위대하심을 기념하는 찬양이며, 어떠한 간구도 포함하고 있지 않다. 저자는 처음부터 끝까지 자연에 드러나는 하나님의 능력을 묵상하며 어떠한 조건도 없이 오직 하나님을 즐기고 있다.

이 시의 특징은 시편 전체가 고작 11절로 이루어져 있지만 하나님의 이름 여호와가 18차례나 사용되고 있다는 사실이다. 또한 이 성호의 사용에 있어서도 균형을 이루고 있다. 여호와라는 이름이 1-2절, 10-11절에서는 각각 4회씩 사용된다. 나머지 10회는 3-9절에서 발견된다. 또한 3-9절에 '여호와의 음성/목소리'(קוֹל יְהוָה)라는 표현이 일곱 차례 사용이 되고 있다.

1. 하나님의 왕권 찬양(29:1-2)

[1] 너희 권능 있는 자들아
영광과 능력을 여호와께 돌리고 돌릴지어다
[2] 여호와께 그의 이름에 합당한 영광을 돌리며
거룩한 옷을 입고 여호와께 예배할지어다

'[영광을] 여호와께 돌리라'(הָבוּ לַיהוָה)가 이 섹션에서 세 차례 반복되고 있다(29:1-2). 이 노래가 이렇게 시작하는 것은 시편 96:7-8과 흡사하다(cf. 대상 16:28-29). 다만 차이점은 이 시에서는 '권능 있는 자들'이 여호와를 찬양하라는 권면을 받는 것에 반해 96편에서는 '만국의 족속들'(מִשְׁפְּחוֹת עַמִּים)이 사용되고 있다.

세 개의 '여호와께 영광을 돌리라'라는 명령을 '여호와께 예배할지어다'(הִשְׁתַּחֲווּ לַיהוָה)가 뒤따르고 있다. 총 네 개의 명령문이 하나님을 경배하고 찬양하라며 절대적이자 총체적으로 권면하고 있다. 그런데 이러한 명령을 받는 '권능 있는 자들'(1절)은 누구인가? '권능 있는 자들'(בְּנֵי אֵלִים)을 문자적으로 번역하면 '신들의 아들들'이다. 그러므로 대부분의 학자들은 이 노래가 묘사하고 있는 이미지적 배경을 하나님의 보좌라고 생각한다. '신들의 아들들'은 하나님 보좌 주변에 거하는 존재들(천사들)이다(cf. 욥1:6, 2:1, 시 82:6, 89:6).

또한 고대근동의 신화들을 살펴보면 신들은 흔히 산에 거했다. 그러므로 여기에 형성되고 있는 이미지는 마치 부하 신들에게 우두머리 신을 경배하라는 것과 같다. 시편 기자가 다른 신들의 존재를 인정하기 때문에 이러한 표현을 사용하는가? 아니다. 여호와는 열방이 숭배하고 있는 다른 신들과 차원이 다르다는 것을 강조할 뿐이다. 또한 고대 근동에서는 왕처럼 큰 권세를 가진 자들을 '신들의 아들'이라고 부른 것에 근거한 표현이기도 하다. 세상의 모든 권세자들이 여호와를 경배해야 하는 것은 여호와야말로 세상의 절대적이고 유일한 참 권세자이시며, 그들이 누리는 모든 권세가 하나님에게서 왔기 때문이다.

사람들은 각자 자기 나름대로 명예(영광)를 지니고 있으며, 자기 능력에 대한 자부심을 가지고 있다. 시편 기자는 이런 우리에게 우리 것이라고 생각하는 영광과 능력을 모두 하나님께 돌리라고 권면한다(Goldingay). 하나님께 영광과 능력을 돌리는 것은 우리 예배의 매우 중요한 부분이기 때문이다.

'능력'(עֹז)이 군사적인 용어인 점과 하나님의 이름인 여호와를 강조하는 것을 감안하여 1절이 묘사하고 있는 이미지는 모든 신들을 물리치고 승리하신 하나님의 모습이라고 해석하기도 한다(Craigie). 이 또한 이미지이지 실제로 세상에 여호와 외에 다른 신들이 있다는 것을 인정하는 것은 아니다. 하늘(신들의 거처지)에서 여호와의 절대적인 위치와 권위가 확인된 다음에 그의 권능과 영광이 세상에 펼쳐진다.

2. 하나님의 영광스러운 목소리(29:3-9)

3 여호와의 소리가 물 위에 있도다
영광의 하나님이 우렛소리를 내시니
여호와는 많은 물 위에 계시도다
4 여호와의 소리가 힘 있음이여
여호와의 소리가 위엄 차도다
5 여호와의 소리가 백향목을 꺾으심이여
여호와께서 레바논 백향목을 꺾어 부수시도다
6 그 나무를 송아지같이 뛰게 하심이여
레바논과 시룐으로 들송아지같이 뛰게 하시도다

[7] 여호와의 소리가 화염을 가르시도다
[8] 여호와의 소리가 광야를 진동하심이여
여호와께서 가데스 광야를 진동시키시도다
[9] 여호와의 소리가 암사슴을 낙태하게 하시고
삼림을 말갛게 벗기시니
그의 성전에서 그의 모든 것들이 말하기를 영광이라 하도다

'여호와의 소리'(קוֹל יְהוָה)(3a절)를 문자적으로 번역하면 '여호와의 목소리'다. 저자는 3-9절에서 이 표현(קוֹל יְהוָה)을 정확히 일곱 차례 사용하고 있다. 숫자 '7'은 만수다. 그는 이 표현을 일곱 차례 사용하여 온 세상이 하나님의 목소리로 가득하다는 사실을 선포한다. 들을 귀가 있는 사람은 절대 하나님의 음성을 놓칠 수 없다는 뜻이다.

그는 우렛소리 등 자연에서 우리가 접하는 큰 소리를 하나님의 목소리로 표현하고자 한다(cf. 3b절, 삼상 2:10, 욥 37:4-5, 시 18:13). 하나님의 목소리가 물 위에(עַל־הַמָּיִם) 울려 퍼진다(3절). 여기서 물은 아마도 기자가 상상할 수 있는 가장 큰물인 지중해를 뜻하는 듯하다(cf. HALOT). 이스라엘을 포함한 가나안 지역 주민들에게 지중해는 매우 장엄하고 두려운 곳이었다. 그런데 여호와께서 그 물 위에 소리를 발하신다! 하나님은 그들이 두려워하는 물을 다스리시며 그 물 위에 거하신다(3c절, cf. 93:3-4).

여호와는 '영광의 하나님'(אֵל־הַכָּבוֹד)으로서 천둥을 동반한 우렛소리를 통하여 말씀하신다(3b절). 천둥과 우렛소리도 가나안 사람들이 매우 두려워하던 자연 현상이었다. 지중해에서 천둥을 동반한 비바람이 칠 때면 그들은 순식간에 공포에 휩싸이곤 했다. 저자는 지중해에서부터 가나안 쪽으로 들려오는 천둥소리가 바로 하나님의 목소리라고 한다.

저자는 사람들이 천둥소리를 들을 때마다 하나님이 세상을 다스리신다는 사실을 기념할 것을 권면한다. 하나님의 음성은 사람들을 공포에

휩싸이게 할 정도로 위엄이 있고 힘이 있는 목소리다. 놀라운 것은 하나님은 이처럼 위대한 목소리로 자기 자녀들에게 섬세한 사랑을 속삭이신다는 사실이다.

기자는 천둥소리에 비교되는 하나님의 목소리는 힘이 있고 위엄이 넘친다고 한다(4절). 여호와의 목소리는 대체 얼마나 큰 능력을 가지고 있는가? 주께서는 자기 목소리로 레바논의 백향목을 꺾으시고 그 나무들이 마치 송아지처럼 뛰게 하신다(5-6절). 사람에 대한 언급이 전혀 없이 오직 자연이 하나님의 위대하심을 고백한다는 5-9b절은 다음과 같은 구조를 지녔다(Goldingay).

나무들(5절)

　짐승들(6절)

　　광야(7-8절)

　짐승들(9a절)

나무들(9b절)

하나님은 레바논과 시룐(שִׂרְיֹן)(헤르몬 산, HALOT, cf. 신 3:9)이 들송아지처럼 뛰게 하신다(6절). 이 두 산은 가나안의 북쪽지역에 위치한 산들로 해발 3,000미터에 달하며 높고 큰 산이어서 움직이지 않는 것들의 상징이었다. 그런데 이러한 산들이 하나님의 음성에 줄넘기를 하듯 뛴다! 하나님의 절대적인 능력을 묘사하는 시적 표현이다.

이미 언급한 것처럼 고대 근동 사람들은 산들을 자신들이 숭배하는 신들의 거처지로 여겼다. 그런데 이스라엘의 하나님 여호와께서 그들의 신들이 거하는 곳을 사정없이 흔드시고 있다! 하나님과 세상 사람들이 신들로 숭배하는 것들의 대조가 가장 극적이고 인상적으로 묘사되고 있다. 여호와는 참으로 '신들 중의 신'이시다.

하나님의 소리가 화염을 가른다고 하는데(7절), 벼락(불)을 동반한 천둥소리를 의미한다. 번갯불과 천둥을 통해 드러나는 하나님의 음성은 '가데스 광야'(מִדְבַּר קָדֵשׁ)까지 뒤흔든다(8절). 여기에 언급된 가데스를 시리아의 가데스로 해석하는 학자들도 있지만, 저자가 하나님의 능력이 온 천하에 임하고 있는 것을 극적으로 묘사하는 상황이라는 점을 감안하면 별로 설득력이 없다. 시리아 쪽(북쪽)은 레바논과 시룐을 통해 이미 언급되었기 때문이다. 이스라엘이 출애굽 때 정탐꾼을 보내 가나안을 정탐했던 가데스바네아(cf. 신 1:2, 민 32:8)일 가능성이 더 높다. 이스라엘의 최남단에 위치한 지역이기 때문이다. 이렇게 해석하면 저자는 하나님의 음성이 가나안 지역의 북쪽 끝(시룐, 6절)에서 남쪽 끝(가데스)에까지 영향력을 행사하고 있음을 선포하고자 한다.

우렛소리로 표현된 하나님의 음성이 얼마나 크고 두려운지 임신한 사슴들이 듣고 낙태한다(9a절). 또한 숲으로 울창한 산들이 순식간에 민둥산이 된다(9b절). 하나님의 목소리는 참으로 경이롭고 세상의 기초를 흔들 만한 위엄을 지녔다는 뜻이다. 성경은 하나님의 현현을 이 같은 모습으로 묘사한다(cf. 시 18:7–15, 68:4, 8, 33; 77:16–18).

하나님의 위엄이 온 세상에 두루 퍼지는 것을 보며 여호와의 성전에 있는 모든 물건과 주님을 예배하러 그곳에 모인 사람들이 함께 '영광'을 외친다(9c절). 이 노래가 가나안의 바알 신화에서 유래된 것이라고 주장하는 사람들은 이 말씀이 하늘에 있는 신전이며, 여호와를 찬양하는 자들은 신들(천사들)이라고 한다(cf. Dahood, Day, Goldingay). 그러나 그렇게 해석할 필요는 없다. 이 시가 가나안 신화의 허무맹랑함을 지적하는 것이라면, 하나님의 성전이 있는 시온 산에서 주님을 예배하려고 모여든 모든 사람이 하나님을 찬양하는 것으로 해석하는 쪽이 바람직하다(cf. deClaissé-Walford et al.). 성전에서 여호와를 찬양하는 사람들을 제사장들로 제한하는 주석가도 있다(Kidner).

생명이 있는 것들과 없는 것들이 함께 하나님의 놀라운 능력을 노래하고 있는 모습이다. 생각을 할 수 없는 물건들까지 하나님을 찬양한다는 것은 만물의 영장이라고 하는 사람들 중에 하나님을 찬양하지 않는 자들은 변명의 여지가 없다는 것을 강조한다.

이 시는 하나님의 보좌 주변에서 시작되었다(cf. 1절 주해). 천사들이 하나님의 영광을 찬양하는 모습으로 시작된 노래가 이제는 세상에서, 주님의 백성들의 입술을 통해 이어지고 있다. 하늘에 있는 천사들과 이 땅에 있는 주의 백성들이 마음을 합하여 주님께 합창을 하고 있다! 참으로 감격스럽고 아름다운 모습이다.

3. 하나님의 왕권 찬양(29:10-11)

10 여호와께서 홍수 때에 좌정하셨음이여
여호와께서 영원하도록 왕으로 좌정하시도다
11 여호와께서 자기 백성에게 힘을 주심이여
여호와께서 자기 백성에게 평강의 복을 주시리로다

여호와께서 '홍수/범람하는 물'(מַבּוּל)위에 앉으셨다(10a절). 홍수는 고대 근동에 자주 등장하는 무질서한 물(chaotic water)로서 세상의 질서와 안정을 위협하는 힘(신)으로 묘사된다(cf. 18편 주해). 이러한 물 위에 하나님이 보좌를 세우시고 그곳에 앉아 계신다. 앞으로도 왕이신 하나님은 영원히 그 자리에 좌정하실 것이다(10b절). 그러므로 누가 감히 그의 권위에 도전하겠는가! 창조 이후 아직도 세상에 질서가 유지되는 것은 하나님이 아직도 이 세상을 지배하신다는 증거다.

창조주이자 통치자이신 하나님의 절대적이고 영원한 능력과 힘이 그의 백성에게 힘과 위로로 나타난다. 여호와는 그의 백성들에게 '평화'(שָׁלוֹם)를 축복으로 내려주신다. 하나님의 놀라운 힘, 목소리 하나로 사슴들을 낙태시키는 무시무시한 능력이 그의 백성에게는 평온과 안정을 보장해 주는 도구로 사용된다. 참으로 대조적인 이미지다.

긴스버그(Ginsberg)가 1936년에 처음 제시한 이후 대부분의 학자들이 이 시편이 가나안의 신 바알의 찬양시를 여호와를 찬양하는 데 이용한 것이라고 주장한다(cf. Dahood, Day, Goldingay, Kraus, McCann, Terrien). 건기와 우기가 뚜렷한 가나안 기후에서 비를 동반한 천둥은 1년 농사를 결정했다. 이러한 정서에서 바알은 풍요를 주는 신이며 비와 천둥을 조정하는 신으로 숭배되었다.

이 시가 지속적으로 비와 천둥을 언급하기 때문에 바알을 연상케 하는 부분이 많다는 것은 거의 모든 학자들이 인정하는 바다. 1절에 묘사된 신들의 모임도 바알 종교가 그리는 그림과 연관이 있다. 또한 가나안 신화에서 바알은 바다의 신 얌(Yam)을 굴복시킨 신이다.

그러나 이 시는 시편 기자가 가나안 사람들의 시를 가져다 이름만 바알에서 여호와로 바꾸어 인용한 것이라는 주장에는 동의할 수 없다. 오히려 시편 저자가 그 당시에 흔히 사용되던 용어를 사용하여 바알 종교에 문제와 논쟁(polemic)을 제기하고 있다고 해석하는 것이 더 현명한 판단이다(cf. Craigie, McCann, Ross). 성경에도 천상 어전 회의에 대한 힌트는 곳곳에서 발견된다(창 1:26, 왕상 22:19, 욥 1:6, 2:1, 시 58:1, 82:1, 89:7). 이 노래와 시편 18편은 바알이 아니라 여호와가 세상 질서를 위협하는 바다를 정복하고 그 위에 보좌를 세우셨다고 한다.

저자는 당시 바알 숭배자들이 익숙해져 있던 표현을 이용하여 "바알이 참 신이 아니라, 여호와가 진정한 신이다"라는 사실을 선포하고자 한다. 여호와는 천둥뿐만 아니라 온 자연을 모두 다스리시는 분이며, 모든 신들이 주님 앞에 무릎을 꿇는다는 사실(세상에 여호와 외에는 신이 없다는 것)을 강조하고자 한다. 뿐만 아니라 여호와의 권능이 어느 정도나 되는가 하면 주님의 음성에 세상 모든 신들이 모여 사는 산들이 요동을 친다!

이러한 차원에서 가스터(Gaster)는 이 시편 기자를 구세군을 시작한 부츠(William Booth)에게 비교한 적이 있다. 부츠는 구세군을 시작하면서 예배에서 사용되던 찬양을 거의 모두 유행하던 당시 유행가 풍을 따르게 했다. 때로는 유행하던 곡조에 가사만 조금 바꾸어 부르기도 했다. 그는 자신의 행동을 이렇게 설명했다. “왜 마귀가 좋은 노래 가락을 모두 독점해야 하는가?” 이 시편 기자는 세상 사람들에게 그들이 신들로 숭배하고 있는 것들은 허구이며, 오직 여호와만이 참된 신이심을 선포한다. 세상 사람들이 자기 신들이 한다고 믿는 모든 선하고 위대한 일을 실제로 하시는 분은 하나님이라는 것이다.

제30편

다윗의 시, 곧 성전 낙성가

I. 장르/양식: 개인 찬양시(cf. 시 11편)

이 노래는 개인 감사시(individual psalm of thanksgiving, deClaissé-Walford et al., Fohrer, McCann) 혹은 선포적 찬양시(individual declarative psalm of praise, Westermann) 혹은 증언시(psalm of testimony, Goldingay)로 분류하기도 한다. 감사시나 증언시도 찬양시의 세분화된 소(sub)장르로 간주할 수 있다. 인상적인 것은 개인적인 찬양시가 성전의 낙성가로 사용되었다는 사실이다. 온 세계를 창조하시고 다스리시는 지존하신 하나님이 시편 기자의 개인적인 구원자이시다.

II. 구조

이 시의 구조에 대하여도 다양한 의견이 존재한다(cf. deClaissé-Walford et al., Craigie, Goldingay, Ross). 가장 복잡한 구조는 다음과 같다(Alden). 저자가 이정도로 섬세한 구조를 염두에 두고 이 노래를 저작했을까 하는 의구심이 드는 구조다. 또한 각 섹션의 연결성도 그다지 설득력이 있어 보이지는 않는다.

A. 간증 찬양(30:1)

B^1. 내가 부르짖었다(30:2)

B^2. 무덤으로 내려가지 않음(30:3)

B^3. 찬양하라(30:4)

C. 하나님의 노여움은 잠깐(30:5a)

D. 그의 은총(30:5b)

E. 간증적 찬양(30:6)

D. '당신의 은총'(30:7a)

C. 하나님의 숨겨진 얼굴(30:7b)

B^1. 내가 부르짖었다(30:8)

B^2. 무덤으로 내려가지 않음(30:9)

B^3. 주여 들으소서(30:10)

A. 간증 찬양(30:11–12)

이 주석에서는 다음과 같이 매우 단순하고 간단한 구조를 바탕으로 본문을 주해해 나가고자 한다(cf. vanGemeren).

A. 하나님이 죽음에서 구원하신 일에 감사(30:1–3)

B. 하나님의 은총과 분노(30:4–7)

A′. 하나님이 죽음에서 구원하신 일에 감사(30:8–12)

III. 주해

시편들 중 가장 아름다운 것들 중 하나로 손꼽히는(cf. deClaissé-Walford et al., Ross) 이 시는 죽음의 문턱에서 하나님의 치유를 경험했던 사람이 온 마음을 담아 하나님께 감사하며 부른 찬양이다(cf. Anderson, Terrien). '찬양하다'(ידה)라는 단어가 4, 9, 12절에서 거듭 사용되며 이러한 시의 분위기를 조성하고 있다.

그가 하나님이 그에게 얼굴을 가리셨다고 하는 것으로 보아(cf. 7절) 그는 자신이 앓은 질병이 하나님의 징계였다고 생각하는 듯하다. 기자가 하나님의 은혜로 생명을 위협하는 질병에서 회복되어 이 노래를 부르고 있다는 사실과 4–5절과 10절이 이사야 38:18–19과 비슷하다는 것에 근거하여 이 시와 히스기야 왕의 체험(cf. 사 38:10–20)을 평행적으로 보는 사람들도 있다(cf. Craigie).

표제는 이 노래가 '성전 낙성가'였다고 한다. 이스라엘은 성전을 세 차례 봉헌했다. 첫째가 솔로몬 성전의 봉헌식이며(왕상 8:63, cf. Ross, Terrien), 둘째는 스룹바벨이 중심이 되어 재건한 성전을 주전 515년 경에 헌당한 일이며(cf. McCann), 셋째는 시리아의 독재자 안티오쿠스 에피파네스 4세(Antiochus Epiphanes IV)에 대항하여 성전을 재탈환해 정결하게 했던 일이다(cf. 마카비1서 4:52–59, 마카비2서 10:7). 그렇다면 이 노래가 어느 성전 봉헌식에 사용되었을까?

탈무드에 의하면 이 노래는 수전절(Hanukkah)을 기념하며 사용된 노래였다. 수전절은 마카비 집안이 주동이 되어 안티오쿠스 에피파네스 4세(Antiochus Epiphanes IV)의 손에 의해 더렵혀진 예루살렘과 성전을 빼앗아 정결하게 한 다음 봉헌한 날이다. 이때가 주전 165년이다. 이 이후로 유태인들은 매년 이때를 기념하며 절기를 지낸다. 그러나 그때 이 시편이 사용되었다고 해서 이 노래가 그때 저작되었다고 생각할 필요는 없다. 그보다 훨씬 전에 저작이 되어 시편에 포함되었는데, 그때 이 시가 수전절과 연결되어 사용되기 시작했을 수 있기 때문이다(cf. Goldingay, McCann). 실제로 이 노래가 다윗 시대에 저작된 것이라는 학자들도 있다(Ross, vanGemeren).

반면에 미쉬나(Mishna)는 이 노래가 햇곡식을 예물로 드릴 때(cf. 신 26:1–11) 사용되었다고 한다. 이스라엘이 후대에 이 노래를 사용한 용도가 시의 처음 '삶의 정황'을 밝혀줄 수는 없지만, 이 시가 이스라엘의 삶에서 얼마나 중요한 부분을 차지했는가를 암시하고 있다.

1. 하나님이 죽음에서 구원하신 일에 감사(30:1-3)

1 여호와여
내가 주를 높일 것은 주께서 나를 끌어내사
내 원수로 하여금 나로 말미암아
기뻐하지 못하게 하심이니이다
2 여호와 내 하나님이여
내가 주께 부르짖으매
나를 고치셨나이다
3 여호와여
주께서 내 영혼을 스올에서 끌어내어
나를 살리사
무덤으로 내려가지 아니하게 하셨나이다

이 섹션은 하나님이 기자에게 베푸신 구원의 은혜를 네 가지로 표현한다(Goldingay). (1)원수들이 기뻐하지 못하게 하셨다. (2)치료해 주셨다. (3)끌어 올리셨다. (4)보존해 주셨다(무덤으로 내려가지 않게 하셨다). 그러므로 1절이 이 모든 것을 요약하고 있다고 할 수 있다. "주님, 주님께서 나를 수렁에서 건져 주시고, 내 원수가 나를 비웃지 못하게 해 주셨으니, 내가 주님을 우러러 찬양하렵니다"(새번역). '끌어내다'(דלה)는 우물에서 물을 긷는 일을 묘사하는 단어다(HALOT, cf. 출 2:16, 19). 저자가 처한 상황이 얼마나 절박했던지 그는 우물에 빠져 있는 자신이 죽음을 모면한 것은 마치 하늘로부터 내려온 밧줄을 붙잡고 나서야 가능했던 일로 회고한다.

기자가 하나님을 이처럼 마음속 깊은 곳에서부터 찬양하게 된 것은 그가 질병으로 인해 죽을 뻔했기 때문이다(cf. 3절). 그는 죽음을 참으로 가까운 곳에서 접했다고 회고한다. '스올과 무덤'(3절), '무덤과 진토'(9

절). 이 죽음이 그에게 얼마나 가까이 다가왔는지 그는 참으로 절망했다(5, 8, 9, 11절).

'원수들'(אֹיְבַי)(1절)에 대한 해석이 분분하다. 학자들은 죽음을 은유화한 것으로 해석하기도 하고(Dahood), 죽음에 직면한 사람의 현실을 반영한 표현이라고 하기도 한다(Craigie). 두 번째의 경우 다음과 같은 논리다. 죽음에 직면한 사람에게는 친구들까지 원수로 여겨질 수 있다. 대부분의 친구들마저도 "저 사람은 분명히 죄를 지었기 때문에 저렇게 되었다"는 생각을 갖기 때문이다. 욥의 고통을 바라보며 엘리바스가 했던 말을 생각해 보라. "오히려, 네 죄가 많고, 네 죄악이 끝이 없으니, 그러한 것이 아니냐? 그러기에 이제 네가 온갖 올무에 걸려들고, 공포에 사로잡힌 것이다. 어둠이 덮쳐 네가 앞을 볼 수 없고, 홍수가 너를 뒤덮는 것이다"(욥 22:5, 10-11, 새번역).

그러나 본문에서는 원수들을 저자의 임박한 죽음을 기뻐했던 사람들로 해석하는 것이 바람직하다. 그러므로 하나님의 '치료하심'(רפא)(2절)으로 다시 살게 된 그가 참으로 기뻐하는 것은 그의 임박한 죽음을 기뻐하던 자들이 더 이상 기뻐할 수 없게 된 일이다. 이웃의 고통을 기뻐하는 사람은 그 고통을 당하는 사람의 원수나 다름없다는 것이 저자의 주장이다. 원래 그들은 치료하시는 하나님을 기뻐해야 하는데, 오히려 사람의 임박한 죽음을 기뻐하고 있다. 우리도 이러한 사실을 마음에 새기고 이웃과 함께 기뻐하고, 함께 슬퍼해야 한다. 이것이 하나님의 뜻이다.

이 시가 '치료하다'(רפא)는 동사를 사용하고 있기 때문에 저자가 육체적인 질병을 앓은 것이 거의 확실하지만, 그의 고통을 육체적인 질병으로 제한할 필요는 없다. 이 노래는 시(侍)이며 성경에서 '치료하다'(רפא)가 은유적으로(metaphorically) 사용되기도 하기 때문이다(cf. 시 147:3, 호 6:1, 11:3, 14:4, 렘 3:22, 33:6). 그러므로 우리는 기자가 육체적인 질병에 시달린 것으로 해석하지만, 그가 당면했던 다양한 문제들

중 하나를 의미할 수도 있다(Kraus).

기자는 하나님이 자기 기도를 들으시고 죽을 수밖에 없던 그를 치료해 주신 일에 대하여 완전히 감격해하고 있으며 주님을 매우 친밀하고 자상한 분으로 부른다. 이러한 그의 마음이 '여호와 내 하나님이여'(יְהוָה אֱלֹהָי)(2절)에서 잘 드러나 있다. 이스라엘과 언약을 맺으신 여호와께서 기자에게 개인적인 구원의 하나님이 되신 것이다.

2. 하나님의 은총과 분노(30:4-7)

4 주의 성도들아
여호와를 찬송하며
그의 거룩함을 기억하며 감사하라
5 그의 노여움은 잠깐이요
그의 은총은 평생이로다
저녁에는 울음이 깃들일지라도
아침에는 기쁨이 오리로다
6 내가 형통할 때에 말하기를
영원히 흔들리지 아니하리라 하였도다
7 여호와여
주의 은혜로 나를 산같이 굳게 세우셨더니
주의 얼굴을 가리시매 내가 근심하였나이다

이 단락의 특징은 여러 개의 상반되는 이미지들이 대조를 이루고 있는 것이다. 노여움과 은총(5절), 잠깐과 평생(5절), 울음과 기쁨(5절), 저녁과 아침(5절), 흔들림과 굳게 세움(6-7절). 기자는 이러한 대조를 통해 그의 고통스러웠던 과거의 삶과 하나님의 구원을 경험한 현재의 삶을 비교한다(deClaissé-Walford et al.). 또한 하나님의 은혜를 경험하는 삶과 그렇지 못한 삶의 차이점을 이렇게 묘사하고 있다. 그렇다면 합리적이고 이성적인 선택은 하나님을 신뢰하여 주님의 은혜로 사는 것 한 가지뿐이다. 그러나 우리가 잘 알다시피 많은 사람이 하나님을 의지하는 것은 어리석은 일이라고 생각한다. 참으로 안타까운 일이다.

저자는 자신이 체험한 하나님의 은혜를 근거로 온 성도들에게 주님을 찬양하라고 권면한다(4절). 그는 그가 속한 공동체가 그의 경험을 온 공동체의 경험으로 승화시키기를 바라는 것이다. 우리가 경험하는 하나님의 은혜는 이런 효과를 발휘해야 한다. 공동체와 함께 나누면 파급 효과가 수십, 수백 배가 되기 때문이다. 또한 하나님이 우리의 삶에 은혜를 베푸시는 이유에는 분명히 공동체를 치유하며 격려하라는 것도 포함되어 있다. 그러므로 우리의 나눔(간증)을 통해 하나님의 치유와 위로를 경험하는 사람들이 있다.

기자는 온 공동체에게 "그의 거룩함을 기억하며 감사하라"(4절)고 하는데 공동체가 기억해야 하는 하나님의 거룩하심은 무엇인가? '기억하며'(זֵכֶר)는 하나님이 이스라엘의 역사 속에서 행하셨던 일을 기념하는 일을 의미한다. 성경에서 과거 일을 묵상 혹은 기념한다는 의미로 자주 사용되는 단어다(cf. 시 111:2-4, 122:4, 145편). 그러므로 공동체가 기억해야 하는 하나님의 거룩하심은 주님이 과거에 이스라엘 공동체에게 베푸셨던 은혜와 구원의 사역(cf. 출애굽 사건)이다. 하나님이 그들을 대하시는 일에 있어서 다른 신들이 자기 백성들을 대하는 것과 질적으로 다르다는 사실을 강조한다.

저자는 온 공동체에게 하나님을 찬양하라고 권면하면서 용서와 회복 두 가지 이유를 제시한다. 그는 자신이 형통할 때 교만해져서 하나님으로부터 독립하려고 했던 죄를 고백한다(Perowne, cf. 6-7절). 하나님이 그에게 노하시고 그에게서 얼굴을 가리셨다(7절). 구약에서 하나님의 얼굴은 주님의 은총과 보호의 상징이다(cf. NIDOTTE). 그러므로 하나님이 얼굴을 가리셨다는 것은 기자가 하나님의 은혜와 보호 밖에서 살았다는 의미다. 분노는 인간의 죄에 대한 하나님의 반응이며 기자는 이러한 상황을 하나님이 그에게 얼굴을 가리신 것으로 표현한다.

기자가 교만을 회개하고 하나님께 부르짖으니 하나님이 곧바로 그를 용서해 주셨다. 그러므로 하나님의 노는 참으로 잠깐이었다(5절). 이 가르침은 이사야서 54:7–8을 회상하게 한다. "내가 잠시 너를 버렸으니, 큰 긍휼로 너를 다시 불러들이겠다. 분노가 북받쳐서 나의 얼굴을 네게서 잠시 가렸으나 나의 영원한 사랑으로 너에게 긍휼을 베풀겠다. 너의 속량자인 나 주의 말이다"(새번역).

하나님은 그를 용서하시고 회복시켜 주셨다. 그가 기도하고 회개했지만 그를 회복시킨 것은 그의 기도가 아니라 하나님의 은혜라는 것이 기자의 간증이다. 은총은 회개와 겸손에 대한 하나님의 반응이다. 밤이 지나고 아침이 오듯이 회개하는 그에게 하나님의 은총이 임한 것이다(Kraus). 하나님의 노는 잠시였던 것에 반해 그에게 임한 주님의 은총은 영원했다(5절). 하나님의 분노는 죽음을 초래하며, 은총은 생명을 보존하고 유지한다는 것이 저자의 간증이다. 우리도 주변 사람들에게 생명을 선사하는 자비와 은총을 베풀며 살았으면 좋겠다.

3. 하나님이 죽음에서 구원하신 일에 감사(30:8–12)

8 여호와여
내가 주께 부르짖고
여호와께 간구하기를
9 내가 무덤에 내려갈 때에
나의 피가 무슨 유익이 있으리요
진토가 어떻게 주를 찬송하며
주의 진리를 선포하리이까
10 여호와여

들으시고 내게 은혜를 베푸소서
여호와여
나를 돕는 자가 되소서 하였나이다
11 주께서 나의 슬픔이 변하여
내게 춤이 되게 하시며
나의 베옷을 벗기고
기쁨으로 띠우셨나이다
12 이는 잠잠하지 아니하고
내 영광으로 주를 찬송하게 하심이니
여호와 나의 하나님이여
내가 주께 영원히 감사하리이다

기자는 자신이 스스로 '흔들리지 않겠다'고 생각하는 순간에 무서운 두려움이 엄습해왔다고 회고한 적이 있다(cf. 6–7절). 그에게 두려움이 임한 것은 그를 지켜 주시던 하나님이 얼굴을 가리셨기 때문이었다(7절). 하나님과의 관계에서 위기를 의식한 그는 침묵하지 않았다. 목소리를 높여 하나님께 부르짖으며 예전처럼 다시 하나님의 얼굴을 보여 달라고 호소했다(8, 10절). 하나님이 얼굴을 가리시던 순간 그가 경험한 감정과 이 섹션이 묘사하고 있는 느낌의 대조를 보라.

그는 자기의 죽음은 하나님께도 전혀 도움이 되지 않는 일이라고 확신한다. 사람이 죽어서는 하나님을 찬양할 수 없기 때문이다(9절). 그러므로 기자는 자기가 죽으면 하나님은 주님을 찬양할 사람 하나를 잃게 된다고 확신한다(Kidner). 하나님과의 관계에 대하여 다시 확신이 서니 그는 "나는 하나님이 정말 필요합니다"라는 고백을 초월해서 "하나님도 제가 필요하시지요?"라는 자세를 취하고 있는 것이다. 이러한 기자의 고백은 교만에서 비롯된 것이 아니다. 하나님과의 관계에서 비롯된 확신이자 친밀감에 근거를 두고 있다. 그는 이 고백을 통해 자신이 존재하는 근본적인 이유는 주님을 찬양하기 위함이라는 사실을 깨닫고 있다(Kraus). 우리의 삶도 마찬가지다. 우리는 하나님을 찬양하고 경배하기 위하여 존재한다.

저자는 하나님은 슬픔을 기쁨의 춤으로 바꾸시며, 슬픔의 상복을 기쁨의 나들이 옷으로 갈아입히시는 분이기 때문에 잠잠히 있을 수 없다며 주님을 찬양한다(11절). 기자가 사용하는 이미지는 부모가 어린아이의 옷을 갈아입히는 모습이다(Goldingay). 하나님이 우리의 슬픔을 기쁨의 춤으로 바꾸실 수 있다는 것은 참으로 좋은 소식이다(deClaissé-Walford et al.).

하나님은 어두움을 빛으로 바꾸시는 능력을 지니신 분이다. 기자는 실제적으로 이러한 일을 자신의 삶에서 체험했기 때문에 은혜를 입은 사람으로서 도저히 잠잠히 있을 수 없다며 이렇게 찬양하고 있다. 이것이 바로 간증/증언의 동기다. 내가 체험한 하나님의 사랑과 은혜에 도저히 잠잠히 있을 수 없어서 그분을 찬양하는 것이 간증이다. 그러므로 우리의 간증도 하나님께 드리는 예배이자 예물이라 할 수 있다.

기자가 이렇게 다짐한다고 해서 다시는 어려움을 겪지 않는다는 보장은 없다. 그러나 그는 앞으로도 영원히 하나님을 찬양할 것이라고 다짐하며 이 노래를 마무리한다(12절). 이번 경험이 하나님에 대하여 새로운 깨달음을 주었고, 그가 깨달은 바에 의하면 하나님은 어떠한 전제 조건 없이 영원히 찬양을 받기에 합당한 분이시다. 하나님은 우리가 멀리 계시는 것처럼 느낄 때에도 우리와 함께 계시기 때문이다(McCann). 그러므로 그는 자기 느낌이 아니라 할지라도 하나님을 찬양할 것을 다짐한다.

기자가 온 공동체와 함께 영원히 주를 찬양할 것을 고백하는 것이 시사하는 바는 크다. 그가 속한 공동체는 다윗 왕과 같은 죄인을 환영해야 하며, 예수님의 제자 도마같이 의심하는 사람도 받아들일 준비가 되어 있어야 한다는 것을 의미하기 때문이다(deClaissé-Walford et al.). 한

때 이 시편 기자가 그랬던 것처럼 하나님을 전적으로 신뢰하지 못한 사람들도 공동체와 함께 하나님을 영원히 찬양하며 주님의 선하심을 바라보도록 변해야 하기 때문이다.

그가 하나님의 은혜를 체험하게 된 것에는 그의 지속적인 간구와 부르짖음이 한몫을 한 것이 사실이다. 그는 8절에서 "내가 여호와께 부르짖었고, 주님께 은혜를 간구하였습니다"라고 회고한다. 이곳에서 사용되는 미완료형 동사들은 반복형(frequentative)이다. 그의 고백은 "내가 꾸준히 하나님께 부르짖었고, 꾸준히 간구했습니다"라는 의미를 지녔다. 저자는 기도가 응답되지 않자 실망하지 않고 오히려 더 열심히 기도한 것이다. 사실 우리도 기도를 그만두고 싶을 때가 가장 기도해야 할 때라는 사실을 기억해야 한다.

이스라엘은 이 시에서 무엇을 보았기에 수전절을 기념하며 이 노래를 불렀을까? 그들이 안티오쿠스 에피파네스 4세의 핍박 때 경험했던 것이 마치 이 시편 기자가 노래하는 내용과 비슷하다고 생각해서였을 것이다. 그들은 한 개인의 체험 속에서 한 민족의 경험을 읽었다. 성경 말씀은 이러한 힘이 있다. 한 공동체의 체험이 한 개인의 경험을 상징하기도 하고, 한 개인의 체험이 공동체의 삶을 조명하기도 한다. 그러므로 우리가 꿈꾸는 공동체는 내 경험이 공동체의 경험이 되고, 공동체의 체험이 내 경험이 되어 하나님께 개인적인 찬송과 공동체적인 찬양을 끊임없이 드리는 공동체다. 이런 공동체에 속한 사람은 행복하다.

제31편

다윗의 시, 인도자를 따라 부르는 노래

I. 장르/양식: 개인 탄식시(cf. 3편)

이 노래의 특징은 탄식과 감사 찬송 사이에서 왔다갔다한다는 것이다. 또한 내용 전개와 발전이 일정한 논리나 발전 단계를 따르지 않아 매우 혼란스럽다(cf. Gerstenberger). 아마도 기자가 큰 위기를 맞이하여 혼란스러운 그의 삶을 이러한 문체로 묘사하는 듯하다(McCann). 주제의 다양성으로 인해 많은 학자들이 이 시를 찬양시로 분류하기도 한다. 이 시의 주요 부분(1-18절)은 기도이며, 감사와 찬송이 뒤를 잇는다(19-24절).

칠십인역(LXX)은 표제에 '다윗이 극한 두려움에서 한 발언'이라는 말을 담고 있다. 그래서 옛 주석가들은 이 시를 사무엘상 23:24-26을 역사적 배경으로 삼기도 했다(cf. Goldingay). 오늘날에는 이 사건을 배경으로 해석하는 사람은 없다.

II. 구조

이 시에서 다음 단어들이 반복적으로 사용되며 노래에 통일성과 점진성을 더한다(cf. Anderson, Craigie). 그러나 이러한 현상을 구조 분석에 반영하는 것은 쉽지 않다.

히브리어 단어	의미	구절
חסה	피하다	1, 19절
בוש	부끄러워하다	1, 17절
נצל	구원하다	2, 15절
ישע	구하다	2, 16절
יד	손	5, 8, 15절
בטח	신뢰하다	6, 14절
חסד	인자하심	7, 16, 21절

일부 학자들은 이 시편이 두 개의 기도시(1-8절, 9-24절)를 붙여 놓은 것이라고 하기도 한다(Anderson, deClaissé-Walford et al.). 그러나 두 개의 시로 보기에는 이 두 섹션의 연관성이 너무 많다는 것이 대부분의 주석가들이 내린 결론이다. 절크레이기(Craigie)는 이 노래에 대하여 다음과 같은 구조를 제시한다. 밴게메렌(vanGemeren)도 비슷한 구조를 제시한다. 문제는 이 두 주석가 모두 19-24절을 구조 분석에 포함하지 않고 따로 취급한다는 것이다.

제1부: 기도(31:1-18)

A. 기도(31:1-5)

B. 신뢰(31:6-8)

C. 탄식(31:9-13)

B'. 신뢰(31:14)

A'. 기도(31:15-18)

제2부: 감사와 찬송(31:19-24)

이 주석에서는 다음 구조를 바탕으로 본문을 주해해 나가고자 한다. 이렇게 하면 19–24절을 구조에 포함하는 장점이 있다.

A. 간절한 기도(31:1–6)
　B. 신뢰와 감사(31:7–8)
　　C. 도움과 구원 간구(31:9–13)
　B′. 신뢰와 기원(31:14–18)
A′. 응답 감사(31:19–24)

III. 주해

이 노래는 저자가 시편뿐만 아니라 구약 성경 곳곳에서 사용되는 표현(formulaic language)을 활용하여 집필한 것이다(cf. Anderson, Davidson, Ross, vanGemeren). 컬리(Culley)는 이 시의 40퍼센트 정도의 문장과 문구가 다른 시편들에서 사용되고 있다고 한다. 또한 몇몇 문구들이 요나서와 예레미야서와 예레미야애가 등과 매우 유사하다고 주장하는 학자들의 견해를 반영하면 이러한 비중은 더 높아진다(cf. Davidson, vanGemeren). 일부 주석가들은 이 시와 예레미야서와 예레미야애가의 연관성을 근거로 선지자 예레미야가 이 노래를 저작한 것이라고 보기도 한다(Kirkpatrick, Kraus, cf. McCann, Terrien).

가장 확실하게 비교해 볼 만한 것은 31:1–4과 71:1–3이다. 그 외 이 노래와 다른 성경구절들의 평행적 관계는 다음을 참조하라(절 표기는 히브리어 절분류에 따른 것이다).

시편 내	
31:2	119:40
31:3	102:3
31:5	9:16; 71:5
31:8	118:24

31:10	6:8; 69:18
31:11	102:4
31:15	140:7
31:17	109:26
31:21	61:5
31:23	116:11; 28:2
31:25	27:14
시편 외	
31:7	욘 2:9
31:10	애 1:20
31:11	렘 20:18
31:13	렘 48:38
31:14	렘 20:10
31:18	렘 17:18
31:22	애 3:54
31:23	욘 2:5

1. 간절한 기도(31:1–6)

1 여호와여
내가 주께 피하오니
나를 영원히 부끄럽게 하지 마시고
주의 공의로 나를 건지소서
2 내게 귀를 기울여 속히 건지시고
내게 견고한 바위와 구원하는 산성이 되소서
3 주는 나의 반석과 산성이시니
그러므로 주의 이름을 생각하셔서
나를 인도하시고 지도하소서
4 그들이 나를 위하여 비밀히 친 그물에서 빼내소서
주는 나의 산성이시니이다

[5] 내가 나의 영을 주의 손에 부탁하나이다
진리의 하나님 여호와여
나를 속량하셨나이다
[6] 내가 허탄한 거짓을 숭상하는 자들을 미워하고
여호와를 의지하나이다

저자는 "당신 안으로, 주님, 내가 피합니다"(בְּךָ יְהוָה חָסִיתִי)(1절)라는 확신과 신뢰로 가득한 고백으로 이 노래를 시작한다. 그는 하나님이 곤경에 처한 자기 백성에게 가장 안전한 피난처가 되신다는 사실을 잘 알고 있다. 그의 흔들리지 않는 확신은 두 가지에 근거하고 있다. 첫째, 여호와께서 자기 이름 때문이라도(명예를 위해서) 그를 구원하신다(3절). 둘째, 여호와는 그와 언약을 맺은 백성의 반석이 되신다(2-3절)(vanGemeren). 하나님은 여호와라는 이름으로 이스라엘과 언약을 맺으셨다(cf. 출 3:15, 6:3, 시 20:1). 주님은 언약을 통해 자기 백성을 만백성들로부터 구별하셨다. 이러한 관계 때문에 하나님의 언약 백성이 개인적으로나 집단적으로 위기에 처할 때면 하나님의 명예도 위협을 받는다(cf. 3절).

하나님은 이처럼 이스라엘과 맺으신 언약을 생각하시어 자기 명예가 실추되는 것을 막기 위해서라도 자기 백성이 억울한 일을 당하지 않도록 하신다. 기자가 하나님이 그의 기도를 꼭 들어 주실 것을 확신하는 것은 하나님이 어떤 분이신가에 근거를 두고 있다. 하나님은 자기 명예를 위해서라도 주님께 피하는 사람은 '영원히'(עוֹלָם) 부끄럽지 않을 것이다(1절). 주의 자녀가 이 땅에서 살다 보면 때로는 한동안 억울한 일을 당할 수 있지만, 하나님이 그가 '영원히'(매우 오랫동안) 억울한 일을 당하도록 내버려두지 않으실 것이라는 믿음이 있다.

부끄럽지 않다는 것은 하나님이 주님을 피난처로 생각하고 피하는 그를 기꺼이 맞이하시고 그의 억울함을 헤아리시어 속히 구원하실 것을 의미한다. 그러므로 그는 '부끄럽게 되다'의 반대되는 의미로 "주의 공의로 나를 건지소서"라고 기도한다(1절). '공의'(צְדָקָה)는 공정한 판단을 의미한다(cf. HALOT). 기자는 자기가 처한 상황에 대하여 하나님의 편애나 선처를 바라는 것이 아니라 공정한 평가를 간구한다. 자신은 참으로 억울한 일을 당했다는 것이다.

저자의 확신은 사용하는 언어를 통해서도 표현되고 있다. 그는 하나님을 이렇게 부른다. "[내가 피하여 숨을 수 있는] 견고한 바위… [나를 구원할 견고한] 산성… (2절) 나의 반석… 나의 산성… (3절) 나의 산성… (4절)." 그가 세상에서 가장 믿을 수 있고, 가장 의지할 수 있고, 가장 확신할 수 있는 피난처이며 보호해 주실 분은 하나님이라는 고백이다. 그는 하나님 한 분만 그와 함께하시면 된다는 확고한 믿음을 지닌 사람이다.

원수들은 기자를 잡기 위하여 비밀히 그물을 쳐두었다(4절). 마치 사냥꾼이 짐승을 잡기 위해 그물을 치는 것처럼 악인들이 그를 해치려고 함정을 팠다는 뜻이다. 안타깝게도 그는 자신이 이미 원수들이 쳐놓은 그물에 걸려 있다고 한다. 그래서 그는 하나님께 '그물에 걸리지 않게 해달라'는 기도가 아니라 '그물에서 빼내달라'고 한다. 하나님이 돕지 않으시면 결코 헤어날 수 없는 어려움에 처해 있다는 의미다. 원수들이 그를 잡으려고 친 그물은 어떤 것일까? 그들이 이 그물을 '비밀히' 쳤다고 하는 것으로 보아 아마도 치명적인 모함이나 음해라고 생각한다.

기자는 자신이 처한 상황이 참으로 절망적이어서(원수들이 친 그물에서 빠져나올 방법이 없어서) 하나님이 돕지 않으시면 해결 방법이 없다는 것을 잘 알고 있다. 그러므로 그는 "내가 나의 영을 주의 손에 부탁하나이다"라고 한다(5절). 하나님만이 그의 문제를 해결하실 수 있다는 뜻이다.

이어 그는 하나님이 그를 도우셔야 하는 이유를 하나 첨부한다. 그는 원수들처럼 우상들을 숭배하지 않고 오직 여호와만을 의지하기 때문이다(6절). 그러므로 하나님은 자기 이름을 위해서라도(3절) 오직 주님만을 의지하는 그를 모른 척하시면 안 된다. 만일 모른 척하시면 세상 사람들이 여호와는 그를 의지하는 사람도 보호하지 못하는 무능한 신이라고 할 것이기 때문이다.

기자는 우상숭배자들을 '허탄한 거짓을 숭상하는 자들이라고 한다(6절). '허탄한 거짓'(הַבְלֵי־שָׁוְא)을 문자적으로 풀이하면 '어떠한 가치도 없는 것의 입김'이다. 우상들은 '어떠한 가치도 없는 것'(שָׁוְא)의 실체도 아니며 그나마 그 가치 없는 것의 '입김'(허망한 것)에 불과하다. 우상을 가장 비하하는 성경적 표현이다. 이런 허탄한 우상들이 마치 어떤 능력이라도 지닌 것처럼 생각하고 숭배하면, 숭배자들도 허탄해진다는 것이 성경의 가르침이다. 그러므로 허탄한 것들을 신들이라고 숭배하는 사람들은 참으로 불쌍하다. 우상을 묘사하고 있는 '허탄한 거짓'은 여호와를 묘사하는 '진리의 하나님'(אֵל אֱמֶת)(5절)과 극명한 대조를 이루고 있다. 세상에서 사람이 믿고 의지할 수 있는 신은 오직 하나님 한 분뿐이다.

이 말씀("내가 나의 영을 주의 손에 부탁하나이다", 5절)은 예수님께서 십자가 선상에서 마지막으로 인용하신 것이기도 하다(눅 23:46). 예수님께서 숨을 거두시며 이 말씀을 인용하신 후 많은 순교자들이 이 말을 마지막으로 남기며 숨을 거두었다. 그러나 이 시편에서 이 말씀이 지닌 의미와 예수님 시대 이후에 이 말씀이 사용된 것에는 의미상 현저한 차이가 있다고 주장하는 사람들이 있다(cf. Davidson). 저자가 이 노래에서 죽음을 의식하고 이 말을 했다고 해석하기는 어렵다는 사실을 인정한다. 그는 하나님이 자기 생명을 구원해 주실 것이라는 확고한 믿음에서 이렇게 말하고 있기 때문이다.

그러나 이렇게 고백하는 기자에게 구원이 임하지 않아 그가 원수들에 의하여 죽게 되었다면, 그는 어떤 반응을 보였을까? 아마도 죽는 순간 같은 고백을 하지 않았을까? 그러므로 예수님이 이 말씀을 십자가에서 사용하신 것은 이 시편 말씀을 잘못 인용하신 것이 아니라 오히려 이 고백에 새로운 깊이를 더하셨다는 것으로 보는 편이 바람직하다.

2. 신뢰와 감사(31:7–8)

7 내가 주의 인자하심을 기뻐하며 즐거워할 것은
주께서 나의 고난을 보시고
환난 중에 있는 내 영혼을 아셨으며
8 나를 원수의 수중에 가두지 아니하셨고
내 발을 넓은 곳에 세우셨음이니이다

저자는 앞 부분에서 언약의 하나님께 보호해 달라고 기도했다. 이제 그는 노래의 분위기를 간구에서 찬양으로 바꾸어 가고 있다. 그는 하나님의 인자하심을 기뻐한다(7절). '인자하심'(חֶסֶד)은 관계를 근거로 한 성실함이다. 기자가 하나님이 곤경에 처한 그를 구원하실 것을 확신하는 것은 하나님이 오래 전부터 그와 관계를 맺으셨으며, 그 관계를 맺으실 때 성실하게 그를 도우실 것을 약속하셨기 때문이다. 그러므로 기자는 한결같은 하나님의 인자하심을 생각할 때마다 주님을 섬길 수 있는 특권에 대하여 감사와 감격으로 가득하다. 이번에도 주님이 그의 고난을 보시고 환난 중에 있는 그의 영혼을 알아보실 것이기 때문이다(7절). 하나님이 아신다는 것은 곧 구원하실 것을 의미한다.

저자가 처한 상황이 바뀌었거나 그가 당면한 위험이 없어진 것은 아니다. 그러나 그가 자신이 섬기는 하나님이 어떤 분이신가를 묵상하는 순간 모든 시름을 잠시나마 잊을 수 있었다. 아직도 당면한 어려움이 그를 괴롭힐지라도, 그는 언젠가는 임할 하나님의 구원에 대한 소망을 갖고 있다. 그러므로 기자는 2절에서 "나를 구해 주십시오"라고 기도했지만, 이제는 자신이 결코 '원수들의 수중에 갇혀 있지 않을 것'을 확신한다(8절). 거짓인 우상들과는 비교할 수 없는 진실하신 하나님이 그와 함께 계시기 때문이다. 사도 바울이 고린도후서 4:8-9에서 고백하는 것이 바로 이러한 확신에서 비롯된 것이 아닐까. "우리는 사방으로 죄어 들어도 움츠러들지 않으며, 답답한 일을 당해도 낙심하지 않으며, 박해를 당해도 버림을 받지 않으며, 거꾸러뜨림을 당해도 망하지 않습니다."

3. 도움과 구원 간구(31:9-13)

9 여호와여
내가 고통 중에 있사오니
내게 은혜를 베푸소서
내가 근심 때문에 눈과 영혼과 몸이 쇠하였나이다
10 내 일생을 슬픔으로 보내며
나의 연수를 탄식으로 보냄이여
내 기력이 나의 죄악 때문에 약하여지며
나의 뼈가 쇠하도소이다
11 내가 모든 대적들 때문에 욕을 당하고
내 이웃에게서는 심히 당하니
내 친구가 놀라고
길에서 보는 자가 나를 피하였나이다
12 내가 잊어버린 바 됨이
죽은 자를 마음에 두지 아니함 같고
깨진 그릇과 같으니이다
13 내가 무리의 비방을 들었으므로
사방이 두려움으로 감싸였나이다
그들이 나를 치려고 함께 의논할 때에
내 생명을 빼앗기로 꾀하였나이다

기자는 언젠가는 하나님이 그를 구원하실 것이라고 확신하지만, 그렇다고 해서 그가 당면한 현실적인 어려움이 완전히 해소되지는 않는다. 아픈 현실을 직시하니 잠시나마 누렸던 확신과 소망이 다시 녹아 내린다. 그만큼 그가 당면하고 있는 문제가 크고 위협적이다. 저자는 너무나도 스트레스를 받아 몸과 마음뿐만 아니라 시력까지 약해졌다고 고백한다(9절). 얼마나 힘이 드는지 마치 평생을 슬픔과 탄식으로 지내온 것처럼 느껴진다(10절). 또한 온몸이 쇠해지니 기력이 없고 뼈만 앙상하다(10절).

저자는 무엇에 대하여 이렇게 괴로워하는 것일까? 그는 자기가 어떤 문제로 인해 이처럼 어려워하는지 좀처럼 밝히지 않는다. 18절에 가서야 그가 처한 문제의 일부분이 근거 없는 비방이라는 것을 암시할 뿐이다. 그는 또한 이 모든 일이 자기 죄악 때문이라고 한다(10절). 그의 고난에 대하여는 분명 자신의 의롭지 못한 삶이 원인을 제공한 것이라고 고백하고 있다. 하나님이 징계하는 차원에서 그에게 고통을 주신 것이다.

기자가 하나님께 징계를 받은 것도 힘든데, 그가 고통을 받는 것을 즐기는 시선이 있다. 그는 하나님께 받는 벌보다 주변 사람들의 비방이 더 견디기 힘든 일이라고 고백한다(13절). 원래부터 그를 미워하는 원수들이 그의 고통을 보고 기뻐하는 것은 그럴 수 있는 일이라 할 수 있다(11a절). 그런데 평소에 이웃으로 생각했던 사람들까지 나서서 그를 괴롭게 한다(11b절). 친구들이 그가 처한 상황에 놀라고(11c절) 아는 사람들이 길에서 그를 만나면 피한다(11c절). 기자는 영적·육체적 고통을 함께 당하고 있으며, 그의 몰골은 보는 사람이 두려워할 정도로 형편없이 망가져 있다는 뜻이다.

저자에게는 당면한 개인적 고통만으로도 견디기 힘든데, 그를 돕고 격려해야 할 주변 사람들에게서까지 고립된 삶을 살고 있다. 기자는 살아있는 사람들이 죽은 사람을 일부러 잊으려 하는 것처럼 주변 사람들이 그를 자신들의 기억에서 지우려 한다고 탄식한다(12절). 그는 사람들이 마치 깨진 그릇을 버리고 나면 다시는 그 그릇을 마음에 두지 않듯이 그를 잊었다고 탄식한다. 인간에게 가장 치명적인 심리적 부담은 사람들에게서 잊혀져 간다는 느낌이다. 그러므로 잊혀지는 느낌도 하나님의 심판이 될 수 있다. 기자가 사람들의 비방을 의식하고 나니 주변이 한없이 두렵게 느껴진다(13절, cf. 렘 6:25, 20:3-4, 46:5, 49:29). 더 나아가 그의 원수들이 마치 그를 죽이려고 음모를 꾸미는 듯한 불안감이 그를 감싼다. 실제로 원수들이 그의 생명을 노리는지는 알 수 없다. 그러나 심리적으로 위축된 사람들이 느낄 수 있는 불안한 감정이다.

4. 신뢰와 기원(31:14-18)

14 여호와여
그러하여도 나는 주께 의지하고 말하기를
주는 내 하나님이시라 하였나이다
15 나의 앞날이 주의 손에 있사오니
내 원수들과 나를 핍박하는 자들의 손에서
나를 건져 주소서
16 주의 얼굴을 주의 종에게 비추시고
주의 사랑하심으로 나를 구원하소서
17 여호와여 내가 주를 불렀사오니
나를 부끄럽게 하지 마시고
악인들을 부끄럽게 하사
스올에서 잠잠하게 하소서
18 교만하고 완악한 말로 무례히 의인을 치는
거짓 입술이 말 못하는 자 되게 하소서

저자는 바로 앞부분에서 세상 사람들이 그를 어떻게 대하고 있으며,

그의 형편이 얼마나 비관적인가를 탄식했다. 이러한 상황이 그를 참으로 힘들게 하지만, 그는 하나님을 향한 그의 확고한 신뢰를 흔들어 놓을 수는 없다고 확신한다. 기자는 자신이 처한 비관적인 현실과 신앙에 대한 대조를 강조하기 위하여 '그러나 나는'(וַאֲנִי)이라는 강조형을 사용하여 이 섹션을 시작한다. "그러나 나는 당신을 의지합니다, 오 여호와여!"(וַאֲנִי עָלֶיךָ בָטַחְתִּי יְהוָה)(14절).

그는 왜 여호와를 의지하는가? 그에게는 오직 한 분의 하나님만 있을 뿐이며 바로 여호와가 그 하나님이기 때문이라고 한다. 그의 고백은 시편 기자들의 가장 기본적인 신앙 고백이기도 하다. 그들은 이 고백을 통하여 자신들이 어떠한 상황에 처하더라도 결코 하나님과 그들의 관계는 깨지지 않을 것을 확신한다.

기자는 하나님께 자신의 미래를 맡긴다고 기도한다(15절). 세상말로 죽이시든 살리시든 하나님이 알아서 하시라는 것이다. 그럼에도 불구하고 그가 이런 말을 할 때는 당연히 긍정적인 하나님의 개입을 기대하기 때문이다. 기자는 절망적인 상황에서 하나님에 대한 기대를 버리지 않는 것을 자신이 할 수 있는 최고의 신앙생활이라고 생각한다.

그는 두 가지를 기도한다. 첫째, 제사장의 축도(민 6:24-26)에서 언급된 것들이 자신의 현실에 적용되기를 바란다(16-17a절). 둘째, 그가 망하기를 기대하며 조롱하는 원수들이 수치를 당하게 되기를 바란다(17b-18절). 기자의 두 가지 바람은 서로 연결되어 있다. 하나님이 자기 얼굴을 그에게 보이시는 순간(은혜를 베푸시는 순간), 원수들 문제는 저절로 해결될 것이기 때문이다.

저자는 위와 같은 기도를 드리는 과정에서 네 가지를 확인한다. 첫째, 여호와가 자기 하나님이라는 기본적인 신앙을 표현한다(14절). 둘째, 자기 문제를 여호와께 전적으로 의뢰하고 있다(15절). 셋째, 자기 삶을 하나님의 사랑에 맡긴다(16절). 넷째, 자신이 처한 문제를 하나님이 해결해 주실 것을 믿는다(17절).

기자는 원수들의 비방에 시달리고 있음이 확실하다. 그는 하나님께 그들의 입을 틀어막아 달라고 기도하고 있다(18절). 그가 처한 문제 중 일부가 말(여론)과 연관이 되어 있음을 시사한다. 그는 주변 사람들에게 억울한 비방을 당하고 있다.

5. 응답 감사(31:19–24)

19 주를 두려워하는 자를 위하여
쌓아 두신 은혜
곧 주께 피하는 자를 위하여
인생 앞에 베푸신 은혜가 어찌 그리 큰지요
20 주께서 그들을 주의 은밀한 곳에 숨기사
사람의 꾀에서 벗어나게 하시고
비밀히 장막에 감추사
말다툼에서 면하게 하시리이다
21 여호와를 찬송할지어다
견고한 성에서 그의 놀라운 사랑을 내게 보이셨음이로다
22 내가 놀라서 말하기를
주의 목전에서 끊어졌다 하였사오니
내가 주께 부르짖을 때에
주께서 나의 간구하는 소리를 들으셨나이다
23 너희 모든 성도들아
여호와를 사랑하라
여호와께서 진실한 자를 보호하시고
교만하게 행하는 자에게 엄중히 갚으시느니라
24 여호와를 바라는 너희들아
강하고 담대하라

이 섹션은 두 부분으로 구성되어 있다. 저자는 먼저 여호와의 선하심과 의로우심을 찬양한다(19-22절). 그러고 나서 그는 성도들에게 여호와를 의지하고 신뢰하라고 권면한다(23-24절). 저자가 드리는 감사와 찬송은 그동안 그가 이 시편에서 간구했던 것들을 종합한 것이며 하나님이 꼭 그의 기도를 들어 주시리라는 확신의 고백이다. 그러나 하나님이 아직 그의 기도를 들어 주신 상황은 아니다. 그러므로 이 시의 기본적인 오리엔테이션은 종말적(eschatological)이다(McCann).

앞 부분과 이 섹션의 언어적 연관성은 이러하다. 첫째, "주께 피한 자들에게 복을 베푸시는 것에 대한 감사"(19절)는 저자의 "주께 피하는 것"(1절)을 연상시킨다. 둘째, "주께서 자기의 백성을 음모와 헐뜯음에서 보호하시는 것에 대한 감사"(20절)는 그가 원수들의 음모와 헐뜯음을 경험했던 것(16절)을 회상한다. 셋째, "하나님이 인자하심을 보이시는 것에 대한 감사"(21절)는 그가 주의 얼굴을 구한 것(16절)과 연관이 있다. 넷째, "하나님이 기자의 기도를 들으신 것에 대한 감사"(22절)는 2절에 표현된 그의 간구에 대한 기도라고 생각한다. 다섯째, "하나님이 그의 성도들은 사랑하시고 원수들은 미워하셨다는 기도"(23절)는 그가 우상 숭배자들을 미워했고 하나님을 의지했던 것(6절)을 연상시킨다.

저자는 22절에서 자신의 연약했던 점을 고백하고 있다. 어려움이 닥치자 그는 놀란 나머지 "내가 이제 주님의 눈 밖에 났구나!" 하며 좌절했다는 것이다. 그러나 그는 주님께서 그를 버리시지 않았다는 사실을 깨닫게 되었으므로 자기 생각이 얼마나 어리석었는가를 의식하게 되었다. 이후 하나님이 그의 부르짖음을 들으시고 그의 삶에 승리를 주셨다고 고백한다. 그는 비로소 믿음이라는 것은 한순간에나 유용한 것(one time shot)이 아니라 평생 동안 지속되는 관계에 근거한다는 사실을 깨달은 것이다.

그는 성도들에게 여호와를 '사랑하라'(אהב)고 권면한다(23절). 이 단어는 인간들 사이의 관계를 표현하는 일에 주로 사용된다. 시편에서 여호와를 이 단어의 목적어로 사용하는 것은 흔하지 않은 일이다. 그러므로 이곳에서 이 동사가 사용되는 것은 '쉐마'(Shema)로 알려진 신명기 6:4–5을 배경으로 한 것이라고 생각한다(Davidson). "이스라엘아, 들어라. 주는 우리의 하나님이시요, 주는 오직 한 분뿐이시다. 너희는 마음을 다하고 뜻을 다하고 힘을 다하여, 주 너희의 하나님을 사랑하여라"(새번역).

기자는 하나님을 간절히 바라는 백성들에게 강하고 담대하라는 권면으로 이 노래를 마무리한다(24절). '바라다'(יחל)는 '소망하다'는 의미다(HALOT). 곤경에 처한 사람이 하나님을 소망하는 것은 결코 쉽지 않은 일이다. 그러므로 기자는 '강하고 담대하라'(חִזְקוּ וְיַאֲמֵץ)며 주의 자녀들을 권면한다. 상황이 악화되어 하나님을 의지하기가 쉽지 않을지라도 중간에 포기하지 말고 끝까지 인내하며 하나님의 도움을 기다리라는 것이다.

이 시편의 전체적인 주제는 신뢰다. 기자는 한숨과 탄식으로 가득한 심령으로 기도를 시작했다. 그러나 그가 기도하는 동안 하나님에 대한 확신과 신뢰가 그를 사로잡았다. 그래서 그의 영이 처한 문제들로부터 자유롭게 되어 하나님을 향하여 힘껏 날 수 있었다. 그러므로 그는 진정한 의미에서 자기 영혼을 하나님께 맡겼다. 예수님께서도 이 시편 말씀을 십자가에서 인용하셨다.

제32편

다윗의 마스길

I. 장르/양식: 참회시(cf. 6편)

이 노래는 초대 교회가 참회시로 사용했던 7개의 시편들 중 두 번째 것이다(cf. 6, 38, 51, 102, 130, 143편). 그러나 이 노래는 참회시보다 훨씬 더 넓은 의미를 지니고 있다는 것이 일반적인 견해다(cf. Brueggemann & Bellinger, Terrien). 상당수의 학자들이 이 시를 개인 감사시(individual psalm of thanksgiving)로 취급한다(Broyles, Fohrer, Mowinckel). 이 학자들은 교훈을 주기 위하여 감사시에 참회 부분이 첨부된 것이라고 한다.

또한 이 시는 지혜시 성향을 지니고 있다는 것이 학자들의 일반적인 결론이다. 그러므로 학자들 중에는 이 시를 지혜시로 구분하는 이들도 있다(Kuntz, Murphy). 또한 이 시를 '회개에 대한 훈계에 매우 가까운'(very close to being a homily on penitence) 노래로 부르는 학자도 있다(Gerstenberger). 이 노래는 다양한 장르를 지닌 것이다. 시가 죄를 고백하고 공동체를 향한 권면을 포함하는 것으로 보아 아마도 성전에서 예배를 드릴 때 사용되었던 것이 확실하다(Anderson, cf. McCann).

이러한 점을 감안하여 일부 학자들은 이 시를 지혜시적인 부분(1-2, 9-11절)과 감사시적인 부분(3-8절)을 선집해서 편집된 것으로 간주한다(Craigie). 특히 이 노래에서 사용되고 있는 '복되다, 가르치다, 훈계하다, 길, 꾀, 의인과 악인의 대조' 등은 지혜사상에서 자주 등장하는 개념들이다. 그러므로 이 시를 감사시가 지혜시에 접목된 것으로 이해하는 것은 상당한 매력을 지녔다(Craigie; vanGemeren). 그러나 이 주석에서는 기독교 전통에 따라 참회시라는 전제하에 본문을 주해해 나가고자 한다(cf. Jenson).

이 시는 표제에 '마스길'(מַשְׂכִּיל)이란 이름이 주어진 13개의 시편 중 처음 나오는 것이다(cf. 42, 44, 45, 52–55, 74, 78, 88, 89, 142편). 마스길의 정확한 의미는 아직도 연구 대상으로 남아 있다(cf. HALOT, Terrien). 다만 "훈계하다, 가르치다"가 이 단어에 반영된 기본적인 개념으로 추측이 될 뿐이다(cf. NIDOTTE).

표제는 '다윗의 시'라는 말도 포함하고 있는데, 만일 다윗이 이 노래를 지었다면 언제쯤일까? 대부분 밧세바와 간음한 이후라고 생각한다(Goldingay, Ross). 그러나 서론에서 언급한 것처럼 '다윗의 시'가 그의 저작권을 증명하는 증거로 사용될 수는 없다.

II. 구조

밴게메렌(vanGemeren)은 이 시의 구조를 다음과 같이 분석한다. 이러한 구조는 이 노래에 반영된 지혜사상을 돋보이게 하는 장점이 있다. 그러나 아쉬운 점은 분석 내용이 상당히 복잡하며 텍스트 양이 상당한 불균형을 이루고 있다는 것이다.

A. 용서 받는 축복(32:1–2)
  B. 경험에서 얻은 교훈(32:3–5)
    C. 하나님의 보호(32:6–7)
      D. 지혜의 약속(32:8)
  B'. 경험에서 얻은 교훈(32:9)

C′. 하나님의 보호(32:10)

A′. 용서로 인한 즐거움(32:11)

이 노래는 회개의 필요성과 회개에 따르는 축복을 중심 테마로 구성되었다(cf. Barentsen). 이러한 이유에서 아마도 초대교회는 이 노래를 참회시로 구분했을 것이다. 이 점을 감안하여 이 주석에서는 다음과 같은 구조를 바탕으로 본문을 주해해 나가고자 한다.

A. 용서받은 사람(32:1-2)

B. 죄의 무게에 짓눌린 삶(32:3-4)

C. 죄를 용서받는 방법(32:5)

C′. 죄를 용서받은 이의 피난처(32:6-7)

B′. 죄에서 자유로운 삶(32:8-9)

A′. 기뻐하는 사람(32:10-11)

III. 주해

초대교회 성도들은 이 참회시를 기도로 드리며 하나님의 용서에 대한 확신과 회개가 성도에게 안겨주는 축복을 누렸다. 바울은 이 시의 일부를 로마서 4:7-8에서 인용한다. 그러므로 이 시에서 의인은 회개하는 사람이며, 악인은 회개하지 않는 사람이다(McCann). 이 노래는 어거스틴(Augustine)과 루터(Luther)가 가장 좋아했던 시편들 중 하나였다는 기록이 남아 있다.

1. 용서받은 사람(32:1-2)

[1] 허물의 사함을 받고

자신의 죄가 가려진 자는 복이 있도다

[2] 마음에 간사함이 없고
여호와께 정죄를 당하지 아니하는 자는 복이 있도다

두 번이나 반복되는 '복이 있는 사람'(אַשְׁרֵי)과 죄에 대한 비슷한 말 세 가지, 즉 허물(פֶּשַׁע), 죄(חֲטָאָה), 범죄(עָוֹן)와 용서에 대한 세 개의 표현인 "사함을 받고(נְשׂוּי), 가려진 자(כְּסוּי), 정죄를 당하지 아니하는(לֹא יַחְשֹׁב) 자"는 노래가 강조하는 '하나님께 죄를 용서받은 사람은 세상의 그 누구보다도 복되다'는 진리를 잘 나타내고 있다. 그러므로 이 섹션은 참회의 중요성을 확실하게 선포하고 있으며, 참회하는 사람은 하나님의 은혜를 전적으로 의지하고 살아가는 복이 있는 사람이라고 한다.

시편에서 복이 있는 사람(אַשְׁרֵי)은 무언가를 하거나, 하지 않는 사람으로 묘사된다. '악인의 꾀를 좇지 않는 사람'(1:1), '여호와의 길에 거하는 사람'(119:1), '여호와를 경외하는 사람'(128:1) 등등. 시편은 복이 있는 사람은 자신의 의지에 따라 일정하게 행동한다며 상당히 행동 중심적으로 복이 있는 사람을 표현하고 있다. 그러나 본문에서 복이 있는 사람은 아무런 행동을 하지 않고, 오히려 하나님의 행동(사역)의 대상이 될 뿐이다. 죄를 용서하는 일은 오직 하나님만이 하시는 일이기 때문이다(deClaissé-Walford et al.). 그러므로 복이 있는 사람은 하나님의 용서하시는 은혜를 수동적으로 받아들이는 사람이다. 또한 복이 있는 사람은 죄를 전혀 짓지 않는 사람이 아니라 그가 지은 죄를 주님께 용서받은 사람이다.

기자가 죄를 묘사하며 사용하는 세 단어는 각기 다른 개념을 강조하기도 한다. '허물'(פֶּשַׁע)은 하나님에 대한 사람의 반역행위나 불충을 의미한다(NIDOTTE, cf. HALOT). '죄'(חֲטָאָה)는 가장 일반적인 용어이며 사람이 책임과 의무를 완수하지 못하여 범하는 죄다(NIDOTTE, cf. HALOT). '범죄'(עָוֹן)는 의도적으로 비뚤어지거나 잘못된 행위를 할 때 범하는 죄다(NIDOTTE, cf. HALOT). 저자가 이곳에서 세 단어를 함께 사용하여 강조하고자 하는 것은 크기에 상관없이 사람이 하나님께 혹은 다른 사람에게 지은 죄, 의도적으로 저지르든 실수로 저지르든, 알고 하든 모르고 하든, 행동으로 옮기든 행동으로 옮기지는 않고 마음으로만 했든 상관없이 모든 죄는 하나님 안에서 용서가 가능하다는 사실이다.

어떠한 유형의 죄든 간에 자기가 저지른 모든 죄를 용서받은 사람은 참으로 복이 있다. 기자는 사람이 저지르는 죄의 종류는 죄를 용서받은 사람이 누리는 축복보다 중요하지 않다는 사실을 강조하고자 한다. 용서에 관한 세 가지 표현인 '사함을 받고(נְשׂוּי), 가려진 자(כְּסוּי), 정죄를 당하지 아니하는(לֹא יַחְשֹׁב) 자'는 하나님의 절대적이고 확실한 용서를 강조하고 있다. '사함을 받고'(נְשׂוּי)는 사람을 짓누르고 있던 죄가 들렸다는 뜻이며, 가려진 자(כְּסוּי)는 죄가 눈에 덮이듯이 덮인다는 의미다. 정죄를 당하지 아니한다(לֹא יַחְשֹׁב)는 것은 법정에서 죄인으로 판정받지 않는다는 뜻이다(NIDOTTE). 이 문구들이 강조하는 것은 하나님은 사람이 지은 죄에 대하여 온전한 책임을 추궁하지 않으시고, 상당 부분을 더 이상 문제를 삼지 않으신다는 점이다(Goldingay). 하나님의 절대적인 용서에 대한 이 같은 확신이 저자에게 감사와 감동을 준다. 그러므로 우리는 본문을 통해 죄사함에 대한 흥분으로 고조된 기자의 마음을 느낄 수 있다.

2. 죄의 무게에 짓눌린 삶(32:3-4)

3 내가 입을 열지 아니할 때에
종일 신음하므로 내 뼈가 쇠하였도다
4 주의 손이 주야로 나를 누르시오니
내 진액이 빠져서
여름 가뭄에 마름같이 되었나이다 (셀라)

시편 1편이 악인과 의인을 대조한 것처럼 본문은 회개하기를 거부하는 사람과 회개하는 사람의 차이를 대조하고 있다. 무슨 이유에서인지는 모르지만 저자가 처음에는 자기 죄를 회개하기를 거부하여 매우 어려운 시간을 보냈다. 하나님이 회개하지 않는 그를 짓누르신 것이다. 사람이 죄를 회개하지 않는 것은 하나님과 사람 사이에 갈등을 초래하는 일이며, 이 갈등이 시작되면 하나님은 끝날 때까지 죄인에게 압력을 행사하실 것이다.

일상적으로 우리의 간절한 기도에 하나님이 침묵하시는 것이 문제다. 그런데 이 시편에서 하나님은 당장 용서하시려고 기자의 기도를 기다리고 있는데, 기자가 기도를 주저하며 침묵하는 것이 문제다. 이런 상황에서 사람이 침묵하는 것은 하나님의 은혜를 거부하는 행위다(Mays).

이럴 때에도 우리가 기억해야 할 것은 하나님의 짓누르심이 우리를 회개로 인도하기 위한 하나님의 은혜의 시작이라는 사실이다. 이 시편 기자처럼 하나님이 짓누르시는 데도 계속 회개하기를 거부하는 것은 스스로 고통을 자처하는 일이다. 세상에 하나님을 이길 수 있는 사람은 없다. 그러므로 신속하게 회개하는 것이 가장 이상적일 뿐만 아니라 가장 현실적인 대안이다. 기자는 자기의 어리석은 경험을 통해 사람들에게 자기처럼 행동하지 말 것을 암시한다.

하나님은 회개하기를 주저하는 기자를 막다른 길로 내몰아 치셨다(cf. 4절). 그는 자기 몸이 탈진했고 여름 가뭄에 풀이 바짝 마르듯 말랐다고 회고한다. 이러한 이미지는 그의 기력이 얼마나 쇠했는가를 잘 보여 주고 있다. 하나님이 죄에 대하여 사람을 징계하시면 그 증상이 영적으로만 나타나는 것이 아니라 육체적으로 나타나기도 한다.

하나님이 회개하지 않는 사람을 추궁하시는 것은 사람을 매우 힘들게 하는 경험이다. 그러나 그는 복이 있는 사람이다. 하나님이 사랑하시기 때문에 죄를 지은 그를 가만히 버려 두지 않으신다(잠 3:11-12). 회개한 후 되돌아볼 때 과거에 경험했던 하나님의 징계는 어느덧 감사와 찬송의 이유가 되어 있을 것이다.

3. 죄를 용서받는 방법(32:5)

5 내가 이르기를
내 허물을 여호와께 자복하리라 하고
주께 내 죄를 아뢰고
내 죄악을 숨기지 아니하였더니
곧 주께서 내 죄악을 사하셨나이다 (셀라)

기자가 더 이상 버틸 수 없다고 생각했는지 입을 열어 자기 죄를 고백했다(5절). 죄를 고백하자 그동안 그가 겪었던 고통이 모두 해결된다. 그러므로 그가 침묵을 깨고 죄를 고백한 것이 이 시의 전환점(turning point)이다.

저자는 자신의 죄를 묘사하면서 1-2절에서 사용했던 죄에 대한 세 가지의 단어들(허물, 죄, 죄악)과 고백에 관한 세 개의 비슷한 말들(자복하다, 아뢰다, 숨기지 않다)을 사용한다. 잘못된 것을 모두 바로잡기 위해 철저하게 회개했다는 사실을 강조하기 위해서다.

하나님은 마치 기다렸다는 듯이 회개한 그를 용서하셨다. 사람이 하나님을 향하지 않으면 용서가 없는 것처럼, 하나님이 사람을 향하지 않으면 용서가 없다(Goldingay). 회개하는 사람이 있어야 하고, 회개하는 사람을 끌어안으시는 하나님이 있어야 비로소 용서가 이루어진다.

'사하다'(נשׂא)는 "들어 올리다, 끌고 가다"라는 의미를 지녔다(HALOT). 하나님이 그가 회개하자 그동안 그를 짓눌렀던 죄의 무게에서 해방시켜 주셨다는 의미다. 회개는 마치 사람이 지고 있던 무거운 짐을 벗어 버리는 것처럼 홀가분하게 하는 효과를 발휘한다.

4. 죄를 용서받은 이의 피난처(32:6–7)

6 이로 말미암아 모든 경건한 자는
주를 만날 기회를 얻어서 주께 기도할지라
진실로 홍수가 범람할지라도 그에게 미치지 못하리이다
7 주는 나의 은신처이오니
환난에서 나를 보호하시고
구원의 노래로 나를 두르시리이다 (셀라)

회개를 통하여 하나님의 놀라운 용서의 은혜를 체험한 저자는 모든 경건한 사람들에게 여호와께 기도하라고 권면하기에 이른다(6a절). 죄 사함이 참으로 아름답고 생기를 북돋는 일이라는 사실을 체험한 죄인이 자기가 경험한 하나님의 은혜에 대하여 증거하고 그 사실에 근거하여 사람들을 권면하는 것은 당연한 일이다. 그러나 이 권면의 대상은 세상 사람들이 아니라, 오직 '모든 경건한 사람들'(כָּל־חָסִיד)이다. 세상 사람들은 죄의 무게와 회개의 필요성을 느끼지 못한다. 이미 그들의 영이 죄로 인해 상당 부분 훼손되어 있기 때문이다. 오직 하나님의 백성들만 회개의 필요성을 의식한다. 그러므로 그는 일종의 "귀 있는 자들은 들을지어다"라는 권면을 하고 있다.

경건한 사람이라 해도 항상 회개할 수 있는 것은 아니다. 하나님이 아무 때나 그들을 만나기 위하여 대기하고 계시는 것이 아니기 때문이다. 그러므로 기자는 '주를 만날 기회를 얻거든' 주저하지 말고 회개의 기도를 드리라고 한다(6b절). 성경은 '하나님을 찾을 만할 때'(만날 기회가 생길 때) 찾으라고 권면한다(cf. NAS, NIV).

주의 자녀가 어려움을 당할 때 하나님께 기도하면 주님은 고난이 홍수처럼 밀어닥쳐도 전혀 두려워할 필요가 없도록 보호해 주신다(6c절). 우리는 최근에 쓰나미를 목격한 적이 있다. 그러므로 갑자기 들이닥치는 물이 얼마나 두려운가에 대하여 잘 안다. 여호와를 의지하는 사람들은 삶의 고통과 문제가 쓰나미처럼 밀려와도 걱정할 필요가 없다. 하나님이 그들의 방파제가 되어 보호하실 것이기 때문이다.

이 같은 확신과 감격으로 가득한 저자는 하나님을 세 가지에 비유하며 찬양한다(7절). 즉 '나의 은신처가 되신 분', '나를 환난에서 보호하시는 분', '나를 구원의 노래로 감싸시는 분'이다. 하나님은 자기 자녀를 보호해 주실 뿐만 아니라, 그 자녀가 주님의 보호를 기뻐하며 부를 노래까지 주시는 분이시다. 고통에 시달리던 저자가 죄를 고백하고 나니 그의 신음소리가 하나님이 주신 찬양으로 변해 있다(cf. Terrien). 저자는 우리가 체험하는 모든 것이 주님의 은혜라는 사실을 각인시키고자 한다.

5. 죄에서 자유로운 삶(32:8-9)

8 내가 네 갈 길을 가르쳐 보이고
너를 주목하여 훈계하리로다
9 너희는 무지한 말이나 노새같이 되지 말지어다
그것들은 재갈과 굴레로 단속하지 아니하면
너희에게 가까이 가지 아니하리로다

이 시를 간증으로 간주하는 사람들은 8절에서 말하는 이는 하나님이 아니라 이 시편의 저자라고 한다(McCann, cf. deClaissé-Walford et al.). 그러나 사람에게 갈 길을 가르치고 훈계하는 이는 하나님이시다. 그러므로 하나님으로 보는 것이 합리적이다(Goldingay, Terrien, cf. 새번역, 아가페, 현대인). 하나님은 주를 사모하며 사는 백성들에게 지혜의 언어로 세 가지를 약속하신다. (1)내가 네 갈 길을 가르치리라. (2)너를 주목하리라. (3)너를 훈계하리라. 하나님은 부모가 자식을 양육하듯 자기 백성을 가르치고 훈련하실 것이다. 하나님의 구원을 바라며 주님의 자비에 모든 것을 맡기는 사람은 하나님이 그를 자녀로 대하신다. 참으로 아름답고 복된 이미지다.

저자는 8절에서 하나님께 죄를 고백하고 주님을 신뢰하는 사람이 누릴 축복에 대하여 언급한 다음, 9절에서는 하나님의 양육을 거부하는 어리석은 자(악인)의 모습을 통제가 어려운 짐승들로 묘사한다. 어리석은 자는 주인의 말을 듣지 않아 입에 재갈을 물려야만 통제가 가능한 말과 노새와 같다(9절). 말과 노새는 자기 의지가 강하고 고집이 센 짐승들이다. 그러므로 말과 노새는 재갈과 굴레로 통제를 해야만 조정이 가능하다.

하나님은 복이 있는(행복한) 사람들에게 지혜로 그들이 가야 할 길을 가르쳐 주신다(8절). 또한 그들이 길을 잘 가고 있는지 항상 살펴 주신다. 잘못 가면 다시 바른 길로 가도록 훈계도 하신다. 복이 있는 사람의 삶은 하나님이 처음부터 끝까지 철저하게 관리하신다. 그러므로 그는 행복하다.

이와는 달리 복 없는(불행한) 사람은 입에 재갈을 물린 짐승들이 원래 기쁘게 가야 할 길을 강력한 통제를 통해 겨우 가는 것과 같다. 이렇게 끌려가는 짐승이 행복할 리는 없다. 그렇다면 지혜로운 자와 어리석은 자의 차이점은 하나는 자기통제(self-control)가 가능하고 하나는 불가능하다는 뜻이다. 자기통제가 가능한 사람은 행복하다. 그렇지 않은 사람은 불행하다. 우리는 복이 있는 사람들에게 행복한 길에 대하여 배울 책임이 있다(deClaissé-Walford et al.).

6. 기뻐하는 사람(32:10-11)

10 악인에게는 많은 슬픔이 있으나
여호와를 신뢰하는 자에게는 인자하심이 두르리로다

11 너희 의인들아
여호와를 기뻐하며 즐거워할지어다
마음이 정직한 너희들아 다 즐거이 외칠지어다

자기가 원하는 길로 가려고 했던 악인들은 행복하지 않다. 입에 문재갈이 나귀를 통제하듯 하나님은 그들이 원하는 길이 아니라, 그들이 가야 할 길로 가게 하시기 때문이다. 그러므로 자신들이 원하는 대로 할 수 없는 악한 자들의 삶은 고달프다(10a절). 남(하나님)이 자기 필요에 따라 그들의 삶을 제어하시기 때문이다. 하나님이 평소에는 그들을 내버려 두시겠지만, 그들을 이용할 필요가 생기면 강제로 그들을 입에 재갈을 물린 당나귀를 끌 듯이 끌어 가신다는 뜻이다. 하나님께 인격적인 대접을 받는 복이 있는 자들과는 달리 악인들은 하나님께 짐승 취급을 받는다.

하나님이 언제 악인들을 이용하실까? 우리는 주변에서 하나님이 자기 백성들에게 좋은 것을 주시기 위하여, 혹은 세상의 악을 심판하기 위하여 악인들을 이용하시는 예를 본다. 하나님이 평상시에는 악인들이 자기들 마음대로 하도록 내버려두시지만, 자기 백성을 위하여 그들을 통해 하실 일이 생기면 그들의 의지와 상관없이 그들을 이용하신다.

반면에 의인의 길에는 항상 하나님의 한결같은 '인자하심'(חֶסֶד)이 넘친다(10b절). 기자는 이들과 악인들의 삶의 차이를 극적으로 대조하여 여호와를 경외하는 삶이, 또한 하나님 앞에 죄를 고백하고 주님의 용서를 받은 삶이 얼마나 복된 것인가를 강조하고자 한다. 이 같은 극명한 대조를 의식하면 당연히 여호와를 사랑하는 삶을 택하는 사람이 지금보다 훨씬 더 많아져야 하는데, 깨닫고도 하나님을 섬기기를 거부하거나 꺼리는 사람이 많은 것은 왜일까? 아마도 죄가 세상을 가득 채우고 있기 때문일 것이다.

기자가 회개하기까지 어느 정도 시간이 걸렸다(cf. 1-2절). 비록 시간이 걸리기는 했지만, 그는 하나님이 어떻게 회개하는 사람을 축복하시는가를 경험했다. 악인의 삶에 비하여 자신이 얼마나 복된 삶을 누리고 있는가를 의식한 시인은 그의 회고를 듣고 있는 하나님의 백성들, 즉 의인들(צַדִּיקִים)과 마음이 정직한 사람들(יִשְׁרֵי־לֵב)에게 주님을 즐거워하고 기뻐하며 자기와 함께 환호하라고 권면한다(11절). 우리는 주님을 즐거워하고 기뻐하라는 이 권면을 매일 우리의 삶에 적용해야 하는데, 그렇게 하지 못한다.

삶이 쉬워서, 혹은 문제가 없어서 즐거워하라는 것이 아니다. 기자는 하나님이 자기 삶에 어떤 일을 행하셨는가를 자기가 속한 공동체에게 간증하고자 한다(Jenson, cf. Goldingay). 그는 자기의 경험을 통해 하나님이 주님을 신뢰하는 사람들에게 어떤 은혜를 베푸실 수 있는가를 알리고자 한다. 그는 모든 사람에게 간절히 하나님을 찾고 회개하기를 호소하고 있다. '침묵은 죽인다'(Silence kills)라는 말이 있는데, 아마도 이런 경우(하나님의 은혜를 경험하고도 침묵하는 것)를 두고 하는 말일 것이다(cf. Brueggemann & Bellinger).

제33편

I. 장르/양식: 회중 찬양시(cf. 8편)

대체적으로 학자들은 이 노래를 선포적 찬양시(declarative psalm of praise)로 분류한다(cf. Kraus, Ross, Westermann). 선포적 찬양시는 (1)찬양 권면, (2)찬양 이유, (3)결론적 권면 등 세 파트로 구성된 것이 일상적이다. 이 유형의 노래는 하나님의 위대하심을 찬양하는 데 주로 사용된다.

이 노래가 언제, 어떤 상황에서 사용되었는지에 대하여는 알려진 바가 없다. 시의 내용이 창조와 구속이 중점적으로 전개된다고 해서 이 노래가 신년 축제(New Year's festival)에서 사용된 것으로(Mowinckel), 혹은 가을에 추수를 기념하는 축제(Autumn festival)에서 사용된 것이라는 추측이 있다(Anderson, Weiser). 그러나 이 주제들은 언제든 하나님의 위대하심을 기념하기에 가장 좋은 것들이라 해서 특정한 때가 아니라 평상시에 사용된 것이라는 해석도 있다(Westermann).

II. 구조

이 시는 히브리어 알파벳이 22개의 글자로 구성되어 있는 것처럼 22

절로 이루어져 있다. 그러나 알파벳을 순서적으로 사용하며 저작된 노래는 아니다. 시의 테마는 창조주 하나님을 찬양하는 것이지만, 구체적인 구조를 파악하는 것은 매우 어렵다(cf. deClaissé-Walford et al., Ross, Terrien). 거의 모든 시편에 대하여 교차대구법적 구조를 제시하는 밴게메렌(vanGemeren)마저도 이 시에 대하여는 다음과 같은 순서에 따라 내용을 요약할 뿐이다.

A. 찬양의 노래(33:1-3)
B. 여호와의 완벽하심(33:4-5)
C. 통치자이신 창조주 여호와(33:6-11)
D. 인류의 통치자이신 여호와(33:12-17)
E. 백성을 향한 여호와의 사랑(33:18-19)
F. 여호와의 사랑에 대한 소망(33:20-22)

뚜렷한 구조를 감지할 수 없는 것이 아쉽기는 하지만, 시의 흐름은 확실하다. 저자는 우리의 삶에서 가장 크고 멀리 있는 것에 대하여 노래를 시작한 후 점차적으로 더 가까이 와 우리의 내면 세계에 이른다(우주→세상→백성→사람). 이 주석에서도 이 같은 시의 흐름을 바탕으로 본문을 주해해 나가고자 한다.

A. 시작하는 찬양(33:1-3)
B. 의로운 말씀으로 창조된 세상(33:4-7)
C. 흔들리지 않는 하나님의 계획(33:8-11)
D. 주님의 택함을 받은 백성(33:12-15)
E. 주님의 보호를 받는 백성(33:16-19)
F. 마무리하는 기도(33:20-22)

III. 주해

시편 32편의 마지막 절은 온 이스라엘에게 여호와를 찬양할 것을 권면했다. 이제 이 시는 주님을 어떻게 찬양할 것인가를 선포하고 가르친다(Brueggemann & Bellinger). 이 노래는 구약 신앙의 중심을 이루고 있는 여러 가지 주제로 구성되어 있다. 우리가 세상에서 가장 신뢰할 수 있는 하나님의 말씀과 창조 사역과 주권과 통치권과 신실하심 등등이 이 시를 구성하고 있는 주제들이다. 자연과 인간 세계 곳곳을 가득 채우고 있는 하나님의 임재와 사역이 이 노래의 중심을 구성하고 있는 것이다. 그러므로 한 주석가는 이 시를 '하나님에 대한 노래'(Song about God)라고 부른다(Goldingay). 이 노래에서 믿음의 가장 기본적인 구성요소는 창조주를 찬양하는 것이라고 한다(Ebeling).

1. 시작하는 찬양(33:1-3)

1 너희 의인들아 여호와를 즐거워하라
찬송은 정직한 자들이 마땅히 할 바로다
2 수금으로 여호와께 감사하고
열 줄 비파로 찬송할지어다
3 새 노래로 그를 노래하며
즐거운 소리로 아름답게 연주할지어다

이 노래에는 표제가 없는 것과 1절이 언급하는 '의인들'(צַדִּיקִים)과 '정직한 사람들'(יְשָׁרִים)은 32:11에서도 사용된 것을 감안하여 32-33편이 한때는 한 노래였다고 주장하는 사람들도 있다(Davidson, Mays, McCann, cf. Terrien). 그러나 이 같은 미미한 연결고리보다는 두 노래의 차이점이 더 많아 각자 독립적인 시로 보는 것이 바람직하다.

저자는 이 섹션에서 예배에 대하여 정의한다. 예배는 누구나 드릴 수 있는 것이 아니라 의인들과 정직한 사람들만이 드릴 수 있다(deClaissé-Walford et al.). 또한 악기도 동원하여 새 노래로 드리는 것이 예배다.

기자는 의인들과 정직한 사람들이 여호와께 찬양을 드리는 것은 당연하다며, 몇 가지 이유를 들어가며 하나님을 경배하는 일의 타당성을 설명한다. 또한 우리가 어떠한 마음으로 하나님을 찬양하는 것이 바람직한 가를 알려준다. 하나님을 찬양할 때 우리는 주님을 '즐거워해야' 한다(1절). '즐거워하다'(רנן)는 사람이 너무나도 기뻐서 크게 소리를 지르는 행동이다(HALOT).

때로는 우리가 상하고 상처받은 심령으로 찬양하기 때문에 이러한 자세로 하나님을 경배하기가 어렵다. 그러나 평상시에는 항상 적극적으로 하나님을 기뻐하고 즐거워하는 마음으로 찬양하면 좋겠다(cf. 1, 3절). 또한 기자는 무엇 때문에 하나님을 즐거워하라는 말을 하지 않는다. 아무런 조건과 이유 없이 그저 여호와만을 묵상하며 기뻐하라고 한다. 사실 이것이 가장 좋은 경지에 이른 묵상이자 찬양이다. 아무런 이유 없이 그저 여호와가 좋아서 그분을 기뻐하고 즐거워하는 묵상과 찬양은 우리가 주님께 드릴 수 있는 가장 귀한 경배다.

기자는 '수금'(כִּנּוֹר)과 '열 줄 비파'(עָשׂוֹר)를 사용하여 여호와를 찬양하라고 권면한다(2절). 시편에서 악기 사용이 언급되기는 이곳이 처음이다(cf. 43:4, 57:8, 71:22, 81:3, 92:3, 98:5). 이 두 악기는 온 오케스트라를 대표하며 상징적으로 언급되고 있다. 이 악기들 외에도 동원할 수 있는 것은 모두 동원하여 하나님을 찬양하라는 의미다.

사람의 목소리로 하나님을 기뻐하는 것도 좋지만, 악기들을 동원하여 악기 소리와 사람의 목소리가 조화를 이루며 하나님을 즐거워하는 것은 더 좋은 일이다. 성가대와 오케스트라가 협연하여 하나님을 경배하는 일은 마치 하나님이 창조하신 다양한 피조물들이 주님 앞에서 한 목소리로 창조주를 찬양하는 것을 상징하기 때문이다. 우리 하나님은 온 우주 만물의 경배를 받기에 합당한 분이시다. 하나님께 드리는 찬양에서 중요한 것은 동원되는 도구와 방법이 아니라, 의도와 마음이다(McCann).

고대 사람들에게 예배는 감격과 흥분의 연속이었다. 오늘날에도 아프리카나 라틴아메리카에서는 이러한 예배 분위기가 지속되고 있다. 우리의 이성적이고 틀에 박힌 예배에 비하면 매우 도전적인 대안으로 생각된다. 우리는 하나님을 기뻐하고 경배하는 일에 도움이 된다면 더 나은 방법을 꾸준히 찾아야 한다. 고정적인 틀에 안주하는 예배는 매너리즘에 빠지기 십상이다.

'새 노래'(שִׁיר חָדָשׁ)(3절)로 주님을 노래한다는 것은 어떤 의미를 지녔는가? 학자들은 이 말씀이 마치 새 하늘과 새 땅처럼 종말론적인 개념을 내포하고 있다고 하여 모든 면에서 완벽한/완성된 찬양을 드려야 한다는 뜻으로 해석하기도 하고(Kraus), 하나님이 새로 행하신 구속사적인 사역 혹은 통치적인 사역을 찬양하라는 의미로 해석하기도 한다(McCann, vanGemeren, cf. 96:1, 98:1, 149:1). 혹은 별로 가능성은 없지만, 이때까지 예배에 사용한 적이 없는 새 노래로 주를 찬양하라는 뜻으로 해석될 수도 있다(cf. Goldingay).

이 시편에서는 새 노래를 "언제 들어도 신선한, 우리가 항상 새로운 마음 자세로 드리는 찬양"을 뜻하는 것으로 해석하는 것이 바람직하다(Craigie, Davidson, Terrien). 기자가 이렇게 권면하는 이유는 하나님께 드리는 찬양이 자칫 잘못하면 형식적이고 가식적으로 변질될 위험이 있기 때문이다. 이런 찬양은 아무리 많이 드려도 의미가 없다. 그러므로 저자는 우리에게 항상 새로운 자세와 각오로 여호와를 찬양할 것을 권면한다. 이런 마음자세로 하나님을 찬양하면 결코 하나님께 같은 찬양을 두 번 드리는 일은 없을 것이다. 그러므로 우리는 같은 곡을 사용하여 항상 새 노래로 하나님을 찬양할 수 있다.

2. 의로운 말씀으로 창조된 세상(33:4-7)

4 여호와의 말씀은 정직하며
그가 행하시는 일은 다 진실하시도다
5 그는 공의와 정의를 사랑하심이여
세상에는 여호와의 인자하심이 충만하도다
6 여호와의 말씀으로 하늘이 지음이 되었으며
그 만상을 그의 입 기운으로 이루었도다
7 그가 바닷물을 모아 무더기같이 쌓으시며
깊은 물을 곳간에 두시도다

저자는 1-3절을 통해 하나님을 찬양하라고 한 다음, 4-19절에서는 구체적으로 우리가 여호와를 찬양해야 할 네 가지 이유를 제시한다. 숫자 '4'는 포괄성과 완전함을 상징하는 숫자다. 그는 인간이 하나님께 드리는 찬양에는 끝이 없으므로 영원히 주님을 찬양할 것을 강조한다. 또한 이 네 가지는 우리가 하나님의 속성을 묵상할 때 가장 중요한 요소들이다.

먼저 기자는 여호와의 말씀은 정직하며 주님이 하시는 일은 다 진실하다고 한다(4절). 하나님의 말씀이 '정직하다'(יָשָׁר)는 것은 굽지 않고 똑바르다는 뜻이다(HALOT). 주님의 말씀은 누가 봐도 공평하고 정의롭다는 뜻이다. 여호와께서 행하시는 일이 '진실하다'(אֱמוּנָה)는 것은 항상 꾸준하고 동일하여 누구든 신뢰할 수 있다는 뜻이다(HALOT). 하나님의 말씀은 세상 모두에게 공평하고 합리적이며, 주님이 하시는 일은 사람이 항상 신뢰할 수 있다는 뜻이다.

이어 기자는 하나님의 인자하심이 세상에 충만하다고 한다(5b절). '인자하심'(חֶסֶד)은 선하신 은혜를 내포하고 있지만, 가장 기본적인 의미는 성실함이다(HALOT). 4절의 '진실함'(אֱמוּנָה)과 비슷한 말이다. 그러므로

4절에서 하나님이 행하시는 일은 모두 '진실하다'(אֱמוּנָה)고 했던 그는 5절에서는 온 세상이 여호와의 '인자하심'(חֶסֶד)으로 충만하다고 찬양한다. 세상이 하나님의 인자하심으로 가득하다는 것이 이 노래의 가장 핵심일 뿐만 아니라 시편의 가장 핵심적인 신학적 사상이다(deClaissé-Walford et al.). 하나님은 자기의 선하신 속성에 따라 온 세상을 선한 것들로 가득 채우셨다.

주님이 세상을 아름다운 것들로 가득 채우신 이유는 하나님은 공의와 정의를 사랑하시기 때문이다(5a절). 성경에서 공의와 정의는 자주 쌍으로 사용되는 단어들이다. '공의'(צְדָקָה)는 옳고 그름에 관한 단어이며, '정의'(מִשְׁפָּט)는 형평성/판결에 관한 단어다(HALOT). 하나님은 옳음과 공평함을 사랑하시기 때문에 온 세상을 선한 것들로 가득 채우신 성실하신 분이시다. 그러므로 우리가 '보는 눈과 귀'를 가지고 있다면 하나님의 자비와 은총으로 가득한 세상에서 하나님의 손길을 볼 수 있을 것이다.

하나님은 정직한 말씀으로 온 세상과 그 안에 있는 모든 것을 창조하셨다(6절). 천지를 창조하실 때 하나님은 바닷물을 한곳으로 모아 무더기처럼(엄청난 양) 쌓으셨고, 깊은 물은 곳간에 넣어두듯 넣어두셨다(7절). 세상에서 가장 크고 위협적으로 보이는 것도 창조주 하나님 여호와의 통제 아래 있다. 그러므로 세상은 하나님의 선하신 말씀에 따라 균형 있게 창조되었다. 우리가 하나님을 찬양해야 할 첫 번째 이유가 바로 이것이다. 우리는 하나님이 정직한 말씀으로 성실하게 세상을 창조하신 일을 찬양해야 한다.

이 섹션은 모세가 홍해를 건넌 후 불렀던 '바다의 노래'(출 15:1-18)와도 연관성이 있다(Craigie). 창세기 1장은 하나님이 말씀으로 세상을 창조하셨다고 하고, 모세의 노래는 여호와께서 가나안 사람들이 신으로 여겼던 바다를 정복하셨다는 점을 노래하고 있다. 또한 하나님이 바닷물을 무더기처럼 쌓아 두셨다는 것은 출애굽 때에 홍해를 가르신 일을 상기시킨다. 그러므로 저자가 이 두 창조 이야기를 회상하고 있는 것으로 간주되기도 한다(Davidson, Goldingay). 하나님이 말씀으로 천지를 창조하신 사실은 요한복음 1장에서도 언급이 된다. 그렇다 보니 기독교 역사에서는 이 말씀이 삼위일체의 증명으로 사용되기도 했다(Calvin).

고대 근동 사회를 살펴보면 말씀을 통해 세상이 창조되었다는 사상이 이스라엘에서만 발견되는 것은 아니다. 가장 손쉬운 예로 이집트 신화를 들 수 있다(cf. Kraus). 이집트의 멤피스 신학(Memphite Theology)에 의하면 프타(Ptah)라는 신이 천지를 창조할 때 세상을 창조할 계획을 먼저 머릿속에 구상한 다음, 그 생각을 입으로 선포했다고 한다. 그러자 프타의 이와 입술이 창조한 신인 아툼(Atum)이 세상을 창조했다고 한다. 학자들은 이 이집트 신화는 열아홉 번째 왕조(주전 1292-1189년)와 스물다섯 번째 왕조(주전 744-656년) 때쯤 저작된 것으로 추측한다. 멤피스 신학이 오래된 것이기는 하지만, 성경 저자들이 이러한 신학의 영향을 받은 것은 아니라는 것이 일반적인 학자들의 견해다.

3. 흔들리지 않는 하나님의 계획(33:8-11)

8 온 땅은 여호와를 두려워하며
세상의 모든 거민들은 그를 경외할지어다
9 그가 말씀하시매 이루어졌으며
명령하시매 견고히 섰도다
10 여호와께서 나라들의 계획을 폐하시며
민족들의 사상을 무효하게 하시도다
11 여호와의 계획은 영원히 서고
그의 생각은 대대에 이르리로다

기자는 앞 섹션에서 온 세상이 하나님의 말씀으로 창조되었다며 우리가 주님을 찬양할 첫 번째 이유를 제시했다. 본 텍스트에서는 세상 모든 것이 하나님의 계획에 따라 진행된다며 주님을 찬양하라고 한다. 우리가 여호와를 찬양할 두 번째 이유는 주님은 완벽한 계획에 따라 세상을 운영하시기 때문이다.

사람이 이러한 사실을 깨닫게 되면 하나님을 경외하는 것은 당연한 일이다. 하나님은 참으로 경이로운 분이시기 때문이다. 그러므로 기자는 '온 땅은 여호와를 두려워하며 세상 만민은 주님을 경외하라'고 권면하며 이 섹션을 시작한다(8절). '두려워하다'(ירא)와 '경외하다'(גור)는 공포와 두려움으로 사람의 마음을 가득 채운다는 뜻이다(cf. HALOT). 사람이 하나님에 대하여 이같이 느끼는 것은 좋은 일이다. 사람이 하나님을 경외하면 하나님이 어떤 분이신가를 알게 되어 죄를 덜 짓게 되기 때문이다. 오늘날 크리스천들이 앓고 있는 여러 가지 영적 결핍 중에서도 이 부분이 가장 심하다. 하나님에 대한 경건한 두려움이 우리의 삶을 채워야 한다.

하나님을 경외하라고 한 저자는 구체적으로 우리가 왜 하나님을 경외해야 하는가를 알려준다. 하나님이 계획하신 것들은 모두 이루어지기 때문이다(9-11절). "그가 말씀하시매 이루어졌으며, 명령하시매 견고히 섰도다"(9절)는 하나님이 말씀하시면 반드시 어떤 일이 일어난다는 뜻이다(Goldingay). 또한 "하나님이 말씀하시니 그대로 되니라"는 구절은 창세기 1장에서 여러 차례 반복되는 말씀을 연상케 한다. 하나님이 말씀하시면 그 누구도 반박하거나 거역할 수 없다는 뜻이다. 하나님 말씀의 절대성을 강조한다.

하나님의 계획과 세상 나라들의 계획이 대립할 때는 어떻게 되는가? 하나님은 열방의 계획을 폐하시고 그들의 생각을 무효화시키신다. 여호와를 인정하는 백성이든, 그를 부인하는 백성이든 모두 창조주 하나님의 통치 아래 있기 때문이다. '폐하다'(פור)와 '무효화하다'(נוא)는 계획한 바를 이루지 못하게 하여 좌절하게 한다는 뜻이다(cf. HALOT). 하나님의 계획과 대립하는 계획을 꿈꾸는 자들은 계획한 바가 실패할 뿐만 아니라, 실패로 인해 크게 좌절할 것이다. 전능하신 창조주의 선한 계획에 상반된 계략을 꿈꾸는 사람들이 실패하고 좌절하는 것은 당연한 일이다.

반면에 하나님의 계획은 영원히 서고 주님이 생각하시는 바는 대대에 이를 것이다(11절). '영원히'(לְעוֹלָם)와 '대대'(לְדֹר וָדֹר)는 하나님이 한번 계획하시면 주님의 계획은 세상 끝날까지 항상 유효하다는 사실을 강조한다(cf. HALOT). 하나님은 이 영원 불변성으로 우리의 구원을 계획하셨고 이루셨다. 그러므로 우리는 이미 천국에 가 있다는 것을 기정사실로 오늘을 살 수 있는 것이다.

4. 주님의 택함을 받은 백성(33:12-15)

12 여호와를 자기 하나님으로 삼은 나라
곧 하나님의 기업으로 선택된 백성은 복이 있도다
13 여호와께서 하늘에서 굽어보사
모든 인생을 살피심이여
14 곧 그가 거하시는 곳에서
세상의 모든 거민들을 굽어살피시는도다
15 그는 그들 모두의 마음을 지으시며
그들이 하는 일을 굽어살피시는 이로다

저자는 우리가 하나님을 찬양할 세 번째 이유를 말한다. 하나님이 우리를 자기 백성 삼으신 일을 찬양하라고 한다(12절). 천지를 아름답게 창조하시고 자기 계획대로 운영해 나가시는 하나님이 우리를 자기 백성 삼으셨다! 우리가 하나님의 백성이 된 것은 우연히 된 일이 아니다. 하나님이 태초부터 우리를 자기 백성으로 삼으실 계획을 세우셨기 때문에 주님의 이 은혜로운 계획에 따라 우리가 주의 백성이 되었다. 그러므로 우리는 하나님의 아름다운 창조 섭리의 일부가 되었다는 사실 하나만으로도 하나님께 무한한 감사를 드려야 한다.

하나님의 선택을 받은 백성은 곧 하나님의 '기업'이다. '기업'(נַחֲלָה)은 거처를 뜻한다(HALOT). 주의 백성은 하나님이 영원히 함께하시며 머무는 곳이라는 뜻이다. 그러므로 저자는 하나님의 선택을 받은 백성은 복이 있다고 한다. "여호와를 자기 하나님으로 삼은 나라"(12a절)는 다소 오해의 소지가 있는 번역이다. 이 히브리어 문구(יְהוָה אֱלֹהָיו)는 단지 '여호와가 그들의 하나님이다'라는 뜻을 지녔다. 민족이 의지적으로 여호와를 자기 하나님으로 삼은 사실을 의미하는 것이 아니라, 여호와가 그의 하나님이 되어 주신 것을 선언한다. 하나님의 선택은 전적으로 여호와의 의지에 의한 것이지, 백성이 그를 택한 것이 아니다.

하나님은 세상을 창조하시고 세상의 움직임을 주관하실 뿐만 아니라 이 세상에서 일어나는 모든 일들을 관심 있는 눈으로 지켜 보신다(13-15절). 기자는 하나님이 세상을 관찰하신다는 사실을 네 차례나 강조한다. "굽어보사…살피심이여…굽어살피시는도다… 굽어살피시는 이로다." 하나님은 이 땅에서 일어나는 일은 하나도 놓치지 않고 모두 알고 계신다는 뜻이다.

하나님이 특별히 관심을 가지시는 것은 사람들과 그들의 행동이다. "인생을 살피심이여…거민들을 굽어살피시는도다…그들이 하는 일을 굽어살피시는 이로다." 그러므로 여호와께서는 땅 위에 있는 모든 사람들을 바라다보시며 그들의 일거일동을 살피신다.

하나님은 왜 이렇게 사람들과 그들이 하는 일에 관심이 많으신가? 그들에게 적절하게 보응하시기 위해서다. 세상에서 의롭게 행하는 사람들은 적절한 보상을 받을 것이요, 악을 행하는 자들은 심판을 받게 될 것이다. 우리가 세상을 살며 핍박과 어려움을 당할 때 위로가 되는 원리다. 하나님이 우리의 형편을 잘 알아 헤아려 주실 것을 소망할 수 있기 때문이다. 그러므로 참으로 원통한 일을 당해 피눈물이 나더라도 공의와 정의에 대하여 낙심할 필요는 없다. 주님이 모두 알고 계시기 때문이다.

하나님이 이처럼 사람들과 그들의 행동에 지대한 관심을 가지고 있으신 것은 주님이 그들 모두의 마음을 지으셨기 때문이다(15a절). 하나님은 사람들이 원래 그들의 마음이 창조된 의도에 따라 사는지를 지켜보시는 분이다. 우리가 주님이 창조하신 의도에 따라 살면 기뻐하시며 복을 주실 것이고, 악을 행하여 하나님의 선하신 의도를 훼손하며 살면 벌을 주실 것이다. 그렇다면 우리의 마음은 그 의도를 어떻게 표현하는가? 기자는 우리의 행실이 우리의 마음을 표현한다고 한다. 그러므로 우리의 마음을 지으신 이가 우리가 하는 일을 살피신다(15절).

5. 주님의 보호를 받는 백성(33:16–19)

16 많은 군대로 구원 얻은 왕이 없으며
용사가 힘이 세어도 스스로 구원하지 못하는도다
17 구원하는 데에 군마는 헛되며
군대가 많다 하여도 능히 구하지 못하는도다
18 여호와는 그를 경외하는 자
곧 그의 인자하심을 바라는 자를 살피사
19 그들의 영혼을 사망에서 건지시며
그들이 굶주릴 때에 그들을 살리시는도다

이때까지 기자는 우리가 여호와를 찬양할 이유 세 가지를 제시했다. (1)하나님이 정직한 말씀으로 성실하게 세상을 창조하셨다. (2)여호와는 자신의 완벽한 계획에 따라 세상을 운영하신다. (3)하나님은 우리를 자기 백성 삼으셨다. 여기에 네 번째 이유가 더해진다. 우리는 하나님이 우리를 구원하시고 보살펴 주시는 분이심을 찬양해야 한다.

이때까지 저자가 제시한 네 가지는 우리의 삶에서 가장 저변에 있는 것에서 가장 중심에 있는 것으로 심화되는 단계를 보인다. (1)하나님이 천지를 창조하심→(2)하나님이 창조하신 세상을 자기 계획대로 운영하심→(3)하나님이 세상에 있는 수많은 백성들 중 우리를 자기 백성으로 삼으심→(4)하나님이 자기 백성인 우리를 구원하고 보살피심. 이 같은 심화 단계는 성경의 가르침과 일치한다. 하나님이 천지를 창조하신 최종적인 목적은 자기 백성을 구원하시기 위해서다. 학자들은 이러한 현상을 창조론은 구원론의 서곡이라고 하기도 하고, 창조론은 구원론에 종속되었다고 하기도 한다.

기자가 앞 섹션에서 강조했던 하나님의 계획과 관찰은 곧 주님의 구원과 보살핌으로 연결이 된다. 태초 때 하나님이 계획하신 대로 세상이 진행된다면, 아무리 많고 유능한 군사를 지닌 왕이라도 스스로는 자기 목숨 하나 구원할 수 없다(16절). 본문에서 군사력은 세상과 인간의 모든 능력과 노력을 상징한다(deClaissé-Walford et al.). 하나님의 계획에 왕의 구원이 포함되어 있지 않으면 절대 이루지지 않을 것이라는 의미다. 그러므로 그가 지닌 수많은 군마와 군대는 그를 구원할 수 없으므로 헛되다(17절). 사람이 구원에 이르려면 자기가 가진 것에 의지하지 말고 하나님을 의지해야 한다. 하나님이 허락하지 않으셨으면 모든 것이 헛되기 때문이다.

반면에 하나님은 자기 백성을 철저하게 보호하시는 분이다. 앞 섹션에서 세상 상황을 세세하게 살피셨던 여호와께서 자기 백성들을 그들이 처한 곤경에서 구원하신다(18-19절). 세상을 아름답게 창조하시고 선하게 운영하시는 하나님이 하나님을 '경외하고'(יָרֵא) '인자하심'(חֶסֶד)을 간절히 바라는 자기 백성이 고통(악한 일)당하는 것을 모른 척하실 리가 없다. 그러므로 하나님은 그들의 영혼을 사망에서 건지시고, 그들이 굶주릴 때에 그들을 살리신다. 하나님의 구원과 보살핌의 범위는 단지 영혼 혹은 육신에 제한되는 것이 아니라, 영과 육의 필요를 모두 채우시는 포괄적인 은혜다.

이같이 놀라운 하나님의 구원과 보살핌은 세상 왕들이 거느린 군대가 아무 일도 할 수 없는 것과 매우 강력한 대조를 이룬다(cf. 16-17절). 세상에서 가장 큰 군대도 할 수 없는 일을 하나님은 쉽게 해내시는 분이시다. 이 놀라운 하나님의 은혜의 수혜자들은 누구인가? 여호와를 경외하는 사람들이며, 주님을 사랑하여 간절히 바라는 이들이다(18절). 세상 모든 사람이 주님의 놀라운 구원과 보호를 누릴 수 있는 것이 아니라, 어려운 환경에 처하더라도 오직 주를 즐거워하는 사람들만이 이러한 특혜를 누릴 것이다. 그러므로 하나님을 믿는다는 것은 단순히 하나님에 대하여 경건한 자세를 유지하는 것을 의미하는 것이 아니라, 참으로 어렵고 위험한 상황에서 용기를 내어 주님을 의지하고 신뢰한다는 것이다(Brueggemann & Bellinger).

6. 마무리하는 기도(33:20-22)

20 우리 영혼이 여호와를 바람이여
그는 우리의 도움과 방패시로다
21 우리 마음이 그를 즐거워함이여
우리가 그의 성호를 의지하였기 때문이로다
22 여호와여 우리가 주께 바라는 대로
주의 인자하심을 우리에게 베푸소서

기자는 우리가 여호와를 찬양할 네 가지 이유, 즉 하나님의 말씀, 계획, 보살핌, 능력 등을 묵상한 다음 가장 자연스럽고 당연한 결론으로 주의 백성들에게 주님만을 의지하라고 호소하며 이 노래를 마무리한다. 하나님이 자기 백성에게 이처럼 놀라운 구원과 보호를 계획하시고 이루어 나가시니 우리는 오직 주님만을 찬양하며 주님을 간절히 바라보아야 한다.

이때까지 저자는 하나님의 네 가지 속성을 찬양했다. 이제 그는 그가 하나님께 드린 찬양이 우리의 삶에서 어떻게 적용이 되어야 하는가를 권면하다. 첫째, 우리는 여호와를 간절히 바라야 한다(20절). 하나님은 우리의 도움이자 방패이시기 때문이다. 특별히 어렵고 힘든 일을 겪는 사람은 피난처이신 하나님께 피할 이유가 있다. 성도가 삶에서 하나님을 얼마나 간절히 바라는가는 그의 신앙을 가늠하는 척도일 수 있다. 하나님을 간절히 바랄수록 그는 큰 믿음의 소유자다.

둘째, 우리는 하나님을 기뻐해야 한다(21절). 살다 보면 삶이 참으로 고통스럽고 힘들 수 있지만, 저자는 이러한 상황에서도 우리가 하나님을 기뻐할 수 있는 비결을 알려준다. 바로 하나님의 이름을 의지하는 것이다. 고통스럽게 사는 성도가 자기 삶을 바라보면 기뻐할 일이 없다. 그러나 이러한 상황에서도 그가 하나님의 거룩한 이름을 묵상하고 의지하면, 하나님은 분명 그에게 기쁨을 주실 것이다. 기쁨의 출처가 그 사람 안(자신)에 있는 것이 아니라, 밖(하나님)에 있기 때문이다.

이렇게 하면 하나님은 우리가 주님께 바라고 소망하는 대로 주의 인자하심을 우리에게 베푸실 것이다(22절). 하나님이 우리의 기도를 들으시어 환난과 역경에서 우리를 구원하실 것이라는 의미다. 여호와께서 오직 하나님만을 간절히 바라보는 성도에게 자비를 베푸시는 것은 당연한 일이다.

기자는 구약의 주요 신학적 주제들을 엮어 하나님을 찬양했다. 그는 다양한 주제를 함께 묶어 노래하는 일을 통해 구약 성도들의 사고를 잘 반영하고 있다. 하나님에 대한 지식은 결코 한 부분만이 강조가 될 수 없으며, 여러 가지 다양한 주제들과 하나님의 속성들이 함께 어우러져 균형 있는 가르침이어야 한다.

우리가 하나님에 대하여 말할 때 필요에 따라서는 부분적인 것을 강조하게 되지만, 그 다음에는 성경 전체가 제시하는 하나님으로 돌아가야 한다. 또한 이러한 신학적인 인식이 찬양으로 이어진다는 것이 의미하는 바는 매우 크다. 우리의 모든 묵상과 연구가 주님에 대한 찬양으로 이어져야 한다. 이런 면에서 신학과 학문은 실용적이어야 한다.

제34편

다윗이 아비멜렉 앞에서 미친 체하다가 쫓겨나서 지은 시

I. 장르/양식: 개인 찬양시(cf. 11편)

이 시편은 개인 찬양시의 한 부분인 감사시(psalm of thanksgiving)로도 구분된다(deClaissé-Walford et al.). 확실하지는 않지만 회당에서 성도들이 각자 개인적인 불안과 소망, 고난과 구원 등을 묵상하면서 하나님의 가르침을 추구하며 부른 노래였을 것이다(Gerstenberger).

이 노래는 선포적 찬양시(declarative psalm of praise, 1-10절)와 서술적 찬양시(descriptive psalm of praise, 11-22절) 등 두 파트로 구분된다. 두 번째 파트인 서술적 찬양시(11-22절)는 지혜를 가르치는 성향을 지니고 있다. 그러므로 학자들은 이 섹션을 따로 구분하여 교훈시(didactic poem)라고 하기도 한다(Kraus, Mowinckel). 실제로 지혜 사상에서 흔히 사용되는 '자녀들'(cf. 잠 1:8, 3:1, 4:1)이 11절에서 발견되고, 이 섹션의 주제가 '여호와 경외'(잠 1:7, 29; 2:5, 9:10, 15:33)이며 가르침의 목적이 '생명'을 주기 위해서라는 것(잠 3:2, 16, 18; 4:22-23, 5:6, 10:17)도 11-22절이 교훈시라는 것을 암시한다. 그러므로 이 시는 찬양시와 교훈시의 결합이며(cf. deClaissé-Walford et al.) 전체를 논할 때는 찬양시로 보는 것이 바람직하다. 교훈시도 지혜의 근원이신 하나님을 찬양하는 기능을 지녔기 때문이다.

이 시편은 히브리어 알파벳 순서로 전개되는 유희시(acrostic poem) 형태를 취하고 있다(cf. 25편). 유희시인 25편처럼 이 시에서도 마지막 절(22절)은 알파벳 순서를 벗어났다. 저자는 시를 시작하는 1절을 시작하는 글자(א)와 한 중앙에 있는 11절을 시작하는 글자(ל)와 마지막 절인 22절을 시작하는 글자(פ)를 조합하면 '알렙'(אלף), 곧 히브리어 알파벳 중 첫 번째 글자(א)의 이름이 되도록 했다. 저자는 이 시가 지혜를 가르치는 노래라는 것을 암시하기 위하여 이렇게 했다(McCann, cf. 잠 31:10-31).

II. 구조

일반적으로 유희시는 구조를 파악하기가 매우 어렵다. 저자가 히브리어 알파벳을 순서대로 사용하는 일에 치중하다 보니 시가 완전함/포괄성(completeness)은 역력하게 드러나지만 짜임새 있는 구조를 파악하기는 어렵다. 이 주석은 다음과 같은 순서에 따라 본문을 주해해 나가고자 한다.

A. 찬양 초청(34:1-3)
B. 응답하시는 여호와(34:4-7)
C. 보호하시는 여호와(34:8-10)
D. 여호와를 경외하는 방법(34:11-14)
E. 여호와의 보호(34:15-22)

III. 주해

이 시의 표제는 다윗의 삶에서 구체적인 한순간에 대한 정보를 포함하고 있다. 다윗이 사울을 피해 블레셋으로 도망갔을 때에 있었던 일을 회고하며 이 노래를 지었다는 것이다(cf. 삼상 21:10-15). 다윗이 블레셋의 도움을 기대했지만, 반응이 별로 좋지 않자 블레셋 왕 아기스 앞에서 미친 체하여 살아남게 된 사건이다. 그런데 사무엘서에는 분명 블레셋의 왕이 아기스였다고 하는데, 이 표제는 왜 아기스가 아니고 아비멜렉을 언급하는 것일까? 아마도 아기스의 즉위 타이틀(throne name, 이집트의 왕들이 모두 '바로'라고 불린 것처럼)이 아비멜렉이었을 것으로 추정된다(Craigie).

전체적인 내용을 감안하여 이 사건과 이 시편은 별 연관이 없었던 것으로 판단하는 쪽이 대부분 주석가들의 견해다(cf. Brueggemann & Bellinger, Davidson). 그러므로 이 정보를 바탕으로 이 노래를 다윗과 연관 지어 해석하는 학자들은 거의 없다. 심지어는 이 노래가 유희시라 하여 포로기 후(post-exilic) 시대에 저작된 것이라는 주장도 있다(Anderson).

내용을 분석해 보면 전반부(1-10절)는 함께 여호와를 찬양하자는 초청(1-3절)과 하나님을 찬양할 이유 두 가지(4-10절)로 구성되어 있다. 후반부(11-22절)는 사람이 삶에서 여호와를 경외하는 방법을 제시하고(11-14절), 이 방법에 따라 살면 하나님의 보호를 받을 것이라는 가르침(15-22절)으로 구성되어 있다.

1. 찬양 초청(34:1-3)

1 내가 여호와를 항상 송축함이여
내 입술로 항상 주를 찬양하리이다
2 내 영혼이 여호와를 자랑하리니
곤고한 자들이 이를 듣고 기뻐하리로다
3 나와 함께 여호와를 광대하시다 하며
함께 그의 이름을 높이세

저자는 이 시를 쓰는 목적을 처음부터 분명하게 밝히고 있다. 여호와를 송축하기 위해서다. '송축하다'(ברך)(1절)의 기본적인 의미는 '복을 빌어주다'이다(HALOT). 그러나 사람이 하나님께 복을 빌어줄 수 있는 것은 아니다. 인간이 하나님을 송축한다는 것은 경배와 찬양을 드리기 위하여 주님 앞에 무릎을 꿇는다는 뜻이다(McCann). '찬양'(תְּהִלָּה)은 소리를 내는 것과 연관이 있다. 그러므로 기자는 1절에서 자신의 몸이 예배에 합당한 자세를 취하게 한 다음 소리를 내어 주님을 경배하고 있다고 한다(Goldingay).

"내 영혼이 여호와를 자랑하리라"(בַּיהוָה תִּתְהַלֵּל נַפְשִׁי)(2절)의 더 정확한 번역은 "여호와 안에서 내 영혼이 자랑하리라"다(NAS, NIV, ESV, NRS, TNK). 이 말씀은 기자가 하나님을 자랑하는 것이 아니라 주님의 은혜를 입어 구원에 이른 자기 형편을 자랑하겠다는 의지를 표현하고 있다. 그렇게 하면 '곤고한 자들'이 도전을 받아 그들도 하나님의 구원의 손길을 간절히 사모할 것이기 때문이다. '곤고한 자들'(עֲנָוִים)은 온갖 어려움을 겪어 영육 간에 완전히 위축되어 있는 사람들을 뜻한다(cf. HALOT). 하나님의 은혜로 어려운 문제에서 벗어난 일을 자랑하는 일을 간증이라고 한다. 우리가 간증하는 목적이 바로 여기에 있다. 내 자랑이 아니라, 곤경에 처한 사람들이 하나님의 은혜를 경험하도록 그들을 하나님께 인도하는 것이 간증의 목적이다.

저자가 정확히 어떠한 하나님의 은혜를 체험했는지는 알 수 없다. 그럼에도 불구하고 그가 매우 결정적이고 확실한 하나님의 은혜를 경험한 것은 확실하다. 그가 그 일을 계기로 오직 평생 하나님만을 찬양하겠다는 확고한 의지와 신념을 매우 확실하게 표현하고 있기 때문이다. 그는 늘 여호와만을 찬양할 것이며, 하나님을 찬양하는 노래가 그의 입에서 그치지 않을 것이다(1절). 전적으로 하나님만을 의식하고, 오직 하나님만을 마음에 두는 '성령에 취한 삶'을 살아가겠다는 의지의 표현이다.

기자는 하나님의 도우심을 경험한 일을 토대로 여호와를 함께 찬양하자며 주의 백성을 초청한다(3절). 우리는 이미 개인적으로 체험하는 하나님의 은혜가 공동체의 찬양의 근거가 되는 것을 여러 시편에서 보았다. 이 시편에서도 그러한 현상이 포착되고 있다. 은혜라는 것은 나눌수록 많아지는 것이며, 공동체에 속한 한 개인이 체험한 은혜는 곧 그 공동체에 속한 모든 사람의 체험이 되는 것이다.

2. 응답하시는 여호와(34:4-7)

4 내가 여호와께 간구하매 내게 응답하시고
내 모든 두려움에서 나를 건지셨도다
5 그들이 주를 앙망하고 광채를 내었으니
그들의 얼굴은 부끄럽지 아니하리로다
6 이 곤고한 자가 부르짖으매 여호와께서 들으시고
그의 모든 환난에서 구원하셨도다
7 여호와의 천사가 주를 경외하는 자를 둘러 진 치고
그들을 건지시는도다

앞 섹션에서 저자는 자기 생명이 다할 때까지 오직 하나님만을 찬양하겠다고 단언했다. 그는 어떤 은혜를 경험했기에 이처럼 확고한 결단을 할 수 있었던 것일까? 그는 자신이 처했던 상황에 대하여 구체적인 언급은 하지 않지만, 그가 여호와를 찾았을 때 응답하시고 모든 두려움에서 건지셨다고 한다(4절). 기자가 자신이 처한 상황에 대하여 구체적인 언급을 자제하는 것은 이 노래가 언제, 어디서든 주의 자녀가 곤경에 처할 때 불리도록 하기 위해서다(deClaissé-Walford et al.).

그가 하나님을 찬양하는 첫 번째 이유는 하나님이 그의 기도를 응답하셨기 때문이다. 하나님은 그의 기도를 응답하신 것처럼 누구든 주님을 간절히 바라는 사람의 기도를 들어 주실 것이다. 그는 자기가 경험한 하나님의 은혜를 회고하며 누구든 하나님을 경외하고 바라는 사람은 자기처럼 두려움에서 해방되는 것을 소망할 수 있다는 사실을 확인해 주고자 한다.

기자는 그가 개인적으로 체험한 하나님의 은혜를 온 공동체를 향한 권면으로 승화시키고 있다. "주님을 우러러보아라. 네 얼굴에 기쁨이 넘치고 너는 수치를 당하지 않을 것이다"(5절, 새번역). 사람이 주를 우러러보는 것은 하나님의 도움을 구하는 것을 뜻한다(Goldingay). 하나님을 의지하는 사람은 결코 실망하지 않을 것이다. 하나님이 그를 꼭 구원하실 것이기 때문이다.

저자가 펼치는 논리는 간단하다. 하나님은 보잘것없는 자의 기도를 들으시고 그를 모든 환난에서 구원하셨다(6절). 미천한 그를 구원하신 하나님이 더 믿음이 좋고 훌륭한 사람들의 기도를 들어주지 않으실 리 없다. 그는 "나 같은 낮은 자의 기도를 들으시는 분이 어찌 당신같이 더 뛰어난 사람의 기도를 듣지 않으시겠는가!"라는 원리로 간증하고 있다.

그렇다면 하나님이 베푸시는 구원을 무엇에 비교할 수 있을까? 기자는 성도들을 둘러싸고 있는 천군 천사의 능력에 비유한다. 둘러싸고 있는 천사들 이미지는 절대적인 여호와의 구원을 의미할 뿐만 아니라, 그 어떠한 외부 세력도 천군 천사들이 보호하는 성도들을 해하지 못할 것을 상징한다. 천군 천사들이 호위병이 되어 보호하고 있는 사람을 누가 해할 수 있겠는가!

3. 보호하시는 여호와(34:8-10)

8 너희는 여호와의 선하심을 맛보아 알지어다
그에게 피하는 자는 복이 있도다

> [9] 너희 성도들아
> 여호와를 경외하라
> 그를 경외하는 자에게는 부족함이 없도다
> [10] 젊은 사자는 궁핍하여 주릴지라도
> 여호와를 찾는 자는 모든 좋은 것에 부족함이 없으리로다

기자는 이 섹션에서 자기가 여호와를 찬양하는 두 번째 이유는 여호와의 선하심이 주님을 의지하는 모든 사람을 보호하기 때문이라고 한다. 그는 하나님의 선하심을 맛보았기 때문에 주님의 선하심이 얼마나 좋은 것인가를 잘 알고 있다. 그러므로 그는 사람들에게 자기처럼 하나님의 선하심을 경험해 보라고 한다(8a절). 그렇다면 어떻게 하면 사람이 여호와의 선하심을 맛볼 수 있는가? 하나님을 피난처로 생각하고 주님께 피하면 맛볼 수 있다고 한다(8b절). 하나님의 선하심은 환난과 핍박에서 성도를 보호하는 행위임을 암시하는 것이다. 치열하고 무자비하게 공격적인 세상에서 잠시나마 적들의 공격을 염려하지 않고 쉴 수 있는 것이야말로 참으로 하나님의 선하신 배려라고 할 수 있다.

기자는 성도들에게 여호와를 경외하라고 외친다(9절). 하나님은 자기를 경외하는 사람들의 모든 필요를 채우셔서 하나도 부족하지 않게 해 주신다. 하나님은 자기에게 피하는 백성을 보호하실 뿐만 아니라 그들이 필요한 것도 모두 공급해 주시는 분이다(9절). 그러므로 한참 먹이 사냥에 왕성한 젊은 사자가 사냥을 하지 못해 배를 굶는 일은 있을지라도, 여호와를 의지하고 찾는 사람들은 부족한 것이 없을 것이다(10절). 본문에서 사자는 하나님을 의지하지 않는 악인을 상징한다(deClaissé-Walford et al.).

하나님이 의인들에게 내려 주시는 좋은 것에는 끝이 없다. 마치 시편 23:1을 읽는 듯한 느낌을 준다. 기자는 여호와는 자기를 의지하는 사람들의 모든 필요를 채우고 그들을 보호하는 분이시라고 한다. 마치

시편 23편에서 양들의 모든 필요를 채워 주는 목자처럼 말이다.

4. 여호와를 경외하는 방법(34:11-14)

[11] 너희 자녀들아
와서 내 말을 들으라
내가 여호와를 경외하는 법을
너희에게 가르치리로다
[12] 생명을 사모하고 연수를 사랑하여
복 받기를 원하는 사람이 누구뇨
[13] 네 혀를 악에서 금하며
네 입술을 거짓말에서 금할지어다
[14] 악을 버리고 선을 행하며
화평을 찾아 따를지어다

우리는 어떻게 하면 하나님의 놀라운 구원과 보호를 누릴 수 있는가? 저자는 하나님을 경외하는 지혜를 가지면 가능하다며 사람이 하나님을 경외한다는 것이 무엇을 의미하는가에 대하여 알려주기를 원한다(11절). 그는 또한 여호와를 경외하면 하나님의 복을 받아 장수를 누릴 것이라는 말도 덧붙인다(12절).

사람이 하나님을 경외한다는 것은 두 가지 측면을 지녔다. (1)언어적인 측면, (2)행동적인 측면. 첫째, 언어적인 측면이다. 하나님을 경외하는 일은 무엇보다도 경건한 대화 습관에서 비롯되어야 한다. 그러므로 하나님의 자녀들은 자기 혀로 악한 말을 하지 말아야 하며, 거짓말을 자제해야 한다(13절). 사람이 하는 말은 항상 위험을 안고 있다. 말로 사람을 살릴 수도 있지만 죽일 수도 있다. 그러므로 하나님을 경외하는 삶이 말에 대한 지침을 포함하는 것은 당연한 것이다.

혀는 사람이 가장 많은 죄와 심각한 죄를 짓는 도구이므로 혀를 조정할 수 있다면 여호와를 경외하는 삶의 상당 부분에 도달한 것이라 할 수 있다. 하나님이 서로 격려하고 위로하라며 사람에게 말할 수 있는 능력을 주셨으니, 우리가 서로에게 선한 말을 하는 것은 창조주 하나님의 뜻에 부응하는 일이며, 더불어 살아가는 서로에게 삶의 활력소와 힘이 된다. 반면에 악한 말은 하나님이 주신 은혜를 잘못 사용하는 것이며, 함께 살아야 할 사람들을 죽인다.

둘째, 행동적인 측면에서 하나님을 경외하는 것은 악을 버리고 선을 행하는 것이며 화평을 추구하는 삶을 사는 것이다(14절). 우리가 악한 일은 피하고(סוּר מֵרָע) 선한 일만 하는(עֲשֵׂה־טוֹב) 것이 하나님의 뜻이다. 성경은 악을 행하는 것뿐만 아니라, 악에 동조하는 것, 심지어는 불의에 눈을 감는 것마저도 죄로 취급한다. 그러므로 여호와를 경외하는 삶은 악에서 완전히 돌아서고(סוּר) 그것을 열정적으로 배척하며, 동시에 선한 일을 추구하는 것이다. 믿음으로 사는 일은 특정한 일을 하지 않는 소극적인 면과 어떤 일은 열심히 추구하는 적극적인 면을 동반해야 한다. 나쁜 습관을 버렸다면, 그 자리를 차지할 좋은 습관을 연습해야 한다.

또한 우리는 삶에서 항상 선택을 해야 하며, 그 선택에 대하여 책임을 져야 한다. 하나님은 우리가 선을 택하고 악을 버리기를 원하신다. 간혹 두 개의 악 중에 하나를 선택해야 할 때는 그나마 더 작은 악을 선택하면 된다. 하나님이 언젠가는 우리의 선택에 대하여 책임을 물으실 것을 의식하며 살면 우리가 선을 선택해야 하는 이유가 더 선명해진다. 악을 배척하고 선을 선호하는 것, 이것이 바로 하나님을 경외하는 삶이다.

하나님을 경외하는 사람은 삶에서 화평을 찾는다(14b절). '찾는다'(בקשׁ)는 매우 열정적인 단어다. '평화'(שָׁלוֹם)는 인간이 이 땅에서 추구할 수 있는 최고의 선이다. 세상에서 가장 순수하고 아름다운 것을 매우 열정적으로 찾는 삶이야말로 여호와를 경외하는 삶이다. 그러나 이러한 평화는 오직 예수님만이 주실 수 있다는 것이 신약의 가르침이다.

분쟁과 다툼이 많은 세상에서 화평을 추구하는 일은 쉽지 않다. 화평을 추구하는 대가로 손해를 보기 일쑤기 때문이다. 그러므로 화평을 추구하는 사람은 곧 자신의 관심사와 이권을 포기해야 한다(deClaissé-Walford et al.). 또한 우리가 사회에서 가장 연약하고 소외된 사람들의 안녕을 추구할 때 비로소 진정한 화평을 누릴 수 있다.

하나님은 우리가 화평을 추구하며 살기를 원하신다. 우리와 대립하는 자들도 하나님이 자기의 모양과 형상대로 만드신 사람들이기 때문이다. 사람들이 서로 화평하며 사는 것이 얼마나 강력한 하나님의 의지인지, 주님은 메시아를 평화/화평의 왕으로 이 땅에 보내셨다.

5. 여호와의 보호(34:15-22)

15 여호와의 눈은 의인을 향하시고
그의 귀는 그들의 부르짖음에 기울이시는도다
16 여호와의 얼굴은 악을 행하는 자를 향하사
그들의 자취를 땅에서 끊으려 하시는도다
17 의인이 부르짖으매 여호와께서 들으시고
그들의 모든 환난에서 건지셨도다
18 여호와는 마음이 상한 자를 가까이 하시고
충심으로 통회하는 자를 구원하시는도다
19 의인은 고난이 많으나
여호와께서 그의 모든 고난에서 건지시는도다
20 그의 모든 뼈를 보호하심이여
그중에서 하나도 꺾이지 아니하도다
21 악이 악인을 죽일 것이라

의인을 미워하는 자는 죄를 받으리로다
22 여호와께서 그의 종들의 영혼을 속량하시나니
그에게 피하는 자는 다 벌을 받지 아니하리로다

하나님을 경외하는 삶에 임하는 축복은 당면한 문제가 잘 해결된다거나 문제에서 면제되는 것이 아니다. 하나님을 경외하는 삶은 주님의 집중적인 관리 대상이 된다. 하나님이 주님을 경외하는 사람을 특별히 살피신다는 의미다. 그러므로 사람이 하나님을 경외하면 하나님의 임재가 그가 누릴 수 있는 가장 큰 축복이다(cf. McCann).

저자는 이 결론 부분에서 다시 한번 하나님은 우리가 심는 대로 거두게 하시는 분이라는 사실을 강조한다. 여호와의 눈은 항상 의인들을 향하시고 주님의 귀는 그들의 기도에 열려 있다(15절). 언제든지 주님은 그들을 도우실 준비가 되어 있으시다는 의미다. 반면에 하나님의 얼굴은 악인들의 일거수일투족을 지켜보다가 그들을 심판하여 이 땅에서 더 이상 살 수 없게 하시고 아예 그들에 대한 기억도 모두 지우신다(16절). 기자는 15-16절에서 하나님의 '눈, 귀, 얼굴'을 순차적으로 언급하고 있다. 고대 사회에서는 잊혀진다는 것이 가장 심한 벌 중 하나였는데, 하나님께 악인들이 잊혀지게 하실 것이라고 한다.

기자는 하나님이 의인의 부르짖음은 반드시 들어 주시고 그들을 모든 환난에서 구해 주신다는 사실을 재차 확인한다(17절). 하나님이 구원하고 도우시는 의인들 중에는 마음이 상한 자들과 충심으로 통회하는 자들이 포함되어 있다(18절). '마음이 상한 자들'(נִשְׁבְּרֵי־לֵב)은 마음/심장이 산산조각 난 상황을, '통회하는 자들'(דַּכְּאֵי־רוּחַ)은 영이 짓뭉개진 사람들을 의미한다(cf. HALOT). 사람의 마음과 영이 찢길 대로 찢겨 온전하지 못한 상황이다.

사람이 하나님 앞에서 의롭게 사는 것이 가장 이상적이다. 이런 사람들은 하나님의 구원을 바라는 것에 별 문제가 없으며, 하나님은 분명 그들을 환영하실 것이다. 그러나 살다 보면 실패할 때도 있고, 넘어질 때도 있다. 하나님은 실패하고 좌절하며 자신의 한계에 대하여 애통해 하는 사람들, 곧 마음이 상할 대로 상하고 영이 찢길 대로 찢긴 사람들도 환영하신다.

이 땅에서 의인으로 살아가는 일이 결코 문제에서 해방된다는 것은 아니다. 오히려 의인으로 살아가면 더 많은 핍박과 고난을 이겨내야 된다(19a절). 세상은 의인들을 좋아하거나 도와주는 곳이 아니기 때문이다. 세상은 의인들을 싫어하고 미워한다. 그러므로 의인들은 악인들보다 더 많은 고난을 이겨내야 한다. 다행히 하나님이 그들을 이 세상의 풍파와 환난에서 건져 내실 것이다(19b절). 하나님의 철저한 보호는 환난 중에도 의인들의 뼈가 하나도 꺾이지 않도록 하실 것이다(20절).

많은 기독교인들이 오늘도 착각 속에서 살아간다. 예수를 제대로 믿으면 그 어떠한 문제도 우리의 삶을 엄습하지 못한다는 착각이다. 그러나 성경은 결코 하나님을 의지하는 사람들이 삶의 문제에서 제외된다고 하지 않는다. 믿는 사람들도 세상 사람들처럼 병마에 시달릴 수 있고, 사고가 나서 고통을 당할 수도 있다. 다만 성경은 하나님이 의인이 처하게 되는 모든 어려움에서 반드시 그를 건져 주실 것을 약속하고 있을 뿐이다(19-20절). 그러므로 우리가 어려운 일을 당해도 낙심할 필요가 없는 것은 그것이 끝이 아니기 때문이다(Goldingay). 하나님이 우리를 구원하시는 일이 우리가 당하는 고난의 끝이다.

의인과 악인의 차이가 평상시에는 잘 보이지 않을지 몰라도, 어려운 일이 닥칠 때면 하나님이 그들을 어떻게 대하시는가가 확실하게 그들을 차별화시킬 것이다(21-22절). 그때가 되면 악이 악인을 죽일 것이다. 이같은 일은 하나님의 법정에서 혹은 세상의 법정에서 일어날 수 있다. 중요한 것은 정의는 꼭 이루어진다는 사실이다. 예수님께서 칼을 가지는 자는 다 칼로 망한다고 하셨는데(마 26:52), 그러한 원리가 이곳에서 암시되어 있는 듯하다. 의인을 미워하고 반대하는 자들은 모두 벌을 받을 것이다.

반면에 여호와께서 자기 종들의 영혼은 속량하신다(22절). 어떠한 경우에라도 그들이 멸망하도록 그대로 내버려두지 않으시고 꼭 개입하시어 그들을 구하실 것이다. 또한 여호와를 피난처로 삼아 그에게 피하는 사람들은 벌을 받지 않을 것이다. 하나님이 그들에게 지은 죄에 대한 대가를 묻지 않으실 것이라는 뜻이다. 이것은 하나님의 약속이다. 그러므로 하나님은 죄인인 우리가 심판을 염려하지 않고 평안과 안식을 누릴 수 있는 피난처이시다.

이 시는 여호와를 경외하는 삶이 어떤 것인가를 알려준다. 여호와를 경외하는 것은 지식의 근본일 뿐만 아니라 삶의 시작이자 목표이다. 많은 사람들이 경외와 두려움을 혼돈하는데, 여호와를 경외하는 삶은 모든 두려움에서 해방된 삶이다. 하나님이 그들의 즐거움이 되기 때문이다.

또한 이 노래에서 우리가 생각해 보아야 할 가르침은 하나님을 경외하는 삶이라 해서 모든 문제에서 해방되거나 더 이상 문제가 존재하지 않는 삶은 아니라는 것이다. 고난과 문제는 믿는 사람이나, 믿지 않는 사람이나 차별하지 않고 찾아온다. 우리가 하나님을 의지한다는 것은 어떠한 역경 속에서도 주님의 주권과 다스리심을 신뢰한다는 것이지, 결코 우리의 주변환경이 기적적으로 변해서 더 이상 우리를 위협하는 것들이 존재하지 않게 되는 것은 아니다. 하나님은 주로 우리를 변화시키시지 우리가 처한 환경을 변화시키는 일은 흔하지 않다.

그러므로 악인이나 의인이나 문제에 당면하기는 마찬가지다. 다만 문제가 찾아올 때 그들을 향한 하나님의 반응이 악인들과 의인들을 차별화시킨다. 하나님은 환난을 죄인들을 심판하는 기회로 삼으시며, 의인들에게는 환난이 하나님의 구원의 역사를 체험할 수 있는 기회로 삼으신다.

제35편

다윗의 시

I. 장르/양식: 개인 탄식시

이 노래를 탄식시가 아니라 단순한 기도문으로 간주하는 학자들도 있다. 그러나 상투적인 기도문으로 보기에는 사용하는 언어가 너무 강렬하다. 특히 원수들에게 해가 가기를 바라는 기자의 마음이 간절하다. 그러므로 대부분의 학자들은 이 시를 시편에 기록된 최초의 저주시(imprecatory psalm)라고 하기도 한다.

이 노래에는 탄식시보다는 탄원시(psalm of petition)라는 타이틀이 더 어울린다는 견해도 있다(Westermann). 탄식시는 탄원시를 아우르는 넓은 장르다. 이스라엘을 통치하는 왕이 국제적인 위기를 맞이하여 협정을 배반한 이방 나라에 대하여 하나님께 아뢰는 왕족시(royal psalm)로 간주하기도 한다(Craigie, Eaton, cf. 20편). 그러나 노래가 묘사하고 있는 갈등을 국제적인 위기로 간주하기에는 내용이 너무 사적으로 보인다(cf. deClaissé-Walford et al.).

표제가 다윗을 언급하고 있어 다윗이 사울에게 쫓겨 다닐 때(cf. 삼상 24장)를 배경으로 떠올리는 사람도 있지만(Goldingay), 다윗이 이 시의 저자라고 생각하는 사람은 거의 없다. 시의 내용이 구체적이지 않아서 기자가 의도적으로 이 노래를 언제, 어디서든 주의 백성이 어려운 일(질병 등)을 경험할 때 사용하도록 한 것으로 생각된다(cf. Gerstenberger). 실제로 이 노래는 교회에서 이러한 용도로 사용되어 왔다(McCann). 이 노래가 포로기후(post-exilic) 시대에 저작되었다고 주장하는 사람들도 있지만, 이렇다 할 증거는 없다(cf. Ross).

II. 구조

대부분의 학자들은 이 시가 뚜렷한 구조를 지니지 않았다고 생각한다(cf. deClaissé-Walford et al., Terrien). 그러나 하나님께 구원해 달라는 기도로 시작하여(1-3절), 그 구원을 기뻐하는 노래로 마무리 되는 것(27-28절)과 원수들에 대한 저주가 두 차례 등장하는 것(4-10, 19-26절)과 중앙에 구원을 간절히 염원하는 것(11-18절)이 이 시의 구조를 어느 정도 확신을 가지고 파악할 수 있도록 한다. 이 주석에서는 다음과 같은 구조를 바탕으로 본문을 주해해 나가고자 한다(cf. Goldingay, Ross, vanGemeren).

A. 구원자 하나님(35:1-3)
  B. 원수들 저주(35:4-10)
    C. 구원을 바라는 기도(35:11-18)
  B'. 원수들 저주(35:19-26)
A'. 구원자를 기뻐함(35:27-28)

III. 주해

이 시는 전쟁 용어와 법적인 용어를 배합하여 사용하고 있다. 이 노래는 분명 탄식시다. 그래서 구원을 바라는 기도(1-3, 17, 22-25절), 원수들 심판 요청(4-6, 8, 19, 26절), 불평(7, 11-12, 15-16, 20-21절), 찬양 맹

세(9–10, 18, 28절), 억울함 호소(13–14절) 등을 포함하고 있다(McCann). 문제는 이 주제들이 시의 일정한 흐름 속에 논리적인 위치에서 발견되는 것이 아니라, 서로 얽히고설키었다는 것이다. 저자가 삶 속에서 겪고 있는 혼란을 상징하기 위하여 이 같은 기술법을 사용했을 수도 있다(McCann).

기자가 정확히 어떤 일로 고통스러워 하는가에 대하여 알 수는 없지만, 그의 원통함으로 인한 분노는 극에 달했다. 오죽하면 원수들에게 저주가 내리기를 간절히 바라며, 하나님이 직접 나서셔서 그들과 싸워 그들을 묵사발로 만들어 달라고 하겠는가! 그러므로 이 시는 '매우 공격적이며 방어적으로' 도움을 구하는 기도다(Gerstenberger).

억울한 일을 겪고 큰 상처를 입은 사람의 울부짖음인 이 시는 독자들이 불의가 남기는 상처에 대하여 예전보다 더 예민해지도록 하는 효과를 지녔다(Kidner). 기자가 참으로 억울하게 당한 일을 근거로 하고 있다고 해서 초대 교회는 이 시를 예수님의 고난과 연결하여 해석했다(Terrien).

1. 구원자 하나님(35:1–3)

1 여호와여
나와 다투는 자와 다투시고
나와 싸우는 자와 싸우소서
2 방패와 손 방패를 잡으시고
일어나 나를 도우소서
3 창을 빼사 나를 쫓는 자의 길을 막으시고
또 내 영혼에게 나는 네 구원이라 이르소서

저자는 하나님께 '나와 다투는 자와 다투시고'(1절)라는 말로 이 노래를 시작한다. '다투다'(ריב)는 법정에서 시시비비를 가리는 일에 흔히 사용되는 동사다(HALOT). 그는 하나님이 그를 고발한 자들이 제기한 이슈들에 대하여 판단하시어 올바른 판결을 내려주시기를 간절히 바란다. 억울한 일을 당한 사람들이 하나님께 흔히 드리는 기도다.

나머지 부분은 전투와 연관된 이미지로 가득하다. 기자는 하나님께 작은 방패(מָגֵן)와 큰 방패(צִנָּה)로(2절), 또한 창(חֲנִית)과 투창(סְגֹר, 개역개정에서는 번역이 생략됨)으로(3절) 그를 추격해 오는 자들을 막아 달라고 한다. 기자는 두 개의 공격용 무기와 두 개의 방어용 무기를 언급하고 있다. 자신은 아무 것도 할 수 없어 오직 하나님께 피하니, 주께서 피신하는 그를 원수들의 손에서 보호하시고 그들을 공격도 하시라는 부탁이다.

일부 학자들은 하나님이 방패들을 사용하는 용사로 묘사되는 것이 이해가 잘 되지 않는다고 한다(cf. Goldingay). 하나님은 공격하시는 분이시기 때문이다. 그러나 기자가 본문에서 하나님께 그를 위해 싸울 준비를 모두 마친 전사(공격도 하고 방어도 하는 군인)가 되어 달라고 기도하고 있다는 점을 감안하면 문제가 되지 않는다. 기자가 기대하는 전사 하나님은 공격력을 상징하는 창과 투창뿐만 아니라 방어력을 상징하는 큰 방패와 작은 방패로 완전히 무장하신 분이시다(cf. Terrien).

하나님이 전쟁에 능숙한 용장의 모습으로 묘사되는 것은 출애굽 사건과 연관이 있다(cf. 출 15장). 이스라엘을 구원하신 여호와께서 이스라엘 공동체의 일원인 기자를 위해 다시 싸우신다(Goldingay). 그러나 이 긴박하고 불안한 상황에서 그가 가장 원하는 것은 하나님의 구원을 보장하는 말씀이다. 그러므로 그는 하나님께 '나는 네 구원이라'는 말씀을 해 달라고 간구한다(3절). 기자는 하나님께 피하는 일로 만족하지 않는다. 그는 하나님의 육성을 듣기 원한다.

'나는 네 구원이라'는 '나는 여호와, 너의 구원'이라는 이사야 49:26, 60:16 등을 연상케 한다. 기자가 하나님께 이러한 말씀을 직접 듣고자 하는 것은 그가 큰 위기감을 느끼고 있기 때문이다. 또한 하나님이 그에게 이렇게 말씀해 주시기만 하면, 하나님이 그가 참으로 억울한 일을 당하고 있다는 사실을 인정하시는 효과를 발휘한다. 그는 하나님이 그의 억울한 형편을 헤아려 주시고 위로해 주시기를 간절히 바란다.

기자는 하나님이 구원을 약속하시면 지금 그가 당면한 문제는 아무 것도 아니라는 사실을 잘 알고 있다. 하나님이 그와 함께하신다면, 누가 그를 대적하겠는가! 하나님이 그를 구원하신다면, 누가 그 일을 반대할 것인가! 그러므로 그는 하나님이 그의 일에 개입하시기를 간절히 바란다.

저자는 분사들(participles)을 사용하여 원수들의 행동을 묘사한다. '나와 다투는 자들'(לֹחֲמָי)(1절), '나를 쫓는 자들'(רֹדְפָי)(3절), '내 목숨을 노리는 자들'(מְבַקְשֵׁי נַפְשִׁי)(4절). 그는 홀로 원수들 여럿을 상대하고 있다. 원수들은 그를 괴롭히는 것으로 만족하지 않는다. 그들은 기자를 죽이려고 하고 있다. 그는 참으로 어려운 상황에 처해 있다. 그러므로 그는 그를 가장 확실하게 도와줄 수 있는 하나님께 피한다.

2. 원수들 저주(35:4–10)

4 내 생명을 찾는 자들이 부끄러워 수치를 당하게 하시며
나를 상해하려 하는 자들이 물러가 낭패를 당하게 하소서
5 그들을 바람 앞에 겨와 같게 하시고
여호와의 천사가 그들을 몰아내게 하소서
6 그들의 길을 어둡고 미끄럽게 하시며
여호와의 천사가 그들을 뒤쫓게 하소서
7 그들이 까닭 없이 나를 잡으려고
그들의 그물을 웅덩이에 숨기며
까닭 없이 내 생명을 해하려고 함정을 팠사오니
8 멸망이 순식간에 그에게 닥치게 하시며
그가 숨긴 그물에 자기가 잡히게 하시며

멸망 중에 떨어지게 하소서
9 내 영혼이 여호와를 즐거워함이여
그의 구원을 기뻐하리로다
10 내 모든 뼈가 이르기를
여호와와 같은 이가 누구냐
그는 가난한 자를 그보다 강한 자에게서 건지시고
가난하고 궁핍한 자를 노략하는 자에게서 건지시는 이라 하리로다

기자는 원수들이 그를 죽이려 한다며 그들을 '내 생명을 찾는 자들'(מְבַקְשֵׁי נַפְשִׁי)이라고 한다(4절). 이러한 상황에서는 화해가 불가능하다. 게다가 그는 참으로 억울하게 이런 일을 당하고 있다. 처한 상황이 얼마나 다급하고 절박한지 기자는 그들이 그물과 함정을 동시에 사용하고 있다고 한다(7절). 성경이 위협을 묘사할 때는 일상적으로 이 둘 중 하나만 언급하는데, 이곳에서는 둘이 한꺼번에 등장하면서 상황이 매우 절박함을 알린다(Goldingay). 그러므로 그는 그의 생명을 노리는 그들이 수치를 당하고 낭패를 보게 해 달라고 기도한다(4절).

저자는 구체적으로 원수들에게 다음과 같이 여덟 가지 저주가 내리기를 빈다. (1)낭패를 당하게 하고(4절), (2)바람에 날리는 겨와 같게 하고(5절), (3)천사가 그들을 흩어버리게 하고(5절), (4)그들의 길을 어둡고 미끄럽게 하고(6절), (5)그들의 뒤를 여호와의 천사가 뒤쫓게 하고(6절), (6)멸망이 순식간에 그들에게 닥치게 하고(8절), (7)그들이 숨긴 그물에 스스로 걸리도록 하고(8절), (8)완전히 멸망하여 다시는 회복하지 못하도록 해달라(8절). 참으로 원수들의 실패와 멸망을 바라는 간절하고 강렬한 저주다. 여호와께서 자녀들을 보호하기 위하여 천사들을 사용하시는 일은 시편에서는 독특한 현상이다(deClaissé-Walford et al.). 이 기도를 드리는 순간 그동안 원수들로 인해 생명에 위협을 느끼며 밤잠을 설쳤을 저자의 마음이 얼마나 시원했을까!

만일 저자의 원수들이 타당한 이유가 있어 그를 핍박하고 그의 생명을 노린다면, 그는 원수들을 저주할 자격이 없다. 그는 당연히 받을 만한 벌을 받고 있다고 할 수 있기 때문이다. 그러므로 기자는 7절에서 '까닭없이'(חִנָּם)라는 말을 두 차례 사용하여 자신의 결백을 재차 확인한다. 원수들은 그를 이렇게 대할 그 어떠한 이유나 명분이 없다는 것이다. 그러므로 그는 타당한 이유 없이 그의 생명을 노리는 원수들을 저주한다.

예수님은 원수들을 용서하고 사랑하라고 하셨는데, 그리스천들이 이처럼 원수들의 멸망을 바라며 기도해도 되는가? 예수님의 가르침과 구약의 저주시들이 표면적으로는 대립하는 듯하지만, 실제로는 대립하지 않는다. 사람이 자기에게 잘못한 사람을 마음속 깊은 곳에서부터 용서하려면 먼저 그 사람과 그가 저지른 일에 대한 감정을 정리해야 한다. 용서하는 사람이 감정을 제대로 정리하지 않고는 용서한다는 말이 가식적이고 상투적인 말이 되기 쉽기 때문이다.

억울한 일을 당한 사람이 감정을 추스르는 데 중요한 역할을 하는 것이 저주시다. 저주시를 기도로 삼아 읽으며 묵상하면 쌓인 감정과 서운한 마음을 털어내는 일에 큰 도움이 된다. 중요한 것은 하나님과 단둘이 있을 때 이런 일을 하는 것이다. 우리가 하나님을 참으로 우리의 아버지로 생각한다면 우리의 마음에 있는 긍정적인 말이든 부정적인 말이든 못할 이유는 없다(Zenger). 그래서 저주시들은 하나님께 드리는 기도로 표현되어 있다.

드디어 감정이 정리가 되면 그는 마음속 깊은 곳에서 그에게 상처를 입힌 사람들을 용서할 수 있다. 저주시는 진정한 용서의 첫 단계인 것이다. 그러므로 예수님의 가르침과 저주시는 서로 대립되지 않는다. 저주시는 성도가 예수님의 말씀에 순종하는 길을 제시하고 있다고 할 수 있다.

위에 언급된 저주는 9-10절과 직접적인 연관이 있다. 저자는 9절을 시작하며 ו를 결과적인 접속사(resultative waw)로 사용하여 4-8절과

9–10절의 관계를 "내가 저주한 대로 이루어 주신다면, 비로소(so that) 내 영혼이 주안에서 기뻐하며…"로 상황을 정리한다(cf. GKC, Waltke-O'Connor). 그는 하나님이 원수들을 심판하신 후에야 여호와를 기뻐하며 찬양할 것이라는 각오로 기도에 임하고 있다.

그렇다면 저자는 여호와께 협상을 제안하고 있는 것인가? 그렇지는 않다. 그는 10절에서 곧바로 '여호와와 같은 분이 누구입니까?'라며 주님을 찬양한다. 이 고백은 하나님의 구원이 곧 임할 것이라는 확신에서 우러나는 찬양이다(vanGemeren). 그는 하나님이 자기 기도를 들어 주실 것을 믿어 의심치 않는다. 그는 하나님께 협상을 제안하는 것이 아니라, 하나님이 꼭 그렇게 하실 것이기 때문에, 하나님이 그렇게 하시고 나면 마음껏 찬양하겠다는 각오를 밝히고 있다.

기자는 10절에서 하나님의 속성을 찬양하며 이 섹션을 마무리한다. 자기가 믿고 의지하는 여호와는 이런 분이시라는 신앙의 고백이다. 하나님은 약한 자를 강한 자들에게서 건지며, 가난한 사람과 억압받는 사람을 약탈하는 자들에게서 건지시는 분이다. 여호와는 세상에서 승승장구하는 강한 자들이 아니라, 소외되고 밟히는 약하고 힘없는 사람들의 하나님이시다. 그러므로 가난하고 연약한 사람들을 구원하시는 것을 기뻐하신다.

일부 학자들은 '내 모든 뼈가 이르기를'이라는 말이 기자가 병을 앓아 수척해진 것을 의미한다고 해석한다(McCann). 그러나 이 말은 "내 뼛속에서 나오는 고백입니다"(새번역)라는 의미로, 곧 저자는 하나님은 이런 분이라는 것을 마음속 깊은 곳에서부터 고백하고 있는 것으로 해석하는 것이 바람직하다(cf. 공동, 아가페, 현대인, NIV).

3. 구원을 바라는 기도(35:11–18)

11 불의한 증인들이 일어나서

내가 알지 못하는 일로 내게 질문하면
12 내게 선을 악으로 갚아
나의 영혼을 외롭게 하나
13 나는 그들이 병들었을 때에 굵은 베 옷을 입으며
금식하여 내 영혼을 괴롭게 하였더니
내 기도가 내 품으로 돌아왔도다
14 내가 나의 친구와 형제에게 행함같이
그들에게 행하였으며
내가 몸을 굽히고 슬퍼하기를
어머니를 곡함같이 하였도다
15 그러나 내가 넘어지매
그들이 기뻐하여 서로 모임이여
불량배가 내가 알지 못하는 중에 모여서
나를 치며 찢기를 마지아니하도다
16 그들은 연회에서 망령되이 조롱하는 자같이
나를 향하여 그들의 이를 갈도다
17 주여 어느 때까지 관망하시려 하나이까
내 영혼을 저 멸망자에게서 구원하시며
내 유일한 것을 사자들에게서 건지소서
18 내가 대회 중에서 주께 감사하며
많은 백성 중에서 주를 찬송하리이다

저자가 하나님을 바라보고 묵상할 때는 주님이 그를 구원하실 것이라는 확신에 찬다. 그러나 자신이 처한 위험한 현실로 눈을 돌리면 슬픔과 실망이 앞선다. 그를 가장 견디기 힘들게 하는 것은 배신당했다는 느낌이다. 그는 그의 생명을 노리는 사람들과의 관계에 성실하게 임했다. 그들을 친구들처럼 대한 것이다. 그러나 그들은 그의 신실함을 헌신짝처럼 버렸다(11-16절). 한마디로 말해 원수들은 그에게 선을 악으로 갚았다는 뜻이다(cf. 12절)

기자는 법적인 용어를 사용하여 원수들을 비난한다(11절). 11절이 구상하는 이미지는 그가 어떤 일로 인하여 재판을 받는 상황인데, 악인들이 증인들로 나서 그가 알지 못하는 일(그와 상관없는 일)로 그에게 질문을 한다. 그들은 기자를 곤경에 빠트리기 위하여 증언하고 있는 것이다. 그러므로 기자는 그들을 '불의한 증인들'(עֵדֵי חָמָס)이라고 부른다. '불의한'(חָמָס)은 폭력적이며 잘못되었다는 뜻이다(HALOT). 그들은 악의적으로 거짓 증언을 하는 자들이다.

그들의 이러한 행위는 선을 악으로 갚는 것과 다를 바가 없으므로 그를 외롭게 한다(שְׁכוֹל לְנַפְשִׁי)(12절). '외롭다'(שְׁכוֹל)는 전쟁 등으로 인하여 '아이를 잃어 아이가 없다'는 뜻이다(HALOT, cf. 137:8-9, 사 47:8-9). 기자는 그동안 그들을 선으로 대했으므로, 그들도 항상 그를 선으로 대할 것으로 기대했다. 그러나 정작 그가 어려운 일을 당하자(cf. 15절) 그들은 안면 몰수하고 악의적으로 그를 대하고 있다. 그는 그들에 대한 실망감과 허탈함을 마치 전쟁으로 인해 자식을 잃고 망연자실하는 부모의 심정으로 표현하고 있다. 부모가 자식을 잃는 것이 견디기 힘든 아픔인 것처럼 그도 참으로 고통스럽다는 뜻이다.

기자가 그를 상대로 없는 것을 만들어내며 악의적으로 증언하는 사람들을 어떻게 대했기에 이처럼 크게 실망하는가? 그는 그들이 병들었을 때 그들과 함께 아파하며 하나님께 치료해 달라고 기도한 일을 생각한다(13a-b절). 그는 굵은 베옷을 입고 금식하며 상한 마음으로 하나님께 간절히 기도했다. 그 다음 문장의 해석이 난해하다.

"내 기도가 내 품으로 돌아왔도다"(וּתְפִלָּתִי עַל־חֵיקִי תָשׁוּב)(13c절)의 문자적인 번역은 개역개정이 정확하다. 그러나 의미에 있어서 번역본들은 세 가지로 나뉘어져 있다. (1)하나님이 기자의 기도에 응답하지 않으시고 그에게 돌려 보낸 것(아가페, NAS, NIV, LXX), (2)기자가 기도할 때 머리를 가슴에 묻고 간절히 기도한 것(NRS, ESV, RSV, cf. 현대인, 공동), (3)하나님이 기자의 기도에 응답하신 것(새번역, CSB, cf. TNK, Kidner). 문맥을 고려하면 두 번째 해석-기자가 그들을 위해 기도할 때 머리를 가슴에 묻고 (자세를 최대한 낮추어) 참으로 간절히 기도한 것-이 가장 설득력이 있다.

13-14절은 기자가 과거에 그를 괴롭히는 자들을 위하여 얼마나 성실하게 선을 베풀었는가를 증언한다. 이러한 흐름과 맥락에서 기자는 13절에서 그들이 아팠을 때 마치 자기가 병든 것처럼 굵은 베옷을 입고 금식하며 괴로워했고 참으로 간절한 마음으로 자세를 낮추어 기도를 드렸다는 사실을 회고하고 있다(13절). 다음 절의 "내가 몸을 굽히고 슬퍼하기를"도 이러한 해석을 지지한다.

14절은 저자가 13절에서 말한 내용을 확대 설명하고 있다. 그를 괴롭히는 자들이 병들었을 때 그가 베푼 세 가지 선-베옷을 입고 금식하며 간절히 기도한 것(13절)은 기자가 그들을 마치 친구와 형제를 대하듯 대한 것이고, 자기 어머니가 돌아가셨을 때 곡하며 슬퍼하는 일과 같았다는 것이다(14절).

이처럼 그들을 선하게 대한 기자가 넘어지자 그들은 기다렸다는 듯이 그를 공격했다(16절). 참으로 선을 악으로 갚은 자들이다(cf. 12절). 그들은 그의 아픔을 기뻐하며 모였다(15b절). 기자를 어떻게 도울까를 논하기 위해서가 아니라 어떻게 더 아프게 할까를 논하기 위해서였다. 그러므로 그는 그들의 모임을 '불량배가 비밀리 모여 그를 치고 찢는 일'에 비교한다(15c-d절). 또한 그들은 기자를 향하여 이를 가는데, 이 배은망덕한 행동은 '잔칫집에서 망령되이 조롱하는 자들'과 같다(16절). 악인들은 때와 장소도 구분하지 못하고 배은망덕한 짓들을 하고 있다는 것이다. 상황이 이러니 기자가 하나님께 그들을 벌해 달라며 저주를 위해 기도하는 것은 당연한 일이다. 이 시편을 다윗의 삶과 연결하여 해석하는 사람들은 이 말씀이 사울이 다윗을 죽이려고 쫓아다니던 일을 회고한다고 생각한다(Delitzsch).

그러므로 저자는 하나님께 호소한다. "하나님, 언제까지 보고만 계시렵니까?"(17절) 이 말은 단순히 "언제쯤 도와주시렵니까?"라는 뜻이 아니다(cf. Goldingay). 원수가 누가 되었든 간에 모든 것을 아시는 여호와는 분명히 저자가 그들을 어떻게 대했는가에 대한 증인이시다. 그러므로 그는 심판하시는 하나님께 배은망덕한 그들을 벌해 달라고 한다.

하나님이 그들을 벌하시면, 하나님은 공의와 정의를 행하실 뿐만 아니라, 기자의 영혼을 저들에게서 구원하시는 효과도 거두신다(17절). 그는 그들을 멸망자들과 사자들에 비교한다. '멸망자들'(שֹׁאֵיהֶם)로 번역된 단어는 성경에서 이곳에 단 한번 사용되는 것이라 뜻을 파악하기가 어렵다(cf. HALOT). 한 가지 확실한 것은 매우 부정적이고 폭력적인 의미를 지닌 단어라는 것이다. 기자가 그들을 무자비하게 공격하는 사자들에 비교하기 때문이다.

하나님이 기자의 기도를 들어 주시어 그들을 벌하시면 그는 하나님이 행하신 일에 대하여 잠잠히 있지 않을 것이다(18절). 그는 사람들이 모인 곳에서 하나님이 하신 일에 대하여 간증하며 감사할 것이며, 그들도 그와 함께 하나님을 찬양하도록 할 것이다. 그가 경험한 하나님의 은혜로 인해 그가 속한 공동체가 하나님을 찬송하는 이유가 될 것이다. 이런 면에서 공동체와 멤버들은 하나가 되어야 한다.

4. 원수들 저주(35:19-26)

19 부당하게 나의 원수된 자가
나로 말미암아 기뻐하지 못하게 하시며
까닭 없이 나를 미워하는 자들이
서로 눈짓하지 못하게 하소서
20 무릇 그들은 화평을 말하지 아니하고

오히려 평안히 땅에 사는 자들을 거짓말로 모략하며
21 또 그들이 나를 향하여 입을 크게 벌리고
하하 우리가 목격하였다 하나이다
22 여호와여 주께서 이를 보셨사오니
잠잠하지 마옵소서
주여 나를 멀리하지 마옵소서
23 나의 하나님, 나의 주여
떨치고 깨셔서 나를 공판하시며
나의 송사를 다스리소서
24 여호와 나의 하나님이여
주의 공의대로 나를 판단하사
그들이 나로 말미암아 기뻐하지 못하게 하소서
25 그들이 마음속으로 이르기를
아하 소원을 성취하였다 하지 못하게 하시며
우리가 그를 삼켰다 말하지 못하게 하소서
26 나의 재난을 기뻐하는 자들이
함께 부끄러워 낭패를 당하게 하시며
나를 향하여 스스로 뽐내는 자들이
수치와 욕을 당하게 하소서

저자는 앞 섹션에서 원수들이 어떻게 그가 베푼 선을 악으로 갚았는가를 설명하며 그들의 손에서 구해 달라고 기도했다. 이제 그는 더 구체적으로 그들을 벌해달라며 저주의 기도를 한다. 그러므로 이 섹션은 원수들을 벌해 달라고 했던 4-10절과 평행을 이룬다. 그는 배은망덕한 원수들에 대하여 하고 싶은 말은 다 했으니 이제 여호와께서 그와 원수들 사이에 판결을 해 달라고 부탁하는 것이다. 그러나 이 섹션에도 기자가 원수들의 잘못을 비난하는 말이 곳곳에 있다. 그의 원수들에 대한 서운함과 분함이 극에 달했음을 암시한다.

기자는 하나님께 원수들이 자기 일로 인하여 서로 눈짓을 교환하며 기뻐하지 못하도록 해달라고 한다(19절). 그들이 아무 말도 못하고 그의 일에 침묵으로 일관하도록 해 달라는 기도다(deClaissé-Walford et al.). 그는 그들이 '부당하게' 그의 원수가 된 자들이라고 한다. '부당하게'(שֶׁקֶר)는 잘못된 것을 의미한다(HALOT). 이 사람들은 그의 원수가 될 만한 어떠한 이유나 명분이 없었다는 의미다. 그러므로 저자는 그들을 '까닭 없이 나를 미워하는 자들'이라고 한다.

그들은 그럴싸한 이유도 없으면서 왜 그를 미워한 것일까? 정확히 알 수는 없지만, 인간의 본성을 생각해 보면 아마도 시기와 질투 때문인 것이 거의 확실하다. 건강한 자아의식은 없고 자격지심으로 가득한 그들은 기자가 자기들보다 잘되는 것이 싫다. 그러므로 그가 넘어지자 기다렸다는 듯이 그를 조롱하고 비아냥거리는 원수가 되었다(cf. 21절). 사람이 성화되는 과정에서 가장 어려워하고 잘 안되는 것이 바로 이 부분이다. 슬퍼하는 사람과 슬퍼하는 것은 쉬운 일이다. 그러나 승승장구하며 기뻐하는 사람과 마음속에서부터 함께 기뻐하는 것은 쉽지 않다.

악인들의 이 같은 야비함은 주변 사람들과 평화롭게 사는 것을 스스로 포기한 행위나 다름없다(20절). 그들이 거짓말을 꾸며내어 평화롭게 사는 사람들을 험담하고 비방하기 때문이다. 이러한 그들의 행동은 의도적으로 '화평을 말하지 않는 것'과 다름없다. '평화'(שָׁלוֹם)는 전쟁 등 갈등이 없는 것을 강조하는 것이 아니라, 모든 것이 잘되어 하모니를 이루는 것을 강조하는 단어다(cf. NIDOTTE). 악인들이 다른 사람의 슬픔을 기뻐하는 것은 공동체가 함께 더불어 살려면 필수적인 원칙인 평화(하모니)를 거스르는 것과 다름없다. 사람들과 평화롭게 살려면 그들이 슬퍼할 때 함께 슬퍼하고, 그들이 기뻐할 때 함께 기뻐해야 하는데, 그들은 사람들이 슬퍼할 때면, 기다렸다는 듯이 악한 짓들을 하기 때문이다. 심지어는 고통 속에서 신음하는 기자를 노골적으로 비아냥거렸다(21절).

그러므로 기자는 하나님이 그들과 자기 사이에 판단해 주시기를 간절히 기도한다(23-24절). 이 기도는 하나님의 침묵에 대한 그의 불안감을 표현하고 있다(deClaissé-Walford et al.). 처음에는 하나님께 용사로 나서달라고 했지만, 하나님이 침묵하시자 이제는 용사가 아니어도 좋으니 제발 재판관이 되셔서 자기 일을 판단해 달라고 하고 있기 때문이다.

만일 하나님이 이번에도 침묵하신다면, 그는 하나님이 그를 멀리하는 것처럼 여길 수밖에 없다고 한다(22절). 공의와 정의의 하나님이 모든 것을 지켜 보고도 그들을 벌하지 않으신다면, 하나님은 그의 삶에서 공의와 정의가 실현되는 것에 별 관심이 없으신 분으로 생각하겠다는 뜻이다. 또한 하나님이 침묵하시면 기뻐할 자들은 원수들뿐이다(25절). 공의와 정의의 하나님이 아무런 벌을 내리지 않으시면, 악인들은 하나님이 그들의 행위를 인정한 것처럼 생각할 것이며, 자신들이 기자를 미워하고 시기한 일은 정당하다고 생각할 것이다. 그러므로 그들은 "우리가 소원을 성취했고, 그를 삼켰다"며 기뻐할 것이다(25절).

그러므로 기자는 기도한다. "제발 그들이 내 재난을 기뻐하지 못하게 하시고, 그들이 오히려 낭패를 당하게 하소서"(26절). 이것은 그의 개인적인 문제일 뿐만 아니라 하나님의 공의와 정의 실현에 관한 문제이기 때문이다. 악의적으로 그를 대하는 사람들이 수치와 욕을 당해야 정의로운 하나님이 세상을 다스리신다는 사실이 온 천하에 입증될 것이다. 우리도 다른 사람들의 시기와 질투로 인해 공격을 받을 때는 이렇게 기도하면 좋겠다. "하나님의 공의와 정의가 실현되고 있음을 온 세상에 드러내소서." 하나님이 들어주실 것이다.

5. 구원자를 기뻐함(35:27-28)

27 나의 의를 즐거워하는 자들이
기꺼이 노래 부르고 즐거워하게 하시며
그의 종의 평안함을 기뻐하시는
여호와는 위대하시다 하는 말을
그들이 항상 말하게 하소서
28 나의 혀가 주의 의를 말하며
종일토록 주를 찬송하리이다

자신의 억울함을 탄원한 저자는 이제 확신에 찬 기도를 드린다. 하나님이 돌보심으로 정의와 공의가 승리할 것이라는 확신이다. 하나님의 공의와 정의가 땅에 가득하게 되면 당연히 그의 원수들이 설 자리가 없어지며 그의 의를 기뻐하는 이들이 그와 함께 여호와의 위대하심을 기뻐할 것이다(27절). 본문에서 '의'(צֶדֶק)는 기자가 악인들에게 조롱과 공격을 당하는 것이 부당하다고 생각하는 사람들은 하나님이 드디어 그의 기도를 들어 주시어 그에게 합당한 판결을 내려주신 것을 의미한다. 그들은 정의가 실현되었다며, 평안함을 받을 만한 사람에게 평안을 주셨다며 여호와의 위대하심을 찬양한다. 그러므로 기자도 온종일 하나님의 의가 자기 삶에서 실현되었다며 주님을 찬송한다(28절).

이 시의 결론 부분인 이 섹션이 구상하는 이미지는 시를 시작했을 때 형성된 이미지와 큰 대조를 이룬다. 저자가 처해 있던 문제를 즐겼던 자들은 수치를 당한다. 반면에 그의 문제로 인해 그와 함께 같이 슬퍼했던 이들은 하나님의 공의로운 판정을 기뻐하며 찬양한다. 그들의 찬양이 매우 인상적이다. "하나님은 그의 종의 평안함을(שָׁלוֹם) 기뻐하시는 분이시다"(27절). 이 시편은 하나님께 드리는 탄원으로 시작했다(1-3절)가 찬양으로 끝을 맺고 있다. 전형적인 탄식시의 시작과 끝이다.

제36편

여호와의 종 다윗의 시, 인도자를 따라 부르는 노래

I. 장르/양식: 지혜시(cf. 1편)

이 시가 지혜시로 구분되기는 하지만 학자들의 논란이 분분하다. 때로는 개인 탄식시 혹은 국가 탄식시(national lament)로 구분되기도 하고, 신뢰시(psalm of trust)로 간주되기도 한다(Brueggemann & Bellinger). 세 가지 장르가 섞여 제작된 것이라는 주장도 있다(Dahood). 학자들의 의견이 이렇게 다양한 것에는 1-4절은 지혜사상을, 5-9절은 찬양을, 10-12절은 기도를 중심으로 구성되었다는 사실이 작용했다. 그러나 전체적인 흐름이 한 편의 통일성 있는 시라는 것을 암시한다(McCann).

표제는 이 시가 '여호와의 종 다윗의 시'라고 하는데, '여호와의 종 다윗'이라는 표현은 시편에서 이 시와 18편에서만 발견된다. 일부 주석가들은 이 시가 포로기 후(post-exilic) 시대에 장차 오실 '여호와의 종'인 메시아를 노래하기 위하여 저작되었다고 한다(Terrien). 그러나 이 시는 저작 연대가 매우 오래된 것이라고 생각된다(Kraus).

II. 구조

이 시를 가장 자세하게 분석한 구조로는 다음 사례를 들 수 있다(Alden). 아쉬운 점은 이 짧은 시가 지나치게 세분화되었다는 생각을 떨치기가 쉽지 않다. 게다가 섹션별 텍스트의 양이 큰 차이를 보인다.

A. 교만한 자들과 악인들의 행동에 대한 비난(36:1–4)
  B. 하나님의 완벽하심을 우주적인 차원에서 증언함(36:5–6)
    C. 하나님의 선하심과 인자하심(36:7a)
      D. 하나님의 선하심이 사람에게 주는 혜택(36:7b)
      D′. 하나님의 채우심이 사람에게 주는 혜택(36:8a)
    C′. 하나님의 선하심과 인자하심(36:8b)
  B′. 하나님의 완벽하심이 주는 혜택을 위한 기도(36:9–10)
A′. 악인에게서 구원해 달라는 기도와 악인 멸망(36:11–12)

주석가들은 대체적으로 이 노래가 3–4섹션으로 구성되었다고 생각한다(Craigie, Davidson, Ross, vanGemeren). 그들은 1–4절과 5–9절이 시의 처음 두 섹션을 구성하고 있다는 것에는 거의 모두 동의한다. 10절의 역할을 어떻게 이해하느냐에 따라 10–12절을 하나로, 혹은 둘로 구분한다. 이 주석에서는 10–12절이 기도라는 점을 감안하여 이 구절들을 한 섹션으로 묶어 본문을 주해해 나가고자 한다. 다음을 참조하라.

A. 하나님을 두려워하지 않는 삶(36:1–4)
B. 주의 인자하심을 누리는 삶(36:5–9)
C. 두 삶의 대조적인 운명을 위한 기도(36:10–12)

III. 주해

이 시는 저자가 여러 가지 양식을 짜깁기식으로 엮어가고 있다고 생각하는 것보다는 다양한 양식들을 이용하여 새롭고 창조적인 시도를 하고 있는 것으로 생각하는 것이 바람직하다. 그러므로 비평가들이 이 노래를 특정한 양식에 속한 것으로 단정짓지 못하는 면은 그들이 도구로 사용하는 양식 비평도 한계를 지니고 있음을 입증하는 것이라 생각된다(Dahood).

이 시의 흐름은 시편 중 첫 번째 지혜시인 제1편과 비슷하다. 의도적으로 하나님을 섬겨 주님을 중심으로 사는 의인의 삶과 의도적으로 하나님을 떠난 악인의 삶을 대조하고 있다(Kirkpatrick). 다만 악인과 의인에 대한 언급의 순서가 바뀌어 있다. 시편 1편은 의인으로 시작하여 악인으로 이어지고 의인과 악인의 대조로 마무리되는 것에 반해, 이 노래는 악인으로 시작하여 의인으로 이어지고 의인과 악인의 대조로 마무리되는 것이다.

1. 하나님을 두려워하지 않는 삶(36:1-4)

1 악인의 죄가 그의 마음속으로 이르기를
그의 눈에는 하나님을 두려워하는 빛이 없다 하니
2 그가 스스로 자랑하기를
자기의 죄악은 드러나지 아니하고
미워함을 받지도 아니하리라 함이로다
3 그의 입에서 나오는 말은
죄악과 속임이라
그는 지혜와 선행을 그쳤도다
4 그는 그의 침상에서 죄악을 꾀하며
스스로 악한 길에 서고
악을 거절하지 아니하는도다

이 시를 시작하는 '악인의 죄가 그의 마음속으로 이르기를'(בְּקֶרֶב לִבִּי נְאֻם־פֶּשַׁע לָרָשָׁע)의 해석이 쉽지 않다(cf. Ross). '이르기를'(נְאֻם)이라는 단어 때문이다. 이 단어는 선지자들이 여호와께 받은 신탁을 선포하며 "[여호와께서] 가라사대"라고 할 때 주로 사용되는 단어이기 때문이다. 이 단어는 거의 항상 '여호와'(יהוה)가 뒤따르는데, 이 문장에서는 '죄'(פֶּשַׁע)가 뒤따르고 있는 것이 해석을 어렵게 한다. 개역개정은 이 단어를 '악인의 죄'라고 번역하여 어려움을 해소하려 하지만, 처음 세 단어를 문자적으로 번역하면 '죄가 악인에게 가라사대…'가 된다(cf. NAS, ESV, NRS). 그러나 죄가 어떻게 사람에게 말을 한단 말인가? 기자가 죄를 의인화시킨 것인가?

이 문제를 해결하기 위하여 TNK는 "I know what"을 더하고 죄(transgression)를 대문자로 표기하여 기자가 사탄/마귀가 악인에게 하는 말을 알고 있다는 뜻으로 번역했다. "나는 '죄'[사탄]가 악인에게 무슨 말을 하는지를 안다"(I know what Transgression says to the wicked…). NIV는 아예 전혀 다른 의미로 번역했다. "나는 악인들의 죄에 대하여 하나님이 주신 말씀을 내 마음에 지니고 있다"(I have a message from God in my heart concerning the sinfulness of the wicked, cf. CSB, Craigie).

만일 마소라 사본의 표현을 문자적으로 받아들이면 하나님의 신탁이 의인에게 매우 중요하고 권위가 있는 것처럼, 악인에게는 죄의 속삭임(유혹)이 가장 중요하고 권위가 있다는 것을 강조하기 위한 의인화법으로 해석할 수 있다. 기자가 냉소적인 말로 악인들의 어리석음을 비난하고 있다는 것이다(cf. McCann). 그러나 쉽지는 않은 논리다. 본문은 악인이 자기 죄가 드러나는 것을 어느 정도는 염려하는 듯한 느낌을 주기 때문이다(cf. 2절). 그가 하나님의 말씀대로 살지 않고 하나님을 경외하지는 않지만, 어느 정도는 심판하시는 하나님을 의식하고 있는 듯하다.

이 시편이 사람들에게 지혜를 주는 지혜시라는 점을 감안할 때, 여호와께서 악인들은 하나님을 두려워하지 않는다는 가르침을 기자에게 주고 있는 상황으로 해석하는 것이 바람직하다. 1절의 첫 문구를 NIV의 "나는 악인들의 죄에 대하여 하나님이 주신 말씀을 내 마음에 지니고 있다"로 이해하는 것이다. 하나님은 1절을 통해 의인과 악인의 가장 기본적인 차이점을 가르쳐 주신다. 의인들은 여호와를 경외하지만, 악인들은 여호와를 두려워하지 않는다. 의인과 악인의 가장 기본적인 차이는 '하나님을 경외하는 지식을 가졌는가, 가지지 않았는가'라는 것이다.

또한 지혜 사상은 '여호와를 경외하는 것이 지식의 근본'이라고 한다(잠 1:7). 그러나 악인들은 여호와를 경외하지 않는다. 그러므로 악인들은 지혜가 없는 어리석은 자들이다. 그들이 모두 지능이 부족한 바보들이라는 말은 아니다. 그러나 하나님에 대하여 아무리 많은 정보를 소유하고 있다 하더라도 여호와를 아는 지식이 없으면, 어리석은 자에 불과하다.

뿐만 아니라 악인들은 자만심으로 가득해서 자신의 어리석음을 깨닫지 못한다(3절). 자신의 연약한 부분을 깨닫지 못하는 사람은 불쌍한 사람이며, 또한 어리석은 사람이다. 그들은 평생 자신들을 속이며 산다. 남들은 그들에 대하여 그렇게 생각하지 않는데, 자기 잘난 맛에 살아가는 사람들이다. 죄와 자기 중심적이고 이기적인 생각은 서로 떼어 놓을 수 없는 관계를 형성한다(McCann). 그러므로 그들의 입에서 나오는 말은 사기와 속임수뿐이며, "슬기를 짜내어서 좋은 일을 하기는 이미 틀렸습니다"(3절, 새번역). 그들에게는 어떠한 선한 일도 기대할 수 없다는 뜻이다. 그러므로 어리석음은 곧 죄악이다.

악인은 침대에 누워서도 남을 속일 궁리나 한다(4절). 또한 "범죄의 길을 고집하며, 한사코 악을 버리려 하지 않는다"(4절, 새번역). 기자는 이 말씀을 통하여 악인의 비참한 최후를 경고한다. 하나님이 없는 삶은 도덕적으로 타락하다가 드디어는 죄의 노예가 되어 주야로 남을 속이고 죄지을 궁리나 한다. 총명함이 의인을 바른 길로 인도하는 것처럼, 어리석음이 악인을 죄의 길로 인도한다. 그렇다면 총명함과 어리석음의 차이는 신앙과 가치관의 차이이지 지적인 능력의 차이가 아니다.

악인의 문제는 어디서 시작된 것인가? 그의 마음에서 시작되었다(cf. deClaissé-Walford et al.). 의인의 마음은 하나님으로 가득한데, 악인의 마음에는 하나님은 없고 죄에 대한 묵상만 가득하다(1절). 그의 마음에는 하나님을 두려워하는 생각이 전혀 없다. 악한 생각으로 가득한 마음에서 교만이 강물같이 흘러 자나깨나 악한 말을 하고, 악을 행할 일만 생각하여 악에게 사로잡히는 것이다. 이렇게 철저하게 악한 사람에게 가능한 치료는 무엇일까? 유일한 치료 방법은 예수님의 심장을 이식받는 것뿐이다.

2. 주의 인자하심을 누리는 삶(36:5-9)

5 여호와여
주의 인자하심이 하늘에 있고
주의 진실하심이 공중에 사무쳤으며
6 주의 공의는 하나님의 산들과 같고
주의 심판은 큰 바다와 같으니이다
여호와여 주는 사람과 짐승을 구하여 주시나이다
7 하나님이여
주의 인자하심이 어찌 그리 보배로우신지요
사람들이 주의 날개 그늘 아래에 피하나이다
8 그들이 주의 집에 있는 살진 것으로 풍족할 것이라
주께서 주의 복락의 강물을 마시게 하시리이다
9 진실로 생명의 원천이 주께 있사오니
주의 빛 안에서 우리가 빛을 보리이다

기자는 악인들의 공격을 하나님의 무한한 자비로우심과 인자하심을 노래하는 기회로 삼고 있다(Terrien). 악인들이 거부하는 하나님은 어떤 분이신가? 그분은 '인자하심'(חֶסֶד)과 '진실하심'(אֱמוּנָה)과 '공의'(צְדָקָה)와 '심판'(מִשְׁפָּט)으로 충만하신 분이다(5-6절). 기자는 총체성/포괄성을 상징하는 숫자 '4'를 사용하여 하나님은 좋은/선한 속성들로 가득하신 분이라고 찬양하고 있다. 인자하심과 진실하심은 서로 상호 보완적인(complementary) 관계에 있는 속성들이다. 하나님의 진실하심(꾸준하심)은 주님의 인자하심이 영원할 것을 보장하기 때문이다.

또한 인자하심과 진실하심은 이스라엘이 하나님과 맺은 언약을 가장 확실하게 정의하는 단어들이다(Brueggemann & Bellinger). 이스라엘이 하나님과 맺은 언약에서 가장 중요한 것은 하나님의 인자하심과 진실하심이기 때문이다. 공의와 심판도 상호 보완적인 관계를 유지한다. 공의는 옳고 그름에 대한 가치적인 기준을, 심판은 이 기준에 따라 모든 사람을 적절하게 판단하는 것을 의미하기 때문이다. 악인들은 이러한 하나님의 자비의 속성들을 모두 거부한다. 반면에 의인들은 하나님의 이러한 속성들을 가장 귀하게 여기며 자기 삶에서 조금이나마 이 속성들을 실현하려고 노력한다.

하나님은 인자하심과 진실하심과 공의와 심판으로 세상을 다스리시는데, 이 속성들이 세상에 끼치는 영향은 어느 정도인가? 저자는 하나님의 인자하심은 하늘에 있고, 주님의 진실하심은 공중(구름)을 장악하고 있다고 한다(5절). 사람이 자기 위치에서 위쪽으로 바라보면 모든 공간이 하나님의 지배 아래 있다는 뜻이다. 반면에 하나님의 공의는 높은 산들과 같고, 주님의 심판은 가장 큰 바다와 같다고 한다(6a-b절). 사람이 자기 아래로 밟고 있는 모든 것이 하나님의 속성으로 가득하다. 그러므로 사람이 상상할 수 있는 가장 높은 곳에서 가장 낮은 곳에 이르기까지, 또한 온 하늘과 공중에서 우리가 걷고 있는 땅과 지하까지 모두 하나님이 다스리시는 영역이다. 세상을 형성하고 있는 모든 구조물에는 하나님의 속성이 스며 있다(deClaissé-Walford et al., McCann). 더 나아가 하나님의 통치권을 강조하며 사용되는 이미지들을 보면 이 네 가지 곧 '하늘, 구름, 산, 바다'는 사람이 상상할 수 있는, 또한 세상을 형성하고 있는 가장 위대한 것들이다. 이에 비해 우리는 참으로 연약하고 작은 존재들이다(Kidner).

그러므로 이처럼 크고 대단한 것들을 자유자재로 다스리시는 하나님이 작고 연약한 자기 백성을 얼마나 확실하게 보호하시겠는가! 반면에 악인들이 하나님을 거부하는 것은 단지 신앙의 문제가 아니다. 그들은 그들에게 숨 쉴 공기를 다스리시고 걸을 수 있는 땅을 지배하시는 통치자를 거부하고 있다. 세입자가 남(하나님)의 집(세상)에서 그 집 주인을 거부하고 있는 것이다.

그렇다면 하나님의 놀라운 속성이 우리가 사는 세상에서 어떻게 표현되는가? 하나님은 인간과 짐승을 구하시는/보살피시는 일로 은혜로운 속성을 드러내신다(6c절). 이 말씀의 의미는 확실하다. 짐승들도 자상하게 보살피시는 분이시니 하물며 인간들은 얼마나 더 확실하게 보살피시겠는가! 그러므로 기자는 하나님의 인자하심에 감격하여 보배로우신 하나님을 찬양할 뿐만 아니라, 사람들이 주님의 날개 그늘 아래로 피하는 일은 당연하다고 한다(7절). 세상에서 지치고 상처받은 사람이 하나님의 날개 아래로 피하면 항상 위로와 보호를 기대할 수 있다는 의미다. 그러므로 기자도 힘들 때마다 주님의 날개 그늘로 피하는 것을 암시한다.

하나님의 날개 그늘 아래로 피하는 사람들은 하나님께 어떤 선한 것들을 기대할 수 있는가? 주님은 그의 품으로 피하는 자마다 모두 자기 집에 있는 풍요로움을 마음껏 누리도록 하신다(8a절). 또한 더없는 행복의 강물을 마시게 하신다(8b절). 하나님의 '집'(בַּיִת)을 성전으로 이해하여 주님의 날개 그늘로 피하는 것을 성전을 찾는 일로 해석할 수도 있다(Anderson, McCann). 하지만 이곳에 가면 복락의 강물을 마실 수 있다고 하는 것으로 보아(8b, 9a절) 생명력이 가득한 하나님의 창조 사역을 상징하거나(Brueggemann & Bellinger), 하늘에 있는 하나님의 '집'을 의미하는 것으로 해석하는 것이 바람직하다(Mays, cf. Craigie). 예루살렘 성전에는 강이 흐르지 않았기 때문이다.

기자는 하늘에 계신 하나님께 피하라고 한다. 실제로 이 세상에 있었던 성전은 범죄자들의 소굴로 변질되기 일쑤였던 점을 감안하면 하늘에 있는 하나님의 '집'이 더욱더 설득력을 얻는다. 또한 성도가 하늘에 있는 하나님의 집으로 피하는 일은 언제, 어디서든 기도를 통해 가능한 일이지만, 예루살렘 성전이라면 그곳으로 피할 수 없는 사람들은 하나님의 선하심을 누릴 수가 없다.

하나님은 자기 집으로 피하는 자들을 기름진 것으로 배불리 먹게 하시고, 생수를 마시게 하시는데, 이것들이 상징하는 바는 주님이 그의 품으로 피하는 자들을 보호하시는 수준에서 끝나는 일이 아니다. 더 나아가 사람이 상상할 수 있는 가장 풍요로운 삶을 주신다는 뜻이다(cf. Goldingay). '풍족함'과 '집'과 '강물'과 '원천(샘물)' 등은 모두 지혜사상과 연관되어 복된 삶을 묘사하는 이미지들이다. 이 풍요로움은 모든 사람에게 주어지는 것이 아니라, 오직 주님께 자기 삶을 맡기는 사람들만이 맛볼 수 있다.

하나님은 주께 피하는 자들의 육체적인 궁핍함을 채우실 뿐만 아니라, 영적인 필요도 채워 주신다. "주께는 생명의 원천이 있고, 주의 빛 안에서 우리가 빛을 보리이다"(9절). '생명'과 '빛'은 하나님 안에 있는 구원을 가장 확실하게 표현하는 것들이다(cf. 요 1장). 본문에서 빛은 '하나님의 얼굴에서 나오는 광채'를 의미하며, 하나님의 얼굴이 사람을 향할 때, 사람에게는 좋은 일이 생긴다. 주님이 그를 구원하시는 일을 상징하기 때문이다. 또한 '주의 복락의 강물'(נַחַל עֲדָנֶיךָ)(8절)은 에덴 동산을 연상케 한다(cf. 창 2장). 의인들은 인간이 에덴 동산에서 쫓겨나면서 잃었던 복락/환희를 하나님과의 교제에서 즐길 수 있다는 의미다(Anderson, vanGemeren).

3. 두 삶의 대조적인 운명을 위한 기도(36:10-12)

10 주를 아는 자들에게 주의 인자하심을 계속 베푸시며
마음이 정직한 자에게 주의 공의를 베푸소서
11 교만한 자의 발이 내게 이르지 못하게 하시며
악인들의 손이 나를 쫓아내지 못하게 하소서
12 악을 행하는 자들이 거기서 넘어졌으니
엎드러지고 다시 일어날 수 없으리이다

기자는 위에서 회고한 것처럼 하나님이 놀라운 자비로움으로 세상을 지켜보시는 사실에 근거하여 간절한 기도를 드린다. 자기처럼 하나님을 아는 자들에게 지속적으로 인자하심을 베풀어 주시고, 마음이 정직한 사람들에게 주님의 공의를 베풀어 달라고 한다(10절). 하나님을 '아는 자'(ידע)는 하나님을 사랑하는 사람들을 의미한다(Craigie). '마음이 정직한 사람'(יִשְׁרֵי־לֵב)은 마음에서 모든 악이 시작되었던 악인들과 강력한 대조를 이룬다. 저자는 하나님의 '인자하심'(חֶסֶד)을 기대할 수 있는 사람들을 확실히 차별화하고 있다. 하나님을 알고 의를 추구하는 사람들만이 하나님의 자비를 바랄 수 있다는 뜻이다. 그는 이 기도를 통하여 자기는 이러한 것을 추구하고 있다고 고백하고 있다.

저자는 하나님께 의인의 길을 축복해 달라고 기도하지만, 악인들은 항상 의인의 생존을 위협한다. 그러므로 그는 이 노래를 악인의 손에서 의인들을 보호해달라는 기도로 마무리한다(11-12절). 그를 항상 위협하고 있는 악인들의 '손과 발'의 영향력에서 벗어나게 해 달라는 기도다(11절). 그들이 저지르는 모든 악한 행위에서 의인들을 보호해 달라는 기도다. 또한 기자는 그들이 넘어지게 하시어 다시는 일어날 수 없게 해 달라고 한다(12절). 악인들의 음모와 행동이 그를 반복적으로 공격하는 일을 막아 달라는 기도다. 그들이 넘어져서 일어나지 못하면 다시는 그를 공격할 겨를이 없을 것이기 때문이다. 기자는 악인들의 멸망을 지켜보고 있거나(Goldingay), 그렇게 될 것을 확신한다.

이 시는 하나님의 품에서 떠난 삶과 하나님의 날개 아래에 거하는 삶을 대조하고 있다. 하나님을 떠나 사는 삶이 얼마나 어리석고 무모한 일인가를 묘사한다. 반면에 하나님의 날개 아래에 거하는 삶은 많은 축복을 누린다. 많은 것을 누리는 풍요로운 삶은 사람이 스스로 노력해서 이루는 것이 아니라, 여호와께서 선물로 주실 때 가능하다(deClaissé-Walford et al.). 하나님의 품을 떠나 사는 삶은 하나님이 그에게 허락하실 수 있는 이 모든 축복을 스스로 포기하는 행위이다. 이러한 문제는 오직 한가지, 그리스도의 새 심장을 받는 심장 이식 수술로 밖에 해결할 수 없다. 그러므로 옛적부터 성도들은 이 시에서 메시아의 사역을 보았다(cf. Terrien).

제37편

다윗의 시

I. 장르/양식: 유희시(acrostic poem, cf. 8-9편)

이 노래는 히브리어 알파벳 22글자를 모두 사용하여 진행되고 있다. 각 알파벳에 네 줄씩 할당이 되어 있다. 다만 여덟 번째 글자인 '헤트'(ח)로 시작하는 14-15절은 여섯 줄로, 열네 번째 글자인 '눈'(נ)으로 시작하는 25-26절이 다섯 줄로 구성된 것이 예외적이다. 이 알파벳 시는 알파벳들 사이에 순서와 질서가 있는 것처럼 세상 일에도 순서와 질서가 있다는 기자의 주장을 반영하고 있는 듯하다(Goldingay).

내용면에서는 이 시가 지혜시와 비슷하다는 것이 일반적인 견해다(cf. Brueggemann & Bellinger). 그러므로 이 시를 교훈시(instructional/didactic psalm)라고 하기도 한다(cf. 119편). 베스터만(Westermann)은 이 노래가 참으로 많은 지혜 전승과 속담 같은 면모를 지니고 있다고 해서 성경의 잠언에 포함시켜도 무관할 것이라고 한다(cf. deClaissé-Walford et al.). 이 노래는 주의 백성이 이 땅에서 어떻게 살아야 하는가에 대하여 참으로 많은 실용적인 권면을 담고 있다고 해서 설교(homily)로 불려야 한다는 제안도 있다(Gerstenberger, Goldingay, cf. Terrien).

II. 구조

이 노래는 유희시라는 독특성을 지닌 만큼 알파벳 순서에 의한 구조외 다른 구조를 파악하기는 어렵다. 그럼에도 불구하고 한 학자는 다음과 같이 매우 자세하고 정교한 구조를 제시했다(Alden). 그러나 이 구조의 문제는 텍스트 양이 지나치게 불균형을 이루고 있다는 것이다. 예를 들자면 A섹션은 8절로 구성되어 있는 반면 I섹션 등은 1/3절로 구성되어 있다. 또한 각 섹션의 내용 요약이 큰 설득력이 있는 것은 아니다. 알파벳 시의 특성상 매우 다양한 내용이 같은 섹션에 포함되어 있기 때문이다.

A. 의인들에게 악인들은 무시하고 하나님을 신뢰하라는 권면(37:1-8)
  B. 기다려 땅을 소유함(37:9)
    C. 의인은 소유하지만 주님이 악인의 계획은 파괴하심(37:10-15)
      D. 가난한 자가 가난한 자를 통해 복을 받음(37:16)
        E. 주님이 의인을 붙잡아 주심(37:17)
          F. 주님이 의인을 인도하심(37:18a)
            G. 의인이 상속함(37:18b)
              H. 의인이 얻음(37:19)
                I. 악인은 멸망함(37:20a)
                  J. 악인은 제물처럼 불에 탐(37:20b)
                  J′. 악인은 제물처럼 불에 탐(37:20c)
                I′. 악인은 주지 않음(37:21a)
              H′. 의인이 줌(37:21b)
            G′. 복된 상속(37:22)
          F′. 주님이 의인을 인도하심(37:23)
        E′. 주님이 붙잡아 주심(37:24)
      D′. 복을 받은 자가 가난하지만, 버림받지 않음(37:25-26)

C′. 주님이 땅을 소유할 의인은 사랑하시지만 악인은 멸하심(37:27-33)

B′. 기다려 땅을 소유함(37:34)

A′. 하나님이 악인은 멸하시지만 의인은 구원하심(37:35-40)

이 주석에서는 다음 구조를 바탕으로 본문을 주해해 나가고자 한다. 한 가지 아쉬운 점은 이 시는 알파벳 시이기 때문에 사용된 각 알파벳의 영역이 존중되어야 하므로 8-9절이 함께 취급되어야 하는데, 이 구절들이 두 섹션(B와 C)으로 나뉘어졌다는 점이다. 땅을 언급하는 9절은 다시 땅을 언급하는 11절과 묶이는 것이 합리적이기 때문이다.

A. 악인들 때문에 낙심하지 말고 주님을 의지하라(37:1-6)

B. 의인은 흔들리지 않는다(37:7-8)

C. 의인은 땅을 차지할 것이다(37:9-11)

D. 악인들의 음모는 성공하지 못한다(37:12-15)

E. 의인의 집안은 주님이 보살펴 주신다(37:16-19)

D′. 악인들은 망해서 땅에서 끊어진다(37:20-24)

C′. 의인은 땅을 물려받을 것이다(37:25-29)

B′. 의인은 흔들리지 않는다(37:30-33)

A′. 여호와의 도움을 바라고 구원을 소망하라(37:34-40)

II. 주해

이 시편은 악인과 의인의 삶을 대조하여 이 땅에서 여호와를 경외하며 의로운 삶을 추구하면 분명히 자손 대대로 하나님의 축복을 누리며 살 것이라고 한다. 의로운 삶은 이미 많은 축복을 동반하며, 끝에 가서도 복을 받을 것이다(Jinkins). 그러므로 의로운 삶은 이 땅에서도 가치가 있으니 의롭게 살아가라는 권면이다. 의인이 누리는 축복의 핵심은 이 땅을 차지하여 자손대대로 누리는 것이다(cf. 마 5:5, 막 10:30).

반면에 악인은 뿌리째 뽑혀 사라질 것이다. 그러므로 악인들이 한동안 성공해도 그들을 부러워하지 말고, 그들의 언행으로 인해 불평하지 말라고 한다. 그들은 이 땅에 잠시 머물다 사라질 자들이기 때문이다. 미래에 있을 의인들과 악인들의 대조적인 운명은 이 시가 종말론적인 안목에서 저작되었다는 것을 의미한다(McCann).

1. 악인들 때문에 낙심하지 말고 주님을 의지하라(37:1–6)

1 악을 행하는 자들 때문에 불평하지 말며
불의를 행하는 자들을 시기하지 말지어다
2 그들은 풀과 같이 속히 베임을 당할 것이며
푸른 채소 같이 쇠잔할 것임이로다
3 여호와를 의뢰하고 선을 행하라
땅에 머무는 동안 그의 성실을 먹을거리로 삼을지어다
4 또 여호와를 기뻐하라
그가 네 마음의 소원을 네게 이루어 주시리로다
5 네 길을 여호와께 맡기라
그를 의지하면 그가 이루시고
6 네 의를 빛같이 나타내시며
네 공의를 정오의 빛같이 하시리로다

히브리어 알파벳의 첫 번째 글자인 알렙(א)으로 시작하는 1–2절은 의인들에게 악인들로 인하여 속상해 하지 말라고 위로한다. '불평하다'보다는 '분노하다/화내다'가 이 히브리어 동사(חרה)의 더 정확한 번역이다(cf. deClaissé–Walford et al.). 경건하고 의롭게 살려고 하는 사람들이 악인들이 판을 치는 세상을 보며 분노하거나 상대적인 박탈감을 느낄 수 있다. 악인이 권세를 잡고 사회를 좌지우지할 때, 그들이 권력을 남용하여 악한 일을 할 때, 또한 그들이 의인들을 핍박하며 비아냥거릴 때 사람들의 입에서 한숨이 나올 수도 있다.

그러나 의인은 현재의 경험으로 판단하며 살지 않는다. 그들은 하나님의 공의와 정의가 실현될 미래를 꿈꾸며 산다. 그러므로 세상이 마치 악인들이 판을 치는 곳으로 느껴진다 할지라도 좌절할 필요는 없다. 악인들은 결코 오래가지 못할 것이기 때문이다. 하나님이 그들을 멸하실 것이다. 악인들은 결코 오래가지 못할 것이다.

저자는 하나님이 때가 되면 그들을 풀처럼 속히 베어내고 채소같이 쇠잔하게 하실 것이라고 한다. '베다'(מלל)의 더 정확한 의미는 '마르다'이다(HALOT). '쇠잔하다'(נבל)도 '마르다'는 의미를 지녔다(HALOT). 이 두 동사는 중동지방의 꽃과 풀들이 광야에서 불어오는 뜨거운 바람에 의하여 며칠 사이에 말라 비틀어지는 현상을 묘사한다(cf. NIDOTTE). 그러므로 악인들이 세상에서 영원히 성행할 것 같은 느낌이 들더라도 그들은 한순간에 속히 말라붙는 풀과 채소 같은 것이니 부러워하지도 말고 불만할 필요도 없다는 것이다. 악인들은 순식간에 하나님의 심판을 받아 사라질 것이기 때문에 굳이 의인들이 신경을 쓰며 상처를 받을 만한 가치가 없는 자들이다(cf. 잠 23:17, 24:1, 19).

의인들은 악인들의 행위를 마음에 두지 말고 대신 하나님만을 의지하고 더욱더 착하게 살아야 한다(3-6절). "성실을 먹을거리로 삼을지어다"(3절)의 더 정확한 의미는 '성실히 살아라'다(새번역, 아가페, 현대인, NAS, ESV). 이 문구가 앞 행의 '선을 행하라'와 평행을 이루고 있기 때문이다. 선을 행하는 것은 악인들이 성행한다 할지라도 조만간에 하나님이 그들을 심판하실 것을 믿고 성실하게 사는 것이라는 뜻이다. 이 시가 강조하고자 하는 중심적인 가르침이 바로 이것이다.

만일 우리가 악인들의 성공에 많은 시간을 할애하여 묵상하면 얻는 것이 무엇인가? 우리에게 실질적으로 도움이 되는 것은 별로 없다. 오히려 그들에 대한 분노와 우리 자신에 대한 억울함과 원통함이 쓴맛으로 남는다. 그러므로 악인들과 그들의 악한 삶에 대해 너무 많이 생각하는 것은 바람직하지 않다. 저자는 그렇게 할 시간이 있으면 오히려 주님을 바라보라고 권면한다.

악인들과 그들의 행실을 마음에 두지 않고 오히려 하나님을 바라며, 주님의 일을 기뻐하면 하나님이 우리의 마음의 소원을 이루어 주실 것이다(4-5절). '마음의 소원'(מִשְׁאֲלֹת לֵב)은 우리가 삶에서 실현되기를 가장 바라는 것을 의미한다(Goldingay). 이런 문장이 생각난다. '기도할 수 있는데 왜 걱정하십니까?' 현실에서 우리가 누릴 수 있는 행복의 상당 부분은 우리가 누구를/무엇을 바라보고 있는가에서 비롯된다. 악인들에게 분노할 시간이 있으면, 그 시간에 하나님을 간절히 바라보자.

또한 악인들이 판을 치는 세상에서 하나님을 바라보며 사는 것은 주님의 통치에 대한 대단한 신뢰의 고백이다. 때로는 세상이 하나님의 질서와 보응 원리를 파괴하거나 무시하고 진행되는 듯하다. 그러나 세상과 인류의 역사를 주관하시는 하나님이 이 모든 무질서와 혼돈을 분명히 바로잡으실 것이라는 신앙의 고백이다. 하나님은 언젠가는 이렇게 고백하는 사람들의 의와 공의가 빛처럼, 한낮의 빛처럼 빛나게 하실 것이다(6절). 하나님이 의인의 의로움을 온 천하에 드러내 인정하실 날이 오고 있다는 의미다.

2. 의인은 흔들리지 않는다(37:7-8)

7 여호와 앞에 잠잠하고 참고 기다리라
자기 길이 형통하며 악한 꾀를 이루는 자 때문에 불평하지 말지어다
8 분을 그치고 노를 버리며 불평하지 말라
오히려 악을 만들 뿐이라

악인들이 성행하는 사회에서 의인이 할 일은 무엇인가? 하나님이 그들을 벌하실 것을 믿고 그날을 소망하며 견디어 내는 것이다. 사실 이러한 상황에 처한 의인이 할 수 있는 일은 별로 없다. 그러므로 우리는 기도라도 해야겠다고 생각할 수 있다. 그런데 본문은 아예 하나님 앞에서 기도한답시고 떠들어 대지 말고 묵묵히 참고 기다리라고(소망하라고) 한다(7절). 믿음과 소망은 서로 뗄 수 없는 관계를 유지한다.

기자는 왜 악인들의 성공에 대하여 불평하지 말라고 하는가? 두 가지 이유가 있는 듯하다. 첫째, 우리의 눈에 보이는 것으로 모든 것을 판단하는 것은 좋은 일이 아니기 때문이다. 비록 이 순간에는 악인들이 성공하는 것 같고 그들의 번영이 영원할 듯 보이지만, 우리는 정작 하나님이 어떤 계획을 가지고 있으신지 알지 못한다. 그러므로 우리 눈에 보이는 것만으로 판단하고 말하는 것은 경솔한 일이다. 우리는 누구를 고발하는 기도가 아니라 지속적으로 하나님의 의를 구하는 기도를 드려야 한다. 인스턴트 시대를 살아가는 우리에게 이보다 더 적절한 조언도 흔하지 않을 것이다. 또한 악을 악으로 갚지 말고 오히려 선으로 이기라는 권면이 암시되어 있다.

둘째, 기도하다 보면 감정이 이입되지 않을 수 없다. 악인들에 대하여 격한 감정으로 기도하다 보면 기도 중에 죄를 지을 수도 있다. 그들의 죄에 대하여 과장되게 말할 수도 있고, 마음속으로 그들을 죽일 수도 있다. 아무리 피해자라 해도 가해자에 대하여 이렇게 하는 것은 옳지 않다. 그러므로 기자는 분을 그치고 노를 버리며 불평하지 말라고 한다(8절). 이러한 상황에서 의인이 드리는 기도는 그를 짓누르는 악이 될 수 있다. 그러므로 악인에 대한 분노를 다스리고 대신 하나님을 기다리는 것이 훨씬 더 바람직한 일이다.

또한 본문이 말하는 분과 노는 원수들에 대한 것일 뿐만 아니라, 하나님에 대한 실망 내지는 화를 의미할 수도 있다. 악인이 성행하도록 내버려두시는 하나님에 대한 서운함인 것이다. 이러한 분노가 신앙 생활에 결코 도움이 될 리가 없다. 저자가 말하는 대로 오히려 악을 만들 뿐이다(8절). 이 원리는 우리와 하나님과의 관계뿐만 아니라 서로와의 관계에도 적용된다. 우리가 다른 사람을 증오하게 되면 우리만 다치게 된다는 것을 잘 알고 있지 않은가!

3. 의인은 땅을 차지할 것이다(37:9–11)

9 진실로 악을 행하는 자들은 끊어질 것이나
여호와를 소망하는 자들은 땅을 차지하리로다
10 잠시 후에는 악인이 없어지리니
네가 그곳을 자세히 살필지라도 없으리로다
11 그러나 온유한 자들은 땅을 차지하며
풍성한 화평으로 즐거워하리로다

우리의 눈에는 악인들이 영원히 승승장구하는 세상으로 보일 수 있지만, 하나님은 그들이 잠시 성행하도록 내버려두시다가 적절한 때가 되면 그들을 심판하시어 세상에서 흔적도 없이 사라지게 하신다(9a, 10절). 하나님이 지금은 아무런 일을 하지 않으시다가, 주님의 시간이 되면 악인들을 멸하실 것이다(Terrien). 이러한 이유에서 기자는 악인이 성행할 때 그 일로 하나님께 기도하지 말라고 한 것이다. "아직 게임은 끝나지 않았는데" 기도한답시고 마치 '게임이 끝난' 것처럼 절망하며 하나님과 사람에게 죄를 지을 수 있기 때문이다. 우리의 성화에 가장 필요한 것은 하나님은 모든 것이 합하여 선을 이루게 하신다는 사실을 확신하며 인내하는(오래 참는) 것이다.

하나님의 심판을 받아 악인들은 흔적도 남기지 못하고 사라진 세상을 의인들이 차지할 것이다(9b, 11절). 구약에서 의인들이 땅을 받는 것은 현재적인 의미(시 25:13)와 종말론적인 의미(사 60:21, 65:9)를 포함한다(Kraus). 악인들의 성공은 뜨거운 바람(하나님의 심판) 앞에 순식간에 마르는 풀처럼 실패로 변할 것이며(cf. 2절), 그들의 성공을 인내하며 견디어 낸 의인들은 시냇가에 심은 나무처럼(cf. 1장) 뿌리를 내리고 이 땅을 차지하게 된다는 뜻이다. 땅을 차지한 의인들은 '풍성한 화평'(שָׁלוֹם רֹב)을 누리며 기뻐할 것이다(11절). 그들은 하나님의 선하심을 의지하고 어려운 시간을 견디어 낸 보람을 확실하게 누릴 것이다.

4. 악인들의 음모는 성공하지 못한다(37:12-15)

12 악인이 의인 치기를 꾀하고
그를 향하여 그의 이를 가는도다
13 그러나 주께서 그를 비웃으시리니
그의 날이 다가옴을 보심이로다
14 악인이 칼을 빼고 활을 당겨
가난하고 궁핍한 자를 엎드러뜨리며
행위가 정직한 자를 죽이고자 하나
15 그들의 칼은 오히려 그들의 양심을 찌르고
그들의 활은 부러지리로다

저자는 세상 일에 하나님이 개입하시는 것을 찬양한다. 세상은 악인이 성행하는 곳이므로 그가 마음만 먹으면 무엇이든 이룰 수 있다고 생각될 수도 있지만 실상은 그렇지 않다. 하나님이 악인의 모든 음모와 계획한바(12, 14절)가 실패하도록 하실 것이기 때문이다(15절). 악인은 의인에게 분노하여 그를 치고자 하지만(12절), 하나님은 오히려 악인과 그의 계획을 비웃으실 것이다(13a절). 악인은 자신의 날이 다가오고 있음을 깨닫지 못하고 있기 때문에 이러한 음모를 꾸미지만, 그날이 임박했다는 사실을 아는 하나님은 그를 비웃으시는 것이다(13b절).

'그의 날'(יוֹמוֹ)은 하나님의 날이나(Goldingay) 악인의 날로(NAS, NIV, NRS, ESV, TNK) 해석될 수 있지만, 의미는 같다. 악인의 음모가 모두 수포로 돌아가는 날이거나, 그가 죽는 날이다. 자기가 곧 죽을 것이라는 사실도 모르고 남을 괴롭힐 계획을 세우는 악인의 어리석음을 생각해 보라. 사람이 자기가 죽는 날이 임박했다는 사실을 의식하면 악한 일을 하는 것도 부질없다며 더 이상 하려 하지 않는다. 반면에 이 사람은 자기가 죽을 날이 임박했다는 사실도 의식하지 못한 어리석은 사람이다. 그런데도 남에 대한 악한 음모를 꾸미고 있다!

때로는 악인들이 의인들을 해치는 일에 순간적으로 성공하는 듯 보이지만, 그들의 날은 이미 하나님에 의하여 제한이 되어 있다. 하나님이 그들을 벌하여 죽이시기로 결정하셨기 때문이다. 악인들이 하나님의 심판을 받아 죽을 수밖에 없는 것은 그들이 폭력을 행사하는 일을 즐기기 때문이다. 14절은 악인들이 칼과 활을 이용하여 이런 짓들을 한다고 비난한다. 그들은 자신들의 무기를 가난하고 궁핍한 사람들을 쓰러뜨리는 데 사용한다. 또한 행위가 정직한 의인들도 그들의 칼을 피할 수 없다. 본문은 '의인'(צַדִּיק, 12절)과 비슷한 말을 여러 개 사용하고 있다. '가난한 자'(עָנִי), '궁핍한 자'(אֶבְיוֹן), '행위가 정직한 자'(יִשְׁרֵי־דָרֶךְ) (14절).

그런데 가난하고 궁핍한 사람들은 하나님이 이 세상에서 가장 보살피기를 원하시는 사람들이다. 그렇다면 악인들의 악한 행위는 결코 의로우신 하나님의 심판을 피할 수 없을 뿐만 아니라, 가난하고 궁핍한 사람들의 보호자 되시는 하나님의 분노를 사는 것이 당연하다. 그러므로 하나님은 악인들의 칼은 오히려 그들의 '양심'을 찌르고, 활은 부러지게 하신다(15절). 개역개정이 본문에서 사용된 히브리어 단어(לֵב)를 '양심'으로 번역하여 마치 악인들이 양심의 가책을 받는 것으로 해석했지만, 본문의 적절한 해석은 아니다. 이 단어가 '양심' 혹은 '심장/염통'으로 번역될 수 있지만, 본문에서는 '심장/염통', 곧 신체적 장기를 의미한다(공동, 아가페, NAS, NIV, ESV, NRS, TNK).

5. 의인의 집안은 주님이 보살펴 주신다(37:16-19)

16 의인의 적은 소유가 악인의 풍부함보다 낫도다
17 악인의 팔은 부러지나
의인은 여호와께서 붙드시는도다
18 여호와께서 온전한 자의 날을 아시나니
그들의 기업은 영원하리로다
19 그들은 환난 때에 부끄러움을 당하지 아니하며
기근의 날에도 풍족할 것이나

악인을 벌하시는 하나님이 의인은 인정하실 뿐만 아니라, 그를 보살펴 주신다. 그러므로 기자는 의인의 적은 소유가 악인의 풍부함보다 낫다고 한다(16절). '적은 소유'(מְעַט)는 가난을 뜻한다. 반면에 '풍부함'(רַבִּים)은 큰 부(副)를 의미한다(cf. HALOT). 그러므로 더 정확한 번역은 "악한 자들의 많은 재산보다 의인의 가난이 더 낫다"(공동)이다. 16절은 일종의 격언/잠언인 것이다(cf. 잠 16:8, 16, 19).

어떤 면에서 의인의 가난이 악인의 많은 재산보다 더 나은가? 첫째, 악인이 악한 방법으로 모은 재산은 하나님이 악인을 심판하실 때 함께 사라질 것이기 때문이다. 둘째, 가난한 의인은 자신의 생존과 의식주 해결을 위해서라도 하나님만을 의지하게 된다. 그에게 가난은 믿음의 근간이 되는 것이다. 반면에 많이 가진 사람이 하나님을 의지하는 것은 쉽지 않다. 그러므로 의인의 가난은 악인들의 많은 재산보다 더 낫다.

하나님이 악인의 팔은 부러뜨리시지만 '의인'(צַדִּיק)의 팔은 붙드신다(17절). 또한 악인들의 날을 아셨던 것처럼 '온전한 자'(תְּמִימִם)(18절)의 날도 아신다. 악인들은 단명하지만, 의인들은 오래 살게 하실 것이라는 뜻이다. 그러므로 의인들의 기업은 영원하여 자손대대로 대물림을 한다(18b절).

의인들은 환난 때에도 하나님이 도우실 것이기 때문에 부끄러움을 당하지 않을 것이며, 기근이 세상을 굶주리게 하는 날에도 풍족함을 누릴 것이다(19절). 하나님을 믿고 의지하는 우리의 믿음이 가장 큰 효력을 발휘할 때가 환난을 겪을 때다. 하나님은 우리의 믿음이 결코 헛되지 않았다는 것을 온 천하에 드러내실 것이다. 또한 우리의 의식주를 책임지시는 하나님이 기근의 날에도 배를 굶지 않도록 보살펴 주실 것을 약속하신다. 우리가 죄 많은 이 세상에서 선하게 살려고 노력하는 보람을 느끼게 하실 것이다.

6. 악인들은 망해서 땅에서 끊어진다(37:20–24)

20 악인들은 멸망하고
여호와의 원수들은 어린 양의 기름 같이 타서
연기가 되어 없어지리로다
21 악인은 꾸고 갚지 아니하나
의인은 은혜를 베풀고 주는도다
22 주의 복을 받은 자들은 땅을 차지하고
주의 저주를 받은 자들은 끊어지리로다
23 여호와께서 사람의 걸음을 정하시고
그의 길을 기뻐하시나니
24 그는 넘어지나 아주 엎드러지지 아니함은
여호와께서 그의 손으로 붙드심이로다

하나님은 분명 악인들을 이 땅에서 끊으실 것이다. 그들은 제물로 드리는 어린 양의 기름이 타서 연기가 되어 사라지는 것처럼 사라질 것이다(20절). 한때 세상을 호령하며 이 땅에서 큰 비중을 차지하는 듯 했던 그들의 운명이 바람에 흩어져 흔적도 남기지 않고 사라지는 연기에 비유되고 있다. 그들은 하나님의 저주를 받았기 때문이다(22b절). 아마도 악인들은 심판을 받아 사라지는 날 비로소 뒤늦은 깨달음을 얻을 것이다. 그들이 누리고 남기기 위하여 남에게 피해를 입혔던 일들이 모두 부질없는 연기 같다는 사실을 말이다.

반면에 악인들의 만행을 참고 견디어 낸 의인들은 하나님의 인정을 받고 복을 누린다. 악인들이 그토록 차지하려 했던 땅을 의인들이 차지한다(22a절). 그들은 악인들이 더 이상 없는 땅에서 하나님의 축복을 마음껏 누리며 살게 될 것이다. 이런 일이 가능한 것은 하나님이 의인의 걸음을 정하시고 그의 길을 기뻐하시기 때문이다(23절). 그러므로 의인이 때로는 넘어지지만, 완전히 엎드러지지는 않는다(24절). 하나님이 의인의 손을 붙들어 주시기 때문이다. 의인은 힘이 들 때면 주님을 찾지만, 사실 하나님은 그를 떠나신 적이 없으며 그의 손을 붙잡고 계신다.

악인과 의인의 차이는 무엇인가? 기자는 재물에 대한 입장 차이라고 한다(21절). 악인은 남에게 꾸고 갚지 않는다. 아마도 하나님의 심판으로 인해 그들이 갚을 수 있는 형편이 되지 않기 때문일 것이다(Kraus). 반면에 의인은 악인들을 포함해 그들에게 도움을 청하는 사람들에게 넉넉하게 은혜를 베푸는 사람이다(아가페, 현대인). '은혜'(חוֹנֵן)는 하나님의 가장 기본적인 속성 중 하나다(cf. 출 34:6).

악인들은 당연히 해야 할 일(갚는 일)도 하지 않는 자들이다. 반면에 의인들은 자기가 베풀지 않아도 되는 온정을 베푸는 사람들이다. 우리는 "은혜는 경험해 본 사람만이 남에게 베풀 수 있는 것"이라고 한다. 의인들은 자신들이 경험해 본 하나님의 선하심에 따라 이웃을 대하는 사람들이다(cf. McCann). 하나님이 그들에게 롤모델(role model)이 되신 것이다. 반면에 악인들은 인색하고 심지어는 남의 것까지 떼어먹는 사람들이다.

7. 의인은 땅을 물려받을 것이다(37:25-29)

25 내가 어려서부터 늙기까지 의인이 버림을 당하거나
그의 자손이 걸식함을 보지 못하였도다
26 그는 종일토록 은혜를 베풀고 꾸어 주니
그의 자손이 복을 받는도다
27 악에서 떠나 선을 행하라
그리하면 영원히 살리니
28 여호와께서 정의를 사랑하시고
그의 성도를 버리지 아니하심이로다
그들은 영원히 보호를 받으나
악인의 자손은 끊어지리로다
29 의인이 땅을 차지함이여
거기서 영원히 살리로다

저자는 24절에서 의인이 때로는 넘어지기는 하지만, 완전히 엎드러지지는 않는다고 했다. 이제 그는 하나님이 의인과 그의 자손들을 보살피신다는 사실을 더 확고하게 말한다. 하나님은 의롭게 살려고 하는 사람들의 필요를 모두 채워 주는 분이시다. 그러므로 기자는 자기가 어렸을 때부터 나이가 든 이때까지 의인이 버림을 당하거나, 그의 자손이 굶는 일을 보지 못했다고 한다(25절). 하나님은 자기 자녀를 버리는 분이 아니시다. 그러므로 사람이 때로는 하나님께 버림받았다는 생각을 할 수 있지만, 이것은 사실이 아니며 그의 생각일 뿐이다.

의인은 종일토록 다른 사람들에게 은혜(חוֹנֵן)를 베풀어 자신이 경험한 하나님의 은혜를 그들과 나눈다(26절). 궁핍한 사람들에게 꾸어 주는 일도 멈추지 않는다. 하나님이 그의 집안을 얼마나 축복하셨는지, 그와 가족들이 마음껏 먹고도 남아 이웃들에게 빌려줄 수 있다는 의미다. 의인의 풍요롭고 은혜로운 삶은 악인들의 인색한 삶과 강력한 대조를 이룬다.

다른 시편들은 의인들이 때로는 고통도 당하고, 기근도 경험하며, 넘어지기도 한다고 말한다. 그러므로 이 시편에서는 하나의 일반적인 원리를 말하는 듯하다. 하나님은 모든 사람이 심은 대로 거두게 하는 분이시다. 악인들의 자손은 땅에서 끊어지지만, 의인들의 자녀들은 땅을 차지할 것이다. 정의를 사랑하시는 하나님이 자기 성도를 버리지 않으시고 그들을 영원히(오랫동안) 보호하실 것이기 때문이다(28절).

심은 대로 거두게 하시는 하나님은 의인들이 심은 좋은 씨앗(남들에게 베푼 은혜)은 분명히 열매를 맺게 하실 것이며, 그들의 자녀들(후손들)은 조상들이 행한 선한 일이 맺은 열매를 누릴 것이다(26절). 하나님이 보장하신다(28절). 그러므로 기자는 주의 자녀들에게 악에서 떠나 선을 행하라고 권면한다(27a절). 그렇게 하면 그들은 영원히(매우 오랫동안) 차지한 땅에서 행복하게 살 것이다(27b, 29절).

8. 의인은 흔들리지 않는다(37:30-33)

30 의인의 입은 지혜로우며
그의 혀는 정의를 말하며
31 그의 마음에는 하나님의 법이 있으니
그의 걸음은 실족함이 없으리로다
32 악인이 의인을 엿보아
살해할 기회를 찾으나
33 여호와는 그를 악인의 손에 버려 두지 아니하시고
재판 때에도 정죄하지 아니하시리로다

악인들이 성행하는 사회에서 의인이 흔들리지 않고 자기가 가야 할 길을 묵묵히 가는 것은 단순히 자기의 의로움을 입증하는 일이 아니다. 공의와 정의로 이 세상을 창조하시고 통치하시는 하나님에 대한 신뢰의 고백이기도 하다.

또한 의롭게 사는 것은 지혜로운 일이며 지혜가 있어야 의롭게 살 수 있다. 그러므로 의인은 항상 지혜롭게 말하며, 그는 정의를 말한다(30절). 그가 이처럼 정의롭고 지혜로운 말을 할 수 있는 것은 그의 마음에는 하나님의 법이 있기 때문이다(31a절). '법'(תּוֹרָה)은 율법을 의미한다. 그러므로 의인이 지혜로운 것은 그가 하나님이 주신 말씀대로 살기 때문이다. 하나님의 말씀대로 살아가는 그는 실족하지 않는다(31b절). 하나님의 말씀이 그의 삶의 기준이 되기 때문이다.

반면에 악하게 사는 것은 어리석은 짓이며, 사람이 어리석기 때문에 악하게 산다. 그러므로 악인이 하는 짓은 미련한 짓이다. 악인은 의인을 살해할 기회를 찾지만, 결코 성공하지 못한다(32–33절). 하나님이 그의 음모가 성공하도록 내버려두지 않으실 것이기 때문이다(33a절). 악인이 의인을 해하려고 계획을 세우는 것은 곧 하나님이 의인을 보호하시는 일을 침해하려는 노력이다. 그러므로 그는 하나님을 상대로 악한 일을 도모하고 있다고 할 수 있다. 세상에 누가 하나님을 상대로 꾸민 음모를 성공시킬 수 있겠는가? 그러므로 악인이 하는 짓은 미련하고 무모한 짓이다.

악인의 특징은 남이 경건하고 의롭게 사는 모습 견디기 힘들어 한다는 것이다. 그러므로 의인은 악인들로부터 매우 공격적인 반응을 자아내기도 한다(cf. 32절). 저자는 악인들을 의인들을 습격하기 위하여 호시탐탐 기회를 노리고 있는 부랑배들로 묘사한다(32절). 하나님은 이 부랑배들에게서 자기 자녀들을 보호하신다. 하나님이 악한 세상에서 의인들을 보호하시는 것은 구약의 종말론의 한 부분이기도 하다(vanGemeren).

9. 여호와의 도움을 바라고 구원을 소망하라(37:34-40)

34 여호와를 바라고 그의 도를 지키라
그리하면 네가 땅을 차지하게 하실 것이라
악인이 끊어질 때에 네가 똑똑히 보리로다
35 내가 악인의 큰 세력을 본즉
그 본래의 땅에 서 있는 나뭇잎이 무성함과 같으나
36 내가 지나갈 때에 그는 없어졌나니
내가 찾아도 발견하지 못하였도다
37 온전한 사람을 살피고 정직한 자를 볼지어다
모든 화평한 자의 미래는 평안이로다
38 범죄자들은 함께 멸망하리니
악인의 미래는 끊어질 것이나
39 의인들의 구원은 여호와로부터 오나니
그는 환난 때에 그들의 요새이시로다
40 여호와께서 그들을 도와 건지시되
악인들에게서 건져 구원하심은 그를 의지한 까닭이로다

기자는 이 단락에서 다시 한번 의인과 악인을 대조하여 악인의 삶의 허무함과 의인의 삶의 영원함을 강조한다. 마치 악인이 영원할 것 같은 현실과 완전히 다른 대안을 제시하며 오히려 이 땅에 영원히 거할 사람들은 의인들이 될 것이라고 한다. 그러므로 이 순간 성행하는 악인은 꼭 망할 것이지만, 견디어 내는 의인은 미래에 꼭 승리할 것이라는 가르침은 우리에게 믿음을 요구한다 할 수 있다.

악인들은 분명 망한다(34c절). 그들은 한번도 옮겨지지 않고 태어난 땅에서 계속 자라난 나무처럼 왕성하고 무성하지만, 주님이 그들을 심판하실 때에는 존재하지 않는, 마치 없는 바와 다름없다(35-36, 38절).

하나님이 심판하실 필요도 없을 정도로 스스로 붕괴하여 사라진 모습이다. 혹은 설령 아직 존재한다 해도 하나님의 심판이 그들이 없는 것처럼 초토화시킬 것이다. 의인들을 위협하고 온갖 폭력을 행사하던 강한 악인의 모습이 하나님 앞에서는 한없이 초라해 보인다.

반면에 의인들은 하나님이 주시는 평안을 누리며 오래 살 것이다(37절). 하나님이 그들을 구원하시고, 환난 때에는 그들에게 요새가 되어 주시기 때문이다(39절). 의인들이 하나님을 의지했기 때문에 주님은 그들을 악인들에게서 구원하실 것이다(40절).

그렇다면 하나님이 구원하실 의인들은 어떤 사람인가? 그들은 세상을 살아갈 때 다음과 같은 자세를 취한다(34절). 첫째, 그들은 하나님을 바란다(קוה)(34절, cf. 3–7절). 간절한 마음으로 하나님을 기대하며 소망한다는 뜻이다. 매우 행동적인 단어다. 둘째, 그들은 하나님의 도를 지킨다(34절). 성도들의 삶에서 '도'(דֶּרֶךְ)는 삶의 방식을 강조하는 개념이다(cf. NIDOTTE). 의인들은 하나님이 말씀을 통해 정해 주신 기준과 가치관대로 자신의 삶을 살아간다.

기자는 이 노래를 통해 삶과 죽음, 지혜와 어리석음, 보상과 심판을 노래하고 있다. 이 시의 주제는 혼란스러운 세상이다. 이 세상에서 왜 악인들이 성행하고 의인들이 고통을 당하는가? 이미 살펴본 것처럼 이 시는 내용이나 구성에 있어서 잠언을 생각나게 한다. 또한 "창조와 토라(Torah)와 지혜가 균형이 잘 잡힌 세상"을 노래하고 있다(Westermann).

제38편

다윗의 기념하는 시

I. 장르/양식: 개인 탄식시(cf. 3편)

이 시의 특징은 절망적인 상황에서 시작하여, 절망적인 상황으로 마무리된다는 것이다. 기자가 하나님의 개입을 간절히 소원해 보지만, 이렇다 할 변화가 없이 끝이 난다. 이 노래의 전반적인 분위기는 매우 우울하다. 그러므로 일부 학자들은 이 노래를 가장 확실한 개인 탄식시라고 하기도 한다(Gerstenberger). 초대교회는 시편 38편을 일곱 개의 참회시에 포함시켰다(cf. 6, 32, 51, 102, 130, 143편).

표제에 '기념 예배'(새번역)로 번역이 되는 히브리어 단어(לְהַזְכִּיר)가 포함되어 있다. 이러한 문구를 포함하고 있는 시편은 이 시와 70편 등 두 편으로 제한되어 있다. 이 단어가 '기념물'로 해석될 수 있다고 하여, 이 시편을 화제(cf. 레 2:2, 9, 16)를 드리는 사람이 기도문으로 읊은 것이라는 해석도 있다(cf. McCann, Ross). 그러나 구약에서 하나님이 기념하시는 것은 곧 개입하시어 행동하신다는 의미를 지니고 있기 때문에 하나님께 절박한 기자의 상황을 기억해달라는 취지에서 붙여진 표제로 보인다(Kidner).

노래를 시작하고 있는 기도문(1절)은 6:1과 흡사하다. 우리는 이 시편을 개인 탄식시로 구분하지만, 단순히 한 병자의 기도문으로 보아야 한다고 주장하는 이들도 있다(Ross). 그러나 병을 앓고 있는 사람의 기도문도 탄식시에 포함되기 때문에 탄식시로 구분해도 별 문제는 없다(cf. Craigie, deClaissé-Walford et al., McCann). 안식일을 기념하라는 취지에서 이 단어가 사용되고 있다는 주장도 있지만(Terrien), 설득력은 없다.

II. 구조

학자들은 이 시편을 매우 다양하게 세분화한다. 가장 세부적으로 섹션화한 것은 다음과 같다(Terrien). 텍스트의 양이 상당히 불균형을 이루며(cf. D, D′) 분석에 반영된 문구들이 각 섹션의 내용을 잘 요약하고 있다고 생각하기에는 다소 문제가 있어 보인다.

A. 하나님께 호소(38:1)
 B. 죄로 인한 질병(38:2-3)
  C. 죄 고백(38:4-5)
   D. 질병 증상 토로(38:6-10)
    E. 원수들(38:11-12)
     F. 여호와를 소망하라(38:13-15)
    E′. 원수들(38:16)
   D′. 질병 증상 토로(38:17)
  C′. 죄 고백(38:18)
 B′. 이유 없는 역경(38:19-20)
A′. 하나님께 호소(38:21-22)

대체적으로 학자들은 본문을 4-6섹션으로 구분하여 구조를 제시한다(cf. Craigie, deClaissé-Walford et al., Goldingay). 그중 밴게메렌(vanGemeren)은 다음과 같은 교차 대구법적 구조를 제시한다. 그러나 반영된 문구들이 내용을 잘 요약하고 있다고 하기에는 다소 어려움이 있다. 예를 들자면 A와 A'는 화해를 위한 기도는 아니다.

A. 화해를 위한 기도(38:1-4)
　B. 번민의 고통(38:5-12)
　　C. 결백함이 증명되기를 바라는 기도(38:13-16)
　B'. 불의의 고통(38:17-20)
A'. 화해를 위한 기도(38:21-22)

이 주석에서는 다음과 같은 분석을 바탕으로 이 시편을 주해해 나가고자 한다.

A. 도움을 청하는 기도(38:1-2)
　B. 견디기 힘든 내 고통(38:3-8)
　　C. 육체적 고통보다 더 힘든 따돌림(38:9-15)
　B'. 원수들이 내 고통을 기뻐함(38:16-20)
A'. 도움을 청하는 기도(38:21-22)

III. 주해

저자는 매우 심각한 병을 앓고 있으면서 하나님께 도움을 청하고 있다. 그는 죄로 인해 하나님이 그를 버리셨다는 죄책감에 사로잡혀 있다. 그러므로 이 시는 사람의 질병은 죄에서 비롯된다는 고대 사람들의 사고를 증명하는 노래로 간주되기도 한다(McCann, cf. 32:3-5, 39:10-11, 41:4, 88:7, 16; 107:17-18).

기자는 주변 사람들이 그를 따돌리고 있다는 생각을 떨칠 수가 없다. 아마도 그들도 기자가 죄로 인해 고통을 받고 있다고 생각하여 그를 멀리했을 것이다. 그러므로 기자는 자기의 육체적 질병뿐만 아니라 깨어진 대인 관계를 회복하기 위해서라도 그와 하나님의 관계가 속히 회복되었으면 좋겠다며 간절히 기도한다.

안타깝게도 기자는 이 노래가 끝날 때까지 하나님과의 관계가 회복되었다는 확신을 얻지 못하며, 주님의 임재도 체험하지 못한다. 그러므로 그는 이 노래를 시작했을 때의 초조함과 불안감으로 시를 마친다.

이 시는 성도가 질병을 앓을 때 가장 힘들어하는 이슈 두 가지를 다루고 있다. 첫째는 자신이 죄를 지어서 고통을 당한다는 생각이다. 둘째는 하나님과 사람들이 그를 따돌린다는 생각이다. 이러한 이유에서 초대 교회는 시편 38편을 일곱 개의 참회시에 포함시켰다.

1. 도움을 청하는 기도(38:1-2)

1 여호와여
주의 노하심으로 나를 책망하지 마시고
주의 분노하심으로 나를 징계하지 마소서
2 주의 화살이 나를 찌르고
주의 손이 나를 심히 누르시나이다

저자는 이 기도문을 통해 자신이 당하고 있는 신체적 고통이 하나님의 징계에서 비롯된 것이라고 고백한다(1절). 일부 학자들은 그의 고백이 꼭 사실일 필요는 없다고 주장한다(cf. deClaissé-Walford et al.). 주의 자녀들이 질병을 앓을 때 제일 먼저 떠올리는 것이 이런 생각이기 때문이다. 그러나 그가 3-4절과 18절에서 자기 죄를 언급하는 것으로 보아 그의 고통이 죄와 직접적인 연관성이 없을지라도, 그는 연관성이 분명히 있다고 확신한다(Terrien, cf. 6:2-3). 그러므로 그는 하나님이 죄로 인해 그를 치셨으므로, 하나님이 그를 용서하시는 순간 고통이 멈출 것으로 기대한다. 기자는 상당한 시간 동안 아주 심한 육체적—심리적 고통을 체험하면서 이러한 기도를 드리고 있다. 그의 인지능력이 상당히 망가진 상태에서 이러한 신음소리를 내고 있을 수도 있다는 것이다. 누구든지 사실과는 상관없이 지속되는 병마에 시달리다 보면 이러한 탄식의 기도를 드릴 수 있다. 이럴 때는 그의 망가진 인지능력을 회복시켜 주는 것이 문제를 해결하는 데 도움이 되겠지만, 결코 쉽지 않은 일이다. 그가 하나님을 직접 만나야만 해결될 가능성이 많기 때문이다.

하나님께 징계의 채찍을 거두어 달라고 기도한 저자는 자신의 어려운 처지에 대하여 하나님께 호소한다. 그는 몸에 성한 데가 한 군데도 없다며 하소연하고 있다. 더욱이 그를 슬프게 하는 것은 자신이 믿고 의지해 왔던 하나님께 징계를 받아 이렇게 되었다는 생각이다(2절). 하나님은 사랑하는 자들을 징계하신다(잠 3:11-12, 히 12:5-6). 그러나 징계도 끝이 보일 때에나 교육과 양육의 수단으로 받아들일 수 있다. 허구한 날 무한정으로 고통이 계속된다면 당연히 견디기 힘들어진다.

기자는 여호와의 화살이 자기 몸을 '찔렀다'(נחת)고 탄식한다(2절). 그는 가나안 신화에서 이미지를 도입하여 자기 아픔을 토로하고 있다(Craigie, Goldingay). 가나안 신화에 의하면 양궁의 신 레셉(Resheph)은 인간들에게 다양한 전염병과 병마들을 활처럼 쏜다(cf. 신 32:23, 애 3:12). 이 말은 기자가 레셉의 실제성을 인정한다는 것이 아니라, 자신이 당하고 있는 고통은 마치 여호와께서 레셉이 사람들에게 병마의 활을 쏘듯이 자기를 쏘았기 때문이라고 탄식하는 것이다. 그는 하나님의 손이 자기를 '짓누른다'(נחת)고 호소한다(2절). 몸을 관통하는 것과 짓누르는 것은 같은 히브리어 단어(נחת)에서 비롯되었다. 하나님이 자기를 찌르시는 것으로도 모자라 숨을 쉴 수 없도록 짓누르시기까지 한다는 병자의 신음소리다.

이러한 저자의 주장은 사실이 아닐 가능성이 많다. 일상적으로 생각할 때 하나님은 자기 자녀들을 병마로 찌르고 짓누르시는 분이 아니기 때문이다. 특별한 이유가 있어서 이렇게 하실 경우가 있기는 하지만 말이다. 그러나 도저히 이유를 알 수 없는 고통을 당하는 사람의 입장에서는 충분히 이렇게 생각할 수 있다. 이럴 때 그들에게 필요한 것은 그들이 잘못 생각하고 있다며 '신학적인 교정'을 하는 것이 아니다. 그저 인간의 고통을 창조주 하나님의 고유 영역에 속한 신비로 받아들이며 함께 아파하는 것이다.

2. 견디기 힘든 내 고통(38:3-8)

[3] 주의 진노로 말미암아 내 살에 성한 곳이 없사오며
나의 죄로 말미암아 내 뼈에 평안함이 없나이다
[4] 내 죄악이 내 머리에 넘쳐서 무거운 짐 같으니
내가 감당할 수 없나이다
[5] 내 상처가 썩어 악취가 나오니
내가 우매한 까닭이로소이다
[6] 내가 아프고 심히 구부러졌으며
종일토록 슬픔 중에 다니나이다
[7] 내 허리에 열기가 가득하고
내 살에 성한 곳이 없나이다
[8] 내가 피곤하고 심히 상하였으매
마음이 불안하여 신음하나이다

저자는 하나님의 진노(벌)로 말미암아 자신의 살에 성한 곳이 없고, 자신의 죄로 인해 뼈에 평안함이 없다고 한다(3절). 그는 죄로 인해 하나님의 벌을 받고 있으며, 뼈와 살을 함께 언급하며 온몸이 성한 틈이 없다고 한다. 고통으로 인해 만신창이가 된 자기 몸은 한마디로 '움직이는 종합병원'이라며 탄식한다. 그러나 자신의 고통에 대하여 누구를 탓할 수도 없다. 이 모든 일이 그의 죄악으로 인해 빚어진 일이기 때문이다(4절). 다만 고통이 너무 심해 감당하기가 힘들다며 괴로워한다.

그는 몸에 있는 상처가 썩어 악취가 난다고 한다(5절). 온몸에 열이나 살에 성한 곳이 없다(7절). 그가 앓고 있는 병이 정확히 어떤 병인지는 알 수 없지만, 무척 고통스러우며 피부를 통해 증상이 나타나고 있는 것은 확실하다. 기자는 하루 24시간 엄청난 고통으로 시달리고 있다.

그러면서도 저자는 이 모든 일이 자기의 죄와 불찰에서 빚어진 일이라며 자책한다(4, 5절). '우매함'(אִוֶּלֶת)(6절)은 지적으로 모자란다는 뜻이 아니라, 도덕적으로 어리석다는 의미이다(McCann). 도대체 그는 어떤 삶을 살아왔고 어떤 죄를 지은 것일까? 그는 죄에 대한 구체적인 정보는 제공하지 않는다. 단지 이 일로 인하여 삶이 완전히 무너져 내리고 종일 엎드려 있다('심히 구부러져 있음', 6절)는 사실을 밝힐 뿐이다. 그는 자신의 죄로 인하여 육체적인 고통이 감당하기 어려운 수준에 도달한 것을 탄식한다(6-7절).

육체적인 고통이 그를 압도했기 때문에 그에게는 어떠한 소망도 기대할 힘이 없다. 그는 생명에 위협까지 느낀다(8절). 그에게는 지금 살아 있다는 자체가 부담스럽고 힘겹다. 그러나 이처럼 힘든 상황에서도 그가 하나님을 바라는 소망을 버리지 않았기 때문에 기도하고 있다. 이것이야말로 참믿음이다. 우리의 삶이 우리가 뜻하는 바대로 된다면 기도하지 않고 믿지 않을 성도들은 별로 없다. 믿기 힘들 때, 도저히 기도할 수 없는 상황이 될 때에도 기도하는 것이 참 믿음이다.

3. 육체적 고통보다 더 힘든 따돌림(38:9-15)

9 주여 나의 모든 소원이 주 앞에 있사오며
나의 탄식이 주 앞에 감추이지 아니하나이다
10 내 심장이 뛰고 내 기력이 쇠하여
내 눈의 빛도 나를 떠났나이다
11 내가 사랑하는 자와 내 친구들이 내 상처를 멀리하고

내 친척들도 멀리 섰나이다
12 내 생명을 찾는 자가 올무를 놓고
나를 해하려는 자가 괴악한 일을 말하여
종일토록 음모를 꾸미오나
13 나는 못 듣는 자같이 듣지 아니하고
말 못하는 자같이 입을 열지 아니하오니
14 나는 듣지 못하는 자 같아서
내 입에는 반박할 말이 없나이다
15 여호와여 내가 주를 바랐사오니
내 주 하나님이 내게 응답하시리이다

기자는 하나님이 죄로 인하여 그를 벌하시고 있기 때문에, 문제의 유일한 해결책은 하나님으로부터 와야 한다는 사실을 잘 안다. 그러므로 그는 자신의 모든 소원과 탄식이 주님 앞에 있음을 고백한다(9절). 하나님의 자비에 모든 것을 맡기고 하나님을 간절히 바라보고 있는 것이다.

기자는 자신이 처한 문제를 세 가지로 정리하고 있다. 첫째, 견디기 힘든 신체적 고통이다(10절). 그는 심장이 심하게 뛰고 기력이 쇠하여 눈의 초점마저 흐려질 정도로 힘든 시간을 보내고 있다. 사람의 기력이 쇠해지면 시력도 큰 영향을 받는다.

둘째, 친지들과 친구들이 그를 외면하고 따돌리고 있다(11절). 평상시에는 친구와 가족처럼 지내던 사람들 중에도 고통을 당하면 멀리하는 사람들이 있다. 그러므로 고통은 진짜 벗과 가식적인 이웃을 구분하는 효과를 발휘한다. 기자가 고통을 당하자 대부분의 사람들이 그를 외면하거나 따돌리고 있다. 기자는 그들이 그를 바라보는 눈빛이 너무나도 싫고 원통하다. 물론 소수는 그의 곁을 지키고 있을 것이다. 이들이야말로 평생을 함께할 만한 참 벗이다.

셋째, 노골적으로 그의 생명을 노리는 원수들이 있다(12절). 그들은 온갖 권모술수를 동원하여 어떻게든 그에게 해를 가하려고 안간힘을 쓴다. 기자는 참으로 힘든 상황에 놓여 있다. 자신의 육체적 고통도 감당하기 힘든데, 또한 이웃들의 외면도 고통스러운데, 이번 기회에 그를 죽이자며 온종일 음모를 꾸미는 사람들이 있다! 엎친데 겹친 격이다. 가장 원통하고 억울한 것은 그는 한번도 이 사람들을 해하려고 한 적이 없다는 것이다(cf. 19–20절).

이러한 상황에서 기자가 할 수 있는 일은 아무것도 없다. 주변 사람들의 비아냥에 대꾸할 가치를 느끼지 못한다. 원수들의 비방에 반박할 힘도 없다. 그들이 아무리 원색적으로 비방하며 그를 매도해도 그는 침묵으로 일관한다(13절). 들어도 듣지 않은 척, 말하고 싶어도 말하지 않는다. 억울한 일을 당한 사람은 말로 그 억울함을 토해내야 견디기가 조금 쉬워지는데, 그는 누구에게 하소연할 엄두를 내지 못하고 침묵한다. 말은 또 다른 말을 낳는다는 사실을 너무나도 잘 알기 때문이다.

기자는 사람들에게 자기의 억울함을 항변하는 것보다, 모든 형편을 아시는 주님을 찾는 것이 더 현명한 선택이라는 것을 안다. 그러므로 그는 하나님이 분명 그의 형편을 헤아려 주실 것이라는 기대감으로 주님만 바라본다(15절). 그가 할 수 있는 가장 지혜로운 선택이다. 사람이 어려움에 처하면 끝에 가서는 홀로 광야에 서있는 듯한 느낌을 갖게 된다. 이럴 때 유일하게 그를 찾아와 떠나지 않으시는 분은 오직 하나님이시다. 그러므로 하나님만을 바라보는 것은 사람이 할 수 있는 가장 현명한 선택이다. 하나님은 주님의 때가 이르면 꼭 응답하실 것이다.

4. 원수들이 내 고통을 기뻐함(38:16–20)

16 내가 말하기를
두렵건대 그들이 나 때문에 기뻐하며
내가 실족할 때에 나를 향하여

스스로 교만할까 함이니이다
[17] 내가 넘어지게 되었고
나의 근심이 항상 내 앞에 있사오니
[18] 내 죄악을 아뢰고
내 죄를 슬퍼함이니이다
[19] 내 원수가 활발하며
강하고 부당하게 나를 미워하는 자가 많으며
[20] 또 악으로 선을 대신하는 자들이
내가 선을 따른다는 것 때문에 나를 대적하나이다

기자가 가장 염려하는 것은 그가 망하기를 간절히 바라는 악인들이 기뻐하는 일이다(16절). 그가 실족하면 그들은 '우리 말이 맞았다!'며 우쭐해져서 온갖 망발을 쏟아낼 것이다. 악인들의 이러한 행동은 그의 '염장을 지르는 일'이 될 것이다. 더 나아가 저자는 악인들이 그의 일로 인해 우쭐대며 교만을 떠는 꼴을 견딜 수가 없다. 그들은 그를 부당하게 미워하는 자들이며, 악을 선으로 대신하는 자들이기 때문이다(19-20절). 비록 기자가 이 시편 곳곳에서 자신의 죄를 고백하고 있지만, 그의 고통의 일부는 그가 선한 일을 추구하는 일에서 오는 핍박임을 암시한다.

개역개정이 '활발하다'로 번역한 히브리어 단어(חַיִּים, 19절)가 어떻게 해석되어야 하는가에 대하여 논란이 있다. 이 단어의 기본적인 의미는 '생명/삶'인데(HALOT), 본문에는 잘 어울리지 않기 때문이다. 그러므로 학자들은 이 단어의 의미를 '이유 없이'로 번역하기를 제안한다(Craigie, Kraus). 실제로 여러 번역본들이 이러한 번역을 따르고 있다(공동, NIV, NRS, RSV). 다음 행도 같은 아이디어를 반영하고 있는 것으로 보아 두 행을 평행으로 이해하여 '까닭 없이'로 번역하는 쪽이 바람직하다.

악인들은 기자가 선을 따르는 것 때문에 그를 대적하는 자들이다(20절). 그러므로 그가 실족하면 악인들이 기뻐하는 것은 그렇다 하더라도, 세상에서 선을 추구하며 살려고 하는 사람에게 큰 실망을 안길 수 있다. 하나님께 죄를 고백하고 용서를 빌면 그의 삶이 바뀌고 그의 처지가 개선되어야 하는데 그런 징조가 보이지 않으면, 굳이 선을 추구하며 살 필요가 없다는 생각을 할 수 있기 때문이다.

이럴 때 찾아오는 것이 바로 영적 우울증이다. '하나님이 나를 버리셨는가?'라는 질문이 그의 마음을 가득 채운다. 믿는 자들이 신음 속에서 탄식하며 하나님께 기도할 때, 그들의 기도가 응답되기는커녕 무시되고 있다는 느낌이 들 때가 있다. 이때 가장 어려운 문제가 바로 이 점이다. '하나님이 나를 버리셨다'는 생각이 팽배할 때 그는 더 깊은 영적 슬럼프로 접어들기 때문이다.

기자는 자기 개인의 득과 실뿐만 아니라, 이처럼 여러 이슈가 그가 당면한 고통과 연결되어 있다며 하나님께 도와달라고 기도하고 있다. 그가 실족하면 그를 이유 없이 미워하는 원수들이 기뻐할 것이다. 또한 그의 고통은 단지 그의 개인 일로 끝나는 것이 아니라, 세상에서 선을 추구하며 살려고 하는 많은 사람에게 부정적인 영향을 미칠 것이다. 그는 참으로 지혜롭게 기도하며 하나님께 호소하고 있다.

5. 도움을 청하는 기도(38:21-22)

21 여호와여
나를 버리지 마소서
나의 하나님이여
나를 멀리하지 마소서
22 속히 나를 도우소서
주 나의 구원이시여

기자는 자신이 처한 상황에 대하여 자신은 어떠한 일도 할 수 없다는 사실을 잘 알고 있기에 오직 하나님을 바라며 기도를 한다. "하나님 나를 버리지 마십시오. 나를 멀리하지 마십시오"(21절). 그가 알고 교제하던 하나님의 본 모습으로 되돌아와 달라는 애절한 간구다. 비록 그가 감당하기 힘든 육체적 고통을 당하고 있지만, 그에게는 육체적 고통에서 해방되는 것보다 하나님과의 관계를 회복하는 일이 더 급하고 중요하다. 신앙인으로서 그에게 가장 신경이 쓰이는 부분은 고통이 아니라 하나님께 버림받았다는 생각이다. 그러므로 그는 하나님께 이러한 기도를 드리고 나서야 비로소 그가 처한 어려운 현실에서 그를 구해달라는 기도를 곁들이고 있다(22절). 이 짧은 섹션에서 그는 하나님의 구원을 갈망하는 마음으로 세 차례 여호와께 호소한다. (1)나를 버리지 말아 주십시오. (2)나를 멀리하지 말아 주십시오. (3)나를 빨리 구원하여 주십시오. 그는 자신의 절박함을 주저없이 주님께 드러내고 있다.

사람이 질병으로 인해 당하는 고통의 정도와 성격은 사람마다 차이가 있다. 그러나 병마가 오랫동안 지속되면 환자의 심리적인 상태가 가장 악화된다. 육체를 위협하는 질병의 가장 치명적인 여파는 영혼까지 병들게 하는 것이다. 이 시는 이러한 면을 잘 묘사하고 있다.

오랫동안 병석에 누워 있는 기자는 거의 절망적인 상황으로 치닫고 있지만 그래도 그의 구원이신 여호와를 소망해 본다. 이 노래의 특징은 하나님의 응답이 그에게 임했다는 가능성이 전혀 보이지 않는다는 것에 있다. 그러므로 상황이 매우 절망적이다. 그런데도 저자는 좌절하지 않고 하나님께 자기를 보아달라는 호소로 노래를 끝맺고 있다. 사람이 가장 기도하기 힘들 때, 기자는 더욱더 열정적인 기도를 통해 여호와의 구원을 소망한다. 이러한 사실은 우리에게 커다란 도전이 되어야 한다. 사람들뿐만 아니라 하나님께도 버림받았다는 생각이 들면 가장 기도하기가 힘들어진다. 기도하기가 가장 힘이 든다고 느낄 때가 바로 가장 많은 기도를 해야 할 때라는 것이 우리가 당면한 신앙적인 모순이다. 그러므로 기도는 노동이다.

제39편

다윗의 시, 인도자를 따라 여두둔 형식으로 부르는 노래

I. 장르/양식: 개인 탄식시(cf. 3편)

이 노래는 분명 하나님의 도움을 구하는 탄식시이지만, 감사시와 지혜시의 언어와 이미지를 사용하여 저작된 시다. 시편 38편처럼 중요한 단어들의 반복을 바탕으로 구성되어 있다(Goldingay). 조심하다/지키다(1절), 나의 입(1, 9절), 나의 혀(1, 3절), 잠잠하다(2, 9절), 알게 하다(4절), 나의 날들(4, 5절), 입김(5, 6절), 인생은 모두 허사일 뿐이다(5, 11절), 다니다(6, 13절).

이 시는 표제에 여두둔(יְדוּתוּן)이란 단어가 들어가 있는 세 시편 중 하나다(cf. 62, 77편). 개역개정은 '여두둔 형식으로 부르는 노래'라는 말을 표제에 더하여 여두둔이 마치 특정한 장르의 음악인 것처럼 이해하지만, 여두둔은 사람 이름이라는 것이 대부분 학자들의 해석이다(cf. Brueggemann & Bellinger, deClaissé–Walford et al., Goldingay, McCann, Ross, Terrien). 역대상 16:42에 의하면 여두둔은 다윗 시대에 성전에서 음악을 지휘하던 세 주요 레위인들 중 하나였다(대상 16:41–42, 대하 5:12, cf. 대상 29:15). 나머지 두 사람은 아삽과 헤만이었다.

이 노래가 언제 저작되었는지는 전혀 알 수 없다. 일부 학자들은 포로기 이후 시대라고 한다. 그러나 내용 자체만 가지고 논한다면 다윗 시대도 가능하다(cf. Kraus). 주제가 하나님의 징계를 받아 고통 속에 있는 성도의 기도라는 점을 감안하면 때와 장소를 초월하여 언제든 시사성이 있는 노래다.

II. 구조

학자들은 본문의 구조를 간단하게는 세 파트로(Craigie, Ross), 자세하게는 5–6 섹션으로 구성된 것으로 간주한다(cf. deClaissé–Walford et al., Terrien, vanGemeren). 각 학자마다 본문을 섹션화 하는 과정에서 제시하는 텍스트의 범위도 각각 다르다. 그러므로 모든 사람이 동의할 만한 구조 분석은 존재하지 않는다. 다음은 밴게메렌(vanGemeren)이 제안하는 구조다. 이 구조의 어려움은 9절도 분명 지속되는 기도의 일부인데 따로 떼어 독립적으로 취급하는 것이다. 게다가 4–6절은 삶의 덧없음에 대한 묵상이지 결코 감동을 바라는 기도라 할 수 없다.

A. 여호와 앞의 침묵(39:1–3)
  B. 하나님의 감동을 바라는 기도(39:4–6)
    C. 구원을 위한 기도(39:7–8)
A′. 여호와 앞의 침묵(39:9)
  B′. 하나님의 보존을 바라는 기도(39:10–11)
    C′. 구원을 위한 기도(39:12–13)

이 주석에서는 다음과 같은 구조를 바탕으로 본문을 주해해 나가고자 한다. 두 개의 공통적인 주제가 두 번씩 반복되는 패턴을 보이고 있으며, 마지막 섹션은 삶의 덧없음을 근거로 하나님께 자기 기도를 꼭 들어달라는 기자의 간절함으로 마무리된다.

A. 죄와 침묵(39:1–3)

B. 삶의 덧없음(39:4-6)

A'. 죄와 침묵(39:7-10)

B'. 삶의 덧없음(39:11-13)

III. 주해

기자는 처음부터 끝까지 삶의 허무함과 허탈함에 대한 생각을 마음에 품고 이 노래를 부른다. 이러한 차원에서 이 시는 욥기와 전도서와 상당한 연관성을 지녔다(cf. Broyles). 정확히 무엇이 저자가 이처럼 영혼을 살피는 질문을 하게 만들었을까? 노래가 주는 정보를 가지고는 도저히 알 수 없다. 다만 한가지, 10절은 그가 하나님의 징계로 인해 어려운 일을 당하고 있다고 고백한다.

어떤 면에서 이 노래는 욥의 울부짖음을 반영하고 있다고 할 수 있다. 특히 이 시는 욥기 7:16-21의 내용을 연상시킨다. 그러나 큰 차이가 있다. 욥은 하나님께 항의하며 울분을 토했지만, 이 시편의 저자는 인생에 대한 혼란스러움 내지는 헷갈림에서 노래를 한다. 이 시편도 38편처럼 탄식의 기도로 시작해서 탄식의 기도로 끝나고 있으며, 기자가 기도하는 도중에 하나님의 구원이나 신탁을 받은 것으로 보이지는 않는다(cf. McCann). 상당히 절망적인 분위기에서 노래가 끝이 나는 것이다(cf. Kraus).

그럼에도 불구하고 저자는 하나님이 그의 기도를 들으시고 주님의 임재로 그와 함께하시기를 간절히 바라는 마음으로 노래를 마무리한다. 삶의 덧없음과 무료함이 그를 힘들게는 하지만, 하나님을 만나고 싶은 그의 간절한 마음은 꺾지 못했다(cf. Craigie). 기자는 믿음이 무엇인지를 정의하는 듯하다. 삶에 대한 허무함과 허탈함으로 마음이 무거울 때에 체념하지 않고 오직 주님을 사모하며 간절히 사모하는 것이 믿음이다.

1. 죄와 침묵(39:1-3)

[1] 내가 말하기를 나의 행위를 조심하여
내 혀로 범죄하지 아니하리니
악인이 내 앞에 있을 때에
내가 내 입에 재갈을 먹이리라 하였도다
[2] 내가 잠잠하여
선한 말도 하지 아니하니
나의 근심이 더 심하도다
[3] 내 마음이 내 속에서 뜨거워서
작은 소리로 읊조릴 때에
불이 붙으니 나의 혀로 말하기를

저자는 매우 깊은 고통의 늪에 빠져 있다. 그는 혹시라도 자신이 신음속에서 죄를 지을까 염려하여 오로지 침묵으로 일관하며 어려운 시간을 보내고 있다(1절). 그러나 그의 침묵은 그가 당하고 있는 아픔에 고통을 더한다(2절). 심지어는 선한 말도 하지 않으려고 노력한다. '선한 말'(טוֹב)은 자신과 이웃을 기쁘게 하는 좋은 말을 의미한다(cf. HALOT). 그가 선한 말도 하지 않았다는 것은 그의 상황에 도움이 되지 않을 정도로(Kidner), 혹은 해가 될 정도로(Goldingay) 지나치게 침묵했다는 의미로 해석할 수 있다. 하고 싶은 말은 많지만 벙어리 냉가슴 앓듯이 모든 것을 견디어 내야 하는 저자는 참으로 어려운 시간을 보내고 있다.

기자는 왜 필요 이상으로 자신을 절제하는가? 그는 "악인들이 내 앞에 있는 한 내가 내 입에 재갈을 먹이리라"고 다짐했기 때문이다(1절). 그는 그를 비방하고자 하는 자들 앞에서 불만이나 분노를 표출하는 말을 한다면, 그의 모든 행위가 그들의 비난과 비웃음거리가 될 것을 잘 알고 있다. 욥의 경험이 이러한 상황을 잘 보여준다.

하나님을 경외하는 사람들은 상황에 따라서는 모든 것을 마음속으로 삭여야 한다. 우리가 경험하는 감정을 그대로 표현하면 비난의 시선으로 우리를 바라볼 뿐만 아니라 하나님을 욕되게 할 사람들이 주변에 도사리고 있을 때에는 더욱더 그렇다. 욥은 상황 판단을 잘못하여 친구들과 기나긴 논쟁에 휘말렸다.

저자는 아예 선한 말도 하지 않겠다고 작정했다(2절). 혹시 악인들이 그를 오해할까 염려했기 때문일 것이다. 그는 사람의 말은 항상 오해와 왜곡된 해석을 불러일으킬 수 있다는 사실을 잘 알고 있다(Kidner). 그러다 보니 그의 고통과 말 못함에서 오는 답답함이 더 심해진다. 우리가 하고 싶은 말을 하지 못할 때 답답함을 느끼며, 감정을 표현하지 못할 때 억제된 감정이 때로는 병이 된다. 그가 겉으로는 침묵을 지키고 있지만, 속으로는 화산이 폭발하고 있다(3절). 성경에서 '내 마음이 내 속에서 뜨거워서'(חַם־לִבִּי בְּקִרְבִּי)라는 표현은 형제나 친척 중에 하나가 남에게 살해당했다는 소식을 듣고 분노하는 감정을 묘사한다(신 19:6). 가족과 집안의 명예를 매우 중요시 여기던 사회에서 이러한 일이 초래했던 억제할 수 없는 감정이 어느 정도는 상상이 간다.

저자는 이렇게 속으로는 '열을 받으면서'도 겉으로는 태연한 척 연기를 해야 한다. 외형적으로는 '작은 소리로 읊조릴 뿐'(בַהֲגִיגִי)이다. 이 단어는 비둘기가 조용하면서도 슬픈 신음소리를 내는 것을 묘사하는 데 사용되기도 한다(NIDOTTE). 본문에서는 묵상한다는 의미를 지녔다(vanGemeren). 그가 침묵할수록 그의 내부적 갈등과 감정은 격화되고 있다. 억제된 감정은 건강까지 해친다. 이런 일을 체험할 때 적당한 기회를 만들어 폭발하는 것도 지혜다.

2. 삶의 덧없음(39:4-6)

4 여호와여
나의 종말과 연한이 언제까지인지 알게 하사
내가 나의 연약함을 알게 하소서
5 주께서 나의 날을 한 뼘 길이만큼 되게 하시매
나의 일생이 주 앞에는 없는 것 같사오니
사람은 그가 든든히 서 있는 때에도
진실로 모두가 허사뿐이니이다 (셀라)
6 진실로 각 사람은 그림자같이 다니고
헛된 일로 소란하며 재물을 쌓으나
누가 거둘는지 알지 못하나이다

고통스러운 삶 앞에서 한없이 무기력하게 느끼는 기자가 갑자기 인생이 얼마나 짧고 허무한가 하는 인생무상(人生無常)이란 철학적이고 실존적인 주제를 묵상해 본다. 그는 4절에서 인생의 짧음과 허무함을 세 가지로 표현한다. (1)나의 종말(삶의 끝)이 언제인가. (2)나의 연한(수명)이 얼마나 되는가. (3)내 연약함(삶의 덧없음)의 정도가 어떠한가.

우리도 오랜 세월 동안 생명을 유지해온 노송(老松)이나 끝없는 세월을 버텨온 바위를 보면 이런 생각이 들지 않는가! 짧은 인생 동안 어떻게 하나님의 영광을 드러내며 살 것인가는 우리 모두에게 주어진, 평생을 통해서 풀어나가야 할 과제다.

저자는 여러 가지 이미지를 사용하여 4절에서 제시한 삶의 허무함에 대한 묵상을 더 발전시킨다(5-6절). 첫째, 그는 자신의 나날(일생)이 고작 '한 뼘'(טְפָחוֹת) 길이밖에 되지 않는다고 고백한다(5절). 한 뼘은 이스라엘 사람들의 측량 단위에서도 매우 작은 것으로 사람의 손에서 엄지를 뺀 네 개의 손가락의 너비를 뜻한다. 보통 7-8센티미터 정도 되는 아주 작은 단위다. 때로는 장거리를 왕래하기도 했을 시인에게 그의 삶은 한 뼘도 되지 않을 정도로 짧고 허무하게 느껴진 것이다.

둘째, 사람의 삶은 하나님 앞에서는 아무것도 아니다(חֶלְדִּי כְאַיִן נֶגְדֶּךָ)라고 고백한다(5절). 영원 전에서 영원 끝에까지 거하시는 하나님 앞에 그의 나날들은 마치 없는 것과 마찬가지라는 고백이다. 바닷물에 비교할 때 한 방울의 물에 불과한 것처럼 느껴지는 것이 사람의 수명이다. 그는 다시 한번 인생의 허무함을 노래하고 있다.

셋째, 인간의 삶은 한낱 입김에 불과하다(כָּל־הֶבֶל)(5절, cf. 11절). 하나님은 온 세상을 감쌌던 거대한 바람이셨던 것에 비해(cf. 창 1:2) 사람의 생명은 이처럼 무의미하다. 잠시 안개처럼 왔다가 바람처럼 가는 것보다도 보잘것없는 한줌의 입김에 불과한 것이 인생이다. 그런데 사람들은 왜 그렇게 싸우고 미워하며 사는 것일까?

넷째, 우리의 삶은 그림자와 같다(בְּצֶלֶם)(6절). 그림자는 실물을 반영하는 것일 뿐, 실물은 아니다(cf. Goldingay). 영국의 문호 세익스피어는 이 말씀에 감동되어 자신의 작품에서 '인생은 걸어다니는 그림자'(Life is but a walking shadow)라는 유명한 말을 남겼다.

그러므로 사람이 어떤 일을 하든 별 의미가 없는 허사에 불과하다(6절). 심지어는 사람이 열심히 일해서 부를 쌓아도 정작 그것을 누가 갖고 누리게 될 것인가조차 모른다(6절). 우리는 분주히 움직여 보지만 과연 무엇을 얻기 위한 몸부림인가? 이렇게 불확실하고 불안정한 인생을 하나님은 왜 참견하시는 것일까?

이와 같은 삶에 대한 네 가지 비유가 삶을 전적으로 절망적으로 보라는 뜻은 아니다. 저자는 이렇게 인생의 허무함을 노래함으로써, 산다는 것이 무엇을 의미하는가를 생각해 보라고 권면한다. 사람의 삶에서 하나님이 배제되면 당연히 허무주의로 빠질 수밖에 없다.

그러므로 그는 우리가 보기에는 참으로 보잘것없는 인간을 만드신 이가 여호와라는 사실을 생각해 보라고 한다(4–5절). 하나님의 영존하심에 비하면 아무것도 아닌 인간이 이처럼 가련해 보이기까지 한데, 창조주께서는 무엇이 아쉬워서 별 볼일 없는 인간을 징계하시냐는 탄식이 내포되어 있다. 기자의 탄식은 하나님의 마음을 돌이키기 위해 사람이 할 수 있는 유일한 아우성이다. 하나님이 인간의 초라함을 보시고 마음을 바꾸셔야 자기가 살 수 있다는 생각이 그를 사로잡았다.

3. 죄와 침묵(39:7–10)

7 주여 이제 내가 무엇을 바라리요
나의 소망은 주께 있나이다
8 나를 모든 죄에서 건지시며
우매한 자에게서 욕을 당하지 아니하게 하소서
9 내가 잠잠하고 입을 열지 아니함은
주께서 이를 행하신 까닭이니이다
10 주의 징벌을 나에게서 옮기소서
주의 손이 치심으로 내가 쇠망하였나이다

저자가 노래하는 것처럼 사람의 삶이 참으로 불확실한 것이라면, 우리는 과연 어떤 자세로 이 세상을 살아가야 하는가? 그는 본문을 통해 답을 확실히 밝히고 있다. 우리가 불완전한 사회를 살아가기 때문에 더욱더 완전한 것을 사모하고 추구해야 한다는 것이다. 그렇다면 무엇이 우리가 추구해야 할 확실하고 완전한 것인가? 바로 하나님이시다(7절). 기자는 이때까지 살아오면서 삶의 신비를 완전히 밝혀낸 적이 없으며 앞으로도 밝혀낼 수 없을 것이다. 그러나 그는 하나님을 안다. 이 점이 그에게는 삶에서 가장 중요한 대목이다.

기자가 인생의 무상함을 묵상한 다음 삶에 대하여 비관적인 자세를 취하는 것이 아니라, 오히려 하나님께 소망을 두고 주님만을 구하는 기도를 드리는 것이 매우 인상적이다. 이것이 비관론자와 하나님의 백성의 차이점이다. 믿는 사람들은 세상에서 온갖 절망적인 일을 경험하면서도 결코 삶을 비관하지 않으며, 낙심할 수 있는 상황을 접하면서도 좌절하지 않는다. 오히려 비관적인 체험이 그를 자극하여 하나님을 소망하게 한다.

저자는 하나님께 자신을 죄의 구덩이에서 건져 달라고 기도한다(8절). 그리하여 어리석은 자들에게 욕을 당하지 않도록 해 달라고 한다. 또한 그가 잠잠히 모든 것을 견디어 냈던 것은 하나님이 이러한 구원을 베푸실 것이라는 확신이 그에게 있었기 때문이라고 회고한다(9절). 그는 하나님께 죄로 인해 그를 치시는 일을 멈추어 달라고 기도한다(10절). 자기 고통이 하나님께 비롯되었다고 확신하기 때문에 하나님께 이런 기도를 드리고 있다.

4. 삶의 덧없음(39:11-13)

11 주께서 죄악을 책망하사
사람을 징계하실 때에
그 영화를 좀먹음 같이 소멸하게 하시니
참으로 인생이란 모두 헛될 뿐이니이다 (셀라)
12 여호와여 나의 기도를 들으시며
나의 부르짖음에 귀를 기울이소서
내가 눈물 흘릴 때에 잠잠하지 마옵소서
나는 주와 함께 있는 나그네이며
나의 모든 조상들처럼 떠도나이다
13 주는 나를 용서하사
내가 떠나 없어지기 전에
나의 건강을 회복시키소서

기자는 여호와가 공의의 하나님이시기 때문에 세상에서 일어나는 모든 일을 적절하게 재판하실 것을 확신한다. 하나님이 심판하시는 날, 죄로 인해 죄인들이 누리는 영화도 모두 소멸될 것이다(11절). 그때에 비로소 사람들은 하나님의 공평하심을 알게 될 뿐만 아니라, 죄인들이 그토록 노력하여 세운 영화가 한순간에 무너지는 것을 보며 인생이란 참으로 허무하다는 사실을 깨닫게 될 것이다. 그들이 그토록 노력하여 얻은 것들을 잃고 처음부터 가진 것이 없는 사람과 별반 다를 바가 없게 되기 때문이다.

기자는 그가 드린 눈물 어린 기도가 하루 속히 응답될 것을 간절히 바란다(12절). 그는 자세를 나그네와 방랑자의 신분으로 낮추어 말한다. 구약에서 '나그네'(גֵּר)와 '방랑자'(תּוֹשָׁב)는 가장 불쌍하고 연약한 사람들의 대명사이며(cf. NIDOTTE), 하나님은 이들을 각별히 보호하고 그들의 인권이 무시되지 않도록 하라고 이스라엘에게 명령하셨다(신 24:17–22; cf. 신 10:19; 레 25:23). 저자는 자신이 세상에는 의지할 곳 없는 방랑자에 불과하다고 말하며 하나님의 자비를 간구하고 있다(cf. 히 11:13, 벧전 2:11). 우리는 이 땅을 살아가는 나그네들이다. 나그네들은 별 권리를 지니지 않았다. 그러므로 우리는 당당하게 요구할 것이 아니라, 기자처럼 침묵하며 겸손히 하나님의 자비를 구해야 한다(Beuken).

마지막으로 저자는 자신이 죽기 전에 하나님이 은혜를 베푸실 것을 호소한다(13절). "내가 떠나 없어지기 전에 나의 건강을 회복시키소서." 구약에서는 미래관이나 내세관이 뚜렷하지 않다. 그러므로 사람에게 죽음은 불안과 불확실성의 대명사였다. 그는 그가 이 세상에 살아 있는 동안 하나님의 은혜를 체험하기를 간절히 바란다. 그가 살아 있는 동안 건강을 회복하여 오랫동안 하나님을 찬양하며 살기를 원하는 것이다. 누가 기자의 이러한 바람이 잘못되었다고 말할 수 있겠는가! 사람이 건강하게 살고자 하는 것은 당연한 일이다.

이 시는 38편처럼 육체적인 고통에서 시작하여 육체적인 고통으로 끝을 맺고 있다(cf. deClaissé-Walford et al.). 기자의 명상은 삶의 짧고 허무함을 묵상하게 한다. 그는 인간의 삶은 마치 움직이는 그림자에 불과하다는 결론을 내린다. 그러나 이러한 묵상은 그가 좌절하기보다는 오히려 더 확실하게 하나님을 찾게 한다. 기자는 묵상을 통해 한 가지 깊은 진리를 깨닫게 되었다. 그는 짧고 허무하다고 할 수 있는 우리의 인생에서 가장 흔들리지 않고 영원한 것은 바로 하나님이시라는 사실을 깨달았다.

기자는 또한 오늘 있다가 내일 없어질 우리의 인생이기에 우리가 무엇을 하는가보다는 누구를 아느냐가 더 중요하다는 사실을 깨달았다. 그가 여호와 하나님을 알기 때문에 그 무엇도 이 세상에서 그를 흔들 수 없다는 진리를 알게 되었다. 가만히 생각해 보면 우리가 누구를 아느냐는 우리가 무엇을 하느냐보다 더 중요하다는 사실에 동감할 것이다. 그러므로 우리가 하나님을 아는 것은 사람이 이 땅에서 누릴 수 있는 가장 큰 축복이다.

제40편

다윗의 시. 인도자를 따라 부르는 노래

I. 장르/양식: 개인 찬양시(1-11절, cf. 11편)와 개인 탄식시(12-17절, cf. 3편)

개인 찬양시(1-11절, cf. 11편)와 개인 탄식시(12-17절, cf. 3편)가 하나로 묶여 있다. 한 시편에 서로 다른 두 개의 장르가 하나로 묶여 있다는 것은 원래 1-10절과 11-17절이 두 개의 독립적인 노래였는데, 세월이 지나면서 한 편의 노래로 묶인 것으로 간주할 수 있다(cf. deClaissé-Walford et al., McCann, Terrien). 그러나 기자가 과거에 체험했던 하나님의 은혜를 토대로 새로운 은혜를 체험하기를 갈망하는 기도문으로 이해하는 것이 바람직하게 여겨진다(cf. Ross). 이러한 형태는 이미 27편에서 경험한 적이 있기 때문이다. 또한 13-17절은 시편 70편과 매우 비슷하다.

또한 두 개의 독립적인 시로 간주하기에는 두 섹션이 사용하고 있는 공통적인 단어와 개념이 많다(McCann). '보다'(3, 12절), '생각'(5, 17절), '더(more)'(5, 12절), '숫자를 세다'(5, 12절), '바라다/기뻐하다'(6, 8, 14절), '할 것이다'(8-13절), '구원'(10, 16절). 또한 이 시는 한 편의 통일성 있는 시가 지니는 '예배식의 통일성'(liturgical integrity)을 지니고 있다(Gerstenberger). 처음에는 두 개의 독립적인 시였을 수도 있지만, 시편에

도입이 되면서 통일성을 갖춘 한 편의 시가 된 것이다.

일부 학자들은 이 시가 왕족시(royal psalm, cf. 2편)라고 한다(Craigie, Eaton, Terrien). 왕이 하나님이 이스라엘 왕에게 준수하도록 하신 율법(신 17:14-20)을 잘 준수하겠다는 의지의 표현으로 부른 노래라는 것이다. 그러나 시의 내용을 살펴보면 분명 이스라엘의 왕도 부를 수 있는 노래이기는 하지만, 왕족시로 구분하기에는 다소 무리가 따른다. 한 주석가는 이 노래가 요시야 왕의 죽음을 기념하며 저작된 것이라 한다(Terrien).

이 노래가 포로기 이후 시대에 저작된 '예언적인 영감으로 저작된 감사시'(prophetically inspired thanksgiving psalm)라는 주장이 있다(Kraus). 이 노래가 '예언적인 영감으로 저작된 감사시'라는 것에는 어느 정도 동의할 수 있으나, 굳이 저작 시기를 포로기 이후 시대로 제한할 필요는 없다. 시의 내용을 보면 이스라엘 역사에서 특정한 때로 제한할 필요를 느끼지 못하기 때문이다.

II. 구조

본문에 대하여 밴게메렌(vanGemeren)은 다음과 같은 구조를 제시한다. 이 노래가 찬양시(1-11절)와 탄식시(12-17절) 등 두 장르의 시로 구성되었다는 점을 감안하면 별로 설득력이 있는 분석은 아니다(cf. Kraus, Ross). 이 두 섹션의 자연스러운 한계가 무시되었기 때문이다. 게다가 텍스트 분배에서도 상당히 불균형을 지니고 있다.

A. 개인적인 구원 체험(40:1-3)
  B. 하나님의 보호의 축복(40:4-5)
    C. 헌신 고백(40:6-8)
      D. 하나님의 완벽하심 선포(40:9-10)
      D'. 하나님의 완벽하심에 대한 기도(40:11)
    C'. 죄의 고백(40:12)

B′. 하나님의 보호를 위한 기도(40:13-16)
A′. 개인적인 구원 필요(40:17)

이 주석에서는 찬양시와 탄식시 장르를 존중하여 다음과 같은 섹션화를 바탕으로 본문을 주해해 나가고자 한다.

A. 하나님을 간절히 기다림(40:1-2)
B. 주님이 새 노래를 주심(40:3-11)
C. 도움을 바라는 간절한 기도(40:12-17)

III. 주해

하나님의 말씀을 마음에 품은 사람은 죄를 짓지 않는가? 주님의 놀라운 구원을 경험한 사람은 하나님의 도움이 필요 없는가? 이 시는 이 두 질문에 '아니다'(No)라고 대답한다. 하나님의 말씀을 참으로 사모하고 마음에 품고 살아도 죄를 지으며, 하나님의 구원을 경험한 사람도 끊임없는 하나님의 도움을 필요로 한다는 것이 이 시편의 가르침이다(Mays).

시편 27편 기자는 '여호와를 기다리라'는 권면으로 노래를 끝냈다(27:14). 이 시편 기자는 사람이 여호와를 간절한 마음으로 기다리면 어떤 복을 받게 되는가를 개인적인 체험을 통해 증언한다. 또한 기자는 과거에 경험한 하나님의 은혜를 근거로 불확실성으로 가득한 현실과 미래를 헤쳐 나가고자 한다. 기자는 참으로 '자기가 선포하는 복음'에 따라 살고자 하는 열정을 보이고 있다.

1. 하나님을 간절히 기다림(40:1-2)

[1] 내가 여호와를 기다리고 기다렸더니
귀를 기울이사 나의 부르짖음을 들으셨도다
[2] 나를 기가 막힐 웅덩이와 수렁에서 끌어올리시고
내 발을 반석 위에 두사 내 걸음을 견고하게 하셨도다

기자는 자신이 경험했던 일을 회고하는 것으로 노래를 시작한다. 그가 간절한 마음으로 하나님을 기다리고 기다렸더니 주께서 그의 부르짖음을 들으셨다(1절). '기다리다'(קוה)는 무언가 좋은 것을 기대하며 기다린다는 뜻이다(cf. HALOT). 그러므로 기자가 '기다리고 기다렸다'(קַוֹּה קִוִּיתִי)며 같은 동사를 두 차례 반복하여 사용하는 것은 그가 얼마나 절실하게 하나님을 소망했는가를 암시한다. 이 말은 매우 갈망하며 지속적으로 바란다는 뜻이다. 즉, 기자는 한두 시간이 아니라 몇 날 며칠 동안 간절한 기도를 드리며 여호와를 바랐던 것이다. 모든 일에 순간적인 해결책을 찾으려는 인스턴트 시대를 살아가는 우리의 모습이 부끄러워진다. 주님이 이처럼 간절히 하나님을 바라는 사람의 기도를 들어주시는 것은 당연한 일이다.

하나님은 그를 웅덩이와 수렁에서 끌어올리셨는데, 기자는 자신이 하나님의 도움으로 탈출한 상황을 '기가 막힐 웅덩이와 수렁'에 비교한다(2절). '기가 막힐 웅덩이'(בּוֹר שָׁאוֹן)는 고대 근동 신화에서 저 세상/죽음을 상징하며 사용된다(Kraus, Terrien, cf. 시 30:3, 88:3-4, 7). 기자는 생명을 위협하는 상황을 이렇게 묘사하고 있다. 또한 '수렁'(טִיט הַיָּוֵן)은 '진흙탕'이라는 의미를 지닌 단어들을 사용하고 있다(렘 38:6, 시 18:42, 69:14, cf. HALOT). 너무 미끄럽고 온통 뻘이어서 스스로는 도저히 탈출할 수 없는 상황을 묘사한다. 기자는 이처럼 절망적인 표현들을 사용하여 하나님이 그의 기도를 들으시고 스스로는 도저히 헤어날 수 없는 곧 생명을 위협하는 상황에서 구하신 일을 회고한다(cf. 14절). 이 시를 왕족시로 간주하는 사람들은 기자가 큰 군사적 위기를 경험한 일을 이렇게 표현하고 있다고 한다(Craigie).

하나님은 그를 생명을 위협하는 절망의 늪에서 구원하셨을 뿐만 아니라, 그의 발을 반석 위에 두시어 그의 걸음을 견고하게 하셨다(2절). 기자가 다시 수렁에 빠지지 않도록, 또한 더 이상 실족하지 않도록 하나님이 철저한 사후관리를 하셨다는 뜻이다. 그가 한 일이라고는 하나님을 간절히 바라며 부르짖은 것뿐이다. 나머지는 모두 여호와께서 하신 일이다. 주님이 소매를 걷어붙이고 나서서 모든 것을 이루셨다. 하나님의 구원과 보호하시는 역사는 이렇게 일방적인 하나님의 은혜로 이루어진다.

이러한 사실은 참으로 큰 위로와 소망이 된다. 만일 우리가 이룬 업적이나 선행을 바탕으로 하나님께 도움을 청할 수 있다면 우리 중 몇 명이나 당당하게 하나님께 도와 달라고 기도할 수 있겠는가? 하나님 앞에서는 연약한 죄인일 수밖에 없는 우리가 단 한가지, 곧 하나님을 간절히 소망하는 마음으로 주님께 구하면 하나님이 주저하지 않고 우리를 도우신다는 진리는 참으로 복음이다. 어떠한 상황에 처한 사람도, 또한 어떠한 삶을 살아온 사람도 모두 선하신 하나님의 구원의 대상이 될 수 있기 때문이다.

2. 주님이 새 노래를 주심(40:3-11)

3 새 노래를 곧 우리 하나님께 올릴 찬송을
내 입에 두셨으니
많은 사람이 보고 두려워하여
여호와를 의지하리로다
4 여호와를 의지하고

교만한 자와 거짓에 치우치는 자를
돌아보지 아니하는 자는 복이 있도다
5 여호와 나의 하나님이여
주께서 행하신 기적이 많고
우리를 향하신 주의 생각도 많아
누구도 주와 견줄 수가 없나이다
내가 널리 알려 말하고자 하나
너무 많아 그 수를 셀 수도 없나이다
6 주께서 내 귀를 통하여 내게 들려주시기를
제사와 예물을 기뻐하지 아니하시며
번제와 속죄제를 요구하지 아니하신다 하신지라
7 그때에 내가 말하기를 내가 왔나이다
나를 가리켜 기록한 것이 두루마리 책에 있나이다
8 나의 하나님이여
내가 주의 뜻 행하기를 즐기오니
주의 법이 나의 심중에 있나이다 하였나이다
9 내가 많은 회중 가운데에서
의의 기쁜 소식을 전하였나이다
여호와여
내가 내 입술을 닫지 아니할 줄을 주께서 아시나이다
10 내가 주의 공의를 내 심중에 숨기지 아니하고
주의 성실과 구원을 선포하였으며
내가 주의 인자와 진리를 많은 회중 가운데에서
감추지 아니하였나이다
11 여호와여 주의 긍휼을 내게서 거두지 마시고
주의 인자와 진리로 나를 항상 보호하소서

여호와께서는 기자가 하나님께 올릴 찬송도 주셨다(3a절). 주님은 곤경에 처한 사람에게 구원만 베푸시는 것이 아니라, 그 구원을 어떻게 찬양해야 하는가에 대하여도 가르쳐 주시는 분이시다. 성경은 하나님의 구원을 경험한 사람이 그 일에 대하여 주님을 찬양하기 전까지는 하나님의 구원이 완성되었다고 할 수 없다고 한다(Goldingay). 그러므로 하나님은 자기의 구원을 완성하기 위하여 기자에게 새 노래를 주시어 주님을 찬양하게 하셨다.

시편에서 새 노래는 하나님의 주권과 연관이 있는 은혜로운 개념이며(시 96:1, 98:1, 149:1), 하나님이 주시는 새 노래에 대한 적절한 반응은 하나님에 대한 신뢰다(McCann, cf. 시 4:5, 9:10). '새 노래'(שִׁיר חָדָשׁ)(3절)는 그동안 불리지 않았던 전혀 새로운 노래라기보다는 새로운 각오로, 새롭게 노래의 의미를 생각하며 부른다는 뜻이다. 더 나아가 노래라 해서 굳이 음악이라 할 필요도 없다. 넓은 의미에서 간증도 하나님에 대한 찬양이자 새 노래가 될 수도 있기 때문이다. 저자는 여호와의 새로운 은혜를 경험했으므로 당연히 새 노래를 불러 감사와 영광을 주께 돌리고자 한다.

기자는 자기가 경험한 은혜에 대하여 '새 노래'로 하나님을 찬송하니 많은 사람이 하나님을 경외하고 의지한다(3b절). 그의 간증을 들은 사람들이 여호와는 어떤 신이신가에 대하여 새로운 깨달음을 얻었고, 그 깨달음은 그들이 하나님을 두려워하게 만들었다. 그들의 '두려움'(ירא)은 매우 긍정적인 결과를 초래한다. 그들이 거룩하신 하나님을 믿고 '의지하게'(בטח) 만들었기 때문이다. 하나님이 우리에게 베푸시는 은혜를 이웃들에게 증거하면 이러한 결과를 초래한다. 우리가 경험하는 하나님의 은혜는 결코 우리 자신만을 위한 것이 아니다. 우리가 속한 공동체와 사회에 두루 영향을 미쳐야 한다.

사람이 여호와를 의지한다는 것은 무엇을 뜻하는가? 기자는 교만한 자와 거짓에 치우치는 자를 돌아보지 않는 것이라고 한다(4절). '교만'(רַהַב)으로 번역된 '라합'은 고대 근동 신화에서 '파도처럼 밀려오는 자'라는 의미를 지닌 바다와 연관된 신화적인 괴물의 이름이다(HALOT, cf. NIDOTTE). 또한 '거짓'(כָּזָב)은 아모스서 2:4에서 거짓 신들을 의미하며 사용된다. 그러므로 본문은 여호와를 의지하는 사람들에 대한 윤리적인 판단(교만한 자들과 거짓에 치우치는 자들과 상종하지 않는 것)을 하는 것이 아니다. 본문은 여호와를 의지하는 사람들은 우상을 숭배하지 않는 사람들이라며 신앙적인 기준으로 여호와를 의지하는 것을 정의하고 있다(cf. Goldingay, Terrien). 본문이 종교적인 기준을 말하기 때문에 많은 번역본들이 '교만한 자와 거짓에 치우친 자'를 돌아보지 아니하는 자가 아니라 '우상들과 거짓 신들을 섬기지 않는 사람'이라고 본문의 의미를 번역한다(새번역, 공동, 아가페, 현대인, cf. NIV, NRS, RSV). 우상들을 버리고 하나님을 의지하는 이는 '행복한 사람'(אַשְׁרֵי)이다. 제1편의 복 있는 사람과 동일한 표현이며, 우리가 행복할 수 있는 비결은 하나님을 의지하는 것이라는 사실을 강조한다.

하나님을 의지하는 사람이 행복한 것은 우리가 어려운 일에 당면했을 때 세상의 권세가나 능력가들에게 도움을 청하는 것이 아니라 오직 여호와의 도움의 손길을 구하는 것이 당면한 문제의 가장 신속하고 적절한 해결책이기 때문이다. 오직 여호와를 바라는 사람들은 주님의 놀라운 사역을 얼마나 많이 경험하는지 하나하나 나열하며 말하기에는 너무나도 벅찰 정도라는 것이 기자의 즐거운 비명이다(5절). 여호와를 신뢰하는 사람들은 하나님의 이 큰 은혜와 관심을 자신들의 것으로 만들 수 있다.

기자는 어떻게 해서 하나님의 놀라운 구원의 은혜를 경험하게 되었는가? 그는 자신이 여호와의 율법에 전적으로 순종하여 주님의 은혜를 경험한 일을 회고한다(6-8절). 그는 말씀을 통해 하나님이 제물보다는 사람의 마음을 원하시며, 번제보다는 우리의 순종(듣는 귀)을 원하신다는 것을 깨닫게 되었다(6절). 저자는 총체성을 강조하기 위하여 제물에 대한 4개의 단어를 사용하고 있는데, 제사(זֶבַח)와 예물(מִנְחָה)과 번제(עֹלָה)와 속죄제(חֲטָאָה)(6절)다. 이 중 제사와 예물은 자원해서 드리는 제물이며, 번제와 속죄제는 의무적으로 드리는 제물이다. 하나님은 그 어떠한 제물보다도 순종을 기뻐하신다는 의미다.

이스라엘에서 종교적 의례(ritual)보다는 순종이 더 중요하게 취급되는 것은 포로기 이후 시대 일이라며 본문을 근거로 이 시의 저작 연대를 포로기 이후 시대로 보는 학자들이 있다(Kraus). 그러나 사무엘은 이미 오래 전에 사울 왕을 나무라며 순종이 제사보다 낫다고 했다(cf. 삼상 15:22-23). 포로기 이전에도 예식보다 순종이 낫다는 사상은 선지자들을 통해 끊임없이 강조되었다.

"나를 가리켜 기록한 것이 두루마리 책에 있나이다"(7절)의 해석이 쉽지 않다. 메시아께서 "나에 대한 모든 것이 성경에 기록되어 있다"는 예언적인 의미로 말씀하시는 것인지(cf. 새번역, 아가페), 혹은 하나님을 의지하는 사람이 '내가 지켜야 할 모든 말씀은 성경에 기록되어 있다'는 의미로(cf. 현대인, 공동) 말하는 것인지가 확실하지 않기 때문이다. 이 시를 메시아에 대한 예언으로 보기에는 다소 무리인 듯하기 때문에 기자가 자신이 기뻐하며 지켜야 할 하나님의 모든 말씀은 성경에 기록되어 있다는 사실을 회고하는 것으로 해석하는 것이 바람직하다(cf. Ross). 하나님의 율법이 기자의 마음속에 새겨져 있다고 하는 8절도 이러한 해석을 지지하는 듯하다.

기자는 자신이 체험한 하나님의 은혜에 대하여 결코 잠잠할 수 없음을 고백한다(9-10절). 하나님의 은혜를 경험한 사람들은 결코 침묵할 수 없을 정도로 하나님을 자랑하고 싶은 마음이 생긴다. 거짓이나 과장을 더하지 않고 자신이 경험한 은혜를 솔직 담백하게 증언하는 것이 간증이다. 올바른 간증은 우리가 속한 회중 가운데서 하나님의 이름을 드높이는 효과를 발휘한다.

하나님의 의와 신실하심과 구원과 사랑과 진실하심을 마음껏 경험했다며 흥분했던 기자는 분위기를 바꾸어 차분하게 기도한다. "여호와여 주의 긍휼을 내게서 거두지 마소서"(11a절). 그는 또한 하나님이 '인자와 진리'(חַסְדְּךָ וַאֲמִתְּךָ)로 그를 항상 보호해 주시기를 간절히 바란다(11b절). 하나님의 사랑과 자비에 감동한 그가 주님의 더 많은 자비와 감동을 바라는 기도를 드리고 있다. 누구든지 드릴 수 있는 기도다. 하나님의 은혜의 생수는 마실수록 더 마시고 싶게 만들기 때문이다.

3. 도움을 바라는 간절한 기도(40:12-17)

12 수많은 재앙이 나를 둘러싸고
나의 죄악이 나를 덮치므로 우러러 볼 수도 없으며
죄가 나의 머리털보다 많으므로 내가 낙심하였음이니이다
13 여호와여
은총을 베푸사 나를 구원하소서
여호와여 속히 나를 도우소서
14 내 생명을 찾아 멸하려하는 자는 다 수치와 낭패를 당하게 하시며
나의 해를 기뻐하는 자는 다 물러가 욕을 당하게 하소서
15 나를 향하여 하하 하하 하며 조소하는 자들이
자기 수치로 말미암아 놀라게 하소서
16 주를 찾는 자는 다 주 안에서 즐거워하고 기뻐하게 하시며
주의 구원을 사랑하는 자는 항상 말하기를
여호와는 위대하시다 하게 하소서
17 나는 가난하고 궁핍하오나 주께서는 나를 생각하시오니
주는 나의 도움이시요 나를 건지시는 이시라
나의 하나님이여 지체하지 마소서

우리의 신앙에서는 간구에서 찬양으로 이어지는 것이 일상적인데,

이 노래에서는 찬양에서 간구로 이어진다(deClaissé-Walford et al.). 저자는 두 가지 때문에 시달리고 있다고 고백한다. 외부적인 요소와 내부적인 요소로 인해 괴로워한다. 그를 괴롭히는 외부적인 요소는 다름아닌 온갖 재앙이다(12a절). 원수들은 그를 조롱할 뿐만 아니라 심지어 생명을 위협하고 있다(cf. 14-15절). 내부적인 요소는 지은 죄로 인한 죄책감이다(12b-c절). 기자는 이러한 상황을 스스로 헤쳐 나갈 지혜와 능력이 없다. 그러므로 그는 간절히 하나님께 도움을 청한다. 속히 그를 찾아오셔서 은총을 베푸시고 구원해 달라고 기도한다(13절).

기자는 그의 생명을 위협하는 자들이 모두 하나님의 심판을 받아 수치와 낭패를 당하기를 간절히 소망한다(14절). 그를 비웃는 자들이 모두 수치를 당하게 해 달라고 한다(15절). 원수를 사랑해야 하는 주의 백성이 이렇게 기도해도 되는가? 원수를 용서하고 사랑하는 일은 시간이 필요하다. 감정이 추스러지지 않은 상황에서 용서와 사랑은 쉽지 않다. 그러므로 기자가 이렇게 자기 감정을 드러내는 것은 용서를 위한 첫걸음이라 할 수 있다.

기도하는 사람이 하나님께 자기 마음속 깊은 곳에 있는 감정을 내보이는 것은 건강하고 바람직한 일이다. 하나님은 우리의 모든 것을 아시는 분이기 때문에 숨길 필요도 없다. 주님은 이처럼 진솔하게 기도하는 사람들의 상한 심령을 치료해 주신다. 그러므로 기자는 주님을 찾는 그를 하나님이 환대해 주실 것을 확신한다. 주님께서 그에게 구원과 넘치는 기쁨을 주실 것이기 때문에 그는 하나님의 위대하심을 찬양하게 될 것이다(16절). 또한 하나님은 그에게 이러한 상처를 준 사람들을 가만히 두지 않으실 것이다. 하나님의 자녀를 상하게 했으니 아버지이신 하나님이 어찌 잠잠하실 수 있겠는가!

여호와께 속상한 마음을 털어놓은 저자는 하나님께 한번 더 긍휼을 바라는 기도를 드린다(17절). 자신은 가난하고 궁핍하니 주님이 속히 오셔서 그를 구원해 달라는 기도다. '가난한 자'(עָנִי)와 '궁핍한 자'(אֶבְיוֹן)

는 구약에서 가장 비천한 사람들의 상징이다. 그는 하나님의 은혜를 간절히 바라며 자세를 지극히 낮추고 있다. 하나님의 은혜를 바라는 사람들이 취해야 할 자세이다. 우리가 낮아질수록 하나님이 우리를 더 불쌍히 여기실 것이며, 주님의 구원은 더 크고 위대해 보인다.

기자는 하나님을 '나의 도움(עֶזְרָתִי), 나를 건지시는 이(מְפַלְטִי), 나의 하나님(אֱלֹהַי)'이라며 세 가지로 찬양한다(17절). 그가 도움을 청할 분은 오직 여호와 외에는 아무도 없으며, 설령 있다 할지라도 하나님께만 도움을 청할 것이라는 각오의 표현이다. 하나님의 도움 외에 다른 것은 아예 바라보지도 않을 것이니 속히 오셔서 구원을 베풀어 달라는 간곡한 기도다. 이처럼 오직 여호와만 갈망한다면, 여호와께서도 이러한 사람의 기도를 무시하실 수는 없을 것이다.

이 시는 우리가 체험하는 하나님의 은혜가 우리 속에만 간직될 수 없다는 사실을 강조하고 있다. 우리가 경험한 하나님의 의와 은혜는 여호와와 그의 선하심을 온 세상에 선포하는 계기가 되어야 한다. 은혜는 나눌수록 더 풍요로워지기 때문이다. 이런 면에서 우리는 하나님이 세상을 향해서 쓰신 사랑의 편지다. "너희도 나를 믿으면 이 사람과 같은 축복을 누릴 수 있다!"

이 시편 기자는 매우 어려운 상황에 처해 있다. 그는 과거에 하나님이 베풀어 주셨던 은혜를 회상하면서 이번에도 하나님의 놀라운 은혜가 자기와 함께해 달라고 기도하고 있다. 또한 그는 확신한다. 하나님이 속히 오셔서 그의 어려운 처지를 해결해 주실 것을 믿는다. 어디서 이러한 확신이 왔을까? 그동안 그가 유지해 왔던 하나님과의 관계에서 비롯되었을 것이다. 그는 하나님이 어떤 분이시라는 것을 잘 안다. 그의 지식에 의하면 하나님은 결코 그를 버려 두지 않으실 분이다.

제41편

다윗의 시. 지휘자를 따라 부르는 노래

I. 장르/양식: 개인 탄식시(cf. 3편)

이 시의 장르는 상당한 논쟁의 대상이 되어 왔다. 1-3절은 지시, 4-11절은 기도, 12-13절은 감사로 구성되어 있어 특정한 장르로 구분하기가 매우 어렵기 때문이다(cf. Terrien). 더 나아가 1-3절은 지혜시 성향을 띠고 있는가 하면, 4절과 10절은 기도이며, 5-9절은 탄식시 양식을 지니고 있고, 11-13절은 확신/찬양시 형태를 따르고 있다. 이러한 현상은 이 노래가 오랜 세월을 지나면서 꾸준히 개정/편집되었기 때문이라고 하는 학자들도 있지만(Kraus), 큰 설득력이 있는 주장은 아니다.

어떤 사람들은 이 노래를 탄식시가 아니라 왕족시(Eaton), 혹은 찬양시로 구분하기도 한다(Ross, vanGemeren). 이러한 혼선은 이 시가 여러 가지 다양한 장르를 사용하고 있으며, 기도를 형성하고 있는 4-11절의 시제를 현재로 이해할 것인가, 아니면 과거로 취급할 것인가에 따라 달라지기 때문이다. 만일 기자가 이미 있었던 일을 회고하면서 이러한 기도를 드린다면(시제를 과거로 취급) 이 노래는 찬양시가 될 수 있다(cf. deClaissé-Walford et al., McCann). 반면에 아직 해결되지 않은 문제에 대하여 괴로워하며 드리는 기도라면(시제재를 현재로 취급) 탄식시다

(cf. Gerstenberger, Terrien).

전체적인 내용을 참조했을 때 이 시는 '병자를 위한 기도'(Craigie, Davidson, Mowinckel)로 보는 것이 적절하다. 총 13절로 구성된 노래에서 4-11절은 아직 해결되지 않은 문제에 대하여 하나님께 드리는 기도이기 때문에 개인 탄식시로 구분하는 것이 가장 바람직하다는 의미다(cf. Gerstenberger). 이 시가 성전을 찾은 병자들을 위하여 사용된 의례(ligurgy)라는 견해도 있다(Craigie).

II. 구조

학자들은 이 시편에 대하여 상당히 복잡한 구조에서 매우 단순한 구조에 이르기까지 다양한 분석을 제시한다(cf. Craigie, deClaissé-Walford et al., Gerstenberger, Goldingay, Mays, Ross, Terrien). 구조적인 통일성과 일관성을 간파하기가 참으로 어렵다는 것이다. 다음은 알덴(Alden)이 제시한 구조다.

A. 하나님의 축복을 입은 사람(41:1-3)
    B¹. 자비를 베푸소서(41:4)
        B². 나의 원수들(41:5-9)
    B¹. 자비를 베푸소서(41:10a)
        B². 나의 원수들을 벌하소서(41:10b-12)
A′. 하나님이 축복하시는 사람(41:13)

알덴의 분석이 지닌 문제점은 13절이다. 13절은 제1권을 총체적으로 마무리하는 축도의 성향이 짙다. 그러므로 13절은 이 시편에서 따로 구분하여 독립적으로 취급하는 것이 바람직하다. 그러므로 이 주석에서는 다음 구조를 바탕으로 본문을 주해해 나가고자 한다(vanGemeren).

A. 하나님의 축복을 확인함(41:1-3)

B. 치유를 위한 기도(41:4)

C. 원수들의 비난(41:5-9)

B'. 치유를 위한 기도(41:10)

A'. 하나님의 축복에 대한 확신(41:11-12)

A". 제1권을 마감하는 축도(41:13)

III. 주해

이 시는 시편 1권을 마무리하는 마지막 노래다. 시편을 편집한 사람들은 이 노래가 1-40편에 대한 결론 역할을 하기를 원했다. 그러므로 그들은 내용에 있어서 제1권을 시작했던 1편이 '복이 있는 사람/행복한 사람'(אַשְׁרֵי)을 중심 주제로 삼았던 것처럼 제1권의 마지막 노래인 이 시에서도 복이 있는 사람에 대하여 노래하며 마무리한다. 시편 1편과 41편은 양쪽에서 2-40편을 지탱하는 일종의 책받침대(book ends) 역할을 하고 있는 것이다(deClaissé-Walford et al.). 아울러 마지막 절인 13절에서는 제1권을 되돌아보며 자기 백성의 기도를 들으시고 그들을 위로하고 치유하시는 하나님을 찬양하는 송영(blessing)으로 마무리한다.

시편 1권에는 '복이 있는 사람(אַשְׁרֵי)은 이러하다…'는 말씀이 여러 차례 나온다(1:1, 2:12, 32:1-2, 33:12, 34:8, 40:4). 이 말씀들은 모두 복이 있는 사람/행복한 사람을 하나님과의 관계에 근거하여 설명한다(McCann). 시편 1편도 예외는 아니다. 이 노래와 1편의 차이점은 1편은 복이 있는 사람은 하나님의 말씀을 주야로 묵상하고 악인들과 상종하지 않는 사람이라고 묘사한 것에 반해, 이 노래는 복이 있는 사람은 어려운 이웃을 돌보는 사람이라고 한다(cf. 잠 14:21). 시편 1편이 복이 있는 사람의 신앙적인 면모를 정의하고 있다면, 이 노래는 그가 어떻게 자기 신앙을 일상에서 실천하는가에 초점을 맞추고 있는 것이다. 그는 하나님이 기뻐하시는 일을 행하며 사는 사람이다.

1. 하나님의 축복을 확인함(41:1-3)

[1] 가난한 자를 보살피는 자에게 복이 있음이여
재앙의 날에 여호와께서 그를 건지시리로다
[2] 여호와께서 그를 지키사 살게 하시리니
그가 이 세상에서 복을 받을 것이라
주여 그를 그 원수들의 뜻에 맡기지 마소서
[3] 여호와께서 그를 병상에서 붙드시고
그가 누워 있을 때마다 그의 병을 고쳐 주시나이다

시편 제1권을 시작한 1편은 '복이 있는 자'(אַשְׁרֵי)라는 말로 시작했다(1:1). 제1권의 마지막을 장식하고 있는 41편 또한 같은 단어로 시작한다. 시편 1권의 편집자들은 의도적으로 1권의 시작과 끝에 복이 있는 사람에 관한 노래들을 배치한 것이다. 이 두 '복이 있는 사람' 노래 사이에는 여러 가지 다양한 주제들을 중심으로 한 노래들이 모여 있다. 탄식, 찬양, 확신, 지혜, 절망, 지혜, 시온, 여호와의 왕권 등등. 이제 이 모든 것이 막을 내린다. 제1권을 정리하면서 편집자들은 다시 한번 여호와를 신뢰하는 삶이 얼마나 복된 것인가를 강조하고자 한다.

저자는 가난한 자를 보살피는 사람은 복이 있는 사람이라며 이 노래를 시작한다(1절). 이 말씀은 독자들에게 그들 주변에 있는 가난한 사람들을 도우라는 권면을 내포하고 있다(Goldingay). '가난한 사람'(דַּל)은 시편에서는 이곳에 처음 사용되고 있으며, 경제적으로 어려운 처지에 있는 사람과, 사회적으로 어떠한 힘도 발휘할 수 없는 사람과, 육체적으로도 온전하지 못한 사람 등 모든 유형의 약자를 포함하는 매우 포괄적인 개념이다(cf. HALOT, NIDOTTE). 하나님은 이러한 약자들에게 특별한 관심을 쏟으시며, 그들의 인권이 유린되는 것을 용납하지 않으신다(cf. 시 9:9, 18; 10:17-18, 12:5, 14:6, 22:24, 34:19, 40:17). 그러므로 복이 있는 사람은 하나님이 기뻐하시는 일(약자들을 돌보시고 보호하시는 일)을 행하는 사람이다.

복이 있는 사람은 가난한 자를 보살피는 자라고 하는데, '보살피다'(שׂכל)는 지혜 문헌에서 자주 사용되는 단어로서 '지혜롭게 행동하다'는 의미를 지녔다(cf. HALOT, NIDOTTE). 사회적 약자들을 돌보는 것은 지혜로운 사람들만이 할 수 있는 일이라는 의미다. 또한 시편 1편에서 복이 있는 사람은 악인들을 멀리하며 주야로 하나님의 말씀을 묵상하는 사람이라며 복이 있는 사람의 삶의 '이론적인 면'을 정의했다면, 이 노래는 복이 있는 사람의 삶의 '실용적인/실천적인 면'은 이러해야 한다며 그가 추구한 이론이 삶에서 어떠한 실질적인 열매로 드러나야 하는가를 정의하고 있다. 복이 있는 사람은 하나님에 대한 경외와 믿음을 연약한 이웃들을 돌보는 일을 통해 표현하는 사람이다. 또한 우리가 이 땅에서 지혜를 추구하는 가장 기본적인 목적은 바로 우리보다 약한 이들을 돌보기 위해서다.

복이 있는 사람이 힘들어하는 이웃을 보살피고 배려하면 하나님은 환난 날에 복이 있는 그 사람을 배려하실 것이다(1b절). 하나님은 남에게 긍휼을 베푸는 사람에게 긍휼을 베푸시는 분이시기 때문이다. 그러므로 우리가 곤경에 처했을 때 하나님의 은혜와 자비를 기대할 수 있는 가장 좋은 방법은 평상시에 이웃에게 은혜와 자비를 베푸는 것이다. 한가지 마음에 새겨야 할 사실은 우리가 복이 있는 사람이라 할지라도 환난에서 면제되지는 않는다는 것이다. 복이 있는 사람들도 환난을 겪는다. 그들이 환난을 겪을 때 하나님이 그들을 도우신다. 반면에 복이 없는 악인들은 하나님이 돕지 않으신다.

우리의 삶을 되돌아보자. 우리는 대체적으로 하나님과의 관계는 어느 정도 잘 유지하고 있다. 그러나 이웃들에게 자비를 베푸는 일에는 다소 소홀하지는 않는가? 만일 소홀하지 않다면 하나님께 영광을 돌리자. 그러나 만일 스스로 인색하다고 생각된다면 이웃들에게 선을 베푸는 일에 더욱더 분발해야 한다. 이웃들을 배려하는 것은 하나님이 기뻐하시는 일이며, 또한 우리의 환난 날을 위한 투자이기도 하기 때문이다.

하나님은 남을 돕기를 기뻐하는 복이 있는 사람에게 어떤 은혜를 베푸실까? 재앙의 날에 그를 건지시어(1b절), 그가 살 수 있도록 지키시고 보호하실 것이다(2절). 또한 하나님이 그의 생명을 보존하실 뿐만 아니라, 그가 땅에서 사는 동안 복을 내리실 것이며, 결코 그를 미워하는 자들의 뜻이 이루어지지 않도록 조처를 취하실 것이다(2절). 여호와께서는 그가 병상에 누워 있을 때에도 그를 고치실 것이며 회복시켜 주실 것이다(3절). 인간의 작은 선행이 이렇게 많은 축복의 동기가 될 줄 누가 알았겠는가! 하나님은 참으로 우리의 선행에 대하여 30, 60, 100배로 갚아 주시는 분이시다.

그러므로 우리가 하나님의 축복을 받기를 원한다면 남을 축복하는 것이 가장 현명한 일이다. 이러한 원리는 이미 아브라함에게 내려 주신 축복(창 12:1-3)에 정리되어 있다. 하나님은 우리의 모든 필요를 아시는 분이다. 그러므로 심지어는 우리의 기도생활도 남을 위한 중보기도를 중심으로 하는 것이 가장 바람직하다. 우리가 남들을 위하여 기도할 때, 하나님은 그들뿐만 아니라 우리까지도 축복하시기 때문이다.

2. 치유를 위한 기도(41:4)

4 내가 말하기를 여호와여
내게 은혜를 베푸소서
내가 주께 범죄하였사오니
나를 고치소서 하였나이다

복이 있는 사람에 대한 언급으로 노래를 시작한 기자가 자신에게 초점을 맞추고 있다. 그는 하나님은 복이 있는 사람의 병을 고치실 것이라고 확인한 다음, 용기를 내어 자신에 대하여 기도한다. 그는 하나님이 병든 그를 고쳐 주시기를 간절히 바란다. 기자는 자신이 복이 있는 사람이라고 확신하고 있으며, 하나님이 그를 꼭 고쳐 주실 것을 믿는다. 또한 그는 자기 질병은 죄에서 비롯된 것이라는 사실을 하나님께 고백한다. 이러한 기자의 고백은 어떤 특정한 죄를 염두에 두고 하는 말이 아니라, 병든 사람이 주의 은혜를 갈망하면서 드리는 일반적인 고백이다(vanGemeren, cf. Terrien).

주의 자녀가 병들면 제일 먼저 떠오르는 생각이 자신의 질병과 죄의 상관관계이다. 그러므로 혹시라도 자신의 질병이 죄에서 비롯되었을 가능성을 염려하여 이런 기도를 드린다. 마치 욥이 혹시라도 자기 자녀들이 죄를 지었을까 봐 그들의 숫자대로 미리 제물을 드린 것처럼 말이다(욥 1:5). 죄와 질병의 관계가 확실할 때나, 확실하지 않을 때나 만일을 대비하여 이렇게 기도하는 것도 좋은 일이다. 우리는 우리가 한 모든 일을 기억할 수 없기 때문이다.

3. 원수들의 비난(41:5–9)

5 나의 원수가 내게 대하여 악담하기를
그가 어느 때에나 죽고
그의 이름이 언제나 없어질까 하며
6 나를 보러 와서는 거짓을 말하고
그의 중심에 악을 쌓았다가
나가서는 이를 널리 선포하오며
7 나를 미워하는 자가 다 하나같이
내게 대하여 수군거리고

나를 해하려고 꾀하며
8 이르기를 악한 병이 그에게 들었으니
이제 그가 눕고
다시 일어나지 못하리라 하오며
9 내가 신뢰하여 내 떡을 나눠 먹던
나의 가까운 친구도 나를 대적하여
그의 발꿈치를 들었나이다

주님께 죄를 고백한 기자는 억울함을 호소한다. 원수들이 그에 대하여 악담하며 그가 죽기를 간절히 바라고 있다는 것이다(5절). 그들은 병문안을 와서는 거짓을 말하고, 악의적인 가십거리를 찾는다(6a-b절). 병문안이 끝나고 나서는 밖에 나가 병상에 누워있는 기자에 대하여 온갖 소문과 가십을 퍼트려 그를 곤경에 빠트린다(6c-7절). 그들은 그를 해하려는 목적으로 이런 짓을 하고 있다(7c절).

저자를 미워하는 사람들은 그가 결코 병석에서 일어나지 못할 것이라고 확신한다(8절). 그의 병이 지속되자 심지어는 그와 친하게 지내던 친구들도 그를 비방하고 나섰다(9절). 친구들은 그를 대적하여 '그의 발꿈치를 들었다'(9절). 이 문구(הִגְדִּיל עָלַי עָקֵב)는 반역을 의미하는 표현이다(cf. 창 3:15, 시 55:12-14). 기자는 원수들과 친구들이 한통속이 되어 자기를 비방하고 있다며 탄식한다. 병을 앓는 것도 원통한데 이런 사람들이 주변에 있으면 참으로 기가 막히게 느껴질 것이다. 예수님이 겪으신 일이 생각난다. 주님을 팔아 넘긴 가롯 유다는 예수님과 3년을 같이 지내며 친구처럼 지냈다. 그러다가 예수님을 배신하고 원수처럼 되었다.

4. 치유를 위한 기도(41:10)

[10] 그러하오나 주 여호와여
내게 은혜를 베푸시고 나를 일으키사
내가 그들에게 보응하게 하소서

기자는 원수들과 그들과 한통속이 된 친구들에게 보복하기 위해서라도 하나님이 그를 고치시기를 간절히 원한다. 물론 원수를 갚는 것이 좋은 일은 아니겠지만, 그가 오죽이나 원통하고 억울했으면 이러한 기도를 했겠는가! 우리는 병상에 누워 있는 사람들을 조롱하거나 뒷담화를 해서는 안된다. 신체가 불편한 사람들도 조롱해서는 안된다. 이러한 행위는 하나님이 금하시는 일이며 당사자들의 마음에 한을 심고 키우는 일이기 때문이다. 그들이 한을 품고 이러한 기도를 한다면, 하나님은 그들의 기도를 들으시고 가해자들을 벌하실 것이다.

5. 하나님의 축복에 대한 확신(41:11–12)

[11] 이로써 내 원수가 나를 이기지 못하오니
주께서 나를 기뻐하시는 줄을 내가 알았나이다
[12] 주께서 나를 온전한 중에 붙드시고
영원히 주 앞에 세우시나이다

하나님께 자신의 억울함을 호소한 저자가 자신감을 회복했다. 그는 하나님이 자기를 인정하신다는 사실을 확신한다. 그가 어떻게 이러한 사실을 깨닫게 되었는가? 원수들이 아무리 떠들어대고 그를 비방해도 그를 망하게 하는 일에 성공하지 못한 것이 이러한 사실의 증거라고 한다(11절).

또한 지푸라기라도 잡고 싶은 저자에게 그를 미워하는 자들의 실패는 하나님이 그의 온전함(תֻּמִּי)을 인정하셨기 때문이라고 한다(12절). 기자는 마치 다윗이 시편 23편에서 갈망했던 것처럼 언젠가는 여호와께서 그의 원수들 앞에서 그를 위하여 잔치라도 벌여 주실 것을 바라고 있다. 그날이 되면 자신의 억울함이 온 세상에 드러날 뿐만 아니라, 그를 비웃던 자들의 코가 납작해질 것이다. 여호와께서 그를 인정하셨기 때문이다.

6. 제1권을 마감하는 축도(41:13)

[13] 이스라엘의 하나님 여호와를
영원부터 영원까지 송축할지로다
아멘 아멘

이 말씀은 시편 41편과는 별 연관성이 없어 보인다. 그러므로 이 말씀은 시편 제1권을 마무리하기 위하여 이곳에 삽입되었다는 것이 학자들의 일반적인 견해다. 편집자들은 제1권을 마무리하면서 그동안 여러 가지 도전과 위로의 말씀으로 이스라엘 공동체에 임하신 하나님을 찬양하고자 한다. 이스라엘의 하나님 여호와를 찬송하는/송축하는 일은 영원부터 영원까지 끝이 없는 영광스러운 일이며, 당연한 일이기도 하다.

편집자들은 '아멘, 아멘'을 반복하여 제1권이 끝이 났음을 선언하고 있다. 모든 영광을 하나님께 돌리며 1권을 마무리하고자 한 것이다. 이 땅에서 우리의 모든 노력이 끝날 때에도 이런 찬양으로 우리의 삶을 마무리할 수 있게 되기를 간절히 바랄 뿐이다.